Marc von Miquel

Ahnden oder amnestieren?

Beiträge zur Geschichte des 20. Jahrhunderts

Band 1

Herausgegeben von
Norbert Frei

Marc von Miquel

Ahnden oder amnestieren?

Westdeutsche Justiz und Vergangenheitspolitik in den sechziger Jahren

WALLSTEIN VERLAG

Gefördert durch die VolkswagenStiftung

Bibliografische Information Der Deutschen Bibliothek
Die Deutsche Bibliothek verzeichnet diese Publikation in der Deutschen Nationalbibliografie; detaillierte bibliografische Daten sind im Internet über http://dnb.ddb.de abrufbar.

www.wallstein-verlag.de
Vom Verlag gesetzt aus der Adobe Garamond
Umschlaggestaltung: Susanne Gerhards, Düsseldorf
unter Verwendung eines Fotos aus *Der Spiegel* Nr. 37/1965
(Berichterstattung über den Auschwitz-Prozeß)
Druck: Hubert & Co, Göttingen

ISBN 3-89244-748-9

Inhalt

Einleitung

Von der Öffentlichkeit kaum beachtet, fand im April 2000 ein bemerkenswertes Ereignis statt: Das Bundesarchiv richtete in den Räumen der Ludwigsburger »Zentralen Stelle der Landesjustizverwaltungen zur Aufklärung nationalsozialistischer Verbrechen« eine Außenstelle ein. Dort, wo jahrzehntelang die Staatsanwälte Ermittlungen geführt hatten, zogen nun also die Archivare ein und übernahmen die Zuständigkeit für Tausende von Verfahrensakten, für Vernehmungsprotokolle, Beweisdokumente, Anklageschriften und Gerichtsurteile. Wie kein anderer führt dieser immense Aktenbestand vor Augen, daß die strafrechtliche Verfolgung von NS-Verbrechen eines der aufwendigsten Unterfangen in der deutschen Justizgeschichte darstellt[1]. Und der – abgesehen von ein paar noch anhängigen Vorermittlungsverfahren fast vollständige – Übergang der wichtigsten deutschen Justizbehörde für NS-Verbrechen zu einem Archiv macht besonders anschaulich, daß dieses Kapitel mittlerweile abgeschlossen ist. Jeder weitere Strafprozeß wäre eine Überraschung, denn die wenigen mutmaßlichen Täter, die noch leben, sind zumeist verhandlungsunfähig, und die Widerstände der Justizbehörden gegen solche Gerichtsverfahren haben sich in den letzten Jahren zwar verringert, aber keineswegs verflüchtigt.

Während die gerichtliche Ahndung nationalsozialistischer Verbrechen also allein schon aufgrund des Generationswechsels ihrer politischen Aktualität enthoben ist, erscheint die damit verbundene Fragestellung, in welcher Weise eine demokratische Rechtsordnung auf kollektive Großverbrechen wie Völkermord reagieren soll, nicht obsolet. Im Gegenteil: In den vergangenen zehn Jahren erfuhr nicht zuletzt das Völkerstrafrecht einen zuvor kaum für möglich gehaltenen Aufschwung, eng gekoppelt an die Errichtung der Ad-hoc-Gerichtshöfe für Jugoslawien und Ruanda 1993 sowie des Internationalen Strafgerichtshofs, der im März 2003 seine Arbeit in Den Haag aufgenommen hat. Auch wenn abzuwarten bleibt,

1 So sind bis zum Jahr 1998 vor westdeutschen Gerichten Ermittlungs- und Vorermittlungsverfahren gegen 106 496 Personen eingeleitet worden, davon wurden 6495 rechtskräftig verurteilt. Insgesamt gab es 150 lebenslängliche Freiheitsstrafen und, vor Inkrafttreten des Grundgesetzes, 14 Todesurteile; die Mehrzahl der Verurteilten erhielt eine Haftstrafe von unter zehn Jahren; vgl. Rüter / de Mildt, Strafverfahren, S. IX; Oppitz, Strafverfahren, S. 75 ff.

inwiefern die Tätigkeit des Internationalen Strafgerichtshofs von nationalstaatlichen Eigeninteressen bestimmt sein wird, ist bereits jetzt evident, daß die internationale Debatte über Konzeption, Reichweite und Durchsetzbarkeit des Völkerstrafrechts zu einem neuen Problembewußtsein für staatsgestützte Kriminalität geführt hat.

Aus rechtswissenschaftlicher Sicht gilt es dabei nicht nur die theoretischen Grundlagen für Tatbestände und individuelle Verantwortlichkeit zu klären[2]. Zu diskutieren ist auch die Frage – und dies dient zugleich der Orientierung für eine rückblickende Einschätzung der westdeutschen Strafverfolgung –, welche Zwecke mit der Ahndung von Völkermord, Verbrechen gegen die Menschlichkeit und anderen Kriegsverbrechen erreicht werden sollen. Ein zentrales Ziel der Prozesse, so die überzeugende Argumentation der Völkerstrafrechtlerin Christina Möller[3], liegt in der öffentlichen Stigmatisierung des begangenen Unrechts. Indem die Gerichte die Täter schwerster Menschenrechtsverletzungen anklagen und zu Haftstrafen verurteilen, wird den universalen Wertvorstellungen eines »zivilsatorischen Minimums« demonstrativ und verbindlich zur Durchsetzung verholfen. Hinzu kommt die Aufgabe der Strafverfahren, den eigenständigen Rechten der Opfer Rechnung zu tragen. So gilt es, das ihnen zugefügte Unrecht aufzuklären, sie öffentlich zu rehabilitieren und so ihre verletzte Würde wiederherzustellen. Und nicht zuletzt soll die Ahndungstätigkeit dazu beitragen, mit aller Deutlichkeit die Verantwortung einzelner Personen für ihr konkretes Handeln herauszustellen, gerade weil Massenverbrechen, verübt in kollektiven Handlungszusammenhängen, in spezifischer Weise Feindbilder und Fehlwahrnehmungen tradieren. Der Plausibilität kollektiver Entlastungsversuche auf seiten der Täter und kollektiver Schuldzuweisungen auf seiten der Verfolgten kann auf diese Weise entgegengetreten werden.

Angesichts der enormen Ansprüche, die ein solcher Katalog an Strafzwecken den Gerichten aufbürdet, liegt es auf der Hand, daß eine entsprechende Normsetzung durch die Justiz nur im Kontext weiterer gesellschaftlicher Anstrengungen wirksam werden kann – nur dann also, wenn

2 An dieser Stelle sei aus der umfangreichen Forschungsliteratur nur auf zwei Publikationen des international wohl profiliertesten Völkerstrafrechtlers M. Cherif Bassiouni verwiesen: International Criminal Law, und Crimes against Humanity, sowie auf zwei wegweisende Studien aus dem deutschsprachigen Raum: Ambos, Allgemeiner Teil des Völkerstrafrechts; Vest, Genozid durch organisatorische Machtapparate.

3 Vgl. zum folgenden Möller, Völkerstrafrecht, S. 522 ff.

der Übergang von der Diktatur zur Demokratie von weiteren Maßnahmen flankiert wird, zu denen etwa die massenmediale Aufklärung über das begangene Unrecht, die politische Säuberung der Funktionseliten und die Entschädigung der Opfer gehören.

Die Frage, unter welchen Bedingungen die Demokratisierung und Zivilisierung einer Gesellschaft gelingen kann, aus deren Mitte heraus Massenverbrechen begangen wurden, gewinnt auch für die Bewertung der jüngeren deutschen Geschichte zunehmend an Bedeutung. Wenn nämlich die neuere Forschung zum Nationalsozialismus deutlicher als zuvor die tiefgreifende politische und mentale Verankerung des Regimes in der deutschen Gesellschaft erkennbar werden läßt, so erscheint es um so erstaunlicher, daß sich die Bundesrepublik trotz dieser Belastungen zu einer demokratischen Gesellschaft nach westlichem Zuschnitt entwikkeln konnte?[4] Die vorliegende Studie geht diesem erklärungsbedürftigen Phänomen für das zweite Jahrzehnt der neuen Republik nach, denn anhand der Rethematisierung der NS-Vergangenheit in den sechziger Jahren lassen sich besonders aufschlußreich Ausmaß und Grenzen des westdeutschen Demokratisierungsprozesses bemessen.

So rückten die neuen NS-Prozesse nicht nur die Massenverbrechen des »Dritten Reiches« ins Blickfeld der westdeutschen Öffentlichkeit, sondern zugleich auch die auf diesem Gebiet eklatanten Ahndungsdefizite und die personellen Belastungen in den Reihen der Justiz. Diese drei in ihrer Verknüpfung besonders virulenten Themen entfachten Kontroversen über die Frage, wie mit der – nun als »unbewältigt« apostrophierten – Vergangenheit umzugehen sei: Wie war die NS-Herrschaft zu bewerten, und was sollte überhaupt als nationalsozialistisches Unrecht gelten? Gegen welche Täter sollten Ermittlungen eingeleitet, Verfahren eröffnet und Strafen verhängt werden? Ahnden oder amnestieren? – so lautete die Kernfrage der Debatte, in der die diktatoriale Vergangenheit der Deutschen ebenso verhandelt wurde wie deren Auswirkungen auf die demokratische Gegenwart.

4 In diesem Sinne auch die Überlegungen von Michael Wildt in seiner Kollektivbiographie über das Personal des Reichssicherheitshauptamtes, Generation, S. 470. Zum aktuellen Forschungsstand zur Demokratieentwicklung in der Bundesrepublik vgl. Herbert, Liberalisierung.

Stand der Forschung

Schon eine kursorische Lektüre der neueren wissenschaftlichen Publikationen zur Geschichte der NS-Vergangenheit in der Bundesrepublik läßt erkennen, daß das Schlagwort »Vergangenheitsbewältigung« ausgedient hat. Angesichts seiner definitorischen Unschärfe bedient sich die Forschung über die deutsche Entwicklung mittlerweile einer ausdifferenzierten, auf spezifische Zugänge und Aspekte verweisenden Terminologie. Der von Peter Reichel eingeführte Begriff »Erinnerungspolitik« bezeichnet das Feld der politisch-kulturellen Auseinandersetzung mit der Vergangenheit, so die Errichtung von Gedenkstätten, Museen und Denkmälern, ferner die Ausrichtung von Staatsfeiern und politischen Gedenktagen[5]. Der verwandte Ansatz der »Geschichtspolitik« von Edgar Wolfrum legt den Akzent auf den öffentlichen Diskurs über die Vergangenheit, der in Hinsicht auf Legitimationsinteressen und Aussagen über Veränderungen im politischen Selbstverständnis der deutschen Gesellschaft interpretiert wird[6].

Im engeren Sinne politikgeschichtlich orientiert ist das Konzept der »Vergangenheitspolitik«. In seiner gleichnamigen Studie nimmt Norbert Frei eine Entwicklung der frühen Bundesrepublik in den Blick, die auf die Revision nahezu aller politischen Säuberungsmaßnahmen der Alliierten hinauslief, während das offene Bekenntnis zum Nationalsozialismus weiterhin tabuisiert blieb[7]. Der Neologismus »Vergangenheitspolitik« erwies sich als so eingängig, daß er von Publizistik und Forschung aufgegriffen und zunehmend von der engen zeitlichen Bindung an die Gründungsphase der Bundesrepublik abgelöst wurde[8]. In der vorliegenden

5 Vgl. Reichel, Politik. Aus diesem breiten Forschungsgebiet seien hier nur einige weitere Publikationen genannt. Zur Kontroverse über die Wehrmachtsausstellung des Hamburger Instituts für Sozialforschung vgl. Greven / von Wrochem (Hg.), Krieg; Hamburger Institut für Sozialforschung (Hg.), Ausstellung. Als aktueller Beitrag zur Geschichte der Gedenkstätten in der Bundesrepublik vgl. Marcuse, Dachau, als Überblick Hoffmann (Hg.), Gedächtnis. In die breite Debatte über das Berliner Holocaust-Denkmal führt der Band von Cullen (Hg.), Mahnmal, ein. Zum 8. Mai als politischem Gedenktag vgl. die Studien von Kirsch, Geschichte, sowie Naumann, Krieg.

6 Im Zentrum der Studie von Wolfrum steht allerdings nicht die NS-Vergangenheit, sondern die Debatte über die deutsche Frage; vgl. ders., Geschichtspolitik.

7 Vgl. Frei, Vergangenheitspolitik.

8 So etwa in den Sammelbänden Bock / Wolfrum (Hg.), Vergangenheit; Fröhlich / Kohlstruck (Hg.), Vergangenheitspolitik.

Arbeit bezeichnet der Begriff der Vergangenheitspolitik – in Abgrenzung von Erinnerungspolitik – das politische Handeln gegenüber den »Tätern«, all jenen also, die an den nationalsozialistischen Repressionen, Ausplünderungen und Tötungsverbrechen beteiligt gewesen waren.

Wie in der Bundesrepublik mit dieser quantitativ durchaus erheblichen Gruppe[9] verfahren worden ist, ob die Berufskarrieren fortgesetzt wurden und in welchem Ausmaß politische Säuberungen und Gerichtsverfahren erfolgten – um diese Fragen rankte sich jahrzehntelang ein Gewirr aus Skandalen und Mythen, das die zeithistorische Forschung inzwischen zu lichten begonnen hat. Dabei sind verschiedene, sich in ihren Erkenntnissen ergänzende Untersuchungsfelder und methodische Vorgehensweisen gewählt worden.

Eine Forschungsrichtung entwickelte sich im Kontext der seit Anfang der neunziger Jahre verstärkt unternommenen Anstrengungen, die nationalsozialistische Vernichtungspolitik in empirisch fundierten Regional- und Fallstudien zu ergründen. Da die Akten der Ermittlungsbehörden einen Kernbestand der dabei ausgewerteten Quellen darstellten, lag es im Grunde nahe, auch die Zeit nach 1945 zu beleuchten und die Geschichte der strafrechtlichen Verfolgung selbst zum Thema zu machen. Die Perspektive richtet sich dabei auf einzelne Tätergruppen und Täter[10], die zuweilen auch als vergangenheitspolitische Akteure in eigener Sache auftraten[11], ferner auf die spezifischen methodischen Probleme, die der

9 So geht man nach heutigen Schätzungen davon aus, daß allein in die Vorgänge der Ermordung der europäischen Juden 200 000 bis 250 000 Deutsche und Österreicher involviert gewesen waren. Selbst nach den enggefaßten Kriterien des Völkerstrafrechts wird man von einigen zehntausend Straftätern ausgehen können, vor westdeutschen Gerichten wurden dagegen knapp 500 Personen wegen Holocaust-Verbrechen verurteilt; vgl. Pohl, Holocaust, S. 124, S. 177.

10 Zur Strafverfolgung der Konzentrationslager-SS vgl. die Studie von Orth, SS-Täter; zur Nachgeschichte der Täter des Konzentrations- und Vernichtungslagers Auschwitz jetzt Wagner, IG Auschwitz, S. 295 ff., und Steinbacher, Mord; zur Zivilverwaltung im besetzten Osteuropa vgl. Musial, Zivilverwaltung, und Danker, Versuch. Die Ermittlungen gegen die NS-Funktionselite im besetzten Frankreich sind Thema des inzwischen abgeschlossenen Dissertationsprojektes von Bernhard Brunner, Universität Freiburg; vgl. ders., Juristische Aufarbeitung.

11 So vor allem die bahnbrechende biographiegeschichtliche Monographie von Ulrich Herbert über Werner Best, den Chefideologen des Reichssicherheitshauptamtes, der in der Nachkriegszeit vielfältige amnestiepolitische Aktivitäten entfaltete. Über das apologetische Engagement des einst führenden NS-Ordnungspolizisten Adolf von Bomhard für seinen Berufsstand in der Bundesrepublik jetzt Hölzl, Rock.

Quellenbestand der Ermittlungs- und Gerichtsakten für die Historiker aufwirft[12].

Nicht zuletzt angestoßen durch diesen neueren Forschungstrend, wendet sich die Aufmerksamkeit der Zeithistoriker nun auch der Geschichte und Wirkungsgeschichte der NS-Prozesse in der Bundesrepublik zu, an erster Stelle dem Frankfurter Auschwitz-Prozeß (1963-1965), von dem ein entscheidender Impuls für die Auseinandersetzung mit der NS-Vergangenheit ausging[13]. Erweitert wird der Blick durch neuere Studien von Kerstin Freudiger und Michael Greve zur Rechtsprechung in NS-Verfahren[14], die mit ihren fundierten Bewertungen eine wichtige Ergänzung zu der bereits 1982 publizierten Überblicksdarstellung von Adalbert Rückerl bilden, dem damaligen Leiter der Zentralen Stelle in Ludwigsburg[15].

Einen anderen Zugang zum Thema der NS-Vergangenheit wählen die Studien, die von politikgeschichtlichen Fragestellungen ausgehen und, oft in Form eines Vergleichs angelegt, die Entwicklung in der Bundesrepublik, der DDR und Österreich analysieren[16]. Soweit sich dieses

12 Methodische Überlegungen zum Spannungsverhältnis von juristischen und historischen Erkenntnisinteressen bietet der Band von Frei u. a. (Hg.), Geschichte vor Gericht.

13 Den Forschungsstand präsentiert das Jahrbuch des Fritz Bauer Instituts 2001, Gerichtstag. Neue Erkenntnisse versprechen auch zwei bislang noch unveröffentlichte Dissertationen zum Thema: Devin Pendas, Northwestern University, Chicago, untersucht die Medienberichterstattung über den Auschwitz-Prozeß; Rebecca Wittmann, University of Toronto, unternimmt eine Analyse von Vorbereitung, Verlauf und Rezeption des Verfahrens. Den bedeutenden Anteil Hermann Langbeins, des Generalsekretärs des Internationalen Auschwitz-Komitees, am Zustandekommen des Frankfurter Strafverfahrens vermag Kerstin Robusch in ihrer Bochumer Magisterarbeit zu zeigen. Zur Resonanz auf den Jerusalemer Eichmann-Prozeß in den westdeutschen Medien vgl. jetzt Krause, Rezeption.

14 Freudiger untersucht anhand von 142 Urteilen westdeutscher Gerichte die Entwicklung der Rechtsprechung zu den Verbrechenskomplexen: Holocaust, »Euthanasie«, Kriegs- und Justizverbrechen. Einen breiteren Analyserahmen wählt Greve in seiner Studie über die Strafverfolgung in den sechziger Jahren. Neben der ebenfalls auf der Auswertung zahlreicher Urteile beruhenden Untersuchung der Rechtsprechung bezieht er auch die außerjuristischen Vorgänge der Rechtspolitik ein; vgl. Freudiger, Aufarbeitung; Greve, Umgang.

15 Vgl. Rückerl, NS-Verbrechen vor Gericht.

16 Neben der Monographie von Frei ist hier vor allem die Arbeit von Herf, Zweierlei Erinnerung, über den Umgang mit der NS-Vergangenheit in Ost- und Westdeutschland zu nennen, deren empirischer Kern die eigenständige, aber bald marginalisierte Position jüdischer SED-Mitglieder zur NS-Vergangenheit bildet.

wachsende Interesse auf die ersten zwei Jahrzehnte der Bundesrepublik bezieht, wird die Annahme der früheren Forschung, die Ära Adenauer sei als quasi unaufhaltsame Erfolgsgeschichte einer sich rasch stabilisierenden Demokratie zu deuten[17], einer grundlegenden Revision unterzogen. Betont wird statt dessen die Labilität und Störanfälligkeit des demokratischen Rechtsstaats, die lange Dauer überkommener mentaler Prägungen und die kaum zu überschätzende Bedeutung der außenpolitischen Einflußnahmen.

Inzwischen hat sich herauskristallisiert, daß drei Aspekte den Umgang mit der nationalsozialistischen Vergangenheit in den fünfziger und sechziger Jahren bestimmen, die auch für die vorliegende Studie den analytischen Rahmen setzen: erstens die Erfahrung der nationalsozialistischen Volksgemeinschaft, zweitens der Prozeß der Westintegration und Verwestlichung und drittens, als dessen politik- und kulturgeschichtliches Pendant, die deutsche Zweistaatlichkeit und der Antikommunismus.

1. Nachdem die »Volksgemeinschaft« seit längerem schon als zentrale Forschungskategorie für die innere Entwicklung des »Dritten Reiches« etabliert ist[18], gewinnt dieser Terminus inzwischen auch für die Mentalitätsgeschichte der Deutschen nach 1945 an Bedeutung. Im Vordergrund steht dabei allerdings weniger die Prägekraft einer Sozialutopie, die eine nach innen egalitäre und »rassisch« bereinigte Gesellschaft anstrebte. Unter »Volksgemeinschaft« wird vielmehr eine Erfahrungsgemeinschaft der Deutschen verstanden, die auf den im nachhinein meist verleugneten Umstand fußte, daß die deutsche Gesellschaft dem Regime bis weit in die Kriegszeit hinein mehrheitlich eng verbunden blieb. Wenn in den Jahrzehnten danach die Ablösung vom Wertehorizont der NS-Zeit als zögerlicher, in vielem nur selektiver Wandlungsprozeß der westdeutschen Gesellschaft erscheint, so mag dies an der Erfahrung kollektiver, ja rauschhafter Identifikationserlebnisse der auf zahllosen Propagandaveranstaltungen mobilisierten »Volksgemeinschaft« mit dem »Führer« gelegen haben. Vermutlich noch weitreichender aber war die massenhafte Teilnahme an den nationalsozialistischen Verfolgungsmaßnahmen. Denn der Eroberungskrieg versprach auch den »einfachen Volksgenossen« einen

Vgl. außerdem die Sammelbände Danyel (Hg.), Geteilte Vergangenheit; Bergmann u. a. (Hg.), Schwieriges Erbe.

17 Am prominentesten in dieser Hinsicht sind sicherlich die zwei Bände zur Geschichte der Bundesrepublik Deutschland von Schwarz, Ära Adenauer.

18 Als erste konzeptionelle Ausarbeitung der »Volksgemeinschaft« vgl. Schoenbaums bis heute anregende Studie »Hitler's Social Revolution« von 1966; zu Begrifflichkeit und Forschungsstand jetzt Götz, Geschwister.

immensen Machtzuwachs und – mehr oder weniger offen – eine Bereicherung auf Kosten vertriebener Juden und besiegter Nachbarvölker.

Wie korrumpiert das moralische Bewußtsein vieler Deutscher auch über das Kriegsende hinaus blieb, trat wohl am markantesten Anfang der fünfziger Jahre zutage, als die Forderung nach Freilassung der inhaftierten Kriegsverbrecher eine ausgesprochen hohe Popularität erreichte[19]. So verweisen auch in den sechziger Jahren zu beobachtende Phänomene wie der öffentliche Schulterschluß mit schwer belasteten Tätern und die weitverbreitete Ablehnung der Strafverfolgung auf eine Grundsolidarität, die auf den Ausnahmezustand in der NS-Zeit gründete und all denen galt, die »dabeigewesen waren«.

2. In nur einem Jahrzehnt wandelte sich das Verhältnis zwischen den westlichen Alliierten und den Westdeutschen grundlegend: Aus den einstigen Besatzungsmächten wurden schließlich endgültig Bündnispartner, als die Bundesrepublik 1955 der NATO und der Westeuropäischen Union beitrat. Was dabei die Haltung gegenüber den deutschen NS- und Kriegsverbrechern betrifft, erwiesen sich die Siegermächte, nachdem ihr säuberungspolitisches Programm der Internierung, Strafverfolgung und Entnazifizierung der ersten Jahre abgeschlossen war[20], als durchaus pragmatische Verhandlungspartner der westdeutschen Politiker. Deren stetes Drängen auf Straffreiheit und Reintegration des einschlägig belasteten NS-Personals widersetzten sich Frankreich, Großbritannien und die USA nur in Ausnahmefällen von besonderer symbolischer Bedeutung – etwa im Fall der Exekution von sieben in Nürnberg und Dachau verurteilten Schwerverbrechern 1951[21].

Doch obschon es im Laufe der fünfziger Jahre nicht mehr zu vergleichbar zugespitzten vergangenheitspolitischen Konfrontationen kam, legten die Alliierten – das zeigen die Forschungsarbeiten von Ulrich Brochhagen[22] und Claudia Moisel[23] – ihre Rolle als skeptische Wächter über

19 Vgl. dazu Frei, Vergangenheitspolitik, S. 304 f.; und mit Blick auf die Kameradschaft unter ehemaligen Wehrmachtssoldaten Kühne, Männerbund, S. 186 ff.

20 Als Überblick dazu Henke, Trennung.

21 Ausführlich dazu Frei, Vergangenheitspolitik, S. 195 ff.

22 Vgl. Brochhagen, Nach Nürnberg, der – allerdings unsystematisch und in der Darstellung oft oberflächlich – zahlreiche Aspekte des Themas »NS-Vergangenheit« im Kontext der deutsch-englischen und deutsch-amerikanischen Beziehungen behandelt.

23 Moisel, Frankreich, beleuchtet auf breiter Quellenbasis erstmals die deutschen Kriegs- und NS-Verbrechen als zentrales Kapitel der deutsch-französischen Beziehungen.

die junge deutsche Demokratie nicht ab. Vor allem Großbritannien trat hier als mahnende Instanz auf. Wenn solche Kritik in der Bundesrepublik auf fruchtbaren Boden fiel und dort die Diskussion über vergangenheitspolitische Fehlentwicklungen vorantreiben konnte, so kann dies auch als Indiz für die fortgeschrittene Demokratisierung und politisch-moralische Öffnung der bundesrepublikanischen Gesellschaft gewertet werden. Insofern betreffen die außenpolitischen Einflußnahmen nicht allein die Interessenlagen der Bonner Regierung, sondern sind vielmehr im Kontext des kulturellen Prozesses der Verwestlichung der Gesellschaft in der Bundesrepublik zu erfassen, der in vieler Hinsicht bereits unter Journalisten und Studenten auszumachen war, ehe er die politische Klasse zu prägen begann[24]. Ohne Zweifel bedarf es aber noch einiger Forschungsbemühungen, bevor gesicherte Kenntnisse darüber vorliegen, wie die Annäherung an die politische und populäre Kultur des Westens (sowie die Abgrenzung davon) den Umgang mit der NS-Vergangenheit verändert hat.

3. Im Systemkonflikt zwischen den beiden deutschen Teilstaaten gehörte es zu den gängigen Ritualen, den jeweiligen Gegner – entweder unter dem Vorzeichen des Antifaschismus oder des Antitotalitarismus – als Erben der NS-Diktatur zu diffamieren. Wirklich brisant wurde die Angelegenheit jedoch erst, als die DDR in ihren »antifaschistischen« Propagandakampagnen Vertreter der westdeutschen Justiz und Politik belastete und damit auch in der Bundesrepublik große Resonanz erzielte. Das Wissen über dieses besondere Kapitel der deutsch-deutschen Beziehungen hat nicht zuletzt aufgrund der Fülle an nun verfügbaren Quellen aus den Beständen des SED-Staates ein beachtliches Niveau erreicht[25].

24 Vgl. zu den wichtigsten Forschungsprojekten zum Thema »Verwestlichung« den Überblick von Doering-Manteuffel, Westernisierung, und den Sammelband von Fehrenbach / Poiger (Hg.), Transactions.

25 Als aktuelle Einführung in das Thema der Elitenkontinuität vom Dritten Reich zur Bundesrepublik vgl. Frei (Hg.), Karrieren. Die bisherigen Forschungen über die »antifaschistischen« Kampagnen haben auch deutlich gemacht, daß die von der DDR aufgedeckten personellen Kontinuitäten in der Ministerialverwaltung der Bundesregierung, in der Bundeswehr und im auswärtigen Dienst weiterhin Leerstellen der Zeitgeschichtsforschung sind. Unentbehrliche Quellen zum Thema sind die diversen Ausgaben des *Braunbuchs*, herausgegeben vom Nationalrat der Nationalen Front, inzwischen als Neuauflage der Fassung von 1968 wieder erhältlich; vgl. Podewin (Hg.), Braunbuch. Zum Skandal um belastete Beamte im Auswärtigen Amt von 1951/52, angestoßen von einer Artikelserie der *Frankfurter Rundschau*, vgl. außerdem Döscher, Gesellschaft.

Neben einigen Untersuchungen, die ausschließlich auf die innenpolitische Lage der DDR abheben[26], existieren Fallstudien über die Reaktionen auf die »Blutrichter«-Kampagne in einzelnen Bundesländern[27] und – im Rahmen einer politischen Biographie – über die Kampagne gegen den Vertriebenenminister Theodor Oberländer[28]. Eine systematische Studie über die Rechtspolitik in Ost- und Westdeutschland auf dem Gebiet der Strafverfolgung von NS-Verbrechen hat jüngst Annette Weinke vorgelegt. Auf breiter Quellenbasis kann sie darin unter anderem zeigen, welche zunehmende Bedeutung das Ministerium für Staatssicherheit für die Vergangenheitspolitik der DDR erlangt und in welchem Ausmaß das SED-Regime versuchte, auf westdeutsche Prozesse Einfluß zu nehmen[29]. Ohne die DDR, dies belegen jene Forschungsarbeiten, wäre in der Bundesrepublik die Kritik an der Reintegration der Täter später in Gang gekommen und hätte nicht eine derartige politische Sprengkraft entwickelt.

Gegenstand und Fragestellungen

Die vorliegende Studie behandelt zwei Konfliktfelder, die maßgeblich zur Politisierung der NS-Vergangenheit in den sechziger Jahren beitrugen: die Kontroverse über die belasteten Juristen und die Debatte über die Ahndung nationalsozialistischer Verbrechen. Konzeptionell erwies es sich als sinnvoll, diese beiden bislang nicht systematisch erschlossenen Aspekte der Vergangenheitspolitik in einer Monographie zu bearbeiten, um deren enge Wechselwirkungen und kausale Verknüpfungen aufzeigen zu können.

26 Vgl. als erste auf DDR-Aktenmaterial gestützte Darstellung Lemke, Kampagnen, und ders., Antifaschismus; ferner die Ausführungen von Illichmann im Rahmen ihrer Dissertation über die politische Instrumentalisierung der Juden in der DDR, S. 133 ff.

27 So zu Hamburg: Bästlein, Nazi-Blutrichter; zu West-Berlin: Weinke, Selbstamnestierung; zu Hessen: Meusch, Diktatur, S. 213 ff.

28 Vgl. Wachs, Fall Oberländer, der zwar ausführlich die DDR-Propaganda gegen den einstigen NS-»Volkstumsforscher« Oberländer untersucht, hingegen auf dessen zweite Karriere in der Bundesrepublik, seine Rolle als Vertriebenenminister und Vorsitzender des BHE, eher beiläufig und ohne weiterführende Fragestellung eingeht.

29 Vgl. Weinke, Verfolgung. Zu den »operativen Maßnahmen« des Ministeriums für Staatssicherheit, mit denen die Kampagnen im gesamten Ostblock gesteuert werden sollten, vgl. auch den zuvor erschienenen Aufsatz von Weinke, Kampf.

Der erste Teil behandelt den politischen Konflikt um die Richter, Staatsanwälte und Verwaltungsjuristen, denen ihre Mitwirkung am nationalsozialistischen Justizunrecht zunächst von seiten der DDR zum Vorwurf gemacht wurde. Seit Mai 1957 legten die Broschüren der »Blutrichter«-Kampagne die Belastungen von weit über tausend amtierenden Juristen offen – eine schon in quantitativer Hinsicht beispiellose Enthüllungsaktion. Über die Rekonstruktion der Kampagnentätigkeit hinaus zielt das Forschungsinteresse der Studie auf die Frage, welche politische Strategie die DDR mit ihren Anschuldigungen verfolgte und wie diese zunächst im westlichen Ausland und schließlich auch in der Bundesrepublik rezipiert wurde.

Im Inland stellte die wachsende kritische Öffentlichkeit Ende der fünfziger Jahre eine wichtige Voraussetzung dar, um dem Faktum, daß westdeutsche Richter und Staatsanwälte für den nationalsozialistischen Justizterror verantwortlich waren, überhaupt Aufmerksamkeit zu verschaffen. Hier richtet sich das Augenmerk zum einen auf jene studentischen Gruppen, die auf Grundlage des ostdeutschen Aktenmaterials die personelle Kontinuität in der Justiz skandalisierten, zum anderen auf die Berichterstattung in den Medien, die bemerkenswerten Schwankungen zwischen kritischer Intervention und ausgesprochenem Desinteresse unterworfen war.

Der im Zuge der »Blutrichter«-Kampagne drohende Ansehensverlust der Judikative ließ die westdeutschen Rechtspolitiker schließlich erwägen, ob sie nicht zumindest den Rücktritt der am schwersten Belasteten erzwingen sollten. Nach längerem Streit fanden sich die Verantwortlichen von Bund und Ländern allerdings nur zu einer gesetzlichen Regelung bereit, die den Betroffenen ein freiwilliges Ausscheiden aus dem Amt ermöglichte. Wie wenig dieser Paragraph 116 des Richtergesetzes das Problem zu lösen vermochte, demonstriert eindringlich der Skandal um Wolfgang Fränkel. Der 1962 neu berufene Generalbundesanwalt sah sich bald nach seinem Amtsantritt mit einer detailreichen Dokumentation über seine Vergangenheit am Leipziger Reichsgericht konfrontiert, die das Personal des Bundesgerichtshofs – davon viele frühere Kollegen Fränkels – insgesamt ins Zwielicht rückte.

Die Vorwürfe gegen die Bundesjustiz bilden über den Fall Fränkel hinaus einen Schwerpunkt der Untersuchung, denn die obersten Gerichte und das Bundesjustizministerium standen von Beginn an im Zentrum der DDR-Kampagne. Ferner befanden sich in ihren Reihen, prozentual gesehen, mehr ehemalige Sonder- und Wehrmachtsrichter als anderswo (außer beim neugegründeten Bundesverfassungsgericht). Wie der Bundesgerichtshof und das Bonner Justizministerium auf die Beschuldigungen reagierten, ist für die Analyse der Vergangenheitspolitik auch deshalb von besonderer Relevanz, weil diese beiden Institutionen – als oberstes Strafgericht und als rechtspolitische Exekutive des Bundes – maßgeblichen Einfluß auf die Ahndung von NS-Verbrechen ausübten.

Im Zentrum des zweiten Teils der Studie stehen die Gründung und Tätigkeit der Zentralen Stelle und die Debatten über die Verjährung nationalsozialistischer Verbrechen. Schon die Entstehungsgeschichte der in Ludwigsburg angesiedelten Ermittlungsbehörde illustriert, daß das Gebiet der Ahndung von NS-Verbrechen in weitaus stärkerem Maße von politischen Rahmenbedingungen beeinflußt war, als es die prinzipielle Unabhängigkeit der Dritten Gewalt vermuten ließe. So hatte es erst des Aufsehens über zwei große NS-Prozesse in Bayreuth und Ulm bedurft, um die Justizpolitiker zu einer institutionellen Verstärkung der Ahndungsbemühungen zu veranlassen. Untersucht wird, inwiefern die Strafprozesse die Errichtung der Zentralen Stelle beförderten, welche Intentionen die daran beteiligten Akteure verfolgten und über welchen Handlungsspielraum die Behörde im Rahmen ihres Ermittlungsauftrages tatsächlich verfügte.

Vor dem Hintergrund der mit neuer Energie aufgenommenen Ermittlungstätigkeit lassen sich in den sechziger Jahren zwei gegenläufige Tendenzen in Politik, Justiz und Öffentlichkeit ausmachen: Während auf der einen Seite auf die Ausweitung der Strafverfolgung gedrängt wurde, formierten sich auf der anderen nicht minder einflußreiche Pressure-groups außerhalb und innerhalb des Regierungsapparates, die die weitverbreiteten Vorbehalte gegen die NS-Prozesse für ihre Amnestieinteressen zu nutzen wußten. So werden die Diskussionen über die Verjährung von Totschlag und die weitaus intensiver geführten Debatten über die Verjährung nationalsozialistischer Mordverbrechen 1965 und 1969 als Aushandlungsprozesse begriffen, in denen jeweils neue Grenzziehungen zwischen Strafverfolgung und Straffreiheit vorgenommen wurden.

Die Reichweite dieses Konflikts war zu keinem Zeitpunkt nur auf die Bundesrepublik beschränkt, sondern erstreckte sich in einem sehr viel größeren Maße, als dies von der Forschung bislang erkannt worden ist, auf Westeuropa, die USA, Israel und die Ostblockstaaten. Im Ausland erhob sich gegen die bevorstehende Verjährung ein scharfer Protest, getragen von Verfolgtenverbänden, jüdischen Organisationen und – mit deutlich anders gelagerten Interessen – von den Regierungen des Warschauer Paktes. In welchem Ausmaß diese kritischen Wortmeldungen und Demonstrationen aus dem Ausland zum Stimmungswandel in der westdeutschen Öffentlichkeit beitrugen, ist ebenso zu erheben wie der Einfluß, den die politischen Interventionen der Bündnispartner und die Propagandaaktionen der DDR auf die Entschlußbildung in Legislative und Exekutive ausübten. Schließlich soll auch die bisher von der Zeitgeschichtsforschung vertretene Auffassung überprüft werden, daß die Bundestagsentscheidung für die Verlängerung der Verjährungsfrist 1965 als Ausdruck eines Wertewandels und einer inneren Demokratisierung der Bundesrepublik zu interpretieren ist[30]. Um allerdings ausloten zu können, welchen Verlauf dieser Demokratisierungsprozeß nahm und welche normativen Grenzen ihm eingeschrieben waren, wird der Untersuchungszeitraum bis zum Ende der sechziger Jahre gespannt, als neben der erneuten Verlängerung der Verjährungsfrist auch das bereits seit langem verfolgte Projekt einer Amnestie für Beihilfe zum Mord realisiert wurde. Diese verdeckt installierte Novellierung des Beihilfe-Rechts im Strafgesetzbuch, der Paragraph 50/2, der einen massiven Einbruch der Strafverfolgungsaktivitäten herbeiführte und bis heute in seiner Bewertung umstritten ist[31], wird in seiner Genese beleuchtet und in seiner politischen Relevanz bewertet.

Quellen

Wer seine Forschungsinteressen auf die Politikgeschichte der Bundesrepublik richtet, kann in der Regel über einen Mangel an Quellenmaterial nicht klagen. Auch für die vorliegende Arbeit stand eine Fülle von Dokumenten zur Verfügung, die das vergangenheitspolitische Handeln von Parteien, Parlament und Regierungen erhellen, allen voran die entsprechenden Akten der Bundestagsfraktionen, des Auswärtigen Amtes und des Bundesjustizministeriums. Angesichts der Tatsache, daß die Mehrzahl der ausgewerteten Vermerke und Briefwechsel im typisch nüchtern-

30 So beispielsweise die Bewertung von Benz, Umgang, und Dubiel, Geschichte, S. 103 ff.

31 Vgl. zur Diskussion über die Frage, ob die Strafrechtsnovelle eine »Gesetzgebungspanne« oder eine mit Absicht verdeckt eingeführte Amnestie darstellt, die Ausführungen von Herbert, Best, S. 507 ff. Ohne dies recht belegen zu können, geht Herbert davon aus, daß der frühere SS-Ideologe Werner Best die strategischen Vorgaben für dieses Amnestiegesetz geliefert hatte. Dagegen stimmt Wildt in seiner aktuellen Studie, Generation, S. 834 ff., der seinerzeitigen Auskunft der Bundesregierung zu, es habe sich hier um ein unbedachtes Mißgeschick des Gesetzgebers gehandelt.

spröden Stil der Verwaltungsjuristen verfaßt sind, kommt den genauen Verlaufsprotokollen, wie sie beispielsweise vom Rechtsausschuß des Bundestags, den Konferenzen der Landesjustizminister und der CDU-Bundestagsfraktion überliefert sind, eine ausgesprochen große Bedeutung zu. Denn erst sie geben einen genaueren Einblick in die spannungsreiche, nicht selten auch affektgeladene Seite der Rechtspolitik gegenüber NS-Tätern, von der trotz aufmerksamer Presseberichterstattung vieles nicht öffentlich bekannt wurde.

Vor diesem Hintergrund ist es ausdrücklich zu begrüßen, daß den Historikern mittlerweile Einsicht in Aktenbestände gewährt wird, die man zuvor verschlossen gehalten hatte. So kann auch diese Arbeit davon profitieren, daß der Rechtsausschuß des Bundestags sich vor einigen Jahren bereit fand, die als geheim eingestuften Beratungen über den Paragraphen 116 des Richtergesetzes zu entsperren[32]. Und als bahnbrechend für die Erforschung der Strafverfolgung von NS-Verbrechen wird man die Freigabe der Generalakten des baden-württembergischen Justizministeriums zur Zentralen Stelle bewerten können, da dieser umfangreiche Bestand detaillierte Auskünfte über die Entwicklung der Ahndungsaktivitäten seit Ende der fünfziger Jahre bereithält. In dieser Studie ist er ausgewertet worden für eine erste umfassende Darstellung der Gründungsgeschichte der Zentralen Stelle und ihrer gleichsam zweiten Gründungsphase Mitte der sechziger Jahre, als sie infolge der Verlängerung der Verjährungsfrist mit erweiterten Kompetenzen ausgestattet wurde.

Die herausragende Rolle der DDR, sowohl in Hinsicht auf die propagandistische Tätigkeit als auch auf die Rechtshilfe in NS-Strafsachen, ist auf der Basis der Archivalien des DDR-Justizministeriums, der Generalstaatsanwaltschaft und vor allem der Überlieferungen der SED-Westarbeit untersucht worden. Letztere erwiesen sich jedoch als ausgesprochen disparat. Eine Ursache scheint darin zu liegen, daß die zahlreichen beim Zentralkomitee der SED involvierten Institutionen – insbesondere die Westkommission, Westabteilung, Abteilung Agitation und Propaganda, Abteilung für Staats- und Rechtsfragen und das Büro Albert Norden – sich ständig mit Umstrukturierungen und Kompetenzüberschneidungen konfrontiert sahen. Daß es an einer geordneten Aktenführung mangelte, mag aber in der Hauptsache am spezifischen Führungsstil der SED-Westarbeit gelegen haben. Deren Mitarbeiter, allen voran der führende Funktionär Albert Norden, verstanden sich als »Soldaten der Propagan-

32 Die Herunterstufung erfolgte auf Initiative von Dieter Gosewinkel, der eine erste Auswertung des Quellenbestandes vornahm; vgl. ders., Politische Ahndung.

da«, die im Gestus der Politischen Kommissare in einer Art ständigem Ausnahmezustand agierten und für geregelte bürokratische Vorgänge wenig Interesse zeigten.

Unbestreitbar ist gleichwohl, daß die DDR im Rahmen der »Blutrichter«-Kampagne aufwendige Recherchen in Aktenbeständen der NS-Justiz unternahm. Die entsprechenden Publikationen bilden bis heute die wichtigste Informationsquelle über die konkreten personellen Belastungen der westdeutschen Justizjuristen, obwohl sich viele Angaben als unzureichend, bisweilen auch als fehlerhaft erweisen. Angesichts dieses Wissensdefizits, das nach weit über einer Dekade seit dem Ende der DDR fast skurril erscheint, wäre es dringend geboten, die zeitgeschichtliche Erforschung des Themas durch eine vollständige Freigabe der relevanten Aktenbestände in den Justizverwaltungen zu befördern. So ist im Falle der Bundesjustiz zu hoffen, daß sich das Bundesjustizministerium gemeinsam mit den Bundesgerichten in naher Zukunft bereitfinden wird, die Personalakten der von ostdeutscher Seite belasteten Richter und Staatsanwälte offenzulegen, zumal man seinerzeit darin – um die Angelegenheit möglichst geheimzuhalten – ein Gutteil der Korrespondenzen zu den Vorwürfen ablegte[33].

33 Für seine derzeit entstehende Studie über die Personalpolitik in den Anfangsjahren des Bundesgerichtshofs hat Klaus-Detlev Godau-Schüttke, Richter am Landgericht Itzehoe, eine erste Einsichtgenehmigung in Personalakten des BGH erhalten; vgl. die Präsentation erster Ergebnisse in: Ders., Entnazifizierung.

I. In eigener Sache: Justiz und NS-Vergangenheit 1957-1965

Während einer Reise durch die amerikanische Besatzungszone notierte Walter L. Dorn, Berater des US-Militärgouverneurs, im März 1949: »Wenn nicht weniger als 81 Prozent der alten Richter, die Parteigenossen waren, nun wieder im Amt sind, so stellt sich die Frage: Was hat die Militärregierung wirklich erreicht?«[1] Zweifel und Resignation befielen Dorn angesichts des Eindrucks, daß die politische Säuberung im Bereich der Justiz vollends gescheitert sei. Über die Ursachen dieser Entwicklung wird sich der einst in leitender Position am Entnazifizierungsprogramm beteiligte Historiker durchaus im klaren gewesen sein: Mit der rigorosen Ausschaltung des nationalsozialistischen Justizpersonals in den ersten Monaten der Besatzungszeit waren die Alliierten in das Dilemma geraten, entweder ad hoc neue Fachleute für den Wiederaufbau der Justizbehörden auszubilden oder die Disqualifizierung der NS-Juristen in einem gewissen Rahmen wieder rückgängig zu machen. Die westlichen Besatzungsmächte entschieden sich für letzteres, vor allem aus pragmatischen Gründen, da in Zeiten des Schwarzmarkthandels die Kriminalität auszuufern drohte. Der Wille, die öffentliche Ordnung möglichst schnell wiederherzustellen, veranlaßte die Besatzungsoffiziere, eng mit den neu installierten deutschen Justizverwaltungen zu kooperieren, die ihrerseits nicht weniger als die Totalrevision der alliierten Säuberungspolitik gegenüber den belasteten Juristen durchzusetzen suchten. Im Juni 1946 schließlich hatten sie ihr Ziel erreicht: Alle früheren Juristen, die das Entnazifizierungsverfahren durchlaufen hatten, konnten in den Dienst zurückkehren. Nach diesem Dammbruch setzte ein Rückfluß des ehemaligen Personals ein, der von den Spruchkammern nicht etwa gebremst, sondern, indem sie sogar Richter am Volksgerichtshof als Mitläufer entnazifizierten, noch beschleunigt wurde[2].

1 Dorn, Inspektionsreisen, S. 143.

2 Grundlegend zum Thema Entnazifizierung der Sammelband von Vollnhals (Hg.), Entnazifizierung; vgl. auch die neueren regionalgeschichtlichen Fallstudien: Godau-Schüttke, »Renazifizierung«; Niermann, Amnestie; Thonfeld, Entnazifizierung.

Vor diesem Hintergrund mag die Entschlossenheit überraschen, mit der der amerikanische Militärgerichtshof 1947 im Rahmen der sogenannten Nürnberger Nachfolgeprozesse auch die Justizelite des »Dritten Reiches« zur Rechenschaft zog. Angeklagt waren 16 Vertreter des Reichsjustizministeriums, des Volksgerichtshofs und der Sondergerichte, deren Mitwirkung an der nationalsozialistischen Verfolgungspolitik die Staatsanwälte mit großer Akribie nachwiesen. Im Sinne eines streng rechtsstaatlichen Verfahrens verhängten die Richter in ihrem Urteil vom 4. Dezember durchaus maßvolle Strafen, ließen aber keinen Zweifel daran, daß der Hauptangeklagte, der ehemalige Staatssekretär Franz Schlegelberger, und die anderen Angeklagten »die schmutzige Arbeit übernahmen, die die Staatsführer forderten«[3].

Sollten die amerikanischen Richter gehofft haben, ihre Sorgfalt und Fairneß würde zu einem erkennbaren Nachdenken bei ihren deutschen Kollegen führen, so sahen sie sich rasch enttäuscht. Der Juristenprozeß stieß nicht nur in der rechtswissenschaftlichen Öffentlichkeit auf entschiedene Ablehnung, auch weigerten sich die deutschen Gerichte beharrlich, aufgrund des zutage geförderten Materials weitere Justizverbrechen zu verfolgen. So ist die Bilanz der justitiellen Ahndung, gemessen an dem in der Rechtsgeschichte beispiellosen Terror der NS-Justiz[4], ein Zeugnis rechtsstaatlichen Versagens: Vor westdeutschen Gerichten wurden insgesamt 15 Strafverfahren gegen belastete Juristen eröffnet und sieben Angeklagte rechtskräftig verurteilt, davon nur zwei Berufsrichter[5].

3 Gegen Franz Schlegelberger und Herbert Klemm sowie gegen die Sonderrichter Oswald Rothaug und Rudolf Oeschey verhängte das Gericht lebenslange Haft, gegen sechs weitere Angeklagte Freiheitsstrafen von fünf bis zehn Jahren. Zitat nach Peschel-Gutzeit (Hg.), Nürnberger Juristen-Urteil, S. 38. Zum Verfahren und dessen Nachwirkung vgl. auch Perels, Nürnberger Juristenprozeß, sowie Rottleuthner, Nürnberger Juristenurteil. Eine Einführung in die Geschichte der NS-Justiz bietet Stolleis, Recht, sowie das Grundlagenwerk von Gruchmann, Justiz.

4 Allein auf die zivile Strafgerichtsbarkeit der NS-Zeit entfielen 17 000 Todesurteile, auf die Wehrmachtsjudikatur vermutlich sogar 50 000, über 35 000 davon vollstreckt. Mangels umfassender empirischer Untersuchungen müssen diese Zahlen gleichwohl Näherungswerte bleiben. Insbesondere zur NS-Militärjustiz fehlt die systematische Auswertung des Aktenmaterials, so daß als genaueste Schätzungen die Angaben Fritz Wüllners aus dessen richtungsweisender Studie zur NS-Wehrmachtsjustiz übernommen werden; Wüllner, NS-Militärjustiz, S. 153 ff.

5 Die Urteile westdeutscher Gerichte zur NS-Justiz sind weitgehend dokumentiert bei Friedrich, Freispruch, vgl. ferner Perels, Rechtfertigung; Distelkamp, Justiz nach 1945; Müller, Juristen, S. 270 ff.

Der Freispruch für die NS-Justiz ist unter allen Defiziten der Strafverfolgung von NS-Verbrechen als die wohl schwerwiegendste Hypothek des Rechtsstaats zu bewerten, denn hier traten die Richter in eigener Sache auf – und erwiesen sich als kollektiv befangen. Wer die jeweiligen Urteilsschriften liest, trifft auf eine generelle Bereitschaft der Verfasser, für das Handeln der Angeklagten wohlwollendes Verständnis zu bekunden, deren Urteile als rechtskonformen, ja notwendigen Vollzug der nationalsozialistischen Gesetze zu rechtfertigen und letztlich die Argumentation der Unrechtsurteile affirmativ nachzuvollziehen. Die rechtliche Konstruktion, auf der die Freisprüche basierten, bildete eine spezifische Auslegung der Rechtsbeugung. Anstelle des bedingten Vorsatzes, der bei allen anderen NS-Tätern zur Verurteilung ausreichte, mußte den Richtern der direkte Vorsatz zum Verbrechen nachgewiesen werden – ein unmögliches Unterfangen. Denn sobald ein belasteter Jurist erklärte, als überzeugter Nationalsozialist habe er sein Handeln für rechtens gehalten, wurde ihm Straffreiheit gewährt[6].

Der Osten Deutschlands bot ein gänzlich anderes Bild. Im Unterschied zu den westlichen Siegermächten wechselte die sowjetische Militäradministration bald nach der Besetzung die alte Justizelite weitgehend durch sogenannte Volksrichter aus, jenen jungen Frauen und Männern mit Volksschulbildung, die eine antifaschistische Gesinnung vorweisen konnten und juristisches Grundwissen im Schnellverfahren erlernten. Mit diesen neuen Kadern war die Wiederaufnahme der Rechtspflege in Ostdeutschland gesichert, zudem die Voraussetzungen dafür geschaffen, daß die nationalsozialistischen Verbrechen bis zum Ende der sowjetischen Besatzung in durchaus anerkennenswerter Weise geahndet wurden[7].

6 Maßgeblich war hierfür das Urteil des BGH im Huppenkothen-Prozeß vom 7.12.1956, in: NJW 1957, S. 1158-1160. Zu den juristischen und rechtspolitischen Aspekten des sogenannten Richterprivilegs vgl. Spendel, Rechtsbeugung; Müller, Rechtsbeugungstatbestand. Der BGH hat 1995 erstmals die eigene Spruchpraxis hinsichtlich der NS-Justiz kritisiert, der Anlaß war die Verurteilung eines ehemaligen DDR-Richters wegen Rechtsbeugung; Entscheidung des BGH vom 16.11.1995; NJW 1996, S. 857 ff.

7 Den Erfolg der Strafverfolgung von NS-Verbrechen, die gleichsam ein »Justizexperiment« unter Aufsicht der SMAD darstellten, wird in der Studie von Meyer-Seitz überzeugend herausgearbeitet. Auf Grundlage des SMAD-Befehls 201 vom August 1947 verurteilten die ostdeutschen Strafkammern bis Ende 1959 8 321 Personen als NS-Täter, davon 5 als Kriegsverbrecher, 2 405 als Hauptschuldige, 5 638

Dieser frühen, an rechtsstaatlichen Kriterien orientierten Rechtsprechung auch gegenüber NS-Juristen setzte die DDR-Führung allerdings schnell ein Ende. Doch wenngleich fortan ein stalinistisches Rechtsverständnis die Strafurteile prägen sollte, konnte die DDR angesichts des Personalaustauschs in ihren Gerichtssälen die belastete Vergangenheit der westdeutschen Richterschaft aufdecken, ohne die Diskreditierung der eigenen Juristen befürchten zu müssen.

als Belastete und 273 als Minderbelastete. Zugleich sprachen die Gerichte mehr als 1 500 Personen frei und stellten aufgrund einer Amnestie etwa 3 100 Verfahren ein. Die Studie berücksichtigt jedoch nur am Rande das Agieren der Polizeiorgane, die – mit staatsanwaltschaftlichen Vollmachten ausgestattet – gravierende Rechtsstaatsverletzungen begangen hatten; vgl. Meyer-Seitz, Verfolgung von NS-Straftaten, die Zahlenangaben nach S. 231. Vgl. zusätzlich zur Rekrutierung und Schulung der Volksrichter Wentker, Volksrichter; ferner als regionalgeschichtliche Studie über die politische Strafjustiz in Thüringen Weber, Justiz.

1. Der Beginn der »Blutrichter«-Kampagne

Schon vor Gründung der Bundesrepublik im Sommer 1949 erhob die SED den Vorwurf, der zukünftige westdeutsche Staat sei lediglich ein Vasall des amerikanischen Imperialismus, der »das Erbe des Hitlerfaschismus« antreten werde[1]. In den folgenden Jahren verschärfte Ost-Berlin die Propaganda gegen die Westintegration der Bundesrepublik. Die Pariser Verträge und die Wiederbewaffnung, so die Schuldzuweisung, zementieren endgültig die Spaltung des Nationalstaats. Organisiert wurde dieser »Krieg der Worte« durch den aufwendigen Apparat der Westarbeit, bestehend aus zahlreichen Kommissionen, die allen wichtigen Organen der Staats- und Parteileitung angegliedert waren. In diesem straff hierarchisch aufgebauten Propagandaverbund übernahm der 1954 gegründete »Ausschuß für Deutsche Einheit« (ADE) die Leitung: Er legte die inhaltlichen Schwerpunkte der agitatorischen Arbeit fest und sorgte dafür, daß deren Botschaften durch Presse, Fernsehen und auf Parteiveranstaltungen unters Volk gestreut wurden[2].

Konzentrierte sich der ADE in den ersten zwei Jahren noch auf die westdeutsche Remilitarisierung und den Revanchismus, so rückte bald darauf die These in den Vordergrund, die Bundesrepublik stehe in direkter Kontinuität zum NS-Staat. Bereits 1956 erschienen in hohen Auflagen Broschüren über den westdeutschen Antisemitismus und eine erste Fassung des *Braunbuchs* über die Karrieren ehemaliger Nationalsozialisten in Politik, Wirtschaft und Bundeswehr[3]. Zehn Jahre später sollte eine erweiterte und überarbeitete Ausgabe des *Braunbuchs* zum größten Agitationserfolg der Westarbeit werden. Mitte der fünfziger Jahre indes stießen solche Pamphlete in der Bundesrepublik kaum auf Interesse. Alles, was »von drüben« kam, erzeugte inmitten der Hochphase des Antikommunismus – 1956 wurde die KPD verboten – nur Abwehr. Darüber hinaus

1 So die Formulierung des Vorsitzenden der SED, Wilhelm Pieck, auf der 1. Parteikonferenz der SED vom 25. bis 28.1.1949, zitiert nach Meuschel, Legitimation, S. 109.

1 Zur SED-Westarbeit vgl. die Studien von Amos, Westpolitik; Lemke, Einheit, vor allem S. 435 ff.

3 Die Broschüre *Militaristische, antisemitische, nazistische Bücher und Filme in der Bundesrepublik* erschien in einer Auflagenhöhe von 1 000 Exemplaren (Ex.) am 20.1.1956; am 15.6.1956 erschienen 50 000 deutsche und 30 000 englische Ex. von *Antisemitismus in der Bundesrepublik*; im Februar 1956 60 000 deutsche und 6 000 französische Ex. des *Braunbuchs: Bundesrepublik – Paradies für Kriegsverbrecher*; siehe die Liste in: SAPMO-BAB, DY 30, IV 2/2.028/66, 14.1.1960.

war die Unterstellung, westlich der Elbe sei weiterhin der Faschismus an der Macht, schlichtweg zu pauschal und plakativ, um dort Aufmerksamkeit zu erregen.

Nicht anders erging es der ersten Broschüre des ADE über die belasteten Richter in der westdeutschen Justiz. Am 20. Januar 1956 wurde die Dokumentation *Nazi-Richter im Bonner Dienst* auf einer jener Agitationsveranstaltungen präsentiert, die – als internationale Pressekonferenz angekündigt – tatsächlich lediglich Pflichttermine für die ostdeutschen Journalisten darstellten. In der westdeutschen Presse, wetterte der ADE ein paar Tage später, werde die eindeutig bewiesene »Durchsetzung des Bonner Justizapparats mit Kriegsverbrechern und Faschisten systematisch totgeschwiegen«[4]. Im Unterschied zu den meisten Propagandaerzeugnissen hatte diese Broschüre jedoch mehr zu bieten als nur leere Behauptungen: Ihre zentrale Aussage, 80 Prozent aller höheren Justizbeamten seien ehemalige »Stützen der Hitlerdiktatur«, gewann erheblich an Brisanz durch eine Liste von 39 westdeutschen Richtern und Staatsanwälten, die laut ADE in den Kriegsverbrecherlisten Polens, der Tschechoslowakei und der Niederlande verzeichnet seien[5]. Als weitere Angaben zur Person, zusammengestellt aus den einschlägigen Justizhandbüchern, folgte eine Nennung der jeweiligen beruflichen Position im »Dritten Reich« und in der Bundesrepublik.

Ungeachtet der geringen Resonanz in Westdeutschland widmete sich der ADE weiterhin dem Thema »Blutrichter«, zumal inzwischen in den Archiven der DDR umfangreiches Aktenmaterial zur NS-Justiz aufgetaucht war. In den folgenden Monaten und Jahren wurden aufwendige Recherchen in den Unterlagen des Reichsjustizministeriums, des Reichsgerichts, des Volksgerichtshofs, der Oberreichsanwaltschaften sowie in den Akten einiger Sondergerichte unternommen[6]. Schon die ersten

4 »Kriegsverbrecher der Hitler-Justiz in Bonn wieder in Amt und Würden«, ADN, 26.1.1956.

5 Ebenda und »Nazi-Richter im Dienste Bonns«, Der Morgen, 28.1.1965. Die Hamburger Justizverwaltung holte vom Auswärtigen Amt die Auskunft ein, daß zumindest der Oberlandesgerichtsrat Dr. Ulrich Dannenberg nicht auf den Kriegsverbrecherlisten geführt wurde. Vorgänge in: BAK, B 141/50449, 15.3. und 13.7.1956.

6 Über die Planung und Durchführung dieser Recherchen fanden sich keine Hinweise in den entsprechenden Aktenbeständen der SED-Westarbeit; die Angaben zu den ausgewerteten Archivalien der NS-Justiz deshalb nach: BAK, B 141/33727, Vermerk des Referenten des Bundesjustizministeriums (BMJ) Zorn, 31.3.1960.

Resultate dieser Suchaktion waren so eindrucksvoll, daß der ADE den Beschluß faßte, bald in die Offensive zu gehen.

Auf der Auftaktveranstaltung der »Blutrichter«-Kampagne am 23. Mai 1957 stellte Albert Norden, Sekretär des Zentralkomitees für »Agitation und Propaganda« und in dieser Funktion der Chefkoordinator der SED-Westarbeit, eine Broschüre vor, deren Titel an Deutlichkeit nichts zu wünschen übrigließ: *Gestern Hitlers Blutrichter – Heute Bonner Justiz-Elite*. In alphabetischer Reihenfolge waren die Namen von insgesamt 118 Richtern, Staatsanwälten und Beamten der Justizverwaltungen aufgelistet. Und anstatt diese pauschal als Kriegsverbrecher zu bezichtigen, wurden ihnen konkrete Todesurteile zugeordnet, mit Angabe des Datums, des Gerichts und mit den Namen der Verurteilten. Im nüchternen Ton eines biographischen Nachschlagewerks lauteten die Einträge etwa: »Früher: Richter am Sondergericht Danzig, heute: Landgerichtsrat in Mannheim. Im Mai 1942 verurteilte Bussejahn den Polen Wladislaus Karczewski wegen patriotischer Betätigung zum Tode. Karczewski wurde am 5. Mai 1942 hingerichtet.« Oder: »Früher: Ankläger am Volksgerichtshof, heute: Staatsanwalt in West-Berlin. Im November 1944 klagte Domann u. a. die Deutschen Rolf Utzschneider, Kamillus Thro, Maria Dahlem und Bertha Mosser wegen antifaschistischer Betätigung vor dem Volksgerichtshof an. Sie wurden am 21. November 1944 zum Tode verurteilt.« Bei dem Wuppertaler Landgerichtsdirektor Dr. Hucklenbroich, »früher: Richter am Sondergericht Posen«, folgten gar 33 vollstreckte Todesurteile[7].

Alles andere als nüchtern fiel indes Albert Nordens Ansprache auf der Pressekonferenz aus, in der er die Einzelbeispiele in einen größeren, verschwörungstheoretisch konstruierten Zusammenhang stellte: »Was wir Ihnen heute vortragen, sind ungeheuerliche Tatsachen, die jedem anständigen Menschen das Blut in den Adern erstarren lassen. Mit Namen und Adressen beweisen wir, daß Mörder ohne Erbarmen, daß die schlimmsten Freislers der Hitler-Ära, daß Verbrecher, die sich selbst tausendmal entehrt haben, die Justiz Westdeutschlands beherrschen und von der Adenauer-Regierung bezahlt werden [...] Ein Staat, der diese Richter und Staatsanwälte beschäftigt, ja, sie sogar befördert und Karriere machen läßt, anstatt sie unschädlich zu machen, hat jeden Anspruch auf den Titel Rechtsstaat verloren. Es ist ein Staat des Justizmordes und der Justizmörder.«[8]

7 BAK, B 141/33726.

8 BAK, B 141/50449, Rede Nordens auf der Pressekonferenz vom 23.5.1957.

Das hier entfaltete Feindbild entsprang ganz offensichtlich einer Sichtweise, die – dem Gegenstand der Enthüllungen entsprechend – selbst aus der NS-Zeit stammte, und zwar aus der ideologisch kodierten Verfolgungserfahrung des kommunistischen Antifaschismus. Mental blieben die Propagandastäbe der DDR, allen voran Ulbrichts Chefagitator Norden, dem alten Kriegszustand verhaftet und konnten die Bundesrepublik nur als Wiederauflage des NS-Staates begreifen. Hinzu kam, daß die strafrechtliche Verfolgung der westdeutschen Kommunisten zuweilen von denselben Richtern und Staatsanwälten betrieben wurde, die schon in der NS-Zeit politische Gegner in Gefängnisse, Konzentrationslager oder vor Hinrichtungskommandos gebracht hatten. In dieser in den westdeutschen Prozessen gegen Kommunisten offenkundig gewordenen Personalkontinuität (wobei in Ost-Berlin natürlich die rechtsstaatliche Eingrenzung der politischen Justiz nicht wahrgenommen wurde) mag auch die Ursache dafür gelegen haben, daß Albert Norden und seine Mitarbeiter in der »Blutrichter«-Kampagne mit spürbar mehr Verbitterung und Verachtung agitierten als je zuvor.

Neu an dieser Kampagne war die schnelle Folge, in der weitere Informationen über belastete Richter vorgelegt wurden: Nur drei Wochen später veröffentlichte der ADE unter dem Titel *Das Terrorgesicht des Bonner Unrechtsstaates* die Namen weiterer 44 Juristen, im Oktober 1957 folgte sogar eine Liste von 200. Um die Authentizität der Vorwürfe zu belegen, zitierten die Publikationen ausführlich aus »Rassenschande«- und Todesurteilen, von denen einige auch fotografisch reproduziert wurden. Bis 1960 erschienen insgesamt acht Broschüren in einer Auflage von über 100 000 Exemplaren, in denen mehr als tausend Juristen der nationalsozialistischen Sonder- und Standgerichte, des Volksgerichtshofs und der Wehrmachtsjustiz »enttarnt« wurden[9].

9 Folgende Broschüren der »Blutrichter«-Kampagne befinden sich im Bundesarchiv Koblenz, BAK, B 141/33726 bis BAK, B 141/33728; die Auflagenhöhe ist in einer unvollständigen Liste des ADE vermerkt; SAPMO-BAB, DY 30, IV 2/ 2.028/66, 14.1.1960:
- *Gestern Hitlers Blutrichter – Heute Bonner Justiz-Elite* (23.5.1957), 8 000 Ex. deutsch, 1 000 Ex. englisch, 2 000 Ex. französisch;
- *Das Terrorgesicht des Bonner Unrechtsstaates* (14.6.1957);
- *Hitlers Sonderrichter – Stützen der Adenauer-Regierung* (14.10.1957), 7 000 Ex.;
- *600 Nazi-Juristen im Dienste Adenauers* (21.10.1958), 6 000 Ex.;
- *Wir klagen an: 800 Nazi-Blutrichter, Stützen des Adenauer-Regimes* (24.2.1959), 24 000 Ex. deutsch, 10 000 Ex. englisch, 6 000 Ex. französisch;
- *1000 Sonder- und Kriegsrichter im Dienste der deutschen Militaristen. – Bonner*

In ihrer Konzeption entsprach die »Blutrichter«-Kampagne der deutschlandpolitischen Neuorientierung der DDR seit 1955. Als die sowjetische Führung ihrem Satellitenstaat formal die volle staatliche Souveränität zugestand, dekretierte sie zugleich, daß die SED das bisher angestrebte Ziel der Wiedervereinigung zugunsten der »Zwei-Staaten-Theorie« aufzugeben habe. Gemäß der strategischen Zielsetzung dieser neuen Doktrin sollte nun in erster Linie die staatliche Anerkennung der DDR über das eigene politische Lager hinaus vorangebracht werden. In der eigenen Bevölkerung stieß die deutsche Teilung jedoch kaum auf Akzeptanz. Daher sah sich die SED veranlaßt, die sowjetische Direktive zu modifizieren, indem sie zumindest offiziell an der nationalstaatlichen Einheit festhielt. Die als Hilfskonstruktion erkennbare und schon damals nicht besonders plausible neue deutschlandpolitische Leitlinie lautete nun: In der westdeutschen Arbeiterklasse sollte für die DDR und deren gesellschaftspolitisches Modell so überzeugend agitiert werden, daß diese die staatliche Ordnung der Bundesrepublik stürze, um ein sozialistisches Gesamtdeutschland unter Führung der SED zu errichten[10]. Von dieser Strategie leitete sich auch der Name »Ausschuß für Deutsche Einheit« ab. Die von ihm organisierten Kampagnen zielten jedoch auf Abgrenzung und Konfrontation, während die Chancen auf eine Wiedervereinigung in immer weitere Ferne rückten.

Dahinter stand das Ansinnen, mit Hilfe der »antifaschistischen« Kampagnen der wachsenden Destabilisierung der DDR entgegentreten zu können. Ökonomische Rückständigkeit, Massenflucht in den Westen und innerparteiliche Oppositionsbewegungen hatten die SED in eine schwere Legitimationskrise geführt, zu deren Bewältigung sie auch den Antifaschismus, ihre zentrale ideologische Kampfmetapher, heranzog und ihm neue Substanz zu geben versuchte. Anhand des Beweismaterials über die schwer belasteten westdeutschen Richter sollten die Bürger der DDR davon überzeugt werden, daß ihr Staat der Bonner Republik in politisch-moralischer Hinsicht weit überlegen sei. Und der Erfolg blieb nicht aus: Die Auffassung, der eigene Staat habe sich konsequent von der

Regierung deckt Hitlers Massenmörder (3.11.1959), 14 000 Ex. deutsch, 3 500 Ex. englisch; inhaltlich identisch mit:
- *Freiheit und Demokratie im Würgegriff von 1 000 Blutrichtern. Dokumente entlarven weitere 2 000 Adenauer-Juristen als Büttel Hitlers* (3.11.1959);
- *Hitlers Kriegsrichter und Wehrstrafexperten im Dienste der Bonner Kriegsvorbereitungen* (14.10.1960).

10 Zu den deutschlandpolitischen Konzeptionen der SED-Westarbeit seit 1955 vgl. Lemke, Einheit, S. 338 ff.

Last der Vergangenheit befreit, der Westen hingegen stehe in Kontinuität zum NS-Regime, schrieb sich tief in das kollektive Bewußtsein der ostdeutschen Bevölkerung ein[11].

Von nicht minder großer Relevanz für die Strategie der »Blutrichter«-Kampagne waren außenpolitische Interessenlagen. Indem die Vergangenheit der belasteten Juristen skandalisiert wurde, sollte das Ansehen der Bundesrepublik bei ihren Bündnispartnern Schaden nehmen. Zur gleichen Zeit, so die Erwartung, würde die DDR als antifaschistischer Staat internationale Aufwertung erfahren. In diesem Sinne publizierte der ADE einen Teil seiner Schriften, zumal jene über die NS-Richter, auch in englischer und französischer Sprache. In Umlauf gebracht wurden sie in den ostdeutschen Hotels für internationale Gäste sowie per Postversand ins westliche Ausland; die Adressaten waren in erster Linie kommunistische Verbände und Vorfeldorganisationen, aber auch Politiker, Publizisten und Persönlichkeiten des öffentlichen Lebens[12].

Am meisten Aufmerksamkeit erregten die ersten »Blutrichter«-Broschüren in Großbritannien, und zwar zuerst bei einer Gruppe von Parlamentariern der Labour Party, die Sympathien für die DDR und den Gedanken ihrer Anerkennung hegten[13]. So bat im Juni 1957 der Unterhausabgeordnete Sidney Silverman die britische Regierung um Auskunft, was sie angesichts von 150 belasteten Richtern und Staatsanwälten in Westdeutschland zu tun gedenke. Mit Außenminister Selwyn Lloyds Erwiderung vor dem Parlament, die Bundesregierung habe bereits entsprechende Untersuchungen eingeleitet, gab sich Silverman jedoch nicht

11 So der Befund verschiedener Studien zur Mentalitätsgeschichte des DDR-Antifaschismus; vgl. vor allem Danyel, Verfolgtenperspektive; Barck, Widerstands-Geschichten; Groehler, Antifaschismus.

12 Vermerk des Referenten Ernst Kanter, BMJ, über »Hetzschriften der DDR«, 19.7.1957. Über das Ausliegen der Broschüre *Gestern Hitlers Blutrichter – Heute Bonner Justiz-Elite* in ostdeutschen Hotels berichtete im September 1957 Ernst Wolf Mommsen, Manager der Düsseldorfer »Phönix-Rheinrohr AG«, dem Staatssekretär im BMJ, Walter Strauß, mit der Bitte, »zu dieser Schrift in irgendeiner Weise Stellung zu nehmen«. Strauß lehnte dies jedoch ab; selbst eine interne Information an die Landesjustizverwaltungen erübrige sich, da die Broschüren auch dort bekannt seien; Vorgänge in: BAK, B 141/33726, 21.9.1957 und 27.9.1957.

13 Zu den Kontakten zwischen der SED und linken Labour-Abgeordneten vgl. Becker, DDR, S. 266 ff., sowie die Aufsätze von Stefan Berger und Darren Lilleker in dem jüngst von Arnd Bauernkämper herausgegebenen Sammelband: Britain and the GDR.

zufrieden. Voller Vorbehalte gegen den Aufklärungswillen der westdeutschen Regierung forderte er den Außenminister auf, »to assure the House that he will keep the matter in mind and make sure that the investigation is not delayed, and report to the House when he has the result of it«[14].

Mit einigem Zögern, doch in der Sache verbindlich, gestand Lloyd daraufhin zu, sich in Bonn für eine zügige Klärung der Vorwürfe einzusetzen. Der britische Außenminister konnte allerdings nicht wissen, daß er einer gezielten Fehlinformation der Bundesregierung aufgesessen war, mit der die Wogen über dem skandalträchtigen Thema geglättet werden sollten. Tatsächlich hatte das Bonner Justizministerium bis dahin nämlich keinerlei Maßnahmen ergriffen, die das Prädikat »Untersuchung« verdient hätten.

Als das Auswärtige Amt nachträglich und besorgt über die unerwarteten Folgen seiner voreiligen Zusicherung den Justizminister um eine Stellungnahme bat[15], erklärte Hans-Joachim von Merkatz ungerührt: Seine Behörde werde auch in Zukunft die Publikationen des ADE ignorieren, denn diese seien »zu den üblichen östlichen Verleumdungen zu zählen«. Völlig unangemessen sei zudem die Erwartung der Briten, daß die Vergangenheit einzelner Richter überprüft werde. Diese Frage, so Merkatz, stelle eine »ausschließlich innere Angelegenheit der Bundesrepublik« dar[16]. Wie sehr er den Vorstoß Londons mißbilligte, unterstrich der nationalkonservative Minister, der die Deutsche Partei in Adenauers Kabinett vertrat, im Gespräch mit seinem persönlichen Referenten: Er könne sich nicht vorstellen, »wie die britische Regierung auf eine gleichartige Anfrage der deutschen Regierung z. B. wegen des Verhaltens britischer Beamter und Offiziere gegenüber Eingeborenen reagieren« würde[17].

In einer ausführlicheren Antwort an Außenminister Heinrich von Brentano sah sich Merkatz jedoch zu weiteren Rechtfertigungen veranlaßt: Seiner Ansicht nach könnten gegen die Bundesrichter keine ernstzunehmenden Bedenken erhoben werden, da sie im Rahmen der

14 Protokoll der Unterhaus-Sitzung vom 10.7.1957; Anlage des Berichts der Botschaft London an das Auswärtige Amt, 16.7.1957; BAK, B 141/33726. Der jüdische Abgeordnete Silverman gehörte während des 2. Weltkrieges zu den wenigen Parlamentariern, die den Mord an den Juden im britischen Unterhaus thematisiert hatten; vgl. Brochhagen, Nach Nürnberg, S. 229.

15 BAK, B 141/33726, Referent Hans Heinrich Knappstein, Auswärtiges Amt, an das BMJ, 15.7.1957.

16 Ebenda, Merkatz an Außenminister von Brentano, 19.8.1957.

17 Ebenda, Vermerk des Persönlichen Referenten des Justizministers Thier über ein Gespräch mit Merkatz, 3.8.1957.

Richterwahl »praktisch einer Kontrolle durch das Parlament« unterstünden. Was die übrigen Juristen unter der Obhut der Bundesländer betreffe, so sei er dafür nicht zuständig. Außerdem seien die Enthüllungen schon deshalb unglaubwürdig, weil sie aus der DDR stammten. Überprüfungen werde sein Ministerium daher erst dann einleiten, »wenn unabhängig von der sowjetzonalen Quelle Anhaltspunkte für ein vorwerfbares Verhalten bekannt werden«[18].

Des Ministers Ablehnung war so entschieden, daß er sogar seinem Ministerialreferenten Ernst Kanter, im Hause seit langem zuständig für Strafverfahren und inzwischen auch für Anfragen zur NS-Justiz, noch im Juli 1957 ein Schreiben an die Landesjustizverwaltungen untersagte. Dabei hatte Kanter, der einst auch die Straffreiheitsgesetze für NS-Gewalttaten vorangebracht hatte[19], in diesem Fall nicht mehr im Sinne, als die Personalreferenten der Justizministerien auf die beiden bislang publizierten ADE-Schriften zum Thema NS-Richter hinzuweisen und zu fragen, ob den Anschuldigungen inzwischen nachgegangen werde[20].

Derartige Überreaktionen standen wohl nicht zuletzt im Zusammenhang mit den Vorwürfen, die der ADE an die Adresse des Justizministers richtete. Seit Beginn der Kampagne wurde er als »Faschist« verunglimpft, im Oktober 1957 dann ausführlicher als »führender Nazi-Funktionär« vorgestellt, der als Generalsekretär des Ibero-Amerikanischen Instituts eng mit der NS-Auslandsspionage und der Gestapo zusammengearbeitet habe[21]. Die propagandistische Zuspitzung auf die Person Merkatz erwies sich jedoch insofern als Fehlschlag, als er im Zuge der Kabinettsumbildung nach der Bundestagswahl – allein aus Gründen koalitionsinterner Personalpolitik – das Amt des Justizministers für den vorherigen Finanzminister Fritz Schäffer räumen mußte.

18 Ebenda, Merkatz an Brentano, 19.8.1957.

19 Vgl. zur Beteiligung Kanters an den Straffreiheitsgesetzen von 1949 und 1954 Frei, Vergangenheitspolitik, S. 106 u. 115 f.

20 Ebenda, Briefentwürfe Kanters an die Landesjustizverwaltungen und das Auswärtige Amt, 19.7.1957.

21 Rede Nordens zur Pressekonferenz am 23.5.1957, S. 8 f.; BAK, B 141/50449; Rede des Staatssekretärs im MdJ Töplitz auf der Pressekonferenz am 14.10.1957, S. 10 f.; JM BW, 2200b, »Vorwürfe gegen Richter und Staatsanwälte«, Bd. 1. Merkatz' politische Aktivitäten in der NS-Zeit sind laut Information des Ibero-Amerikanischen Instituts bislang nicht erforscht. Merkatz trug außerdem Sorge, daß seine am Institut geführte Personalakte nach dem Krieg vernichtet wurde. Freundliche Auskunft Dr. Vollmers an den Verfasser, 18.5.1999.

Zuvor hatten sich die Bundesländer in einer ersten Besprechung auf der Justizministerkonferenz, dem gemeinsamen Beratungs- und Entscheidungsgremium der Justizministerien von Bund und Ländern, mit der »Blutrichter«-Kampagne befaßt. Dies geschah jedoch außerhalb der Tagesordnung und nur im Kreise der Fachreferenten, einschließlich Ernst Kanters als Vertreter des Bundes. Das Treffen hatte ergeben, daß nur Rheinland-Pfalz, Nordrhein-Westfalen und der Bund in der Frage der NS-Juristen vollkommen untätig geblieben waren. Die anderen Länder hatten zumindest alle konkret belasteten Personen um eine Stellungnahme gebeten – die jedoch nicht selten verweigert worden war. Gleichwohl sah sich kein Bundesland zu weitergehenden Maßnahmen veranlaßt, und, so resümierte der Referent aus Hessen die gemeinsame Position, es sei auch »nicht beabsichtigt, künftig anders zu verfahren«[22].

Laut Kanters Vermerk waren sich alle anwesenden Ministerialbeamten darin einig, daß die Vorwürfe »nicht allzu ernst zu nehmen« seien. Eine »völlige Nichtachtung«, wie sie Merkatz verlangt hatte, sei indessen zu vermeiden, denn schließlich dürfe man nicht Gefahr laufen, »Fragen und Anwürfen der Öffentlichkeit nicht wirksam begegnen zu können«. Im Einzelfall, so die unverbindliche Absprache, könnten Disziplinarverfahren eingeleitet werden; strafrechtliche Ermittlungen seien dagegen nicht anzustreben[23]. Der Zweck der Nachfragen bestand somit allein in einer Art Schadensprophylaxe auf möglichst niedrigem Niveau, während die Versetzung oder der Rücktritt der Belasteten nicht ernsthaft in Erwägung gezogen wurden.

Auch 1957 fanden die Schriften des ADE keine größere Beachtung, weder im Bundestag noch in der westdeutschen Presse. Wenn das Thema NS-Richter nicht von der Tagesordnung der Justizverwaltungen verschwand, so allein aus außenpolitischen Rücksichtnahmen. Im November desselben Jahres wandte sich Brentano erneut an den Bundesjustizminister. Voller Sorge berichtete er von der jüngsten Pressekonferenz des ADE, auf der wiederum eine »recht glaubwürdig aufgemachte« und in England bereits weitverbreitete Broschüre vorgestellt worden sei. Deshalb, beharrte der Außenminister, müsse die Bundesregierung offiziell auf die Vorwürfe reagieren, denn nur so könne man »eine neue Anfrage

22 JM BW, 2200b, »Vorwürfe gegen Richter und Staatsanwälte«, Bd. 1, Vermerk des Personalreferenten des Justizministeriums BW über diese Beratung auf der 26. Justizministerkonferenz in Berlin vom 23. bis 25.10.1957, 10.12.1957.

23 BAK, B 141/33726, Vermerk Kanter, 31.10.1957.

des Labour Abgeordneten Mr. Silverman, mit der man rechnen muß, definitiv bescheiden«[24].

Im Unterschied zu seinem Vorgänger kam Schäffer dem Auswärtigen Amt insofern entgegen, als er sich bereit erklärte, das Londoner Foreign Office von der Vereinbarung auf der Justizministerkonferenz zu unterrichten[25]. Nun allerdings schaltete sich Innenminister Gerhard Schröder in die Debatte ein. Es sei ihm unerträglich, so Schröder an Brentano, »ausländischen Stellen gegenüber einzuräumen, daß wegen dieser kommunistischen Veröffentlichungen Überprüfungen durchgeführt werden«. Statt dessen solle mit direkter Gegenpropaganda auf die »Kampfmaßnahmen kommunistischer Kreise« reagiert werden. Den Briten müsse deutlich gemacht werden, daß der ADE allein darauf ziele, die »staatliche Ordnung der Bundesrepublik zu untergraben«. Hinsichtlich der eigenen Justiz reiche es dagegen völlig aus, auf die »rechtsstaatlichen Prinzipien der Bundesrepublik« zu verweisen[26].

Zwar entsprach die dichotomische Gegenüberstellung von »kommunistischen Zersetzungsbemühungen«[27] und westdeutscher Rechtsstaatlichkeit dem etwas schlichten Weltbild des Innenministers, doch an außenpolitischer Kurzsichtigkeit war dieser Ratschlag kaum zu übertreffen. Denn in England wurde die westdeutsche Demokratie eben nicht daran gemessen, ob Verfassung und Gesetze rechtsstaatlichen Kriterien genügten – das wurde vorausgesetzt. Erwartet wurde dort die persönliche Integrität des Personals in Exekutive und Legislative ebenso wie im sensiblen Bereich der Rechtspflege. Daher hatte sich Justizminister Schäffer auch in der Annahme getäuscht, nach der knappen Auskunft über die Einleitung von Untersuchungen habe die Sache in England endlich ihr Bewenden. Das Gegenteil war der Fall: Im britischen Unterhaus entstand mehr und mehr der – ja vollauf berechtigte – Eindruck, man werde von Bonn mit bloßen Ankündigungen hingehalten. So stapelten sich bei der britischen Regierung bis März 1958 insgesamt zwanzig Eingaben von Abgeordneten der Labour-Partei und inzwischen auch der Konservativen zu den Vorwürfen, überdies gingen zahlreiche private Beschwerden ein[28].

24 Ebenda, Brentano an Schäffer, 12.11.1957.

25 Ebenda, Schäffer an Brentano, 3.12.1957.

26 Ebenda, Schröder an Brentano, 26.1.1958.

27 So die Formulierung aus einer späteren Intervention des Innenministeriums zum Umgang mit dem ADE; ebenda, 22.9.1958.

28 PA/AA, L 2, Bd. 12, Deutsche Botschaft London an AA, 11.3.1958.

Die englische Presse, mit sicherem Instinkt sowohl für den politischen Skandal als auch für die antideutschen Ressentiments ihrer Leserschaft, nahm sich ausführlich des Themas an. Der populäre Journalist Sefton Delmer[29] etwa brachte im Massenblatt *Daily Express* einen derart reißerischen Artikel, daß nach der Lektüre selbst den Unbefangensten blankes Entsetzen über die westdeutsche Justiz befallen mußte. Geschildert wurde ein Gespräch Delmers mit dem Stuttgarter Richter Herbert Keyser, dem als früheren Beisitzer am Sondergericht Leipzig mehrere Todesurteile nachgewiesen worden waren. Es war zweifellos schockierend genug, daß Keyser angab, sich an einen besonders schwerwiegenden Fall nicht mehr erinnern zu können, die anderen Todesurteile aber, so befand er, seien zu Recht ergangen. Diese Ausführungen genügten Delmer indes nicht: Er legte dem Richter die Bemerkung in den Mund, der politische Neubeginn in den Westzonen sei von »Verrätern und Deserteuren« betrieben worden, und behauptete fälschlicherweise – zum Beweis, daß man es hier mit einem echten Hitler-Getreuen zu tun habe –, Keyser trage einen »kümmerlichen Schnurrbart« auf der Oberlippe[30].

Die Entwicklung in Großbritannien ließ die zuständigen Beamten im Bonner Auswärtigen Amt langsam nervös werden. Eine »politisch unerfreuliche Kampagne« mache sich in Presse, Rundfunk und Fernsehen Englands breit, so die im diplomatischen Understatement gehaltene Einschätzung vom zuständigen Referenten Karl Heinrich Knappstein. Ohne jede rhetorische Zurückhaltung forderte er allerdings, daß die Bundesregierung dieser Propaganda »ein für allemal die Spitze abbrechen« müsse, damit das in England wachsende »Mißtrauen in den demokratischen Aufbau der Bundesrepublik« wieder ausgeräumt werde. Als Gegenmaßnahme legte Knappstein dem Justizminister nahe, aus den ADE-Publikationen »Einzelfälle – am besten mit Zahlenangaben« herauszugreifen und »mit Hilfe des zutage geförderten Ermittlungsergebnisses die Unhaltbarkeit der sowjetzonalen Behauptungen« zu beweisen[31]. Mit diesem Vorschlag unterschätzte der Referent jedoch nicht nur Schäffers generelle

29 Zur Biographie und Wirkungsgeschichte Sefton Delmers entsteht derzeit eine Studie von Karen Bayer, Bochum.

30 Die Übersetzung von Delmers Artikel, Daily Express, 16.9.1957, und eine ausführliche Stellungnahme Keysers zu dem Gespräch in: JM BW, 2200b, »Vorwürfe gegen Richter und Staatsanwälte«, Bd. 1, 9.11.1957.

31 BAK, B 141/33726, Knappstein an Schäffer, 1.8.1958. Der Vorschlag des Auswärtigen Amtes wurde bereits im März an das BMJ herangetragen; ebenda, Brentano an Schäffer, 29.3.1958.

Ignoranz gegenüber dem Erscheinungsbild der Bundesrepublik im Ausland, sondern auch und vor allem die Triftigkeit der Vorwürfe, zumal gegen das Personal im Bundesjustizministerium[32].

Ohne nähere Erläuterungen teilte Schäffer seinem Kabinettskollegen von Brentano dann auch mit, die interne Personalüberprüfung seines Hauses habe die »Haltlosigkeit der Verdächtigungen« ergeben[33]. Daraufhin sah auch der Außenminister, auf Schäffers Angaben vertrauend, keinen Anlaß für weitere Nachfragen. Mit gewissen Abstufungen in Wortwahl und Stoßrichtung reagierten somit alle zuständigen Politiker in gleicher Weise auf die »Blutrichter«-Kampagne: Sie verwiesen auf die kommunistische Herkunft der Publikationen, um deren Inhalt als Lüge und Verleumdung abzutun. Diese Position ohne Korrekturen aufrechtzuhalten sollte jedoch um so schwieriger werden, als nach den britischen Demarchen auch im Inland zunehmend Kritik an der belasteten Justiz aufkam.

32 Zu den personellen Belastungen der Bundesjustiz siehe Kapitel I. 3.

33 Ebenda, Schäffer an Brentano, 10.4.1958.

2. Die Resonanz in der Bundesrepublik

In der westdeutschen Presse brachte zuerst der *Spiegel*, seinem Ruf als kühnstes Oppositionsblatt der Republik entsprechend, einen Artikel über NS-belastete Richter. Berichtet wurde im August 1958 über die Vergangenheit des Bayreuther Landgerichtsdirektors Adolf Paulus, der 1943 als Sonderrichter angeordnet hatte, das Todesurteil gegen einen ukrainischen Zwangsarbeiter wegen Ungehorsams am Arbeitsplatz zu vollstrekken. Pikant wurde die Angelegenheit vor allem durch den Umstand, daß Paulus im Juli 1958 den Vorsitz im vielbeachteten Prozeß gegen Martin Sommer geführt hatte, einen ehemaligen SS-Mann im Konzentrationslager Buchenwald[1].

Daß Paulus keine Ausnahme, vielmehr ein typisches Beispiel für die »kontinuierliche Rechtspflege« war – so die sarkastische Artikel-Überschrift –, illustrierte das Magazin allerdings nicht mit Material aus der »Blutrichter«-Kampagne. Denn obwohl bereits seit einem Jahr propagandistischer Dauerbeschuß aus Ost-Berlin herrschte, hätte jeder Hinweis auf die Enthüllungen der DDR den gesamten Artikel diskreditiert. Statt dessen ging der *Spiegel* auf die peinlichen Auftritte von vier weiteren Richtern ein, die als Zeugen im Münchner Verfahren gegen den einstigen Generalfeldmarschall Ferdinand Schörner ausgesagt hatten. Spektakulär an diesem Prozeß war nicht nur die Tatsache, daß erstmals vor einem deutschen Gericht die willkürlichen Exekutionen der Wehrmachtsjustiz an der eigenen Truppe (nicht aber an gegnerischen Soldaten) verhandelt wurden. Nicht minder großes Aufsehen erregten jene vier vormaligen Wehrmachtsrichter, die alle inzwischen führende Positionen im Justizdienst übernommen hatten. Wohlweislich hatte das Gericht auf ihre Vereidigung verzichtet, denn sie hatten sich allem Anschein nach durch ihre Mitwirkung an den Exekutionen selbst strafbar gemacht. Um der öffentlichen Empörung über diese Zeugen entgegenzuwirken, hatte der zuständige bayerische Justizminister daraufhin Disziplinarverfahren angekündigt – aber keine Taten folgen lassen. Alle, so das beunruhigende Fazit des Artikels, seien »nach wie vor – unsuspendiert – im verantwortungsvollen Richteramt«[2].

1 Eine ausführliche Darstellung des Verfahrens in Kapitel II. 1.1.

2 Zum Schörner-Prozeß und dem Skandal um die belasteten Zeugen: »Wer half Schörner«, Der Spiegel, 16.10.1957, S. 22 ff. An dieser Stelle sei zur Zitierweise der ausgewerteten Presseartikel angemerkt, daß neben dem Erscheinungsdatum, soweit bekannt, auch die entsprechende Seite des Presseorgans genannt wird. Aller-

Als sich Mitte des Jahres 1958 die Aufmerksamkeit der Presse für die laufenden NS-Prozesse gegen Martin Sommer und vor allem gegen die Angehörigen des Tilsiter Einsatzkommandos in Ulm erhöhte, begannen auch die Belastungen der Justiz langsam in das Blickfeld der Öffentlichkeit zu rücken. Kaum ein Vertreter der schreibenden Zunft fand aber so deutliche Worte wie Ernst Müller-Meiningen jr., ausgebildeter Jurist und Redakteur der *Süddeutschen Zeitung*, der für seine scharfzüngigen Kommentare zur Rechtspolitik bekannt war. In seinem Leitartikel zum Ulmer Einsatzgruppen-Prozeß beklagte er die massiven, nun offensichtlich gewordenen Verfolgungsdefizite und rief die Justizverwaltungen dazu auf, die Ermittlung von NS-Strafsachen systematisch voranzubringen.

Müller-Meiningen beschränkte sich aber nicht auf diesen Appell, sondern stellte weitergehende Überlegungen über die Ursachen des mangelnden Ahndungsinteresses an. Dabei bezog er sich vor allem auf die schon im *Spiegel*-Artikel genannten NS-Richter, die seiner Ansicht nach auf ein grundsätzliches Problem hinwiesen. »Wäre«, so sein Resümee, »dieser heute überhaupt kaum mehr auszukehrende Augiasstall zu vermeiden gewesen? Nur unter der Bedingung, daß man wirklich nach Kriegsende die Justiz grundlegend neu besetzt und die Rechtspflege einer neuen Generation überantwortet hätte. Da man das aber nicht vermocht hat, [...] bleibt eben vorerst eine nicht zu leugnende Verfilzung mit dem vergangenen Unrecht, das nach wie vor die Rechtsstaatlichkeit in Deutschland in Frage stellt.«[3] Die Kontinuität des Justizpersonals, so der Kernvorwurf Müller-Meiningens, habe so weitreichende Folgen, daß sie noch am Ende der fünfziger Jahre den Rechtsstaat substantiell bedrohe. Bei aller Schärfe sparte aber auch der Münchner Journalist in seinem Kommentar die Propaganda des ADE vollständig aus.

Unter dem Eindruck der schlechten Presse und auf Drängen des Auswärtigen Amtes erklärte sich Minister Schäffer schließlich im Oktober 1958 bereit, auf der folgenden Justizministerkonferenz in Bad Harzburg die Vorwürfe gegen die Richterschaft zum ersten Mal mit den Ländervertretern offiziell zu beraten[4]. Im Mittelpunkt dieser Konferenz stand allerdings der Beschluß, eine neue Ermittlungsbehörde, die »Zentrale Stelle der Landesjustizverwaltungen zur Aufklärung nationalsozialisti-

dings fehlen in den in erster Linie herangezogenen Zeitungsausschnittsammlungen des Presse- und Informationsamtes der Bundesregierung die Seitenangaben, so daß in diesem Fall immer der jeweilige Titel angeführt wird.

3 »Gespenstische Vergangenheit vor Gericht zitiert«, SZ, 30.8.1958, S. 3.

4 Ebenda, Schäffer an die Landesjustizverwaltungen, 5.9.1958.

scher Verbrechen«, zu gründen. Damit sollte nicht zuletzt die von Müller-Meiningen und anderen Journalisten geübte Kritik entkräftet werden, die westdeutsche Justiz vernachlässige die Strafverfolgung von NS-Unrecht[5].

In Sachen NS-Richter hielt man aber kein entschiedeneres Vorgehen für notwendig. Schäffer gab gleich zu Beginn der Unterredung die gemeinsame Marschrichtung vor: Eine Überprüfung solle nur bei »konkreten Vorwürfen« in Frage kommen[6]. Wie unangemessen die britischen Interventionen seien, betonte der niedersächsische Minister Werner Hofmeister mit dem Hinweis, daß in seinem Bundesland der Wiederaufbau der Justiz in der Nachkriegszeit »im Einverständnis mit der Besatzungsmacht« erfolgt sei. Vor allem für die einstigen Sonderrichter machte sich Hofmeister stark. Sie seien allesamt nur »geringfügig belastet« und verfügten zudem seit den Entnazifizierungsverfahren über eine »gesicherte Rechtsposition«, die ihnen nun nicht wieder aberkannt werden könne.

Allein die Justizminister aus Bayern und Baden-Württemberg, der CSU-Politiker Willi Ankermüller und der Freidemokrat Wolfgang Haußmann, meldeten Vorbehalte an. Sie gaben zu bedenken, daß mit den Überprüfungsmaßnahmen »das politische Problem noch nicht gelöst« sei. Die Angriffe aus Ost-Berlin und neuerdings auch in der westdeutschen Presse, argumentierte Haußmann, »führten zu einer ständigen Beunruhigung der Justiz«. Dem sei nur entgegenzuwirken, indem die Belasteten aus der Schußlinie genommen würden. Nicht moralische oder rechtsstaatliche Erwägungen, sondern die von Haußmann hervorgehobene Fürsorgepflicht überzeugte auch seine Kollegen davon, daß man die Gerichte auffordern solle, die »Betroffenen« aus den Strafrechtskammern zu versetzen.

In der Presseberichterstattung über die Justizministerkonferenz wurde die Frage der belasteten Justiz nicht angeschnitten; das öffentliche Interesse richtete sich ganz auf das entscheidende justizpolitische Signal aus Bad Harzburg, die Errichtung der Zentralen Stelle. Obwohl diese neue Behörde nicht befugt war, gegen NS-Richter zu ermitteln, ließ sich das Auswärtige Amt die Chance nicht nehmen, die Gründung der Zentralen Stelle gegenüber der britischen Regierung »als besonders überzeugungs-

5 Zur Gründungsgeschichte der Zentralen Stelle vgl. Kapitel II. 1.1.

6 BAK, B 141/33726, Protokoll der vertraulichen Beratung auf der 27. Justizministerkonferenz vom 1. bis 3.10.1958 in Bad Harzburg zur Frage der »Wiederverwendung von Richtern und Staatsanwälten der nationalsozialistischen Zeit in der Bundesrepublik«, dort auch die folgenden Zitate.

kräftiges Argument« zu verwenden[7]. So könne auch in bezug auf die belasteten Juristen klargestellt werden, daß es »den verantwortlichen Stellen der Bundesrepublik« sehr ernst sei »mit der Überwindung des Nationalsozialismus«. Sogar nach Schäffers eindeutiger Richtigstellung, es bestehe hier »kein unmittelbarer Zusammenhang«[8], hielt das Auswärtige Amt an der Version fest, die Zentrale Stelle diene der strafrechtlichen Aufarbeitung des nationalsozialistischen Justizunrechts. Dahinter stand die Befürchtung nicht nur der Bonner Diplomaten, sondern auch des Londoner Foreign Office, daß ein nachträgliches Dementi erst recht die Empörung der Labour-Abgeordneten provozieren würde[9].

Allmählich nahm sich nun auch in der Bundesrepublik die parlamentarische Opposition des Themas an. Im Vergleich zu den harschen Worten aus Großbritannien hatte die Kritik aus den Reihen der Sozialdemokraten allerdings einen anderen, eigentümlich befangenen Tenor. Im Januar 1959 debattierte der Bundestag über eine Große Anfrage der SPD zur Justizpolitik, in der unter anderem auch von unangemessen milden Urteilen in NS-Strafverfahren die Rede war. Die Position der SPD erläuterte Adolf Arndt, der intellektuell herausragende, maßgebliche Rechtspolitiker seiner Partei. An den Anfang seiner Ausführungen über die Problematik der NS-Prozesse stellte er eine systematische Reflexion: Die aus der nationalsozialistischen Gewaltherrschaft resultierende »Diskontinuität der Rechtsentwicklung« sei eine »Aufgabe von einzigartiger Schwierigkeit«, denn die Rechtsprechung habe »gleichzeitig mit einer Vergangenheit zu tun, die nicht rechtsstaatlich war, und mit einer Gegenwart, die rechtsstaatlich sein soll«[10].

Damit sprach Arndt einen Grundkonflikt der westdeutschen Justiz nach 1945 an: Stand die institutionelle Diskontinuität der Justiz im Widerspruch zu ihrer personellen Kontinuität? Gründete das mangelnde Ahndungsinteresse in NS-Strafsachen nicht gerade in der Wiedereinsetzung der belasteten Juristen? Obwohl der Bundestagsabgeordnete in seiner Rede das Erscheinungsbild der Justiz ungeschminkt und eloquent kritisierte – in dieser Hinsicht hielt er sich auffällig zurück. Arndt, einst

7 Ebenda, Junges, Ref. 991, Auswärtiges Amt an BMJ, 20.10.1958; dort auch das folgende Zitat.

8 Ebenda, Schäffer an Auswärtiges Amt, 20.11.1958.

9 Ebenda, Junges an BMJ, 26.1.1959 mit einem Aide-mémoire des Foreign Office an das Auswärtige Amt über die Antworten auf Anfragen des Abgeordneten Lewis vom 17.11.1958 und 21.1.1959.

10 BT-Berichte 3. WP., 56. Sitzung am 22.1.1959, S. 3049. Die folgenden Zitate S. 3051.

selbst aus »rassischen Gründen« verfolgt[11], suchte geradezu nach Worten, um jede selbstgerecht erscheinende Verurteilung der belasteten Richter zu vermeiden: Es handle sich hier um Fälle, in denen ein Richter »auf seinem eigenen Wege durch die Vergangenheit – mag es Schicksal, mag es Mitverschulden gewesen sein; wer dürfte da rechten? – in eine bestimmte Mitverantwortung für die Rechtsnot verstrickt wurde«[12].

Eine moralische Bewertung des Justizunrechts und der verantwortlichen Richter unterließ Arndt in dieser ebenso knappen wie aufschlußreichen Stellungnahme. Schuld und Verantwortung erwähnte er nur in abgeschwächter Form, statt dessen ging es ihm um »Verstrickung« – einen Leitbegriff aus der Schulddebatte der Nachkriegszeit, der dem Bedürfnis entsprach, Akteure, Verantwortlichkeiten und Kausalitäten auszublenden. Die innere Nähe Arndts zu seinen betroffenen Standeskollegen hatte zum Ergebnis, daß seine anschließende Forderung noch hinter der Übereinkunft der vorangegangenen Justizministerkonferenz zurückfiel: Aufgrund der Unabhängigkeit der Richterschaft sollten deren Selbstverwaltungsorgane dafür Sorge tragen, daß die belasteten Richter nicht mehr in NS-Verfahren eingesetzt wurden. Diese Lösung versprach jedoch schon deswegen keinen Erfolg, weil der Richterbund erst kurz zuvor seine uneingeschränkte Solidarität mit allen im Rahmen der »Blutrichter«-Kampagne beschuldigten Juristen erklärt hatte[13].

Soweit sich in Arndts Argumentation eine konsistente Linie finden läßt – auf der anderen Seite mißbilligte er in seiner Bundestagsrede die Freisprüche für angeklagte NS-Juristen –, verfolgte er die Absicht, die geforderte rechtsstaatliche Auseinandersetzung mit den Verbrechen der NS-Zeit von der Frage der belasteten Juristen zu trennen. In diesem Sinne lag auch der Schwerpunkt seiner Ausführungen auf der Verurteilung der »gezielten Kollektivdiffamierungen« aus Ost-Berlin. Den »Denunziationslisten« des ADE, so Arndt voller Zorn, dürfe keine Beachtung geschenkt werden; daher sei eine »neue Welle von Sammelüberprüfungen« entschieden abzulehnen[14].

11 Zu Arndts Lebensweg in der NS-Zeit vgl. die politische Biographie von Gosewinkel, Arndt, S. 60 ff.

12 BT-Berichte 3. WP., 56. Sitzung am 22.1.1959, S. 3049 f.

13 Entschließung der Vertreterversammlung des Deutschen Richterbundes auf der Jahrestagung Ende November 1959, in der beklagt wurde, daß die belasteten Richter »geschmäht und verleumdet« würden; abgedruckt in: DRiZ 36 (1958), S. 330.

14 BT-Berichte 3. WP., 56. Sitzung am 22.1.1959, S. 3049. Auf die Widersprüchlichkeit in Arndts Argumentation hinsichtlich der NS-Justiz weist auch sein Biograph Gosewinkel hin; vgl. Gosewinkel, Arndt, S. 462 ff.

Engagierter als in Bonn machte sich die Opposition in einigen Bundesländern bemerkbar. Vor allem in Baden-Württemberg war dies der Fall, denn dort drängte der SPD-Landtagsabgeordnete Fritz Helmstädter schon seit 1957 die Landesregierung, die von Ost-Berlin benannten Richter und Staatsanwälte zu überprüfen[15]. Anfang 1958 erfuhr Helmstädter dann aus einem Bericht des Landesjustizministeriums, daß die betroffenen Juristen um eine schriftliche Stellungnahme gebeten worden waren, auf die sie – dies zuzugeben konnte das Ministerium nicht umhin – nur mit Ausflüchten geantwortet oder gar einen Gedächtnisverlust geltend gemacht hatten. Selbst der baden-württembergische Ministerpräsident Gebhart Müller, ein erzkonservativer Landesvater, der nicht gerade für besondere Feinfühligkeit hinsichtlich der NS-Vergangenheit bekannt war[16], mußte gegenüber dem Abgeordneten konzedieren: Er halte »die Lage für unerfreulich und in manchen Fällen für bedenklich«, gleichwohl sei eine Änderung des bisherigen Vorgehens nicht erforderlich[17].

Helmstädter teilte diese Ansicht nicht. Fest entschlossen, den Druck auf das Justizministerium zu erhöhen, trug er seinen Unmut über die kaum kaschierte Untätigkeit in Sachen NS-Juristen in den Finanzausschuß des Landtags und drohte, daß seine Fraktion die Zustimmung zum Justizetat verweigern werde, falls die Vorwürfe nicht im Rahmen einer Strafermittlung zügig geklärt werden sollten[18]. Sein auch von den Landtagsabgeordneten der Regierungsfraktionen mit viel Aufmerksamkeit verfolgter Einsatz blieb nicht ohne Wirkung: Ein paar Wochen später

15 JM BW, 2200b, »Vorwürfe gegen Richter und Staatsanwälte«, Bd. 1, Helmstädter an Müller, 3.7. und 7.8.1957.

16 Der CDU-Politiker Müller trat innerhalb seiner Partei als einer der schärfsten Kritiker des 1952 ratifizierten Wiedergutmachungsabkommens mit Israel auf. So hatte Müller dem stellvertretenden Leiter der deutschen Delegation und baden-württembergischen Wiedergutmachungsbeauftragten Otto Küster vorgeworfen, er sei bei den Verhandlungen zum Luxemburger Abkommen »Adenauer und Schäffer in den Rücken gefallen, hätte die Bundesrepublik an die Juden verraten und uns um viele Milliarden gebracht«; Otto Küster an Franz Böhm, 11.7.1954; zitiert nach Goschler, Wiedergutmachung, S. 165.

17 JM BW, 2200b, »Vorwürfe gegen Richter und Staatsanwälte«, Bd. 1, Müller an Helmstädter, 11.2.1958; der Bericht des Justizministeriums BW über die Personalüberprüfungen, 31.1.1958, ebenda.

18 Ebenda, Vermerk des Ministerialdirektors im Justizministerium, Emil Müller, über die Sitzung des Finanzausschusses des Landtags vom 5.2.1959, 7.2.1959.

wurden in Baden-Württemberg neben einem bereits laufenden Ermittlungsverfahren drei weitere gegen belastete Juristen eingeleitet[19].

Beim Stuttgarter Justizminister Wolfgang Haußmann beschleunigte die von Helmstädter angezettelte Diskussion die Erkenntnis, daß die Devise »Abwiegeln und Aussitzen« nicht mehr weiterhalf, sondern den Konflikt eher verschärfte. Vor diesem Hintergrund setzte er sich gemeinsam mit dem Berliner Justizsenator Valentin Kielinger dafür ein, daß die zuständigen Referenten die Angelegenheit noch vor der nächsten Ministerkonferenz diskutierten. Ziel des Treffens sei es, so Kielingers eindringliche Aufforderung an seine Ressortkollegen, »zu einer möglichst einheitlichen Behandlung in straf- und dienststrafrechtlicher Hinsicht zu gelangen«[20].

Auch in Berlin war der Justizsenator wegen der NS-Richter inzwischen in Bedrängnis geraten. Daraufhin hatte die Berliner Justizverwaltung – ohne transparente Rechtsgrundlage und ohne die Staatsanwaltschaft einzuschalten – zahlreiche Urteile begutachtet, mit denen die DDR Richter der West-Berliner Justiz belastet hatte. Aufgrund der wohlwollenden Überprüfungskriterien hatte diese Voruntersuchung ergeben, daß keine staatsanwaltschaftlichen Ermittlungsverfahren eröffnet werden sollten. Ungelöst blieb aber damit auch in Berlin die Frage, wie man sich jener NS-Richter entledigen sollte, die der Justiz einen zunehmenden Glaubwürdigkeitsverlust eintrugen. Denn zu den fortdauernden Attacken aus Ost-Berlin waren inzwischen auch Veröffentlichungen der lokalen Tagespresse hinzugekommen und hatten bewirkt, daß die Berliner Justizverwaltung zwei ehemalige Anklagevertreter an Sondergerichten vorläufig beurlaubt hatte. Die Pensionierung besaß allerdings keine Rechtsgrundlage, sondern konnte nur unter dem falschen Etikett der Dienstunfähigkeit durchgeführt werden, darüber hinaus – und dies war das Hauptproblem – mit dem Einverständnis der Betroffenen[21].

19 Die Verfahren richteten sich gegen Landgerichtsrat Paul Reimers, vormals Hilfsrichter am Volksgerichtshof am 11.2.1958, gegen Oberlandesgerichtsrat Walter Eisele, einst Richter am Sondergericht Prag, sowie gegen Justizrat Walter Curth und Staatsanwalt Rehder-Knöspel, beide vorher Staatsanwälte an Sondergerichten am 16.3.1959; Haußmann an Ministerpräsident Kurt Georg Kiesinger, 2.10.1959, JM BW, 2200b-I/132.

20 Ebenda, »Erfahrungsaustausch der Justizverwaltungen«, Senator Kielinger an Landesjustizverwaltungen, 1.6.1959. Mit der gleichen Stoßrichtung auch Haußmann an BMJ, 6.6.1959, ebenda.

21 Als prägnante Darstellung des Umgangs der West-Berliner Justizverwaltung mit den belasteten Juristen vgl. Weinke, Selbstamnestierung.

Auf der folgenden Tagung der Ministerialreferenten in Stuttgart gab der West-Berliner Strafrechtsreferent Carl Creifelds, selbst ein Jurist mit einschlägiger Vergangenheit[22], den Ton an. Soweit er sehe, habe sich die »frühere Auffassung«, daß den Angriffen der DDR »nicht weiter nachgegangen werden solle, bei allen Landesjustizverwaltungen geändert«[23]. Zugleich müsse aber davon ausgegangen werden, und darin stimmten ihm alle Anwesenden zu, daß »nur in ganz besonders gelagerten Ausnahmefällen« die Sanktionsmittel des Straf- und Disziplinarrechts eingesetzt werden könnten. Nach diesem Vorlauf unterbreitete Creifelds sein eigentliches Ansinnen, wie das Personalproblem in den Griff zu bekommen sei. Er schlug eine »politische Lösung« vor – »ein Gesetz, das die Möglichkeit eröffnen soll, belastete Richter in den Ruhestand zu setzen«. Damit war das Projekt der gesetzlich geregelten Pensionierung für NS-Richter umrissen, das zwei Jahre später als Paragraph 116 des Deutschen Richtergesetzes beschlossen werden sollte. Zur Begründung führte Creifelds an, er plädiere für diesen Schritt, »um die politische Verantwortung den Landesjustizverwaltungen abzunehmen und auf die parlamentarische Ebene zu verlagern«.

Den Hintergrund für diesen Vorstoß bildete das wachsende Dilemma, in dem sich der Strafrechtsreferent befand: Auf der einen Seite hatte Creifelds den Anspruch des Justizsenators zu erfüllen, die Vorwürfe möglichst schnell zu klären, notfalls um den Preis, die Belasteten ohne jedes Aufsehen aus dem Justizdienst zu entfernen; auf der anderen Seite setzte ihm der Verwaltungsapparat zu und versuchte, alle Sanktionspläne gegen die eigenen Kollegen zu vereiteln. Der Vorschlag Creifelds', den er mit seinem Senator abgestimmt hatte, wurde indessen von allen anderen Referenten abgelehnt. Ihre prinzipiellen Vorbehalte speisten sich vermutlich aus der Angst, mit einer Gesetzesinitiative ihre Entscheidungshoheit in der Sache aus der Hand geben zu müssen. Zusätzlich war aus Sicht der Rechtspolitiker unbedingt zu vermeiden, daß die parlamentarische Opposition das Thema aufgriff. Kategorisch verkündete daher der bayerische Vertreter, er halte »die bloße Überlegung in diese Richtung für abwegig«.

22 Vor 1945 war Creifelds als Mitarbeiter der Strafrechtsabteilung im Reichsjustizministerium unter anderem für die sogenannte Polenstrafrechtsverordnung und die Strafverfahren in den besetzten »West- und Ostgebieten« zuständig gewesen; Angaben nach Weinke, Selbstamnestierung, S. 633, Fußnote 38.

23 BAK, B 141/33771, Vermerk des Referenten im BMJ Goßrau über die Besprechung am 20.6.1959, 23.6.1959, dort auch die folgenden Zitate.

Der Dissens über das gemeinsame Vorgehen beherrschte auch die nächste Konferenz der Justizminister im Oktober 1959[24]. Inzwischen war aber auch Hamburg auf die Berliner Linie eingeschwenkt, während Baden-Württemberg vorsichtig Unterstützung signalisierte. Auf der Konferenz trat als entschiedenster Gegner der Bonner Staatssekretär Walter Strauß auf, der sein ganzes justizpolitisches Gewicht aufbot, um eine gesetzliche Pensionierungsregelung zu verhindern. Als Hauptargument berief sich Strauß auf das Grundgesetz, das die Unabsetzbarkeit des Richters garantiere und daher für die diskutierte Ruhestandsregelung geändert werden müsse. »Vor allem aus rechtsstaatlichen Gründen«, unterstrich der Staatssekretär, sei eine derartige Verschlechterung der richterlichen Rechtsposition nicht hinzunehmen. Daß er sich dabei auf die »sehr überlegte und gute Rechtsprechung des Bundesgerichtshofs« berief, lag insofern nahe, als Karlsruhe die auch von den Ministern nicht angefochtene Straflosigkeit für die nationalsozialistischen Justizverbrechen argumentativ abgesichert hatte.

Es kann als Zeichen zunehmender Anspannung gedeutet werden, daß auf dieser Konferenz letztlich viele Fragen zum Umgang mit den NS-Juristen offenblieben. So war man sich weder einig, ob die Verwaltungen die Initiative ergreifen sollten, verfügbare Todesurteile der Sondergerichte auszuwerten, noch ob man in den Besitz des ostdeutschen Belastungsmaterials gelangen wollte. Da nun auch die Aufmerksamkeit der westdeutschen Journalisten zugenommen hatte, erschien den Ministern eine Presseerklärung unumgänglich. Der von West-Berlin vorbereitete Entwurf mußte aber erst langwierig umgearbeitet werden, ehe ihm alle die Zustimmung erteilten. In dem schließlich veröffentlichten Papier war die Rede von »verständlicher Kritik« an einzelnen NS-Urteilen, die »nicht zu verkennen« – das hieß implizit: aber nicht unbedingt zu teilen – sei. Die Kernaussage, an der auch in Zukunft immer wieder festgehalten werden sollte, lautete: »Die Überprüfung hat ergeben, daß die Zahl der Richter und Staatsanwälte, bei denen die Vorwürfe von Gewicht sind, verhältnismäßig gering ist«. Genaue Zahlen wollte man jedoch nicht angeben und beließ es daher bei der Erwähnung von »einigen Fällen« suspendierter Juristen. Am Ende der Erklärung hieß es: »Die Justizminister und -senatoren haben die feste Überzeugung, daß durch diese Maßnahmen das Vertrauen in die demokratische Rechtspflege gestärkt wird.«

24 Zum folgenden BAK, B 141/33771, Protokoll der Beratung auf der 28. Justizministerkonferenz vom 13. bis 15.10.1959 in Hamburg mit der Presseerklärung im Anhang. Die folgenden Zitate ebenda.

Obgleich diese Feststellung eigentlich schon zum Zeitpunkt der Veröffentlichung unhaltbar war, ließ sich im Oktober 1959 noch nicht absehen, wie rapide in den folgenden Monaten das Vertrauen in die Integrität der Justiz schwinden sollte. Ein maßgeblicher Anstoß für diese Entwicklung ging von Kontroversen um die NS-Vergangenheit aus, die nicht die Justiz betrafen. Zu Weihnachten 1959 wurde die Kölner Synagoge mit Hakenkreuzen und der Losung »Deutsche fordern Juden raus« beschmiert. Dieser Anschlag wurde zum Auslöser für eine Serie von antisemitischen Schmierereien und Friedhofsschändungen, die in den darauffolgenden Wochen die gesamte Republik erfaßten[25]. Daß zum ersten Mal nach Kriegsende in Deutschland ein aggressiver Antisemitismus als Massenphänomen auftrat, löste nicht nur im Ausland, sondern – überraschenderweise – auch in der Bundesrepublik Kundgebungen, Protestresolutionen und besorgte Stellungnahmen von Parteien und Verbänden aus. Das Wort von der »unbewältigten Vergangenheit«[26] war nun in aller Munde, die Frage nach den Kontinuitäten zur NS-Zeit wurde Anfang des Jahres 1960 im Bundestag, in der Presse und im Rundfunk ausführlich erörtert.

Mit der Debatte über den Antisemitismus verschränkte sich der schon seit langem schwelende Konflikt um ehemalige Funktionsträger des NS-Staates im Regierungskabinett, über die nun mit neuer Härte gestritten wurde: Im Zentrum der Auseinandersetzung standen Hans Globke, Adenauers Staatssekretär im Bundeskanzleramt, und Vertriebenenminister Theodor Oberländer. Der politische Druck auf Oberländer, den einstigen »Volkstums«-Experten der Wehrmacht, war durch einen von der DDR-Führung inszenierten Schauprozeß enorm gestiegen, so daß er im Mai 1960 seinen Rücktritt einreichen mußte. An Globke dagegen, der Symbolfigur für die bereitwillige Integration der nationalsozialistischen

25 Zur antisemitischen Welle vgl. Bergmann, Antisemitismus, S. 235 ff.; Siegfried, Aufarbeitung. Bis Mitte Februar 1960 hatten die Behörden 833 antisemitische Folgetaten registriert. Angaben nach Bundesinnenminister Schröder in: BT-Berichte 3. WP, 103. Sitzung am 18.2.1960, S. 5575.

26 Verbreitung fand der Begriff in den Jahren 1958/59; von herausragendem Einfluß auf die Begrifflichkeit und die damit verbundene kritische Diskussion war der Vortrag von Theodor W. Adorno, Was bedeutet: Aufarbeitung der Vergangenheit?, gehalten am 6./7.11.1959 auf einer »Erzieherkonferenz« des Deutschen Koordinierungsrates der Gesellschaften für Christlich-Jüdische Zusammenarbeit; vgl. Frei, Vergangenheitspolitik, S. 9, Fußnote 11.

Verwaltungseliten, hielt Adenauer geradezu trotzig bis zum Ende seiner Amtszeit fest[27].

Die innenpolitischen Kontroversen belebten auch die Diskussionen über die NS-Richter, zumal bereits im Herbst 1959 das Thema zweifach in ausgesprochen wirkungsvoller Weise aufgegriffen wurde – in dem Kinofilm »Rosen für den Staatsanwalt« und der Ausstellung »Ungesühnte Nazijustiz«. Film und Ausstellung markierten zusammen die Zäsur, mit der der Konflikt um die belasteten Juristen umschlug. Aus dem Unbehagen über die DDR-Kampagne wurde ein handfester, in der politischen Öffentlichkeit diskutierter Skandal.

Gemeinsam mit dem Berliner Senat gelang es dem Bundesjustizministerium noch 1958, dem Filmproduzenten Artur Brauner ein geplantes Projekt über einen »Blutrichter« im westdeutschen Justizdienst auszureden[28]. Doch allen Zensurbemühungen zum Trotz arbeitete derweil schon der renommierte Regisseur Wolfgang Staudte an einem anderen Spielfilm zum Thema, der Ende September 1959 dann bundesweit in die Kinos kam. Die ebenso unterhaltsame wie politisch brisante Geschichte handelt vom Kriegsgerichtsrat Schramm, der gegen Ende des Krieges den Gefreiten Kleinschmidt zum Tode verurteilte, weil dieser eine Tafel Schokolade gestohlen hatte. Nach 1945 setzte Schramm seine Justizlaufbahn fort und avancierte zum Oberstaatsanwalt, der es in einer biederen Kleinstadt zu Wohlstand und Ansehen gebracht hatte. Dort traf ihn Ende der fünfziger Jahre der ehemalige Gefreite, der durch Zufall der Hinrichtung entkommen war und inzwischen als schlechtbezahlter Handlungsreisender arbeitete. Mit einem zweiten Schokoladendiebstahl erreichte er, daß der Oberstaatsanwalt in der darauffolgenden Gerichtsverhandlung plötzlich die Fassung verlor, erneut die Todesstrafe forderte und damit seine wahre Identität als Justizmörder preisgab[29].

27 Zur westdeutschen Debatte über Globke, der als Beamter des Reichsinnenministeriums 1935 mit Staatssekretär Stuckart einen Kommentar zu den »Nürnberger Gesetzen« verfaßt hatte und von 1936 bis 1939 im Referat für »allgemeine Rassenfragen« u. a. für antisemitische Personenstands- und Namensangelegenheiten zuständig war, vgl. Jacobs, Streit. Zu Oberländer liegt jetzt die politische Biographie von Wachs, Oberländer, vor; zu den DDR-Kampagnen gegen Oberländer und Globke vgl. auch Illichmann, DDR, S. 148 ff.

28 BAK, B 141/33726, Vermerk BMJ, Unterabteilung Strafverfahren, 26.9.1958.

29 Kraushaar, Protest-Chronik, S. 2274 f.; die folgenden Angaben und das Zitat aus der Zeitschrift Filmkritik 11 (1959), ebenda. Vgl. Brochhagen, Nürnberg, S. 224, und zum Werk des Filmemachers unter dem Aspekt der Auseinandersetzung mit der NS-Vergangenheit Wöll, Staudte.

Der Film war ein großer Erfolg, nicht zuletzt aufgrund der schauspielerischen Leistung der Hauptdarsteller Martin Held und Walter Giller. Die Filmkritik lobte die Glaubwürdigkeit der Handlung – mit der Einschränkung, daß am Ende die Gerechtigkeit siegte. Der Realität näher gekommen wäre es, so der Kritiker Enno Patalas, wenn jener exemplarische NS-Jurist seine Stellung behalten, das Opfer hingegen »still die Stadt verlassen hätte«. Es ist allerdings unwahrscheinlich, daß die Mehrheit der damaligen Zuschauer diese bittere Einsicht in die tatsächlichen Verhältnisse an den Gerichten teilte. Indem der vielgezeigte Spielfilm jedoch eindeutig Partei für das Justizopfer ergriff, trug er zu einer öffentlichen Sensibilisierung für die Problematik bei. Gekrönt wurde der außerordentliche Zuspruch für den Spielfilm mit dem Bundesfilmpreis 1960, der ihm gegen den Willen des Bundesinnenministers verliehen wurde. Auf der Festveranstaltung ließ sich Schröder daher demonstrativ durch seinen Staatssekretär vertreten[30].

Nicht allein der Innenminister, sondern das gesamte politische Establishment hatte mittlerweile registrieren müssen, daß die Belastungen der Justiz für öffentliches Aufsehen sorgten, und dies in erster Linie deshalb, weil parallel zu Staudtes Film die Ausstellung »Ungesühnte Nazijustiz« hohe Wellen schlug. Die Initiative für dieses Projekt hatte der Berliner Linguistikstudent Reinhard Strecker ergriffen. Empört über das allerorts anzutreffende Abwiegeln der aus Ost-Berlin erhobenen Vorwürfe, faßte Strecker schon 1958 den Entschluß, selbst eine Dokumentation über die Verbrechen amtierender NS-Juristen zu erstellen, die von den propagandistisch verzerrten Informationen unabhängig sein sollte[31]. Nachdem aber ein niedersächsisches Landgericht seinen Antrag auf Einsichtnahme in einschlägige Aktenbestände abgelehnt hatte, erkannte er, daß er nicht auf die Kooperationsbereitschaft der westdeutschen Justizbehörden zählen konnte. Daher wandte er sich auf eigene Faust an die Berliner Militärmission der Tschechoslowakei, wo, so hatte er in Erfahrung gebracht, Sondergerichtsurteile deponiert seien. Das Prager Justizministerium war

30 BAK, B 141/33728, Vermerk BMJ, Unterschrift unleserlich, 28.6.1960.

31 Zum folgenden der ausführliche vertrauliche Bericht des »Volksbundes für Frieden und Freiheit« an das Bundeskanzleramt, 3.12.1959, BAK, B 136/1744. Zum »Volksbund für Frieden und Freiheit«, dessen ideologischer und personeller Hintergrund in erster Linie das NS-Propagandaministerium bildete, vgl. Körner, Kalter Krieg. Einen ergänzenden Überblick über die Debatte um die Ausstellung gibt der Hintergrundartikel »Keine unbekannten Hintermänner«, FAZ 30.11.1959. Zur Ausstellung und zur politischen Motivation Streckers vgl. Kohlstruck, Strecker.

indessen nicht geneigt, den Zugang zu den eigenen Akten zu gestatten, und verwies Strecker für die Recherche nach Originalunterlagen an den Ausschuß für Deutsche Einheit.

Tatsächlich unterstützte der Leiter des ADE, Adolf Deter, das Vorhaben des Studenten, obwohl Strecker bei den ostdeutschen Behörden als Antikommunist, der sich auch für DDR-Flüchtlinge einsetzte, registriert war. Ganz richtig erkannte aber Deter, daß Streckers Vorhaben eine hervorragende Chance bot, die Thematik in Westdeutschland über die »Blutrichter«-Kampagne hinaus publik zu machen. So legte er dem Berliner Studenten ausgewählte Akten vor und versorgte ihn sogar mit Kopien für seine Dokumentation. Als Strecker gemeinsam mit einigen Kommilitonen schließlich über hundert Gerichtsverfahren überprüft, die Identität der Täter mit westdeutschen Richtern festgestellt und eine Personendatei aufgebaut hatte, trat er an den Sozialistischen Deutschen Studentenbund (SDS) heran. Dessen Bundesvorstand schlug er vor, mit dem zusammengetragenen Material, bestehend aus 140 Dokumentenmappen, eine Wanderausstellung zu organisieren. Als erste griff die SDS-Gruppe aus Karlsruhe die Anregung auf, bot sich doch ihre Stadt als Sitz der beiden wichtigsten Bundesgerichte für die Ausstellungseröffnung geradezu an. Es war vornehmlich dem Elan des lokalen SDS-Vorsitzenden Wolfgang Koppel zu verdanken, daß dieser Plan auch bald realisiert werden konnte. Er warb mehrere Spenden ein, mietete für die Ausstellung das Hinterzimmer einer Studentenkneipe und sprach mit Strecker ab, zusätzlich eine öffentlichkeitswirksame »Aktion Ungesühnte Nazijustiz« durchzuführen. Geplant war, im Rahmen einer Pressekonferenz Strafanzeige gegen über 40 Juristen zu stellen, um der Forderung nach dem Rücktritt aller belasteten Richter und Staatsanwälte Nachdruck zu verleihen.

Für die öffentliche Unterstützung der Ausstellung setzte der Karlsruher SDS zwar auf westdeutsche Prominente wie den Kirchenpräsidenten Martin Niemöller und den Politologen Wolfgang Abendroth, hinter den Kulissen pflegten aber manche seiner Mitglieder auch regen Kontakt zu DDR-Funktionären. So hatte Wolfgang Koppel eine Studienreise in die DDR organisiert, und Oswald Hüller, der frühere SDS-Bundesvorsitzende, der ebenfalls an den Vorbereitungen beteiligt war, engagierte sich für die politische Zusammenarbeit mit FDJ-Hochschulgruppen[32]. Ihm und seinen Genossen im SDS, der sogenannten Hüller-Fraktion, diente

32 Nach dem bisherigen Forschungsstand nahmen Koppel und Hüller zwar Verbindung zu Vertretern der SED auf, sie fungierten jedoch nicht als Informanten der Staatssicherheit. Vgl. Knabe, Republik, S. 184 ff.

die Karlsruher Ausstellung daher nicht zuletzt dazu, sich gegenüber dem Bundesvorstand des Hochschulverbandes zu profilieren[33]. In diesen politischen Zusammenhang fügte sich auch die Ansprache des Münchner Rechtsanwalts Ralle auf der Ausstellungseröffnung am 27. November 1959, die sich von den agitatorischen Ausfällen der SED-Westarbeit kaum unterschied: Globke, so seine Unterstellung, sei mit den »Schergen von Auschwitz« gleichzusetzen, in der Ausstellung trete schließlich die »braune Gegenwart« der Bundesrepublik zutage[34].

Die Äußerungen des von Nordens Weltsicht offensichtlich überzeugten Rechtsanwalts bestärkte die SPD-Parteiführung in ihrer Entscheidung, sich von der Ausstellung ihrer parteinahen Hochschulorganisation öffentlich und mit scharfen Worten zu distanzieren[35]. Gleichwohl fußte diese harsche Ablehnung auf einer letztlich überzogenen Einschätzung. Adolf Arndt, in seiner Partei der größte Kritiker der »Ungesühnten Nazijustiz«, hielt selbst noch nach einem ausführlichen Gespräch mit Strecker den Generalverdacht aufrecht, es handle sich hier um ein aus der DDR gesteuertes Projekt. »Undurchsichtig« sei, so der SPD-Politiker in einem für die Studentenzeitung *Colloquium* verfaßten Artikel, »wer die Ausstellung veranstaltete, wer sprechen würde und wer die beträchtlichen Mittel dafür aufbrachte«[36].

Als weiteres Argument gegen die »Ungesühnte Nazijustiz« führte Arndt an, seine Partei halte »derartige Ausstellungen nicht für ein geeignetes Mittel, um ein schweres Problem zu lösen, dessen Bewältigung längst mit aller Energie begonnen war«. Ohne dies freilich genau zu

33 Der Karlsruher SDS gehört zur Fraktion um Oswald Hüller, die sich auf der Göttinger Delegiertenkonferenz vom 30.7. bis 1.8.1959 endgültig mit dem SDS-Bundesvorstand überworfen hatte. Deshalb umgingen die Karlsruher den Bundesvorstand bei der Vorbereitung der Ausstellung und setzten sich direkt mit Strecker in Verbindung. Als es in der Folge zum Konflikt zwischen der SPD und der Karlsruher SDS-Gruppe kam, distanzierte sich der Bundesvorstand von Koppel und dessen Genossen. So weigerte sich der Bundesvorsitzende Kallauch, dem »Organisationskomitee« der »Aktion Ungesühnte Nazijustiz« beizutreten. Dazu ausführlich Albrecht, SDS, S. 356 ff.

34 Bericht des »Volksbundes für Frieden und Freiheit« an das Bundeskanzleramt, 3.12.1959, BAK, B 136/1744.

35 AdsD, SPD-Bundestagsfraktion 3. WP/396, Distanzierung des SPD-Parteivorstands zur »Aktion Ungesühnte Nazijustiz«, veröffentlicht in: Parlamentarisch-politischer Pressedienst, 24.11.1959.

36 Ebenda, Stellungnahme Arndts für *Colloquium*. Eine deutsche Studentenzeitschrift, 14. Jg. (1960), H. 3, S. 4 f., 14.4.1960. Das folgende Zitat ebenda.

explizieren, bezog er diese Feststellung vermutlich auch auf sein eigenes Engagement. Denn seit Ende 1959 setzte sich der Sozialdemokrat in dieser Frage entschieden für die parlamentarische Kontrolle der Exekutive ein. So hatte er erwirkt, daß Minister Schäffer dem Rechtsausschuß des Bundestags über den Stand der Personalüberprüfungen Bericht erstattete, ferner das Bundesjustizministerium gedrängt, die Aktenbestände des Berliner Document Center über den Volksgerichtshof auszuwerten und die Liste der amtierenden Juristen, die einst am Volksgerichtshof tätig waren, an die Justizverwaltungen zu versenden. Schließlich war es auch Arndt gewesen, der die von Strecker zusammengestellten Dokumente an die Justizministerien weiterleiten ließ[37].

Bei aller Aktivität legte der Rechtspolitiker jedoch höchsten Wert auf Diskretion und nahm daher um so größeren Anstoß am selbständigen Handeln der Studenten. So liberal Arndt in seinen politischen Grundüberzeugungen auch war, so vertrat er doch in dieser Frage eine Auffassung, die sich an den autoritären Gestus des Obrigkeitsstaates anlehnte: Daß nämlich allein Politik und Justiz berechtigt seien, sich – möglichst geräuschlos – mit den haarsträubenden Todesurteilen der westdeutschen Richter und Staatsanwälte auseinanderzusetzen. Eine breite öffentliche Debatte, wie sie die Studenten mit den von ihnen präsentierten Beweismaterialien und der Forderung nach strafrechtlicher Verfolgung anzustoßen suchten, galt es aus seiner Sicht dagegen zu verhindern, zumal in einer Zeit, in der sich die Berlin-Krise zuspitzte und jede tatsächliche oder vermeintliche Schwächung der eigenen Position im Ost-West-Konflikt unbedingt vermieden werden sollte.

Erst im Kontext der Berlin-Krise ist auch zu verstehen, warum die SPD-Führung in ihrer Abgrenzung gegenüber dem parteinahen Hochschulverband so weit ging, Wolfgang Koppel und dessen Karlsruher SDS-Kollegen aus der Partei auszuschließen. Zugleich hoffte die SPD auf diese Weise verhindern zu können, daß SDS-Gruppen in anderen Universitätsstädten die Wanderausstellung präsentierten – hier kündigte sich bereits der 1961 erlassene Beschluß der SPD an, die gleichzeitige Mitgliedschaft in Partei und Hochschulbund sei unvereinbar. Und nicht zuletzt stand die Ablehnung der Ausstellung im Zusammenhang mit der tiefgreifenden inhaltlichen Neuorientierung der SPD, die sich kurz zuvor

37 Arndt unternahm diese Initiativen auf den Sitzungen des Bundestagsrechtsausschusses am 9.12.1959, 10.2., 18.2. und 23.3.1960; BT/PA, Dok. III/417, A 4, Protokolle der vertraulichen Besprechungen auf der 87., 91., 93., und 101. Rechtsausschußsitzung.

in Bad Godesberg ein neues Grundsatzprogramm verordnet hatte. Der eingeschlagene Weg zur Volkspartei, die Öffnung für bürgerliche Zielgruppen wurden aus Sicht der Parteiführung unnötig gefährdet, wenn zugleich am Rande der Partei linksradikale Gruppen mit anrüchiger Nähe zu »Pankow« agierten.

Gern hätte auch die Bundesregierung den Nachweis geführt, daß die »Ungesühnte Nazijustiz« ein aus der DDR gelenktes Unternehmen war. Zu diesem Zweck beschattete der Verfassungsschutz die Ausstellungsmacher, erkundigte sich bei Freunden und Verwandten über ihr Privatleben und über ihre finanzielle Lage. Politisch Verwertbares wurde dabei nicht gefunden[38]. Dennoch stand für die meisten Rechtspolitiker fest: Wer bereit war, Informationsmaterial aus den Händen ostdeutscher Kommunisten zu übernehmen, und seien es Aktenkopien, wer überdies wagte, das Material öffentlich zugänglich zu machen, der stellte sich außerhalb jeder politisch noch zu tolerierenden Norm. Der baden-württembergische Justizminister Haußmann schreckte sogar nicht davor zurück, landesverräterische Umtriebe herbeizureden. So unterstellte er im baden-württembergischen Landtag, die studentische Initiative stelle »eindeutig einen Versuch der Beeinträchtigung der rechtsstaatlichen Ordnung und Sicherheit der Bundesrepublik dar«[39].

Vor diesem Hintergrund war es um so überraschender, daß Generalbundesanwalt Max Güde den Studenten Strecker in seinem Karlsruher Amtssitz empfing. Güde hatte schon im Vorjahr Aufsehen erregt, als er auf einer Tagung der Evangelischen Akademie in Bad Boll in seinem Vortrag »Justiz im Schatten von Gestern« seinem Berufsstand empfohlen hatte, sich mit der Mitwirkung an den Untaten der NS-Herrschaft auseinanderzusetzen[40]. Noch provokativer fiel die Stellungnahme des selbstbewußten, an die liberale Tradition des badischen Rechtswesens anknüpfenden Generalbundesanwalts nach dem Gespräch mit Strecker

38 Bericht des »Volksbundes für Frieden und Freiheit« an das Bundeskanzleramt, 3.12.1959, BAK, B 136/1744.

39 Protokoll der 31. Sitzung des Ständigen Ausschusses des Landtags von Baden-Württemberg, 14.12.1959; JM BW, 2200b, »Vorwürfe gegen Richter und Staatsanwälte«, Bd. 1.

40 Der Vortrag wurde am 19. Oktober 1958 gehalten und 1959 publiziert; Güde, Justiz. Güde selbst war NSDAP-Mitglied gewesen und hatte das Amtsgericht Mosbach von 1933 bis 1943 geleitet, ehe er als Soldat eingezogen wurde. Das Amt des Generalbundesanwalts übernahm er 1957; vgl. Kohlstruck, Strecker, S. 198, Fußnote 20.

aus: An der Echtheit der Kopien aus Ost-Berlin bestehe kein Zweifel, überdies sei er über den Inhalt der vorgelegten Urteile zutiefst erschrokken[41].

In einem Interview, das Güde anschließend im Regionalprogramm des Süddeutschen Fernsehens gab, verstieß er dann endgültig gegen die Standessolidarität, als er der Behauptung widersprach, daß im »Dritten Reich« milde Urteilssprüche zu Repressalien gegen die verantwortlichen Richter geführt hätten. Ihm sei niemand bekannt, der deshalb mehr als eine Versetzung oder Entlassung hinzunehmen gehabt hätte. Und ausdrücklich betonte der oberste Anklagevertreter den Ermessensspielraum der Juristen: »Viele der Todesurteile von damals hätten nicht zu ergehen brauchen. Sie hätten nicht ergehen dürfen; selbst auf der Grundlage der Gesetze, nach denen sie gefällt wurden.«[42]

Güdes Verdikt über die NS-Justiz verhalf der studentischen Initiative zur erhofften, aber unerwarteten Aufwertung. Journalisten des Süddeutschen Rundfunks konfrontierten nun Minister Haußmann mit besonders empörenden Urteilen aus der Karlsruher Ausstellung, unter denen der Name des amtierenden Stuttgarter Oberlandesgerichtsrats Walter Eisele stand, und führten ein ausführliches Fernsehinterview mit Reinhard Strecker. Auch die Presse legte ihre Vorbehalte gegenüber den Ausstellungsmachern ab, allen voran erneut der *Spiegel*, der gleich seitenweise Auszüge aus den Gerichtsurteilen der NS-Richter veröffentlichte[43].

In den folgenden drei Jahren wurde die Ausstellung nicht nur in deutschen Universitätsstädten, in West-Berlin, Stuttgart, Frankfurt, Hamburg, Tübingen und Heidelberg, gezeigt, sondern auch in Amsterdam und London. Im Inland gingen der Präsentation zumeist langwierige Streitigkeiten zwischen den studentischen Organisationskomitees und den Universitätsleitungen voraus, die sich vordergründig an der Frage entzündeten, ob in den Hochschulen Räume zur Verfügung gestellt wer-

41 Vgl. hierzu und zum folgenden den Leitartikel von Müller-Meiningen jr. »Vergangenheit – allzu privat«, SZ, 15.1.1960, S. 3; »Auf Photokopien«, Der Spiegel, 13.1.1960, S. 31 ff.

42 Zitiert nach: Der Spiegel, 13.1.1960, S. 32. Güde änderte später seine wohlwollende Haltung gegenüber der Ausstellung. Anläßlich ihrer Eröffnung in Tübingen schrieb er an Haußmann: Die Ausstellung sei »in ihrer Zusammensetzung völlig zufällig, ausgesprochen dilettantisch und nach meiner Meinung ohne jeden Erkenntniswert«. Güde an Haußmann, 7.7.1960, JM BW, 2200b, Bd. »Erfahrungsaustausch der Justizverwaltungen«.

43 »Leichte Fälle?«, Der Spiegel, 17.2.1960, S. 18 ff.

den durften[44]. Das Aufsehen um diese Konflikte, befördert von zahlreichen Zeitungsberichten, war nicht nur die beste Besucherwerbung, sondern trug in erheblichem Maße dazu bei, die Studenten im Umfeld des SDS zu politisieren. Die Tatsache, daß alle Parteien in der Kontroverse für die Interessen der belasteten Richter eintraten, beschleunigte deren Ansehensverlust in der politisch linksorientierten Studentenschaft; bei nicht wenigen ging dies mit einem wachsenden Mißtrauen gegen das gesamte politische System einher. Insofern ist die »Ungesühnte Nazijustiz« auch zur Vorgeschichte der Studentenrevolte Ende der sechziger Jahre zu zählen, obgleich freilich die Umsturzphantasien der späteren Außerparlamentarischen Opposition noch fehlten.

Auch bei den Presse- und Rundfunkjournalisten stellte sich mehr und mehr der Eindruck ein, daß die Legitimation des Rechtsstaats erheblich Schaden nahm, wenn sich die Politik der Vorwürfe gegen das Justizpersonal nicht anders als durch Diffamierung der studentischen Ausstellungsmacher erwehren konnte. »Private sind also am Werk, wo die Offiziellen schweigen«, kommentierte Ernst Müller-Meiningen jr. und forderte mit Blick auf die Bundesregierung: »Nach dem Rechten zu sehen, kann unmöglich allein Sache von Privaten sein«[45]. Doch der Ruf nach einer Initiative Bonns stieß auf taube Ohren – statt dessen legte man dort eine Obstruktionshaltung an den Tag, die mit den personalpolitischen Gegebenheiten der Bundesjustiz in engem Zusammenhang stand.

44 Vgl. dazu die Broschüre zur Ausstellung mit Pressespiegel: Koppel, Nazijustiz; außerdem den Überblicksartikel anläßlich der Hamburger Ausstellung: »Urteile, die erschrecken«, Die Zeit, 16.6.1961, S. 5

45 »Vergangenheit – allzu privat«, SZ, 15.1.1960, S. 3.

3. Die Vorwürfe gegen die Bundesjustiz

Von Beginn an zielte die »Blutrichter«-Kampagne nicht allein auf die Justiz, sondern darüber hinaus auf die Diskreditierung des gesamten westdeutschen Staates. Das Bild einer zentral gesteuerten Justizpolitik vor Augen, war die Kampagnenleitung deshalb besonders darauf bedacht, das Personal der Bundesgerichte und des Bundesjustizministeriums ins Visier zu nehmen[1]. Bereits im Mai 1957 geriet der erste Bundesbeamte aus Bonn unter Beschuß: der Ministerialrat und Generalreferent für die Strafrechtsreform Eduard Dreher, der in den sechziger Jahren zu einem der einflußreichsten Strafrechtler aufsteigen sollte. Mit seiner Vergangenheit als Erster Staatsanwalt am Sondergericht Innsbruck hatte sich Dreher nach Kriegsende durchaus auseinandergesetzt, allerdings in einer eher indirekten Weise. So hatte er sich zu einem überzeugten Gegner der Todesstrafe gewandelt und für diese Auffassung auch in seiner 1949 publizierten Abhandlung *Über die gerechte Strafe* geworben. Naheliegenderweise hatte er darin seine eigenen Erfahrungen mit der Verhängung der Todesstrafe ausgespart – was nun, unter anderen Vorzeichen, der ADE nachholte: In der ersten Broschüre wurde ihm vorgeworfen, 1944 einen Deutschen »wegen angeblichen Verstoßes gegen nazistische Zwangsgesetze« angeklagt zu haben, woraufhin dieser zum Tode verurteilt und hingerichtet worden sei[2].

Offenbar ohne von seinen Vorgesetzten dazu ausdrücklich aufgefordert worden zu sein, nahm Dreher unverzüglich zu den Anschuldigungen Stellung. Nur einen Monat nach der Veröffentlichung konnte der Strafrechtsreferent dem Staatssekretär Walter Strauß ein Schreiben seines früheren Kollegen bei der Generalstaatsanwaltschaft Innsbruck vorlegen. Jener Dr. Obrist, so betonte Dreher gegenüber Strauß die Rechtschaffenheit des Verfassers, sei bereits 1945 wieder in den Justizdienst aufgenommen und als Senatspräsident pensioniert worden[3]. In seinem Brief schilderte Obrist auf Grundlage der noch vorhandenen staatsanwaltschaftlichen Handakten

1 Es kann hier keine alle Vorgänge erfassende Gesamtauswertung erfolgen, da der Verfasser keine Einsichtgenehmigung in die Personalakten des Bundesjustizministeriums erhielt. Dennoch erlauben die Sachakten zumindest für die Anfangsphase bis Ende 1959 einen genaueren Einblick in die Verfahrensweise des Ministeriums; schriftliche Absage des Referates ZS 3 des BMJ an den Verfasser, 25.1.2000.

2 ADE, Gestern Hitlers Blutrichter – heute Bonner Justiz-Elite, Berlin (Ost) 1957, S. 7.

3 BAK, B 141/50449, Dreher an Strauß, 24.6.1957, als Anlage Obrists Brief, 19.6.1957.

den inkriminierten Fall: Nach einem Luftangriff auf Innsbruck hatte der 62jährige Kaffeebrenner Anton Rathgeber einige Kleidungsstücke und Gebrauchsgegenstände entwendet, die durch Bombeneinschlag aus einem Haus herausgeschleudert worden waren; vor Gericht legte der Angeklagte ein vollständiges Geständnis ab. Dem Strafantrag des Staatsanwalts Dreher folgend, verurteilte das Sondergericht Rathgeber wegen Plünderung zum Tode, schloß sich aber einstimmig dem Gnadengesuch des Verteidigers an, die Todesstrafe auf zwölf Jahre Zuchthaus zu mildern. Das Reichsjustizministerium erließ aber – »wohl aus Abschrekkungsgründen«, wie Obrist mutmaßte – die Anordnung, das Urteil zu vollstrecken.

Ohne Frage war dies einer jener Justizmorde, wie sie von nationalsozialistischen Sondergerichten tausendfach begangen worden waren. Der pensionierte Senatspräsident schätzte die Angelegenheit anders ein und resümierte: »Das ist alles Wesentliche, also ein einfacher Fall, der nicht anders ausgehen konnte.« Vermutlich nicht ohne Erleichterung wird Dreher zur Kenntnis genommen haben, daß weitere Unterlagen aus seiner Zeit als Staatsanwalt in Innsbruck nicht vorhanden waren, denn, so Obrists Auskunft, »die Akten der Generalstaatsanwaltschaft sind verbrannt in der Kapelle des Landgerichts, wo ja eine Bombe hineinschlug«[4].

In Anlehnung an diese Ausführungen verfaßte Dreher sodann eine eidesstattliche Versicherung zum Fall Rathgeber, in der er seinen damaligen Antrag auf Todesstrafe zwar einräumte, rückblickend aber nicht einen Anflug von Selbstkritik erkennen ließ. Vielmehr qualifizierte er den Verurteilten – ganz im Sinne des NS-Tätertyps »Volksschädling« – als »15mal vorbestraft, darunter 6mal wegen Diebstahls«. Als Plünderer sei er daher »zu der gesetzlich allein vorgesehenen Todesstrafe verurteilt« worden[5]. Wie reagierten der Staatssekretär und das ebenfalls von Dreher in Kenntnis gesetzte Personalreferat auf diese Erklärung? Soweit den Akten zu entnehmen ist – gar nicht: Weder wurde ein Vermerk zu der Angelegenheit verfaßt, noch wurden eigenständige Nachforschungen in die Wege geleitet. Die Stellungnahme Drehers wurde einfach zu den Akten gelegt[6].

4 Ebenda, Obrist an Dreher, 19.6.1957. Vgl. zum Verfahren gegen Rathgeber auch die Schilderung von Rabofsky, Verborgene Wurzeln, S. 75.

5 BAK, B 141/50449, Affidavit Drehers, undatiert. Zur NS-Sondergerichtsbarkeit vgl. die neueren Fallstudien von Weckbecker, Freispruch, und Schmidt, Beabsichtige. Über den Tatbestand »Plünderung« nach der NS-Volksschädlingsverordnung informiert Werle, Justiz-Strafrecht, S. 259 ff.

6 1959 konnte der ADE Dreher einen zweiten Antrag auf Todesstrafe nachweisen, in dem Dreher vor dem Innsbrucker Sondergericht gefordert hatte, den 57 Jahre

Den zweiten Mitarbeiter der Bundesjustiz, der im Mai 1957 in einer »Blutrichter«-Broschüre beschuldigt wurde, bat Staatssekretär Strauß erst um eine Stellungnahme, als sechs Monate später der neue Justizminister Schäffer in eine »Überprüfung« der Vorwürfe einwilligte[7]. Die vom ADE verbreiteten Informationen über den Karlsruher Bundesrichter Arthur Christoph konnten indessen kaum als Bagatelle abgetan werden, sondern bezogen sich auf ein Strafverfahren gegen vier Tschechen, die wegen »patriotischer Betätigung« (so die knappe Auskunft der ADE-Broschüre) vor dem Sondergericht Breslau angeklagt worden waren. Die Richter, darunter Christoph, hatten drei der Beschuldigten zu hohen Zuchthausstrafen, einen sogar zum Tode verurteilt[8]. In seinem Antwortschreiben bestritt Christoph nicht, am Breslauer Sondergericht mit Hoch- und Landesverratssachen befaßt gewesen zu sein. Die Mitwirkung an dem angegebenen Urteil sei daher nicht auszuschließen, aber »an die Sache selbst«, so der Bundesrichter, könne er sich nicht mehr erinnern[9]. Während der Gedächtnisverlust des Richters wohl in jeder anderen, nicht auf die NS-Vergangenheit bezogenen Angelegenheit weitere Recherchen nach sich

alten »Gewohnheitsdieb und Gewaltverbrecher« Josef Knoflach hinzurichten. Der Hilfsarbeiter Knoflach hatte ein Fahrrad und etwas Speck gestohlen und anschließend versucht, sich gegen seine Festnahme zu wehren. Das Sondergericht war zunächst Drehers Antrag gefolgt und hatte das Urteil nach einer Intervention des Gauleiters von Tirol aber in eine Zuchthausstrafe von acht Jahren umgewandelt. Dazu und zu einem dritten Antrag auf Todesstrafe, den der ADE 1961 publik machte: Rabofsky, Verborgene Wurzeln, S. 75 ff. Daß diese Vorwürfe nur einen Teil der gesamten Todesurteile darstellten, an denen Dreher als Staatsanwalt am Sondergericht Innsbruck mitgewirkt hatte, räumte er in einer vertraulichen »Dienstlichen Erklärung« ein, die er im Anschluß an die Veröffentlichung des Falles Knoflach verfaßte: Weitere Todesstrafen habe er beantragt in »drei Fällen ohne politischen Zusammenhang«, »ein Urteil gegen einen gefährlichen Gewohnheitsverbrecher« und »etwa zwei bis drei Fälle von Plünderung nach Fliegerangriff«. »Auch hier«, so die Rechtfertigung Drehers, »war nach der damaligen Rechtslage der Antrag auf Todesstrafe nicht zu umgehen und widersprach m.E. auch nicht rechtsstaatlichen Grundsätzen«. Vorsorglich, falls noch mehr kompromittierende Urteilsschriften auftauchen sollten, erklärte er: »Ich kann es nicht ausschließen, daß ich auch an einem Todesurteil nach der ebenfalls nur für den Kriegszustand geltenden Verordnung gegen Gewaltverbrecher beteiligt war, vermag mich aber nicht an einen konkreten Fall zu erinnern«; BAK, N 1087/3, Erklärung Drehers, 21.4.1959.

7 BAK, B 141/50449, Strauß an den Präsidenten des Bundesgerichtshofs, Hermann Weinkauff, mit der Bitte, den Brief an Christoph weiterzuleiten, 6.12.1957.

8 ADE, Gestern Hitlers Blutrichter, Berlin (Ost) 1957, S. 7.

9 BAK, B 141/50449, Christoph an Weinkauff, 12.12.1957.

gezogen hätte, beschied in diesem Fall Staatssekretär Strauß lapidar: Es bestehe »kein Anlaß zu Weiterem«[10].

Gänzlich unbehelligt blieben jene Richter und Staatsanwälte der Bundesjustiz, denen pauschal und ohne weitere Angaben die Zugehörigkeit zu NS-Sondergerichten vorgeworfen wurde. Auf Minister Schäffers ausdrückliche Anweisung waren sie weder zu informieren noch zu Stellungnahmen aufzufordern, da die Sondergerichte, wie Schäffer gegenüber dem Außenminister argumentierte, »nicht nur für die Aburteilung politischer Strafsachen, sondern in weitem Umfang auch für die Verfolgung schwerer Straftaten der allgemeinen Kriminalität zuständig« gewesen seien[11]. Daß die hohe Zahl der Todesurteile an Sondergerichten gerade auf das Konto eines entgrenzten nationalsozialistischen Kriminalitätsbegriffs ging, übersah der Justizminister dabei geflissentlich.

Um einiges heikler stellte sich indessen die Reinstallierung jener Juristen dar, die dem Volksgerichtshof angehört hatten – laut der von Adolf Arndt 1959 initiierten Auswertung der im Berliner Document Center lagernden Aktenbestände insgesamt 41 Staatsanwälte und 21 Richter[12]. Denn ihre Vergangenheit stand unvermeidbar im Zusammenhang mit dem berüchtigten Vorsitzenden des Volksgerichtshofs, Roland Freisler, dessen Urteile von den eifrigen Entlastungsbemühungen der westdeutschen Justiz zumeist ausgenommen blieben. So stellte der um Apologien ansonsten nicht verlegene Bundesgerichtshof 1956 in einem Urteil zur Denunziation eines katholischen Priesters fest, der Volksgerichtshof sei ein »Terrorinstrument« gewesen, das »nur noch der Vernichtung des politischen Gegners« gedient habe[13].

Obwohl sich dieses klare Verdikt nicht gegen die Wiedereinstellung der ehemaligen Volksgerichtshof-Juristen richtete, stießen Freislers Richterkollegen noch am ehesten auf Unbehagen und Vorbehalte. Dies hatte auch Franz Schlüter zu spüren bekommen, der einzige Angehörige der

10 Ebenda, Vermerk Strauß, 20.12.1957.

11 BAK, B 141/33726, Schäffer an Brentano, 10.4.1958.

12 BAK, B 141/33727, Vermerk der Personalabteilung des Bundesjustizministeriums, 15.2.1960; vgl. dazu die Aufschlüsselung nach Bundesländern bei Brochhagen, Nürnberg, S. 325.

13 Urteil vom 28.6.1956, BGHSt 9, S. 302, zitiert nach Müller, Juristen, S. 283. Diese Qualifizierung der Volksgerichtshof-Rechtsprechung hoben die Karlsruher Richter jedoch ein paar Jahre später wieder auf; dazu Denzel, Ermittlungsverfahren. Zur apologetischen Rechtsprechung des Bundesgerichtshofs in Sachen NS-Justiz vgl. Müller, Juristen, S. 275 ff., und Perels, Rechtfertigung, mit weiteren Nachweisen.

Bundesjustiz, der zuvor am Volksgerichtshof »Recht« gesprochen hatte. Als er 1950 Josef Schafheutle, den Leiter der Strafrechtsabteilung im Bundesjustizministerium, um einen Posten in dessen Behörde bat, konnte dieser ihm nur eine mäßig entlohnte Beschäftigung als Angestellter verschaffen. Mehr sei nicht zu erreichen gewesen, erläuterte ihm voller Bedauern der ebenfalls nicht unbelastete Schafheutle[14], da »Deine frühere Verwendung bei der Reichsanwaltschaft und beim Volksgerichtshof gewisse Schwierigkeiten bereitet, obwohl die entlastenden Momente hier voll anerkannt werden«[15].

Nach kurzer Zeit im Ministerium fand Schlüter dann einen unauffälligen, sogar besser dotierten Unterschlupf als Senatsrat am Bundespatentgericht. Im Oktober 1958 aber sah er sich plötzlich wieder mit seiner Vergangenheit konfrontiert. In der Publikation *600 Nazi-Juristen im Dienste Adenauers* wurden ihm zwei Todesurteile nachgewiesen, das eine in seiner Funktion als Hilfsstaatsanwalt, das andere als Hilfsrichter am Volksgerichtshof. Zu den Vorwürfen gab Schlüter zu Protokoll: »Er glaubt nicht, daß er die Todesstrafe beantragt hat und deutet an, daß er in dem weiteren Verfahren bei der Aburteilung, die kaum lediglich als Unrecht der nationalsozialistischen Diktatur betrachtet werden kann, überstimmt worden ist.« In seiner Einlassung berief sich der Senatsrat ferner darauf, daß das Richterkollegium gemäß der deutschen Gerichtsverfassung das Urteil in geheimen, nicht protokollierten Beratungen beschlossen hatte. Anstatt – konsequenterweise – davon auszugehen, daß somit alle am Todesurteil beteiligten Richter verantwortlich waren, gab sich das Justizministerium mit Schlüters vagen Ausflüchten zufrieden. »Zu einer Maßnahme gegen den Beamten«, so der Vermerk des Personalreferats auch in diesem Fall, »besteht kein Anlaß« [16].

14 In der NS-Zeit war Schafheutle als Regierungsrat im Reichsjustizministerium in leitender Position an der Verschärfung des Strafrechts beteiligt; vgl. Werle, Justiz-Strafrecht, S. 86 ff.; Müller, Juristen, S. 213.

15 BAK, KLE 811/1, Schafheutle an Schäfer, 12.11.1950. Neben dieser Korrespondenz sind auch eidesstattliche Erklärungen Schafheutles für weitere frühere Kollegen aus der NS-Justiz überliefert, unter anderem für den ehemaligen Oberreichsanwalt beim Volksgerichtshof, Ernst Lautz, der die Herabsetzung seiner Pensionsbezüge gerichtlich anfechten wollte: »Daher habe ich den Eindruck gewonnen, daß er seine Beförderung zum Generalstaatsanwalt und zum Oberreichsanwalt sachlicher Eignung verdankt [...], nicht wegen enger Verbindungen zum Nationalsozialismus«; ebenda, Schafheutle an Lautz, 25.2.1952.

16 BAK, B 141/50449, Vermerk vom 20.11.1958.

Im Zentrum der frühen Propaganda-Aktionen gegen die Bundesjustiz standen jedoch nicht die Juristen Dreher, Christoph, Schlüter und der ebenfalls beschuldigte Bundesrichter Oskar Haidinger, dereinst Sonderrichter in Lodz[17]. Die meiste Aufmerksamkeit richtete sich vielmehr auf Ernst Kanter, der Anfang 1958 vom Bundesjustizministerium zum Bundesgerichtshof nach Karlsruhe gewechselt war. Als Krönung seiner Berufslaufbahn war der langjährige Referent für Strafverfahren zum Senatspräsidenten ernannt worden, und zwar ausgerechnet zum Präsidenten des Dritten Strafsenats, der für die Ahndung von Hoch- und Landesverrat und somit für die Strafverfolgung von Kommunisten zuständig war. Für die politisch so exponierte Position war Kanter eigentlich schon wegen seines unsicheren Auftretens als Richter ungeeignet[18] – erst recht aber war er aufgrund seiner NS-Vergangenheit angreifbar: Bis 1942 hatte er als Senatsrat am Reichskriegsgericht fungiert, anschließend als Chefrichter der Wehrmacht im besetzten Dänemark[19].

Als nun im September 1958 vor dem Dritten Strafsenat ein Verfahren gegen drei Funktionäre der verbotenen kommunistischen Jugendorganisation FDJ eröffnet wurde, versuchte ihr Verteidiger, der prominente Ost-Berliner Rechtsanwalt Friedrich Karl Kaul, den Prozeß in ein Tribunal gegen den Senatspräsidenten umzufunktionieren[20]. Kurz nach Beginn der Sitzung, auf der zahlreiche Vertreter der ausländischen kommunistischen Presse anwesend waren, stellte er einen Befangenheitsantrag gegen Kanter und begründete diesen Schritt – ganz im Stile Albert Nordens (und vermutlich mit ihm abgesprochen) – mit einer wortreichen Anklage gegen Kanter. Der unzutreffende Vorwurf lautete, daß der Se-

17 Im Oktober 1958 behauptete der ADE in seiner Broschüre *600 Nazi-Juristen im Dienste Adenauers*, daß Haidinger an drei Todesurteilen gegen Polen beteiligt gewesen sei. Haidingers Rechtfertigung, er sei überhaupt nicht am Sondergericht Lodz eingesetzt worden, mußte er erst 1971 zurücknehmen, als der *Spiegel* ihm zwei Sondergerichtsurteile mit hohen Haftstrafen nachwies, ferner seine Autorschaft für eine unverhüllt antisemitische *Chronik des Land- und Amtsgerichts Litzmannstadt*; Der Spiegel, 8.11.1971, S. 58 ff., sowie BAK, B 141/5041, Vermerk des Personalreferates, 3.11.1958.

18 So die Charakterisierung Kanters in der FR, 9.10.1959 (»Unabhängige Richter«).

19 BAK, B 141/50451, Lebenslauf Kanters, erstellt von Hermann Weinkauff, dem Präsidenten des Bundesgerichtshofs, 10.9.1958.

20 Der begabte Rhetoriker Kaul gehörte zu den wenigen Anwälten der DDR, die eine Zulassung für westdeutsche Gerichte besaßen. Zu dessen zahlreichen spektakulären Prozeßauftritten in der Bundesrepublik vgl. die biographische Studie von Rosskopf, Anwalt.

natspräsident für die Hinrichtungen von über hundert Männern verantwortlich sei, darunter vor allem dänischen Widerstandskämpfern[21]. Als Beleg überreichte Kaul dem Gericht Kopien von neun Rechtsgutachten, in denen der damalige Chefrichter Todesurteilen seine Zustimmung gegeben hatte; betroffen waren allerdings nicht Dänen, sondern deutsche Wehrmachtssoldaten, angeklagt wegen »Zersetzung der Wehrkraft«[22].

Am Bundesgerichtshof hatte man mit Kauls Aktion durchaus gerechnet, schließlich ritt der ADE schon seit einem Vierteljahr entsprechende Attacken gegen Kanter[23]. So wurde der Antrag nur wenige Stunden später als unzulässiger Versuch politischer Agitation abgelehnt, den Kopien darüber hinaus jegliche Aussagekraft über »Kanters tatsächliches richterliches Mitwirken« abgesprochen[24]. Selbst der Präsident des Bundesgerichtshofs, Hermann Weinkauff, glaubte für Kanter in die Bresche springen zu müssen und hielt die erste Pressekonferenz seiner bis dato achtjährigen Amtszeit. Gemeinsam mit Vertretern der Bundesanwaltschaft und des Senats behauptete er groteskerweise, Kanter sei »weder Nationalsozialist noch Militarist, sondern vielmehr ein Gegner des Nationalsozialismus gewesen«. Der Senatspräsident, erläuterte Weinkauff seine Einschätzung, habe enge Kontakte zum militärischen Widerstand gepflegt, insbesondere zum später hingerichteten Heeresrichter Karl Sack.

So spektakulär die Enthüllungen aus der DDR auch waren, die westdeutsche Presse faßte den Fall nur mit spitzen Fingern an: In wenigen Sätzen schilderten die Journalisten die Kontroverse vor dem Dritten Strafsenat, die so gar nicht zum distinguierten Erscheinungsbild der roten Roben zu passen schien. Überhaupt keine öffentliche Resonanz fand Albert Norden mit seiner ein paar Wochen später anberaumten Pressekonferenz, auf der er den »Fall Kanter« in den Mittelpunkt seiner flam-

21 Als Chefrichter der Wehrmacht war Kanter nicht, wie vom ADE behauptet, in die Aburteilung dänischer Widerstandskämpfer durch die SS-Gerichtsbarkeit involviert; vgl. Herbert, Best, S. 377 ff. Gleichwohl verfaßte Kanter auch Rechtsgutachten zu Todesurteilen der Heeresgerichte gegen Dänen; dazu der Vermerk Kanters in: BAK, B 141/50451, 27.11.1958.

22 Zu Kauls Auftritt in Karlsruhe vgl. den Artikel »Zwischenfall vor dem Bundesgerichtshof«, FAZ, 11.9.1958; einige von Kanters Rechtsgutachten sind abgedruckt in: ADE, 600 Nazi-Juristen im Dienste Adenauers, Berlin (Ost) 1958, Dokumentenbeilage, S. 1 ff.

23 Beispielsweise in dem Artikel »Nazi-Richter wieder am Werk«, Der Morgen, 1.6.1958.

24 »Zwischenfall vor dem Bundesgerichtshof«, FAZ, 11.9.1958, S. 3, dort auch das folgende Zitat.

menden »internationalen Anklage gegen Adenauer und seine Blutrichter« (so die Überschrift im *Neuen Deutschland*) stellte[25]. Zu einem Kommentar des spektakulären Vorfalls fand sich lediglich Gerhard Ziegler in der *Zeit* bereit. Ganz im Vertrauen auf »eine Persönlichkeit wie Prof. Hermann Weinkauff« urteilte auch Ziegler, es »kann und darf kein Zweifel daran bestehen, daß Dr. Kanter ein ehrenwerter Mann ist«. Entsprechend ließ er die konkreten Vorwürfe unerwähnt, kritisierte aber zaghaft, daß die Berufung eines hochrangigen NS-Richters zu vermeiden sei. Kanter sei zwar kein »Fleck auf der weißen Weste« des Karlsruher Gerichts, aber doch ein »Schönheitsfehler«, der dazu angetan sei, das Vertrauen zu »belasten, das sich die Bundesrichter im Laufe der Jahre in der Öffentlichkeit erworben haben«[26].

Der Senatspräsident selbst hielt sich während der Aufregung um seine Person vornehm im Hintergrund. Ausführlich erklärte er sich dagegen seinem Vorgesetzten Weinkauff und Staatssekretär Strauß. In einem vertraulichen Schreiben gestand er, daß er nicht nur die von Kaul vorgelegten Rechtsgutachten verfaßt hatte, sowohl »zu Todesurteilen der Heeresgerichte« sowie zu weiteren »elf Fällen, in denen die Wehrmacht tatsächlich Todesurteile gegen Dänen vollstreckt hat«[27]. Bedenken und Selbstzweifel, daß er damit womöglich an Unrechtshandlungen beteiligt gewesen sein könnte, ließ er jedoch nicht erkennen. Anknüpfend an seine Argumentationsstrategie im Entnazifizierungsverfahren betonte er, die Verurteilung der Dänen sei »wegen Angriffen auf das Leben von deutschen Soldaten und wegen schwerer Sabotage« erfolgt, er selbst habe sich zudem, wie in mehreren eidesstattlichen Versicherungen belegt, des öfteren zugunsten dänischer Gefangener eingesetzt. Aufgrund dieser Interventionen sei er vom Sicherheitsdienst der SS »angefeindet, dienstlich zur Rechenschaft aufgefordert und verwarnt« worden, kurz vor Kriegsende habe ihm gar die Entlassung aus der Wehrmacht gedroht, »was die Verbringung in ein KZ oder Schlimmeres befürchten ließ«.

Daß einer solchen retuschierten und mit Persilscheinen ausgeschmückten Vergangenheit Glauben geschenkt wurde, war am Bundesgerichtshof – und nicht nur dort – eine Selbstverständlichkeit. Die Anstößigkeit der Rechtsgutachten Kanters zu ignorieren fiel um so leichter,

25 ND, 22.10.1958.

26 »Respekt vor Dr. Kanter. Und doch der tragische Fall eines Bundesrichters«, Die Zeit, 19.9.1958, S. 1; weitere Berichte: »Kaul sucht Material gegen Kanter«, FAZ, 13.9.1958, S. 3; »Heftiger Angriff auf einen Bundesrichter«, StZ, 11.10.1958.

27 BAK, B 141/50451, Vermerk Kanters, 27.11.1958, dort auch die folgenden Zitate.

als der Vorwurf von einem Anwalt aus der DDR erhoben wurde, der die Zahl der Justizopfer weit übertrieben und unterstellt hatte, Kanters Tätigkeit im besetzten Dänemark finde in der politischen Justiz gegen FDJ-Funktionäre ihre direkte Fortsetzung. Gleichsam spiegelverkehrt stellten dagegen die Bundesrichter die propagandistischen Interessen der DDR in den Vordergrund und verbuchten die tatsächlichen Belastungen des Senatsvorsitzenden unter der Kategorie »kommunistische Zersetzungsbemühungen«.

Auch die Proteste, die in den darauffolgenden Wochen in Dänemark gegen Kanter laut wurden, glaubte der Bundesgerichtshof mit dem Hinweis abtun zu können, sie seien »von kommunistischer Seite inspiriert« worden[28]. Und um bei den europäischen Verbündeten jeden Zweifel an der Lauterkeit des Senatspräsidenten auszuräumen, beschaffte Weinkauff mit Hilfe von Staatssekretär Strauß eine offizielle Entlastung des Bundesrichters durch die dänische Regierung[29]. Gleichwohl war Kanter durch den Wirbel um seine Vergangenheit sichtlich angeschlagen und trat ein paar Monate später in den vorzeitigen Ruhestand. Der zuständige Personalreferent des Bundesjustizministeriums notierte dazu erbittert, der Bundesrichter sei Opfer »brutaler Verleumdungen« geworden[30].

Die Tatsache, daß sich die Bundesjustiz der Vergangenheit ihrer eigenen Richter nicht stellte, war neben dem virulenten Antikommunismus in erster Linie auf die außerordentlich hohe, in ihrem ganzen Ausmaß bis heute nicht bekannte Personalkontinuität vor und nach 1945 zurückzuführen. Von besonderer politischer Bedeutung, auch hinsichtlich der Auswahl der Bundesrichter, war das Bundesjustizministerium, in dem sich zahlreiche Beamte mit einschlägiger Vergangenheit tummelten. Die einflußreichste Figur in Sachen Strafrecht war der Abteilungsleiter Josef Schafheutle, der als Regierungsrat im Reichsjustizministerium an der Konzeption des politischen Sonderstrafrechts und des Strafprozeßrechts der NS-Zeit beteiligt gewesen war. Zu seinen damaligen Kollegen in der Strafrechtsabteilung gehörte Karl Dallinger, der im Bundesjustizministerium auf Kanters Stelle nachrückte. Erstaunlich war auch die Karriere von

28 BAK, B 141/50449, Presseerklärung des BGH, 27.10.1958. Über die Proteste des »Komitees ehemaliger politischer Gefangener und der Volksbefreiungsbewegung« berichtete die deutsche Botschaft in Kopenhagen; ebenda, 23.10.1958.

29 BAK, B 141/50451, Dänische Botschaft an den Bundesjustizminister, 11.12.1958. Zu Weinkauffs Aufforderung an Strauß, beim Botschafter einen Persilschein für Kanter zu erwirken: Ebenda, B 141/50499, Weinkauff an Strauß, 29.10.1958.

30 BAK, B 141/50451, Vermerk Winner, Dezember 1959.

Heinrich Ebersberg, einst persönlicher Referent des Justizministers Otto Thierack, der nun für Kartellrecht zuständig war. Und Franz Maßfeller, Minsterialrat für Familienrecht, qualifizierte offenbar sein Amt als »Rassereferent« im Reichsjustizministerium. Diese illustre Gruppe stand für ein Netzwerk von »Ehemaligen« im Ministerium, das auf Grundlage des gemeinsamen Erfahrungshorizontes aus der NS-Zeit Stillschweigen, gegenseitige Protektion und, wenn erforderlich, die Abwehr der aus der DDR erhobenen Beschuldigungen sicherte[31].

Es finden sich indes kaum Aufzeichnungen, die genaueren Aufschluß über die Kriterien geben, nach denen die Bundesjustiz ihre belasteten Vertreter beurteilte. Einen bemerkenswerten Hinweis bietet die Schlußbemerkung, die sich der Präsident des Bundesgerichthofs für die Pressekonferenz zum Fall Kanter notierte: »Wer darf, werfe den ersten Stein auf ihn.«[32] Demnach bewertete Weinkauff das Handeln seines Kollegen nicht aus juristischer Sicht, sondern behalf sich mit einer religiösen, Vergebung und Gnade versprechenden Metapher. Angesichts einer allen NS-Juristen unterstellten »sündhaften Verstrickung« mußte die Klärung individueller Mitwirkung anmaßend, die Forderung nach einem Rücktritt erst recht überzogen erscheinen. In Weinkauffs Bibelzitat, dessen erster Teil »wer von Euch ohne Schuld ist« lautet, mochte sich überdies in verklausulierter Form auch das persönliche Schuldeingeständnis des Präsidenten verbergen, der dereinst Reichsgerichtsrat in Leipzig gewesen war.

Jene kollegiale, in der gemeinsamen Vergangenheit gründende Vertrautheit innerhalb der Bundesjustiz hatte auch zur Konsequenz, daß Vorwürfe beiseite geschoben werden konnten, indem auf andere, nicht minder belastete Personen verwiesen wurde. So bestätigte beispielsweise Bundesrichter Fritz Sauer dem Justizministerium freimütig, als Staatsanwalt in München »etwa insgesamt 15-20 Hinrichtungen« geleitet zu haben, und fügte in maliziösem Unterton hinzu: »Vielleicht kann, wenn Wert darauf gelegt werden sollte, Herr Ministerialdirektor Walter Roemer im Bundesjustizministerium, der damals als Erster Staatsanwalt beim Landgericht München I Leiter der Vollstreckungsabteilung war [...],

31 Vgl. zu Schafheutle: Werle, Justiz-Strafrecht, S. 86 ff.; Müller, Juristen, S. 213; zu Ebersberg, Dallinger, und Maßfeller: Müller, Juristen, S. 214, Werle, Justiz-Strafrecht, S. 181, S. 313 f.

32 BAK, B 141/50451, Vermerk Weinkauffs vom 10.9.1958. Der Satz bezieht sich auf den Bibelvers Johannes 8, 7. In dem Vermerk notierte Weinkauff anschließend: »Tragische Lage, in der man die Seele nicht völlig rein zurückbringen konnte. Großer Mut, größer, als ihn der Durchschnitt der Deutschen aufbrachte. Gutes im Rahmen des Möglichen.«

weitere und genauere Auskunft geben.«[33] Mit Nachfragen wurde Roemer allerdings nicht belästigt, zumal er bereits 1955 in einer detaillierten Erklärung den Verdacht ausgeräumt hatte, daß er die Hinrichtung der Geschwister Scholl geleitet habe[34].

Anfang der sechziger Jahre beschuldigte die DDR genau 101 Angehörige der Bundesjustiz der Mitwirkung am nationalsozialistischen Justizunrecht – darunter 15 Mitarbeiter des Bundesjustizministeriums, 11 Angehörige der Bundesanwaltschaften und 75 Bundesrichter[35]. Inwiefern diese Vorwürfe zutrafen oder zu Unrecht erhoben wurden, ob darüber hinaus weitere Personen am NS-Justizunrecht beteiligt gewesen waren – all dies ist bis heute erst in Ansätzen geklärt[36]. Nach Angaben der DDR wies das Bundesverwaltungsgericht die höchste Belastung auf: Exakt die Hälfte der dortigen Richterschaft hatte eine einschlägige Vergangenheit, in der Mehrzahl bezeichnenderweise aber nicht als Richter, sondern als Verwaltungsjuristen in Ministerien, Polizei und Zivilverwaltung im besetzten Polen. Aber auch 32 der Richter am Bundesgerichtshof standen

33 BAK, B 141/50451, Sauer an BMJ, 18.9.1959.

34 Ebenda, Vermerk des Personalreferats zu Roemer und andere: »Hinsichtlich der Vorgenannten ist nichts zu veranlassen«, 2.12.1959. Den Vorwurf gegen Roemer hatte ausgerechnet einer der führenden Rechtswissenschaftler des NS-Regimes, Otto Koellreutter, in seiner Schrift *Die Entnazifizierung, eine Sünde wider Recht und Ehre* lanciert. Die Gegendarstellung Roemers an Walter Strauß und weitere Stellungnahmen zu Roemer in: IfZ, Ed 94/221; dazu auch der Artikel »130 Todesurteile beiseite geschafft«, FR, 3.3.1955.

35 Die Namen der Juristen in der Bundesjustiz, deren NS-Vergangenheit die DDR publik machte, sind in einer Übersicht im Anhang aufgeführt, die auch die späteren Vorwürfe aus dem sogenannten Braunbuch einbezieht. In den verschiedenen Auflagen des Braunbuchs bis 1968 werden zusätzlich in folgenden Bereichen der Bundesjustiz neue NS-Belastungen genannt: Bundesjustizministerium: 4; Bundesverfassungsgericht: 1; Bundesgerichtshof: 5; Bundesverwaltungsgericht: 5; Bundesdisziplinaranwalt: 2; Bundessozialgericht: 2; Bundesfinanzhof: 2. Damit erhöhte sich bis 1968 die Zahl der aus der DDR belasteten Juristen der Bundesjustiz auf insgesamt 122.

36 Neue Erkenntnisse – zwar nicht über die konkrete Beteiligung an Unrechtsurteilen, aber über Karrierewege – bietet das von Hubert Rottleuthner geleitete Projekt »Karrieren und Kontinuitäten deutscher Justizjuristen vor und nach 1945«, das die Berufslaufbahnen aller deutschen Justizjuristen im Zeitraum von 1933 bis 1964 erfaßt. Die entsprechenden Daten sind Personalverzeichnissen, Handbüchern etc. entnommen, während Personalakten nicht zugänglich waren. Nicht erfaßt wurden Personen, die in der Militärgerichtsbarkeit tätig waren, und jene, deren Eintritt in die ordentliche Gerichtsbarkeit nach 1942 nicht öffentlich angezeigt wurde.

auf den Listen des ADE, wobei 21 an Sondergerichten und in der Wehrmachtsjustiz mitgewirkt haben sollen. Von insgesamt 103 Richtern am Bundesgerichtshof waren im Jahr 1961 somit 21 Prozent als belastet bekannt[37], während die Quote für die gesamte westdeutsche Justiz bei ungefähr 10 Prozent lag[38].

Eine gewisse Ausnahme unter den Bundesgerichten bildete indessen das Karlsruher Verfassungsgericht. Seine in der Tendenz liberale, selbst den offenen Dissens mit dem Bundesgerichtshof nicht scheuende Rechtsprechung[39] hatte ihre Grundlage nicht zuletzt in der personellen Zusammensetzung: Während am Bundesgerichtshof weniger als fünf Prozent der Richterschaft in der NS-Zeit emigriert oder aus dem Justizdienst entfernt worden war, traf dies noch in den fünfziger Jahren auf annährend die Hälfte aller Verfassungsrichter zu[40]; in den sechziger Jahren hingegen verschob sich auch am Bundesverfassungsgericht diese Konstellation zugunsten der Richter mit NS-Vergangenheit[41].

Verglichen mit dem Bundesjustizministerium war das Vorgehen der Länder gegen belastete Juristen in den meisten Fällen entschiedener; bis auf Bremen, Schleswig-Holstein und das Saarland gingen seit 1959 alle Landesjustizverwaltungen zumindest so weit, schwer belastete Richter und

37 Hinsichtlich der Richter am Bundesgerichtshof hat die Datenbank des Projektes »Karrieren und Kontinuitäten deutscher Justizjuristen vor und nach 1945« im Vergleich zu den Zahlen der »Blutrichter«-Kampagne eine weitaus größere Kontinuität zur NS-Zeit ergeben, was ohne Auswertung der Urteile aber keine Aussagen über den Grad der Belastungen erlaubt: Demnach waren 1953 72 Prozent der BGH-Richter bereits in der NS-Justiz tätig gewesen, 1956 stieg ihr Anteil auf 79 Prozent an, während ab 1964 mit 70 Prozent der Wert wieder zu sinken begann. In den Strafsenaten des BGH erreichte die Anzahl ehemaliger NS-Richter erst im Jahr 1962 den höchsten Wert von insgesamt 80 Prozent. Vgl. Rottleuthner, Krähenjustiz, S. 166 ff.

38 Vgl. Bästlein, Nazi-Blutrichter, S. 438, Fußnote 66.

39 Das bekannteste Beispiel für den Konflikt mit dem BGH war zweifellos die Kontroverse über die Frage, ob die Rechtsverhältnisse der Beamten seit Kriegsende erloschen waren; vgl. dazu Frei, Vergangenheitspolitik, S. 93 ff.

40 Vgl. die Studie von Feest, Bundesrichter, S. 104 f., die Anfang der sechziger Jahre im Rahmen des von Ralf Dahrendorf betreuten Projektes zur Elitenforschung entstanden ist.

41 So stieg die Anzahl ehemaliger NS-Juristen am Bundesverfassungsgericht von 13 Prozent im Jahr 1953 auf exakt 50 Prozent im Jahr 1964; den Hinweis auf die Ergebnisse der Datenbank »Karrieren und Kontinuitäten deutscher Justizjuristen vor und nach 1945« verdanke ich Hubert Rottleuthner.

Staatsanwälte zum Rücktritt aufzufordern. Allerdings mangelte es an einer verbindlichen Absprache zwischen den Ländern, nach welchen Kriterien die Überprüfung der Beschuldigten vorgenommen werden sollte. Weit von einer einheitlichen Lösung entfernt, vermieden die Justizverwaltungen auch eine Diskussion über jene grundsätzlichen Fragen, die ihrem politischen Handeln eigentlich hätte vorausgehen müssen: Wie sollte die Rolle der Justiz in der NS-Diktatur beurteilt werden, welche Handlungsspielräume boten sich den einzelnen Richtern und Staatsanwälten? Waren ferner für eine juristisch fundierte Einschätzung der nationalsozialistischen Urteilspraxis nicht auch Verstöße gegen das Strafverfahrensrecht und, aus materiell-rechtlicher Perspektive, die Frage nach dem Unrechtsgehalt der angewandten Gesetze einzubeziehen[42]? Die Beispiele Nordrhein-Westfalen, Berlin und Hamburg zeigen indes anschaulich, wie unterschiedlich die in Eigenregie durchgeführten Personalüberprüfungen ausfielen.

Auf Wunsch des nordrhein-westfälischen Justizministeriums begutachtete die Verwaltungsspitze des Oberlandesgerichts Hamm ab November 1959 die überlieferten Urteilsabschriften der dortigen NS-Sondergerichte. Dabei beschränkte man sich allerdings auf Todesurteile, von denen zunächst 13, nach der Stellungnahme des Generalstaatsanwalts dann lediglich zwei Urteile als bedenklich eingestuft wurden. Wie in Berlin war es auch in Westfalen äußerst schwierig, die Entfernung der belasteten Richter auf dem Weg der Pensionierung durchzusetzen. Einige der bedrängten Juristen hielten diesen Schritt für ehrenrührig, ja vertraten sogar die Ansicht, er sei einem offenen Schuldeingeständnis gleichzusetzen. Berlin und Nordrhein-Westfalen favorisierten daher bald eine gesetzliche Ruhestandsregelung. Die staatsanwaltschaftlichen Ermittlungen waren dagegen allein als flankierende Maßnahme gedacht, um zusätzlich Druck auf die betroffenen Richter auszuüben. In diesem Sinne war es auch folgerichtig, daß die Berliner Verwaltung nichts unternahm, um bereits pensionierte Juristen, die in den ADE-Broschüren belastet worden waren, in die Untersuchung einzubeziehen; eine Praxis, die – wie den Berliner Beamten kaum verborgen geblieben sein dürfte – eindeutig das

42 Bezeichnenderweise stellen analytische Kriterien, anhand deren die Belastung der NS-Juristen beurteilt werden kann, bis heute ein Desiderat der rechtshistorischen Forschung dar; vgl. dazu den Aufsatz des Rechtssoziologen Rasehorn, Ermittlung, sowie Weinke, Selbstamnestierung, S. 623 f.

Legalitätsprinzip verletzte, dem zufolge die Staatsanwaltschaften bei jedem Verdacht auf eine Straftat zu Ermittlungen verpflichtet sind[43].

Am weitesten reichte die Evaluierung des Hamburger Justizpersonals[44]. Dort lagen die Dinge schon insofern anders als in Berlin und Nordrhein-Westfalen, als führende Vertreter des sozialdemokratischen Widerstands im Senat vertreten waren und auf eine Untersuchung der ostdeutschen Vorwürfe drangen. Der Kontrolle des Senats unterworfen, entwickelte die Justizverwaltung Anfang 1960 einen Prüfungskatalog für die Todesurteile, dessen detaillierte Kriterien ein breites Spektrum an Rechtsverstößen abdeckten. Gleichwohl stuften auch die Hamburger Verwaltungsbeamten nur die krassesten Urteile als schwere Rechtsverletzungen ein. Infolge dieser Überprüfung, so gab im Mai 1960 der Justizsenator öffentlich bekannt, seien staatsanwaltschaftliche Ermittlungen gegen 25 NS-Juristen eingeleitet worden. Doch auch die belasteten Hamburger Richter konnten darauf vertrauen, daß ihnen nach der herrschenden Rechtsprechung keine Rechtsbeugung nachgewiesen werden konnte, ihnen daher keine Verurteilung, ja nicht einmal die Peinlichkeit einer Gerichtsverhandlung drohte. So nimmt es nicht wunder, daß sich auch in der Hansestadt mehrere Beschuldigte – trotz mehrfacher Versuche des Justizsenators, sie zu überreden oder einzuschüchtern – hartnäckig weigerten, »freiwillig« in den Ruhestand zu treten.

43 Zu den Personalüberprüfungen im OLG-Bezirk Hamm: Niermann, Unbehagen; zu Berlin Weinke, Selbstamnestierung; hier S. 633.

44 Die folgenden Angaben nach der Regionalstudie über den Umgang der Hamburger Justizverwaltung mit den NS-Juristen Bästlein, Nazi-Blutrichter.

4. Konflikte um die Akten der NS-Justiz

Ein eigener Weg, den Skandal um die belasteten Juristen beizulegen, wurde in Baden-Württemberg gewählt, wo der Landtag im Dezember 1959 den Beschluß faßte, eine »sachlich unabhängige Kommission« aus Vertretern von Justiz und Rechtswissenschaft zur Überprüfung der Vorwürfe einzurichten[1]. Die treibende Kraft hinter dieser Entscheidung war erneut die SPD-Opposition, die bereits im März 1959 mehrere Ermittlungsverfahren gegen NS-Richter erzwungen hatte. Als deren NS-Vergangenheit infolge der Karlsruher Ausstellung für viel öffentliches Aufsehen sorgte, willigte schließlich auch Minister Haußmann in eine solche Personalüberprüfung ein, zumal ihm die beiden baden-württembergischen Oberlandesgerichtspräsidenten, der konservativ-liberale Max Silberstein aus Karlsruhe und der streitbare Sozialdemokrat Richard Schmid aus Stuttgart[2], zugesichert hatten, daß sie für die Kommission zur Verfügung stünden. Als drittes Mitglied hatte das Justizministerium eigentlich einen baden-württembergischen Strafrechtsprofessor vorgesehen. Doch alle ins Spiel gebrachten Kandidaten sollten ihre Mitwirkung verweigern[3].

1 JM BW, 2200b, »Vorwürfe gegen Richter und Staatsanwälte«, Bd. 1, Protokoll der 31. Sitzung des Ständigen Ausschusses des Landtags von Baden-Württemberg, 14.12.1959. Dazu auch StZ, 17.12.1959.

2 Schmid war während der NS-Zeit im sozialistischen Widerstand aktiv gewesen. 1938 als Mitglied der sozialistischen Arbeiterpartei verhaftet, verurteilte ihn der Volksgerichtshof 1940 wegen Vorbereitung zum Hochverrat zu drei Jahren Zuchthaus. Nicht zuletzt dank seiner engen Kontakte zum Ministerpräsidenten von Württemberg-Baden, Reinhold Maier, wurde Schmid bereits 1945 Generalstaatsanwalt am OLG Stuttgart, seit 1953 dann OLG-Präsident. Neben seiner Rechtsprechung war Schmid für seine publizistischen Interventionen bekannt. Mit seinen (auch literarisch) herausragenden Essays zu rechtspolitischen Fragen in der Tageswie in der Fachpresse prägte er von den fünfziger bis in die achtziger Jahren hinein die Justizdebatten in der Bundesrepublik. Zu Schmids Lebensweg vgl. die biographische Skizze von Böttcher, Schmid, sowie: Der Spiegel, 10.3.1954, S. 7 f.

3 Gescheitert war das Justizministerium mit seinem Anliegen, weil es sich allein an konservative Strafrechtler gewandt hatte. Diese begründeten ihre Absage zumeist damit, daß sie als frühere NSDAP-Mitglieder, als Kriegs- oder Sonderrichter persönlich angreifbar seien. Schließlich sah sich Haußmann genötigt, neben den beiden OLG-Präsidenten Schmid und Silberstein den LG-Präsidenten und Vorsitzenden des regionalen Richtervereins Hans Neidhard am 5.7.1960 in die Kommission aufzunehmen. Vorgänge in JM BW, 2200b, »Bildung einer Kommission«. Vgl. auch den Bericht in der *Frankfurter Rundschau* unter dem Titel: »Niemand will den Besen nehmen. Ein Strafrechtler gesucht – Scheitert die Reinigung der Justiz an der Justiz?«, 3.6.1960.

In der Landtagssitzung, in der über die Kommissionsgründung beraten wurde, betonte Haußmann, eine solche Prüfungsinstanz sei gerade auch deshalb notwendig, weil die eingeleiteten Ermittlungsverfahren zum »vorläufigen Stillstand gekommen« seien. Ohne Skrupel schrieb er allerdings der DDR die Verantwortung dafür zu – und wählte bezeichnenderweise nun eine neue Argumentation hinsichtlich des Aktenmaterials aus der DDR. Während der Minister zuvor schlichtweg bestritten hatte, daß die Unterlagen authentisch seien, erklärte er nun: Gerade weil die DDR, Polen und die Tschechoslowakei die entscheidenden Belastungsdokumente zurückhielten, sei es den Staatsanwälten derzeit nicht möglich, eine »abschließende Entscheidung« in den Ermittlungen gegen die NS-Juristen zu treffen[4].

Aus welchem Grund die Ankläger die DDR-Archivalien bislang nicht hatten auswerten können, verschwieg Haußmann wohlweislich, war doch in erster Linie die westdeutsche Seite für dieses Defizit verantwortlich. So hatte die Justizministerkonferenz im Herbst 1959 das Angebot des Ausschusses für Deutsche Einheit abgelehnt, einem offiziellen Vertreter der westdeutschen Justizverwaltung Akteneinsicht zu gewähren. Zur Begründung hieß es, daß jeder Schritt zur Anerkennung der DDR zu vermeiden sei, einschließlich des direkten Kontaktes mit einer Institution des Staates oder – wie im Falle des ADE – der Staatspartei[5]. Gestattet sei allein ein Antrag der Staatsanwälte, die Akten im Rahmen des innerdeutschen Rechtshilfeverkehrs zu übersenden, der zwar gesetzlich geregelt war, seit Anfang der fünfziger Jahre allerdings weitgehend ruhte[6]. Dem Landtag berichtete Haußmann, daß, wie erwartet, auf die entsprechenden Gesuche der baden-württembergischen Generalstaatsanwälte keine Antwort erfolgt sei.

Der Justizminister mag nicht schlecht gestaunt haben, als er eine Woche später Nachricht vom DDR-Generalstaatsanwalt Ernst Melsheimer erhielt. Ohne ein Wort über die Rechtshilfeanträge zu verlieren, erklärte Melsheimer sich in einem Brief bereit, »die Landeskommission mit der

4 Ebenda, »Vorwürfe gegen Richter und Staatsanwälte«, Bd. 1, Protokoll der 31. Sitzung des Ständigen Ausschusses des Landtags von Baden-Württemberg, 14.12. 1959.

5 BAK, B 141/33771, Protokoll der Beratung auf der 28. Justizministerkonferenz vom 13.-15.10.1959 in Hamburg. Dazu auch der Briefwechsel zwischen Haußmann und dem BMJ, 18.4.1959 und 15.6.1959; JM BW, 2200b, »Erfahrungsaustausch der Justizverwaltungen«.

6 Vgl. Wieland, Rechtsbeziehungen.

Bereitstellung von Beweismaterial zu unterstützen«. In freundlichem Ton fuhr er fort, damit wolle er »zum Gelingen Ihrer Pläne« beitragen, »belastete NS-Juristen aus dem Dienst zu entfernen«. Die DDR hatte ihre protokollarischen Ansprüche inzwischen so weit heruntergeschraubt, daß anstelle des Ministeriums die baden-württembergische Generalstaatsanwaltschaft jemanden bevollmächtigen sollte, das Material in seiner Dienststelle entgegenzunehmen[7]. Es war zweifellos eine restriktive Auslegung des zuvor auf Länderebene gefaßten Beschlusses, daß Haußmann auch den Staatsanwälten die Reise in die DDR untersagte. Statt dessen gab er ihnen Order, sich erneut schriftlich an Melsheimer zu wenden. Als dieser daraufhin überraschenderweise ankündigte, »das Beweismaterial schnellstens zu beschaffen und Ihnen zur Verfügung zu stellen«, wagte Haußmann gegenüber den Justizministern die optimistische Prognose, die Ermittlungen könnten möglicherweise »auch ohne die Entsendung eines Vertreters in die Sowjetzone« weitergeführt werden[8].

Wäre es nach dem Willen des DDR-Generalstaatsanwalts gegangen, der selbst eine erstaunliche Karriere vom ehemaligen NS-Richter zum Chefankläger der DDR durchlaufen hatte[9], dann hätten sich die Erwartungen Haußmanns erfüllt. Doch im SED-Staat war der Generalstaatsanwalt freilich vollkommen weisungsgebunden. So hatte Melsheimers »Vorgesetzter«, Josef Streit aus der ZK-Abteilung für Staats- und Rechtsfragen, gemeinsam mit Albert Norden bereits den ersten Brief des Generalstaatsanwalts an Haußmann veranlaßt[10]. Melsheimer wollte den Ankündigungen nun Taten folgen lassen und forderte den ADE auf, ihm die Kopien der Urteilsabschriften zur Verfügung zu stellen. Dagegen verfolgten die SED-»Westarbeiter« eine andere Zielsetzung: ADE-Funktionär Birkendahl vertrat gegenüber Melsheimer unnachgiebig den Standpunkt, der ADE sei gemeinsam mit der Westkommission des ZK »in der

7 JM BW, 2200b, »Beschaffung von Aktenmaterial«, Melsheimer an Haußmann, 21.12.1959.

8 Ebenda, Haußmann an die Landesjustizminister mit dem Zitat aus dem Brief Melsheimers an die Generalstaatsanwälte vom 8.1.1960, 15.1.1960.

9 Der Landgerichtsrat Melsheimer war 1932 zum Oberregierungsrat im Preußischen Justizministerium aufgestiegen, 1933 wurde er Landgerichtsdirektor in Berlin und ab 1937 Kammergerichtsrat in Berlin, vgl. Herf, Erinnerung, S. 224.

10 Brief des stellvertretenden Leiters der ZK-Abteilung für Staats- und Rechtsfragen Rost an Norden, 14.1.1960; SAPMO-BAB, DY 30, IV 2/13/565. Instruktiv zur Problematik der politischen Lenkung der DDR-Generalstaatsanwaltschaft: Behler, Generalstaatsanwaltschaft.

Hauptsache daran interessiert, daß westdeutsche Beauftragte der Justiz nach Berlin kämen«[11].

Entschieden wurde der Konflikt wiederum in der ZK-Abteilung für Staats- und Rechtsfragen. Deren stellvertretender Leiter Rudi Rost empfahl zunächst, eine Kommission zur besseren Zusammenarbeit zwischen Staatsanwaltschaft und ADE zu gründen, eine für das politische System der DDR typische Maßnahme, die darauf zielte, die Kompetenzstreitigkeiten im Dickicht des Partei- und Staatsapparats so zu schlichten, daß der Führungsanspruch der SED unangetastet blieb. Deren Vorgabe lautete hinsichtlich der Deutschlandpolitik, am Primat der Agitation gegen die Bundesrepublik festzuhalten; und in diesem Sinne legte Rost den Inhalt des nächsten Schreibens an die Landesjustizminister fest[12]. Binnen weniger Tage setzte Melsheimer die Minister davon in Kenntnis, daß nur einem offiziell Bevollmächtigten Zugang zu den Justizakten in der DDR erteilt werden könne. Darüber hinaus beklagte er, ganz auf SED-Linie, den »faschistischen Ungeist« in der Bundesrepublik sowie – der triumphierende Tonfall war kaum zu verkennen – die jüngsten antisemitischen Vorfälle. In der DDR-Presse wurde das Schreiben groß herausgestellt und um die spektakulärsten Vorwürfe aus der gerade publizierten Broschüre *1 000 Sonder- und Kriegsrichter im Dienste der deutschen Militaristen* ergänzt[13].

Das gestiegene Medieninteresse seit der Karlsruher Ausstellung sicherte dem Angebot zur Aktenrecherche auch westlich der Elbe einige Aufmerksamkeit. Besondere Genugtuung wird in Ost-Berlin der Leitartikel »Die Nazis in unserer Justiz« in der *Zeit* ausgelöst haben. Redaktionsmitglied Theo Sommer sprach zwar von »Lügen auf den Listen«, richtete seine Kritik jedoch in erster Linie gegen die westdeutschen Justizbehörden und verlangte die sofortige Entfernung aller »unverzeihlichen Fälle« – ohne freilich dieses höchst subjektive Kriterium zu präzisieren. Kein Verständnis hatte Sommer für die deutschlandpolitischen Spitzfindigkeiten bezüglich der Justizakten: »Ein Dokument ist ein Dokument, gleichgültig wo es liegt, selbst wenn es aus einem kommunistischen Archiv stammt – wie die Wahrheit die Wahrheit ist, auch wenn ein Mörder

11 SAPMO-BAB, DY 30, IV 2/13/565, Beschwerde von Jahnke, Generalstaatsanwaltschaft an Streit, 11.1.1960.

12 Ebenda, Rost an Norden, 14.1.1960.

13 Ebenda, Melsheimer an Landesjustizminister, 26.1.1960 und die ADN-Meldung »Generalstaatsanwalt der DDR fordert Entfernung der Blutrichter«, 27.1.1960.

sie ausspricht. Es ist also die Wahrheit selber, die endlich ans Licht kommen muß.«[14]

Obwohl den Justizministern inzwischen der Wind steif ins Gesicht blies, rückten sie in diesem deutsch-deutschen Konflikt keinen Zoll von ihrer bisherigen Position ab. So hieß es auf ihrem Treffen am 12. Februar 1960 unverändert, daß eine direkte Kontaktaufnahme mit der anderen Seite zu unterbleiben habe, um jede Aufwertung der DDR zu vermeiden[15]. Kein Zweifel, die westdeutschen Rechtspolitiker waren argumentativ in der Defensive, während man in Ost-Berlin gerade erst zu erkennen begann, wie trefflich sich mit Archivalien Politik machen ließ.

Um die westdeutsche Justiz noch weiter unter Zugzwang zu setzen, bereitete Arne Rehan, der Leiter der Westkommission des ZK, gemeinsam mit seinen Kollegen die nächste Offensive vor. Anstatt auf größere Aufgeschlossenheit in Westdeutschland zu warten, entschieden sie, selbst die Initiative zu ergreifen und eine Delegation auf den Weg zu schicken, die dem baden-württembergischen Minister einschlägiges Belastungsmaterial übergeben sollte[16].

Am 29. Februar 1960 setzten die beiden Staatsanwälte Carlos Foth und Winkelbauer sowie der ADE-Mitarbeiter Heinz Fratzscher den Plan um; der Überraschung halber kündigte Melsheimer erst am selben Tag per Telegramm deren Ankunft in Stuttgart an[17]. Da die Delegation Haußmann keinen vordergründigen Anlaß geben wollte, sie nicht zu empfangen, wurden nur die beiden Staatsanwälte mit 40 Aktenkopien vorstellig. Wie notwendig diese Rücksichtnahme war, bestätigte das umständliche Verhalten des Justizministeriums, das peinlich bemüht war, keinerlei

14 »Die Nazis in unserer Justiz«, Die Zeit, 12.2.1960; mit der gleichen Stoßrichtung auch der Kommentar »Not der Richter« von Günther Gillessen in der *Frankfurter Allgemeinen*, der wie Sommer der gleichen Generation skeptischer junger Redakteure angehörte: FAZ, 25.2.1960, S. 1. Zur Berichterstattung auch: »Melsheimer schrieb Justizministern«, Die Welt, 3.2.1960; »Beratung über Melsheimers Angebot«, FAZ, 9.2.1960.

15 BAK, B 141/33727, Kurzprotokoll der Justizministerkonferenz am 12.2.1960 in Wiesbaden.

16 SAPMO-BAB, DY 30, IV 2/13/565, Ergebnisprotokoll der Beratung von Rehan, Deter (ADE), Sobisch (GStA), Riemann (ZK-Abteilung Staats- und Rechtsfragen), 23.2.1960. Hierzu auch der Vorschlag Rehans an Norden, ohne Datum; ebenda, DY 30, IV 2/2.028/21.

17 Zum folgenden ebenda, DY 30, IV 2/2.028/66, Bericht Fratzscher an ADE, ohne Datum, sowie Vermerk Müller über den Besuch der Staatsanwälte, 1.3.1960; JM BW, 2200b, »Beschaffung von Aktenmaterial«.

deutschlandpolitische Regelverletzung zu begehen. So durfte kein Beamter des Ministeriums, sondern lediglich ein eilig herbeigerufener Mitarbeiter der Stuttgarter Generalstaatsanwaltschaft die beiden Ostdeutschen empfangen. Als diese aber darauf insistierten, einem Vertreter des Ministeriums das Material zu übergeben, einigte man sich nach einigem Hin und Her auf eine schriftliche Erklärung des im Nebenzimmer postierten Ministerialdirektors, der zufolge der Staatsanwalt zur Entgegennahme der Kopien bevollmächtigt sei.

Tags darauf tauchten Foth und Winkelbauer in Karlsruhe bei der Bundesanwaltschaft auf, erneut mit einem Stapel Unterlagen, die diverse NS-Juristen aus dem ganzen Bundesgebiet betrafen[18]. Anstelle des abwesenden Güde nahmen seine Beamten die Kopien in Empfang, nicht ohne zuvor von Melsheimers Kurieren darauf hingewiesen worden zu sein, daß es sich hier um ein besonderes Entgegenkommen der DDR handle.

Ihren eigentlichen Zweck erfüllte die Mission erst, als die Delegation für die öffentliche Kenntnisnahme ihrer Reise und Forderungen sorgte. Die Staatsanwälte luden zu einem Pressegespräch ein, zu dem in erster Linie die Vertreter der Regionalpresse, aber auch ein Mann der New Yorker Nachrichtenagentur *UPI* erschienen. Nun war der Auftritt des ADE-Funktionärs Fratzscher gekommen[19]. Vehement bestritt er den Vorwurf, die DDR wolle mit dem Belastungsmaterial aus ihren Archiven die Nichtanerkennungspolitik der Bundesrepublik unterlaufen – ihr Ziel sei einzig und allein die Bestrafung der zahlreichen Täter. So gebe es allein in Baden-Württemberg über hundert Juristen, die durch die zur Verfügung gestellten Unterlagen belastet würden. Angesichts dieser Dimensionen, so Fratzscher, sei es dringend erforderlich, daß ein Gremium aus west- und ostdeutschen Justizvertretern gebildet werde, das die notwendigen Schritte zur Auswertung des Archivmaterials in die Wege leite. Soweit ersichtlich, sprach sich hier zum ersten Mal ein Vertreter der DDR öffentlich für eine gesamtdeutsche Auswertungskommission aus, ein Vorschlag, der in den folgenden Jahren immer wieder ins Spiel gebracht werden sollte, um die Anerkennung der DDR schrittweise zu erzwingen.

18 Ergänzend zum Bericht Fratzscher der Vermerk des Bundesanwalts Loesdau, 1.3.1960; BAB 141/33727.

19 Zum folgenden der Vermerk des Pressereferenten des JM, 2.3.1960; JM BW, 2200b, »Beschaffung von Aktenmaterial«. Zur Presseberichterstattung vgl. »Ostberliner Staatsanwälte überbrachten Fotokopien«, Die Welt, 3.3.1960.

Die wohlwollende Presseberichterstattung über die Reise der DDR-Delegation, zumal in Großbritannien[20], bewertete man in Ost-Berlin als so großen Erfolg, daß die westdeutsche Justiz mit weiteren Materialübergaben unter Druck gesetzt werden sollte. So legten die beiden DDR-Staatsanwälte Anfang April 1960 dem Wiesbadener Oberstaatsanwalt Akten über deutsche Sondergerichte vor, die aus polnischen Archiven stammten. Am 3. Mai 1960 übergaben sie dann der Bundesanwaltschaft sogar 500 Todesurteile und Auszüge aus Personalakten zu 371 westdeutschen Juristen; Ende Juni schließlich versuchten sie, mit 150 Todesurteilen im Bundesjustizministerium empfangen zu werden. Obgleich die Beamten sie abwiesen und zur Bonner Staatsanwaltschaft schickten, übernahm Schäffers Behörde letzten Endes doch die Aufgabe, die DDR-Materialien an die Landesjustizverwaltungen zu verschicken[21].

Inzwischen erfüllte die DDR auch die Rechtshilfeanträge der Länder, ohne jedoch den Anspruch auf die Entsendung westdeutscher Beamter aufzugeben oder auf den Hinweis zu verzichten, wie unzulänglich die bisherigen Maßnahmen der Bundesrepublik seien. Und in der Tat erwies sich der Umgang mit dem bereits übersandten Aktenmaterial als wenig vertrauenerweckend. Des öfteren passierte es nämlich, daß die Justizverwaltungen der Länder Urteilsabschriften erbaten, die längst im Bundesjustizministerium vorhanden waren[22]. Dem Generalstaatsanwalt der DDR kamen diese Pannen zupaß, galten sie doch als untrügliches Zeichen dafür, daß Bonn die Ermittlungstätigkeiten behinderte – was für agitatorische Zwecke entsprechend verwertet werden konnte.

Ein für die DDR nicht unerheblicher Vorteil ihrer Kampagnenpolitik bestand darin, daß sie auch die anderen Ostblockstaaten, insbesondere Polen und die Tschechoslowakei, für ihre Interessen einspannen konnte. Was DDR-Politikern ansonsten verwehrt war, konnten sie nun, als treibende Kraft der »antifaschistischen« Kampagnen, wie selbstverständlich beanspruchen: eine Führungsrolle unter den Verbündeten im Warschauer Pakt. Von polnischer und tschechischer Seite hatte der ADE bereits reichlich Material von NS-Sondergerichten erhalten, das erstmals in der Publikation *Wir klagen an* im Februar 1959 veröffentlicht worden war.

20 Vgl. The Times, 2.3.1960.

21 BAK, B 141/33728, Vermerk des BMJ-Personalreferats vom 10.5.1960 und 4.7.1960. Dazu auch die Briefe des stellvertretenden DDR-Generalstaatsanwalts Werner Funk an Güde, 3.5.1960; an Schäffer, 4.5.1960 und 25.6.1960.

22 Ebenda, Funk an Schäffer zu einer Anfrage aus Bremen, 25.6.1960; weitere Beispiele von Anfragen aus Nordrhein-Westfalen: Niermann, Unbehagen, S. 14.

Mit der tschechoslowakischen Regierung gestaltete sich dabei die Zusammenarbeit so hervorragend, daß der Beschluß gefaßt wurde, in Kürze eine gemeinsame Broschüre zu erstellen. Als Erscheinungstermin wählte man geschickterweise Anfang März 1960, denn nur wenige Wochen später war die (dann im letzten Moment geplatzte) Vier-Mächte-Konferenz über den Status von Berlin geplant. In dieser aus westdeutscher Sicht ohnehin äußerst angespannten Lage, so die Planung des ADE, könnte vermittels einer neuen, breit angelegten Propagandaoffensive die außenpolitische Position der Bundesrepublik empfindlich geschwächt werden[23].

Die am 10. März in Prag veranstaltete Pressekonferenz zur Broschüre *Verbrecher in Richterroben* lehnte sich erkennbar an das Konzept des ADE an. Als Herausgeber fungierte dieses Mal allerdings der tschechoslowakische Verband der antifaschistischen Widerstandskämpfer. Die mit zahlreichen Dokumenten und einer ansehnlichen Liste von 237 Namen ausgestattete Broschüre wurde nicht nur in tschechischer Sprache vorgelegt, sondern zugleich auch, um möglichst viel Aufsehen zu erregen, auf deutsch, englisch und französisch. Für das Vorhaben, die Bundesrepublik bei ihren Verbündeten in Mißkredit zu bringen, wurden ferner sämtliche tschechoslowakische Botschaften in Westeuropa angewiesen, am Tag der Prager Veranstaltung ebenfalls Pressekonferenzen zur Broschüre auszurichten[24].

Diese konzertierte Aktion verfehlte ihre Wirkung nicht. Der Stuttgarter Generalstaatsanwalt sah sich zu der öffentlichen Erklärung genötigt, er werde sich angesichts der neuen Informationen noch intensiver um Urteilskopien aus den Ostblockstaaten bemühen[25]. Und selbst das Bundesjustizministerium mußte unter dem Eindruck der schlechten Presse notgedrungen einen Kurswechsel vornehmen. Bislang wurde die Kontaktsperre in Sachen Rechtshilfeverkehr mit der Hallstein-Doktrin be-

23 Die Absprache zwischen dem ADE und der tschechoslowakischen Regierung in Sachen »Blutrichter« führte Deter in erster Linie mit dem Mitarbeiter des Außenministeriums Hajek; SAPMO-BAB, DY 30, IV 2/2.028/66, Deter an Norden, 16.2.1960 sowie 26.2.1960.

24 BAK, B 136/4369; Bericht des Prof. von Mende, Forschungsdienst Osteuropa, an Ministerialrat Bachmann, Bundeskanzleramt, 6.4.1960. Gegen die »kommunistische Diffamierungskampagne« im Vorfeld der Vier-Mächte-Konferenz versandte das Auswärtige Amt an alle Auslandsvertretungen eine Argumentationshilfe am 22. April 1960, in: PA/AA, 503/530.

25 StZ, 22.3.1960. In diesem Kontext stand auch die erneute Anfrage zu Akten des Prager Sondergerichts, die die Karlsruher Generalstaatsanwaltschaft an Melsheimer stellte; JM BW, 2200b, »Beschaffung von Aktenmaterial«, 23.3.1960.

gründet, die keine zwischenstaatlichen Beziehungen (mit Ausnahme der Sowjetunion) zu den Bündnispartnern der DDR gestattete. Nun aber gestand Staatssekretär Strauß den Landesjustizverwaltungen zu, daß sie – mangels diplomatischer Kontakte – sich mit ihren Anfragen an die polnischen und tschechoslowakischen Militärmissionen in Berlin wandten. Die Bundesregierung könne dies zwar nicht ausdrücklich billigen, sie werde aber keine Bedenken erheben[26].

Und was in den Beziehungen zur DDR noch undenkbar gewesen war, stellte hinsichtlich der Nachbarländer nun kein Hindernis mehr dar: Bonn gestattete sowohl den Staatsanwaltschaften als auch den Justizverwaltungen, ihre Beamten selbst in die Militärmissionen zu entsenden und dort in den Akten zu recherchieren. Geknüpft war die »Großzügigkeit« des Bundesjustizministeriums, die übrigens noch bis 1963 nicht für andere nationalsozialistische Verbrechenskomplexe galt[27], allerdings an die Bedingung, daß der Vorgang vertraulich behandelt wurde. Denn eigentlich, so die Ansicht der Bonner Ministerialbeamten, handle es sich hier um einen »illegalen Rechtshilfeverkehr«[28]. An solchen Einschätzungen war deutlich zu erkennen, wie schwer es dem Bundesjustizministerium fiel, in der Frage der NS-Juristen auf die dogmatische Handhabung der Hallstein-Doktrin zu verzichten, bot diese doch den bislang wirkungsvollsten Schutz, sich der anschwellenden Flut von Belastungsmaterial zu erwehren.

Reagieren mußte Bonn nun auch auf der Ebene der Informationspolitik. Einen Monat nach der Prager Pressekonferenz äußerte sich der Bundesjustizminister zum ersten Mal öffentlich zur Frage der NS-Richter. Im Grunde genommen war die Stellungnahme, publiziert im regierungseigenen Bulletin, eine einzige Verteidigungsschrift[29]. In den Vordergrund

26 BAK, B 141/33727, Strauß an Landesjustizverwaltungen, 24.3.1960. Zu den vorangegangenen Beratungen des BMJ mit dem Auswärtigen Amt über die Kontakte mit den Militärmissionen geben die Vermerke des Ministerialrats Grützner Auskunft, 24.3.1960 und 31.3.1960, ebenda. Den Modus der Akteneinsicht regelte das Schreiben Drehers an den Hessischen Justizminister; PA/AA, 503/530, 15.8.1960.

27 Abgesehen von Aktenübergaben auf informellen Wegen unterhielt lediglich die Zentrale Stelle in Ludwigsburg ab März 1960 Kontakte zu den Militärmissionen; JM BW, 4110b, Bd. 3, Bericht Schüles über Besprechung mit Jan Sehn, Direktor des Kriminologischen Instituts der Universität Krakau.

28 BAK, B 141/33727, Vermerk des Ministerialrats Grützner, BMJ, 31.3.1960.

29 Zum folgenden Fritz Schäffer, Nazirichter in der Justiz der Bundesrepublik. Vorwürfe und Wirklichkeit – Der Stand der Untersuchung, in: Bulletin des Presse- und Informationsamtes der Bundesregierung, 12.4.1960.

stellte Schäffer die vermeintlich falschen Behauptungen des ADE, insbesondere die Invektiven gegen Ernst Kanter, mit denen er eine bloße Verleumdungsabsicht Ost-Berlins zu belegen suchte. Ferner kritisierte er, daß die Anschuldigungen in den Broschüren »summarisch und meist nicht hinreichend ausgeführt« seien.

Aufschlußreich war die Passage, in der Schäffer seine Sicht der nationalsozialistischen Justiz darlegte: Wer Richter an einem Sondergericht gewesen sei, habe erst dann »das richterliche Ethos preisgegeben«, wenn er »im Einzelfall nachgewiesenermaßen das Recht gebeugt oder Urteile gefällt hat, die unmenschlich sind«. Damit hatte die Sache ihr Bewenden. So fehlte jeder Hinweis, daß die Gerichte NS-Juristen regelmäßig vom Vorwurf der Rechtsbeugung freisprachen. Auch blieb ungeklärt, was als »unmenschliches Urteil« verstanden werden sollte.

Schäffer konnte gleichwohl nicht umhin, in zweierlei Hinsicht Zugeständnisse zu machen. So kündigte er an, daß in allen Fällen, in denen Richter angezeigt worden waren, die Verjährungsfrist unterbrochen werde, um die Ermittlungen nicht durch die bevorstehende Verjährung von NS-Totschlagsverbrechen am 8. Mai 1960 einzuschränken. Angesichts der Rechtsprechung des Bundesgerichtshofs, die keine Verurteilung der einschlägig belasteten Juristen zuließ, war diese Konzession natürlich ohne Substanz, verfehlte aber nicht ihre Wirkung. Denn den jüngsten Angriffen der DDR, die Verjährung werde den NS-Richtern endgültig zur Straffreiheit verhelfen[30], konnte so der Wind aus den Segeln genommen werden. Ferner gab Schäffer in dem Bericht zum ersten Mal genauere Zahlen über den Umgang mit den NS-Juristen öffentlich bekannt. Demnach zählte das Bundesjustizministerium bis zu diesem Zeitpunkt 1 146 Personen, gegen die aus Ost-Berlin und Prag Vorwürfe erhoben wurden – das waren fast zehn Prozent aller amtierenden Richter und Staatsanwälte. Gegen eine Person sei eine gerichtliche Voruntersuchung anhängig, bei zweien seien sie inzwischen wieder eingestellt worden. Von den insgesamt 83 eröffneten Ermittlungsverfahren seien 12 von seiten der Justizbehörden eingeleitet worden und 17 wiederum eingestellt. Lediglich ein Jurist (es handelte sich um einen hessischen Staatsanwalt[31]) sei

30 Vgl. dazu die Erklärung des ADE zur Verjährung in: ND, 23.3.1960 (»Adolf Deter: Bonner Verjährungsfrist für faschistischen Mord – Verhöhnung aller Opfer des Faschismus!«).

31 So die Auskunft des hessischen Staatssekretärs Rosenthal-Pelldram; BT/PA, III/417, A4, vertrauliches Protokoll der 149. Sitzung des Bundestagsrechtsausschusses am 29.5.1961.

nach einem offiziellen Disziplinarverfahren des Amtes enthoben worden. Auf anderen, inoffiziellen Wegen, zumeist mittels amtsärztlicher Atteste, die den Juristen Dienstunfähigkeit bescheinigten (Schäffer beließ es bei der knappen Auskunft: »außerhalb eines Verfahrens«), seien zehn pensioniert, vier beurlaubt und einer in den Wartestand versetzt worden.

Eine Bilanz von summa summarum 16 abgesetzten Juristen, ohne weitere Informationen über die einzelnen Gründe der Suspendierung – dies konnte dem interessierten Leser, der die Debatte über die NS-Juristen in der Presse verfolgte, womöglich auch die Ausstellung des SDS oder die in Westdeutschland kursierenden Broschüren des ADE kannte, kaum den Eindruck vermitteln, daß die Exekutive in Bund und Ländern die Sache ernsthaft in die Hand nahm. Wer zwischen den Zeilen zu lesen verstand, dem entging nicht, in welch starkem Maße die ostdeutschen Enthüllungen inzwischen zur Verunsicherung der zuvor so forsch auftretenden Justizpolitiker geführt hatten. Insbesondere die spektakulären Aktenübergaben hatten unter Beweis gestellt, daß die DDR – aus zweifellos propagandistischen Motiven – maßgeblich zur Aufklärung der Justizverbrechen beitrug, während man auf westdeutscher Seite mauerte. Falls weiterhin im großen Stil solche Dokumente präsentiert würden, stand für die Justizminister zu befürchten, daß sie auch im Inland in den Ruf gerieten, untragbare Juristen bewußt zu decken und letzten Endes die Kontrolle über die eigene Personalpolitik zu verlieren. Angesichts dieser bedrängenden Aussichten schien die Entscheidung für eine wirksamere, per Gesetz durchgeführte Säuberung attraktiv wenn nicht sogar notwendig zu werden.

5. Der Paragraph 116 des Richtergesetzes

Bereits im April 1960 sprach sich eine Mehrheit der Justizminister für eine Gesetzesinitiative aus, die die Versetzung der belasteten Juristen in den Ruhestand endlich auf eine legale Grundlage stellen sollte[1]; der Weg bis zu einer Übereinkunft erwies sich indes als lang und hindernisreich. In den weiteren Beratungen übernahm das Bundesjustizministerium die Federführung, und zwar pikanterweise der Abteilungsleiter für öffentliches Recht, Walter Roemer, der als ehemaliger Staatsanwalt am Münchner Sondergericht selbst zu den potentiellen Rücktrittskandidaten gehörte. Vor diesem Hintergrund war es erst recht naheliegend, daß Roemer auf dem ersten Planungstreffen unverblümt mitteilte, seine Behörde sei »nach eingehender Prüfung zu dem Ergebnis gekommen, daß eine gesetzliche Lösung nicht in Betracht kommen könne und dürfe«[2]. Während das Bonner Ministerium damit schon frühzeitig die Weichen auf Fundamentalopposition stellte, war unter den Ländervertretern noch weitgehend ungeklärt, auf wen das Gesetz abzielen und wie die Betroffenen auch gegen ihren Willen zur Pensionierung gezwungen werden sollten.

So wurde diskutiert, ob die Beschränkung auf Richter und Staatsanwälte ausreiche oder ob nicht darüber hinaus, wie der niedersächsische Referent mit kritischem Blick auf das Personal des Bundesjustizministeriums vorschlug, »die Persönlichkeiten des Reichsjustizministeriums, die die Gesetze geschaffen hatten, miteinzubeziehen« seien[3]. Aus Hamburg kam die Anregung, der Gerechtigkeit halber neben den Richtern auch die übrigen Beamtengruppen zu erfassen, die Vorschrift daher in das Beamtenrechtsrahmengesetz einzufügen. Hinsichtlich einer – später wieder fallengelassenen – Ausweitung der Zielgruppe auf alle Beamten investierten die Ministerialreferenten viel Zeit und Papier, zumal es dafür einige gesetzestechnische Klippen zu umschiffen galt[4].

1 BAK, B 141/15505; Vermerk des Oberregierungsrats Schmidt-Räntsch zur Diskussion auf der Justizministerkonferenz vom 8.4.1960, 10.4.1960.

2 JM BW, 2200b, »§ 116 DRiG«, Bd. 1, Vermerk des Ministerialrats Henn zur Referentenbesprechung am 6.5.1960 in Bonn, 9.5.1960.

3 Ebenda.

4 Ebenda, Vorschlag des Hamburger Justizsenators an die Justizminister zum Beamtenrechtsrahmengesetz, 29.6.1960; Stellungnahmen dazu seitens des JM Bayern, des JM NRW, des JM Rheinland-Pfalz und des Innenministeriums BW, 25.7., 30.7., 24.8. und 29.8.1960. Gutachten des JM Niedersachsen zu einem Gesetzentwurf im Rahmen des Grundgesetzartikels 131, 6.10.1960.

Alsbald konzentrierten sich die Beratungen aber auf das Hauptproblem, nämlich auf die Frage, wie die Entfernung aus dem Amt auch gegen den Willen der Belasteten durchzusetzen war. Bis Anfang des Jahres 1961 sahen sich neben Hamburg auch Hessen, Bayern und Rheinland-Pfalz mit Richtern konfrontiert, die sich, offenbar nach gemeinsamer Absprache, dem Drängen der Verwaltung auf freiwillige Pensionierung widersetzten. Im niedersächsischen Landtag wiederum schlug die Empörung über die staatsanwaltlichen Einstellungsbeschlüsse so hohe Wellen, daß zu deren Überprüfung eine Untersuchungskommission eingesetzt wurde[5].

Obgleich Presse und Parlamente nicht alle Justizverwaltungen derart bedrängten, kam schließlich im Februar 1961 die Mehrheit der Länderregierungen darin überein, ein Gesetz zur Zwangspensionierung zu erlassen. Die Entscheidung darüber fiel – bei Enthaltung Bremens – einstimmig; das beschlußfassende Gremium war nun nicht mehr die Justizministerkonferenz, sondern, in identischer Besetzung, der Rechtsausschuß des Bundesrats, durch den die Gesetzesinitiative der Länder institutionell auf den Weg gebracht werden konnte.

Maßgeblichen Anteil an dieser späten und – gemessen an dem langen Gezerre – erstaunlichen Geschlossenheit hatte der hessische Ministerpräsident Georg August Zinn, der seit vielen Jahren auch das Justizressort seines Landes führte. Auf der entscheidenden Sitzung am 2. Februar 1961 vermochte er die verbliebenen Vorbehalte seiner Kollegen mit einer engagierten Grundsatzrede auszuräumen[6]. Zinn stellte dabei die in Osteuropa archivierten Aktenbestände in den Vordergrund, wohl wissend, daß erst die spektakulären Präsentationen der vergangenen Monate den Stimmungsumschwung unter den Justizministern bewirkt hatten. So sei ihm zu Ohren gekommen, daß in Polen sämtliche Urteile der Sondergerichte auf dem Gebiet des Generalgouvernements erhalten geblieben seien und die Auswertung des Materials noch ausstehe. Nicht weniger alarmierend sei die Informationslage hinsichtlich der nationalsozialistischen Militärjustiz mit geschätzten 50 000 Todesurteilen. Er habe, so der Ministerpräsident, »gewisse Anhaltspunkte dafür, daß neuerdings in der Ostzone die Masse der Urteile der Wehrmachtsgerichtsbarkeit gefunden worden« sei.

5 Ebenda, Vermerk des Ministerialrats Henn über die Referentenbesprechung am 5.1.1961, 11.1.1961.

6 Das folgende nach der stenographischen Niederschrift der 234. Sitzung des Rechtsausschusses des Bundesrats am 2.2.1961, ebenda.

Vor diesem Hintergrund legte Zinn größten Wert auf eine möglichst schnelle Verabschiedung der Gesetzesinitiative. Am besten sei es, wenn ein entsprechender Passus dem aktuellen Entwurf für das Richtergesetz beigefügt werde, das noch vor Ende der Legislaturperiode verabschiedet werden sollte[7]. Die übrigen Minister widersprachen diesem Vorschlag jedoch mit der Begründung, daß die verfassungsrechtlich garantierte Unabhängigkeit der Richterschaft durch ein einfaches Bundesgesetz zur Zwangspensionierung verletzt werde. An einer Grundgesetzänderung gehe daher kein Weg vorbei.

Diese Sicht der Dinge ließ Zinn nicht gelten. In seiner Replik ließ der einzige, in der NS-Zeit zudem verfolgte Sozialdemokrat[8] unter den Justizministern keinen Zweifel daran, daß es ihm in dieser Frage um den Kernbereich seines Rechtsverständnisses ging, nämlich um die Abgrenzung des demokratischen Rechtsstaats von der nationalsozialistischen Unrechtsjustiz. So habe es im Parlamentarischen Rat, darauf gebe er als ehemaliges Mitglied sein Wort, zu keiner Zeit »die Auffassung gegeben, daß die Rechtsprechung im Dritten Reich der Rechtsprechung des neuen demokratischen Staates unter dem Grundgesetz gleichgestellt werden« könne. Und ebenso unstrittig sei die Überzeugung gewesen, »daß man nicht die Wertordnung des Grundgesetzes auf jene Zeit projizieren« könne. Daher, so spitzte der hessische Ministerpräsident den Gedankengang zu, ziele die in der Verfassung verankerte Unabhängigkeit nicht auf die Frage: »Wie schützen wir den einzelnen Richter? sondern: wie schützen wir die Justiz, die Rechtsstaatlichkeit?«

Nachdrücklich plädierte Zinn also für klare normative Trennlinien, zum einen zwischen der unabhängigen Institution der Justiz und den einzelnen für die Todesurteile verantwortlichen Juristen, zum zweiten zwischen der demokratischen, dem Grundgesetz verpflichteten Rechtsprechung in der Bundesrepublik und den Unrechtsurteilen im NS-Staat. Blankes Unverständnis für diese Auffassung von einem fundamentalen Kontinuitätsbruch bekundete der bayerische Justizminister Haas. Falls nämlich das Prinzip der einheitlichen Rechtsprechung vor und nach 1945 aufgehoben werde, so sein bezeichnender Einwand, »könnten wir

7 Einen ersten Vorstoß in diese Richtung hatte Zinn bereits auf der Beratung der Justizminister am 12.10.1960 gemacht, wo er einen Gesetzentwurf zum Richtergesetz vorlegte; Vermerk des Ministerialrats Henn über die Besprechung des Justizminister in Wiesbaden am 12.10.1960, 17.10.1960, in der Anlage der hessische Gesetzentwurf, JM BW, 2200b, »§ 116 DRiG«, Bd. 1.

8 Zur Biographie Zinns in der NS-Zeit vgl. Beier, Arbeiterbewegung in Hessen, S. 611 ff.

die Frage auch nicht auf die Todesstrafe begrenzen; dann wären alle diese Urteile anfechtbar, und wo kämen wir dann hin? Es geriete alles in Wanken, was früher geschah«.

Die Befürchtung, daß die Problematik nicht auf wenige Fälle zu begrenzen sei, wenn man Zinns Maßstäbe tatsächlich ernst nähme, entbehrte nicht einer gewissen inneren Logik. Eine weitergehende Erörterung der kontroversen Positionen blieb jedoch aus. Statt dessen plädierte der nordrhein-westfälische Justizminister Otto Flehinghaus aus strategischen Gründen für eine Grundgesetzänderung: Sollte der Gesetzentwurf nicht mit einer Verfassungsänderung kombiniert werden, dann »hätten wir todsicher nach ganz kurzer Zeit die Angelegenheit beim Bundesverfassungsgericht, und wir hätten damit niemandem genützt. Wir hätten einen Aufschub von mindestens einem Jahr und die Rechtsunsicherheit«. Dieser Einwurf führte der Runde klar vor Augen, welche Hindernisse einer Realisierung der Gesetzesinitiative noch entgegenstanden. Abzusehen war, daß die Betroffenen alle Mittel richterlichen Rechtsschutzes ausschöpften, ja daß die Verfassungsrichter das geplante Gesetz als Verstoß gegen das Grundgesetz ablehnen würden. Da innerhalb der Justiz der Widerstand gegen personelle Konsequenzen aus einer beanspruchten rechtsstaatlichen Sonderstellung abgeleitet wurde, war aus Sicht der meisten Justizminister der Gesetzgeber gefordert, die Einschränkung der richterlichen Unabhängigkeit mit der entschiedensten Form der Rechtsetzung – der Änderung des Grundgesetzes – politisch zu legitimieren.

Zum Abschluß entschieden die Justizminister, die Angelegenheit nicht zu verschleppen, sondern »raschestens« (Wolfgang Haußmann) zu entscheiden. In der Hauptsache war diese Eile darin begründet, daß der Rechtsausschuß des Bundestags die Ländervertreter zu einer gemeinsamen Beratung in der Sache gebeten hatte, die im Zusammenhang mit den bevorstehenden letzten Abstimmungen über das Richtergesetz erfolgen sollte[9]. Nachdem fast alle Kabinette dem Beschluß der Justizministerkonferenz zugestimmt hatten (mit Ausnahme von Bremen, Schleswig-Holstein und dem Saarland), war die für eine Verfassungsänderung erforderliche Zweidrittelmehrheit im Bundesrat gesichert. Auf dieser Grundlage konnten die Justizminister auf dem Treffen am 23. Februar 1961 selbstbewußt gegenüber den Rechtspolitikern der Bundestagsfraktionen auftreten, zumal diese sich mit entsprechenden legislativen Maßnahmen noch nicht befaßt hatten.

9 BT/PA, III/417, A 4, vertrauliches Protokoll der 137. Sitzung des Rechtsausschusses des Bundestags am 26.1.1961.

Im Gepäck hatten die Minister einen Gesetzentwurf, der an den Grundgesetzartikel 132 anknüpfen sollte. Darin war angesichts der personalpolitischen Unwägbarkeiten der Nachkriegszeit das Recht eingeräumt worden, in den ersten sechs Monaten nach Staatsgründung Beamte und Richter bei mangelnder Eignung ihres Postens zu entheben. Der Entwurf für einen Artikel 132a sah nun vor, einen Richter oder Staatsanwalt in den Ruhestand zu versetzen, »wenn er in der Zeit vor dem 9. Mai 1945 als Richter an einer auf die Todesstrafe erkennenden oder eine Todesstrafe bestätigenden Entscheidung mitgewirkt oder als Staatsanwalt oder Vertreter der Anklage auf diese Todesstrafe hingewirkt hat und wenn diese Entscheidung auch unter Berücksichtigung der Umstände, unter denen sie ergangen ist, gegen die Grundsätze der Menschlichkeit oder der Rechtsstaatlichkeit verstößt. Gegen den Willen des Richters oder des Staatsanwalts ist die Versetzung in den Ruhestand nur auf Grund einer Entscheidung des Bundesgerichtshofs zulässig«[10].

Welche Juristen nun genau erfaßt werden sollten, war aus der Vorlage nicht ohne weiteres zu erkennen. Nachdem die Minister auf der gemeinsamen Ausschußsitzung den Entwurf kurz präsentiert hatten, kommentierte der CDU-Bundestagsabgeordnete Eduard Wahl, den Interessen der NS-Belasteten seit jeher verbunden[11]: Man müsse doch bedenken, daß in der NS-Zeit »der Richter die Grundsätze der Menschlichkeit oder der Rechtsstaatlichkeit kaum habe verwirklichen können«. In aller Offenheit räumte Minister Flehinghaus daraufhin ein: »Wir haben nach einer Formulierung gesucht, die das zum Ausdruck bringt, was wir exzessive Urteile nennen; denn das kann natürlich nicht ins Gesetz geschrieben werden.« Damit war eindeutig klargestellt, daß die großzügigen Ausschlußkriterien der internen Verwaltungsüberprüfungen weiterhin maßgeblich sein sollten. Und wie gering die Anzahl der in Frage kommenden Richter tatsächlich war, demonstrierte der bayerische Justizminister am Beispiel seines Landes: »Von rund 700 geprüften Todesurteilen in Bay-

10 Zitiert nach der stenographischen Niederschrift der 234. Sitzung des Rechtsausschusses des Bundesrats am 2.2.1961, JM BW, 2200b, »§ 116 DRiG«, Bd. 1. Die entsprechende Passage aus dem vertraulichen Protokoll der 139. Sitzung des Bundestagsrechtsausschusses am 23.2.1961 kann hier nicht angeführt werden, weil dessen erste 26 Seiten verschollen sind. Das folgende, inklusive der Zitate, nach den restlichen 37 Protokollseiten, BT/PA, III/417, A 4.

11 Der Heidelberger Professor Wahl hatte sich schon in Nürnberg als Verteidiger im IG-Farben-Prozeß hervorgetan und unter anderem 1949 den Heidelberger »Juristenkreis« zur Amnestierung der inhaftierten Kriegsverbrecher initiiert, vgl. dazu Frei, Vergangenheitspolitik, S. 163 ff.

ern«, so Haas, sei »nur bei elf festgestellt worden, daß exzessive Formen« vorlägen. In Bayern aber, das sei für ihn als Leiter der Justizverwaltung die Crux, könne man »nicht einen einzigen belasteten Richter finden, der freiwillig« gehe. Für diese Fälle, im gesamten Bundesgebiet gebe es etwa 70 davon, sei der zweite Absatz des Paragraphen vorgesehen. Allerdings müsse, ehe die Suspendierung erfolge, zuerst der Bundesgerichtshof zustimmen.

Die in Aussicht gestellte Anrufung des Bundesgerichtshofs als letzte disziplinarrechtliche Instanz zeigte ebenso wie die projektierte Verfassungsänderung, daß den Ministern alles daran gelegen war, die für die Judikative geltenden rechtsstaatlichen Kautelen genauestens zu beachten. Davon, daß die Bundesjustiz in das Säuberungsverfahren unmittelbar eingebunden wurde, erhofften sie sich ferner, den Widerstand in den Reihen der Richterschaft überwinden zu können. Daß ein solches Vorgehen allerdings erst recht auf Ablehnung stoßen könnte, gab der saarländische Justizminister zu bedenken. Als strikter Gegner des Artikels 132a und über die Vorbehalte des Richterbundes bestens informiert, warnte Julius von Lautz davor, den Bundesgerichtshof »in eine mißliche Lage« zu bringen. Sobald nämlich die Bundesrichter einen Antrag auf Amtsenthebung ablehnten, drohe ihnen ein dramatischer Autoritätsverlust: Es »werde mit Sicherheit in der Öffentlichkeit behauptet, daß der Bundesgerichtshof das in Frage stehende Urteil für Rechtens ansehe und billige«.

Doch die Einwände des Saarländers verfingen bei den Bundestagsabgeordneten nicht. Obwohl die Bundesratsinitiative für die Abgeordneten »ganz überraschend gekommen sei«, wie Adolf Arndt nicht ohne Vorwurf anmerkte, war seit der letzten, etwa ein Jahr zurückliegenden Beratung über die NS-Juristen die Stimmung im Rechtsausschuß des Bundestags umgeschlagen. Nicht nur die Sozialdemokraten, sondern auch die meisten Vertreter aus den übrigen Fraktionen bejahten nun den Schritt der Verfassungsänderung. Im Grunde genommen, so interpretierte Arndt die Angelegenheit, werde auf diese Weise lediglich eine Verfassungsergänzung vorgenommen, denn »man führe nur den innersten Gedanken des Grundgesetzes durch, wenn man sich in dieser Weise gegen das abgrenze, was vor 1945 geschehen sei«.

Überhaupt war es der SPD-Abgeordnete, der nun am entschiedensten mit der zuvor betriebenen Bagatellisierung des Problems ins Gericht ging. Dabei sparte er auch nicht mit Kritik an der Rolle seiner eigenen Partei. Die »übermenschliche Zurückhaltung« gegenüber der Öffentlichkeit habe seiner Ansicht nach keinen Sinn mehr. Schließlich könne nicht geleugnet werden, daß, obgleich »man die Dinge mit aller Vorsicht und

Verschwiegenheit seit zwei Jahren herumschleppe«, der auch von ihm mitgetragene »stille Weg« nicht zum Ziel geführt habe. Zerknirscht räumte Arndt ein, post festum müsse die SPD einsehen, daß sie sich gegenüber den Organisatoren der Karlsruher Ausstellung falsch verhalten habe. Diese seien keine Handlanger der DDR gewesen, sondern eher »dumme Jungs«, doch »seine Partei habe rigoros jeden rausgeworfen, der sich an derlei Dingen beteiligt habe, obgleich man den jungen Menschen ihre Handlungen eigentlich nachsehen konnte«.

Im Anschluß an diese selbstkritische Neueinschätzung erklärte der SPD-Politiker, daß seine Nachsicht mit den beschuldigten Richtern ein Ende habe: »Sie könnten Gott auf Knien danken, daß sie 1945 nicht an den nächsten Baum gehängt worden seien. Wenn diese Leute sich heute auf den Rechtsstaat und die richterliche Unabhängigkeit beriefen, dann sei das eine Schande«. Es ist sicherlich nicht zu weit gegriffen, Arndts zornigen Ausbruch als Selbstvergewisserung seines sozialdemokratischen Rechtsverständnisses zu interpretieren, als Erkenntnis, daß die demokratische Erneuerung der Dritten Gewalt gerade im Hinblick auf die NS-Justiz keinen blinden Fleck aufweisen dürfe.

Gänzlich unbeeindruckt von Arndts Appell zeigte sich Justizminister Schäffer. Unbeirrt hielt er an der Behauptung fest, durch die Zwangsentlassung der Richter werde »ein essentielles Merkmal der Demokratie« beseitigt, zudem werde man in der DDR diesen Schritt als »Schuldanerkenntnis der Bundesrepublik« werten. Deshalb plädierte er nachdrücklich dafür, »eine gewisse Frist zu setzen, in der versucht werden solle, die schwebenden Fälle irgendwie zu regeln«. Mochte Schäffer mit seinem Vorschlag zwar zunächst wenig Anklang finden, so konnte er darauf vertrauen, daß das letzte Wort in dieser Sache noch nicht gesprochen war. Denn ehe die beiden Rechtsausschüsse sich erneut zusammensetzten, sollte in den Fraktionen ausgelotet werden, ob sich im Bundestag überhaupt eine Zweidrittelmehrheit für die Grundgesetzänderung finden werde.

Während der Vorstand der SPD-Fraktion das Projekt der Grundgesetzänderung einhellig befürwortete[12], traf der Vorstoß der Länder bei den Abgeordneten der CDU/CSU und FDP auf wenig Verständnis. Gerade unter den Freidemokraten waren schwere Konflikte vorprogrammiert, da sieben Justizminister ein FDP-Parteibuch besaßen, darunter so entschie-

12 BT/PA, III/417, A4, vertrauliches Protokoll der 146. Sitzung des Bundestagsrechtsausschusses am 20.4.1961, Äußerung Adolf Arndts, S. 52.

dene Fürsprecher des Artikels 132a wie Hans Biermann-Ratjen (Hamburg), Albrecht Haas (Bayern) und Wolfgang Haußmann (Baden-Württemberg). Die Widerstände seiner Parteikollegen antizipierend, versuchte Haußmann die FDP-Parlamentarier für eine Grundgesetzänderung zu gewinnen, indem er ihnen eine auf mehreren Seiten detailliert dargelegte Begründung zukommen ließ. Er wandte sich außerdem persönlich an den immer noch einflußreichen früheren Bundesjustizminister Thomas Dehler und bat ihn eindringlich, daß »Sie sich diesen Gedankengängen in der Sitzung der Bundestagsfraktion der FDP anschließen«[13].

In schärferem Ton ging Haußmann den Partei- und Fraktionsvorsitzenden Erich Mende an, den wichtigsten Exponenten des nationalkonservativen Parteiflügels, der sich dezidiert gegen das Gesetz stellte. Ihm warf Haußmann vor, entgegen der vorherigen Absprache und ohne Unterrichtung der FDP-Justizminister die Angelegenheit in der Bundestagsfraktion bereits erörtert zu haben. Darüber hinaus, beschwerte sich Haußmann, kursiere inzwischen im Bundesrat das Gerücht, daß sich die FDP-Fraktion auf eine Ablehnung des Paragraphen längst festgelegt habe. »Auch im Namen der übrigen FDP-Justizminister« verlangte er daher von Mende, weitere Diskussionen in der Fraktion bis zu einer gemeinsamen Sitzung zurückzustellen[14].

Offensichtlich als bewußte Brüskierung der Länderminister gedacht, wurde die Entscheidung der Bundestagsfraktion von Mende schon eine Woche früher als abgesprochen auf die Tagesordnung gesetzt, als Haußmann, Haas und Biermann-Ratjen wegen dringender Amtsgeschäfte an der Sitzung nicht teilnehmen konnten. Anwesend waren nur zwei Justizminister, Arvid von Nottbeck aus Niedersachsen und Marinerichter a.D. Bernhard Leverenz aus Schleswig-Holstein, ein überzeugter Gegner der Verfassungsänderung. Vermutlich seine eigenen Urteile in der Wehrmachtsjustiz vor Augen[15], verstieg sich Leverenz zu der Behauptung: »Schuld sind letzten Endes die Initiatoren der Gesetze und nicht die Richter« – und traf damit exakt die Stimmungslage in der Fraktion. Als auch Dehler seine Antipathien gegen den Artikel 132a zum Ausdruck brachte, gab es für die Abgeordneten kein Halten mehr. Nacheinander verrissen sie das Vorhaben, und kein Argument schien zu abgedroschen,

13 AdL, N1/3296, Haußmann an Dehler, 1.4.1961.

14 Ebenda, Haußmann an Mende, 15.3.1961. Zum folgenden, auch die Zitate, ebenda, A 40/740, Protokoll der Sitzung der FDP-Bundestagsfraktion am 11.4.1961.

15 Leverenz war von Januar 1942 bis Kriegsende Marinerichter gewesen, zuletzt im Range eines Marineoberstabsrichters; vgl. Godau-Schüttke, Heyde/Sawade-Affäre, S. 238.

um nicht herangezogen zu werden. An Ernst Achenbachs Warnruf: »Man reißt die Dämme des Rechtsstaats ein«, schloß sich Mende an, der die Instinkte gegen die verhaßte Justizministerin der DDR mobilisierte: »Die liberale Partei muß Prinzipien hochhalten, damit sich später nicht eine Hilde Benjamin auf uns berufen kann«. Und der Abgeordnete Robert Margulies machte als eigentliches Hindernis die drohende Kritik der westlichen Verbündeten aus: »Wenn die Fälle aufgerollt werden, schaden wir uns in der Weltöffentlichkeit; daher sind wir gezwungen, die Sache schlafen zu lassen«.

Gerade Margulies' Äußerung war insofern aufschlußreich, als sie in denkbarer Schlichtheit eine nicht nur unter den Politikern und Justizjuristen höchst populäre Begründung anführte, warum die strafrechtliche Aufklärung der NS-Verbrechen oder – wie in diesem Fall – der Ausschluß von Tätern aus dem Staatsdienst abzulehnen sei. Als Gegner figurierte das Ausland, die »Weltöffentlichkeit«, die mit ihrem moralischen Verdikt über die Untaten das Ansehen der Nation und deren »Ehre« bedrohe. Aufrechterhalten ließ sich dieses Argument allerdings nur aus einer spezifischen Binnenperspektive, die unter den FDP-Abgeordneten in hohem Maße nationalistisch aufgeladen war. Denn bei nüchterner Betrachtung war unschwer zu erkennen, daß gerade Wegsehen, Verschweigen und der Schulterschluß mit den Beschuldigten die erbitterte Kritik aus dem Ausland ausgelöst hatten.

Die Entschiedenheit, mit der die Freidemokraten das Gesetz zur Zwangspensionierung ablehnten, wird nicht zuletzt durch ein Ereignis bestärkt worden sein, das just am Tag der Fraktionssitzung im Zentrum der internationalen Aufmerksamkeit stand: die Eröffnung des Jerusalemer Prozesses gegen Adolf Eichmann am 11. April 1961, eines Strafverfahrens von epochaler Bedeutung, das den Völkermord an den europäischen Juden schlagartig und mit anfangs erheblicher Schockwirkung in den Blickpunkt der westdeutschen Öffentlichkeit rückte[16].

Auch in den Konsultationen innerhalb der CDU spielte der Prozeß gegen Eichmann eine bedeutende Rolle. Hans-Joachim von Merkatz, Minister für Wohnungsbau und inzwischen von der Deutschen Partei zu den Christdemokraten übergetreten, forderte im CDU-Bundesvorstand, angesichts des anstehenden Verfahrens und einer noch aufmerksameren internationalen Öffentlichkeit müsse dringend »verhindert werden, daß der Bundesrat hier initiativ« werde. Denn sonst könne man »eine Situation

16 Vgl. dazu die Studie von Krause, Rezeption.

heraufbeschwören, die eventuell katastrophale Wirkung hätte«[17]. Ins selbe Horn stieß Josef Hermann Dufhues aus Nordrhein-Westfalen. Ohne eine gesicherte verfassungsändernde Mehrheit im Bundestag werde der Gesetzentwurf der Länder, sofern als Antrag ins Parlament eingebracht, allein dazu führen, daß »außenpolitisches Porzellan zerschlagen« werde. Und als sei in der Frage die endgültige Ablehnung schon erfolgt, verwies Innenminister Schröder darauf, daß sich weder im Regierungskabinett (mit Ausnahme des Außenministers) noch im CDU/CSU-Fraktionsvorstand jemand finde, der dieser Verfassungsänderung etwas abgewinnen könne. Überhaupt sei die Vorlage »allein schon nach ihrem Text ganz scheußlich«[18].

Angesichts der einhelligen Ablehnung unter führenden Unionspolitikern rückten auch die Belange einzelner Landesjustizminister in den Hintergrund. Auf deren Interessen, beschied der Kieler Ministerpräsident Kai-Uwe von Hassel trocken, brauche die Bundespolitik keine Rücksicht zu nehmen, seien doch neben Schleswig-Holstein auch Bremen und das Saarland »damit fertig geworden«. Man müsse daher »den anderen Ländern klarmachen, ihre Probleme gefälligst allein zu lösen«[19].

Wie das Gesetzesvorhaben im weiteren Gesetzgebungsverfahren vereitelt werden konnte, galt im Bundesvorstand der CDU nur noch als technische Frage. Praktischerweise stellte die Union mit Eugen Gerstenmaier den Bundestagspräsidenten, der beherzt vorschlug, die Festlegung der parlamentarischen Tagesordnung entsprechend zu manipulieren: »Die Sache wird im Ältestenrat behandelt. Ich werde dort sagen: Kommen Sie bloß nicht mit einer Grundgesetzänderung zwischen Ostern und Pfingsten oder zwischen Pfingsten und dem 1. Juli. Das Haus und seine Kanäle sind vollgestopft. Es kommt überhaupt nicht in Frage. Wiedervorlage im Herbst!«

Wenngleich die Absage an das Projekt der Verfassungsänderung in der FDP und CDU eindeutig ausfiel, hielten sich ihre Vertreter vorläufig bedeckt, als die beiden Rechtsausschüsse am 20. April zu einer erneuten Sitzung zusammentraten, auf der die Diskussion über die Gesetzesinitia-

17 CDU-Bundesvorstand, Protokoll der Sitzung am 6.4.1961, S. 922 ff., danach die folgenden Zitate.

18 Die Regierung entschied auf der Kabinettssitzung am 16. März 1961, eine Änderung des Grundgesetzes abzulehnen, da die »Bereinigung des Richtertums im wesentlichen durchgeführt sei«. Vermerk des Justizministers, 16.3.1961; BAK, B 141/15506.

19 CDU-Bundesvorstand, Protokoll der Sitzung am 6.4.1961, S. 923, dort auch das folgende Zitat.

tive eine Wende nehmen sollte. Im Namen der CDU/CSU beteuerte Justizrat Karl Weber, die Frage sei »noch nicht so abgeklärt, daß wir selber schon zu einem Entschluß kommen könnten«[20]. Sekundiert vom Freidemokraten Ewald Bucher, forderte Weber die Landesminister auf, den Fraktionen erst genauere Angaben über die Fälle verweigerter Rücktritte zukommen zu lassen, ehe die heikle Frage der Grundgesetzänderung beurteilt werden könne. Ganz offensichtlich hatten sich die CDU- und FDP-Abgeordneten vorab auf die Strategie verständigt, eine direkte Brüskierung der Länder zu vermeiden und statt dessen ihr Vorhaben mit Verzögerungs- und Verschleppungsmanövern zu Fall zu bringen.

Diese Position kam den führenden Funktionären des Richterbundes durchaus gelegen, die man zur Teilnahme an der gemeinsamen Rechtsausschußsitzung eingeladen hatte, um zu klären, ob zwischen Rechtspolitik und richterlicher Standesvertretung eine Übereinkunft erzielt werden könne. Obwohl diese Einladung Vertrauen und Entgegenkommen signalisierte, mußte die Bilanz aus Sicht der meisten Justizminister denkbar negativ ausfallen. Auf jede diplomatische Rücksichtnahme verzichtend, holte zuerst der Präsident des Richterbundes, Hans Meuschel, zu einem beispiellosen Angriff auf die geplante Grundgesetzänderung aus: Diese könne mit Fug und Recht als »zweites Gesetz zur Wiederherstellung des Berufsbeamtentums« bezeichnet werden, auf die betroffenen Richter wirke es sogar wie eine »zehnte Entnazifizierung«. Ihnen galt im folgenden Meuschels ungebrochene Solidarität. Die Beschuldigten seien in den Augen des Präsidenten »honorige, anständige Menschen, sie sind durch ein dummes Schicksal, weil sie jung waren, weil sie tüchtig waren, an so irgendein ominöses Gericht gekommen, diese Kollegen genießen absolut kollegiales vollstes Vertrauen«.

Wer unter den Politikern geglaubt hatte, daß nach vier Jahren öffentlicher Anfeindungen der Justiz und nach langwierigen Bemühungen, die NS-Juristen in den Ruhestand zu drängen, die Vertreter des Richterstands etwas dazugelernt hätten, der mußte ob dieser Worte seine Meinung korrigieren. Das nachgeschobene Zugeständnis des Präsidenten, der Richterbund werde die betroffenen »wenigen« Standesgenossen zum Rücktritt auffordern, war angesichts des hartnäckigen Widerstands der Schwerbelasteten nicht ernst zu nehmen, auch nicht, daß Meuschel sie mit dem bezeichnenden Argument erweichen wollte: »Bitte, bringt für die Kollegenschaft das Opfer!«

20 BT/PA, III/417, A4, vertrauliches Protokoll der 146. Sitzung des Bundestagsrechtsausschusses am 20.4.1961, danach die folgenden Zitate.

Vorrang für den Präsidenten hatte indes ein anderes Anliegen. Unbedingt, so Meuschel, sei sicherzustellen, daß alle Vorgänge »eine interne Sache« blieben. Wenn »ein großes Verfahren mit rechtsförmlichen Entscheidungen und mündlicher Verhandlung und Verteidigung angeordnet« werde, so würde »doch Staub aufgewirbelt«. Ausgerechnet die Justiz sollte demnach von den üblichen Verfahrensregeln der öffentlichen Gerichtsverhandlung ausgenommen werden – was eine um so dreistere Selbstprivilegierung darstellte, als hier nicht die strafrechtliche Verhandlung der Justizverbrechen zur Debatte stand, sondern allein die erzwungene Zurruhesetzung der Täter.

Mochten die Minister und Parlamentarier nach Meuschels denkwürdigem Auftritt davon ausgehen, ungeachtet des Protests liege immerhin noch die Entscheidungsgewalt über das Pensionierungs-Gesetz in ihren Händen, so wurden sie durch die Wortmeldung des BGH-Senatspräsidenten Friedrich Geier eines Schlechteren belehrt. Unverhohlen drohte dieser: »Bei einem so prekären Gesetz wird sich vermutlich kein Senat, gleichgültig von welchen oberen Bundesgerichten, dazu veranlaßt sehen, dieses Gesetz anzuwenden, wenn er es nicht vorher dem Bundesverfassungsgericht« vorgelegt habe. Das folgende Prüfungsverfahren werde dann »eine Zeit von schätzungsweise zwei bis drei Jahren« beanspruchen. Was Geier hier ankündigte, war nicht weniger als eine Kampfansage der Bundesjustiz, mittels ihrer Kontrollgewalt das Gesetzeswerk zu blockieren – und zwar ungeachtet der Grundgesetzänderung, die schließlich den Vorbehalt der Verfassungswidrigkeit auszuräumen suchte.

Nach der Intervention des Senatspräsidenten zeichnete sich ab, daß die Richterfunktionäre mit ihrem Konfrontationskurs Erfolg haben würden, zumal sie aus den Reihen der FDP und CDU/CSU offene oder stille Unterstützung erfuhren. Zwar hielten Adolf Arndt und der Sprecher des Bundesrats, Minister Flehinghaus, vorläufig an dem gefaßten Beschluß fest; in den Reihen der Ländervertreter aber waren deutliche Absetzbewegungen zu registrieren. So präsentierte gegen Ende der Besprechung der niedersächsische Justizminister von Nottbeck den Antrag, sich mit der Legalisierung des bisherigen Verfahrens zur Pensionierung zufriedenzugeben und es als Übergangsvorschrift in das Richtergesetz aufzunehmen. Demnach könne ein Richter oder Staatsanwalt, der während der NS-Zeit »an der Strafrechtspflege mitgewirkt« habe – jeder Hinweis auf das Justizunrecht blieb hier ausgespart –, auf seinen Antrag in den Ruhestand versetzt werden.

Abgesehen von der später vorgenommenen Eingrenzung auf die Kriegszeit bildete diese Vorlage das Kernstück des schließlich verabschiedeten

Gesetzestextes[21]. Unter den Landespolitikern fand der Vorstoß vorläufig nur beim Berliner Justizsenator Anklang. Flehinghaus hingegen hielt ihn für einen Rückschritt, da keine Sanktionsmaßnahmen vorgesehen waren. Ferner laufe man Gefahr, gab der nordrhein-westfälische Minister zu bedenken, daß ein solches Gesetz, sei es erst einmal in Kraft getreten, bereits eine »endgültige Regelung« darstelle. Welche Schwierigkeiten man sich mit dieser sogenannten »kleinen Lösung« einhandelte, war den Rechtspolitikern somit frühzeitig bewußt. Gleichwohl hatte es nach dieser Ausschußsitzung den Anschein, als ob den Befürwortern der Verfassungsänderung die Luft ausgegangen sei. Wenngleich dabei auch die Einsicht eine Rolle gespielt haben mochte, daß die politische Mehrheit für das Gesetz rapide schwand, schienen sie um jeden Preis einen öffentlichen Disput über die Zwangspensionierung verhindern zu wollen, der – dies stand nach den scharfen Drohungen der Richterlobby zu erwarten – noch tiefere Gräben zwischen Justiz und politischer Öffentlichkeit aufreißen konnte. Das Hauptanliegen der Minister, nämlich den leidigen Konflikt endlich zu befrieden, wäre dadurch erst recht hinfällig geworden.

Strategisch gesehen, glich die nächste und letzte gemeinsame Konferenz der beiden Ausschüsse eher einem Rückzugsgefecht[22]. Zur genauen Orientierung hatten die Länder inzwischen das Material über jene Juristen zusammengetragen, die trotz nachgewiesener Beteiligung an exzessiven Urteilen das Ausscheiden aus dem Amt verweigerten. Insgesamt belief sich die Zahl auf 72 Personen, von denen fünf bei Staatsanwaltschaften tätig waren[23]. Mehr noch als diese Information sorgte die Nachricht für Wirbel, daß die Funktionäre des Richterbundes ihre belasteten Kollegen vom Verlauf der vorangegangenen Sitzung mit ihrer »gewissen defätistischen Stimmung hinsichtlich der Verfassungsänderung« in Kenntnis ge-

21 Der spätere Paragraph 116 lautete: »(1) Ein Richter oder Staatsanwalt, der in der Zeit vom 1. September 1939 bis zum 9. Mai 1945 als Richter oder Staatsanwalt in der Strafrechtspflege mitgewirkt hat, kann auf seinen Antrag in den Ruhestand versetzt werden. (2) Der Antrag kann nur bis zum 30. Juni 1962 gestellt werden.« Richtergesetz vom 8.9.1961, BGBl. I, S. 1665.

22 Zum folgenden ebenda, vertrauliches Protokoll der 149. Sitzung des Bundestagsrechtsausschusses am 29.5.1961.

23 Ebenda, auf die einzelnen Bundesländer verteilte sich die Anzahl der betroffenen Juristen wie folgt: 11 in Baden-Württemberg, 16 in Bayern, 14 in Nordrhein-Westfalen, 1 in Berlin, 7 in Hessen, 6 in Hamburg, 12 in Niedersachsen, 5 in Rheinland-Pfalz. Die Bundesjustiz, Bremen, Schleswig-Holstein und das Saarland meldeten Fehlanzeige.

setzt hatten. Daraufhin zogen einige der Beschuldigten den bereits gestellten Antrag auf Pensionierung wieder zurück, weil sie, so der hessische Staatssekretär, »einfach nicht mehr an den Ernst der Dinge« glaubten.

Um die sozialdemokratischen Gegner der Minimallösung, die ob dieser Impertinenz ausgesprochen erbost waren, dennoch für einen gemeinsamen Kurs zu gewinnen, billigte man ihnen zwei Ergänzungen zum Gesetzentwurf zu. Die Möglichkeit, den Ruhestand zu beantragen, sollte erstens nur innerhalb der Frist von knapp einem Jahr, bis zum 30. Juni 1962, gewährt werden. Im Anschluß erwartete der Bundestag, so bestimmte es ein dem Richtergesetz beigefügter Entschließungsantrag, einen Bericht der Bundesregierung zu der Frage, ob sich schwerbelastete Juristen noch im Amt befanden. Der Schlüsselsatz dieses Antrags, und dies war der zweite Punkt, beschied in energisch knappem Ton: »Der Bundestag wird, wenn es notwendig ist, eine grundgesetzliche Entscheidung treffen, daß jeder Richter und Staatsanwalt, der ein unverantwortliches und unmenschliches Todesurteil mitverschuldete, sein Amt verliert«[24].

Nach den jüngsten Erfahrungen bedurfte es allerdings schon einer gehörigen Portion Realitätsverleugnung, um davon auszugehen, daß diese Erklärung die Belasteten in irgendeiner Weise beeindrucken werde. Keiner der an den Beratungen beteiligten Politiker wollte sich jedoch der Sogkraft eines Konsenses entziehen, auch wenn dies auf Kosten der Glaubwürdigkeit ging. Insbesondere die SPD-Abgeordneten hatten Mühe, ihre nicht an den Beratungen beteiligten Fraktionskollegen nachträglich von der Richtigkeit dieser Lösung zu überzeugen. So mußten sie einigen Protest gegen die als »zu weich« bezeichnete Entscheidung einstecken, ehe die Fraktionsmehrheit den Beschluß billigte[25].

Als am 14. Juni 1961 das Richtergesetz im Bundestag fast einstimmig verabschiedet wurde, vermittelten alle Redner den Eindruck großer Erleichterung, sowohl im Blick auf das gesamte, seit drei Jahren diskutierte Gesetzeswerk als auch im Blick auf die Übergangsvorschrift für die NS-Juristen, den Paragraphen 116 des Richtergesetzes[26]. Der Grundgedanke

24 BT-Drucksachen 3. WP, Nr. 2785, Antrag des Rechtsausschusses, 9.6.1961.

25 SPD-Fraktionsprotokolle, 103. Sitzung am 13.6.1961, S. 560 f.; gegen die von Adolf Arndt, Karl Wittrock und Gerhard Jahn verteidigte Rechtsausschuß-Entscheidung plädierten Karl Mommer, Willi Könen, Hermann Schmitt-Vockenhausen und Annemarie Renger.

26 Im Entwurf zum Deutschen Richtergesetz wurde die Vorschrift noch als Paragraph 111a geführt, erst im Bundesgesetzblatt erhielt der Paragraph 116 seine endgültige Numerierung und trat ab dem 8. September 1961 in Kraft. Vgl. BT-Drucksachen 3. WP, Nr. 2785, S. 66, und BGBl 1961 I, S. 1682.

des in der Verfassung vorgeschriebenen Richtergesetzes war die Unabhängigkeit der Justiz. Es sollte wirksamen Schutz vor direkter Einflußnahme der Exekutive gewährleisten und, im Zusammenhang damit, das Leitbild des demokratischen und verantwortungsbewußten Richters festigen. In dieser Hinsicht wurde also eine normative Neubestimmung der Gerichtsbarkeit vorgenommen, der als negative Folie der Rechtsverfall im Nationalsozialismus zugrunde lag.

Auf den hehren Anspruch des Gesetzes verwiesen zwar in der dritten Lesung die Abgeordneten Albrecht Schlee (CDU) und Adolf Arndt, aber auch letzterer machte keine Anstalten zu erklären, wie dies eigentlich mit der großzügigen Pensionierungsregelung in Übereinstimmung zu bringen sei. Vielmehr blieb er auffällig einsilbig und beließ es bei vagen Andeutungen auf die »schicksalhafte Verstrickung« der Richter. Alle Anspannung, die sich bei Arndt in den letzten Wochen und Monaten aufgestaut hatte, entlud sich anschließend in einem geradezu flehentlichen Stoßgebet: »Der Himmel bewahre uns davor, daß wir noch in diesem oder im nächsten Bundestag über das bittere Erbe der Vergangenheit im Bereich der Gerichtsbarkeit ausführlicher oder in Einzelheiten sprechen müßten«[27].

Als letzter Redner hatte der Rechtsausschuß-Vorsitzende, der Christdemokrat Matthias Hoogen, die Aufgabe, die Entschließung des Bundestags zum Paragraphen 116 vorzustellen: Das Parlament erwarte, »daß jeder Richter und Staatsanwalt, der wegen seiner Mitwirkung an Todesurteilen mit begründeten Vorwürfen aus der Vergangenheit rechnen muß, sich seiner Pflicht bewußt wird, jetzt aus dem Dienst auszuscheiden«[28]. Sollte dem nicht entsprochen werden, so Hoogen in seiner recht leidenschaftslos vorgetragenen Erklärung, werde laut Beschluß der beiden Rechtsausschüsse eine Grundgesetzänderung erfolgen.

Da das Thema der NS-Juristen seit über einem Jahr keine Schlagzeilen produziert hatte, war es kaum überraschend, daß die Tagespresse die Neuregelung des Richtergesetzes ohne besondere Aufmerksamkeit, nur im Rahmen der üblichen Bundestags-Berichterstattung behandelte[29]. Allein die *Frankfurter Allgemeine*, den Richtern unter ihrer Leserschaft verpflichtet, sah sich zu einem Leitartikel veranlaßt. Darin wurde die ge-

27 BT-Verhandlungen, 3. WP, 162. Sitzung am 14.6.1961, S. 9367 ff. Arndts Zitat auf S. 9374.

28 Ebenda, S. 9379 f.

29 Vgl. »Bundestag billigt Richtergesetz«, SZ, 15.6.1961, S. 2; »Belastete NS-Richter müssen jetzt in Pension gehen«, Frankfurter Rundschau, 16.6.1961, S. 4.

fundene Regelung wohlwollend bewertet und an die Kooperationsbereitschaft der belasteten Juristen appelliert: »Der Weg ist also offen.«[30] Selbst der *Spiegel* brachte dem Gesetz Sympathien entgegen und argumentierte im Blick auf die Grundgesetzänderung sogar ganz im Sinne der Betroffenen: Ein solcher Schritt werde unweigerlich dazu führen, »jene rechtsstaatlichen Prinzipien zu durchlöchern, auf die der Staat von Bonn sich einiges zugute hält«. Dem investigativen Anspruch des Magazins sollte gleichwohl Rechnung getragen werden, indem im selben Artikel ausführliche Zitate aus einem internen Bericht des nordrhein-westfälischen Justizministeriums erschienen. Präsentiert wurden alle 14 Juristen aus dem Bundesland, die sich trotz »exzessiver« Todesurteile einer Pensionierung unnachgiebig widersetzten[31]. Die Tatsache, daß die Presse abseits solcher genüßlich verbreiteten, aber eigentlich unspektakulären Enthüllungen kaum Interesse für diesen vorläufigen Abschluß der langjährigen Auseinandersetzung zeigte, mußte den politischen Akteuren als Erfolg ihrer vertraulichen Beratungen erscheinen.

Im Ergebnis bot der Paragraph 116 keine Korrektur der Rechtsprechung zur NS-Justiz, sondern bildete deren konsequente vergangenheitspolitische Fortsetzung. Die Rechtspolitiker demonstrierten mit dieser legislativen Entscheidung, daß sie weder bereit waren, sich per Gesetz vom nationalsozialistischen Justizunrecht zu distanzieren, noch den normativen Anspruch der demokratischen Rechtsordnung auch gegenüber der Judikative durchzusetzen. In diesem Sinne hätte es nicht zuletzt einer öffentlichen Aufklärung über die Frage bedurft, wer von den aus der DDR beschuldigten Juristen tatsächlich und in welcher Form an Unrechtsurteilen beteiligt gewesen war. Statt dessen ebnete das Richtergesetz selbst den wenigen, die als untragbar galten, einen ehrenhaften Weg in den Ruhestand. Zu allem Überfluß konnten sie, nachdem sie den Dienst quittiert hatten, bei vollen Pensionsbezügen einer rentablen Tätigkeit nachgehen, beispielsweise als Anwalt oder als Justitiar in der Wirtschaft.

Als die vorgegebene Frist im Juni 1962 abgelaufen war, hatten insgesamt 135 NS-Juristen einen Antrag nach Paragraph 116 gestellt – was zumindest die Justizminister als einen Teilerfolg bewertet haben mochten. Während über die Hälfte dieser »Frühpensionierten« nach Ansicht der

30 »Im Dienste des Rechts«, FAZ, 15.6.1961, S. 1.

31 »Tödlicher Pelz«, Der Spiegel, 12.7.1961, S. 24 ff., das Zitat S. 25. Der Bericht des Justizministeriums Nordrhein-Westfalen an den BT-Rechtsausschuß vom 8.5.1961 ist archiviert in: BT/PA, III/417, A 5.

Justizverwaltungen durchaus im Amt hätte bleiben können, waren von den 72 Schwerbelasteten zehn Richter und vier Staatsanwälte nicht ausgeschieden[32]. Bei aller Unzufriedenheit über die verbliebenen Juristen blieben die Initiatoren der Ruhestandsregelung in einer Mischung aus Selbstbetrug und Schönfärberei gleichwohl bei der Auffassung, es nur noch mit wenigen Fällen zu tun zu haben. Daß diese in naher Zukunft abgeschlossen werden konnten, schien sicher, allein der Weg dahin war noch nicht ausgehandelt. Erneut aber hatten die Rechtspolitiker die Rechnung ohne die SED-Westarbeit gemacht: Zeitlich genau abgepaßt, kurz vor Ablauf der Antragsfrist, enthüllte Ost-Berlin die Vergangenheit des neu eingesetzten Generalbundesanwalts Wolfgang Fränkel und stieß damit eine Grundsatzdebatte über das Selbstverständnis der Bundesjustiz an.

32 Zusammenstellung der Landesjustizverwaltungen für den Bericht des BMJ an den Präsidenten des Bundestags, 8.7.1962; BT/PA, III/417, A4/9. Der veröffentlichte Bericht des Bundesjustizministers vom September 1962 suggeriert dagegen, daß insgesamt 149 Richter und Staatsanwälte auf Grundlage des Paragraphen 116 in den Ruhestand getreten seien. Tatsächlich war die Zahl von 135 stillschweigend ergänzt worden um 14 weitere, teils nach dem 30.6.1962 nachgeschobene Pensionierungsanträge wegen Dienstunfähigkeit; BT-Drucksache IV/634, Bericht des Bundesministers der Justiz vom 10.9.1962.

6. Der Fall Fränkel

Der Rücktritt Fränkels vom Amt des obersten Anklagevertreters war ohne Zweifel die spektakulärste Personalie im Konflikt um die NS-Juristen in den sechziger Jahren, zumal sie das oberste Strafgericht der Bundesrepublik insgesamt betraf. Dabei vermittelte schon die Berufung des Generalbundesanwalts einen plastischen Eindruck davon, welches politische Klima in Karlsruhe herrschte. Seinen Anfang nahm die Angelegenheit im September 1961, als Generalbundesanwalt Max Güde beschloß, sein Amt niederzulegen und sich für die kommende Bundestagswahl als Kandidat der CDU aufstellen zu lassen. Die Aufgabe, einen geeigneten Nachfolger zu finden, übernahm, wie selbstverständlich, Walter Strauß. Denn der Staatssekretär im Justizministerium, seiner Rolle als christdemokratischer Kontrolleur des ersten Justizministers Dehler längst entwachsen[1], traf – freilich in Absprache mit dem jeweils amtierenden Minister – die wichtigsten Personalentscheidungen, sowohl im eigenen Hause als auch in der Bundesjustiz[2].

Nach eingehenden Beratungen mit dem Leiter der Strafrechtsabteilung, Schafheutle, mit Minister Schäffer und dem Präsidenten des Bundesgerichtshofs Heusinger fiel Strauß' Wahl für die Leitung der Bundesanwaltschaft zunächst auf den Senatspräsidenten beim Bundesgerichtshof Paulheinz Baldus, der sich für ihn als »eines der aktivsten Mitglieder der Strafrechtskommission« geradezu »zwingend dargeboten« habe. Der schlechte Gesundheitszustand des Wunschkandidaten aber, so bedauerte der Staatssekretär noch eineinhalb Jahre später, habe seine Berufung verhindert. Keine Probleme bereitete ihm indessen der berufliche Werdegang des Senatspräsidenten: seine Tätigkeit in der Strafrechtsabteilung des Reichsjustizministeriums von 1933 bis 1937, der nachfolgende Wechsel

1 Dazu und zum Engagement des Staatssekretärs Strauß für die Amnestie der verurteilten Kriegsverbrecher zu Beginn der fünfziger Jahre: Frei, Vergangenheitspolitik, S. 118 ff., S. 211 f.

2 So hatte Strauß beispielsweise auch Güde auf den Posten des Generalbundesanwalts plaziert, für den er »ihn seit Jahren ausersehen hatte«. Ebenso war er maßgeblich an der Berufung von Robert Heusinger beteiligt, Weinkauffs Nachfolger als Bundesgerichtshofspräsident; IfZ, Ed 94/218, Aussage von Walter Strauß im Vorermittlungsverfahren gegen Generalbundesanwalt Fränkel wegen Verdachts eines Dienstvergehens, 15.1.1963, S 1. f.; dort, auf S. 2 f., auch das folgende Zitat.

in Hitlers Präsidialkanzlei und die seit Kriegsbeginn bekleidete Position als Feldkriegsgerichtsrat[3].

Als weitere dem Justizministerium für das Amt geeignet erscheinende Vertreter aus Rechtswissenschaft und Verwaltung absagten, mußte angesichts der bevorstehenden Bundestagswahl die Besetzung vorerst auf Eis gelegt werden. Aber auch unter dem neuen Justizminister Wolfgang Stammberger, der für die zum Koalitionspartner avancierte FDP ins Kabinett gelangt war, kam der Staatssekretär bei seiner Kandidatensuche nicht voran. Die einzige Aktivität, die er entfaltete, diente gewissermaßen einem prophylaktischen Zweck: Er versuchte, Bundesanwalt Wolfgang Fränkel zu einem Übertritt zum Bundesgerichtshof zu bewegen. Denn Fränkel, der nach Güdes Weggang als Dienstältester kommissarisch die Leitung der Bundesanwaltschaft übernommen hatte, erschien ihm nicht als der rechte Mann für den Posten; er galt zwar als fleißig, aber doch zu unauffällig und introvertiert für ein so exponiertes Amt. Zugleich wollte Strauß ihn nicht, wie er später formulierte, der »unerfreulichen Situa-

3 Im August 1962 gab der ADE in der Broschüre *Blutjuristen Hitlers – Gesetzgeber Adenauers* zum ersten Mal die Vorwürfe gegen Baldus bekannt. Wie Walter Strauß daraufhin notierte, war dem Richterwahlausschuß die Laufbahn des Senatspräsidenten geläufig gewesen; es bestehe daher auch im Fall Baldus »kein Anlaß zu Weiterem«; BAK, B 141/50453, Vermerk Strauß vom 15.8.1962. Kopie der Broschüre in: BAK, B 141/15531. Während die westdeutsche Öffentlichkeit in den sechziger Jahren kaum an Baldus' Vergangenheit Anstoß nahm, provozierte der DDR-Anwalt Kaul 1971, kurz bevor Baldus in Pension ging, einen Skandal – allerdings mit unlauteren Mitteln: Bei der Revision eines »Euthanasie«-Prozesses stellte Kaul als Nebenkläger einen Befangenheitsantrag gegen den Vorsitzenden Richter Baldus. Zur Begründung führte Kaul an, daß Baldus in ebenjener Institution gearbeitet habe, die schon vor Kriegsbeginn die massenhafte Ermordung Behinderter organisiert habe. Zudem habe er nach Aussage des ehemaligen Rapportführers des Konzentrationslagers Auschwitz, Oswald Kaduk, »Euthanasie«-Morde angewiesen. Für diese Anschuldigungen machte Kaul sich zunutze, daß Baldus' Dienststelle, die Präsidialkanzlei, die für Angelegenheiten des Staatsoberhauptes zuständig war, 1937 in »Kanzlei des Führers und Reichskanzlers« umbenannt worden war. Auf diese Weise konnte sie leicht mit der von Phillip Bouhler geleiteten »Kanzlei des Führers« verwechselt werden, unter deren Führung die NS-»Euthanasie« in Gang gesetzt wurde. Der falsche Vorwurf wird bis in aktuelle Publikationen übernommen, vermutlich auch, weil Baldus als BGH-Richter wichtige Entscheidungen für die Straffreiheit der an der »Euthanasie« beteiligten Richter traf. Zuletzt und am ausführlichsten Kramer, Gerichtstag, S. 95 ff.

tion« aussetzen, mangels geeigneter Anwärter aus der Bundesjustiz die Stelle an einen Externen abtreten zu müssen[4].

Daß der blasse, vergangenheitspolitisch aber durchaus versierte[5] Fränkel am Ende doch noch Güdes Nachfolger wurde, lag an Minister Stammberger, der im Januar 1962 nach einem Besuch in Karlsruhe Fränkel als geeignet befand, zumal dieser während der vier Monate dauernden Vakanz die Behörde ohne erkennbare Schwierigkeiten geführt hatte. Daraufhin ließ sich Strauß die Personalakte Fränkels vorlegen und rief sich bei der Lektüre »die Ergebnisse der damaligen Prüfungen, insbesondere die Empfehlung des ehemaligen Reichsanwalts und späteren Bundesrichters am Bundesgerichtshof, Dr. Kirchner, noch einmal in Erinnerung«[6]. In der Tat war die fachliche Beurteilung Fränkels als Sachbearbeiter (in der damaligen Terminologie: Hilfsarbeiter) der Reichsanwaltschaft beim Reichsgericht hervorragend gewesen: In seinem Zeugnis aus dem Jahr 1938 hieß es, er habe sich nach seinem Dienstantritt schnell zu einem »Mitarbeiter ersten Ranges entwickelt«; überdies sei er ausgestattet »mit ausgeprägtem Rechtsgefühl und sicherem Urteil«[7]. In uneingeschränk-

4 IfZ, Ed 94/218, Aussage von Strauß, 15.1.1963, S. 4. In die gleiche Richtung ging auch Güdes Beurteilung Fränkels, der dessen Berufung zum Generalbundesanwalt als »Routinelösung« bezeichnete, die nur denkbar sei, »wenn keine überzeugendere Lösung gefunden werden könne«; ebenda, Güde an Strauß, 18.7.1962.

5 Für vergangenheitspolitische Interessen hatte sich Bundesanwalt Fränkel bereits 1958 stark gemacht: Auf einer Tagung der Generalstaatsanwälte hatte er ein Grundsatzreferat zu der Frage gehalten, ob Personen, deren Vergehen bereits von einem alliierten Gericht untersucht worden waren, in der Bundesrepublik erneut angeklagt werden sollten. Fränkel verneinte dies gemäß dem Grundsatz »ne bis in idem« und leistete damit der Strafbefreiung zahlreicher NS-Täter durch die extensive Auslegung des Überleitungsvertrages Vorschub. Fränkels Referat ist zusammengefaßt im Protokoll der Tagung der Generalstaatsanwälte vom 21.5.bis 23.5.1959 in Hamburg; JM BW, 9610a; vgl. Brunner, Frankreichkomplex, S. 10.

6 IfZ, Ed 94/218, Aussage von Strauß, 15.1.1963, S. 5 f.

7 Die Beurteilung, auf die sich Strauß in seiner Aussage bezog, stammte nicht von Kirchner, der von 1950 bis 1952 Bundesrichter am BGH gewesen war, sondern vom Oberreichsanwalt beim Reichsgericht, Emil Brettle, verfaßt am 25.12.1938 und zitiert im Personalbogen zum Vorschlag als Amtsgerichtsrat, 7.12.1950. Vgl. zum Autor der Beurteilung Siegfried Dahl, Von der NS-Reichsanwaltschaft zum Generalbundesanwalt, in: Neue Justiz 7 (1962), S. 253. In Fränkels Personalbogen vom 22.2.1962 zum Vorschlag für die Ernennung zum Generalbundesanwalt wurden folgende weitere Beurteilungen aufgeführt: von den Generalstaatsanwälten in Kiel vom 20.6.1934 und in Kassel vom 6.2.1935 und 9.2.1939 sowie des Kassler Oberstaatsanwalts von 1935; Kopien in: AdsD, SPD-Bundestagsfraktion 4. WP/647.

tem Vertrauen auf die Einschätzung der Juristen am Reichsgericht konnte sich nun auch Strauß mit dem Gedanken an einen Generalbundesanwalt Fränkel anfreunden. Wie der Staatssekretär später zu Protokoll gab, habe er keine Anhaltspunkte gefunden (sofern er danach überhaupt gesucht hatte), »die zu weiteren Ermittlungen Anlaß geben konnten«[8]. Schließlich vermittelten auch Fränkels diverse Mitgliedschaften, darunter ab Mai 1933 in der NSDAP, dann im Reichsluftschutzbund und im NS-Rechtswahrerbund vordergründig nur das Bild eines durchschnittlich engagierten Juristen im Dienste des nationalsozialistischen Staates.

Damit nahm das Ernennungverfahren Fränkels seinen Lauf. Nach der Zustimmung des Kabinetts am 21. Februar stand nur noch die Absegnung durch den Bundesrat bevor. Auch hier fiel das Votum einstimmig aus, obwohl der bayerische Justizminister wenige Wochen zuvor Stammberger persönlich von dem Gerücht in Kenntnis gesetzt hatte, Fränkel sei »auch an Verfahren vor dem Reichsgericht beteiligt gewesen, die zu Todesurteilen geführt hatten«. Mit dieser an Strauß weitergeleiteten Information ging der Staatssekretär in gewohnter Manier um: Er wies den Leiter der Personalabteilung »umgehend« an, eine mündliche Stellungnahme Fränkels einzuholen.

Wie nicht anders zu erwarten, bot die Auskunft des Bundesanwalts keinen Anlaß, »sie als nicht ausreichend oder unbefriedigend anzusehen«[9]. Laut Vermerk in der Personalakte schilderte Fränkel dem Personalreferenten zwei Strafverfahren, die mit der Höchststrafe endeten: »Recht gut in Erinnerung« sei ihm die Verurteilung eines SA-Mannes, der nach Bombenangriffen eine plündernde Einheit angeführt habe. »Nicht mehr so genau« könne er sich hingegen der »ein oder zwei Todesurteile« gegen ebenfalls plündernde »Arbeiter aus dem besetzten Westgebiet« entsinnen. Deren Tat, unterstrich Fränkel die Verhältnismäßigkeit der Strafe, sei je-

8 Ifz, Ed 94/218, Aussage von Strauß, 15.1.1963, S. 6, dort auch zum folgenden.

9 Ebenda, S. 8. Im Jahr 1951, im Vorfeld der Berufung Fränkels in die Bundesanwaltschaft, hatte es indessen erhebliche Mißstimmung über seine Vergangenheit in der NS-Reichsanwaltschaft gegeben. So hatte der Rechtsausschuß des Bundesrats erklärt, Fränkel besitze »keineswegs die an einen Bundesanwalt gestellte Qualifikation«. Auch Adolf Arndt erhob anläßlich des Konfliktes um Fränkel auf der 133. Sitzung des Bundestags am 11.4.1951 die Forderung, »daß die Frauen und Männer, welche an die Bundesgerichte berufen werden, ein Gefühl für das Unrecht der Hitler-Diktatur hatten«. Am 26. Juli 1951 ernannte schließlich der Bundesrat bei Stimmenthaltung von drei Ländern Fränkel zum Bundesanwalt; zitiert nach dem Urteil des Bundesgerichtshofs in der Disziplinarsache gegen Fränkel vom 16.7.1965, S. 3 f.; BAK, KLE 885.

denfalls »kein Einzelvorgang, sondern ein fortgesetztes Verbrechen« gewesen[10].

Für den Staatssekretär war die Angelegenheit damit bereinigt – schließlich entsprach die Berufung Fränkels seinem bisherigen unerschütterlichen Einsatz für exponierte Vertreter der nationalsozialistischen Rechtspflege. Ohne über das nötige politische Gespür für absehbare Probleme zu verfügen (wie auch kurz zuvor an seinem Mißmanagement bei der Justizreform deutlich geworden war[11]), vertrat Strauß gegenüber dem bayerischen Justizministerium die Ansicht, daß dem Kandidaten Fränkel keinerlei Makel anhaftete. Feierlich und ohne weitere Komplikationen konnte der Generalbundesanwalt Ende März in sein Amt eingeführt werden.

Bereits zwei Wochen später machte die *Neue Justiz*, die wichtigste juristische Fachzeitschrift der DDR, in der schon zuvor gelegentlich Enthüllungen der »Blutrichter«-Kampagne erschienen, die Neubesetzung in Karlsruhe zum Thema. Unter dem Titel »Von der NS-Reichsanwaltschaft zum Generalbundesanwalt« stellte der Autor, ein Mitarbeiter der Generalstaatsanwaltschaft der DDR, die Personalakte des früheren Sachbearbeiters der Reichsanwaltschaft vor. Fränkels vortreffliches Zeugnis als NS-Jurist, das Walter Strauß so sehr überzeugt hatte, ergab aus ostdeutscher Perspektive ein erwartungsgemäß anderes Bild. Ausführlich wurden die lobenden Worte über »den überzeugten Anhänger der nationalsozialistischen Bewegung« zitiert, auch, und dies war in noch stärkerem Maße kompromittierend, über dessen »ausgezeichnete« Bearbeitung der politischen Strafsachen an der Oberstaatsanwaltschaft Kassel von 1934 bis 1936[12].

Ferner präsentierte der Artikel nähere Informationen über Fränkels Wirken am Leipziger Reichsgericht. Er habe »sehr oft« Nichtigkeitsbeschwerden eingelegt, jene Rechtsbehelfe also, mit denen die Reichsanwaltschaft beim Reichsgericht Urteile der Sondergerichte aufheben und zur erneuten Verhandlung an das zuständige Gericht zurückverweisen

10 Zitate aus der Personalakte des BMJ in: BAK, KLE 885, Urteil des Bundesgerichtshofs in der Disziplinarsache gegen Fränkel vom 16.7.1965, S. 17 f.

11 Gegen Strauß' Agieren im Vorfeld der anstehenden Justizreform polemisierte der *Spiegel* in einer Titelgeschichte im Januar 1962; Der Spiegel, 24.1.1962, S. 24 ff.

12 Beurteilung der NSDAP-Gauleitung Kurhessen und des Oberstaatsanwalts Kassel von 1935, zitiert nach Siegfried Dahl, Von der NS-Reichsanwaltschaft zum Generalbundesanwalt, in: Neue Justiz 7 (1962), S. 253; dort, auf S. 254, auch die folgenden Zitate.

konnte. So habe Fränkel erreicht, daß der Freispruch eines im Konzentrationslager Dachau inhaftierten Pfarrers kassiert worden sei. Wie die Sache ausging, wußte der Autor nicht zu berichten, das Resümee aber war im Ton einer Kampfansage gehalten: Fränkel sei »der lebende Ausdruck für die Kontinuität der Politik des Hitler-Staates in der klerikal-militaristischen Ordnung Westdeutschlands«.

Eine Kurzfassung des brisanten Berichts erschien ein paar Tage später in der (Ost-) *Berliner Zeitung*. Als Verfasser trat nun der neu eingesetzte DDR-Generalstaatsanwalt Josef Streit auf, der – um die These von der unveränderten Geisteshaltung Fränkels zu erhärten – dessen Vergangenheit mit aktuellen Äußerungen zum Staatsschutz verknüpfte: Kurz nach seiner Ernennung hatte der Generalbundesanwalt nämlich erklärt, »rechtzeitig alle politischen Radikalinskis und Umstürzler hinter Schloß und Riegel bringen« zu wollen, »falls eines Tages unserer Konjunktur die Luft knapp werden sollte«[13]. Obschon Streit am Ende des Artikels ausdrücklich betonte, die vorliegenden Strafakten noch nicht ausgewertet zu haben, machten sich auf der Gegenseite die Beamten des Bonner Justizministeriums keinerlei Gedanken, welches Ergebnis diese Ankündigung erwarten ließ, ja sie registrierten nicht einmal die Veröffentlichungen aus der DDR. Nach Verabschiedung des Richtergesetzes, so scheint es, war für sie das Thema NS-Justiz erledigt.

Kaum besser war es um die professionelle Wachsamkeit des Verfassungsschutzes bestellt. Erst im Juni, also zwei Monate später, berichtete das Bundesinnenministerium per Eilbrief, der Nachrichtendienst habe aus der DDR Hinweise erhalten, daß Fränkel in Kürze mit Angriffen »in Verbindung mit Todesurteilen gegen Juden aus dem Raum Hamburg« rechnen müsse. Eine weitere Woche verstrich, ehe Walter Strauß die italienische Urlaubsadresse des Generalbundesanwalts ausfindig machen und eine zweite Stellungnahme anfordern konnte[14]. In seinem Antwortschreiben blieb Fränkel bei der Version, er sei nur in die zwei bereits genannten Prozesse mit Todesstrafe involviert gewesen. »Nach seiner festen Erinnerung« habe er »niemals an einem Todesurteil gegen einen Juden mitgewirkt«, noch »im Wege der Nichtigkeitsbeschwerde […] an Ver-

13 »Unter vier Augen mit Dr. Wolfgang Fränkel«, Berliner Zeitung, 17.4.1962, S. 2. Das Zitat stammt aus: »Gespräch mit dem neuen Generalbundesanwalt«, Die Welt am Sonntag, 8.4.1962.

14 BAK, KLE 885, Urteil des Bundesgerichtshofs in der Disziplinarsache gegen Fränkel vom 16.7.1965, S. 18 f. Das Schreiben des BMI erging am 12.6.1962, der Brief von Strauß an Fränkel am 19.6.1962.

fahren teilgenommen, in denen später von dem zuständigen Instanzgericht auf Todesstrafe erkannt worden« sei.

Gleichwohl wies er darauf hin, angesichts der Anzahl von etwa 4 000 Strafsachen, die er während seiner Zeit am Reichsgericht von 1936 bis 1943 bearbeitet habe, sei es »nicht auszuschließen, daß ein einzelner Fall der Erinnerung entschwunden« sei. Hierbei könne es sich aber, so Fränkel weiter, »nur um einen Sachverhalt gehandelt haben, der sich nicht von routinemäßigen durchschnittlichen Fällen rechtsstaatlichen Judizierens unterschieden« habe[15].

Der Brief war schon überholt, ehe er in Bonn ankam. Wie angekündigt, legte der Ausschuß für Deutsche Einheit das Resultat der Nachforschungen auf einer Pressekonferenz am 23. Juni 1962 vor. Die dabei verteilte Broschüre gehörte mit ihrer auf 130 Seiten ausgebreiteten Materialfülle zu dem Fundiertesten, was der Propaganda-Apparat der DDR während der gesamten »Blutrichter«-Kampagne hervorbrachte[16]. Anhand der überlieferten Akten des Reichsgerichts konnte der ADE insgesamt 34 Fälle nachweisen, bei denen Fränkel die Todesstrafe entweder beantragt oder bestätigt hatte, und zwar wegen Vergehen wie Diebstahl von Kleidungsstücken, Fahrrädern und Lebensmitteln, wegen Schwarzschlachtungen und des Tatbestands sogenannter Rassenschande.

Wie unerbittlich der neue Generalbundesanwalt in seiner Funktion am Reichsgericht agiert hatte, zeigte vor allem sein Vorgehen gegen einen Handtaschendieb, der 1942 in Kiel auf Grundlage der »Volksschädlingsverordnung« in erster Instanz zum Tode verurteilt worden war. Da der Delinquent wenig Schaden verursacht hatte, nicht vorbestraft und außerdem, wie ein Gutachten feststellte, geistig behindert war, hatte sich in dem Fall sogar der nicht eben für seine Milde bekannte Roland Freisler für die Aufhebung des Urteils ausgesprochen. Den Sachbearbeiter Fränkel hingegen hatte das Votum des Staatssekretärs Freisler nicht beeindruckt. Ohne die Prozeßakten überhaupt eingesehen zu haben, zeigte sich Fränkel »nicht geneigt, gegen das Urteil die Nichtigkeitsbeschwerde

15 Ebenda, S. 20 f., Zitat aus dem Schreiben Fränkels an Strauß, 22.6.1962; Hervorhebung im Zitat.

16 Zum folgenden ADE, Von der Reichsanwaltschaft zur Bundesanwaltschaft. Wolfgang Fränkel – neuer Generalbundesanwalt. Eine Dokumentation; Kopie in: AdsD, SPD-Bundestagsfraktion 4. WP/647. Einige der dokumentierten Verfahren beschreibt Kolbe in seiner 1975 veröffentlichten Biographie des Reichsgerichtspräsidenten Erwin Bumke, S. 368 ff., die sich bei allen darstellerischen Mängeln doch deutlich von den damaligen unkonkreten, nicht selten auch apologetischen rechtshistorischen Studien abhebt.

zu erheben«. Mit seiner Auffassung, der Angeklagte sei schließlich, »seiner Persönlichkeit nach, mag er auch noch nicht bestraft sein, ein wenig wertvoller Volksgenosse«[17], konnte sich Fränkel schließlich durchsetzen. Der Handtaschendieb wurde gehängt.

Kaum zu Unrecht apostrophierte die Broschüre den Generalbundesanwalt als NS-Juristen, der »schlimmer noch als Freisler« sei. Sie verstieg sich allerdings sogleich zu der Behauptung, die »wahren Hintergründe« seiner Ernennung seien in einer von langer Hand geplanten Verschwörung zu suchen: Da dank des Mauerbaus die Gefährdung der DDR durch westdeutsche »Imperialisten und Militaristen« eingedämmt worden sei, »unternehmen die Ultras immer verzweifeltere Schritte zur Rettung ihrer mindestens seit dem 13. August 1961 endgültig gescheiterten Konzeption«. Vor diesem Hintergrund sei »einer der einflußreichsten Blutjuristen des Dritten Reiches« eingesetzt worden, um die wachsende innenpolitische Opposition gegen Atombewaffnung und politische Justiz zu disziplinieren[18].

Mit einiger Empörung verwies die Broschüre auch auf den Paragraphen 116 des Richtergesetzes. Die Wahl Fränkels komme in diesem Zusammenhang, wie nicht ganz unzutreffend bemerkt wurde, einer »Absolution für alle noch im Amt befindlichen Blutjuristen des Dritten Reiches« gleich. Im Anschluß daran, und dies war zugleich der pathetische Schlußappell, wurde die »Weltöffentlichkeit« aufgefordert, den Bundestag und die Bundesregierung zu zwingen, »ihre Verpflichtungen gegenüber dem Völkerrecht, der Moral und Menschlichkeit zu erfüllen«[19].

Noch ehe die westdeutsche Tagespresse auf Fränkels skandalöse Vergangenheit aufmerksam wurde, landete ein Exemplar der Publikation auf dem Schreibtisch des Bundesjustizministers. Als es dem nun eiligst aus dem Urlaub zurückgerufenen Fränkel vorgelegt wurde, blieb ihm angesichts der Beweislast kaum etwas anderes übrig, als die Echtheit der Dokumente einzugestehen; zu seinem Selbstschutz berief er sich aber nach wie vor auf beträchtliche Erinnerungslücken. Immerhin bot der bestürz-

17 Ebenda, S. 48.

18 Ebenda, S. 74.

19 Ebenda, S. 76. Zur Vorbereitung der DDR-Pressekonferenz zum Fall Fränkel am 23. Juni 1962: SAPMO-BAB, DY 30, IV 2/2.028/21, Rehan an Norden, 19.6.1962. Ausführlicheres Quellenmaterial über die Kampagne gegen Fränkel fand sich weder in den Beständen des Bundesarchivs Berlin noch des Bundesbeauftragten für die Unterlagen des Staatssicherheitsdienstes der ehemaligen DDR.

te Generalbundesanwalt sofort seinen Rücktritt an[20]. Der Justizminister indes wollte nicht vor weiteren Prüfungen über die Demission entscheiden. Schließlich, so Stammberger gegenüber dem *Spiegel*, sei die Bundesregierung nicht gewillt, sich ihre Personalpolitik von der DDR diktieren zu lassen: »Wir können doch nicht einfach tanzen und springen, wenn die Zone drüben pfeift.«[21]

Hatte sich das Justizministerium bislang eher phlegmatisch verhalten, entschloß man sich nun zum zügigen Krisenmanagement. Wenige Stunden nach dem Treffen mit Fränkel gab Stammberger in einer kurzen Presseerklärung bekannt, daß die Vorwürfe überprüft würden. Mit informellen Hinweisen an die Journalisten wurde unterdessen versucht, dem Vorfall soweit wie möglich seine offensichtliche Brisanz zu nehmen. Herausgestellt wurde, daß die DDR-Veröffentlichung nichts weiter als ein »kommunistisches Propagandamanöver« sei. Überdies, so behalf man sich im Ministerium mit der nicht besonders überzeugenden Lüge, seien »bei den sorgfältigen Prüfungen vor der Ernennung« von keiner Landesregierung »irgendwelche Bedenken geltend gemacht worden«[22].

Angesichts des politischen Schadens suchte Stammberger so schnell wie möglich politischen Rückhalt über die Parteigrenzen hinaus. Er vereinbarte mit den Bundestagsfraktionen, eine Untersuchungskommission aus je einem Vertreter der drei Fraktionen zu bilden, die nach gründlicher Prüfung eine Empfehlung für den Justizminister erstellen sollte. Nur zwei Tage brauchte es, bis das Kabinett diesen Entschluß billigte und die Fraktionen als ihre Vertreter für das Gremium Hans Wilhelmi (CDU), den ehemaligen Justizminister Thomas Dehler (FDP) und Gerhard Jahn (SPD) bestimmten[23]. Bereits nach vier Tagen war das Urteil der Experten

20 Stammberger und Strauß konfrontieren Fränkel am 2. Juli 1962 mit den Unterlagen aus der Broschüre; IfZ, Ed 94/218, Aussage von Walter Strauß in dem Vorermittlungsverfahren gegen Generalbundesanwalt Fränkel wegen Verdachts eines Dienstvergehens, 15.1.1963, S. 8 f.

21 »Vorführung empfiehlt sich«, Der Spiegel, 11.7.1962, S. 23.

22 »Bonn prüft Vorwürfe gegen Fränkel«, SZ, 3.7.1962, S. 2. Einen Monat später klärte der genauestens informierte *Spiegel*-Reporter Schmelz die Leser darüber auf, daß der Staatssekretär im bayerischen Justizministerium Stammberger von dem Gerücht über Todesurteile vorab unterrichtet hatte und Fränkel daraufhin befragt worden war; »Nicht geküßt«, Der Spiegel, 1.8.1962, S. 15 f. Die insistierenden Nachfragen des *Spiegel*-Journalisten im BMJ erwähnt Stammberger in einem Vermerk zur Fränkel-Affäre vom 5.7.1962; IfZ, Ed 94/218.

23 AdsD, SPD-Bundestagsfraktion 4. WP/647, Presseerklärung über das Gespräch Stammbergers mit den Bundestagsfraktionen vom 3.7.1962. Zur Kabinettssitzung vom 4. Juli 1962 der Vermerk von Stammberger; IfZ, Ed 94/218, 5.7.1962.

gefällt: »Das uns vorliegende Material rechtfertigt nicht den Vorwurf, daß Herr Fränkel während seiner Tätigkeit bei der Reichsanwaltschaft in Leipzig in den Jahren 1938 bis 1943 seine Amts- und Dienstpflichten verletzt hat.« Dennoch sei der Generalbundesanwalt in den Wartestand zu versetzen, da »diese Tätigkeit, die zwangsläufig mit dem Staatsunrecht des nationalsozialistischen Regimes verbunden war«, ihm »aus justizpolitischen Gründen« die Eignung für sein Amt nehme[24].

Diese von politischem Pragmatismus geleitete Bewertung diente erkennbar dazu, Fränkels Reputation – sowie die der Bundesanwaltschaft und des Justizministeriums – zu wahren. So wählten die Parlamentarier in Anlehnung an die Rechtsprechung zum Richterprivileg die so unpräzise wie hilfreiche Formel von den unverletzten Amtspflichten, die nicht die konkreten Justizverbrechen in den Blick nahm, sondern sich in formaljuristischer Perspektive auf die Frage beschränkte, ob die damals geltenden Dienstvorschriften korrekt befolgt worden waren. Dies war bei Fränkel der Fall gewesen – ebenso wie bei den Juristen des Volksgerichtshofs und der Wehrmachtsgerichte. Hinter einer solchen Beurteilung stand freilich die unausgesprochene Annahme, das »Dritte Reich« könne als reguläres, durch Recht und Gesetz legitimiertes Staatswesen gelten.

Der hier zum Ausdruck kommende unbedingte Willen zur Exkulpation ließ auch die Tatsache vollkommen unberücksichtigt, daß gerade im Falle Fränkels eine Fülle von Belastungsmaterial vorlag. Denn neben den reproduzierten Aktenauszügen in der ADE-Broschüre kamen Anfang Juli wiederum zwei Staatsanwälte aus der DDR nach Bonn, um den Beamten des Bundesjustizministeriums einen großen Teil der einschlägigen Originalakten vorzulegen[25]. Die Untersuchungskommission zu Fränkel

Die SPD-Bundestagsfraktion stimmte der Mitwirkung in der Kommission auch deshalb zu, weil, so Gerhard Jahn, sie darin ihre »jahrelange Forderung« anerkannt sah, »bei Personalentscheidungen auf höchster Ebene der Justiz mitzuwirken«. Nach der Absage des zunächst vorgesehenen Arndt übernahm die Aufgabe dann Jahn, der seit 1961 parlamentarischer Geschäftsführer der SPD-Bundestagsfraktion war; AdsD, SPD-Bundestagsfraktion 4. WP/647, handschriftliche Notizen Jahns für den Bericht über Fränkel auf der Parteivorstandssitzung am 10.7.1962.

24 IfZ, Ed 94/218, Votum von Dehler, Jahn und Wilhemi, 9.7.1962 mit einem Anschreiben Dehlers an Stammberger, 11.7.1962.

25 Die Akten wurden am 5. Juli 1962 präsentiert. Das BMJ fertigte daraufhin Abzüge für die drei Mitglieder der Untersuchungskommission an, die in den Unterlagen Gerhard Jahns überliefert sind; AdsD, SPD-Bundestagsfraktion 4. WP/645-649. Über ihre Reise nach Bonn berichteten die beiden DDR-Staatsanwälte

nahm diese Dokumente in Augenschein, legte indes eindeutig mehr Wert auf Gespräche mit dem inzwischen vorläufig beurlaubten Generalbundesanwalt, mit dessen früheren Vorgesetzten, dem Reichsanwalt und pensionierten Senatspräsidenten Werner Kirchner, sowie dem Reichsgerichtsrat a.D. Friedrich Hartung, der als Richter demselben Senat wie einst Fränkel angehört hatte.

Vor dem Hintergrund der interfraktionellen Einigung auf den Paragraphen 116 konnte es kaum überraschen, daß Gerhard Jahn für seine Partei die öffentliche Entlastung des Generalbundesanwalts mittrug. Als er gegenüber dem SPD-Parteivorstand sein Votum begründete, zeigte sich, daß er die Dinge nicht anders als die beiden anderen Kommissionsmitglieder einschätzte. Fränkel, so seine Behauptung, habe bei seinen Revisionsanträgen nicht aus innerer Überzeugung gehandelt; vielmehr sei er schon damals »ein guter Jurist« gewesen, allerdings ein »Rechtsingenieur ohne allgemein-rechtliche Maßstäbe«. Sein Tun müsse daher als ein Fall »persönlicher Tragik« gewertet werden[26]. Damit lag auch Jahns Argumentation ganz auf der Linie der seit den fünfziger Jahren etablierten Legende vom Rechtspositivismus, der die Juristenschaft zur gesetzestreuen Anwendung des nationalsozialistischen Rechts verführt habe.

Solche Einschätzungen wurden naheliegenderweise nur im vertraulichen Kreise geäußert. An die Presse gelangte zunächst weder das Votum noch die Begründung der Kommission, denn deren Auftrag bestand gerade nicht darin, durch Ermittlungen zur öffentlichen Aufklärung beizutragen, wie dies ein parlamentarischer Untersuchungsausschuß hätte leisten können. Die Kommission hatte als gleichsam überparteiliches »Schiedsgericht« vielmehr die Funktion, gemeinsam mit allen Fraktionen einen raschen Weg aus der Affäre zu finden, ohne den Verdacht leichtfertiger Vertuschung aufkommen zu lassen.

Das Konzept schien aufzugehen. Keine zehn Tage nach Bekanntwerden von Fränkels Vergangenheit konnte die Bundesregierung bilanzieren, der Fall sei abgeschlossen. Eher zaghaft fiel der Tadel des Regierungssprechers aus, der Generalbundesanwalt hätte auf seine Tätigkeit in der NS-Justiz hinweisen müssen. Doch dieses Fehlverhalten gebe keinen Anlaß, ein Disziplinarverfahren einzuleiten. Immerhin versprach der Regie-

Foth und Ender im Rechtsausschuß der Volkskammer der DDR; Protokoll der Sitzung des Rechtsausschusses der Volkskammer vom 10.7.1962, S. 3 ff.; Kopie in: BAK, B 141/50453.

26 Handschriftliche Notizen Jahns für den Bericht über Fränkel in der Parteivorstandssitzung am 10.7.1962, in: AdsD, SPD-Bundestagsfraktion 4. WP/647.

rungssprecher politische Konsequenzen in bezug auf die künftige Personalauswahl: Es sei geplant, »vor der Besetzung wichtiger Ämter die politische Vergangenheit der Bewerber eingehender [zu] prüfen«[27].

Obgleich sich die Bundesregierung vom Generalbundesanwalt kaum distanzierte, ist hervorzuheben, daß im Fall Fränkel zum ersten Mal eine andere Verfahrensweise eingeschlagen wurde als bei anderen hochrangigen Vertretern des Staates, deren NS-Vergangenheit ins Zwielicht geraten war. Weder das unentschlossene, hinhaltende Taktieren bis zum Rücktritt – wie im Falle des Vertriebenenministers Oberländer – noch das kaltschnäuzige Aussitzen der Vorwürfe – wie der beim Kanzleramtschef Globke vorexerzierte Normalfall – konnten nunmehr als Vorbild für die erfolgreiche Krisenbewältigung der NS-Skandale gelten. Offensichtlich hatte zumindest hinsichtlich der »Blutrichter« die langjährige, von der DDR angestoßene Skandalisierung bei den politisch Verantwortlichen einen Lernprozeß ausgelöst. Inzwischen schien sich bei ihnen ein – freilich öffentlich nicht eingestandenes – Bewußtsein dafür eingestellt zu haben, daß ein Generalbundesanwalt, der derartige Todesurteile mitzuverantworten hatte, für die westdeutsche Justiz untragbar war.

Die Demission war zwar in erstaunlichem Tempo über die Bühne gebracht worden, doch die Erwartung, der Fall könne nun zu den Akten gelegt werden, erwies sich als vorschnell. Während die Leser westdeutscher Zeitungen in der ersten Woche kaum etwas über die Vorwürfe gegen Fränkel erfuhren, setzte mit dem Tag seiner Amtsenthebung eine ganze Serie kritischer Wortmeldungen in der Presse ein. Den Auftakt machte der *Spiegel*, der in aller Ausführlichkeit Einzelbeispiele aus der ADE-Broschüre anführte[28].

Seine Ausweitung erfuhr der Fall Fränkel aber erst mit einem Leitartikel in der *Süddeutschen Zeitung*, verfaßt von dem in rechtspolitischen Fragen versierten Ernst Müller-Meiningen jr. Nicht ohne Verbitterung vertrat Müller-Meiningen die Ansicht, daß die Gründe für das Handeln des Generalbundesanwalts nur in einem weiter gefaßten Zusammenhang zu erklären seien: Fränkel verfüge über »einen ziemlich gespenstischen, wenn man es so nennen will, Rechtfertigungsgrund. Wenn sein unmit-

27 »Generalbundesanwalt muß gehen«, FR, 12.7.1962, S. 1. Am 11.7.1962 unterrichtete Stammberger das Kabinett von seiner Absicht, den Bundespräsidenten um die Amtsenthebung Fränkels zu ersuchen. Die Entlassungsurkunde unterschrieb Lübke dann am 25. Juli 1962; »Nicht geküßt«, Der Spiegel, 1.8.1962, S. 15 f.

28 »Vorführung empfiehlt sich«, Der Spiegel, 11.7.1962, S. 22 f.

telbarer Vorgesetzter von damals beim Reichsgericht, der Reichsanwalt Dr. Kirchner, nach Kriegsende Richter am Bundesgerichtshof werden konnte – nur wegen seines pensionsnahen Alters übte er dort lediglich die Funktion eines Senatspräsidenten aus und erhielt nicht mehr diesen Rang –, wenn ein anderer Reichsanwalt aus jener blutrünstigen Phase, Dr. Richter, Senatspräsident am Bundesgerichtshof werden konnte, wenn ein weiterer einstiger Sachbearbeiter der Reichsanwaltschaft neben Fränkel, der inzwischen verstorbene Dr. Hörchner, Senatspräsident am Bundesgerichtshof werden konnte – und sie alle blieben unbehelligt –, warum sollte, so mag er sich gesagt haben, ausgerechnet Herr Fränkel Skrupel haben, weil er damals auch an einer jener Quellen saß, aus denen man Unrecht und Blut wie Wasser fließen ließ?«[29]

Es war unverkennbar: Gegenüber den früheren Kommentaren zur Debatte um die belastete Justiz hatten sich bei Müller-Meiningen jr. Ton und Zielrichtung geändert; die vorher generell gewahrte Diskretion wich einem scharfen Angriff gegen führende, nun namentlich genannte Richter am Bundesgerichtshof. Doch der Journalist ging noch einen Schritt weiter, glaubte er doch hinter der Wiedereinstellung der vier Vertreter aus der Reichsanwaltschaft ein System zu erkennen: »Wie läßt es sich denn überhaupt erklären, daß man beim Aufbau eines höchsten Gerichts frisch-fröhlich die ehemaligen Reichsanwälte zu Richtern und die ehemaligen Sachbearbeiter der Reichsanwaltschaft zu Bundesanwälten machen konnte? Antwort: Das ist nur dadurch zu erklären, daß der Bundesgerichtshof, in dessen Gestalt ein neues, moralisch und geistig unbelastetes höchstes Gericht gegründet hätte werden müssen und sollen, unter der Hand eine Art Traditionskompanie des alten Reichsgerichts wurde.«

»Ist es vorstellbar«, so die anschließende Überlegung, »daß nicht bloß der verantwortliche höchste Beamte des Bundesjustizministeriums in all den Jahren, Staatssekretär Strauß, sondern auch der erste und langjährige Präsident des Bundesgerichtshofs, der ja ebenfalls dem einstigen Reichsgericht während des Dritten Reichs angehörte, wenn auch in einem Zivilsenat, keine Ahnung hatte, wer Fränkel damals war, wo man doch im gleichen Hause gesessen hatte? Hatte Weinkauff wirklich nicht gewußt, was in Sachen ›Nichtigkeitsbeschwerde‹ sozusagen auf dem Nachbarflur im Leipziger Reichsgericht praktiziert wurde? Wenn ja, was man kaum anzunehmen wagt, dann hätte der Präsident des Bundesgerichtshofs seine Pflichten verletzt, wenn nein, dann wäre ein solches Maß von Nichtwissen geradezu bestürzend bei einem Mann, der nach Kriegsende einer

29 »Zum Fall Fränkel«, SZ, 11.7.1962, S. 1 f., danach auch die folgenden Zitate.

der beharrlichsten Fürsprecher der kämpferischen Wachheit und des Widerstandsrechts in einer Diktatur wurde. Welcher Schaden diesem hohen Gericht und der großen Mehrheit seiner unanfechtbaren Richterpersönlichkeiten durch die geschilderten Umstände erwachsen sein dürfte, ist nur schwer zu ermessen«.

Was der Münchner Journalist hier augenscheinlich intendierte, war eine grundsätzliche Auseinandersetzung mit den Kontinuitäten in der Bundesjustiz, die auch durch seine persönliche Ausgrenzungserfahrung aus dem Justizapparat der NS-Zeit motiviert gewesen sein mochte[30]. Seine beißende Kritik an der Personalpolitik und an der damit einhergehenden Rechtsprechung enthielt im Kern den Vorwurf, die bislang gepflegte Traditionsbildung des Bundesgerichtshofs sei von Grund auf verfehlt und verstoße gegen die Werte des demokratischen Rechtsstaats.

Wenngleich der Leitartikler der *Süddeutschen Zeitung* dies nicht explizit ansprach, gehörte zu dieser Einschätzung auch, daß der Bundesgerichtshof schon zu seiner Eröffnung im Oktober 1950 als institutionelle Neugründung des obersten Revisionsgerichts in Leipzig gefeiert worden war[31]. Bei so enger Anbindung an die Zeit vor 1945 war die Anzahl von elf früheren Angehörigen des Reichsgerichts in der Karlsruher Bundesanwaltschaft und den Senaten nicht besonders hoch, mit fünf von neun Senatssitzen hatten sie aber wichtige Machtpositionen besetzt. Die geringe Zahl derer, die in die höchstrichterliche Rechtspflege zurückgekehrt

30 Müller-Meiningens politische Identität wurde entscheidend durch den Vater geprägt, der von 1898 bis 1918 Vertreter der Freisinnigen Volkspartei im Reichstag gewesen war. Nach dem 1933 abgelegten Assessor- und Doktorexamen war Müller-Meiningen jr. bis 1945 die Aufnahme in den Justizdienst wegen politischer Opposition gegen den Nationalsozialismus verweigert worden. Angaben nach Kröger, Ahndung, S. 162.

31 In der dazu erstellten Festschrift bedauerte der Bonner Ministerialdirektor Georg Petersen in seinem Beitrag »Die Tradition des Reichsgerichts«, S. 27, daß nicht mehr Angehörige des Reichsgerichts nach Karlsruhe berufen werden konnten. Im Jahr 1954, zum Anlaß des 75. Gründungsjubiläums des Reichsgerichts, erklärte Staatssekretär Strauß in seiner Ansprache an die BGH-Richter: »Sie feiern heute nicht den 75. Geburtstag eines vergangenen Gerichts, das allerdings in höchstem Maße einer solchen Feier wert wäre, nein, meine Damen und Herren, Sie feiern die 75. Wiederkehr des Gründungstags Ihres eigenen Gerichts. Jedenfalls nach der Auffassung derjenigen von uns, die an den maßgebend von dem damaligen Bundesjustizminister Dr. Thomas Dehler persönlich mitgestalteten Gesetzgebungsarbeiten 1949/50 beteiligt waren, wurde am 1. Oktober 1950 das Reichsgericht wiedereröffnet«; Bundesminister der Justiz, Reichsjustizgesetze, S. 53.

waren, hatte ihren Grund vor allem darin, daß fast jeder dritte Richter des Reichsgerichts in den sowjetischen Internierungslagern umgekommen war und die meisten Überlebenden für eine Fortsetzung ihrer Berufstätigkeit ein schon zu hohes Alter erreicht hatten[32].

Müller-Meiningens Invektive gegen das Karlsruher Gericht blieb nicht ohne Resonanz. Sogleich wandte sich der seit zwei Jahren pensionierte und ebenfalls namentlich genannte erste Präsident Weinkauff erbost an den Bundesjustizminister. Er wisse »aus Erfahrung«, daß eine gerichtliche Auseinandersetzung um die »ebenso einfältigen wie bösartigen« Angriffe gegen ihn zu nichts führe, daher wäre er »dankbar, wenn das Bundesjustizministerium von sich aus die Sache klarstellen würde«[33]. Was Müller-Meiningen »mit mehr Dreistigkeit als Grund behauptet« habe, müsse, so Weinkauff, in folgender Weise korrigiert werden: »Die Verhältnisse bei der Reichsanwaltschaft waren mir zu der Zeit, in der die Nichtigkeitsbeschwerde eine Rolle spielte, also von 1941 an, längst nicht mehr bekannt«. Weder habe er damals Fränkel gekannt noch in irgendeiner Weise Einfluß auf dessen Ernennung zum Bundesanwalt genommen. Zudem sei die Praxis der strafverschärfenden »Nichtigkeitsbeschwerden« am Reichsgericht laut Weinkauff »stets sehr streng geheim gehalten« worden.

Zur Entlastung der drei in der *Süddeutschen* genannten Reichsanwälte beteuerte er: »Im Jahr 1933 gab es gerade unter den damaligen Reichsanwälten die leidenschaftlichsten und überzeugtesten Gegner des Nationalsozialismus«, und fuhr fort: »Daß diese Männer, besonders in späteren Jahren, die Last des nationalsozialistischen Strafrechts tragen und Anweisungen des Reichsjustizministeriums vollziehen mußten, die ihrem Rechtsgefühl heftig widerstrebten, steht auf einem anderen Blatte und zwang sie in einen tragischen Zwiespalt hinein, den spätere Beurteiler wenigstens erst einmal zur Kenntnis nehmen müßten, ehe sie pharisäerhafte Verdammungsurteile fällen. Gerade die Nichtigkeitsbeschwerde wurde, wie mir Dr. Kirchner nach 1945 sagte und wie es sich unter den Verhältnissen des nationalsozialistischen Staates von selbst versteht, meist unmittelbar vom Reichsjustizministerium aus dirigiert.«

32 Angaben nach Pauli, Rechtsprechung, S. 32, der aus juristischer Perspektive Kontinuitäten und Diskontinuitäten der Strafrechtsprechung vom NS-Reichsgericht zum Bundesgerichtshof analysiert.

33 IfZ, Ed 94/218, Weinkauff an Stammberger, 12.7.1962, danach auch die folgenden Zitate.

Angenommen, Weinkauff habe tatsächlich als Reichsgerichtsrat des Zivilsenats keinerlei Kenntnis von den Todesstrafen in Strafverfahren gehabt, so beruht das dargelegte Verständnis für die »Tragik« der Beschuldigten auf der – psychologisch naheliegenden – Unfähigkeit, die Leipziger Berufskollegen an ihrem faktischen Handeln zu messen. Statt dessen berief er sich auf ihre nachträglich nur schwer zu ermessende Motivlage, die zwischen offener Zustimmung und innerer Ablehnung changieren mochte. Jenseits der argumentativen Logik des BGH-Präsidenten lag die Einsicht, daß diese Juristen sich durch ihren Rücktritt hätten verweigern können und müssen, wenn sie nicht zu Tätern im Gefüge des justitiellen Mordapparats hätten werden wollen. Und selbst im nachhinein war Weinkauff nicht bereit, die Revisionsanträge Fränkels überhaupt zur Kenntnis zu nehmen.

Weinkauff betrachtete, so war dem Brief an den Minister weiter zu entnehmen, nicht die Berufung Fränkels als Problem, sondern die Anschuldigungen in der *Süddeutschen Zeitung*. Durch Müller-Meiningens Leitartikel, klagte er in bitterem Ton, habe der Ruf der deutschen Justiz »in unheilvoller und fast nicht wieder gut zu machender Weise« gelitten. Hier werde der »Weltbühnen-Ton der 20er Jahre gegen die Justiz« imitiert. Was die publizistischen Vorbilder des liberalen Redakteurs anging, so hatte der gekränkte Präsident hier durchaus zutreffend geurteilt. Mehr als fragwürdig war dagegen die anschließende historische Parallele, die er zu erkennen glaubte: »Fatal« erinnere ihn der Artikel »an kollektive Verdammungsurteile, wie sie zwischen 1933 und 1945 üblich waren«.

Bevor die gewünschte Gegendarstellung des Bundesjustizministeriums an die Presse gegeben werden konnte, mehrten sich in der Politik die Stimmen, die gegen den vergleichsweise ehrenhaften Abgang des Generalbundesanwalts Einspruch erhoben. Am meisten Gewicht kam sicherlich dem vertraulichen Protestschreiben des Vorsitzenden der CDU/CSU-Fraktion zu. Heinrich von Brentano ließ Strauß wissen, daß ihn »die Sache in höchstem Maße anekelt«. Er stelle sich inzwischen die Frage, wie »ein anständiger Mensch noch Vertrauen in die deutsche Justiz haben« solle, »wenn sich solche Dinge ereignen?«[34] Aufgrund seines »unguten Gefühls über die Art der Erledigung« drang er in zweierlei Hinsicht auf Korrekturen. Erstens sei das Justizministerium gut beraten, »wenn es Ermittlungen darüber anstellen würde, wer zu gleicher Zeit mit Herrn Fränkel in Leipzig tätig war, und damit auch klären würde, warum

34 IfZ, Ed 94/218, vertrauliches Schreiben Brentanos an Strauß, 12.7.1962, dort auch die folgenden Zitate.

diese Zeitgenossen geschwiegen haben«. Denn der Umstand, daß keiner der Bundesrichter, die dem früheren Reichsgericht angehört hatten, »sich moralisch verpflichtet fühlte, auf die makabre Vergangenheit des Herrn Fränkel hinzuweisen, spricht dafür, daß der Geist an diesem Gericht ein schlechter ist«.

Nicht akzeptabel sei außerdem, erklärte Brentano, daß dem Generalbundesanwalt ein volles Ruhegehalt zugestanden werde. Dies sei für »Menschen dieser Art« eine zu großzügige Versorgung, zumal er keine Anklage zu befürchten habe. Vorausgesetzt, das Rechtsgefühl »der normalen Staatsbürger – und ich rechne mich zu dieser Kategorie von Menschen« werde berücksichtigt, sei, so der Fraktionsvorsitzende, zwingend zu folgern: »Wenn man Strafverfahren gegen die armseligsten Handlanger des Dritten Reiches einleitet, dann kann man, wie ich glaube, den Fall Fränkel nicht mit einer Pensionierung zum Abschluß bringen«.

Schon während seiner Amtszeit als Außenminister war Brentano derjenige gewesen, der sich im Kabinett am stärksten für die Abkehr von der großzügigen Amnestiepolitik der ersten Regierungsjahre eingesetzt hatte. Insofern spiegelte sein schneidendes Urteil wohl auch in diesem Fall nicht die allgemeine Stimmungslage seiner Partei wider. Sein Parteikollege Strauß konnte es sich aber auf der anderen Seite nicht leisten, den Unmut des erfahrenen und angesehenen Fraktionschefs zu ignorieren, schließlich war Brentanos Ankündigung, notfalls mit Hilfe des Bundestags »einen etwas anderen Abschluß« in Sachen Fränkel zu erzielen, durchaus ernst zu nehmen. Wollte der Staatssekretär einen parlamentarischen Untersuchungsausschuß verhindern, sah er sich genötigt, zumindest das Disziplinarverfahren gegen Fränkel auf den Weg zu bringen. Denn nur der per Dienstgericht erbrachte Nachweis, er habe die Anträge auf Todesstrafe vorsätzlich verschwiegen, erlaubte es, die Pensionsgelder zu kürzen oder zu streichen.

Der öffentlichen wie parteiinternen Kritik entgegenzukommen war für den Staatssekretär nicht zuletzt deswegen dringend geboten, weil er inzwischen selbst unter Druck geraten war. Wenngleich von geringerem Gewicht, so doch unangenehm genug, waren neue bissige Vorwürfe von Müller-Meiningen, der Strauß sowie Fränkel fehlendes »politisches Augenmaß« attestierte. Zudem sei »sehr befremdlich«, daß Strauß als zuständiger Beamter »im Halbdunkel der Anonymität« bleibe, statt für den Skandal einzustehen und, diese Schlußfolgerung überließ Müller-Meiningen den Lesern, seinen Rücktritt einzureichen[35].

35 »Fränkel und das politische Augenmaß«, SZ, 14.7.1962, S. 3.

Bedrängender war indes, daß der prominente Thomas Dehler beabsichtigte, die Ministerialverwaltung, namentlich Strauß und den Personalchef Haertel, in aller Öffentlichkeit als Hauptschuldige für die Affäre anzuschwärzen. So exemplarisch für Dehlers unbeherrschten und nachtragenden Charakter diese späte Revanche an seinem früheren Gegenspieler war, so perfide mußte sie erst recht in dem Zusammenhang erscheinen, in dem die Beschuldigungen publiziert werden sollten. Sie fanden sich nämlich in Dehlers Replik auf Müller-Meiningens Leitartikel. Darin wurden Strauß und sein Personalchef als die einzigen Verantwortlichen geschildert, die Fehler begangen hätten, während alle übrigen Akteure vermeintlich ohne Makel geblieben seien: von Fränkel über Stammberger bis zu Weinkauff – und selbstverständlich der damalige Minister Dehler, der die Bundesjustiz federführend aufgebaut hatte. Zu allem Überfluß konnte Dehler, kraft seiner Autorität als Ex-Justizminister, als amtierender Vizepräsident des Bundestags und Mitglied der Untersuchungskommission, mit der Stellungnahme in Anspruch nehmen, die offizielle Meinung des politischen Establishments zu repräsentieren.

Kurz vor der Veröffentlichung in der *Süddeutschen Zeitung* bekam jedoch das Justizministerium Wind von Dehlers Vorhaben[36]. Minister Stammberger intervenierte unverzüglich und drohte dem Verfasser, falls keine Änderung erfolge, werde er sich in einem Gegenartikel vor seine Verwaltung stellen. Solch entschlossener Widerspruch, dazu noch innerhalb der eigenen Partei, zudem die von Stammberger angedrohte Aussicht, der Fraktionsvorsitzende Mende werde sich höchstpersönlich in die Sache einschalten, taten dann selbst beim starrsinnigen Dehler ihre Wirkung: Er verschob das Erscheinen des Artikels um einen Tag und schwächte die Schuldzuweisung bis zur Unkenntlichkeit ab.

Nach Dehlers neuer Version trugen nun sämtliche, in welcher Form auch immer am Verfahren Beteiligte Verantwortung für den »Mißgriff« der Ernennung Fränkels – die zuständigen Politiker ebenso wie die Beamten auf Bundes- und Länderebene[37]. Ansonsten wiederholte Dehler bis in einzelne Formulierungen die Rechtfertigungen aus Weinkauffs Schreiben an den Justizminister sowie das Gutachten der Untersuchungskommission. Dehler ging in seiner Verteidigungsschrift sogar so weit, dem Generalbundesanwalt einen Freibrief auszustellen. Im Anschluß an

36 Zum folgenden AdL, A 31/47, Vermerk Kirchhoff für den Vorsitzenden der FDP-Bundestagsfraktion, Erich Mende, über einen Anruf Stammbergers, 19.7.1962.

37 »Rechtspflichten hat er nicht verletzt. Thomas Dehler zum Fall des Generalbundesanwalts«, SZ, 20.7.1962, dort auch zum folgenden.

die Schilderung zweier Strafverfahren des Reichsgerichts bilanzierte er, »daß Fränkel bei der Behandlung der Weisungen und Anregungen zu Nichtigkeitsbeschwerden, nicht anders wie sonst bei der Prüfung von Revisionen, mit peinlicher Korrektheit rechtstechnisch – so wie es eben dem Wesen einer Revisionsinstanz entspricht, damals wie heute – zu Werke gegangen ist. Es ist namenlos schwer, dem Laien, der durch das Schicksal einer armen, menschlichen Kreatur ergriffen wird, klarzumachen, daß es in der kühlen Luft der Revisionsinstanz ausschließlich darum geht, ob die festgestellten Tatsachen rechtlich zutreffend gewürdigt worden sind.«

In dieser Darlegung wurde in nuce vorgeführt, wie die nach 1945 gesponnenen Rechtfertigungsmuster der Justiz- und anderer »Schreibtisch«-Täter beschaffen waren. Sie fußten auf der Annahme, Verwaltungshandeln sei grundsätzlich frei von moralischen Implikationen, sofern es die formalen Vorgaben nicht verletzte. Dem entsprach die Absage an jegliches Mitgefühl für die Opfer und schließlich die arrogante, sich auf Expertentum berufende Selbstsicherheit, die sich die wiedereingesetzten Beamten und Richter in bezug auf die Justizverbrechen zugelegt hatten[38]. Entscheidend für den Erfolg dieser Argumentationsstrategie war der Umstand, daß sie mit gleicher Vehemenz auch von Justizpolitikern wie Dehler und Strauß vertreten wurden, die sich selbst nicht in den Dienst des NS-Staates gestellt hatten[39]. Erst sie gaben der Reintegration des belasteten Personals, zumal in der noch unter alliierter Aufsicht erfolgten Konstituierungsphase der Nachkriegsjustiz, die nötige Legitimation und politische Unangreifbarkeit.

Im Konflikt um den Generalbundesanwalt ging es Dehler im Kern darum, ihn als jemanden darzustellen, der unbeabsichtigt und ohne eigenes Zutun in die NS-Justiz verstrickt worden war. Seine Vergangenheit,

38 Eindrucksvoll, weil unmittelbar aus der Zeit nach den Kriegshandlungen, sind die Befragungen zum moralischen Selbstverständnis der deutschen Täter und Mitläufer, die Saul Padover, amerikanischer Offizier der Abteilung für psychologische Kriegführung, durchführte und 1946 in den USA veröffentlichte (eine deutsche Übersetzung wurde erst 1999 publiziert). Sie zeigen, daß bereits vor Beginn eines öffentlichen Diskurses über Schuld und NS-Verbrechen, in vielen Fällen vermutlich sogar, während die Tat begangen wurde, die apologetischen Stereotypen und Strategien weitgehend ausgebildet waren; Padover, Lügendetektor, S. 120 ff. und passim.

39 Vgl. Wengst, Dehler, S. 56 ff.; zum Lebensweg von Walter Strauß in der NS-Zeit und zu dessen dominierender Rolle in der Bundesjustiz: Der Spiegel, 24.1.1962, S. 24 ff.

so hieß es in dem Zeitungsartikel, sei mit den Kategorien von »Schicksal, nicht Schuld«[40] zu bestimmen. Den Nachweis sollten mehrere nachträglich ausgestellte Entlastungserklärungen erbringen, verfaßt nach dem Muster der »Persilscheine« aus der Zeit der Entnazifizierung[41]. Dehler wußte ferner zu berichten, daß Fränkel in der Zeit am Reichsgericht Tagebücher verfaßt hatte, aus denen hervorgehe, »daß er, Sohn eines evangelischen Pfarrers und unbedingter Gegner des Hitlerischen Unrechtskrieges, aus Grundsatz die Todesstrafe« abgelehnt habe[42].

Soviel Heuchelei über die Juristen des »Dritten Reiches« brachte Dehlers wichtigsten Kontrahenten in dieser Debatte, Ernst Müller-Meiningen, erst recht in Harnisch. In einer abschließenden Stellungnahme zerpflückte er sämtliche Schutzbehauptungen Dehlers, insbesondere die von der hehren Gegnerschaft zum Justizterror. Schließlich hätten Hitler, Thierack und Freisler – so klärte Müller-Meiningen Fränkels Verteidiger über die Realitäten im Führerstaat auf – angebliche Widersacher bestimmt nicht in der Reichsjustiz amtieren lassen, »wenn sie nicht, im großen gesehen, Order pariert und doch weithin ihre gegnerische Gesinnung auf ängstlich behütete Gespräche im Familien- und Freundeskreis beschränkt hätten. ›Gemeckert‹, um es im Sprachgebrauch von Goebbels auszudrücken, haben auch Millionen anderer ›Volksgenossen‹«[43].

Wie in den vorangegangenen Kommentaren interessierte den Journalisten auch jetzt nicht die Einzelperson, der, wie er schrieb, »arme Teufel, der spektakulär geopfert wird«, sondern das Exemplarische an dem Skandal. Er forderte eine zweite Welle politischer Säuberung, die, so hob er in Kursivschrift hervor, sich neben der Justiz auch »auf alle anderen Sektoren des öffentlichen Lebens« erstrecken müsse. Der konfliktfreudige Publizist wird sich jedoch der Grenzen seiner Einflußmöglichkeiten bewußt gewesen sein. Selbst mit weiteren bissigen Kommentaren, soviel stand fest, war keine grundlegende Änderung im Umgang mit der Ver-

40 SZ, 20.7.1962.

41 Für Fränkels »menschliche Gestaltung der Rechtspflege« bürgten – nicht ganz uneigennützig – die ehemaligen Kollegen an der Reichsanwaltschaft: Kirchner, Bundesrichter am BGH a.D., Keltsch, Präsident des Bayerischen Obersten Landesgerichts a.D., und der ehemalige Reichsgerichtsrat August Schaefer, Oberlandesgerichtspräsident in Bamberg; BAK, KLE 885, Urteil des Bundesgerichtshofs in der Disziplinarsache gegen Fränkel vom 16.7.1965, S. 7.

42 SZ, 20.7.1962. Einzelne Ausschnitte aus dem Tagebuch zitiert das Urteil in der Disziplinarsache gegen Fränkel; ebenda, S. 8 f.

43 »Tragische Verstrickung? Der Fall Fränkel in größeren Zusammenhängen gesehen. Die Ministerialbeamten haben es leichter«, SZ, 28.7.1962, S. 3.

gangenheit in der Bundesrepublik, keine Abkehr vom Prinzip personeller Kontinuität herbeizuschreiben – zumal sich beim Eklat um Fränkel die öffentliche Kritik allein auf kritische Wortmeldungen einiger weniger Journalisten[44], des CDU-Bundestagsabgeordneten Ferdinand Friedensburg[45] und des hessischen Generalstaatsanwalts Fritz Bauer[46] beschränkten. Weitere Proteste blieben jedoch aus, sowohl von seiten der Studentenschaft als auch von Intellektuellen, Gewerkschaftlern oder Vertretern der Kirchen. So trat die von Müller-Meiningen erhoffte Signalwirkung des spektakulären Rücktritts an der Spitze der Bundesanwaltschaft nicht ein. Statt einer fortan umsichtigeren Personalpolitik der Bundesregierung, die den Rechtsstaat vor weiterem Ansehensverlust hätte bewahren können, sollte man der DDR-Propaganda auch in Zukunft reichlich Anlässe für gezielte »Entlarvungen« bieten.

Letzten Endes lief ebenso die Forderung nach politischen Konsequenzen gegen den Hauptverantwortlichen für Fränkels Berufung, Staatssekretär Strauß, ins Leere. Inwieweit ihn die Presseschelte beeindruckte, geht aus den Unterlagen nicht klar hervor. Die Tatsache aber, daß er kurz nach Fränkels Amtsenthebung seine ganz eigenen Pläne für einen Nachfolger hegte, verweist nicht auf ein Umdenken, sondern auf verstocktes Festhalten am bisherigen Kurs. So erwog er nämlich ernsthaft, den amtierenden Senatspräsidenten des politischen Strafsenats, Heinrich Jagusch, an die Spitze der Bundesanwaltschaft zu stellen – obwohl dieser kaum weniger belastet war als Fränkel[47]. Erst eine Intervention Max Güdes, die

44 Am profiliertesten neben Müller-Meiningen war der Kommentar von Gerhard Ziegler, »Die Richter sind unter uns«, FR, 12.7.1962.

45 So bezeichnete der ehemalige stellvertretende Bürgermeister von Berlin in einem Zeitungsartikel die Berufung Fränkels als »fahrlässige Sorglosigkeit« (so auch die Überschrift des Artikels), SZ, 20.7.1962. Als langjähriges Mitglied des Richterwahlausschusses, so unterstrich Friedensburg seine Vorbehalte gegenüber der Bundesjustizverwaltung, erinnere er sich »mit Erschütterung, welche politisch unmöglichen Kandidaten für die höchsten richterlichen Stellen treuherzig von den Ministerien angeboten wurden, wenn sie nur über die notwendige berufliche Qualität verfügten«.

46 In einem Interview mit der *Welt der Arbeit*, dem Organ des Deutschen Gewerkschaftsbunds, monierte Bauer, daß die Bundesregierung den früheren Artikel in der ostdeutschen *Neuen Justiz* nicht wahrgenommen und erst auf die Meldungen ausländischer Nachrichtenagenturen gehandelt habe; »Selbstreinigung klappt nicht«, Welt der Arbeit, 13.7.1962. Vgl. auch Meusch, Diktatur, S. 280 ff.

47 Ernst Kanters Nachfolger hatte eine durchaus illustre Vergangenheit vorzuweisen. Seine Berufslaufbahn hatte er als Mitarbeiter, genauer: Spitzel der »Nationalsozialistischen Betriebszellenorganisation« Ende der Weimarer Republik

sich gleichwohl allein gegen dessen »extreme Auffassung von Staatsschutzrecht« richtete, brachte Strauß zur Räson[48].

Noch weniger als der Staatssekretär hatte im Grunde genommen – vom Rücktritt einmal abgesehen – Wolfgang Fränkel selbst zu befürchten. Während es zunächst hieß, das Disziplinarverfahren solle binnen zweier Monate zum Abschluß gebracht werden, nahmen sich der Ermittler aus Stammbergers Behörde und das Dienstgericht des Bundesgerichtshofs drei Jahre Zeit, bis das Urteil schließlich verkündet wurde[49]. Unterdessen konnte en passant das Ermittlungsverfahren wegen zweifachen Mordes und Beihilfe zum Mord in vier Fällen eingestellt werden[50]. Im Juli 1965 war dann so viel Gras über die Sache gewachsen, daß auch der Freispruch des Bundesgerichtshofs vom Vorwurf des Anstellungsbetrugs nur noch eine kurze Pressemeldung wert war[51]. Vorsorglich, um kein weiteres Me-

begonnen. Von 1934 bis 1940, ehe er in die Wehrmacht eintrat, hatte er sich als Rechtsberater der »Deutschen Arbeitsfront«, der größten NS-Massenorganisation, profilieren können. Der ADE veröffentlichte im Dezember 1962 die Broschüre *Die unbewältigte Vergangenheit des Dr. Heinrich Jagusch* mit Dokumenten über dessen Spitzel- und Publikationstätigkeit sowie mit Ausführungen über die Äußerungen des Senatspräsidenten zur Strafverfolgung der Kommunisten. Jagusch konnte dem politischen Senat jedoch weiterhin vorstehen und wechselte erst ein Jahr später aus eigener Initiative zum Verkehrssenat, weil er, abgestoßen von dem Exzeß der Staatsschutzorgane in der *Spiegel*-Affäre, seine eigene Position zur politischen Justiz revidierte. Unter Pseudonym publizierte er nach dem Amtswechsel im *Spiegel* den Artikel »Droht ein neuer Ossietzky-Fall«, in dem er seine massiven Einwände gegen das *Spiegel*-Strafverfahren vorbrachte. Statt aber seine Ansichten offen zu vertreten, stritt Jagusch gegenüber dem BMJ zunächst die Autorschaft des Artikels ab. Als er wenige Tage später diese dann doch zugeben mußte, sprach er von einem »Fehltritt« und ließ sich in den Ruhestand versetzen. Vgl. die Artikel in: Der Spiegel, 4.11.1964, S. 34 ff.; 18.11.1964, S. 20 ff.

48 IfZ, Ed 94/218, Güde an Strauß, 18.7.1962.

49 Zur avisierten Verfahrensfrist ebenda. Die Ermittlungen nahm Ministerialrat Maasen auf, Richter des Dienstgerichts waren Senatspräsident Baldus als Vorsitzender und die Bundesrichter Dotterweich und Hengsberger.

50 Zum Einstellungsbeschluß vom August 1963: Kaul, Geschichte, S. 221, sowie Nationalrat der Nationalen Front, Braunbuch, S. 121 (das dort angegebene Datum des Beschlusses ist unzutreffend). Dem *Braunbuch* zufolge wurde Fränkel vom Oberlandesgericht Karlsruhe »Tatbestandsirrtum, der den Vorsatz ausschließt«, zugebilligt. Eine kurze Glosse über den Einstellungsbeschluß in: Der Spiegel, 7.8.1963, S. 12.

51 Dazu SZ, 17.7.1965, S. 1, und FAZ, 17.7.1965, S.3. Zur Frage, ob Fränkel im Vorfeld seiner Berufung zu Unrecht die Revisionsanträge am Reichsgericht verschwiegen hatte, konstatierte das Urteil mit Verweis auf die hohe personelle

dieninteresse zu wecken, faßte der Bundesgerichtshof den Beschluß, die Begründung des Disziplinarurteils geheim zu halten. Tatsächlich war dieses Schriftstück von erheblicher Brisanz: Ungewollt, aber zur Entlastung Fränkels notwendig, rekonstruierte man darin, wie die Spitzen der Justizverwaltung im Berufungsverfahren kollektiv versagt hatten – allerdings ohne dies auch so zu bewerten. Und obwohl es nicht Gegenstand des Disziplinarverfahrens war, nahm sich das Dienstgericht auch Fränkels Wirken am Leipziger Reichsgericht vor. Erwartungsgemäß resümierten die Richter hierzu, daß der Beschuldigte in allen Fällen von »vermehrter Anwendung der Todesstrafe durch übermäßig scharfe (nicht vertretbare) Handhabung der Strafrechtspflege« frei zu sprechen sei[52].

Solche Urteilssätze, soviel war den Richtern bewußt, drangen besser nicht nach außen, wenn die Bundesjustiz nicht noch mehr diskreditiert werden sollte. Wer das nicht erkannte, war der entlassene Generalbundesanwalt selbst. Auf ihn mußte das Disziplinargericht einigen Druck ausüben, bis er vom Vorhaben einer eigenmächtigen Veröffentlichung absah. Fränkel jedoch, nicht ohne Naivität und im unbeirrten Glauben an die eigene Unschuld, ging noch Jahre später davon aus, mit der Bekanntgabe des Urteils seine vollständige Rehabilitierung durchsetzen zu können[53].

Ein derartiges Unterfangen mußte aber schon deshalb zum Scheitern verurteilt sein, weil der Name Fränkel infolge des Skandals zu einem Synonym für die Täter im Justizdienst wurde, die über den Bundesgerichtshof hinaus das Außenbild der Rechtspflege weitaus stärker prägten, als von offizieller Seite eingestanden wurde. Der Fall geriet zur besonderen Blamage der Rechtspolitik, weil die NS-Vergangenheit Fränkels bis zum

Kontinuität in der Justiz: Es kann nicht »angenommen werden, daß der Beschuldigte Anlaß hatte, die Fälle im Gedächtnis zu behalten« oder den Minister davon in Kenntnis zu setzen, »zumal ihm vor Augen stand, daß ehemalige Mitglieder der Reichsanwaltschaft und des Reichsgerichts, auch solche des 3. Strafsenats, in der Justiz des Bundes und der Länder tätig gewesen waren«; BAK, KLE 885, Urteil des Bundesgerichtshofs in der Disziplinarsache gegen Fränkel vom 16.7.1965, S. 22 f.

52 BAK, KLE 885, Urteil des Bundesgerichtshofs in der Disziplinarsache gegen Fränkel vom 16.7.1965, S. 21.

53 Über den Konflikt um die Veröffentlichung des Urteils gibt der apologetische Zeitungsartikel »Die Wahrheit über Fränkel« von Rudolf Krämer-Badoni Auskunft. Er erschien 1980 im Zusammenhang mit der Kontroverse über Rolf Hochhuths Dokumentardrama »Die Juristen«, das auch Fränkels Vergangenheit aufgriff; »Die Wahrheit über Fränkel«, Die Welt, 15.4.1980.

Zeitpunkt der ostdeutschen Enthüllungen nicht bekannt war oder vielmehr – und um so peinlicher – auf Betreiben der Justizverwaltung nicht bekannt werden sollte. Wieviel Vertrauen verdiente dann noch die Behauptung, im Rahmen des Richtergesetzes werde der Ausschluß sämtlicher Belasteter aus den Gerichten in Bund und Ländern erreicht? Stand nicht vielmehr zu vermuten, daß dieses Problem nicht einmal in Ansätzen gelöst war und, sollte keine Abhilfe erfolgen, die demokratische Rechtsordnung damit in noch größerem Ausmaß beschädigt werde? Als im Sommer 1962 Fränkels Rücktritt mit dem Fristende des im Vorjahr verabschiedeten Richtergesetzes zusammenfiel, waren diese Fragen erneut virulent – und sollten es, unter veränderten Bedingungen, auch in den nachfolgenden Jahren bleiben.

7. Die Verteidigung des Status quo

Noch ehe der Generalbundesanwalt ins Zentrum des Medieninteresses geriet, mehrten sich in der Presse verärgerte Wortmeldungen über mangelnde Informationen in punkto NS-Juristen. Sie monierten, daß kein Bundesland genaue Auskunft darüber erteile, wie viele Personen den Dienst quittiert hatten und ob darunter auch diejenigen waren, die als »untragbar« galten[1]. Während selbst nach Ablauf der Frist am 30. Juni 1962 die Mehrzahl der Länder sich weiterhin ausschwieg, gaben zumindest Hessen, Hamburg und Bayern kurze Erklärungen zur Sache ab. Sie meldeten, daß in ihren Justizverwaltungen insgesamt sieben der Schwerbelasteten ihre vorzeitige Pensionierung abgelehnt hatten; Namen oder Angaben zu den konkreten Vorwürfen suchte man aber auch in ihren Pressemitteilungen vergebens[2].

Die Geheimhaltung nahm ein jähes Ende, als der länderinterne Abschlußbericht zum Paragraphen 116 dem *Spiegel* zugespielt wurde und damit wenige Tage nach Fränkels Demission heikle Details an die Öffentlichkeit gelangten. Fast alle der bundesweit 14 Schwerbelasteten, die ihren Rücktritt verweigerten, darunter ein Senatspräsident am Celler Oberlandesgericht und der Präsident des Bonner Landgerichts, wurden im *Spiegel* mit vollem Namen und mit den von ihnen gefällten Todesurteilen vorgestellt. Lediglich die hessische Justizverwaltung, so erfuhren die Leser, ließ sich die Renitenz eines Staatsanwalts, der auf der Liste für den Paragraphen 116 stand, nicht gefallen und suspendierte ihn vorläufig vom Dienst[3]. Baden-Württemberg hingegen versuchte dem Problem mit einem Etikettenschwindel zu entgehen, indem die dort eingesetzte Überprüfungskommission drei ursprünglich als nicht akzeptabel eingestufte Juristen zu »Grenzfällen« umdeklarierte. Entlastend sei zu vermerken, so wurde Minister Haußmann zitiert, daß zwei von ihnen an »weniger als

1 Vgl. »Ein Notausgang für Hitlers Richter. Bis zum 30. Juni können sich belastete Juristen pensionieren lassen«, Die Zeit, 1.6.1962; »Richter aus dem Unrechtsstaat. Wie soll die Reinigung der westdeutschen Justiz weitergehen?«, Die Zeit, 22.6.1962. Die unzureichende Informationspolitik kritisierte auch Wolf Posselt (Westdeutscher Rundfunk) in einem am 18.5.1962 im Fernsehen ausgestrahlten Interview mit den Bundestagsabgeordneten Adolf Arndt und Matthias Hoogen; Protokoll des Interviews in: AdsD, SPD-Bundestagsfraktion 4. WP/660.

2 Vgl. »Belastete Juristen gehen in Pension«, SZ, 2.7.1962, S.2.

3 Vgl. zu diesem Fall Meusch, Diktatur, S. 280 ff.

fünf Todesurteilen« beteiligt gewesen seien[4]. Bemerkenswert genau war der *Spiegel* über die Verhältnisse in Hamburg unterrichtet. Neben den Informationen aus dem Abschlußbericht unterbreitete der Artikel neu aufgetauchte Todesurteile, an denen zwei weitere Angehörige der Hamburger Justiz beteiligt gewesen waren.

Drei Wochen später publizierte der *Stern* die Todesurteile der Hamburger Richter erneut und ergänzte sie pikanterweise um eine Stellungnahme des Landgerichtsrats Prinz vom Juni 1962 an die Hamburger Senatsverwaltung für Justiz[5]. Darin verteidigte Prinz die Höchststrafe für einen geistig behinderten Deutschen aus dem Jahre 1942. Der Angeklagte hatte ein Paar Handschuhe gekauft, das aus einer Wintersammlung für die Wehrmacht gestohlen worden war, und obwohl er es später als Hehlerware erkannt hatte, nicht zurückgegeben. Prinz bemerkte zu dem Fall: »Es handelt sich um ein Verbrechen gegen die Verordnung zum Schutz der Sammlung von Wintersachen für die Front, das mit einer absoluten Strafe, der Todesstrafe, bedroht war. Das Gericht konnte also gar nicht anders entscheiden. Andernfalls hätte es sich der Rechtsbeugung schuldig gemacht.« Im Anschluß beschwor der Richter den Ausnahmezustand des Kriegswinters 1942 herauf. Vor dem Hintergrund des Rußlandfeldzugs und der verbreiteten Überzeugung, »die abendländische Kultur vor der tödlichen Gefahr des Bolschewismus« retten zu müssen, sei das Urteil zur Stabilisierung der »Heimatfront« gerechtfertigt gewesen. Gegenüber der Justizverwaltung bekannte er: »Ich muß mich dagegen wehren, als Richter meine Tätigkeit zu unmenschlichen Taten mißbraucht zu haben. Derartige Vorwürfe kann ich nicht auf mich nehmen. Ich müßte die Achtung vor mir selbst verlieren.«

Den Lesern bot dieses Schreiben – veröffentlicht in einer Illustrierten mit Millionenauflage – einen außergewöhnlichen Einblick in das Selbstverständnis derjenigen Richter, die eine vorzeitige Pensionierung katego-

4 »Tausend Haken«, Der Spiegel, 18.7.1962, S. 28 f. Haußmann dementierte daraufhin das Zitat, das auch die *Zeit* als Titel für einen Bericht zum Paragraphen 116 wählte: »›Weniger als fünf Todesurteile‹. Selbstreinigung der Justiz – mit falschen Maßstäben«, Die Zeit, 27.7.1962. Dazu auch als Leserbrief die Rechtfertigung von Haußmann; Die Zeit, 3.8.1962. Der Abschlußbericht der baden-württembergischen Kommission zu 48 Juristen, mit der Empfehlung, davon 4 zu pensionieren, 10 in Zivilkammern zu verwenden und 34 im Amt zu belassen, in: JM BW, 2200b, »Bildung einer unabhängigen Kommission«, Landgerichtspräsident Neidhard an JM, 13.2.1962.

5 »Im Namen des Volkes«, Der Stern, 5.8.1962, S. 21 ff., dort auch die folgenden Zitate.

risch ablehnten: Auffällig war weniger, daß sich der Landgerichtsdirektor exakt an die Beweggründe für den Urteilsspruch erinnern konnte, sondern der Umstand, daß er diese noch zwanzig Jahre später ohne jede erkennbare innere Distanzierung reproduzierte. Auch seine Einstellung, trotz der Anschuldigungen unbedingt »durchhalten« zu müssen, rekurrierte auf den soldatischen Habitus der letzten Kriegsjahre, der an der Front wie an den Strafgerichten anzutreffen war. Selbst wenn im Fall dieses Richters kein Bekenntnis gegen die NS-Justiz zu erwarten war, verwies seine Äußerung auf einen mentalen Hintergrund, der nicht im geringsten Anpassungsbereitschaft an den demokratischen Rechtsstaat erkennen ließ.

Derart kompromittierende Stellungnahmen aus den Aktenschränken des Hamburger Senats erschienen kaum zufällig im *Spiegel* und im *Stern*. Noch im Frühjahr 1962 hatten Senator Biermann-Ratjen und sein leitender Personalchef versucht, die 16 Schwerbelasteten zur Aufgabe ihrer Ämter zu bewegen. Als sie aber selbst mit offenen Drohungen an Prinz und zwei weiteren Richtern gescheitert waren[6], erschien ihnen wohl die öffentliche Anprangerung in der Presse als letzte Möglichkeit, ein Einlenken zu erreichen.

Zur gleichen Zeit publizierte die DDR zwei neue »Blutrichter«-Broschüren, die im August 1962 an die einschlägigen Adressen, darunter die politisch verbündeten Genossen im Westen sowie Gewerkschaften, Studentengruppen und Pressevertreter versandt wurden. Angefacht durch den Erfolg in Sachen Fränkel, konzentrierte sich die Schrift *Blutjuristen Hitlers – Gesetzgeber Adenauers* auf das Bundesjustizministerium und die Bundesgerichte, während die Broschüre *Belohnte Mörder* sich mit den Bundesländern befaßte, letzten Endes aber nur Altbekanntes neu präsentierte[7].

Angesichts der Fülle der bereits publizierten Namen und Fakten nahm die fortgesetzte Geheimniskrämerei der Bundesregierung fast groteske Züge an. Dahinter standen nicht nur die üblichen Vorbehalte gegen jede öffentliche Diskussion über die NS-Juristen, sondern auch die Tatsache, daß der Schock, den die Affäre um den Generalbundesanwalt ausgelöst

6 Zum Vorgehen der Hamburger Justizbehörde gegen belastete Juristen vgl. Bästlein, Nazi-Blutrichter, S. 426 f.

7 Die Broschüren finden sich in: BAK, B 141/15531. Arne Rehan, Leiter des Westkommission des ZK und inzwischen der Hauptverantwortliche für die »Blutrichter«-Kampagne, ließ zur gleichen Zeit eine nicht veröffentlichte Übersicht über die noch amtierenden und bereits zurückgetretenen NS-Juristen erstellen; SAPMO-BAB, DY 30, IV 2/2.028/21, Rehan an Norden, 30.8.1962.

hatte, noch lange nicht überwunden war. Probleme bereitete in erster Linie der Bericht zum Paragraphen 116, der für den Bundestag erstellt werden mußte. In der Vorlage zur Kabinettssitzung gestand Minister Stammberger, der Bericht »müßte an und für sich eine eingehende Schilderung des Inhalts der unverantwortlichen und unmenschlichen Todesurteile, an denen noch im Amt befindliche Richter oder Staatsanwälte mitgewirkt haben, enthalten«. Als sei die interessierte Öffentlichkeit nicht bereits bis in die Details unterrichtet, wollte das Ministerium jedoch davon absehen, weil, so Stammberger, »durch eine solche Darstellung der Urteile der sowjetischen Besatzungszone und dem Ausland eine sehr unerfreuliche Dokumentation geliefert werden würde«[8].

Auch der Bundestag sollte auf einen restriktiven Umgang mit den Informationen verpflichtet werden. Stammberger beabsichtigte, den unangenehmen Bericht ohne jede Debatte den Abgeordneten lediglich als Drucksache vorzulegen. Selbst die Opposition – namentlich Gerhard Jahn, der Geschäftsführer der SPD-Fraktion – stimmte dem Minister ausdrücklich darin zu, daß angesichts der »Sensationspresse im In- und Ausland« jede öffentliche Diskussion dem Ansehen der Bundesregierung und der deutschen Justiz schaden werde[9]. So konnte Stammberger am 10. September 1962 in aller Stille dem Parlament ein Papier präsentieren, das sich auf wenige Zahlenangaben beschränkte. Verschwiegen wurde etwa der peinliche Umstand, daß sich von den 149 pensionierten Juristen mehr als zehn demonstrativ erst nach dem 30. Juni 1962 wegen angeblicher Dienstunfähigkeit zum Rücktritt bereit erklärt hatten[10]. Dennoch schien eine Lösung in weiter Ferne; seit dem *Spiegel*-Artikel hatte sich die Anzahl der »Verweigerer« unter den Schwerbelasteten nur um zwei auf insgesamt zwölf verringert. Wenn Stammberger dem Bundestag die Geburtsjahre dieser Juristen verriet, so um deutlich zu machen, daß nicht wenige davon noch etliche Dienstjahre vor sich hatten. Reserviert erklärte der Minister dazu: »Welche Maßnahmen nunmehr zu treffen sein werden, bedarf der Prüfung«, und zwar im parlamentarischen Rechtsausschuß[11].

Ohne daß die Berichtssache offiziell dorthin überwiesen wurde, setzte im Rechtsausschuß im Oktober 1962 die nächste Verhandlungsrunde in

8 BAK, B 141/15507, Vorlage für die Kabinettssitzung vom 29.8.1962, danach das folgende Zitat.

9 Ebenda, Vermerk Stammbergers über ein Gespräch mit Jahn, 4.9.1962.

10 Zusammenstellung der Landesjustizverwaltungen für den Bericht des BMJ an den Präsidenten des Bundestags, 8.7.1962; BT/PA, III/417, A4/9.

11 BT-Drucksache IV/634, Bericht des Bundesministers der Justiz vom 10.9.1962.

Sachen NS-Richter ein[12]. Unter den Bundestagsabgeordneten machte sich zunächst eine gewisse Ratlosigkeit breit, da die Ländervertreter ihnen statt des erwarteten eindeutigen Votums diverse, zum Teil altbekannte Vorschläge vortrugen. Etwa die Hälfte der Landesjustizminister, darunter jene der einflußreichen Bundesländer Bayern, Baden-Württemberg und Nordrhein-Westfalen, verkündeten, sie seien zu keiner erneuten Gesetzesinitiative für die Zwangspensionierung bereit. Artur Sträter, als Christdemokrat bereits in der dritten Legislaturperiode Leiter des Justizressorts in Nordrhein-Westfalen, begründete diese Position damit, daß »man es auch ertragen muß, wenn, wie bei jedem Berufsstand, der eine oder andere Sünder« vorhanden sei, zumal erst vor kurzem weitere sechs der schwerbelasteten NS-Richter ausgeschieden seien. Die Verbliebenen gelte es nun in »Stellen außerhalb der Rechtsprechung, etwa in Grundbuchsachen« unterzubringen.

Die Befürworter von gesetzlichen Zwangsmaßnahmen bildeten seit Beginn der neuen Beratungen die schwächere Partei, weil sie keine Einigung auf eine gemeinsame Option erzielen konnten. So warb der hessische Vertreter für eine Regelung auf der Grundlage des Disziplinarrechts. Wie das Beispiel der Suspension eines Staatsanwalts aus Gießen gezeigt habe, könne man guten Gewissens argumentieren, daß die Dienstpflicht verletzt worden sei, da dem in Paragraph 116 geforderten Rücktritt nicht entsprochen worden sei. Nach Ansicht des hessischen Ministeriums war dieser Lösungsweg der einfachste und beste, bot er doch eine flexible Handhabung von der Versetzung bis zur Entlassung.

Das niedersächsische Ministerium hingegen favorisierte eine Lösung, für die schon der hessische Ministerpräsident Zinn vor der Entscheidung zum Richtergesetz votiert hatte, nämlich ohne Verfassungsänderung ein entsprechendes Gesetz zur Zwangspensionierung zu erlassen. Und als dritte Möglichkeit präsentierte der Hamburger Senator Biermann-Ratjen dem Rechtsausschuß wiederum die Forderung nach einer Grundgesetzänderung, andernfalls werde das gesetzliche Vorgehen gegen die Richter vor dem Bundesverfassungsgericht scheitern.

Besonderen Wert legte Biermann-Ratjen dabei auf die Feststellung, daß sich über die wenigen als »Schwerbelastete« eingestuften Juristen hinaus eine hohe Dunkelziffer immer deutlicher abzeichne. So sei in Hamburg bekannt, daß »15 weitere Richter im Osten in der Rechtspflege tätig waren«, ohne daß – bislang – etwas über deren Urteilssprüche be-

12 Zum folgenden BT/PA, IV/2112, vertrauliches Protokoll der 29. Sitzung des Bundestagsrechtsausschusses am 25.10.1962.

kannt sei. Wie umfangreich etwa die einschlägigen Aktenbestände in Polen seien, habe erst jüngst der Historiker Hanns von Krannhals im Auftrag der Hamburger Staatsanwaltschaft »zuverlässig« erhoben. Darüber hinaus erarbeite ein Team aus westdeutschen und polnischen Forschern eine detaillierte Studie über die Täter der Massenverbrechen in Polen, die in Kürze erscheinen solle[13]. An die davon kaum beeindruckten Kollegen appellierte der Senator: »Es darf nicht wieder vorkommen, daß wir als Justizminister vor solche Fälle gestellt und außerstande sind, vernünftige Maßnahmen zu ergreifen.«

Wie um diese Befürchtung zu bestätigen, bahnte sich unterdessen in Würzburg eine Auseinandersetzung an, die die bayerische Justiz mehrere Monate lang in Aufregung versetzen sollte. Seinen Anfang nahm der Konflikt mit der Erbstreitigkeit um ein Wohnhaus, die der Würzburger Arzt Elmar Herterich mit einer am Ort ansässigen Stiftung führte[14]. Als Herterich mit seinem Anliegen bei der Stiftung ebenso scheiterte wie vor dem Würzburger Verwaltungsgericht, vermutete er eine Absprache zwischen den Stiftungsfunktionären, alles einflußreiche Honoratioren der Stadt, und dem Vorsitzenden Richter, der zugleich Präsident des Verwal-

13 Hanns von Krannhals veröffentlichte 1962 eine Studie über den Warschauer Aufstand von 1944. Für die Hamburger Staatsanwaltschaft erkundete er in Polen die Aktenlage und Recherchemöglichkeiten zu laufenden Ermittlungsverfahren, u. a. gegen den ehemaligen Befehlshaber der Sicherheitspolizei im Distrikt Warschau, Ludwig Hahn, und den ehemaligen Personalchef des Reichssicherheitshauptamts, Bruno Streckenbach. Zu dem Forschungsprojekt über Holocaust-Täter in Polen wußte von Krannhals zu berichten, daß der Publizist Thomas Harlan, Sohn des NS-Regisseurs Veit Harlan, die Leitung übernommen habe und das geplante Buch zusammen mit einem Namenlexikon mit über 17 000 Personen im Jahr 1963 beim Verlag Feltrinelli in Mailand erscheinen solle. Die Publikation werde für die Mehrzahl der Ermittlungsverfahren in der Bundesrepublik von »erheblicher Bedeutung« sein. Zu der Veröffentlichung sollte es indes nicht kommen, weil die polnische Regierung 1963 das gesamte Manuskript aus ungeklärten Gründen beschlagnahmte; JM BW, 2200b, »Beschaffung von Aktenmaterial«, Bericht vom 17.10.1962, und Harlan an Schüle, 22.5.1963, ebenda.

14 Herterichs Mutter hatte der »Kronprinz Ruprecht von Bayern-Stiftung« auf Grundlage des Erbbaurechts ein Ruinengrundstück übertragen, das die Stiftung wiederaufgebaut hatte. Als Vertreter der Erbengemeinschaft sah sich Herterich von der Stiftung übervorteilt, weil eine der Wohnungen falsch bemessen wurde und die Überweisungen der Stiftung daher geringer als erwartet ausfielen. Vgl. zum Fall Herterich und den Skandal um die Würzburger Justiz: »Die Ärgernisse des Dr. Herterich«, SZ, 20.2.1963, S. 3; »Säugling in Not«, Der Spiegel, 13.3.1963, S. 31 ff.; »Der einsame Kampf Elmar Herterichs«, FR, 2 Teile, 4.8. und 11.8.1964.

tungsgerichts war. Vor allem das arrogante Auftreten der Verantwortlichen ließ Herterich mißtrauisch werden, denn es erinnerte ihn daran, wie er als jugendlicher »Luftwaffenhelfer« 1944 von einem Feldgericht wegen abfälliger Äußerungen über Hitler zu drei Jahren Gefängnis verurteilt worden war. Vor dem Hintergrund dieser traumatischen Erfahrung nahm sich Herterich vor, in dem Konflikt auf keinen Fall nachzugeben.

Seiner Intuition folgend, stellte er Nachforschungen über den beruflichen Werdegang seiner Opponenten an und förderte allerhand Unangenehmes zutage. So hatte der Geschäftsführer der Stiftung das NS-Gauamt Mainfranken für Kommunalpolitik geleitet; Verwaltungsgerichtspräsident Rudolf Schiedermair hatte sogar im Rassepolitischen Amt der NSDAP eine Führungsposition innegehabt, später war er Referent für »Rasse- und Siedlungsfragen« im Reichsinnenministerium und als SS-Sturmbannführer Beisitzender Richter bei einem Standgericht in Oslo gewesen. Aufgrund dieser Informationen erst recht aufgebracht, stellte Herterich im Sommer 1962 einen Befangenheitsantrag gegen den Gerichtspräsidenten und attackierte ihn zugleich in einem wütenden Flugblatt.

Daraufhin holten die Beschuldigten zum Gegenschlag aus. Zunächst stellte der Gerichtspräsident Strafanzeige wegen Verleumdung und erreichte mit Hilfe eines Amtsrichters, daß Herterichs Wohnung bei einer Hausdurchsuchung auf den Kopf gestellt wurde. Doch statt sich einschüchtern zu lassen, wehrte sich Herterich tapfer und holte sich hierfür Schützenhilfe aus Ost-Berlin. Die Generalstaatsanwaltschaft der DDR versorgte ihn bald mit weiterem Belastungsmaterial, so daß er dann auch entsprechend gegen die übrigen in die Sache involvierten Staatsanwälte und Richter vorgehen konnte[15]. Schließlich zeigte der Würzburger Arzt insgesamt fünf Angehörige der lokalen Justiz wegen Mordes an: Neben Schiedermair beschuldigte er den Chef der Staatsanwaltschaft, Ankläger an einem Sondergericht in Polen gewesen zu sein, sowie zwei Landgerichtsdirektoren, von denen der eine die Hinrichtung politischer Gefangener geleitet, der andere zwei Soldaten wegen Desertion zum Tode

15 Die Planungskommission der »Blutrichter-Kampagne« aus Vertretern der Generalstaatsanwaltschaft, des Nationalrats der Nationalen Front und des ADE erstellte unter Leitung von Arne Rehan (Westkommission des ZK) am 19. September 1962 einen Maßnahmenkatalog mit dem Ziel, den Würzburger Skandal für ihre eigenen Interessen auszuschlachten. Zu den Vorhaben gehörten die Suche nach weiterem Belastungsmaterial mit Hilfe des Ministeriums für Staatssicherheit sowie Presseveröffentlichungen, Briefe an die bayerische Landesregierung und die Koordination mit der Internationalen Juristenkommission; SAPMO-BAB, DY 30, IV 2/2.028/21, Vermerk von Rehan, 20.9.1962.

verurteilt habe. Außerdem wies Herterich einem Landgerichtsrat nach, als Staatsanwalt gegen eine Würzburger Jüdin die Todesstrafe beantragt zu haben. Obwohl nach dem Krieg ein Wiederaufnahmeverfahren eingeleitet und die Frau posthum freigesprochen worden war, blieb der wiedereingesetzte Richter unbehelligt[16]. Doch damit nicht genug: Herterich bezichtigte einen weiteren Landgerichtsdirektor, einst SD-Spitzel am Gericht gewesen zu sein, und zwei Amtsgerichtsräte, darunter den örtlichen Bundestagsabgeordneten der CSU, Linus Memmel, ihre frühere SS-Mitgliedschaft verschwiegen zu haben.

Bestärkt von der Unterstützung aus der DDR und dem Zuspruch von Justizkritikern wie dem Studenten Reinhard Strecker, brachte Herterich in Zusammenarbeit mit seiner Frau diese Anschuldigungen auf immer neuen Flugblättern in Umlauf; 1963 verfaßte er dann eine Broschüre mit dem Titel *Sie werden weiter marschieren.* Mehr noch als diese in oft rüdem Ton gehaltenen Vorwürfe mußte die Würzburger Juristen der tatsächliche Erfolg der Anzeigen treffen. Denn zumindest Schiedermair und der Leitende Staatsanwalt erklärten sich ob des eindeutigen Belastungsmaterials bereit, aus Krankheitsgründen den Dienst zu quittieren[17]. Das Bekanntwerden ihrer skandalösen Vergangenheit hielt die beiden aber ebensowenig wie ihre beschuldigten Kollegen davon ab, sich mit allen ihnen zur Verfügung stehenden Mitteln an Herterich zu rächen: Sie überzogen ihn mit einer Welle von Verleumdungsklagen, um ihn durch Prozeßkosten wirtschaftlich zu ruinieren. Dank ihrer guten Verbindungen konnten sie verhindern, daß der Arzt in Würzburg einen Rechtsbeistand fand, ließen gar seine Frau inhaftieren, die ihre Gerichtskosten nicht zahlen konnte, und veranlaßten Pfändungen bei seiner betagten Mutter. Als Herterich dann noch per Haftbefehl gesucht wurde, weil er Gerichtsverhandlungen ferngeblieben war, setzte er sich ins Ausland ab.

Bezeichnend an dieser Auseinandersetzung war vor allem der Zusammenhalt unter den belasteten Juristen, ein Netzwerk »alter Kameraden«, das dicht geknüpft war und dessen Fäden bis zu den jüngeren, von den Vorwürfen nicht betroffenen Kollegen reichten, die ihren Teil zu der perfiden Kampagne gegen den Arzt offenbar bereitwillig beisteuerten. Vermutlich waren solche Allianzen ehemaliger NS-Juristen keine Seltenheit,

16 In zwei Berichten informierte das Bayerische Staatsministerium für Justiz das Bundesjustizministerium über die Strafanzeigen Herterichs und die daraufhin eingeleiteten Ermittlungsverfahren; BAK, B 141/15509, 14.12.1962 und 23.4.1963.

17 Dazu der Artikel: »Oberstaatsanwalt Kolb suspendiert. Tätigkeit beim Sondergericht Kalisch war dem Justizministerium nicht bekannt«, SZ, 30.11.1962, S. 16.

sondern existierten in vielen anderen Städten der Republik. Daß diese Verhältnisse plötzlich in Würzburg bekannt wurden, verdankte sich allerdings der eher zufälligen Initiative eines hartnäckigen Einzelgängers. Denn im Kampf gegen die übermächtige Justiz blieb Herterich weitgehend auf sich allein gestellt, Solidarität aus der Bevölkerung wurde ihm kaum zuteil[18].

Im Ausland dagegen, vor allem in Großbritannien und in Skandinavien, fand der Vorfall viel Aufmerksamkeit. Die dortige Presse stellte Herterich in ganzseitigen Artikeln als Helden und Märtyrer dar. So erhielt er in Schweden, wo er bei einer aus Würzburg emigrierten jüdischen Familie unterkam, eine sofortige Arbeitserlaubnis, die eigens von der Regierung angewiesen wurde. Aufgrund des Aufsehens um die Würzburger Justiz hatte Bayerns Ruf in Schweden solchen Schaden genommen, daß sich Ministerpräsident Alfons Goppel ein paar Wochen später zu einer Goodwilltour nach Stockholm genötigt sah[19].

An einer Rückkehr des Arztes zeigte Goppel indes kein Interesse, zumal Herterich gegenüber der Presse fälschlicherweise behauptete, daß auch der amtierende Justizminister und langjährige Ministerpräsident Hans Ehard als ehemaliger Präsident des nationalsozialistischen »Erbhof«-Gerichtshofs belastet sei[20]. Es könne daher nicht verwundern, so Herterich in unverminderter Kampfeslaune, daß Ehard das Vorgehen der Würzburger Juristen gegen ihn nachträglich gebilligt habe. Damit die Landesregierung keinen weiteren Ansehensverlust erlitt, wurde in München alles darangesetzt, den Würzburger Justizskandal zu bagatellisieren, indem er als persönliches Problem eines unzurechnungsfähigen Querulanten dargestellt wurde. Erfolg hatte diese Strategie letzten Endes deshalb, weil alle wichtigen Vertreter aus Politik und Justiz sich in Schweigen hüllten.

Allein der hessische Generalstaatsanwalt Fritz Bauer äußerte sich anerkennend über Herterichs Einsatz. Im Februar 1963 gab Bauer in einem Interview bekannt, es sei typisch für die gesellschaftlichen Verhältnisse in der Bundesrepublik, daß, wie in Würzburg geschehen, »fünf prominente

18 Öffentliche Unterstützung erhielt Herterich von den Initiatoren der »Ungesühnten Justiz« und in Form einer Petition an den Bundestag, in der 40 Unterzeichner die Einsetzung eines Untersuchungsausschusses zu den Vorfällen verlangten; BT/PA, III/417, A 6, Petition vom 25.3.1963

19 Vgl. »Der einsame Kampf Elmar Herterichs«, FR, 4.8.1964.

20 Soweit bekannt, war Hans Ehard von 1933 bis 1945 »lediglich« Senatspräsident am Oberlandesgericht München; vgl. Fait / Mintzel, CSU, S. 1858.

Bürger als ehemalige hohe Nazis entlarvt« wurden[21]. Diese Stellungnahme, in einer dänischen Boulevardzeitung erschienen, wäre im Inland vermutlich kaum registriert worden, hätte der Generalstaatsanwalt nicht außerdem über seine eigenen Frustrationserfahrungen im Amt berichtet. Bauer, als Jude, Sozialdemokrat und Emigrant in der westdeutschen Justiz stets ein Außenseiter geblieben, erklärte, daß die Verfolgung der nationalsozialistischen Massenverbrechen auch deshalb auf so massive Widerstände stoße, weil der alte Judenhaß weiterhin virulent sei: »Unter der dünnen Oberfläche«, so seine bittere Diagnose, »lauert ein glühender Antisemitismus«.

Mit dieser Aussage traf der Generalstaatsanwalt, möglicherweise mit Absicht, einen empfindlichen Nerv der Bundesregierung. Denn nach der Antisemitismus-Welle um den Jahreswechsel 1959/60 hatte man viel in pädagogische Programme investiert, um möglichst schnell wieder als geläuterte Demokratie wahrgenommen zu werden[22]. Um so größer war die Aufregung, als nun ein Vertreter des Staates die offizielle Sprachregelung vom Verschwinden des Antisemitismus so radikal in Frage stellte. Schon am nächsten Tag gab der Regierungssprecher in einer entrüsteten Erklärung bekannt, daß Bauer »das Ansehen der Bundesrepublik schwer geschädigt« habe. Zusammen mit der hessischen CDU-Opposition forderte Bonn daher seinen Rücktritt. Angesichts des scharfen Tons und der ausbleibenden Unterstützung aus seiner eigenen Partei sah sich Bauer schließlich gezwungen, seine Kritik öffentlich zu widerrufen.

Für die SPD war ein solches Verhalten symptomatisch. Gerade deren Abgeordnete im Bundestag erweckten zunehmend den Eindruck, daß sie dem schwierigen Thema der belasteten Juristen aus dem Weg gehen wollten. Wohl am deutlichsten trat dies zutage, als im Februar 1963 eine Debatte im Parlament über den Paragraphen 116 auf die Tagesordnung gesetzt wurde[23]. Für die sozialdemokratische Fraktion würdigte Karl

21 Zitat aus der dänischen Zeitung *B. T.* in: »Bonn rügt Generalstaatsanwalt Bauer«, SZ, 1.3.1963, S. 2, dort auch die folgenden Zitate. Vgl. zu dem Vorfall auch »Hitlers 100 Tage«, Der Spiegel, 13.3.1963, S. 30 f.

22 So hatte die Bundesregierung in ihrem Weißbuch *Die antisemitischen und nazistischen Vorfälle* 1959/60 auf Grundlage einer demoskopischen Erhebung behauptet, es gebe keine Anhaltspunkte, »daß nennenswerte Teile der Bevölkerung der Bundesrepublik antisemitische Gefühle hegen«; Bundesregierung, Vorfälle, S. 38.

23 Der Rechtsausschuß des Bundestags fällte den Beschluß, den Bericht des Bundesjustizministers vom 10.9.1962 im Plenum beraten zu lassen, in seiner 40. Sitzung am 17.1.1963; BT/PA, III/417, A 6. Zur Bundestagsdebatte: BT-Berichte 4. WP.,

Wittrock den Erfolg des Richtergesetzes, insbesondere die angeblich geringe Anzahl belasteter Juristen, die im Amt geblieben seien. Als sei deren Präsenz in der Rechtspflege nicht Teil eines weitaus größeren, strukturellen Problems, schmälerte Wittrock seine positive Bilanz allein mit dem diffusen Hinweis, in aktuellen Presseberichten habe man in »einigen Fällen« Neues in Erfahrung gebracht.

Derart vorsichtige Andeutungen konnten die Regierungsfraktionen kaum unter Zugzwang setzen. Den Vorschlag der SPD, ein Gesetz zur Zwangspensionierung zu beschließen, »gegebenenfalls auch eine Grundgesetzänderung«, nahm Max Güde daher gelassen auf. Unverbindlich erklärte er, grundsätzlich stimme er mit seinem Vorredner überein, die Änderung der Verfassung könne allerdings »nur die ultima ratio« bilden. Einen anderen Akzent setzte Güde auch in der Frage, welches Gremium das Mandat für die Gesetzesinitiative habe. Während Wittrock klargestellt wissen wollte, daß der Bundestag hier in der Pflicht stehe, legte Güde Wert darauf, das Vorgehen gemeinsam mit den Ländern abzustimmen.

Es waren diese offenen Verfahrensfragen, mit denen das Gesetzesvorhaben in den nächsten drei Jahren zum Scheitern gebracht werden sollte. Denn die konservative Mehrheit ließ keinen Zweifel daran, daß sie den Status quo in punkto NS-Juristen nicht zu ändern beabsichtigte. Zugleich wußte sie jedoch, daß den SPD-geführten Ländern am leichtesten mit einer dilatorischen Strategie der ohnehin nur laue Wind aus den Segeln zu nehmen war. Angesichts der absehbaren Entwicklung mußte es fast naiv wirken, daß Wittrock sich noch im April 1963 zuversichtlich gab, die Diskussion im Rechtsausschuß des Bundestags lasse erwarten, daß »eine interfraktionelle Einigung über den konkreten Inhalt eines solchen Gesetzentwurfs zustande komme«[24].

Hinter den Kulissen wurden unterdessen ganz andere Überlegungen angestellt. So konstatierte das baden-württembergische Justizministerium in einem Vermerk über die Entschlußbildung im Parlament: »Es stehe

61. Sitzung am 15.2.1963, S. 2784 ff., dort auch die folgenden Zitate. Die Debatte fand eine nur mäßige Resonanz in der Presse. Allein die *FAZ* nahm die Grundgesetzänderung so ernst, daß sie in einem Kommentar vor überzogenem »Streben nach möglichst totaler Gleichheit« gegenüber den nach Paragraph 116 pensionierten Juristen warnte; »Das Grundgesetz ändern?«, FAZ, 16.2.1963, S. 2. Vgl. auch »Maßnahmen gegen belastete Richter«, SZ, 16.2.1963, S. 1, und »Zur Verfassungsänderung bereit«, FR, 16.2.1963, S. 2.

24 BT/PA, IV/2112, vertrauliches Protokoll der 48. Sitzung des Bundestagsrechtsausschusses am 25.4.1963.

schon jetzt fest, daß die Fraktionen der CDU/CSU und der FDP gegen einen Initiativentwurf auf Grundgesetzänderung seien«. Unter dieser Voraussetzung müsse allerdings damit gerechnet werden, daß »der Bundestag den schwarzen Peter dem Bundesrat zuschieben wolle«[25]. Um dem entgegenzuwirken, verfolgte Justizminister Haußmann gemeinsam mit seinen Kollegen aus Bayern und Nordrhein-Westfalen eine eigene Strategie, wie die Länder sich der Verantwortung für das Nichtzustandekommen des Gesetzes entziehen konnten.

Als Vorsitzender der Justizministerkonferenz setzte Haußmann zunächst durch, die geplante gemeinsame Sitzung der beiden Rechtsausschüsse zum Pensionierungsgesetz wegen vorgeblicher Abstimmungsprobleme unter den Landesregierungen auszusetzen[26]. Auf dem folgenden Treffen der Justizminister kam es dann zur unvermeidlichen Kampfabstimmung zwischen den sozialdemokratisch und den konservativ geführten Bundesländern, deren Ergebnis von vornherein feststand: Eine Grundgesetzänderung, auf die sich die Befürworter der Zwangspensionierung inzwischen verständigt hatten, wurde mit 22 zu 15 Stimmen abgelehnt[27]. In der Absicht, die unterlegenen Minister noch hinzuhalten, spielte Haußmann die Reichweite des Beschlusses herunter und resümierte, die Verantwortung für eine gesetzliche Initiative liege nun beim Parlament. Die Länder, so ließ er dem Bonner Rechtsausschuß mitteilen, seien weiterhin »grundsätzlich bereit, einem verfassungsändernden Gesetz des Bundestags zuzustimmen«.

Die Justizminister aus Hamburg und Hessen, von allen Ländervertretern noch am entschiedensten dazu bereit, den Justizverwaltungen ein

25 JM BW, 2200b, »§ 116 DRiG«, Bd. 2, Vermerk des Regierungsdirektors Reitzsch über ein Gespräch mit dem Ministerialdirektor der Bundesratsverwaltung für den Minister, 26.4.1963.

26 BT/PA, III/417, A 6, Haußmann an den Vorsitzenden des Bundestagsrechtsausschusses, Matthias Hoogen, 14.5.1963.

27 Gegen eine Grundgesetzänderung votierten die Länder, die ebenso wie im Bund von einer Koalition aus CDU/CSU und FDP regiert wurden (die in den Klammern angegebenen Ziffern stehen für die jeweilige Anzahl der Stimmen): Nordrhein-Westfalen (5), Baden-Württemberg (5), Bayern (5), Schleswig-Holstein (4), Saarland (3); dafür stimmte Hessen (4), geführt von einer Koalition aus SPD und Gesamtdeutscher Partei, sowie die sogenannte neutralen Länder, in deren Regierungen eine Partei der Koalition im Bund vertreten war: Niedersachsen (5), Hamburg (3), Bremen (3), Berlin (0); JM BW, 2200b, »§ 116 DRiG«, Bd. 2, Vermerk des Ministerialdirektors Müller vom 22.5.1963 zur Justizministerkonferenz am 17. 5.1963, danach auch das folgende Zitat.

wirksames Sanktionsmittel gegen die NS-Juristen zur Verfügung zu stellen, ließen sich diese taktischen Spielereien dann doch nicht bieten. Selbst wenn mit dem Erfolg ihres Vorhabens nicht mehr zu rechnen war: Zumindest ihren Willen zur Verfassungsänderung wollten sie in Form einer Gesetzgebungsinitiative Ausdruck verleihen. So beschloß im Juni 1963 der Hamburger Senat, den Gesetzentwurf des Grundgesetzartikels 132a, der im Wortlaut identisch mit der bereits 1961 erstellten Fassung war, in den Bundesrat einzubringen[28].

Obgleich der Antrag nach der Überweisung in die zuständigen Ausschüsse noch einige Monate schmoren konnte, mußten die konservativen Landesregierungen in dieser Sache irgendwann Farbe bekennen – und das bereitete ihnen Sorge. Wolfgang Haußmann beispielsweise notierte dazu: »Es ist kein Zweifel, daß die offizielle Ablehnung eines solchen Gesetzentwurfs durch den Bundesrat ein Politikum wäre, dessen Bedeutung nicht gering einzuschätzen ist. Jedenfalls könnte im Ausland die Meinung verbreitet werden, die Länder würden das Problem der Sauberkeit der Rechtspflege von schwerbelasteten Richtern nicht ernst genug nehmen.«[29] Dagegen stellte Haußmann hinsichtlich der Stimmungslage im Inland befriedigt fest, daß »die Aktualität des Themas erheblich geringer geworden« sei. »Sehr geringe Resonanz« habe beispielsweise ein Fernsehbericht gefunden, den kurz zuvor das Magazin *Panorama* über die NS-Vergangenheit des niedersächsischen Staatsanwalts Karl-Heinz Ottersbach gesendet hatte[30].

Das Desinteresse der politischen Öffentlichkeit, die allgemeine Ermüdung, sich als Journalist oder kritische Hochschulgruppe mit einem The-

28 Der am 16. Juni in Hamburg beschlossene Entwurf des Grundgesetzartikels 132a wurde am 12. Juli 1963 nach der Antragsbegründung des Hamburger Kultursenators Gerhard Kramer vom Plenum des Bundesrats in den Rechts- und Innenausschuß überwiesen; BR-Drucksache 316/63 und BR-Berichte, 260. Sitzung des Bundesrats vom 12.7.1963, S. 160 ff.

29 JM BW, 2200b, »§ 116 DRiG«, Bd. 2, Vermerk Haußmanns vom 29.7.1963, dort auch die folgenden Zitate.

30 Ottersbach amtierte als Staatsanwalt an der politischen Sonderstrafkammer in Lüneburg und hatte in dieser Funktion mehrere westdeutsche Kommunisten angeklagt. Trotz der zahlreichen Todesurteile, an denen Ottersbach nachweislich als Staatsanwalt am NS-Sondergericht Kattowitz beteiligt gewesen war, hielt die niedersächsische Justizverwaltung ihn für »tragbar«. Richard Schmid dagegen urteilte zum Fall Ottersbach: »Dieser Fall ist der übelste und der, der am wenigsten Zweifel und Milderungsgründe erkennen läßt«; Zitat aus: »Mit dem Dolch unter der Robe«, Die Zeit, 12.3.1965; vgl. zu dem Fall auch Miquel, Juristen, S. 215.

ma auseinanderzusetzen, dessen Skandalisierungspotential ausgeschöpft schien, dürfte dazu beigetragen haben, daß die Landesregierungen in Hessen und Hamburg sich schließlich doch auf die Vertagung ihres Antrags zur Grundgesetzänderung einließen. Anstelle einer offenen Niederlage im Bundesrat wollten sie den Entwurf »gern noch in der Schwebe halten« und einen günstigeren Zeitpunkt abwarten[31]. Die Illusion, später vielleicht eine Mehrheit für die Verfassungsänderung gewinnen zu können, verflog endgültig im Laufe der Verjährungsdebatte 1965. Als über die nationalsozialistischen Massenverbrechen in bislang nicht gekannter Intensität diskutiert wurde, gleichzeitig aber die amtierenden NS-Juristen in den Medien kaum noch Erwähnung fanden, schien das Gesetzesvorhaben erledigt[32].

Auf der letzten Ausschußsitzung zur Frage der belasteten Richter und Staatsanwälte im März 1965, im Kreis der Rechtspolitiker der Länder und des Bundestags, verwiesen Gerhard Jahn und der Hamburger Kultursenator Gerhard Kramer noch einmal auf das Problem der Dunkelziffer unter den Juristen. Aber auch die Tatsache, daß Staatsanwälte der Ludwigsburger Zentralen Stelle wenige Wochen zuvor in Polen auf Hunderte unbekannter Akten der Sondergerichte Zichenau und Warschau gestoßen waren, machte auf die Gegner des Gesetzentwurfs keinen Eindruck[33].

Ohnehin war der eingespielte Austausch von Argumenten für und gegen die Verfassungsänderung kaum mehr als Spiegelfechterei. Bei tatsächlich zentralen Personalfragen, wie der Ernennung der Bundesrichter, zogen die Sozialdemokraten mit den Vertretern der anderen Parteien auch dann an einem Strang, wenn der Kandidat an den verheerendsten

31 Ebenda, der hessische Ministerpräsident Zinn an die Ministerpräsidenten Baden-Württembergs und Bayerns, 29.11.1963.

32 Eine bemerkenswerte Ausnahme bildeten die zahlreichen Veröffentlichungen des deutsch-amerikanischen Rechtsanwalts Robert Kempner, ehemals Stellvertreter des US-Hauptanklägers in Nürnberg. Kempners Vorwürfe, beispielsweise im *Spiegel*, 15.4.1964, S. 33 ff., zielten in erster Linie auf das Personal des Volksgerichtshofs, insbesondere auf Hans-Joachim Rehse, dem neben Freisler am schwersten belasteten VGH-Richter. Im März 1965 erschien zudem der gut informierte Artikel »Mit dem Dolch unter der Robe« von Lutz Lehmann. Der Autor verknüpfte darin die Verjährungsdebatte mit der »seit Jahr und Tag zögernd« geführten Auseinandersetzung um die NS-Juristen. Angesichts der Rükkendeckung in den meisten Justizverwaltungen prognostizierte er dem Antrag der Länder Hessen und Hamburg keinerlei Erfolgsaussichten; Die Zeit, 12.3.1965.

33 BT/PA, IV/2112, vertrauliches Protokoll der 121. Sitzung des Bundestagsrechtsausschusses gemeinsam mit dem Bundesratsrechtsausschuß am 11.3.1965.

Auswüchsen des nationalsozialistischen Strafrechts mitgewirkt hatte. Dies traf beispielsweise auf den Leiter der Berliner Strafrechtsabteilung zu: Carl Creifelds, einst im Reichsjustizministerium Leiter des Referats für das Strafrecht in den okkupierten Staaten West- und Osteuropas[34], war im Dezember 1963 von der CDU als Bundesrichter vorgeschlagen worden.

Wie bei den von jeglicher Öffentlichkeit abgeschirmten Kungeleien des Richterwahlausschusses üblich, wäre über die Vergangenheit Creifelds' nichts nach außen gedrungen, hätte nicht der Bundespräsident, auf Anraten des BGH-Präsidenten Bruno Heusinger[35], im April 1964 ein Veto eingelegt. Heinrich Lübke, berüchtigt dafür, sein Amt mit unberechenbarer Eigenwilligkeit zu führen und dabei stärker, als in der Verfassung vorgesehen, politischen Einfluß geltend zu machen, hatte sich ohne vorherige Ankündigung geweigert, dem bereits gewählten Creifelds die Ernennungsurkunde auszustellen. Zur Begründung für diese präzedenzlose Ablehnung führte Lübke dessen Gesetzeskommentare aus der NS-Zeit an. Verärgert erhob der Richterwahlausschuß dagegen Einspruch und schickte dem Präsidenten eine Delegation vorbei, die Lübke allerdings nicht zum Einlenken bewegen konnte. Aufschlußreich an dem Vorfall ist der Umstand, daß dieser Delegation neben Max Güde und Thomas Dehler auch der Hamburger Senator Gerhard Kramer als Vertreter der SPD angehörte[36] – der mit seinem Engagement vor Augen führte, wie dürftig die politische Substanz der Hamburger Gesetzesinitiative letzten Endes war.

Abgeschlossen wurde das Kapitel Grundgesetzänderung dann mit einem Verfahrenstrick, der exakt zur bislang an den Tag gelegten Ver-

34 Angaben nach Weinke, Selbstamnestierung, S. 633, Fußnote 38.

35 Heusingers Widerspruch gegen die Nominierung Creifelds' beruhte auf der Abneigung gegen einen ehemaligen Beamten des Reichsjustizministeriums, der in seinen Veröffentlichungen die Entmachtung des Berufsrichtertums entschieden befürwortete; vgl. dazu und insgesamt zur Affäre Creifelds ausführlich Weinke, Verfolgung, S. 134 ff.

36 Zur Ablehnung Creifelds': »Der Fall Creifelds«, SZ, 20.1.1965, und Theodor Eschenburgs Artikel »Durfte Lübke ›Nein‹ sagen?«, Die Zeit, 5.2.1965, S. 6. Den Tübinger Politologen interessierte vor allem die verfassungspolitische Dimension des Konflikts zwischen Bundespräsident und Richterwahlausschuß. Die Belastung Creifelds' erwähnte Eschenburg nur am Rande und vermutete zu Recht, daß der Präsidialrat des Bundesgerichtshofs Einfluß auf Lübke genommen habe, um mit dem Vorwand der NS-Vergangenheit die Berufung des unliebsamen Kandidaten noch abzuwenden.

schleppungstaktik paßte: Damit der Bundesrat sich des Gesetzentwurfs still und leise entledigen konnte, stimmten nun alle Länder dafür, den Antrag an den Bundestag weiterzuleiten (nur Hessen und Hamburg enthielten sich). Den Hintergrund für dieses Vorgehen bildete ein Arrangement der konservativen Justizminister mit der Bundesregierung, den Entwurf nun einfach auf dem Verfahrensweg verschwinden zu lassen. Das Bundesjustizministerium, das den Antrag mit einer Stellungnahme an das Parlament weiterzuleiten hatte, ließ sich damit Zeit bis zur Sommerpause vor der Bundestagswahl 1965, um so kein negatives Votum abgeben zu müssen. Statt dessen hieß es: »Die Bundesregierung geht davon aus, daß der Deutsche Bundestag infolge des bevorstehenden Endes der Legislaturperiode keine Gelegenheit mehr haben wird, die Vorlagen des Bundesrates zu beraten. Sie sieht deshalb von einer Stellungnahme ab.«[37] Im neu gewählten Bundestag, dies bleibt nachzutragen, wurde der Gesetzentwurf nicht mehr aufgegriffen.

Blickt man auf den zeitgeschichtlichen Kontext der langwierigen Verhandlungen über die Grundgesetzänderung, so erscheint es alles andere als selbstverständlich, daß die personelle Säuberung der Justiz so unauffällig im Sande verlaufen konnte. Schließlich bewegten sich auch die mehrheitlich konservativen Justizpolitiker Mitte der sechziger Jahre in einem gesellschaftlichen Zusammenhang, der ganz im Zeichen der Reform stand. In vielen Bereichen, etwa im Bildungs-, Presse- oder Gesundheitswesen, entwickelte sich zu dieser Zeit eine lebhafte Diskussion, die eklatante Defizite ausmachte, unterschiedliche Reformansätze erörterte und über die gebotenen Maßnahmen stritt. Der Ruf, die Gesellschaft an die Erfordernisse einer modernen Demokratie westlichen Zuschnitts anzugleichen, erfaßte auch die Justiz; die Reform des Strafrechts und der Juristenausbildung waren dabei nur zwei, wenngleich wichtige Felder, deren Umgestaltung eindringlich gefordert wurde[38].

37 JM BW, 2200b, »§ 116 DRiG«, Bd. 2, Stellungnahme vom 30.6.1965, zitiert aus der abschließenden Mitteilung zum Gesetzentwurf eines Grundgesetzartikels 132a vom BMJ, Abteilungsleiter Bürgerliches Recht und Verfahren, Dr. Saage, an die Landesjustizverwaltungen, 18.1.1966.

38 Der Diskurs über die Justizreform ist Thema eines laufenden Habilitationsprojekts von Jörg Requate in Bielefeld. Die hier folgenden Überlegungen verdanken Requates Aufsatz über »Vergangenheitspolitik in der Debatte um eine Reform der Justiz in den sechziger Jahren« entscheidende Anregungen.

Die Kritiker bescheinigten ferner dem Juristenstand ein massives Defizit an demokratischem Bewußtsein. Dieser Vorwurf beherrschte um so stärker die Auseinandersetzung, je mehr Streitschriften, Glossen und wissenschaftliche Abhandlungen über die diagnostizierte Krise der Dritten Gewalt verfaßt wurden[39]. Warum, diese Frage drängt sich auf, beteiligten sich die Wortführer der Justizkritik nicht an der Debatte über die Ahndung nationalsozialistischer Justizverbrechen und die noch immer in der Rechtspflege präsenten Täter? Wäre es nicht naheliegend gewesen, gerade gegen die belasteten Richter zu polemisieren? Immerhin personifizierten sie doch die Kontinuität zur NS-Diktatur und damit eine offensichtliche Fehlentwicklung des Rechtsstaats.

Die Ursache für das Demokratiedefizit der Juristenschaft verortete man hingegen an anderer Stelle. Paradigmatisch dafür waren die Stellungnahmen Ralf Dahrendorfs, des Spiritus rector einer aufstrebenden, entschieden liberal geprägten Elitenforschung. Der Soziologe charakterisierte in seiner großen, 1965 publizierten Studie über *Gesellschaft und Demokratie in Deutschland* die Juristen mit folgenden Worten: »Die politische Haltung vieler Juristen ist also nicht formal autoritär, d. h. eine Haltung des Dienstes an jedem Staat, sondern material autoritär, nämlich auf eine bestimmte staatliche Ordnung bezogen. Diese staatliche Ordnung aber ist die des kaiserlichen Deutschland.«[40]

Wie Dahrendorf auch in anderen Wortmeldungen zum Zustand der westdeutschen Justiz darlegte[41], lag in seinen Augen die Misere in der Verklärung des Kaiserreichs und seiner pluralitätsfeindlichen obrigkeitsstaatlichen Gesellschaftsordnung. Den Prägungen der NS-Zeit schenkte er weit weniger Aufmerksamkeit, obwohl oder vielleicht gerade weil ihn die Inhaftierung in einem Arbeitserziehungslager der Gestapo gegen

39 An erster Stelle wären hier die justizinternen Kritiker zu nennen, die 1966 das »Justizkomitee Justizreform« gründeten, um mehr Mitbestimmung und die Liberalisierung der Rechtspflege zu propagieren. Ihr Sprecher war Rudolf Wassermann, zunächst Richter am Berliner Kammergericht, später Landgerichtspräsident in Frankfurt, der das Leitbild des »politischen Richters« vertrat. 1966 erschien auch Theo Rasehorns Streitschrift »Im Paragraphenturm«, veröffentlicht unter dem Pseudonym Xaver Berra. Dieser Erfahrungsbericht eines rechtssoziologisch versierten Insiders legte nicht ohne Polemik die Reformresistenz der Justiz bloß.

40 Dahrendorf, Gesellschaft, S. 274.

41 So beispielsweise in dem Aufsatz »Zur Soziologie der juristischen Berufe in Deutschland«, Anwaltsblatt 8-9 (1964), S. 216 ff.

Kriegsende in hohem Maße geprägt hatte[42]. Bezogen auf die Gegenwart lautete Dahrendorfs Hauptanliegen, daß auf die von außen gestiftete demokratische Verfassung der Bundesrepublik nun die innere, gleichsam nachholende Liberalisierung der Gesellschaft und ihrer Eliten folgen müsse.

In die gleiche Richtung wiesen auch die justizkritischen Veröffentlichungen im Anschluß an die *Spiegel*-Affäre. In scharfem Ton attackierten Publizisten wie Sebastian Haffner und Ulrich Sonnemann die Willfährigkeit der Juristen in Verwaltung und Justiz, auf Anweisung der Regierung das Recht der freien Meinungsäußerung zu beschneiden[43]. In ihren Überlegungen, auf welchen Traditionen dieses Verhalten beruhte, nahmen die Autoren die NS-Zeit allerdings kaum in den Blick. Die Ursache des Übels glaubten sie vielmehr in der repressiven politischen Justiz des Kaiserreichs und der Weimarer Republik zu erkennen. Diese Argumentation war durchaus einleuchtend, denn Haffner und Sonnemann machten den politischen Konservatismus der Nachkriegszeit als Hauptgegner aus, dem zwar die »gute alte Zeit« des Wilhelminismus als Leitbild dienen mochte, eindeutig aber nicht der Nationalsozialismus. Indem sie das Problem der belasteten Richter aussparten, konnten sie zudem darauf rechnen, nicht als Komplizen der DDR-Agitation diffamiert und auf diese Weise politisch kaltgestellt zu werden. Und nicht zuletzt vertraten Haffner und etwa der politisch engagierte Richter Rudolf Wassermann die Überzeugung, daß das Kapitel der nationalsozialistischen Justiz quasi automatisch abgeschlossen sein werde, sobald die Richterschaft aus dieser Zeit in den Ruhestand getreten war.

Im Rückblick ist an dieser Fehleinschätzung deutlich zu erkennen, daß auch auf seiten der liberalen Reformkräfte jene Abwehrmechanismen zum Tragen kamen, die eine gesellschaftliche Selbstaufklärung über das Justizunrecht der NS-Zeit wenn nicht verhinderten, so doch erheblich verzögerten[44]. Auch sie blendeten aus, in welchem Ausmaß der National-

42 Zu Dahrendorfs Haft im Polizeigefängnis Frankfurt an der Oder und anschließend im Arbeitserziehungslager Schwetig vgl. dessen Autobiographie, Grenzen, S. 71 ff.

43 Haffners Polemiken erschienen in: SZ, 8.11.1962 (»Die Stunde der Prüfung«), und Der Spiegel, 3.4.1963, S. 18 ff. (»Im Jahr eins nach Strauß«). Vgl. zu Sonnemann die Aufsatzsammlung »Land der unbegrenzten Zumutbarkeiten« aus dem Jahr 1963, darin zur Justiz: »Über die Lust am Unrecht und die Unabsetzbarkeit der Niedertracht«, S. 212 ff.

44 So kann es als generelles Verhaltensmuster der linksliberalen Intellektuellen aus der Generation der »45er« (gemeint sind die Jahrgänge zwischen etwa 1918 und 1930) gelten, einerseits Kritik an der antidemokratischen Tradition zu üben,

sozialismus der Nachkriegsjustiz seinen Stempel aufgedrückt hatte. Denn in der NS-Zeit hatten nicht nur die meisten der nach 1945 eingesetzten Juristen ihre berufliche Sozialisation erfahren, auch hatte die nationalsozialistische Weltanschauung und die justizförmige Gewalt im »Dritten Reich« das so scharf kritisierte autoritäre Erbe der wilhelminischen Justiz unauslöschlich überformt.

Erst vor diesem Hintergrund sind, um prominente Beispiele zu nennen, die Renaissance des Naturrechts[45], die Ausformung eines extensiven Staatsschutzrechts sowie – naheliegenderweise – die Rechtsprechung in den Entschädigungs- und NS-Verfahren zu erklären. Was die Verfolgtengruppen des NS-Regimes und deren zivil- und strafrechtlichen Interessen betraf, so vertraten aber auch viele jüngere, reformorientierte Juristen, die vor 1945 noch nicht im Amt gewesen waren, die Ansicht, daß diese Dinge einen bloßen Überhang der Vergangenheit darstellten. Um zu begreifen, welche aktuelle Relevanz der Strafverfolgung von NS-Verbrechen für das Rechtsbewußtsein der Deutschen zukam, bedurfte es offenbar eigener Verfolgungserfahrungen wie die eines Fritz Bauer, Richard Schmid[46] oder – wenn sich der Blick über die Justiz hinaus weitet – des Würzburger Arztes Herterich. Auch berufliche Einschränkungen in der NS-Zeit, wie sie etwa Ernst Müller-Meiningen erlebt hatte, halfen, den Blick für die skandalösen Auswirkungen der Personalkontinuität nach 1945 in der Justiz zu schärfen.

Vorherrschend waren hingegen eine Rechtspraxis, die in der Tendenz die Täter begünstigte, und eine berufständische Politik der Juristen, die den Verbleib ihrer belasteten Kollegen in Amt und Würden nicht in Frage stellte. So vermittelte die westdeutsche Richterschaft stets den Eindruck großer Geschlossenheit; außer den apologetischen Positionen des Richterbundes waren kaum abweichende Meinungen zu vernehmen. Die Bruchlinien, dies hatte sich in den langjährigen Konflikten um die NS-Juristen abgezeichnet, verliefen vielmehr zwischen der zeitweilig protestierenden politischen Öffentlichkeit auf der einen und den Vertretern der Justiz auf der anderen Seite. Aus deren Sicht erschien der Paragraph 116 des Richtergesetzes als die äußerste Konzession an die justizfremden Interessenlagen der Politik; Ansprüche, die darüber hinaus zielten und

andererseits aber die Frage nach den individuellen Lebenswegen und konkreten Täterschaften im Dritten Reich auszublenden; vgl. dazu den ausführlichen und instruktiven Literaturüberblick von Moses, Die 45er.

45 Zu den Verbindungslinien zwischen der nationalsozialistischen Rechtslehre und der Naturrechtsrenaissance vgl. Neumann, Rechtsphilosophie, sowie auf dem Gebiet des Strafrechts Hassemer, Strafrechtswissenschaft.

46 Zur Biographie Schmids vgl. Kapitel I. 4., Fußnote 2.

eine Verfassungsänderung vorsahen, waren mit Unterstützung der konservativen Mehrheit in Bund und Ländern als vermeintlicher Verlust rechtsstaatlicher Normen abzuwehren.

So hatte die Dritte Gewalt zwar die richterliche Unabhängigkeit verteidigt, sie zahlte aber einen hohen Preis dafür: Über zwei Jahrzehnte, bis die letzten NS-Juristen Anfang der achtziger Jahre in Pension gingen, tauchten immer wieder Nachrichten über Todesurteile und Gesetzeskommentare aus der NS-Zeit auf, die von amtierenden westdeutschen Richtern, Staatsanwälten oder – wie im Fall des baden-württembergischen Ministerpräsidenten Hans Filbinger – von Politikern verfaßt worden waren. Erst danach wuchs auch unter den Juristen die Bereitschaft, öffentlich über das Erbe der NS-Justiz zu diskutieren. Neue Publikationen zum Thema stießen auf ein interessiertes Publikum, ja auch von staatlicher Seite nahm man sich des Themas an. So sparte beispielsweise die in Trägerschaft des Bundesjustizministeriums 1989 erstellte Ausstellung »Im Namen des deutschen Volkes« die Reintegration der NS-Juristen und die damit verbundenen Skandale nicht aus[47]. Selbst am Bundesgerichtshof, traditionell eine Bastion des Konservatismus, öffnete man sich seit Anfang der neunziger Jahre für eine kritischere Sicht auf die erste Richtergeneration der Nachkriegszeit. Die Abkehr von der damit verknüpften Traditionsbildung vollzog sich allerdings zögerlich und stand vor allem unter dem Vorbehalt, daß die Straffreiheit für NS-Juristen weiterhin unangetastet blieb[48].

47 Vgl. dazu den Ausstellungskatalog Bundesminister der Justiz (Hg.), Im Namen.

48 Ein herausragendes Beispiel für eine solche Abgrenzung ist der Vortrag des BGH-Präsidenten Karlmann Geiß zum 50jährigen Bestehen des Bundesgerichtshofs am 1. Februar 2000. Er hob darin hervor, der BGH sei Träger »eines gespaltenen Erbes, von dem nicht nur Glanz ausgeht, sondern für viele von uns eher Mahnung«; Geiß, 50 Jahre Bundesgerichtshof, S. 8. Trotz solcher Selbstkritik des BGH zur Rechtsprechung gegenüber NS-Richtern, die ihren deutlichsten Ausdruck in dem Rechtsbeugungs-Urteil von 1995 fand, ist der Auffassung von einem grundsätzlichen Gesinnungswandel in Karlsruhe und der Bereitschaft, nicht nur Rechtsbeugung in der DDR, sondern auch im NS-Staat zu kriminalisieren, mit Vorbehalt zu begegnen. So urteilte der BGH am 1. März 1995 zum Fall des Wehrmacht-Leutnants Wolfgang Lehnigk-Emden, der in Italien an der Ermordung von Zivilisten beteiligt gewesen war, dessen Verbrechen seien zwar als Mord zu klassifizieren, aber mit Ablauf der 1943 einsetzenden Verjährungsfrist nicht mehr zu ahnden. Zur Begründung vertrat der BGH die Ansicht, die Wehrmachtsjustiz habe ihre Bindung an die materiellen Normen des Rechtsstaats nicht aufgegeben und jene Taten daher potentiell verfolgt; zum Urteil gegen Lehnigk-Emden: FR, 2.3.1995, S. 3; die BGH-Entscheidung zur Rechtsbeugung vom 16.11.1995: NJW 1996, S. 857 ff.

II. Im Schatten der Volksgemeinschaft
Politik und NS-Verbrechen

Im April 1961 strahlte das politische Fernsehmagazin *Anno* eine der ersten Reportagen über die Ludwigsburger Zentrale Stelle zur Aufklärung nationalsozialistischer Verbrechen aus. Berichtet wurde, wie die 1958 errichtete Behörde arbeitete und gegen welche NS-Täter sie ermittelte: »Sie sucht jene relativ wenigen Männer, die persönlich und wissentlich in der Vergangenheit Verbrechen begangen haben. Es ist erstaunlich, was dabei zutage tritt: KZ-Bewacher lebten in Luxus, als die Front und die Heimat darbten. SS-Kommandos wurden von ihren eigenen Führern, ganz im Widerspruch zu ihrem Kernsatz von der Treue, verraten. Nach Erledigung von Liquidationsaufträgen wurden sie mit dem Geheimbefehl abkommandiert, daß sie selber auf Himmelfahrtskommandos auszulöschen seien. Und die Verantwortlichen entzogen sich schon sehr früh der Verantwortung.«[1]

Aus heutiger Sicht frappiert an dieser Passage besonders, daß die nationalsozialistischen Massenverbrechen und deren Opfer völlig außer acht blieben und auch im folgenden kaum Erwähnung fanden. Die Perspektive, aus der den Zuschauern die Ermittlungsarbeit nahegebracht werden sollte, knüpfte vielmehr direkt an die Erfahrungswelt des deutschen »Volksgenossen« in der Kriegszeit an. Der offen ausgesprochene Vorwurf lautete, daß die höheren Chargen der SS die für Soldaten und »Heimatfront« geltenden Werte der Opferbereitschaft, Kameradschaft und Treue verraten hatten – Verrat also an der nationalsozialistischen Volksgemeinschaft, deren rassistische Moral gerade die Mordtaten legitimiert hatte. In solcher Perspektive konnten selbst SS-Männer der Vernichtungskommandos als Opfer gelten.

Exemplarisch wird an diesem Fernsehbericht deutlich, daß das »volksgemeinschaftliche« Selbstverständnis der NS-Zeit bis in die sechziger Jahre hinein prägend wirkte – und vor allem zur Geltung kam, wenn es um die Strafverfolgung nationalsozialistischer Verbrechen ging. Unerwartet sahen sich die Deutschen durch die nun angestrengten NS-Prozesse mit ihrer »jüngsten« Vergangenheit konfrontiert, und zwar in einer

1 Der Bericht des Magazins *Anno* wurde vom Süddeutschen Rundfunk produziert und am 25. April 1961 gesendet.

Weise, die in irritierender Diskrepanz zur massenhaft erinnerten eigenen Vergangenheit als Soldat, Kriegsgefangener oder Flüchtling stand. Denn in der Selbstwahrnehmung der Deutschen dominierte während des ersten Nachkriegsjahrzehnts die Vorstellung, zunächst und vor allem Opfer gewesen zu sein: einerseits von nationalsozialistischen Hasardeuren, deren Größenwahn zur Katastrophe des verlorenen Krieges geführt habe, andererseits – und hier wurde der Vorwurf mit weitaus mehr Nachdruck vertreten – von den alliierten Besatzungsmächten. Es waren die in sowjetischen Lagern internierten deutschen Kriegsgefangenen, die im Zentrum des öffentlichen Gedenkens standen; den westlichen Alliierten warf man die vermeintlichen Ungerechtigkeiten der politischen Säuberung vor[2].

Mit den NS-Prozessen der sechziger Jahre richtete sich die Aufmerksamkeit indessen auf andere Erzählungen und andere Erfahrungen. Ob Massenerschießungen von Männern, Frauen und Kindern – wie im Ulmer Einsatzgruppen-Prozeß –, ob Folter, tödliche Injektionen und Gaskammern – wie im Frankfurter Auschwitz-Prozeß: Der Völkermord an den europäischen Juden war den Westdeutschen fortan nicht nur als Tatsache bekannt, sondern wurde von ihnen auch mit konkreten Tätern und Berichten von überlebenden Zeugen in Verbindung gebracht.

Wie die nationalsozialistischen Verbrechen in den Gerichtsverfahren und in der westdeutschen Öffentlichkeit dargestellt wurden, wie die Prozesse in Politik und Justiz, von Journalisten, Intellektuellen und der Bevölkerung rezipiert worden sind, ist in vielerlei Hinsicht noch unerforscht. Zu konstatieren ist jedoch, daß die Verfahren zu keiner generell erhöhten Empathie mit den Opfern und zur Einsicht in die Strafwürdigkeit der Mordtaten geführt haben. Im Gegenteil: Mitte der sechziger Jahre, als die Presse nahezu täglich über den laufenden Auschwitz-Prozeß berichtete, sprachen sich in Meinungsumfragen zwischen 52 und 69 Prozent für das Ende der Strafverfolgung von NS-Verbrechen aus; 1958 war diese Ansicht hingegen von nur 34 Prozent vertreten worden[3]. Zwar verbanden sich mit einer derart weitverbreiteten Ablehnung nur selten explizite Solidaritätsbekundungen für die Täter, gleichwohl wird darin eine Befangenheitsperspektive vieler Deutscher erkennbar, die nicht zuletzt

2 Vgl. zum Opferdiskurs in den fünfziger Jahren die jüngst erschienene, kulturgeschichtlich angelegte Studie von Moeller, War Stories; als Einführung in den aktuellen Forschungsstand auch Naumann, Einleitung, in: Ders., Nachkrieg.

3 Angaben nach der Umfrage der Wickert-Institute Tübingen im November 1964; vgl. Welt der Arbeit, 13.11.1964, S. 5.; sowie der Parallelumfrage des Instituts für Demoskopie Allensbach, Jahrbuch, 1965-1968, S. 166.

aus dem seinerzeit durchaus vorhandenen, freilich nicht offen eingestandenen Bewußtsein für die gesamtgesellschaftliche Verstrickung in die Vertreibungs- und Ausplünderungspolitik des Regimes erklärt werden kann.

Inwieweit solche Vorbehalte auch in die Politik hineinwirkten, war nicht nur eine Frage »volksgemeinschaftlicher« Bindungskräfte, sondern – wie die Debatte über die NS-Juristen demonstriert – auch abhängig von konkreten Interessen, belastete Vertreter der westdeutschen Funktionseliten nicht ins Visier der Staatsanwaltschaften geraten zu lassen. Zugleich wurden wichtige Weichenstellungen für die Ausweitung der Ahndungsbemühungen getroffen. Die sechziger Jahre waren insofern eine Phase, die zum einen noch im Schatten der Volksgemeinschaft stand, zum anderen aber auch aus diesem Schatten herauszutreten suchte. Denn mit der Ahndung von NS-Verbrechen wurde – trotz unverkennbarer Blindstellen und Fehlurteile – auch der Versuch unternommen, eine demokratische, an einem universalistischen Moralverständnis orientierte Rechtskultur einzuüben.

1. Aufbruch unter Vorbehalt: Die rechtspolitische Entwicklung 1958-1964

1.1 Neue NS-Prozesse und die Gründung der Zentralen Stelle

Ein tatsächlicher Stillstand der Ermittlungen gegen NS-Täter war in den fünfziger Jahren zwar nicht eingetreten, die Statistiken verzeichnen aber einen dramatischen Einbruch: Von 1950 bis 1952 gingen die neu eingeleiteten Ermittlungsverfahren von 2 495 auf 467 zurück; 1954, im Jahr des zweiten Straffreiheitsgesetzes[1], erreichten sie mit 183 den niedrigsten Stand, in den folgenden Jahren bis 1957 pendelten sie sich auf eine Zahl um 240 Verfahren ein[2]. Wenn die Voruntersuchung in manchen Fällen schließlich zur Eröffnung eines Gerichtsverfahrens führte[3], zeigten sich zuweilen auch die großen Illustrierten und die überregionale Presse an den verhandelten Verbrechen und Urteilssprüchen interessiert. Für Aufsehen sorgten besonders jene Prozesse, in denen es um die willkürliche Ermordung deutscher Soldaten und Zivilisten in der Endphase des Krieges ging[4]. Aber erst seit Mitte des Jahres 1958 wurden NS-Strafsachen nicht nur sporadisch in der Presse erwähnt, sondern gerieten ins Blickfeld einer bundesweiten Öffentlichkeit. Gegenstand dieses außergewöhnlichen Interesses waren das Bayreuther Verfahren gegen Martin Sommer und der sogenannte Ulmer Einsatzgruppen-Prozeß.

Der am 11. Juni 1958 eröffnete Prozeß gegen Sommer, den ehemaligen Arrestverwalter des Konzentrationslagers Buchenwald, mußte innerhalb von nur zehn Tagen durchgeführt werden, da der Angeklagte aufgrund einer schweren Erkrankung lediglich bedingt verhandlungsfähig war. Diese Verdichtung des Prozeßgeschehens mag entscheidend dazu beigetragen haben, bei Besuchern und Journalisten tiefe Erschütterung auszulösen. Nie zuvor hatte man in der westdeutschen Presse detailliertere Schilderungen über die anscheinend grenzenlose Brutalität der KZ-Wachmannschaften lesen können. Im Kontrast zu den bestürzenden

1 Zum Zusammenhang zwischen dem Gesetz und dem sinkenden Ermittlungsinteresse der Justiz vgl. Frei, Vergangenheitspolitik, S. 128.

2 Rückerl, Strafverfolgung, S. 125.

3 In der Statistik der Zentralen Stelle ist die Anzahl der NS-Strafprozesse nicht erfaßt. Dagegen finden sich neben den Zahlen über die Ermittlungsverfahren auch Angaben zu den verurteilten Tätern; im Jahr 1957 etwa waren es 43 Personen; vgl. ebenda.

4 Vgl. den kursorischen Überblick über einige Verfahren bei Brochhagen, Nürnberg, S. 250 ff.

Aussagen der Überlebenden standen die gefühlskalten Einlassungen Sommers, der als abnormer Exzeßtäter dargestellt wurde, als, so die Schlagzeilen, »Bestie von Buchenwald«[5]. Als das Bayreuther Schwurgericht am 3. Juli 1958 auf lebenslängliche Freiheitsstrafe erkannte, war die Stimmung in den Zuschauerreihen so aufgeheizt, daß lautstark die Todesstrafe für Sommer gefordert wurde[6].

Kaum weniger spektakulär als der eigentliche Prozeß mußte die anschließende Kontroverse um den einstigen Lagerarzt in Buchenwald Hanns Eisele erscheinen[7]. Im Laufe des Gerichtsverfahrens hatte sich herausgestellt, daß Eisele weitaus mehr Morde als der Angeklagte zu verantworten hatte. Zwar hatte ein amerikanischer Militärgerichtshof den KZ-Arzt bereits in zwei Verfahren wegen Verbrechen in den Konzentrationslagern Dachau und Buchenwald zum Tode verurteilt, die Strafe dann aber so weit heruntergesetzt, daß er 1952, nach sieben Jahren Haft, aus dem Landsberger US-Gefängnis für Kriegsverbrecher entlassen worden war. Daraufhin stellte die württembergische Entnazifizierungs-Spruchkammer, von den Urteilen der amerikanischen Gerichte gänzlich unbeeindruckt, sein Verfahren ein und schuf damit die Voraussetzung, daß Eisele in ein geordnetes bürgerliches Leben – nun als praktizierender Hausarzt in München – zurückkehren konnte[8].

5 So beispielsweise im Bericht der SZ am 23.6.1958, S. 3. Weitere Artikel über den Prozeßverlauf in: FAZ, 19.6.1958, S. 5 (»Die Zeugen beschwören das Grauen«), und FR, 30.6.1958, S. 3 (»Ein Mensch ohne Empfinden«). Der Prozeß ist dokumentiert in: van Dam, KZ-Verbrechen vor Gericht, S. 9 ff., sowie Rüter, Justiz und NS-Verbrechen, Bd. XIV, S. 809 ff.

6 Vgl. den Leitartikel von Müller-Meiningen jr. »Martin Sommer – Schreckensprodukt der Diktatur«, SZ, 5.7.1958, S. 3.

7 Zur Berichterstattung im Fall Eisele: Der Spiegel, 9.7.1958, S. 28 ff.; SZ: 8.7.1958, S. 3; 10.7., S. 14; 11.7., S. 16; 12.7., S. 1; 16.7., 16; FR: 11.7.1958, S. 14; 12.7., S. 3; 16.7., S. 2. Vgl. außerdem die Darstellung im Kontext der antisemitischen Skandale 1958/59 bei Bergmann, Antisemitismus, S. 200 ff.

8 Die Freiburger Spruchkammer befand zu den Urteilen der amerikanischen Militärgerichte gegen Eisele: »Man wird die Überzeugung nicht los, daß die Verurteilung im wesentlichen darauf beruht, daß der Betroffene Lagerarzt in Konzentrationslagern war. Schon die fortgesetzte Milderung spricht dafür; zunächst Todesstrafe, dann lebenslängliche Haft und schließlich zehn Jahre Haft.« Weiter heißt es in dem Einstellungsbeschluß: »Die entlastenden Zeugnisse, die vorliegen, die sich allerdings nur auf die Zeit vor seiner Tätigkeit als Lagerarzt beziehen, schildern den Charakter des Betroffenen sehr gut, und es ist nicht anzunehmen, daß sich seine geistige Haltung so verändert hat, daß ihm Verbrechen gegen die Menschlichkeit zuzutrauen sind.« Zitate nach: Der Spiegel, 9.7.1958, S. 28 ff.

Schon während des Sommer-Prozesses wurde angesichts der schweren Anschuldigungen gegen Eisele mehrfach kritisiert, daß die zuständige Staatsanwaltschaft keine Ermittlungen gegen ihn eingeleitet hatte. Als kurz nach der Urteilsverkündung bekannt wurde, Eisele habe sich nach Ägypten abgesetzt, war die Justiz blamiert. In Kairo gab der Arzt kaltschnäuzig deutschen Journalisten Interviews, in denen er sich als »Opfer jüdischer Verfolgung« titulierte[9]. Ferner vertrat er den Standpunkt, nach geltendem Recht dürfe die deutsche Justiz nicht gegen ihn ermitteln, da er aus amerikanischer Haft entlassen worden war[10]. Diese Überzeugung teilte offensichtlich auch der für den Fall Sommer zuständige Staatsanwalt Max von Decker: Während des gesamten Ermittlungsverfahrens hatte er den Münchner Arzt konsequent ignoriert, obgleich, wie die Presse wenige Tage nach Eiseles Flucht publik machte, bereits 1955 ein Überlebender aus dem KZ Buchenwald den Arzt wegen weiterer, von den Amerikanern nicht verfolgter Mordtaten angezeigt hatte.

Allem Anschein nach stellte unter westdeutschen Staatsanwaltschaften eine solche Trägheit in NS-Strafsachen eher die Regel als die Ausnahme dar, vor allem wenn die Beschuldigten bereits von den Alliierten vor Gericht gestellt worden waren. Denn schließlich waren erst am 9. Mai 1958 die letzten Häftlinge aus dem US-Gefängnis in Landsberg entlassen worden, darunter die ursprünglich zum Tode verurteilten Einsatzgruppenführer Ernst Biberstein, Martin Sandberger und Adolf Ott. In der Presse wurden diese Freilassungen mit Ungeduld erwartet, erschienen sie doch als endgültiger Abschluß des langjährigen Konfliktes um die deutschen Kriegsverbrecher in alliierter Haft[11].

9 FR, 14.7.1958, S. 2. Den Hintergrund für die Flucht des KZ-Arztes, so vermuteten die Journalisten, bildete das Zusammenspiel von ehemaligen Gestapo-Beamten im Münchner Polizeipräsidium und der »Stillen Hilfe«, des Netzwerkes zur Unterstützung von NS-Verbrechern; vgl. SZ, 10.7.1958, S. 14. Nach der Ankunft in Kairo wurde Eisele vorübergehend von der ägyptischen Polizei festgenommen, das ägyptische Innenministerium lehnte jedoch seine Auslieferung in die Bundesrepublik ab, da seine Straftat nach ägyptischem Recht verjährt sei; SZ, 16.10.1958, S. 16.

10 Eisele bezog sich dabei auf eine Passage des Überleitungsvertrages, die besagte, daß die westdeutsche Justiz kein Strafverfahren gegen Personen einleiten dürfe, wenn »die Untersuchung wegen der angeblichen Straftat von den Strafverfolgungsbehörden der betreffenden Macht oder Mächte endgültig abgeschlossen war«; zitiert nach Rückerl, NS-Verbrechen, S. 138 f. Auf Eiseles Fall konnte dieser umstrittene Absatz jedoch nicht angewandt werden, weil es hier um Verbrechen ging, die nicht vor dem US-Militärgericht verhandelt worden waren. Zum Konflikt um den Überleitungsvertrag vgl. Moisel, Frankreich.

11 Vgl. Frei, Vergangenheitspolitik, S. 302 ff.

Einem durchschnittlich engagierten, nur zufällig mit NS-Verfahren betrauten Staatsanwalt wie Decker erschloß sich vermutlich nur schwer, warum er im Fall des KZ-Arztes Eisele nun aktiv werden sollte, während die letzten inhaftierten Massenmörder gerade amnestiert worden waren. Solche Fragen, durchaus einer öffentlichen Debatte wert, bewegten die empörte Presse jedoch nicht. Was den Fall Eisele aus Sicht der Journalisten zum Skandal machte, war seine direkte Verbindung zum spektakulären Sommer-Prozeß. Es bedurfte erst dieses Verfahrens, um in der Öffentlichkeit die Einsicht wachsen zu lassen, daß die Strafverfolgung nationalsozialistischen Unrechts nach der ersten Prozeßwelle in der Nachkriegszeit noch keineswegs abgeschlossen war. Und ebenso wären ohne den Sommer-Prozeß die Versäumnisse der Münchner Staatsanwaltschaft in Sachen Eisele nie ans Tageslicht gekommen.

Die Flucht des Arztes und die entrüsteten Kommentare über das Verschulden der Justiz schlugen im Freistaat so hohe Wellen, daß Justizminister Willi Ankermüller den verantwortlichen Staatsanwalt Decker umgehend vom Dienst suspendierte, zumal nun auch dessen NSDAP-Mitgliedschaft seit 1931 bekannt und als Hintergrund für eine Gesinnungsgenossenschaft mit Eisele gedeutet wurde[12]. Um weiteren Schaden von den Anklagebehörden abzuwenden, ließ Ankermüller unverzüglich einen Bericht anfertigen, der eine höchst erfolgreiche Bilanz der bayerischen Ahndungsaktivitäten präsentieren sollte: In Bayern waren demnach bis Anfang der fünfziger Jahre über 2 000 Personen wegen Konzentrationslager-Verbrechen vor Gericht gestellt worden. Die US-Militärbehörden hingegen, so Ankermüllers Schuldzuweisung auf der Pressekonferenz, hätten die Zusammenarbeit mit den westdeutschen Justizbehörden konsequent verweigert. Weder sei Einblick in amerikanische Prozeßunterlagen gewährt noch – wie im Fall Eisele – die Freilassung der Häftlinge mitgeteilt worden[13].

Obwohl der bayerische Justizminister mit dieser Argumentation der öffentlichen Kritik viel von ihrer Schärfe nehmen konnte, war für ihn die Angelegenheit damit nicht erledigt. So wies er bei der nächsten Besprechung im Kreis der Ministerkollegen darauf hin, der Justiz seien wichtige Erkenntnisquellen über NS-Gewalttaten verschlossen, insbesondere die

12 Vgl. FR, 12.7.1958, S. 3.

13 Vgl. »Ankermüller: Justiz ging mit Eifer vor«, SZ, 11.7.1958, S. 16. Zur deutschen Strafverfolgung von NS-Verbrechen während der Besatzungszeit vgl. Broszat, Siegerjustiz.

Akten der Nürnberger Nachfolgeprozesse[14]. Auf diese Anregung hin richtete Bundesjustizminister Schäffer die Bitte an die US-Botschaft, den westdeutschen Staatsanwaltschaften alle in amerikanischen Archiven befindlichen Belastungsdokumente zugänglich zu machen. Doch angesichts des bislang an den Tag gelegten Desinteresses der Deutschen war die Antwort der Amerikaner negativ: Man werde, so der Botschafter, wie zuvor nur bei konkreten Nachfragen Einsicht gewähren[15].

Unter dem Eindruck des Skandals um Eiseles Flucht machte Ankermüllers Stellvertreter Ende Juli 1958 den Justizministerien der Länder und des Bundes den Vorschlag, sich überdies »an Maßnahmen, die der Intensivierung der Strafverfolgung wegen NS-Gewalttaten im allgemeinen dienen sollen« zu beteiligen – das betraf zunächst gemeinsame Aktenauswertungen und die Erstattung der anfallenden Kopierkosten[16]. Obwohl in seiner Reichweite begrenzt, war dies der erste Versuch, sämtliche Justizverwaltungen zu einem koordinierten Vorgehen in Sachen NS-Verbrechen zu bewegen. Schwierigkeiten, solche Täter zu ermitteln, so warb das bayerische Justizministerium für sein Vorhaben, seien offenbar auch in anderen Bundesländern aufgetreten, namentlich im Einsatzgruppen-Prozeß in Ulm. Und in der Tat war es dieses Verfahren, das den Ausschlag dafür geben sollte, daß der baden-württembergische Justizminister Wolfgang Haußmann die Initiative aus München nicht nur begrüßte, sondern sich darüber hinaus für eine weiterreichende Form der Kooperation einsetzte: für die Gründung einer zentralen Ermittlungsbehörde für NS-Verbrechen.

Der Ende August 1958 abgeschlossene Ulmer Prozeß wegen des Mordes an litauischen Juden hatte eine über drei Jahre zurückreichende Vorgeschichte, die, von Verzögerungen und Ermittlungshindernissen gekennzeichnet, ein bezeichnendes Beispiel für den justitiellen Umgang mit NS-

14 BAK, B 141/3222, Vermerk Schafheutle, BMJ, über die Besprechung der Landesjustizminister am 18.7.1958, 21.7.1958. Ankermüller hatte in der Runde zudem darauf hingewiesen, daß bei den Ermittlungen gegen Eisele eine zusätzliche Schwierigkeit darin bestand, daß die amerikanischen Behörden die Aktenbestände des Militärgerichtshofs in die USA zu versenden beabsichtigten.

15 Den Wunsch nach Freigabe der Akten der US-Militärgerichte für die westdeutsche Justiz teilte Bundesjustizminister Schäffer dem Auswärtigen Amt am 22. Juli 1958 mit; am 28. Juli verfaßte das Auswärtige Amt eine entsprechende Note an die US-Botschaft; PA/AA, 530/454.

16 BAK, B 141/33770, Ministerialdirektor Leopold, bayerisches Justizministerium, an das BMJ und die Landesjustizverwaltungen, 26.7.1958.

Verbrechen in den fünfziger Jahren bot. Der Hauptangeklagte war Bernhard Fischer-Schweder, ein typischer »Alter Kämpfer« mit Freikorps- und SA-Vergangenheit. Als Polizeidirektor in Memel hatte er 1941/42 dem ad hoc gebildeten Einsatzkommando Tilsit angehört, das die Massenmorde an den Juden im deutsch-litauischen Grenzgebiet durchgeführt hatte. Fischer-Schweder selbst hatte sich nicht nur an Exekutionen beteiligt, sondern einige davon auch geleitet[17].

Seine SS- und NSDAP-Zugehörigkeit verbergend, gelang es dem früheren Polizisten nach Kriegsende, als Leiter eines Ulmer Flüchtlingslagers angestellt zu werden. Nach etwa einem Jahr erfuhr die zuständige Bezirksregierung von einer Mitarbeiterin, die während des Krieges bei der Polizeidirektion in Memel angestellt war, daß Fischer-Schweder in Litauen Juden erschossen hatte[18]. Obschon die Vorwürfe von der Personalabteilung nicht besonders ernst genommen wurden, bekam Fischer-Schweder kalte Füße und kündigte seine Stellung. Kurz darauf bereute er seinen Entschluß. Vor dem Arbeitsgericht versuchte er seine Wiederbeschäftigung zu erzwingen, gleichzeitig bewarb er sich sogar – ohne Erfolg – um die Aufnahme in den Polizeidienst und berief sich dabei auf das Ausführungsgesetz zum Grundgesetzartikel 131, das die Wiedereinstellung der 1945 entlassenen Beamten regelte[19]. Über die Ablehnung seiner Bewerbung ebenso erbost wie über die Abweisung der Klage, verfaßte er einen Leserbrief an die Lokalzeitung, um auf das Unrecht aufmerksam zu machen, das ihm als einem ehrenhaften Staatsbürger sowie als »Freund der Juden und Polen« widerfahren sei[20].

Diesen Leserbrief lasen zufällig zwei ehemalige Chauffeure Fischer-Schweders in Hannover und empfanden ihn als solche Provokation, daß beide einem Bekannten in Ulm mitteilten, sie würden die Mordtaten ihres einstigen Vorgesetzten sogar vor Gericht bezeugen. Die Kette der Zufälle brach hier noch nicht ab: Über Umwege erfuhr davon der Stuttgarter Rabbiner Bloch, der während des Krieges in Litauen gelebt hatte.

17 Vgl. zum Mord an den litauischen Juden jetzt Dieckmann, Krieg.

18 StAL, 322/32518, »StA Ulm, Handakten Fischer-Schweder«, KS 2/57 StA Ulm, Bd. 1, Aktennotiz der Bezirksregierung Nordwürttemberg zu den Angaben von M. Pomeleit, 28.3.1955.

19 Eine kurze Darstellung des beruflichen Werdegangs Fischer-Schweders findet sich im Urteil zum Ulmer Prozeß vom 29.8.1958, Ks 2/57 StA Ulm, in: Rüter, Justiz und NS-Verbrechen, Bd. XV, S. 16 f. Zur vergangenheitspolitischen Bedeutung des »Gesetzes zur Regelung der Rechtsverhältnisse der unter Artikel 131 des Grundgesetzes fallenden Personen« vgl. Frei, Vergangenheitspolitik, S. 69 ff.

20 Ulmer Nachrichten, 26.5.1955.

Bloch schließlich stellte im Namen der jüdischen Gemeinde Stuttgart im September 1955 Strafanzeige gegen Fischer-Schweder bei der Ulmer Staatsanwaltschaft[21]. Obwohl bereits sechs Monate zuvor jene Mitarbeiterin der Bezirksregierung konkrete Anschuldigungen gegen Fischer-Schweder vorgebracht hatte, kam der Stein erst jetzt ins Rollen. Die nun folgenden Untersuchungen schleppten sich über ein Jahr hin; Beweise, die für eine Anklageerhebung genügt hätten, wurden nicht zutage gefördert. Die Staatsanwälte in Ulm betrachteten den Fall ganz offensichtlich als Zusatzbelastung, die man nicht allzu ernst zu nehmen brauchte. Ohne ausreichende Instruktionen übernahmen diverse Kriminalbeamte die Vernehmungen der Zeugen, zumeist ehemalige Kollegen Fischer-Schweders bei der Schutzpolizei in Memel. Das Resultat dieser Ermittlungen, eine Ansammlung widersprüchlicher Aussagen, erwies sich als weitgehend unbrauchbar[22].

Fischer-Schweder wurde im Juni 1956, im Anschluß an seine erste, ihn schwer belastende Vernehmung, inhaftiert. Gleichwohl strengte der Ulmer Oberstaatsanwalt keine weiteren Nachforschungen an, sondern rechnete weiterhin auf die baldige Einstellung des Verfahrens. Es war wiederum dem Naturell Fischer-Schweders, seinem Selbstmitleid und Selbstdarstellungsdrang geschuldet, daß er – ungewollt – die Wende in seiner Angelegenheit herbeiführte. Kaum inhaftiert, legte er mehrere Haftbeschwerden ein und machte darum so viel Wirbel, daß die Sache schließlich auf den Schreibtisch des Generalstaatsanwalts beim Stuttgarter Oberlandesgericht gelangte. Erst Erich Nellmann, ein Sozialdemokrat, der zum Kreis um Carlo Schmid und Viktor Renner gehörte[23], besaß das nötige politische Gespür, um, wie er dem Justizminister

21 StAL, 322/32518, »StA Ulm, Handakten Fischer-Schweder«, KS 2/57 StA Ulm, Bd. 1, Anzeige der Israelitischen Kultusvereinigung Stuttgart an die StA Ulm, 12.9.1955, und Schreiben der Kriminalhauptstelle Stuttgart an die StA Ulm, 8.6.1955.

22 JM BW, 411E, »Ermittlungsverfahren Fischer-Schweder und andere«, Bericht des Ulmer OStA an den Stuttgarter GStA, 4.2. und 4.6.1956.

23 Nach seinen eigenen Worten gehörte Nellmann zu denjenigen, die »den NS-Staat scharf ablehnten, sich aber durch ihn hindurchschlängelten«. Von 1934 bis 1945 war Nellmann Amtsgerichtsrat in Tübingen gewesen. Aufgrund seiner Weigerung, in die NSDAP einzutreten, wurde er – trotz guter fachlicher Beurteilungen – nicht befördert. Angaben aus dem Artikel zur Pensionierung Nellmanns, StZ, 3.3.1962, S. 7; das Zitat aus der Ansprache des Generalstaatsanwalts bei seiner Verabschiedung, ebenda. Zu den Sozialdemokraten in Württemberg vgl. die Biographie Webers über Carlo Schmid, S. 259 ff.

schrieb, die »besondere Bedeutung des Falles« zu erkennen[24]. Entsetzt zeigte sich der Generalstaatsanwalt von den bisherigen Ermittlungsergebnissen, die so mangelhaft seien, daß, »praktisch ganz von vorne angefangen werden« müsse. Entschlossen, der Stümperei in diesem Verfahren ein Ende zu setzen, ordnete er kurzerhand an, den verantwortlichen Ulmer Staatsanwalt von allen übrigen Aufgaben freizustellen und – noch ungewöhnlicher – seinem eigenen Sachbearbeiter Erwin Schüle die Leitung des Falles zu übertragen.

Schüle, mit viel Temperament, Tatkraft und Durchsetzungsvermögen ausgestattet, entwickelte sich schnell zur treibenden Kraft in dem Verfahren und konnte dabei auf den vollen Rückhalt seines Generalstaatsanwalts zählen. So setzten die beiden gegen den Willen der Ulmer Staatsanwaltschaft durch, nicht allein die Vorwürfe gegen Fischer-Schweder zum Gegenstand der Ermittlungen zu machen, sondern den gesamten Komplex der Verbrechen des Einsatzkommandos Tilsit[25]. In diesem Sinne erwirkte Nellmann beim Bundesgerichtshof, daß alle Einzelverfahren bei der Ulmer Anklagebehörde zusammengefaßt wurden – ein in NS-Strafsachen seinerzeit seltenes Vorgehen, das vom Tatzusammenhang der Einsatzgruppen-Verbrechen ausging und das Untersuchungsinteresse auf den gesamten Kreis der beteiligten Personen ausweitete, unabhängig davon, in welchem Gerichtsbezirk sie wohnten. Damit war zwar die Grundsatzentscheidung für ein großes, in seinen späteren Dimensionen noch gar nicht absehbares Gerichtsverfahren gefällt; die Voraussetzungen für die entsprechende Prozeßvorbereitung mußten aber erst noch geschaffen werden.

Besonders problematisch erwies sich für die Ermittlungen die mangelnde Kooperationsbereitschaft zahlreicher Polizeidienststellen. Nachdem Schüle bei seinen Recherchen wiederholt von Polizisten mit SS-Vergangenheit brüskiert worden war, faßte er den Entschluß, die Kontakte mit auswärtigen Kriminalbeamten auf ein Minimum zu beschränken. In Absprache mit dem baden-württembergischen Landeskriminalamt wurden ihm daher die beiden außerordentlich engagierten Polizisten Robert Weida und Helmut Opferkuch zur Seite gestellt[26]. Nicht zuletzt dank ihres tat-

24 JM BW, 411E, »Ermittlungsverfahren Fischer-Schweder und andere«, Nellmann an das baden-württembergische Justizministerium, 9.6.1956, dort auch das folgende Zitat.

25 StAL, 322/32518, »StA Ulm, Handakten Fischer-Schweder«, Bd. 1, Aktenvermerke Schüles vom 23.6.1956 und 12.10.1956.

26 Polizeihauptkommissar Robert Weida, Mitglied der SPD, der sich auch für die politische Dimension seiner Ermittlungsarbeit in NS-Strafsachen interessierte, war ebenso wie der damals junge Polizeikommissar Helmut Opferkuch ab Janu-

kräftigen Einsatzes konnte Schüle erreichen, daß bis April 1957 weitere neun Mitglieder des Einsatzkommandos verhaftet wurden, darunter der vormalige Leiter der Staatspolizeistelle Tilsit Hans-Joachim Böhme und der für Tilsit zuständige SD-Abschnittsleiter Werner Hersmann.

Besondere Schwierigkeiten bereitete der Umstand, daß kaum Beweisdokumente über das Vorgehen des Einsatzkommandos ausfindig zu machen waren. Schüle und mit ihm die Ulmer Staatsanwälte waren zum ersten Mal in ihrer Laufbahn mit nationalsozialistischen Massenverbrechen befaßt und hatten anfangs keinerlei Anhaltspunkte, wie sie an grundlegende Informationen gelangen sollten. Erst ein Hinweis Nellmanns brachte Schüle auf die Idee, in den Dokumentenbänden des Nürnberger Hauptkriegsverbrecher-Prozesses nachzuschlagen. Darüber hinaus studierte er Gerhard Reitlingers Buch »Endlösung«, die erste historiographische Darstellung der Ermordung der europäischen Juden, die kurz zuvor ins Deutsche übersetzt worden war[27].

Die staatsanwaltschaftlichen Ermittlungen dieser Verbrechen setzten bei Schüle zugleich auch einen persönlichen Lernprozeß in Gang. Denn er selbst war 1933 – unter Jurastudenten seinerzeit nicht außergewöhnlich – einem SA-Sturm in Tübingen beigetreten, hatte ferner 1937 die Aufnahme in die NSDAP beantragt und war im Krieg Oberleutnant der Wehrmacht gewesen[28]. Gegen Kriegsende war er in sowjetische Kriegs-

ar 1959 in der baden-württembergischen Sonderkommission »Z« für die Zentrale Stelle tätig; dazu der Bericht Weidas über die Sonderkommission »Z«, in: AdsD, Bundestagsfraktion 4. WP/662, 11.6.1963.

27 Reitlinger, Endlösung. Diese und die folgenden Angaben sind einem auf Tonband aufgezeichneten Gespräch entnommen, das Norbert Frei am 6.6.1989 mit Erwin Schüle führte. Informationen zur im Ermittlungsverfahren herangezogenen Literatur finden sich auch in den Verfahrensakten der Generalstaatsanwaltschaft Stuttgart: StAL, El 302/304, Aktenvermerk Schüles, 29.6.1956.

28 Der 1914 geborene Schüle studierte Jura in Tübingen, wo er auch den späteren Einsatzgruppenleiter Martin Sandberger, damals Leiter der Ortsgruppe des Nationalsozialistischen Deutschen Studentenbunds, kennenlernte. 1937 trat er das Gerichtsreferendariat an, konnte aber aufgrund des Kriegsbeginns erst 1941 sein zweites Examen ablegen. Von 1940 bis 1945 war Schüle als Soldat in Frankreich, später in Rußland eingesetzt. In sowjetischer Kriegsgefangenschaft wurde er am 21. Dezember 1949 in einem Schnellverfahren als Kriegsverbrecher zum Tode verurteilt, weil er an den Verbrechen der 215. Infanteriedivision gegenüber der russischen Zivilbevölkerung beteiligt gewesen sei. 1950 kehrte er aus der sowjetischen Kriegsgefangenschaft nach Stuttgart zurück und trat daraufhin in den staatsanwaltschaftlichen Dienst ein. Angaben nach Interview Schüle mit Frei, 6.6.1989. Näheres über die NS-Mitgliedschaften Schüles auch in dem Artikel »Dornen für den Staatsanwalt«, Der Spiegel, 17.2.1965, S. 36 ff.

gefangenschaft geraten und mit Tausenden deutscher Soldaten für einige Zeit auf dem Gelände des Konzentrationslagers Auschwitz I interniert gewesen. Doch sogar nachdem die Rote Armee die deutschen Soldaten durch das kurz zuvor von der SS geräumte Vernichtungslager Auschwitz-Birkenau geführt hatte, glaubte Schüle (und sicherlich zahlreiche andere Kriegsgefangene), die Massenvernichtung sei eine von der sowjetischen Propaganda in die Welt gesetzte Lüge. Erst im Zuge der Nachforschungen gegen die Einsatzgruppe Tilsit nahm Schüle bestürzt die genaueren Umstände des Völkermordes zur Kenntnis[29].

Mit enormem Fleiß und Wissensdrang erarbeitete sich Schüle, weit über das in anderen NS-Verfahren übliche Maß hinaus, einen detaillierten Einblick in die Tatzusammenhänge. So konsultierte er den stellvertretenden Leiter des Instituts für Zeitgeschichte, Helmut Krausnick, zu Fragen der nationalsozialistischen Vernichtungspolitik und bat ihn, in dem anstehenden Prozeß als Sachverständiger aufzutreten[30]. Im Vorfeld der Ermittlungen wandte sich Schüle überdies an die US-Botschaft mit der Bitte, die Dokumente des Nürnberger Einsatzgruppen-Prozesses zur Verfügung zu stellen. Er war auch der erste westdeutsche Staatsanwalt, der Einsicht in Aktenbestände des amerikanischen Document Center in Berlin nahm[31]. Auf der Grundlage seiner eingehenden Nachforschungen konnte Schüle die Beschuldigten und Zeugen mit einer Sachkunde befragen, die für die erfolgreiche Vorbereitung und Durchführung des Prozesses von entscheidender Bedeutung war.

Am Ende der Ermittlungen umfaßten die Akten der Staatsanwaltschaft nicht weniger als 3 500 Blätter. In der von ihm allein verfaßten Anklageschrift (der Ulmer Kollege war inzwischen erkrankt) zielte Schüle über die Schilderung einzelner Mordaktionen hinaus auf die Aufklärung des gesamten Tatkomplexes. Dabei unternahm er den Versuch, Befehlswege, Verantwortlichkeiten und mögliche Handlungsspielräume der Angeklagten nachzuweisen sowie die Straftaten in die politischen Rahmen-

29 Diesen Erkenntnisprozeß schilderte Schüle auch in einer Antwort auf eine private Zuschrift, in der Schüles Schlußplädoyer im Ulmer Prozeß kritisiert wurde; StAL, El 302/304, Schüle an Möller, 20.8.1958.

30 Über Krausnicks Gutachten vor dem Ulmer Schwurgericht, vorgetragen am 18. Juli 1958: Schwäbische Donau-Zeitung, 21.7.1958, S. 8. Krausnick setzte nach dem Prozeß seine Forschungen über die Einsatzgruppen fort und veröffentlichte 1985 ein Standardwerk zum Thema; vgl. Krausnick, Einsatzgruppen.

31 Interview Frei mit Schüle, 6.6.1989; zur Kooperation mit der US-Botschaft: JM BW, 411E »Ermittlungsverfahren gegen Fischer-Schweder und andere«, Nellmann an das baden-württembergische Justizministerium, 7.9.1956.

bedingungen einzuordnen[32]. Von zentraler Bedeutung erwies sich dabei, daß er vor Gericht das Argument der Verteidiger widerlegen konnte, die Angeklagten hätten unter dem sogenannten Befehlsnotstand gehandelt, bei einer Befehlsverweigerung also schwere Strafen zu befürchten gehabt[33]. So wies er vor Gericht nach, daß die Hauptbeschuldigten nicht einfach Befehle befolgt, sondern um die Ausführung des Mordauftrages geradezu gewetteifert hatten[34].

Der Ulmer Einsatzgruppen-Prozeß, der anfangs noch unter der exakteren Bezeichnung »Einsatzkommando-Prozeß« firmierte, war das seinerzeit umfangreichste und aufwendigste Strafverfahren wegen Mord in der noch jungen bundesrepublikanischen Justizgeschichte. Die Leitung eines derart komplexen Verfahrens, so entschied der zuständige Oberlandesgerichtspräsident Richard Schmid[35], sollte keinem der ortsansässigen Richter übertragen werden, sondern dem erfahrenen Stuttgarter Landgerichtsdirektor Wetzel, der eigens zu diesem Zweck nach Ulm abgeordnet wurde[36].

In seiner Rede zur Eröffnung der Hauptverhandlung am 28. April 1958 erklärte Wetzel, das bevorstehende Verfahren handle im Kern von der »völligen Mißachtung der Menschenwürde«, daher sei es »für eine innere Einkehr und Besinnung sehr viel besser geeignet als für Sensationen«[37]. In Anlehnung an gängige philosophische »Bewältigungs«-Konzepte der Innerlichkeit und Introspektion erwartete Wetzel vom bevorstehenden

32 JM BW, 411E »Ermittlungsverfahren gegen Fischer-Schweder und andere«, Bericht der Generalstaatsanwaltschaft an das baden-württembergische Justizministerium, 27.4.1957; Anklageschrift Schüles an die Große Strafkammer des Landgerichts Ulm, 25.6.1957, Ks 2/57 StA Ulm, dokumentiert in: van Dam, KZ-Verbrechen vor Gericht, Bd. 2.

33 Zur Argumentation des »Befehlsnotstands« in NS-Verbrechen vgl. die herausragende kriminologische Untersuchung von Jäger, Verbrechen, S. 83 ff.; als juristische Einführung Rückerl, NS-Verbrechen, S. 281 ff.

34 Schüle belegte dies anhand der Zeugenaussagen über den Konflikt zwischen den Leitern der Staatspolizei und des SD Tilsit und dem Kommandeur der Sicherheitspolizei Kowno. Zu diesem Aspekt auch die Stellungnahme Schüles an Haußmann zum Vortrag von Rudolf Aschenauer: »Die Problematik der politischen Prozesse«; JM BW, 4110b, Bd. 2, 7.12.1959. Vgl. ferner Dieckmann, Krieg, S. 295 ff.

35 Zu Richard Schmid vgl. die biographischen Angaben in Kapitel I. 4., Fußnote 2.

36 Freundliche telefonische Auskunft von Klaus Beer, Richter a.D. am OLG-Stuttgart, 1958 Assessor in Ulm, an den Verfasser, 25.3.2000.

37 Ausführungen Wetzels nach der Ulmer Lokalzeitung: »Auf der Suche nach Wahrheit und Gerechtigkeit«, Schwäbische Donau-Zeitung, 29.4.1958, S. 9.

Prozeß eine kathartische Wirkung. Die öffentliche Diskussion über die verhandelten Verbrechen, die Präsenz der angeblich sensationslüsternen Medien empfand er dagegen als störend. So untersagte er selbst vor dem Gerichtssaal die Präsenz von Fernsehkameras, was nicht zuletzt deswegen überzogen erschien, weil der befürchtete Ansturm der Medienvertreter, vom Eröffnungstag einmal abgesehen, ausblieb; auch das Interesse der überregionalen Zeitungen war zunächst begrenzt[38].

Erst im Juli 1958, nach der Urteilsverkündung im Prozeß gegen Martin Sommer, stieg die Berichterstattung in der westdeutschen Presse merklich an[39]. Zugleich trat das Verfahren mit den Aussagen der Hauptbelastungszeugen in seine entscheidende Phase. Besondere Bedeutung kam dabei der Litauerin Ona Rudaitis zu, die nach langen Recherchen der Staatsanwaltschaft in Zusammenarbeit mit der Stuttgarter jüdischen Gemeinde ausfindig gemacht werden konnte. Als einzige Augenzeugin schilderte sie, wie sie auf einer abgelegenen Viehweide die Erschießung der jüdischen Frauen und Kinder aus ihrem Heimatort beobachtet hatte. Die Zeitungen berichteten über ihre Aussage sachlich, ausführlich und ohne dem Leser auch die grauenhaften Einzelheiten dieser Exekution zu ersparen[40]. Das exakte Erinnerungsvermögen von Rudaitis vermochte auch, Falschaussagen der Angeklagten zu widerlegen. Deren anfangs aufreizend arrogantes Benehmen wich angesichts der sich immer klarer abzeichnenden Verurteilung zunehmender Verunsicherung.

Seinen Höhepunkt fand der Prozeß zweifellos im zehnstündigen Plädoyer der Anklagevertretung. Mit Unterstützung des Staatsanwalts Fritz Schneider legte Schüle fundiert dar, warum er für vier der Belasteten, darunter auch Fischer-Schweder, die Höchststrafe wegen in Mittäterschaft begangenen Mordes beantragte, für die übrigen hingegen mehrjährige Haftstrafen wegen Beihilfe zum Mord. Trotz des breiten Raums,

38 Während die Lokalberichterstattung der *Schwäbischen Donau-Zeitung* an Ausführlichkeit kaum zu übertreffen war, schickte von den großen überregionalen Blättern lediglich die *Frankfurter Rundschau* regelmäßig einen Korrespondenten in die schwäbische Provinz. Aber auch dessen Berichte gingen selten über zwei Spalten hinaus. Sie erscheinen zumeist unter der Rubrik »Letzte Informationen«, inmitten von Artikeln über Schönheitsköniginnen und Unglücksfällen und galten damit als unpolitische Nachricht; vgl. Heinz Lauser, FR, 23.6.1958, S. 10; 27.6., S. 12; 3.7., S. 12; 10.7., S. 10; 12.7., S. 32.

39 Dazu auch der Vermerk des Ministerialdirektors Müller, 5.7.1958; JM BW, 411E »Ermittlungsverfahren gegen Fischer-Schweder und andere«.

40 Vgl. »300 jüdische Frauen und Kinder erschossen«, FR, 12.7.1958, S. 32; »Massenerschießungen auf der Viehweide«, SZ, 12.7.1958, S. 2.

den notwendigerweise die juristische Würdigung der Tatbestände einnahm, lag der Schwerpunkt der Argumentation Schüles auf der moralischen Dimension der Verbrechen. In einem eindringlichen Schlußwort appellierte er an das Gericht, bei der Urteilsfindung vor allem das Schicksal der Ermordeten zu bedenken: »Nicht einmal die Ruhe des Grabes hat man den Opfern gelassen. Ihre Gräber wurden später aufgerissen, die Leichen verbrannt und die Asche in alle Winde zerstreut, um die Spuren der Untaten zu tilgen!«[41]

Infolge der sprunghaft gestiegenen Presseberichte gegen Ende des Verfahrens nahm auch die Zahl der Besucher zu, die einen unmittelbaren Eindruck vom Prozeßverlauf gewinnen wollten. An den Tagen der Schlußplädoyers und der Urteilsverkündung am 29. August 1958 war der Gerichtssaal schließlich bis auf den letzten Platz besetzt. Mit Blick auf die große öffentliche Resonanz erging sich der Vorsitzende Richter in seiner Urteilsbegründung in altväterlichen pädagogisch-philosophischen Betrachtungen: Die Aufklärung der Vergangenheit, so Wetzel ganz im Zeitgeist der fünfziger Jahre, solle insbesondere die Jugend vor neuer Verführung bewahren. Die »Wurzeln des Geschehens« lägen im Materialismus, der sich vom »hungrigen« der NS-Zeit zum »satten Materialismus« der Gegenwart gewandelt habe. »Ich weiß nicht, welcher der gefährlichere ist«, so Wetzels aus heutiger Sicht absurd erscheinendes Resümee, in dem mit Hilfe eines antimodernern Moralismus die Schrecken der verhandelten Massenmorde gebannt werden sollten. Zugleich scheint in diesen Sätzen auch die politische Haltung einer Juristengeneration auf, die sich – bestenfalls – eine Äquidistanz zur NS-Diktatur und zur Nachkriegsdemokratie verordnet hatte[42].

Mit dem Urteil im Ulmer Prozeß wurde auch eine Weichenstellung für die nachfolgende Rechtsprechung in Einsatzgruppen-Verfahren getroffen: Alle zehn Angeklagten stufte das Schwurgericht nicht als Täter, sondern als Gehilfen von »Hitler, Himmler, Heydrich und deren näherer Umgebung«[43] ein. Diese Konzentration auf die politische Spitze des NS-Regimes knüpfte an ein bereits von der Verteidigung in den Nürnberger

41 Zitate nach Schwäbische Donau-Zeitung, 4.8.1958, S. 10. Weitere Berichte über das Plädoyer der Staatsanwaltschaft, alle am 4.8.1958 erschienen: FR, S. 2; FAZ, S. 2; Die Welt, S. 2; SZ, S. 3.

42 Die Zitate und der zustimmende Kommentar dazu in: FAZ, (»Der größte deutsche Prozeß nach dem Kriege«), 1.9.1958, S. 2.

43 Rüter, Justiz und NS-Verbrechen, Bd. XV, S. 232. Zur Vorbildfunktion des Urteils für die nachfolgenden Einsatzgruppen-Prozesse vgl. Langbein, Im Namen, S. 79 ff.

Prozessen etabliertes Interpretationsmodell an, nach dem die überwiegende Mehrzahl der Täter ohne eigenen Willen gehandelt habe, und daher das strafrechtliche Prinzip der individuellen Verantwortung nicht gelten könne[44]. Eine solche Bewertung widersprach zwar der in der Gerichtsverhandlung gewonnenen Erkenntnis, daß die Hauptangeklagten eigenständig Entscheidungen gefällt hatten, sie enthielt jedoch ein Entlastungsangebot, das nicht nur den Verurteilten, sondern im Grunde genommen allen galt, die das nationalsozialistische Regime gestützt und sich an den Verfolgungsmaßnahmen aktiv beteiligt hatten. Und insofern reflektierte die Unterstellung von Mitläufertum und Gehilfenschaft auch das Selbstverständnis, das sich viele der urteilenden Richter von ihrer eigenen Rolle in der NS-Zeit zurechtgelegt hatten.

Das Modell der Beihilfe, das bereits zuvor in NS-Prozessen verwendet worden war[45], mußte den Richtern zudem auch in einer anderen Hinsicht attraktiv erscheinen: Während bei Täterschaft die Höchststrafe, also »lebenslänglich«, verhängt werden mußte, bot die Annahme einer Beihilfehandlung einen breiten Ermessensspielraum, der von der Höchststrafe bis hin zu drei Jahren reichte. Im Ulmer Einsatzgruppen-Prozeß erhielten die Angeklagten Böhme und Hersmann, beide für den Mord an über 5 000 Personen mitverantwortlich, je eine Freiheitsstrafe von 15 Jahren; die Staatsanwaltschaft hatte lebenslängliche Haft beantragt. Bei Fischer-Schweder erkannte das Gericht auf lediglich zehn Jahre Zuchthaus wegen Beihilfe zum Mord an 526 Personen. Der Vorsitzende Richter verwies zu seinen Gunsten auf die geringe Intelligenz des vormaligen Polizeidirektors und hob allen Ernstes die Tatsache hervor, daß er vor Kriegsbeginn »mitunter auch menschliche Züge gegenüber den Juden gezeigt« habe[46].

Ehemalige NS-Verfolgte, die als Zeugen oder Zuschauer den Ulmer Prozeß verfolgt hatten, äußerten sich anerkennend darüber, daß ein derart aufwendig und sorgfältig geführter Prozeß endlich vor einem deutschen Gericht zustande gekommen war. Auf Empörung aber, so berichtete die Ulmer Lokalzeitung, stießen das Urteil und die niedrigen Strafen unter den anwesenden litauischen Juden[47]. Ihre Sicht der Dinge fand in den Kommentaren der überregionalen Zeitungen allerdings keine Erwähnung. Das Urteil wurde ausnahmslos gelobt und dabei ausdrücklich

44 Vgl. die pointierte Darstellung bei Jung, Rechtsprobleme.
45 Dazu jetzt Greve, Umgang, S. 145 ff.
46 Rüter, Justiz und NS-Verbrechen, Bd. XV, S. 258.
47 Vgl. Schwäbische Donau-Zeitung, 1.9.1958, S. 5.

hervorgehoben, daß der von der Verteidigung behauptete Befehlsnotstand zurückgewiesen worden war[48].

Das entscheidende Ergebnis dieses Verfahrens erkannten die Kommentatoren jedoch nicht: Daß nämlich zum ersten Mal Verbrechen der Einsatzgruppen vor einem westdeutschen Gericht verhandelt und damit, falls die zahlreichen Prozeßberichte auch tatsächlich gelesen wurden, die Umstände des Vernichtungsgeschehens erstmals einer breiteren Öffentlichkeit bekannt geworden waren. Noch Mitte der fünfziger Jahre hatte die Ermordung der europäischen Juden kaum öffentliche Erwähnung gefunden, und wenn, so doch zumeist nur im Zusammenhang nebulöser Gewalttaten, wie sie angeblich von allen Kriegsparteien verübt worden waren[49]. Inzwischen hatte ein erkennbares Umdenken eingesetzt. Im Zuge der Prozesse gegen Martin Sommer und gegen das Tilsiter Einsatzkommando waren die Massenmorde der Konzentrationslager-SS, des SD und der Polizeieinheiten aus dem Schatten des pauschalen Begriffs »Kriegsverbrechen« herausgetreten und hatten einen Eindruck von der Ungeheuerlichkeit der Vernichtungspolitik hinterlassen. Diese Mordtaten, soviel konnten zumindest die aufmerksameren Zeitgenossen erkennen, hatten sich jenseits all dessen bewegt, was als »normale« Kriegführung bezeichnet werden konnte.

Die fundierteste Einschätzung zum Ulmer Prozeß legte wiederum Ernst Müller-Meiningen jr. in seinem Kommentar zum Ausgang des Prozesses vor[50]. Als genauer Beobachter der unzureichenden Strafverfolgung von NS-Verbrechen befand der Redakteur der *Süddeutschen Zeitung*, dieser »gespenstische Prozeß« sei nichts weiter als ein »Zufallsprodukt einer Zufallsjustiz«. Die Rechtspflege, so Müller-Meiningen, habe hier bislang versagt, sie habe »eigentlich überhaupt noch nichts Systematisches gegen die Verbrecher aus jener Zeit unternommen«. Verantwortlich für diesen Mißstand war nach Auffassung des Münchner Journalisten die Justiz selbst, und zwar weit über die Ahndungsdefizite bei NS-Mordtaten hinaus. Er stellte den Ulmer Prozeß in engen Zusammenhang mit der zur gleichen Zeit angestoßenen Debatte über die belasteten Richter und Staatsanwälte, deren Wiedereinsetzung nach Kriegsende seiner Ansicht

48 Kommentare zum Einsatzgruppen-Prozeß in: SZ, 30.8.1958, S. 3; FAZ, 30.8. 1958, S. 4; Die Zeit, 5.9.1958, S. 3. Keine Kommentare brachten FR und Die Welt.

49 So etwa die Sicht der Dinge im Rahmen der Kampagne für die Freilassung der deutschen Kriegsverbrecher; vgl. dazu Frei, Vergangenheitspolitik, S. 133 ff.

50 Zum folgenden »Gespenstische Vergangenheit vor Gericht zitiert«, SZ, 30.8. 1958, S. 3.

nach die Hauptursache für die Misere der Strafverfolgung nationalsozialistischen Unrechts war. Aus einer erweiterten Perspektive galt ihm die personelle Kontinuität in der Justiz als das größte Hindernis, um die formale Rechtsstaatlichkeit der Republik tatsächlich in die Rechtspraxis umsetzen zu können[51].

Politische Konsequenzen verlangte Müller-Meiningen indes nicht in bezug auf die belasteten Juristen, sondern in Hinblick auf die Ahndungsaktivitäten gegen jene Täter, die – wie im Fall des Tilsiter Einsatzkommandos deutlich geworden – bislang von der Justiz verschont geblieben waren. In Anlehnung an die Vorschläge des bayerischen Justizministers nach dem Skandal um den KZ-Arzt Eisele erstellte er eine Agenda, welche Maßnahmen seiner Ansicht nach vordringlich zu ergreifen seien: »Was zu tun bliebe, wäre die endliche Beschaffung und Sichtung des alliierten Materials über Untaten, die Aufstellung einer zentralen Kartei unter Bemühung des Instituts für Zeitgeschichte, endlich eine zwischen Justiz- und Innenministerium von Bund und Ländern zu schaffende Absprache, um in den nächsten Jahren im Rahmen des überhaupt noch Möglichen reinen Tisch zu machen, bevor jener so beliebte ›Schlußstrich‹ wirklich guten Gewissens gezogen werden kann.«

Da die Berechtigung des sprichwörtlichen »Schlußstrichs« nicht in Frage gestellt wurde, war selbst an dieser ausgesprochen kritischen Position zu erkennen, in welchem Maße zu diesem Zeitpunkt ein Bewußtsein für die Vielzahl der in die Verbrechen involvierten Täter fehlte. Vielleicht stellte Müller-Meiningen das baldige Ende der Prozesse aber auch aus taktischen Gründen in Aussicht, um die Hemmschwelle der Justizminister für entsprechende – von ihm recht vage als »Absprache« bezeichnete – Initiativen zu senken.

In diesem Sinne konkreter, wenngleich ohne das justizpolitische Urteilsvermögen Müller-Meiningens, bilanzierte Heinz Lauser den Einsatzgruppen-Prozeß für die *Stuttgarter Zeitung*[52]. Vor dem Hintergrund seiner genauen Kenntnis des Verhandlungsverlaufs hob Lauser vor allem auf die zahlreichen weiteren noch nicht geahndeten Verbrechen der Einsatzgruppen ab: Man könne »einfach nicht die durch Zufall erwischten Tilsiter einsperren und noch viel schlimmere Schlächter frei herumlaufen lassen – und dann noch so tun, als ob alles in Ordnung sei«. Die Landesjustizminister seien insofern auf ein »dankbares Thema« aufmerksam zu

51 Zu Müller-Meiningens damaliger Kritik an den belasteten Juristen vgl. Kapitel I. 2.

52 Zum folgenden »Die Gerechtigkeit darf nicht länger vom Zufall abhängen«, StZ, 30.8.1958, S. 5.

machen. Statt »weiter so zu wursteln, wie bisher, den Zufall walten zu lassen und die Gerechtigkeit zu einem Lotteriespiel herabzuwürdigen«, gelte es nun, »eine mit besonderen Vollmachten ausgestattete, zentrale Ermittlungsbehörde« zu errichten. Damit machte Lauser hier zum ersten Mal eine Idee publik, von der er vermutlich in einem Gespräch mit Schüle erfahren hatte und die dieser schon seit Wochen gemeinsam mit Generalstaatsanwalt Nellmann erörterte.

Den ersten aus den Akten ersichtlichen Vorstoß zur Gründung einer zentralen Ermittlungsstelle für NS-Strafsachen unternahm Nellmann am 22. Juli 1958 in einem Brief an das baden-württembergische Justizministerium. Selbstbewußt leitete er seinen Vorschlag mit den Worten ein, daß im Einsatzgruppen-Prozeß »eine Reihe von Erfahrungen« gemacht worden seien, »die dem Ministerium vorzutragen ich im jetzigen Zeitpunkt für richtig halte«[53]. In dem vierseitigen Schreiben listete der Generalstaatsanwalt sodann die gravierendsten Mängel der Ermittlung von NS-Verbrechen auf. Dazu gehörten seiner Ansicht nach die fehlenden Spezialkenntnisse von Polizei und Justiz, aber auch der Korpsgeist innerhalb der Kriminalpolizei, in der nicht wenige der Täter untergekommen seien. Ein zentrales Problem bilde schließlich der Umstand, daß sich die Justizbehörden weigerten, Verfahren trotz ihres Tatzusammenhangs auf weitere Beschuldigte auszuweiten. Alle diese Mißstände zusammen hätten in der Regel zur Folge, daß die Verfahren nicht zur Anklageeröffnung gebracht, sondern eingestellt würden.

Um dem entgegenzuwirken, entwarf der Generalstaatsanwalt das Modell einer Sonderstaatsanwaltschaft, die an die Bundesanwaltschaft oder an eine Staatsanwaltschaft bei einem Oberlandesgericht anzugliedern sei. Je nach Größe sollten zu diesem Zweck aus jedem Bundesland ein bis drei Staatsanwälte als Mitarbeiter abgeordnet werden, »die in erster Linie die Fälle ihrer Länder zu bearbeiten hätten. Die Zusammenfassung unter einem Leiter und die Arbeit am gleichen Ort würde die Möglichkeit der Koordinierung ergeben.« Die vermuteten Einwände der Justizminister vorwegnehmend, betonte er, ein solches Unternehmen gebe keinerlei Anlaß für »föderalistische Bedenken«: Die Länderhoheit in Justizangelegenheiten würde bei einer bloßen Abordnung der Staatsanwälte nicht beeinträchtigt, da sie weiterhin ihren Justizverwaltungen unterstellt blieben. Auch die »nie eingestandene, aber durchaus vorhandene Angst«, die

53 JM BW, 4110b, Bd. 1, Nellmann an Justizministerium BW, 22.7.1958, dort auch die folgenden Zitate.

forcierte Ermittlung von NS-Verbrechen werde hohe Kosten nach sich ziehen, könne ausgeräumt werden, indem die finanzielle Last dieser Arbeit »auf die Länder anteilsmässig nach einem noch festzulegenden Schlüssel umgelegt« werde.

Gegen den Vorschlag des bayerischen Justizministers Ankermüller, allein den Informationsaustausch zwischen den Anklagebehörden zu verbessern, führte Nellmann ins Feld, daß aufgrund der unterschiedlichen Vorgehensweisen das »alte vorsichtige Nebeneinander« zu bleiben drohe. Nicht zuletzt warb der Generalstaatsanwalt mit dem auch von Müller-Meiningen vorgebrachten Argument, unter diesen Voraussetzungen sei es möglich, die NS-Verfahren in absehbarer Zeit abzuschließen. So prognostizierte er, vermutlich mangels genauerer Kenntnisse und nicht ohne Wunschdenken: »In zwei Jahren könnte alles aufgearbeitet sein, was jetzt noch herumliegt und immer neu herauskommt.«

Es ist den Akten nicht zu entnehmen, aber durchaus wahrscheinlich, daß Nellmann schon vor seinem Schreiben an das Justizministerium Kontakt zu befreundeten und für die Sache aufgeschlossenen Kollegen gesucht hatte, etwa zum Stuttgarter Oberlandesgerichtspräsidenten Richard Schmid[54] und zum hessischen Generalstaatsanwalt Fritz Bauer, der als Sozialdemokrat und gebürtiger Stuttgarter Schmid und Nellmann eng verbunden war. Um sich über die sinnvolle Ausgestaltung einer zentralen Ermittlungsstelle zu verständigen, lag auch der Austausch mit Günther Willms, einem Richter am Bundesgerichtshof, nahe. Der nämlich hatte bereits im Vorjahr, bevor die ersten Gerichtsverfahren die Aufmerksamkeit auf die nationalsozialistischen Verbrechen lenken sollten, einen bemerkenswerten juristischen Fachaufsatz publiziert[55]. Darin hatte er moniert, daß Generalstaatsanwälte und Justizminister hinsichtlich der NS-Verbrechen eindeutig gegen das Legalitätsprinzip des Strafrechts verstoßen würden, das auch die Aufsichtsbehörden verpflichte, bei hinreichendem Tatverdacht Ermittlungen einzuleiten. Als Konsequenz empfahl er den Landesjustizministern, neben Strafanzeigen »alle denkbaren Erkenntnismittel in Betracht« zu ziehen und »gemeinsame Weisungen herauszugeben, die die einheitliche Wahrung des Legalitätsprinzips im gesamten Bundesgebiet sicherstellen« würden.

Insofern konnte Nellmann auf eine bereits von Willms angestoßene, vom bayerischen Minister Ankermüller mit seinem Vorschlag zur Akten-

54 Zur Biographie Schmids vgl. Kapitel I. 4., Fußnote 2.

55 »Offenkundigkeit und Legalitätsprinzip«, JZ 1957, S. 465 f., erschienen am 5.8.1957; dort auch die folgenden Zitate.

auswertung fortgeführte Diskussion aufbauen und nun versuchen, sie mit seiner eigenen Initiative voranzubringen. Erwin Schüle, von der Dringlichkeit einer zentralen Stelle ebenfalls überzeugt, stand dem Generalstaatsanwalt beratend zur Seite. So verfaßte er zwei Berichte für Nellmann über Neuanzeigen, die aus dem Ulmer Prozeß hervorgegangen waren[56]. Das Hauptaugenmerk richtete Schüle dabei auf die Tatsache, daß die Mehrzahl der noch unbekannten Täter in der Regel nur wegen Beihilfe zum Mord zur Rechenschaft gezogen werden konnten – ein Tatbestand, der ebenso wie Totschlag am 8. Mai 1960 zu verjähren drohte[57]. So hätten, argumentierte der Staatsanwalt, auch die Angehörigen des Tilsiter Einsatzkommandos nicht verurteilt werden können, wenn man womöglich erst ein paar Jahre später auf sie aufmerksam geworden wäre.

In Anbetracht der zahlreichen Exekutionen, die von weiteren Einsatzkommandos in Ost- und Südosteuropa durchgeführt worden waren, wies Schüle darauf hin, daß ungeklärt sei, »wer die Verfahren gegen die oben aufgeführten Beschuldigten durchführen« solle. Er lege daher nachdrücklich die Bildung einer zentralen Staatsanwaltschaft nahe[58]. Nellmann, der über das Stuttgarter Ministerium hinaus für dieses Vorhaben zu werben suchte, versandte Schüles Berichte noch vor der Urteilsverkündung an die Generalstaatsanwaltschaft in Hamm, die ein Folgeverfahren zum Einsatzkommando Tilsit übernommen hatte, und an den Generalbundesanwalt Max Güde, dessen Behörde für die Leitung der vorgeschlagenen Sonderstaatsanwaltschaft in Betracht kam[59].

Die große öffentliche Resonanz auf die Plädoyers und das Urteil im Ulmer Prozeß dürften den Ausschlag gegeben haben, daß Nellmann wenige Tage später einen entscheidenden Schritt weiter ging und seine Überlegungen in der *Stuttgarter Zeitung* publizierte. Schon mit dem Titel »Zentrale Ermittlungsbehörde muß Klarheit über NS-Verbrechen schaffen« stellte er den appellativen Charakter seines Artikels in den Vordergrund[60]. Kein Zweifel, Nellmann beabsichtigte, die öffentliche Meinung zu mobilisieren und die politisch Verantwortlichen unter Druck zu set-

56 JM BW, 411E »Ermittlungsverfahren gegen Fischer-Schweder und andere«, Schüle an Nellmann zu den Themen: »Weitere bekanntgewordene Exekutionen« und »Strafverfolgung weiterer 17 Beschuldigter«, beide am 19.8.1958.

57 Vgl. dazu Kapitel II. 1.3.

58 JM BW, 411E »Ermittlungsverfahren gegen Fischer-Schweder und andere«, Bericht »Weitere bekanntgewordene Exekutionen«, 19.8.1958.

59 Ebenda, Nellmann an den Generalstaatsanwalt in Hamm und an Güde, beide am 21.8.1958.

60 StZ, 3.9.1958, S. 4, danach die folgenden Zitate.

zen. Am Beispiel des Ulmer Prozesses erläuterte er das Erfordernis, die Untersuchung von zusammenhängenden Verbrechenskomplexen in einer Behörde zu konzentrieren, und unterstrich dies mit dem ebenso zutreffenden wie provokanten Argument, daß zahlreiche Täter »straflos ausgehen und zum Teil als Beamte und Angestellte des Staates, sogar der Polizei, tätig« seien. Bei den direkten Adressaten des Aufrufs, den Justizministern, mochte Nellmanns Anliegen, die Reihen der Staatsbediensteten mit den Mitteln des Strafrechts zu säubern, auf Reserviertheit, wenn nicht sogar auf massive Ablehnung stoßen. Offensichtlich setzte der Generalstaatsanwalt aber auf breite Zustimmung in der Presse, die bereits im Ulmer Prozeß die überraschende Verhaftung zweier belasteter Kriminalbeamter und eines Mitarbeiters des Verfassungsschutzes groß herausgestellt hatte[61].

Am beherzten, ja fordernden Ton und dem ungewöhnlichen Publikationsort war deutlich zu erkennen, daß der Stuttgarter Generalstaatsanwalt – zumindest dieses eine Mal – um die in seinem Beruf übliche Zurückhaltung nicht bemüht war[62]. Vielmehr ging er hier mit dem Verweis auf belastete Beamte bis an die Grenzen des Tabubruchs. Hinsichtlich der Funktionsweise der geplanten Behörde vertrat er in seiner Darlegung klare Vorstellungen: Die von den Ländern dorthin abgeordneten Staatsanwälte sollten nicht nur erste Ermittlungsarbeiten leisten, sondern bis zur Urteilsverkündung »die Sache vor dem zuständigen Gericht« vertreten. Die Vorteile, die ein solches Vorgehen bot, standen Nellmann aufgrund des Einsatzgruppen-Prozesses vor Augen, denn Schüle profitierte für sein souveränes Auftreten vor Gericht in hohem Maße von dem Wissen, das er sich im Laufe der Ermittlungen angeeignet hatte. »Empfindlichkeiten wegen Verletzung der Justizhoheit der einzelnen Länder«, so Nellmann, seien im Fall der Ermittlungsbehörde »durchaus unangebracht«. Wie auf vielen anderen Rechtsgebieten könnten Kompetenzstreitigkeiten auch hier unter der Formel »bundeseinheitlich auf Länderebene« aus dem Weg geräumt werden.

Mit dieser konkreten Konzeption erhöhte Nellmann sichtlich den bereits bestehenden Erwartungsdruck der Öffentlichkeit, daß die Justizminister schon bald einen Umschwung in der bislang indolenten Behand-

61 Zu diesen Verhaftungen und den nicht minder spektakulären Selbstmorden zweier Kripo-Beamter: SZ, 4.8.1958, S. 3.

62 Einem Pressebericht über Nellmann aus Anlaß seiner Pensionierung ist zu entnehmen, daß er außer im Zusammenhang mit der Zentralen Stelle kaum öffentlich in Erscheinung getreten ist; vgl. »Zum Wechsel an der Spitze der Staatsanwaltschaft«, StZ, 3.3.1962, S. 7.

lung der NS-Strafsachen auf den Weg bringen würden. Mehrere Journalisten, voran Heinz Schlegel, ein Redakteur der *Stuttgarter Zeitung*, und der FDP-Politiker Karl Moersch von der liberalen Frankfurter Zeitschrift *Die Gegenwart*, griffen Nellmanns Vorschlag auf[63]. Mehr noch: Sie setzten den Rechtspolitikern ein Ultimatum mit der Forderung, daß die Entscheidung über die Ermittlungsbehörde bereits auf der nächsten Konferenz der Justizminister in Bad Harzburg vom 1. bis 3. Oktober 1958 gefällt werden sollte. Dann, kommentierte Schlegel, werde sich zeigen, »ob es demnächst in der Bundesrepublik eine entscheidende Wende in der Rechtsprechung über die Verbrechen des Dritten Reiches geben wird«.

Das wachsende Drängen auf schnelle Beschlüsse löste in den Amtsstuben einiger Justizbehörden plötzlich Betriebsamkeit aus. Im Bundesjustizministerium befaßte sich der zuständige Strafrechtsreferent Gossrau mit der Angelegenheit. Wenig begeistert notierte er: »Angesichts der öffentlichen Meinung werden die Landesjustizverwaltungen wohl irgendwelche Maßnahmen ergreifen müssen«; auch solle »von seiten unseres Hauses jede Initiative gutgeheißen werden, die sich im Rahmen der gesetzlichen Vorschriften hält«[64]. Mit diesem Verweis auf die Gesetzeslage war zugleich der Vorwand benannt, der dazu herhalten mußte, um jede tatsächliche Unterstützung des Ministeriums in der Sache ablehnen zu können. Anstatt die zweifellos nicht einfache Frage der gesetzlichen Spielräume für eine solche Sonderstaatsanwaltschaft zu erörtern, lag dem Referenten allein daran – so die Empfehlung an seine Vorgesetzten –, »die Gesichtspunkte zusammenzutragen, die gegen eine Einschaltung des Generalbundesanwalts – gleichviel in welcher Form – sprechen könnten«.

In diesem Sinne betonte er, daß die NS-Verbrechen auf keinen Fall zu politischen Strafsachen mit besonderer Bedeutung, für die Karlsruhe verantwortlich war, heraufgestuft werden sollten. Ferner votierte er grund-

63 Dazu der Leitartikel »Generalabrechnung« von Heinz Schlegel, StZ, 11.9.1958, S. 1, danach das folgende Zitat; »Zentrale Ermittlung. Der Ulmer Prozeß und die Pflicht der Länder« von Karl Moersch in: Die Gegenwart, 20.9.1958, S. 582 f. Laut Moersch ging die Initative für diesen Artikel von einem Gespräch des Redaktionsmitgliedes der *Gegenwart* Benno Reifenberg (später Redakteur der *Frankfurter Allgemeinen Zeitung*) mit Generalstaatsanwalt Fritz Bauer aus. Auf der anschließenden Redaktionskonferenz wurde Moersch beauftragt, einen Appell für die Zentrale Stelle im Sinne der Generalstaatsanwälte Bauer und Nellmann zu verfassen; freundliche telefonische Auskunft Moerschs an den Verfasser, 8.10.2000.

64 BAK, B 141/33770, Vermerk des Ministerialrats Gossrau, 18.9.1958, dort auch die folgenden Zitate.

sätzlich gegen die Einrichtung einer Ermittlungsbehörde, die für das ganze Bundesgebiet zuständig sei und damit womöglich auch die Belange der Bundesjustiz betreffen würde. Was Gossrau schließlich anstelle von Nellmanns Konzept als Lösungsvorschlag vorzubringen wußte, wirft ein Schlaglicht auf die Ignoranz der Ministerialverwaltung gegenüber der Ahndung von NS-Unrecht: Als institutionelles Vorbild für die diskutierte Sonderstaatsanwaltschaft böte sich die erfolgreich arbeitende, den Ländern zugeordnete »Zentralstelle zur Bekämpfung unzüchtiger Schriften, Abbildungen und Darstellungen« an.

Auch für die Verantwortlichen im Bundesjustizministerium – das hieß in dieser Sache: Staatssekretär Walter Strauß und der Leiter der Strafrechtsabteilung Josef Schafheutle – war zu diesem Zeitpunkt nur ein Aspekt von Bedeutung: jede Beteiligung der Bundesanwaltschaft kategorisch abzulehnen. Dahinter dürfte kaum der Wunsch nach Einsparung knapper Haushaltsmittel gestanden haben, sondern vielmehr eine generelle Abneigung, die Zuständigkeit der obersten Anklagebehörde für Staatsschutzdelikte um das Feld der nationalsozialistischen Verbrechen zu erweitern.

In genau diese aus Bonner Sicht unerwünschte Richtung ging ein Brief, den der baden-württembergische Justizminister wenige Tage vor der Ministerkonferenz in Bad Harzburg an seine Kollegen in Bund und Ländern richtete[65]. Mit Nachdruck wies Wolfgang Haußmann darauf hin, daß man sich auf der bevorstehenden Konferenz mit dem Thema der zentralen Ermittlungsstelle werde befassen müssen. Die Angelegenheit galt von Anfang an als Chefsache: Nicht irgendein Referent, sondern Haußmanns Stellvertreter, Ministerialdirektor Emil Müller, verfaßte eine Woche vor der Konferenz einen ersten Entwurf zu Organisation und Aufgabe der Zentralen Stelle, der sich allerdings deutlich von Nellmanns Vorschlägen abhob.

Verglichen mit dem Konzept des Generalstaatsanwalts sollten deren Kompetenzen in dreierlei Hinsicht begrenzt werden: Sie solle sich erstens »vordringlich nur mit den Tatkomplexen« befassen, bei denen »die Tatorte außerhalb des Bundesgebietes liegen«. Für die im Inland begangenen Verbrechen sei hingegen eindeutig festgelegt, daß die örtlichen Staatsanwaltschaften für die Ermittlungen verantwortlich seien. Zweitens, ausgehend von den Straftaten, die in den Prozessen gegen Martin Sommer und das Einsatzkommando Tilsit verhandelt wurden, solle sich die Behörde

65 JM BW, 4110b, Bd. 1, Haußmann an BMJ und Landesjustizverwaltungen, 26.9.1958.

auf Verbrechen »der Vernichtung der jüdischen Bevölkerung und in Konzentrationslagern« beschränken. Und drittens sei zu empfehlen, daß die Behörde, um die Justizhoheit der Bundesländer nicht zu verletzen, keine Anklagevertretung vor Gericht übernehme. Statt dessen solle sie nur im Rahmen von »Vorermittlungen« tätig werden. Der in der Strafprozeßordnung nicht definierte Begriff der »Vorermittlung« lief nach Müllers Entwurf lediglich auf die »Sichtung des Materials« hinaus. Anschließend sei das Verfahren einer Staatsanwaltschaft »zur Verfolgung zu übertragen«, wobei sich deren Zuständigkeit aus dem Wohnort des Beschuldigten ergebe[66]. Mit Nellmanns Ansatz einer vom Ermittlungsbeginn bis zur Anklagevertretung vollständig verantwortlichen Sonderstaatsanwaltschaft hatten diese Überlegungen kaum noch etwas gemein; eher gingen sie in Richtung der von Bayern favorisierten Einrichtung zur Auswertung von NS-Dokumenten[67].

Im Unterschied zu seinem Stellvertreter hegte Haußmann selbst weitaus mehr Sympathien für den Standpunkt des Stuttgarter Generalstaatsanwalts. Unter dem Eindruck des Ulmer Prozesses schien auch er zu der Überzeugung gelangt zu sein, daß die bisherige Untätigkeit der Anklagebehörden NS-Täter zu Unrecht begünstige. Diese für einen westdeutschen Justizminister Ende der fünfziger Jahre durchaus außergewöhnliche Aufgeschlossenheit für Nellmanns Initiative basierte auf der liberalen Grundüberzeugung des Ministers, der mit so unterschiedlichen Persönlichkeiten wie dem Sozialdemokraten Richard Schmid und dem emigrierten jüdischen Juristen Hugo Marx in freundschaftlicher Verbindung stand[68].

Haußmann veranlaßte nun Ministerialdirektor Müller, sich dem Konzept des Generalstaatsanwalts zumindest so weit anzunähern, daß die Zentrale Stelle während der Vorermittlungen mit staatsanwaltschaftlichen Befugnissen ausgestattet werden sollte, vor allem mit dem Recht auf Ver-

66 Ebenda, Vermerk Müller an Haußmann, 23.9.1958.

67 So auch der Vorschlag Röschs vom bayerischen Justizministerium gegenüber Müller, Telefonat vom 26.9.1958, ebenda.

68 Haußmann hatte Schmid bereits in den dreißiger Jahren kennengelernt, als beide gemeinsam in einer Stuttgarter Rechtsanwaltskanzlei gearbeitet hatten. Seitdem, so schrieb Haußmann 1963 an Schmid, verbinde sie eine »festgegründete gute Freundschaft«; HStAS, Q 1/40, Bü. 19, 12.10.1963. Zum Verhältnis Haußmanns zu Schmid in den fünfziger Jahren auch: Der Spiegel, 10.3.1954, S. 7 f. Der freundschaftliche Kontakt mit Hugo Marx veranlaßte Haußmann, das Vorwort für die 1965 veröffentlichte Autobiographie von Marx zu verfassen; vgl. Marx, Werdegang, S. VII f.

nehmung von Beschuldigten und Unterstützung durch die Kriminalpolizei[69]. Obschon der Justizminister hier bereits die Weichen für den späteren Kompetenzzuschnitt der neuen Ermittlungsbehörde stellte, waren seine Überlegungen zu diesem Zeitpunkt kaum mehr als ein Entwurf, der auf dem Treffen in Bad Harzburg zur Beratung gestellt werden sollte.

Zu welchem Ergebnis seine Initiative führen werde, war kurz vor der Konferenz noch nicht ohne weiteres abzusehen. Für detailgenaue Planungen und präzise Vorabsprachen mit den anderen Ländervertretern fehlte die Zeit. In der gebotenen Eile fuhr Ministerialdirektor Müller nach Bonn, um dem Leiter der Strafrechtsabteilung Schafheutle das in Stuttgart erstellte Konzept näher zu erläutern. Per Telefon besprach sich Haußmann überdies mit dem niedersächsischen Justizminister, seinem freidemokratischen Parteifreund Werner Hofmeister[70]. Während letzterer ohne Vorbehalte zustimmte, machte das Bundesjustizministerium sein Votum davon abhängig, daß die Gründung einer Zentralen Stelle keine finanzielle oder organisatorische Verpflichtung des Bundes nach sich ziehen dürfe. Ein Telefongespräch Müllers mit dem Leiter der bayerischen Strafrechtsabteilung Rösch hatte indes ergeben, daß dort in Sachen Ermittlungsbehörde gemauert wurde – was insofern ein Problem darstellte, als Bayern aufgrund des Skandals um den flüchtigen NS-Arzt Eisele die Federführung für die Präsentation des Themas in Bad Harzburg übernommen hatte[71].

Als nun am 1. Oktober 1958 auf der Justizministerkonferenz die Zentrale Stelle zur Diskussion stand, berichtete der bayerische Abteilungsleiter Rösch zur Einführung über den Stand der justitiellen Aufarbeitung von NS-Verbrechen. Dabei geriet sein Vortrag über weite Strecken zu einer bloßen Wiederholung der Rechtfertigungen, die seine Behörde bereits im Anschluß an den Fall Eisele verbreitet hatte. Röschs Haupteinwand gegen die neue Behörde galt dem »sehr erheblichen Sach- und Personalbedarf«, der in keinem Verhältnis zum gesetzlich angeblich vorgeschriebenen, schmalen Aufgabenfeld der Vorermittlungen stehe[72].

69 Ebenda, Entwurf für Haußmanns Rede auf der Justizministerkonferenz, handschriftlich auf den 1.10.1958 datiert.

70 Ebenda, Vermerk Haußmann über ein Telefonat mit Hofmeister, 30.9.1958; Vermerk Müller an Haußmann über ein Gespräch mit Schafheutle im BMJ, 30.9.1958.

71 Ebenda, Vermerk Müller an Haußmann über ein Telefonat mit Rösch, 26.9.1958.

72 BAK, B 141/33770, Referat des Ministerialdirigenten Rösch, Anlage zum Protokoll der 27. Justizministerkonferenz in Bad Harzburg, 1.-3.10.1958.

Ehe die anschließende Diskussion so recht in Schwung kam, hob, bestens präpariert, Haußmann zu einem temperamentvollen Koreferat an[73]. In Anlehnung an Nellmanns und Schüles Erfahrungen im Ulmer Prozeß beanstandete er die vielfältigen strukturellen Mängel der Ermittlungstätigkeiten. Auch sei, so der Minister, »keine Zeit mehr zu verlieren, da die Verjährung der Strafverfolgung wegen Beihilfe zum Mord im Jahre 1960 und die Verjährung der Strafverfolgung wegen Mordes 1965 eintrete«. Aus all diesen Gründen sei die Ermittlungsstelle nicht nur unabdingbar, sie müsse außerdem mit einem angemessenen Personalbestand ausgestattet werden. Jedes Bundesland solle seiner Ansicht nach ein bis zwei Staatsanwälte, außerdem Kriminalpolizisten, Schreibkräfte und die erforderlichen Sachkosten zur Verfügung stellen. Gleich mehrfach und – aus dem Wortlaut des Protokolls zu schließen – mit viel Verve appellierte der Stuttgarter Justizminister an die Konferenz, »den juristischen, historischen und gewissensmäßigen Verpflichtungen nachzukommen«, ansonsten werde man sich »eines ernsten Versäumnisses schuldig machen«.

Die Resonanz auf den Vortrag war überwiegend wohlwollend, ja teilweise begeistert. So lobte der Hamburger Justizsenator Biermann-Ratjen, die Initiative aus Baden-Württemberg sei »geradezu befreiend«. Und selbst der bayerische Justizminister ließ sich überzeugen. Im Laufe der Debatte stellte Ankermüller die Vorbehalte seines Abteilungsleiters nicht nur zurück, sondern setzte sich dafür ein, die Gründung der Zentralen Stelle noch am gleichen Tag und möglichst einstimmig zu beschließen.

Allein zwei der anwesenden Minister vertraten grundsätzliche Bedenken gegen die Errichtung einer neuen Ermittlungsbehörde – Bernhard Leverenz aus Schleswig-Holstein und Hubert Ney aus dem Saarland, beide Vertreter von Bundesländern, in denen die Komplizenschaft der politischen Führung mit NS-Tätern wohl am stärksten ausgebildet war[74]. Ney

73 JM BW, 4110b, Bd. 1, Entwurf für Haußmanns Rede auf der Justizministerkonferenz, handschriftlich auf den 1.10.1958 datiert. Zum folgenden das Protokoll der 27. Justizministerkonferenz in Bad Harzburg, 1.-3.10.1958 in: BAK, B 141/33770.

74 Vgl. etwa das Agieren beider Landesregierungen während der Verhandlungen über das Richtergesetz, dazu Kapitel I. 5. Zum Umgang des Saarlandes mit der NS-Vergangenheit vgl. die regionalgeschichtliche Studie über die französische Entnazifizierungspolitik von Möhler, Entnazifizierung. Die besonderen vergangenheitspolitischen Verhältnisse in Schleswig-Holstein veranschaulicht die Affäre um den NS-»Euthanasie«-Arzt Heyde sowie die Tatsache, daß die Landesregierung den einstigen Staatssekretär im NS-Reichsjustizministerium, Franz Schlegelberger, in seinem Rechtsstreit um erhöhte Pensionseinkünfte unterstützte; dazu Godau-Schüttke, Heyde/Sawade-Affäre; Förster, Jurist, S. 167 ff.

kritisierte, es sei ein Fehler, »das deutsche Volk durch solche Prozesse immer wieder von neuem aufzuwiegeln«; vielmehr gelte es, »unserem Volke die verdiente Ruhe zu gönnen«. Angesichts der zahlreichen Voten für die Zentrale Stelle berief sich der taktisch versiertere schleswig-holsteinische Justizminister nicht auf solch abgegriffene »Schlußstrich«-Forderungen. Er argumentierte nach der Devise, wenn die neue Behörde schon nicht zu verhindern war, so sollte sie zumindest ein Minimum an Kompetenzen erhalten.

Mit Blick auf die Aufgabenbereiche der Ermittlungsstelle wollte Leverenz zunächst geklärt wissen, »was unter nationalsozialistischen Gewalttaten zu verstehen« sei. Eine genaue Definition wagte niemand, doch nach einigen Überlegungen verständigte man sich auf die »willkürlichen Erschießungen und die Tätigkeit der Einsatzkommandos«. Fest stehe, hob der Stuttgarter Ministerialdirektor Müller hervor, »daß die Zentralstelle nicht uferlos ermitteln solle«. Diese Antwort stellte den ehemaligen Marinerichter Leverenz nicht zufrieden. Schon eine systematische Recherche von Belastungsmaterial erklärte er für »nicht unbedenklich«. Um so entschiedener stemmte er sich gegen die von Haußmann geforderte Kooperation mit der Kriminalpolizei und argumentierte, die Konferenz greife damit »in die Kompetenz der Innenminister ein, deren Polizeibeamte ebenfalls die Pflicht zur Aufklärung« hätten. Schließlich befiel Leverenz größte Skepsis angesichts der Aussicht, die unerwünschte Zentralbehörde könnte in Schleswig-Holstein Ermittlungen aufnehmen und die dortige Justiz dafür in Anspruch nehmen. Daher wünschte er vorab eine Festlegung, ob die Zentrale Stelle mit entsprechenden Weisungsbefugnissen ausgestattet werden sollte.

All die von Leverenz vorgebrachten Fragen bargen so viel Konfliktstoff, daß die Minister einer genaueren Vereinbarung aus dem Weg zu gehen suchten. Statt dessen fand Hofmeisters Verlegenheitslösung Zustimmung, vorerst »noch keine Vorschläge für die Organisation der Stelle im einzelnen« auszuarbeiten. Diese Aufgabe sollte vielmehr erst später angegangen werden, nach einstimmiger Meinung unter der Federführung von Wolfgang Haußmann. Als Spiritus rector der Zentralen Stelle wurde er beauftragt, die nachfolgenden Absprachen für deren Konzeption zu koordinieren, darüber hinaus sollte die Behörde in seinem Bundesland aus der Taufe gehoben werden und Haußmann als Dienstherr fungieren.

Warum, diese Frage drängt sich angesichts der zahlreichen Bedenken im Vorfeld und auf der Bad Harzburger Konferenz auf, fiel der Gründungsbeschluß für die Zentrale Stelle dennoch einstimmig aus? Die Ursachen waren vielfältig, an erster Stelle ist aber die Unbestimmtheit und Konturlosigkeit der Entscheidung zu betonen. Denn ausgesprochen diffus blieben die Aufgaben der Behörde, die laut der offiziellen Entschließung darin bestanden, »das vorhandene und erreichbare Material auszuwerten, die erforderlichen Vorermittlungen zu führen und die Koordinierung der Strafverfolgung sicherzustellen«[75].

Ohne Zweifel beruhte die Zustimmung zur Zentralen Stelle ferner auf einer Stimmungslage in den Ministerien, die sich in den vorangegangenen Wochen spürbar gewandelt hatte. Dahinter stand jedoch nicht nur die Skandalisierung der sträflich vernachlässigten Ahndung der NS-Verbrechen durch die Presse. Auch die »Blutrichter«-Kampagne der DDR und die kritischen Nachfragen aus Großbritannien hatten einen bedeutsamen Anteil am Meinungsumschwung in Bad Harzburg[76]. So bot sich die Gründung der Zentralen Stelle, indem sie ein deutliches Zeichen für die justitielle Aufklärung von NS-Unrecht setzte, gleichsam als Ventil für den massiven außenpolitischen Druck an, ohne daß man hinsichtlich der belasteten Richter aktiv werden mußte.

Vor diesem Hintergrund war es durchaus folgerichtig, daß der niedersächsische Justizminister in Bad Harzburg auf der einen Seite betonte, durch die Ermittlungsbehörde werde die »beschleunigte, gerechte Sühne« der Verbrechen erreicht[77], während er auf der anderen Seite die Anschuldigungen der DDR-Broschüren schlichtweg als Lügen abtat und erklärte, für die Richterschaft gebe es keine Notwendigkeit, in die »Überprüfung dieser Fälle einzutreten«[78]. Auch der Bundesjustizminister wollte die Gründung der Zentralen Stelle zur Aufbesserung seines Ansehens nutzen, das – zumindest in England – aufgrund seiner kategorischen Abwehr der ostdeutschen Vorwürfe arg ramponiert war[79]. Daher legte Schäffer ausdrücklich Wert darauf, die entsprechende Presseerklärung dahingehend »zu ergänzen, daß der Bundesminister der Justiz die Bestre-

75 BAK, B 141/33770; Protokoll der 27. Justizministerkonferenz in Bad Harzburg, 1.-3.10.1958.

76 Dazu Kapitel I. 2.

77 Ebenda, Zitat aus Hofmeisters Entwurf für die Entschließung der Justizministerkonferenz zur Gründung der Zentralen Stelle.

78 BAK, B 141/33726, Protokoll der vertraulichen Beratung auf der 27. Justizministerkonferenz vom 1. bis 3.10.1958 in Bad Harzburg zur Frage der »Wiederverwendung von Richtern und Staatsanwälten der nationalsozialistischen Zeit in der Bundesrepublik«.

79 Zum folgenden BAK, B 141/33770, Protokoll der 27. Justizministerkonferenz in Bad Harzburg, 1.-3.10.1958.

bungen begrüße und jede mögliche Unterstützung« zusage. Diese unverbindlichen Sätze sollten nicht zuletzt auch die parlamentarische Anfrage des SPD-Bundestagsabgeordneten Werner Jacobi abwehren. Der frühere KZ-Häftling hatte nämlich angesichts des Einsatzgruppen-Prozesses die Bundesregierung ein paar Wochen zuvor aufgefordert, »dafür Sorge zu tragen, daß eine umfassende Sammlung des Materials über die nationalsozialistischen Konzentrationslager« erfolge[80].

Wie erhofft, lobte die Tagespresse den schnellen Beschluß zur Errichtung der Zentralen Stelle. Er sei geeignet, so die *Frankfurter Allgemeine Zeitung*, »dem Gefühl der Sicherheit wieder etwas Boden zu geben«[81]. Daß die Nachricht von der verstärkten Ermittlung der NS-Verbrechen abseits der inzwischen aufmerksamen und kritisch kommentierenden Medienöffentlichkeit auf wenig Beifall stoßen könnte, war den Justizministern indessen nur allzu bewußt. Mit Blick auf die handfesten Ressentiments gegen alles, was auch nur entfernt mit den alliierten Strafprozessen und politischen Säuberungen in Zusammenhang gebracht werden konnte, stellte Senator Biermann-Ratjen auf der Pressekonferenz eindeutig klar: »Wir wollen keine Überprüfung, sondern Verbrechen feststellen«. Ebenso lag ihm an der Klarstellung, daß die Gründung der Zentralen Stelle weder die Entnazifizierungsschlußgesetze der Länder tangiere noch eine Gesetzesänderung erfordere[82].

Des Senators Verweis, daß die aufgenommene Ermittlungsarbeit im Rahmen der bestehenden Gesetze erfolge, war in der Tat das zentrale Argument, um die Vorbehalte in Politik, Justiz und Öffentlichkeit gegenüber der neuen Behörde zu überwinden. »Keine neuen Gesetze!« – dieser so deutlich nicht formulierte, aber handlungsleitende Grundsatz markierte eine symbolische Grenze, die zu überschreiten die Rechtspolitiker Ende der fünfziger Jahre um keinen Preis bereit waren. Alles, was über eine Verwaltungsvereinbarung hinausging und die Rechtskraft einer legislativen Entscheidung besaß, lief Gefahr, unter das Verdikt des »Sondergesetzes« zu fallen und damit als Fortsetzung des vermeintlichen Unrechts alliierter Säuberungsmaßnahmen zu gelten.

80 »SPD-Anfrage wegen ungeahnter KZ-Verbrechen«, StZ, 3.9.1958, S. 4. Vgl. auch BT-Drucksachen 3. WP, Nr. 585, mündliche Anfrage des Abgeordneten Jacobi für die 47. Sitzung des BT am 29.10.1958.

81 Kommentar »Aufräumen«, FAZ, 6.10.1958, S. 1. Weitere Berichte vom 6.10.1958 zu dem Beschluß: »Justizminister beschließen Zentralstelle«, FR, S. 1; »Länder bilden Ermittlungsbehörde«, Die Welt, S. 2.

82 »Verfolgung von Kriegs- und KZ-Verbrechen«, FAZ, 6.10.1958, S. 1.

Die einzige kritische Wortmeldung unter den Kommentaren zum Bad Harzburger Beschluß stammte von einem Insider, der zugleich ein Verfechter der Idee einer zentralen Ermittlungsbehörde war – von Fritz Bauer. In der protestantischen Zeitschrift *Stimme der Gemeinde* stellte der hessische Generalstaatsanwalt vor dem Hintergrund seiner einschlägigen Kenntnisse Überlegungen an, die über den Horizont der ministeriellen Beratungen weit hinausgingen[83]. So begrüßte er zwar die angekündigte Errichtung der Zentralen Stelle, machte aber zugleich darauf aufmerksam, daß »entscheidende Fragen noch nicht beantwortet« seien. Denn gerade bei Strafsachen der Konzentrations- und Vernichtungslager würden ungewöhnliche Schwierigkeiten auftreten: Komplexe historische Vorgänge seien zu rekonstruieren, Zeugen, die zumeist im Ausland lebten, zu vernehmen und untergetauchte Personen ausfindig zu machen. Mit Nachdruck hob Bauer hinsichtlich der in Frage kommenden Tätergruppen hervor, daß »nicht nur an die Werkzeuge und Handlanger in den untersten Rängen, sondern auch an die geistigen Urheber gedacht werden« müsse.

Problematisch sei darüber hinaus, daß die Ermittlungsstelle – dies entspreche zumindest seinen Erfahrungen – nicht auf die Unterstützung der lokalen Staatsanwaltschaften bauen könne. Statt dessen sei zu erwarten, daß sie »aufatmend Dutzende und aber Dutzende unerledigter Akten der Zentralstelle zuleiten« würden. Angesichts der Tatsache, daß es viel Mühe koste, unter den konservativen Juristen Staatsanwälte für politische Referate zu gewinnen, werde es voraussichtlich erheblich mehr Schwierigkeiten bereiten, motivierte Mitarbeiter für eine Behörde zu finden, die allein für NS-Sachen zuständig sein werde. »Persönliche Neigung und Eignung der Beamten ist aber selbstverständliche Voraussetzung für eine erfolgreiche Arbeit«, so die Einschätzung des Generalstaatsanwalts, der aus dem Justizalltag nur zu genau wußte, auf welch hartnäckige Ablehnung die Ahndung von NS-Verbrechen bei den Staatsanwälten stieß. Nicht besser sei es um die Richterschaft bestellt. Ungeachtet der Rechtsprechung des Bundesgerichtshofs, die den behaupteten Befehlsnotstand der Angeklagten nur in Ausnahmefällen gelten lasse, sei es vor Schwurgerichten Usus, der Standardeinlassung »Gesetz sei Gesetz und Befehl sei Befehl« Gehör zu schenken und ihr »vielfach mit Freisprüchen und Amnestierung« zu entsprechen.

83 Zum folgenden »Mörder unter uns« in: Stimme der Gemeinde zum kirchlichen Leben, zur Politik, Wirtschaft und Kultur, 10. Jg. (1958), H. 22, S. 789-792; Wiederabdruck in: Bauer, Humanität, S. 97 ff.

Im Anschluß an diese nüchterne Bestandsaufnahme entwarf Bauer sein eigentliches Anliegen in wenigen programmatischen Sätzen: »Nachdem 15 bis 20 Jahre seit den entsetzlichen Geschehnissen verflossen sind, sind einer umfassenden strafrechtlichen Bereinigung Grenzen gesetzt, nicht aber einer Feststellung und möglichst allseitigen Erkenntnis der Wahrheit. Sie sollte unter allen Umständen angestrebt werden. Schon sie könnte die heimische Flut bequemen Vergessens eindämmen, zu einer Klärung dessen führen, was rechtlich gut und böse war und – frei von jeder Splitterrichterei – die vergangene und zukünftige Verantwortung aller Bürger für das politische und menschliche Geschehen in ihrem Staat ins öffentliche Bewußtsein rücken.«

Nach Auffassung des hessischen Generalstaatsanwalts lag also die zentrale Konsequenz, die aus der NS-Erfahrung und den monströsen Verbrechen zu ziehen war, in der kritischen Vergegenwärtigung der Vergangenheit. Das hieß für ihn nicht nur, die Fakten der Verbrechen zur Kenntnis zu nehmen, sondern vielmehr die Frage nach den politisch-moralischen Verantwortlichkeiten in der NS-Zeit zu stellen. Eine solche Selbstaufklärung über die Vergangenheit verstand Bauer – in einem eher appellativen denn präzise durchdachten Sinne – als Beitrag zu einem demokratischen Selbstverständnis der westdeutschen Gesellschaft.

Die Zentrale Stelle solle daher, so konkretisierte Bauer diesen Gedanken, »keine ausschließlich strafrechtliche Zielsetzung haben«, sondern zugleich einen politischen Bildungsauftrag übernehmen. Zu diesem Zweck seien zusätzlich »zeitgeschichtlich interessierte Historiker« hinzuzuziehen, die in der neuen Institution gemeinsam mit Juristen Dokumentationen erstellten, beispielsweise über die Geschichte der Konzentrationslager[84]. Voraussehbares Ergebnis solcher Forschungs- und Ermittlungsarbeit werde die Erkenntnis sein, daß »›Mörder unter uns‹ sind, und sicher in wesentlich größerer Zahl, als die braven Bürger allgemein wahrhaben wollen«. Ob die Täter aber vor Gericht gestellt würden, lag aus Sicht Bauers nicht zuletzt daran, inwieweit der Zentralen Stelle Einfluß auf die

84 Erst im Zuge des Frankfurter Auschwitz-Prozesses von 1963 bis 1965 sollte es Fritz Bauer schließlich selbst gelingen, eine engere Zusammenarbeit zwischen Juristen und Zeithistorikern anzustoßen. Im Auftrag der Staatsanwaltschaft erstellten damals Historiker des Instituts für Zeitgeschichte (Martin Broszat, Hans Buchheim, Hans-Adolf Jacobsen und Helmut Krausnick) herausragende Gutachten über den NS-Verfolgungsapparat, die, 1965 unter dem Titel »Anatomie des SS-Staates« veröffentlicht, wegweisend für die empirische Zeitgeschichtsforschung waren. Zu Entstehung und Bedeutung der Gutachten vgl. Frei, Auschwitz-Prozeß, und Wojak, Herrschaft.

künftige Strafverfolgung zugestanden werde. Hellsichtig konstatierte er, daß der entscheidende Aspekt dabei die staatsanwaltschaftlichen Vollmachten der Ermittlungsstelle darstellten. Diese seien ohne jede Einschränkung zu gewähren, denn entgegen anderweitiger Behauptungen lasse die Gesetzeslage es durchaus zu, daß jeder zur Zentralen Stelle entsandte Mitarbeiter »auch dort Funktionen seiner heimischen Staatsanwaltschaft« ausübe.

Mit dieser Einschätzung führte der hessische Generalstaatsanwalt die Argumentation der Justizminister zur Frage der Befugnisse der neuen Behörde auf ihren eigentlichen Kern zurück: Nicht die Gesetzeslage gab den Ausschlag, über welche Kompetenzen die Zentrale Stelle verfügte, sondern allein die politischen Interessen der Ländervertreter. Wie weit deren Vorstellungen jedoch voneinander entfernt waren, sollten die schon bald einsetzenden Querelen um die Verwaltungsvereinbarung zeigen.

Damit die Errichtung der Zentralen Stelle nicht weiter verzögert werde, machte sich Minister Haußmann umgehend an die Umsetzung des Gründungsbeschlusses. Nur drei Tage nach Ende der Justizministerkonferenz erwirkte er das Einverständnis des baden-württembergischen Kabinetts für die Ermittlungsstelle[85]. Sein Stellvertreter Müller führte derweil Gespräche mit Nellmann sowie mit Schüle[86], der aufgrund seiner Verdienste im Einsatzgruppen-Prozeß als Leiter der Zentralen Stelle vorgesehen war – ungeachtet seiner SA- und NSDAP-Mitgliedschaft, die dem Ministerium durchaus bekannt war[87]. Müllers Konzept für die Zentrale Stelle wurde alsbald an die übrigen Justizverwaltungen verschickt und die gemeinsame Entscheidung darüber auf den 6. November 1958 angesetzt, im Anschluß an ein Treffen des Rechtsausschusses des Bundesrats in Bonn[88].

Wie bei einem solchen Verfahren üblich, setzten sich zunächst die zuständigen Fachbeamten der Länder zusammen, um die Hauptlast der

85 JM BW, 4110b, Bd. 1, Auszug aus dem Protokoll der Ministerratssitzung am 6.10.1958.

86 Ebenda, Vermerk Müller über Besprechung mit Nellmann und Schüle am 5.10. 1958 und mit Schüle allein am 31.10.1958. Etwaige Einsprüche Nellmanns oder Schüles zur Konzeption werden in den Vermerken nicht erwähnt.

87 Ebenda, Vermerk Müller an Haußmann, 31.10.1958. Als die Zentrale Stelle in Ludwigsburg kurz vor Aufnahme ihrer Arbeit stand, informierte Haußmann die übrigen Justizminister u. a. auch über Schüles Parteibeitritt 1937. Auch keiner von Haußmanns Kollegen nahm am Werdegang des künftig wichtigsten Staatsanwalts in NS-Sachen Anstoß; ebenda, Haußmann an Justizminister, 22.11.1958.

88 Ebenda, Haußmann an die Landesjustizverwaltungen, 18.10.1958.

Abstimmungsarbeit vorzunehmen. Schnell stellte sich dabei heraus, daß die Frage der Ermittlungskompetenzen am stärksten umstritten war[89]. Gemeinsam mit seinem Hamburger Kollegen plädierte Ministerialdirektor Müller aus Stuttgart dafür, der Zentralen Stelle, obschon sie keine Staatsanwaltschaft sei, eine »gewisse Ermittlungstätigkeit« zuzugestehen. Andernfalls könne sie ihre Aufgabe, Tatkomplexe herauszuarbeiten und Verdachtsmomente aufzuklären, nicht erfüllen. So aber wollten die übrigen Ministerialbeamten den Beschluß von Bad Harzburg nicht verstanden wissen. Am schärfsten verwahrte sich der Ministerialreferent aus Nordrhein-Westfalen gegen jegliche Ermittlungen »im technischen Sinne« wie die Vernehmung von Zeugen. Auch wollte er erreichen, daß in bezug auf die Zentrale Stelle das im Strafrecht geltende Legalitätsprinzip ausgesetzt wurde.

Für Emil Müller, der sich inzwischen die Überzeugungen seines Chefs zu eigen gemacht hatte, war mit diesen Vorbehalten die Grenze seiner Kompromißbereitschaft überschritten: Die Verantwortung für eine reine »Aktensammelstelle« werde Baden-Württemberg nicht tragen. »Wenn die Länder solche Einschränkungen beschließen sollten«, drohte Müller, »möge das Land, das diese durchsetzt, die Stelle übernehmen«. Soweit, die Entscheidung der Justizministerkonferenz nachträglich wieder aufzuheben, wollte dann doch keiner der Referenten, zumindest nicht ohne Rücksprache mit seinem Vorgesetzten, gehen.

Aber auch auf der anschließenden Sitzung der Justizminister konnte dieser Konflikt nicht beigelegt werden[90]. Minister Haußmann erreichte zwar das Zugeständnis, daß die Zentrale Stelle Zeugen und Beschuldigte vernehmen konnte. Allerdings sollte dieses Anhörungsrecht ausdrücklich nicht festgelegt werden. Offen blieb auch, ob die Ermittlungsstelle eine reguläre, mit dem Status einer juristischen Person des öffentlichen Rechts ausgestattete Behörde sei – was ohne ein entsprechendes Gründungsgesetz höchst fraglich war[91]. Und obschon feststand, daß die baden-würt-

89 Zum folgenden: Erinnerungsprotokoll Müller vom 8.11.1958 zu den Verhandlungen der Referenten und Justizminister am 6.11.1958 in Bonn; ebenda.

90 Zum folgenden BAK, B 141/33770, Protokoll der Justizministerkonferenz in Bonn, 6.11.1958.

91 Aufgrund des ungeklärten Status wurde des öfteren von Beschuldigten gegen die Zentrale Stelle mit der Begründung geklagt, daß der Gründungsbeschluß der Ministerkonferenz von 1958 rechtswidrig gewesen sei. Erst 1969 legte der Verwaltungsgerichtshof Baden-Württemberg in einem Urteil endgültig fest, daß Ludwigsburg über einen rechtmäßigen Behördenstatus verfüge; vgl. dazu Rückerl, NS-Verbrechen, S. 148 f.

tembergische Landesjustizverwaltung die Dienstaufsicht über das Personal der neuen Institution ausüben sollte, blieb in der Schwebe, inwiefern deren Leiter gegenüber anderen Staatsanwaltschaften weisungsbefugt war.

Kaum mehr Klarheit herrschte hinsichtlich der Frage, unter welchen Bedingungen sich die Zusammenarbeit mit den Kriminalpolizeistellen der Bundesländer gestalten sollte[92]. Für ausreichend wurde eine vage Absichtserklärung erachtet, in der es hieß, die Justizminister würden darauf »hinwirken«, daß die Ersuchen der Zentralen Stelle unverzüglich bearbeitet würden. Nur in einer Hinsicht konnte die Ermittlungsstelle Ansprüche an die Justizbehörden stellen: Sie war berechtigt, bei abgeschlossenen oder laufenden NS-Verfahren »ergänzende Auskünfte oder die Vorlage der Akten zu verlangen«. Im Blick auf alle übrigen Punkte ersannen die Justizminister die salvatorische Formel, die baden-württembergische Justizverwaltung werde »in Fragen grundsätzlicher Bedeutung ein Einvernehmen mit den beteiligten Landesjustizverwaltungen herstellen«.

Daß trotz der unverkennbaren Meinungsdifferenzen im Einzelfall eine konsensuelle Einigung angestrebt war, mag auf den ersten Blick paradox erscheinen, entbehrte aber nicht einer inneren Logik. Denn ex negativo konnte dieser Satz auch so ausgelegt werden, daß den Ländern in den absehbaren, ja unvermeidbaren Konflikten mit der Zentralen Stelle ein Vetorecht vorbehalten blieb, mit dem sich die Ermittlungsarbeit trefflich blockieren ließ.

Als besonders problematisch erwies sich auf der Sitzung der Justizminister die Frage, welche Straftaten die Zentrale Stelle eigentlich ermitteln sollte. Aus Bayern kam der Vorstoß, den Auftrag erheblich auszuweiten, und zwar auf »Verbrechen an Deutschen in der Kriegsgefangenschaft, bei der Vertreibung und gewaltsamen Aussiedlung sowie im Zusammenhang mit der Rechtsunsicherheit der ersten Nachkriegsjahre«. Diese unter dem Einfluß von Vertriebenenfunktionären zustande gekommene Forderung des bayerischen Landtags folgte sichtlich dem populistischen Ansinnen, die NS-Verbrechen mit den nach Kriegsende einsetzenden Gewalttaten in Osteuropa aufzurechnen. Von der Mehrheit der Ressortchefs aber wurde ein solches – auch strafrechtlich hochproblematisches Unterfangen (die potentiellen Täter lebten nicht in der Bundesrepublik und waren damit außer Reichweite der westdeutschen Justiz) – zurückgewiesen.

92 Zum folgenden BAK, B 141/33770, Verwaltungsvereinbarung über die Errichtung einer zentralen Stelle der Landesjustizverwaltungen zur Aufklärung nationalsozialistischer Verbrechen, 13.11.1958.

Für dieses Votum wurden bezeichnenderweise nicht prinzipielle Erwägungen ins Feld geführt, sondern die erwartete schlechte Resonanz in den Medien. Derartige Änderungen würden »bei Rundfunk und Presse Verwirrung stiften«, befürchtete der nordrhein-westfälische Minister Flehinghaus[93].

Nach der klaren Ablehnung des Vorstoßes aus Bayern war endgültig entschieden, daß die Zentrale Stelle jene Straftaten ermitteln sollte, die erstens – um die Kompetenzen westdeutscher Staatsanwälte nicht zu beschneiden – außerhalb des Bundesgebietes und zweitens nur in Konzentrationslagern, Ghettos und durch Einsatzgruppen verübt worden waren. In Hinsicht auf den letzteren Tatkomplex wurde in der Verwaltungsvereinbarung zudem präzisiert, daß es dabei ausschließlich um Verbrechen »gegenüber Zivilpersonen außerhalb der eigentlichen Kriegshandlungen« gehe[94]. Offensichtlich beruhte diese zusätzliche Klausel, die der baden-württembergische Ministerialdirektor Müller vorgelegt hatte[95], auf den Erfahrungen im Ulmer Einsatzgruppen-Prozeß, der die Beteiligung der Wehrmacht an der Vernichtung der jüdischen Bevölkerung deutlich vor Augen geführt hatte. Ausgeschlossen war damit ferner, daß andere Wehrmachtsverbrechen – wie die Ermordung der sowjetischen Kriegsgefangenen und die Massaker an der Zivilbevölkerung unter dem Deckmantel der »Partisanenbekämpfung« – zum Gegenstand von Ermittlungen wurden[96].

Der Ermittlungsauftrag der Zentralen Stelle spiegelt recht exakt jenes Bild wider, das sich die westdeutsche Gesellschaft zu Ende der fünfziger Jahre vom Unrecht der NS-Zeit zurechtgelegt hatte. Im Vordergrund, und dies war neu, stand nun die Ermordung von Juden durch die Truppen des Sicherheitsdienstes und der Sicherheitspolizei. Die Verbrechen

93 Ebenda, Protokoll Justizministerkonferenz in Bonn, 6.11.1958.

94 Ebenda, Verwaltungsvereinbarung über die Errichtung einer Zentralen Stelle der Landesjustizverwaltungen zur Aufklärung nationalsozialistischer Verbrechen, 13.11.1958.

95 JM BW, 4110b, Bd. 1, Entwurf einer Verwaltungsvereinbarung über die Errichtung einer zentralen Stelle, verfaßt von Emil Müller, 18.10.1958.

96 Nicht zuletzt fand in dieser Einschränkung die Straffreistellung von Wehrmachtsangehörigen ihre Fortsetzung, die der Bundesgerichtshof 1955 erlassen hatte. In dem entsprechenden Urteil hatten die Bundesrichter Geiselerschießungen der Wehrmacht als zulässige »Repressalie« qualifiziert, unabhängig von der Frage, ob eine Verhältnismäßigkeit zur geahndeten Tat bestanden hatte; BGH 3 StR 603/54 vom 5.5.1955, nicht veröffentlicht; vgl. dazu Ostendorf, Auswirkungen, S. 91.

an der nichtjüdischen Bevölkerung galten hingegen, analog zum Wiedergutmachungsrecht, als kriegsbedingte Maßnahmen, die weder strafrechtlich verfolgt noch entschädigt werden sollten[97]. Welch engen Grenzen die Ahndung unterworfen blieb, demonstrierte auch der Umstand, daß die im Inland begangenen Straftaten nicht ins Visier der Ermittlungsbeamten geraten sollten. Indem auf diese Weise das nationalsozialistische Unrecht gleichsam exterritorialisiert und auf unbestimmte Verbrechensorte im fernen »Osten« verlagert wurde, blieb weiterhin im dunkeln, in welchem Ausmaß auch im Westen Deutschlands und in der einstigen Hauptstadt Berlin NS-Verbrechen nicht nur verübt, sondern auch – und dies war nicht minder brisant – von seiten des Regierungs-, Polizei- und Verwaltungsapparates geplant und gesteuert worden waren.

Der beste Sitz für die Zentrale Stelle, so entschied Ministerialdirektor Müller, sei Ludwigsburg, da im Verwaltungstrakt des dortigen Gefängnisses einige Arbeitszimmer zur Verfügung standen. Überdies hatte Ludwigsburg gegenüber Tübingen, das für die Ansiedlung ebenfalls in Erwägung gezogen wurde, den Vorzug, nicht weit vom Justizministerium in Stuttgart entfernt zu liegen[98]. Die vorgesehenen Büroräume aber befanden sich in einem miserablen Zustand. Als Schüle am 1. Dezember 1958 seinen Dienst in Ludwigsburg antrat, fand er statt Stühlen, Schreibtischen und Regalen nur Reste aus dem provisorischen Lager der Gefängnisverwaltung vor. Seine erste, mehrere Tage in Anspruch nehmende Amtshandlung bestand daher darin, mit seinem Geschäftsleiter, einem Justizbeamten des mittleren Dienstes, und zwei Schreibkräften die Räume zu entrümpeln[99].

Nach diesem desolaten Auftakt, zugleich Sinnbild dafür, wie marginalisiert der institutionelle Neuanfang der Strafverfolgung von NS-Verbrechen war, sollte es noch ein paar Monate dauern, bis aus dem Provisorium eine arbeitsfähige Behörde wurde. Anfang Februar nahm als erster Sachbearbeiter in Ludwigsburg Staatsanwalt Fritz Schneider seine Arbeit auf, der Schüle bereits während des Ulmer Prozesses zur Seite gestanden hatte. Erst gegen Ende des Jahres 1959 waren schließlich alle Planstellen der Zentralen Stelle besetzt: neun Schreibkräfte, zwei Beamte des mittleren Dienstes und neben Schüle zehn junge Staatsanwälte und Richter,

97 Vgl. Herbert, Nicht entschädigungsfähig?, S. 279.
98 Ebenda, Vermerk Müller, 31.10.1958.
99 Angaben nach ebenda und dem Interview Frei mit Schüle, 6.6.1989.

die sich für ihre neue Tätigkeit überwiegend aufgeschlossen zeigten[100]. Gemessen an dem enormen Arbeitsaufwand, den eine umfassende Ermittlung aller »Endlösungs«-Verbrechen in Osteuropa bedeutet hätte, war die Ludwigsburger Behörde freilich heillos unterbesetzt – was sie, um die Ahndungsaktivitäten nicht »ausufern« zu lassen, durchaus auch sein sollte.

Schüle allerdings nahm seine neue Aufgabe sehr ernst und entwickelte eine geradezu rastlose Betriebsamkeit[101]. Um einen Überblick über alle in Westdeutschland abgeschlossenen und noch laufenden Ermittlungsverfahren zu gewinnen, verschickte er an sämtliche Justizverwaltungen Fragebögen, die in der Ludwigsburger Zentralkartei ausgewertet wurden. Darüber hinaus konnte Schüle in seiner neuen Tätigkeit direkt an die Erfahrungen aus dem Ulmer Prozeß anknüpfen: In kurzer Zeit nahm er Verbindung zu zahlreichen Archiven und Forschungsinstituten im In- und Ausland auf und suchte insbesondere den Austausch mit dem Institut für Zeitgeschichte[102]. Neben Auskünften in Einzelfragen, die in der Anfangszeit zumeist Helmut Krausnick erteilte, ernannte das bayerische Justizministerium schon 1959 einen Staatsanwalt, der eigens für die Zentrale Stelle Recherchen im Archiv des Instituts durchführte[103].

Von großer Bedeutung für den Erfolg der Ermittlungen war der Umstand, daß Schüle eng mit Verbänden ehemaliger Konzentrationslagerhäftlinge kooperierte. Vor allem das Internationale Auschwitz-Komitee unter Leitung von Hermann Langbein vermittelte den Kontakt zu Über-

100 Angaben nach dem Interview Frei mit Schüle, 6.6.1989, und dem Bericht Schüles über die Tätigkeit der Zentralen Stelle in der Zeit vom 1.12.1958 bis 1.6.1960; JM BW, 4110b, Bd. 2, 27.6.1960.

101 Zum folgenden: Bericht Schüles über die Tätigkeit der Zentralen Stelle vom 1.12.1958 bis 1.5.1959, 14.5.1959; ebenda.

102 Abgesehen vom Kontakt mit dem Institut für Zeitgeschichte besuchte Schüle in der Zeit bis Mitte 1959 das Bayerische Staatsarchiv Nürnberg, das staatliche Archivlager Göttingen, die »Dienststelle zur Benachrichtigung der Angehörigen von Gefallenen und Vermißten«, Berlin, sowie das Document Center, Berlin. Außerdem nahm er schriftlichen Kontakt mit der Wiener Library, London, dem Centre de Documentation Juive Contemporaine, Paris, dem Rijksinstitut voor Oorlogsdocumentatie, Amsterdam, Yad Vashem, Jerusalem, der Agency Palestine, New York, und der United Restitution Organization, Frankfurt am Main, auf; ebenda.

103 Diese Zusammenarbeit zwischen der Staatsanwaltschaft München und der Zentralen Stelle wurde auf Anregung Schüles eingerichtet und ab März 1959 dem Staatsanwalt Eduard Schmitt übertragen; ebenda, Verfügung Schüles für die Mitarbeiter der Zentralen Stelle, 24.3.1959.

lebenden, die oft erst durch die Fürsprache Langbeins den Mut zu einer Zeugenaussage fanden[104]. Ähnliche vertrauensbildende Maßnahmen unternahm der Generalsekretär des Jüdischen Weltkongresses, Gerhart Riegner. Nach seinem ersten Besuch in der Zentralen Stelle im Frühjahr 1959 warb er in Israel für die Zusammenarbeit mit den deutschen Ermittlern – und hatte Erfolg bei Verfolgtenorganisationen, Historikern und sogar der Staatsanwaltschaft, die im Auftrag der Zentralen Stelle Zeugen vernahm[105].

Die Arbeitsorganisation der Zentralen Stelle erfolgte nach systematischen Kriterien, um die Verbrechen nach Orten und Tätergruppen möglichst lückenlos zu erfassen. Zu diesem Zweck waren die Mitarbeiter für einzelne, klar voneinander abgegrenzte Besatzungsgebiete zuständig und konnten sich so ein enormes Fachwissen über regionale Verwaltungsstrukturen und SS-Einsätze aneignen[106]. Wie effizient ihr Vorgehen war, veranschaulichte bereits die erste Bilanz nach sechs Monaten: Bis Mai 1959 hatte die Zentrale Stelle 180 Vorermittlungsverfahren bearbeitet, 40 davon waren durch Zeugenvernehmungen, Dokumentenrecherchen und externe Gutachten so weit vorangeschritten, daß man sie an die zuständigen Staatsanwaltschaften abgegeben hatte. Selbst erste Festnahmen konnte die Zentrale Stelle in dieser Anfangsphase vorweisen: ein ehemaliger Arzt des Konzentrationslagers Sachsenhausen, drei Mitglieder von Sonderkommandos, im Oktober 1959 schließlich fünf frühere Mitarbeiter der Sicherheitspolizei und des SD im Raum Minsk, darunter am spektakulärsten der Präsident des Landeskriminalamtes von Rheinland-Pfalz, Georg Heuser[107].

104 In besonderem Maße richtete Hermann Langbein seine Aktivitäten auf die Ermittlungen gegen das Personal des Konzentrations- und Vernichtungslagers Auschwitz und trug maßgeblich zur raschen Ausweitung des später vor dem Frankfurter Landgericht verhandelten Verfahrens bei. Ausführlich dazu Robusch, Langbein, S. 53 ff.

105 Ebenda, Bericht Schüles über die Tätigkeit der Zentralen Stelle vom 1.12.1958 bis 1.5.1959, 14.5.1959. Vgl. zur Person Riegner auch dessen Autobiographie: Niemals verzweifeln.

106 Vgl. zur Arbeitsorganisation der Zentralen Stelle in der Anfangsphase auch Rückerl, NS-Verbrechen, S. 146 f.

107 JM BW, 4110b, Bd. 2, Haußmann an Ministerpräsident Kiesinger über die Verhaftung Heusers, 2.10.1959. Das Urteil des Koblenzer Schwurgerichts gegen Heuser sowie zehn Mitangeklagte vom 21.6.1963 in: Rüter, Justiz und NS-Verbrechen, Bd. XIX, S. 168 ff. Auszüge aus dem Urteil bei Lichtenstein, Himmlers Helfer, S. 97 ff.

Mit der Inhaftierung Heusers gelang den Staatsanwälten der Zentralen Stelle zugleich der große Durchbruch bei ihrer Ermittlungsarbeit, konnten sie doch den Strafverfolgungsbehörden vor Augen führen, wie notwendig, zugleich brisant und schlagkräftig ihre Tätigkeit war. Der Umstand, daß gleich mehrere Kripo-Beamte schwer belastet waren, sollte auch grundlegende organisatorische Veränderungen der Polizeieinsätze nach sich ziehen, zumal Schüle zuvor schon mehrfach die Erfahrung hatte machen müssen, daß an Fahndungsmaßnahmen beteiligte Polizisten ihre Schweigepflicht gebrochen und belastete Kollegen gewarnt hatten[108].

In Baden-Württemberg hatten Schüles Forderungen nach einer verläßlichen, nur für NS-Verbrechen zuständigen Polizeieinheit schnell das Verständnis des sozialdemokratischen Innenministers Viktor Renner gefunden. Auf dessen Anweisung wurde eine Sonderkommission ins Leben gerufen, für die wiederum auf die Erfahrungen des Ulmer Einsatzgruppen-Prozesses zurückgegriffen werden konnte, denn als Mitarbeiter wurden die Kriminalpolizisten Weida und Opferkuch gewonnen, beide bewährt durch ihre engagierte Fahndungsarbeit gegen die Einsatzgruppen-Täter[109]. Nach Heusers Verhaftung leuchtete auch den anderen Landesregierungen ein, daß spezialisierte, unabhängig vom bestehenden Polizeiapparat agierende Einheiten eingerichtet werden mußten. Wie sich die Zusammenarbeit der Zentralen Stelle mit den Sonderkommissionen entwickelte, hing in hohem Maße von der Leitung der einzelnen Landeskriminalämter ab, auf deren guten Willen die Ludwigsburger Staatsanwälte – mangels eigener Weisungsbefugnisse – angewiesen waren[110].

Provozierte die Konstruktion der Ermittlungsstelle schon im Kontakt mit der Polizei wiederholt Konflikte, so gestaltete sich das Verhältnis zu den Staatsanwaltschaften erheblich schwieriger. Probleme verursachte allein schon der Umstand, daß Ende der fünfziger Jahre in den meisten Bundesländern ein eklatanter Mangel an qualifizierten, mit den spezi-

108 Bericht Schüles über die Tätigkeit der Zentralen Stelle vom 1.12.1958 bis 1.5.1959; JM BW, 4110b, Bd. 2, 14.5.1959.

109 Die baden-württembergische Sonderkommission »Z« (für Zentrale Stelle) wurde am 12.1.1959 eingesetzt; ebenda, Schüle an Justizministerium BW, 8.1.1959. Ausführlich über diese Tätigkeit informiert der Bericht Weidas zur Sonderkommission »Z«; AdsD, 4. WP/662, 11.6.1963.

110 So lehnte beispielsweise der Präsident des bayerischen Landeskriminalamtes Anfang 1960 die Kooperation mit Ludwigsburg strikt ab, nahm sie jedoch nach Intervention des bayerischen Innenministers Alfons Goppel wieder auf; ebenda, Goppel an Haußmann, 19.2.1960, und Schüle an Justizministerium BW, 2.3.1960.

fischen Bedingungen der NS-Strafsachen vertrauten Anklagevertretern herrschte. So stand selbst in Hessen und Nordrhein-Westfalen, den aktivsten Bundesländern hinsichtlich der NS-Strafverfahren, die Einrichtung eigener Referate erst am Anfang.

In Baden-Württemberg entschied der Justizminister, den erheblichen Informations- und Erfahrungsvorsprung der Ludwigsburger Staatsanwälte zu nutzen, indem er ihnen, das Verwaltungsabkommen der Ministerkonferenz schlichtweg ignorierend, für mehrere Jahre die Verantwortung für die gesamte Ermittlungsarbeit in NS-Verfahren übertrug, von der Eröffnung bis zur Anklageerhebung[111]. Schüle begrüßte diesen Beschluß ausdrücklich. Die übliche Praxis der Vorermittlungen und zügigen Verfahrensabgabe an eine zuständige lokale Staatsanwaltschaft führte nämlich im Ergebnis oft zu größerem Arbeitsaufwand, da viele der unmotivierten oder von der Materie überforderten Anklagevertreter die Zentrale Stelle anschließend zwei, drei Male um ausführliche Gutachten angingen, deren Bearbeitung mehr Umstände verursachte als die systematische Ermittlung in der Hand eines Fachmannes.

Durch ihre Tätigkeit trug die Zentrale Stelle erheblich dazu bei, daß in einzelnen Bundesländern Schwerpunktstaatsanwaltschaften für NS-Strafsachen eingerichtet wurden. Diese Professionalisierung hatte aber, aufs Ganze gesehen, nicht zur Folge, daß die erheblichen Vorbehalte in den Justizbehörden abnahmen. Abhängig vom Bundesland und von der Generalstaatsanwaltschaft wurden den NS-Verfahren immer wieder Steine in den Weg gelegt. So wies Schüle mehrfach darauf hin, daß entgegen der Verwaltungsvereinbarung Gesamtverfahren aufgesplittet wurden, obschon der Täterkreis genau vorermittelt war. Häufig hatte dies zur Folge, daß diverse Staatsanwaltschaften im Bundesgebiet, häufig ohne jeden Kontakt untereinander, die Einzelverfahren übernahmen – und sie nach und nach wieder einstellten. Nicht weniger oft mußten die Ludwigsburger Staatsanwälte hilflos registrieren, daß ihre übersandten Akten über Jahre keine Beachtung fanden oder dilatorisch bearbeitet wurden[112]. Zu einer Weisung oder Beschwerde bei den Aufsichtsbehörden waren sie

111 Ebenda, Bericht Schüles über die Tätigkeit der Zentralen Stelle vom 1.12.1958 bis 1.5.1959, 14.5.1959.

112 Dazu der Bericht des Ludwigsburger Staatsanwalts Artzt über die »Zusammenarbeit zwischen Staatsanwaltschaften und Zentrale Stelle« auf der »Arbeitstagung der in der Bundesrepublik mit der Strafverfolgung von NS-Gewaltverbrechen befaßten Staatsanwälte« in Calw vom 7.bis 9. April 1964; ebenda, 4110b, Bd. 4. In die gleiche Richtung ging schon Schüles Klage in seinem Tätigkeitsbericht von 1959; ebenda, Bd. 2, 14.5.1959.

nicht befugt. Seltener jedoch gingen die Anklagevertreter so weit wie jener Oberstaatsanwalt, der offen bekannte, schon der Anblick des Briefkopfes »Zentrale Stelle« treibe ihm die Zornesröte ins Gesicht[113]. Und besonders unverfroren trat der schleswig-holsteinische Justizminister Leverenz auf. Auf einer Ministerkonferenz im Jahr 1959 teilte er Schüle mit, daß ihm jede Ermittlungstätigkeit in seinem Bundesland untersagt sei[114].

Hinter dieser Brüskierung stand vermutlich die Erkenntnis des Ministers, mit dem Beschluß von Bad Harzburg der Gründung einer weitaus wirkungsvolleren Institution zugestimmt zu haben als erwartet. Daß sich die Zentrale Stelle in der Tat schnell zu einer erstaunlich erfolgreichen Behörde entwickelte, war letztlich das Werk von wenigen engagierten Staatsanwälten und Justizpolitikern, von Schüle und seinen Mitarbeitern ebenso wie von Generalstaatsanwalt Nellmann und Minister Haußmann. Sie hatten das notwendige politische Geschick an den Tag gelegt, im Zusammenspiel mit der kritischen, Veränderungen einfordernden Öffentlichkeit die institutionellen Voraussetzungen für die Ermittlungstätigkeit zu schaffen.

Gleichwohl stand für Haußmann wie für Schüle unumstößlich fest, daß, wie es im ersten Satz der Verwaltungsvereinbarung hieß, die Ludwigsburger Behörde nur von »vorübergehender Dauer« sein sollte[115]. Schließlich standen alle Aktivitäten der Zentralen Stelle unter einem inneren Vorbehalt: Die Verjährung von Totschlag und Mord rückte mit fortschreitender Zeit näher und ließ erwarten, daß die anlaufenden Ermittlungen von NS-Verbrechen bald wieder deutlich eingeschränkt würden. Die ehemaligen Täter und deren Verteidiger dagegen hatten die Erfolge der Zentralen Stelle in höchstem Maße alarmiert. Nicht zu Unrecht befürchteten sie, daß die Strafverfolgungsaktivitäten, kurz vor der Verjährung, nun in einem unerwartet großen Rahmen erst richtig einsetzen würden.

113 Einem anderen Sachbearbeiter, so klagte Schüle dem Justizministerium, werde im Kreis seiner ehemaligen Kollegen in einer baden-württembergischen Staatsanwaltschaft seine Ermittlungstätigkeit ständig zum Vorwurf gemacht; beide Vorfälle ebenda, Schüle an Justizministerium BW, 25.1.1960.

114 Nach Schüles Angaben hatte Leverenz ihm gedroht: »Wenn ich feststelle, daß Sie in meinem Land auch nur eine Ermittlung durchführen, dann ist es aus«; Interview Frei mit Schüle, 6.6.1989.

115 BAK, B 141/33770, Verwaltungsvereinbarung über die Errichtung einer zentralen Stelle der Landesjustizverwaltungen zur Aufklärung nationalsozialistischer Verbrechen, 13.11.1958.

1.2 Von der gescheiterten Generalamnestie zur Verjährung von Totschlag

Schon die ersten Fahndungserfolge der Zentralen Stelle lösten Empörung, mehr aber noch Nervosität unter jenen aus, die mit jeder neuen Nachricht über Festnahmen sich Sorgen machen mußten, ob beim nächsten Male die Polizei vor ihrer Haustür stehen würde. Entrüstete, mahnende oder klagende Eingaben gegen die Ludwigsburger »Verhaftungswelle«[1] gab es von manchen Seiten – für eine politische Initiative gegen die unerwarteten Ahndungsaktivitäten schien aber keiner so prädestiniert wie Ernst Achenbach.

Der Essener Rechtsanwalt, einst Leiter der Politischen Abteilung der Deutschen Botschaft im besetzten Frankreich, hatte seit der Zeit als Verteidiger in Nürnberg seine politische Bestimmung darin gefunden, sich für die Straffreiheit und Rehabilitierung der NS-Täter einzusetzen[2]. Achenbachs verheißungsvolle Parteikarriere in der FDP schien 1953 bereits wieder beendet, als der britische Geheimdienst eine Gruppe politisch ambitionierter Altnazis um den früheren Staatssekretär in Goebbels' Propagandaministerium Werner Naumann verhaftete, die unter Anleitung Achenbachs die Freidemokraten zu unterwandern suchten. Nach diesem Skandal mußte er seinen Posten als außenpolitischer Sprecher der Partei abgeben und konnte das gegen ihn eingeleitete Ausschlußverfahren nur mühsam abwenden[3]. Der rechte Flügel der FDP, zumal dessen Vertreter im seinerzeit größten Landesverband Nordrhein-Westfalen, mochten jedoch auf das Organisationstalent des Rechtsanwalts nicht verzichten. Die parteiinterne Rehabilitation gelang Achenbach binnen eines Jahres; eine längere Schamfrist mußte verstreichen, ehe er für die Bundestagswahl

1 So die Bezeichnung Karl Cerffs, Funktionär der HIAG (Hilfsgemeinschaft auf Gegenseitigkeit, der Lobbyorganisation für die Veteranen der Waffen-SS). in einem Brief an Haußmann, in dem er sich voller »Entrüstung und Sorge« beschwerte, daß die von Ludwigsburg ausgehenden »Aktionen« zu einer »ungerechten Selbstjustiz« führten; JM BW, 4110b, Bd. 3, 23.12.1959. Den vergangenheitspolitischen Einfluß der HIAG, insbesondere mit Blick auf die SPD, untersucht Large, Reckoning.

2 Zu den entsprechenden Aktivitäten Achenbachs und seines damaligen Kanzleimitarbeiters Werner Best, vormals einflußreicher Ideologe der SS und Leiter der Innenverwaltung im okkupierten Frankreich, zählte Anfang der fünfziger Jahre vor allem die Amnestie-Kampagne für deutsche Kriegsverbrecher in alliierter Haft; vgl. Frei, Vergangenheitspolitik, S. 106 ff. und passim; Herbert, Best, S. 451 ff.

3 Zur sogenannten Naumann-Affäre vgl. Frei, Vergangenheitspolitik, S. 361 ff.

1957 einen sicheren Platz auf der Landesliste erhielt. Mit dem Einzug ins Bonner Parlament begann Achenbachs zweite politische Laufbahn, die ein Jahr später erneut vorankam, als er in den Bundesvorstand der FDP aufrückte.

In der Anfangsphase der neuen Wahlperiode fiel Achenbach nicht durch besondere Aktivitäten auf. Erst knapp zwei Jahre später, im Sommer 1959, konnte er sich im Außenpolitischen Ausschuß profilieren[4]; nebenher, zunächst noch hinter den Kulissen, widmete er sich vor allem seinem Herzensanliegen – der Generalamnestie für NS-Täter. Ein derartiges Vorhaben war in Zeiten verstärkter Ahndungsbemühungen eher schwieriger geworden, Achenbachs Einschätzung zufolge aber nicht aussichtslos. Unterstützung in der Sache bekam er nicht nur von belasteten Gesinnungsgenossen, sondern auch vom Vorsitzenden der Bundestagsfraktion Erich Mende, dem eigentlich starken Mann der Partei, dessen baldiger Aufstieg zum Bundesvorsitzenden sich bereits abzeichnete.

Im September 1959 vertrat Mende die Auffassung, »endlich einen Schlußstrich unter alle durch die Vor- und Nachkriegswirren entstandenen Verhältnisse zu ziehen«. Mit dieser Forderung, die bezeichnenderweise die Kriegszeit unerwähnt ließ, antwortete der frühere Wehrmachtsmajor auf einen Beschwerdebrief, den ihm ein Düsseldorfer Parteifreund aus Empörung über die Ludwigsburger Ermittlungen zugesandt hatte. Zustimmend schrieb Mende, die Dinge dabei heillos überzeichnend: Mit der Zentralen Stelle, die unter Obhut von Minister Haußmann, einem Freidemokraten, stehe, mache die FDP sich zum »Handlager einer Neuauflage der Entnazifizierung und Entmilitarisierung« und trage dazu bei, »Wasser auf die Mühlen der Deutschen Reichspartei und anderer Radikaler« zu lenken. Um den drohenden Profilverlust der FDP am rechten Rand zu begegnen, hatte Mende bereits erste Schritte in der Fraktion für ein entsprechendes Amnestiegesetz unternommen[5].

Der Entwurf für eine solche Gesetzesinitiative stammte von Achenbach, der nahtlos dort anknüpfte, wo er und sein amnestiepolitischer Weggefährte Werner Best 1953 aufgehört hatten[6]. An den Anfang stellte er eine feierliche Anrufung der »unbedingten Herrschaft des Rechts«, die

4 Dort trat Achenbach insbesondere mit einem Konzeptpapier zur Genfer Konferenz hervor, in dem er moderate deutschlandpolitische Positionen vertrat; Der Spiegel, 13.5.1959, S. 14 f.

5 Mende an Werner Trumpf, Mitglied des FDP-Kreisvorstands Düsseldorf; HStAS, Q 1/22, Bü. 862, 3.9.1959.

6 Zum folgenden ebenda, Gesetzentwurf Achenbach, 4.9.1959.

»im Einklang mit der christlich-humanistischen Tradition« auch dem »Gedanken der Gnade« verpflichtet sei. Begründet wurde die angestrebte Amnestie mit dem bevorstehenden Amtsantritt des Bundespräsidenten Heinrich Lübke. Im Anschluß an die Straffreiheitsgesetze von 1949 und 1954 biete ein erneuter Gnadenakt die Möglichkeit, daß die »glückhafte Ära Heuss in würdiger Form abgeschlossen« und ein »guter menschlicher Anfang gemacht werde«.

Paragraph 1 des Gesetzentwurfs forderte nun, anknüpfend an monarchische Gepflogenheiten, daß nach dem Amtsantritt des Bundespräsidenten Bagatelldelikte straffrei gestellt werden sollten. Auch der zweite Abschnitt, der eine Amnestie für sämtliche politische Straftaten im Kontext des KPD-Verbots gewähren wollte, war ganz offensichtlich aus strategischen Gründen in das Gesetzeswerk eingefügt worden. Denn bei Fraktionsmitgliedern der eigenen Partei und der SPD ließ sich so mit dem Argument werben, daß der im April 1957 von beiden Parteien im Bundestag eingebrachte Gesetzentwurf für die KPD-Amnestie, der damals keine Mehrheit gefunden hatte, wiederaufgenommen werde[7].

Erst der dritte Paragraph kam schließlich zur Sache: Ohne das Ziel der Generalamnestie zu verschleiern, verlangte er Straffreiheit »für alle Taten, die vor dem 15. September 1949 begangen worden sind und in Zusammenhang stehen mit der durch die nationalsozialistische Tyrannei, Krieg und Nachkriegszeit geschaffenen Lage«. Um den rechtsstaatlichen Ahndungsauftrag nicht ganz zu ignorieren, machte Achenbach gleichwohl eine vage Konzession. Der Täter dürfe, so der Entwurf, »nicht eigene verwerfliche Grausamkeit an den Tag gelegt« haben.

Bevor Mende und Achenbach allerdings Zeit fanden, zunächst innerhalb der eigenen Partei die Truppen hinter diesem Gesetzentwurf zu sammeln, bekamen sie bereits Konkurrenz aus dem Regierungslager. Die Bundestagsfraktion der Deutschen Partei, seit der Wahlschlappe Anfang 1959 in ihrem traditionell stärksten Bundesland Niedersachsen in einer tiefen Krise, versuchte sich mit einer Amnestieinitiative von der übermächtigen CDU abzusetzen. Ihr Fraktionschef Herbert Schneider versandte am 9. September einen Brief an Bundeskanzler Adenauer, an den designierten Bundespräsidenten Lübke und die Vorsitzenden der übrigen Bundestagsfraktionen. Auf kosmetische Ergänzungen wie die Straffreiheit für Kommunisten oder Kleinkriminelle verzichtend, plädierte Schneider

7 Zur Debatte über die Amnestierung politischer Straftaten seit 1956 vgl. Posser, Anwalt, S. 183 ff.

klipp und klar für den Plan, »durch eine Generalamnestie einen Schlußstrich zu ziehen«[8].

Wie schon bei Achenbach mußte auch hier der Präsidentenwechsel dazu herhalten, die rechtsstaatliche Plausibilität dieses Schrittes zu begründen. Und mehr noch als Achenbach gefiel sich Schneider in markigen Sprüchen über das »tiefste Elend des verlorenen Krieges« und das »Recht, stolz zu sein auf das, was Fleiß und Können in den 14 Jahren seit der totalen Kapitulation geschaffen haben«. Im Stil des verantwortungsvollen Staatsmannes appellierte er schließlich: »Hören wir auf, unter der Devise, den ›letzten Sünder‹ aus einer unheilvollen Zeit der gerechten Strafe zuführen zu wollen, das Zusammenfinden auf dem Boden eines neuen Staatsbewußtseins zu erschweren«. Nicht verschwiegen wurde dabei, was die DP selbst besonders belastete: Die Strafverfahren gegen einstige Wehrmachtsangehörige, darunter gegen den Fraktionskollegen Hasso von Manteuffel, Panzergeneral a.D., dem gerade in Düsseldorf der Prozeß wegen der Hinrichtung eines Soldaten gemacht wurde.

Allen Bemühungen zum Trotz gelang weder die Strafbefreiung für Manteuffel, der eine Woche später zu 18 Monaten Gefängnis verurteilt wurde[9], noch verfingen Schneiders und Achenbachs Pläne für die Generalamnestie. Vom Justizministerium instruiert und erkennbar um Distanzierung von jeglichem Rechtspopulismus bemüht, unterrichtete das Bundeskanzleramt Schneider in kühlem Ton, sein Vorhaben stehe »mit dem Grundgesetz und unserer Gesetzgebung nicht im Einklang«[10]. Bald darauf erteilte die SPD-Fraktion den Initiativen eine Absage, später auch die Christdemokraten und, auf der Konferenz im Oktober 1959, die Justizminister der Länder[11].

8 BAK, B 136/3189, Schneider an Bundeskanzler Adenauer, Abschriften an Heinrich Lübke und die Fraktionsvorsitzenden des Bundestags, 9.9.1959.

9 Der Spiegel, 16.9.1959, S. 15.

10 BAK, B 136/3189, Adenauer an Schneider, 15.9.1959. Schäffer selbst ließ Schneider wissen, seiner Ansicht nach habe eine Generalamnestie, wie sie die Deutsche Partei wolle, »die bedenklichsten kriminalpolitischen Folgen«; ebenda, 14.8.1959.

11 Zur Ablehnung der SPD-Bundestagsfraktion: Protokoll der Sitzung des Arbeitskreises Rechtswesen vom 15.9.1959; AdsD, SPD-Bundestagsfraktion 3. WP/329; sowie die Sitzung der SPD-Bundestagsfraktion am 1.12.1959, in: SPD-Fraktion, Sitzungsprotokolle 1961-1966, S. 360. Zur CDU-Fraktion und deren Ablehnung der Amnestiepläne »in jeder Form«: Der Spiegel, 23.12.1959, S. 24. Das Protokoll der 28. Konferenz der Justizminister vom 13. bis 15.10.1959 in Hamburg, in: BAK, B 141/33771, danach die folgenden Zitate.

Deren kurze Debatte faßte der nordrhein-westfälische Minister Otto Flehinghaus mit den Worten zusammen, man solle die Amnestie des Straffreiheitsgesetzes von 1954 »nicht erneut aufrühren, zumal bereits 1960 die Verfolgungsverjährung bezüglich des Totschlags« eintrete. Mit anderen Worten: Man verließ sich – im Vertrauen auf eine althergebrachte, 1871 im Strafgesetzbuch erlassene Verjährungsbestimmung – auf die quasi automatisch eintretende sukzessive Eindämmung der Strafverfolgung. Lediglich der niedersächsische Justizminister und Freidemokrat Arvid von Nottbeck steuerte dagegen, indem er sich allen Ernstes dafür aussprach, die Straffreiheit für Totschlagsverbrechen aus dem »Gesetz von 1954 dahingehend abzuändern, daß die gesamte Kriegszeit und nicht nur der ›Zusammenbruch‹ erfaßt« würden[12].

Die FDP war in dieser Frage also durchaus gespalten: Auf der einen Seite Nottbeck, Achenbach und Mende, auf der anderen die baden-württembergischen Liberalen um ihren Vorsitzenden Wolfgang Haußmann. Den Stein des Anstoßes bildete die Zentrale Stelle, deren Tätigkeit ihr Ziehvater Haußmann standhaft verteidigte. In einem Schreiben an die Rechtspolitiker der Bundestagsfraktion sowie die FDP-Justizminister argumentierte er, daß die »hauptverantwortlichen Drahtzieher, die die Massen- und Gewaltverbrechen organisiert« haben, »großenteils noch nicht einmal ermittelt« seien. Gerade diese Aufgabe sei aber »in einem Rechtsstaat, auch im Interesse seiner Sicherheit, geboten«[13].

Nicht ohne Grund setzte Haußmann hier den Akzent auf die »Hauptverantwortlichen«. Denn aus eigener Initiative hatte er mittlerweile die Zuständigkeit der Zentralen Stelle, nach der Verwaltungsvereinbarung bereits stark begrenzt, noch weitergehend beschnitten, indem er die An-

12 Im Oktober 1962 erneuerte der Baltendeutsche Nottbeck, in Reval einst führender Kopf der »Völkischen Minderheit«, diesen – vermutlich mit Achenbach ausgeheckten – Vorschlag. Ebenso erfolglos appellierte er an seine Kollegen, per Gesetz die Verjährungsfrist bereits mit der Tatzeit einsetzen zu lassen, um ein Ende der NS-Prozesse zu erreichen; HStAS, Q 1/22, Bü. 139, Haußmanns Antwort an Nottbeck, 24.1.1963, in der er dessen Vorschlag vom 29. Oktober 1962 eine Absage erteilte. Vgl. zur Biographie Nottbecks: Präsident des Niedersächsischen Landtags, Abgeordnete, S. 275 – ein Handbuch, das, wie üblich, die Karrieren in der NS-Zeit verschweigt; laut Bernd Engelmann hatte Nottbeck einem Wirtschaftsstab im annektierten Posen angehört; vgl. ders., Tradition, Bd. 2, S. 316.

13 HStAS, Q 1/22, Bü. 862, Haußmann an Reinhold Maier, Erich Mende, Hans Lenz, Ewald Bucher, Ernst Achenbach, Emmy Diemer-Nicolaus, Hermann Dürr, Hans Biermann-Ratjen, Bernhard Leverenz, Arvid von Nottbeck, 11.9.1959.

weisung erteilte hatte, daß nur jene Täter in den Blick zu nehmen seien, die über eigene Befehlsgewalt verfügt hatten. Nachdrücklich wies Haußmann gegenüber Dehler auf dieses Kriterium hin und betonte dabei, wie unangemessen Achenbachs Amnestieinitiative sei: Auch bei den Einsatzgruppen gebe es die »sogenannten ›kleinen Schützen‹, die ohne Übersicht über die Hintergründe und ohne Kenntnis der Zusammenhänge zu den Exekutionen befohlen wurden. Die letzteren werden nur dann verfolgt, wenn sie über die ihnen gegebenen Befehle hinaus oder ganz ohne Befehl persönliche Ausschreitungen begangen haben. Ähnliche Maßstäbe gelten auch für die Bewachungsmannschaften der Konzentrationslager«[14].

Demnach fielen alle Täter, die im Sinne des Regimes funktioniert und das Geschäft des Mordens effizient und reibungslos ausgeführt hatten, von Anfang an aus dem Raster der staatsanwaltschaftlichen Ermittlungen heraus. Nach der herrschenden Rechtsprechung aber wären sie, vorausgesetzt, sie hätten keinen subjektiv empfundenen Befehlsnotstand geltend machen können[15], für Beihilfe zum Mord verurteilt worden. Dieser großzügige Umgang der Zentralen Stelle mit der Mehrzahl der Täter entsprach dem Ermittlungsauftrag der Verwaltungsvereinbarung zwar nicht nach ihrem Wortlaut, erfüllte aber die ihr zugrunde liegende Intention konsequent. In Anbetracht der allgemeinen Erwartung, daß die Ludwigsburger Behörde ihre Arbeit nach einigen Jahren wieder einstellen sollte, mußte sie sich konzentrieren – und tat dies durch ein im stillen festgesetztes Ausschlußverfahren, dem jede gesetzliche Grundlage fehlte.

Auch hinsichtlich einer anderen Tätergruppe, nämlich den Personen, die von den Alliierten vor Gericht gestellt worden waren, kam der baden-württembergische Justizminister den Amnestiebefürwortern entgegen, insbesondere seinem Kontrahenten Achenbach. So setzte Haußmann den Essener Rechtsanwalt 1959 davon in Kenntnis, daß er es im Frühjahr des Jahres »für richtig gehalten« habe, den Leiter der Zentralen Stelle »anzuweisen, sein Augenmerk vordringlich auf solche Tatkomplexe zu richten, welche noch nicht Gegenstand eines besatzungsgerichtlichen Ver-

14 AdL, N1/3279, Haußmann an Dehler, 31.10.1959. Entsprechend informierte Schüle die Justizverwaltungen auf einer Referentenbesprechung zur Zentralen Stelle am 18./19. Juni 1959, daß seine Behörde »in einzelnen Tatkomplexen die Hauptverantwortlichen feststellt«; ihre Ermittlungen, so Schüle, richteten sich hingegen »nicht so sehr auf die Ermittlung und Feststellung der sog. kleinen Mitbeteiligten«; JM BW, 4100b, Bd. 2, Ergebnisprotokoll der Referentenbesprechung.

15 Zur Problematik des subjektiven Befehlsnotstandes vgl. Rückerl, NS-Verbrechen, S. 285 f.

fahrens« gewesen seien[16]. Juristisch korrekt konnte dieses Vorgehen nicht genannt werden. Spätestens seit der Entscheidung des Bundesgerichtshofs von 1958, daß die Urteile der Nürnberger Prozesse für die westdeutsche Justiz unwirksam seien, hätten erneute Ermittlungen gegen die politischen Spitzen des NS-Regimes geführt werden müssen[17] – zumal die alliierte Strafverfolgung offensichtlich nur exemplarischen Charakter gehabt hatte und schon aufgrund fehlender Kenntnis des später verfügbaren Belastungsmaterials in vielerlei Hinsicht unzureichend gewesen war.

Minister Haußmann jedoch ging es bei dieser Weisung vor allem darum, die Arbeit der Ludwigsburger Behörde von den diskreditierten Nürnberger Prozessen möglichst klar abzugrenzen. Wie wenig er selbst für »Nürnberg« übrig hatte, kam nicht zuletzt in seiner 1953 verfaßten Petition für die Begnadigung Martin Sandbergers, des in Landsberg inhaftierten Einsatzgruppenführers, zum Ausdruck[18]. Es dürfte daher auch mehr als bloße Taktik gewesen sein, daß Haußmann die von Achenbach geforderte Generalamnestie nicht grundsätzlich ablehnte. Sie schien ihm aber, unterrichtete der Justizminister seine Parteifreunde, »aus den dargelegten Gründen auf jeden Fall verfrüht« zu sein[19].

16 Diese Anweisung bestätigten die übrigen Landesjustizverwaltungen in einer Besprechung vom 18./19.6.1959; JM BW, 4110b, Bd. 2, Ergebnisprotokoll der Referentenbesprechung, sowie Haußmann an Achenbach, 31.8.1959. Achenbach hatte sich zuvor in seiner Funktion als Rechtsbeistand für Franz Alfred Six an Haußmann gewandt, um zu erfahren, ob die Zentrale Stelle gegen den früheren Reichssicherheitshauptamt-Referenten ein Ermittlungsverfahren eingeleitet habe; ebenda, Achenbach an Haußmann, 27.6.1959.

17 So hatte der Fünfte Strafsenat des BGH im Urteil vom 9.9.1958 (5 StR 64/58, veröffentlicht in BGHSt, Bd. 12, S. 36 ff.) entschieden, daß nach deutschem Recht die Urteile der Alliierten auf der Rechtsgrundlage *crimes against humanity* ungültig seien, da sie – in Verbindung mit einer Ausschlußklausel im Überleitungsvertrag – angeblich gegen das Rückwirkungsverbot verstießen. Das Urteil hatte zwar die Intention, die alliierte Rechtsprechung in den Nürnberger Prozessen zu annullieren, aber auch zur Folge, daß die westdeutschen Justizbehörden (zumindest theoretisch) die Strafverfolgung der in Nürnberg verurteilten Täter erneut aufnehmen mußten. Erst das Urteil des Großen Senats des BGH vom 14. Februar 1966 legte endgültig fest, daß NS-Verbrechen dann nicht mehr durch die westdeutsche Justiz verfolgt werden, wenn »die Sache schon auf das erkennende Gericht einer der drei [alliierten] Mächte übergegangen war«; g.H.GSSt 1/65, veröffentlicht in BGHSt, Bd. 21, S. 29 ff.; Zitat S. 29.

18 Zu den Gnadengesuchen für Martin Sandberger, darunter auch Ende 1953 von Wolfgang Haußmann, Frei, Vergangenheitspolitik, S. 299 ff.

19 HStAS, Q 1/22, Bü. 862, Haußmann an Reinhold Maier u. a., 11.9.1959.

Obwohl Achenbach seinen Plan nicht aufgeben wollte, vielmehr noch ein wenig umfrisierte, um auch die Anhänger einer Amnestie für Wirtschaftsvergehen zu gewinnen[20], setzte sich Haußmann in der Partei durch. Nach langen Debatten distanzierte sich zuerst der Bundesvorstand der FDP von dem Vorhaben Achenbachs und bald darauf, im November 1959, auch die Fraktion. Daß dabei nicht zuletzt pragmatische Überlegungen eine Rolle spielten, war der Empfehlung des Parteivorstands an die Fraktion zu entnehmen. Darin hieß es, »gegenwärtig« sei von einem Amnestieantrag abzuraten, »zumal nach der bisherigen Reaktion der CDU und SPD eine Annahme durch den Bundestag aussichtslos erscheint«[21].

Noch schlechter war es um die Perspektiven für eine Generalamnestie bestellt, als die Bundesrepublik um den Jahreswechsel 1959/60 eine Welle von Synagogen- und Friedhofsschändungen erlebte. Die Leitartikler der westdeutschen Zeitungen waren voller Empörung über das Erstarken des Antisemitismus und hoben in ihren Kommentaren hervor, daß eine solche Tabuverletzung nicht zuletzt in der unzureichenden gesellschaftlichen Auseinandersetzung mit den nationalsozialistischen Verbrechen begründet sei[22]. Zu den NS-Prozessen und antisemitischen Vorfällen traten weitere Ereignisse hinzu, die das Thema der personellen Belastungen aus der NS-Zeit gerade in der Zeit vom Herbst 1959 bis zum Frühjahr 1960 hochaktuell werden ließen: So wurde im November 1959 ein früherer Leiter der NS-»Euthanasie«-Morde, der Arzt Werner Heyde, in Flensburg enttarnt. Von Richtern und Ärzten gedeckt, hatte er dort unter dem Pseudonym Fritz Sawade zehn Jahre lang als Gerichtsgutachter gearbeitet[23]. Am 22. Oktober 1959 eröffnete Albert Norden vom Ausschuß für Deutsche Einheit ferner seine Kampagne gegen den Vertriebenenminister Theodor Oberländer, dem – vermutlich zu Unrecht – vorgeworfen

20 In seinem Entwurf für die Debatte im Bundesvorstand und in der Bundestagsfraktion hatte Achenbach die Straffreiheit für Bagatelldelikte von drei auf sechs Monate erweitert, da damit auch noch anhängige Verfahren erfaßt wurden, die aus der Besatzungszeit wegen Korruption und Schwarzmarktschiebereien herrührten; AdL, N1/3279, Achenbach an die Mitglieder der FDP-Bundestagsfraktion, 16.10.1959, in der Anlage der Entwurf des Straffreiheitsgesetzes.

21 Beschluß des FDP-Bundesvorstands vom 24.10.1959, in: FDP-Bundesvorstand, Sitzungsprotokolle 1960-1967, S. 461.

22 Vgl. Bergmann, Antisemitismus, S. 235 ff., und den instruktiven Aufsatz von Siegfried, Aufarbeitung, S. 80 ff.

23 Vgl. zu dem Skandal die Studie von Godau-Schüttke, Heyde/Sawade-Affäre.

wurde, als Wehrmachtsoffizier an Kriegsverbrechen der Abwehr-Sondereinheit »Nachtigall« in Lemberg beteiligt gewesen zu sein. Höhepunkt dieser konzertierten Aktion bildete ein propagandistisch inszeniertes Strafverfahren im April 1960, das auch in der westdeutschen Öffentlichkeit so viel Aufsehen verursachte, daß Oberländers Rücktritt unvermeidlich wurde[24]. Und nicht zuletzt bewegte die westdeutsche Öffentlichkeit in diesem Zeitraum die Ausstellung »Ungesühnte Nazijustiz« des SDS[25].

All diese Vorfälle verfehlten ihre Wirkung auch auf die sozialdemokratischen Bundestagsabgeordneten nicht. So war es Ausdruck einer gewachsenen Sensibilität für die Ahndung von NS-Verbrechen, daß die SPD-Fraktion in Sachen Verjährung aus der vergangenheitspolitischen Einheitsfront ausscherte, die in den fünfziger Jahren über die Parteigrenzen hinweg geherrscht und eine mehr als großzügige Gesetzgebung für NS-Täter ermöglicht hatte. Am 23. März 1960 brachten die Sozialdemokraten eine Gesetzesinitiative in den Bundestag ein[26], mit der die laut Gesetz am 8. Mai eintretende Verjährung von Totschlag und Beihilfe zum Mord abgewendet werden sollte[27]. Der Vorschlag lautete, die Verjährungsfristen nicht nach Kriegsende, sondern erst am 15. September 1949 einsetzen zu lassen, als die Bundesregierung mit der Wahl des Kanzlers ihre Arbeit aufgenommen hatte.

In der Begründung des Gesetzentwurfs berief sich die SPD-Fraktion auf den Rechtsgedanken der Hemmung von Verjährungsfristen, der davon ausging, daß mit dem Stillstand der Strafverfolgung auch die Verjährung zu ruhen habe. Im Strafgesetzbuch galt dieser Grundsatz für die Staatsverbrechen der NS-Zeit[28] und sollte, nach dem Willen der SPD-Fraktion, auch auf die nachfolgenden Besatzungsjahre ausgedehnt werden, da eine geordnete Strafrechtspflege durch die unterschiedlichen alliierten

24 Den Fall Oberländer untersucht Wachs, Oberländer; vgl. darin zur Pressekonferenz des ADE S. 225 ff.

25 Ausführlich dazu Kapitel I. 2.

26 BT-Drucksachen 3. WP, Nr. 1738, abgedruckt in: Zur Verjährung, S. 10 f.

27 Nach den von den Alliierten übernommenen gesetzlichen Regelungen zur Verjährung endete im Gebiet der ehemaligen britischen und französischen Zone die Frist für die Ahndung von Totschlag am 8. Mai 1960, für Mord am 8. Mai 1965. In der vormaligen amerikanischen Zone markierte indessen der 30. Juni 1960 beziehungsweise 1965 das Ende der Verjährungsfristen. Im folgenden wird der Übersichtlichkeit halber nur der 8. Mai 1960 bzw. 1965 als Verjährungsdatum angegeben. Einen ausführlichen Überblick über die Verjährungsbestimmungen der Besatzungsmächte und der Bundesrepublik bei Zimmermann, Vergangenheitsaufarbeitung, S. 67 ff.

28 Einschlägig war hier Paragraph 69 des StGB.

Besatzungsstatute, ferner durch Kriegsgefangenschaft und das Chaos der Nachkriegszeit blockiert worden sei.

Tatsächlich lagen die Gründe für die mangelnde Ahndung im fehlenden Verfolgungswillen der westdeutschen Staatsanwaltschaften während der fünfziger Jahre, als die im Antrag angeführten Beeinträchtigungen kaum noch eine Rolle spielten. Doch den Hinweis auf diese bittere Wahrheit unterließen die Sozialdemokraten lieber, allein schon, um die konservativen Justizpolitiker nicht noch zusätzlich zu provozieren. Ferner bot der Ansatz, die Verjährungsfrist nicht zu verlängern, sondern einfach vier Jahre später beginnen zu lassen, strategische Vorteile in bezug auf das Verfassungsrecht: Anders als in der Frage der Fristverlängerung hatte das Bundesverfassungsgericht nämlich zur Hemmung der Verjährungsfristen bereits 1952 eine Grundsatzentscheidung gefällt. Darin war die Auffassung vertreten worden, daß ein späteres Einsetzen der Verjährungsfristen nicht gegen das Rückwirkungsverbot des Grundgesetzes verstoße[29].

Initiiert wurde die Gesetzesinitiative der SPD-Fraktion von Walter Menzel, einst im Parlamentarischen Rat einer der maßgeblichen Verfassungspolitiker seiner Partei, inzwischen aber durch sein Engagement in der Anti-Atom- und Ostermarsch-Bewegung parteiintern immer mehr ins Abseits geraten[30]. Mit dem Antrag gegen die Verjährung stieß Menzel in der Fraktion allerdings auf breite Zustimmung, nicht zuletzt, weil auch zwei einflußreiche Kollegen, der spätere Verfassungsrichter Walter Seuffert und der Bildungspolitiker Ludwig Metzger, für den Antrag eingetreten waren[31].

In den eigenen Reihen wurden zugleich massive Bedenken laut, daß der Gesetzentwurf aus juristischen Erwägungen nicht akzeptabel sei. Vor allem Adolf Arndt, an den Menzel im Februar 1960 mit seinem Vorschlag herangetreten war, lehnte einen solchen Antrag ab[32]. Ungeachtet des Ver-

29 Die rechtswissenschaftliche Diskussion über das Urteil der Bundesverfassungsgerichts von 1952 zum hessischen Ahndungsgesetz (BverfGE 1, 418 ff.) untersucht Zimmermann, Vergangenheitsaufarbeitung, S. 77 ff.

30 Zu Menzels Einfluß auf die Entstehung des Grundgesetzes vgl. Hirscher, Sozialdemokratische Verfassungspolitik.

31 AdsD, SPD-Bundestagsfraktion 3. WP/325, Arndt an Menzel, 6.5.1960.

32 Ebenda, Menzel an Arndt mit der Bitte, »alsbald« im Arbeitskreis Rechtswesen der Fraktion ein Gesetz gegen die Verjährung von Totschlag zu prüfen, 9.2.1960. Arndt brachte seine Einwände gegen den Entwurf schließlich auf der Fraktionssitzung am 22. März 1960 vor, als gegen seine und wenige weitere Stimmen entschieden wurde, den Antrag in den Bundestag einzubringen; SPD-Fraktionsprotokolle, Sitzung am 22.3.1960, S. 409.

fassungsgerichtsurteils war Arndt nämlich davon überzeugt, daß der Antrag das Rückwirkungsverbot des Grundgesetzes verletzte. Er dagegen vertrat die Auffassung, daß jede Erweiterung der staatlichen Strafgewalt, auch die Änderung der Verjährungsbestimmungen, einen unzulässigen Eingriff in die Rechtssicherheit darstelle, die für alle Personen gleichermaßen zu gelten habe, auch für NS-Täter. So bekannte Arndt im März 1960 in der ersten Besprechung des Themas im Bundestagsrechtsausschuß: »Er persönlich nehme es lieber in Kauf, daß eine Reihe von Totschlägern straffrei bleibe, als daß an den Grundsätzen der Verfassung gerüttelt werde«[33].

Ob Arndt diese Entscheidung allein aus juristischer Prinzipientreue fällte oder auch, weil es ihm um die Eindämmung der Strafverfolgung von NS-Verbrechen zu tun war, muß offenbleiben. Für letzteres spricht, daß der Rechtspolitiker zur gleichen Zeit einen ausgesprochen restriktiven Kurs in Sachen NS-Richter steuerte. So wollte er unbedingt vermeiden, daß sich die Schwerbelasteten für ihre Todesurteile vor Gericht verantworten mußten – und um dies zu verhindern, bot die Totschlagsverjährung hier eine weitere, durchaus wirkungsvolle Barriere.

Arndts Einsatz für die Verjährung war Wasser auf die Mühlen des Bonner Justizministeriums. Im Rechtsausschuß des Bundestags nahm Minister Schäffer das Votum des Sozialdemokraten auf: Die Verlängerung der Verjährungsfrist sei »eine Verschlechterung der Rechtslage für den Täter. Es wäre gefährlich, einen solchen Weg zu beschreiten«. Daß die Annahme dieser Gefahr angeblich nicht politisch, sondern verfassungsrechtlich motiviert war – die Aufgabe, dies zu erläutern, übernahm Eduard Dreher, Schäffers Experte für das Rechtsgebiet der Verjährung. Ausgiebig erläuterte der Ministerialbeamte im Ausschuß die juristische Streitfrage, ob die Verjährung nun als Verfahrensrecht oder materielles Recht zu bewerten sei und wie sich diese Standpunkte zum strafrechtlichen Grundsatz »nulla poena sine lege previa« verhielten. Wie selbstverständlich argumentierte Dreher, der schon 1935 zur »Verjährung politischer Druckschriftendelikte« publiziert hatte[34], mit Rechtsauffassungen aus der NS-

33 BT/PA, BAnz, III/1068, A, Protokoll der 99. Sitzung des BT-Rechtsausschusses am 17.3.1960, dort auch das folgende Zitat.

34 Die Intention seines Kommentars war eine generelle Strafverschärfung für Hoch- und Landesverrat, bei dem die kurzen Verjährungsfristen des Pressestrafrechts nicht angewandt werden sollten; Juristische Wochenschrift 1935, S. 89 ff. Zu Fragen des nationalsozialistischen Hochverratsrechts hatte Dreher weitere Artikel veröffentlicht: Derselbe, Juristische Wochenschrift 1934, S. 2525; 1936, S. 84 f.; vgl. Kramer, Strafvereitlung, S. 504.

Zeit, so der Strafrechtsdiskussion von 1936 und der Rechtsprechung des Reichsgerichts von 1942. Maßgeblich aber sei seiner Ansicht nach die Position der angesehenen (und erzkonservativen) Strafrechtler aus der Großen Strafrechtskommission, die von einem Verstoß gegen das Grundgesetz ausgehen würden.

Auch wenn der Verweis auf die Verfassung sehr erhaben wirkte – so recht daran glauben mochten selbst die Referenten des Bundesjustizministeriums nicht. In einer darauffolgenden Besprechung im Kreise der Ministerialbeamten, in der es nun nicht mehr darum ging, den SPD-Antrag auszuhebeln, räumten sie ein, daß in Rechtsprechung und Jurisprudenz »die Vereinbarkeit nachträglicher Änderung der Verjährung mit Artikel 103 GG weitaus überwiegend bejaht« werde. Die von »einzelnen Mitgliedern der Großen Strafrechtskommission vertretene abweichende Auffassung wird sich wahrscheinlich nicht durchsetzen«[35].

Doch solche Einsichten behielten die Ministerialbeamten lieber für sich. An weiteren Einwänden gegen die Verjährung fehlte es ihnen schließlich nicht: Ihre verfassungsrechtlichen Bedenken seien »erheblich«, weil der Gesetzgeber bereits 1956 im »Ersten Gesetz zur Aufhebung des Besatzungsrechts« entschieden habe, daß Totschlag und Mord aus der NS-Zeit 1960 und 1965 verjähre. Bei rechtem Licht besehen war dieses Argument alles andere als triftig. Warum sollte der Bundestag nicht 1960 ein Gesetz erlassen, das eine ältere Parlamentsentscheidung widerrief? Juristisch verbrämt, zielte das Ansinnen der Bonner Ministerialen darauf, möglichst jede Änderung der vergangenheitspolitischen Gesetzgebung der fünfziger Jahre zu verhindern. Am deutlichsten formulierte dies wiederum Eduard Dreher. In einem Vermerk zur Verjährung verwies er auf das Straffreiheitsgesetz von 1954, mit dem auch ab Oktober 1944 verübte NS-Verbrechen, sofern deren Strafrahmen nicht drei Jahre überstieg, amnestiert worden waren. »Mit dieser milderen Behandlung bestimmter Totschlagsfälle aus der damaligen Zeit«, so Dreher, »würde es sich schwer vereinbaren lassen, wenn andere Totschlagsfälle strenger behandelt würden«[36].

Wie bei allen Stellungnahmen des Ministeriums zur Verjährung fiel auch an diesem Papier auf, daß nicht ein einziges Mal auf die Schwere der

35 BAK, B 141/25661, Vermerk Lackner an Schäffer über eine Besprechung zwischen Lackner, Maasen, Roemer und Dreher über den Antrag der SPD am 4.4.1960, 5.4.1960.

36 BAK, B 141/25660, Vermerk Dreher für Schäffer, 16.3.1960, dort auch die folgenden Zitate.

zur Diskussion stehenden Taten eingegangen wurde. Mehr noch: Dreher beharrte ausdrücklich darauf, daß bei den NS-Totschlagsverbrechen »eine Bestrafung nicht mehr möglich sein« solle. Dabei könne es »grundsätzlich nicht darauf ankommen, welcher Art die Straftat im einzelnen ist, ob ihre Verfolgung Schwierigkeiten bereitet und ob im einzelnen Fall das Bedürfnis nach Bestrafung noch lebendig ist«. Drehers Argumentation, am Gleichheitsgrundsatz müsse festgehalten werden, folgte womöglich nicht nur seiner politischen Überzeugung, sondern auch seinem persönlichen Interesse: Unter die Verjährung würden nämlich auch jene Todesurteile fallen, die er als Staatsanwalt am Sondergericht Innsbruck beantragt hatte.

Das erste Gremium, das dem Gesetzentwurf der SPD eine Absage erteilte, war die Konferenz der Landesjustizminister am 8. April 1960. Einstimmig – bei Enthaltung des hessischen Vertreters – schlossen sich die Minister dem Votum Schäffers an. Neben verfassungsrechtlichen Vorbehalten unterbreiteten sie der Presse nun ein weiteres, für die Verjährung höchst schlagkräftiges Argument: Die Zentrale Stelle, so wurde mit unüberhörbarer Genugtuung konstatiert, habe »die Voraussetzungen dafür geschaffen, daß die bis dahin ungesühnt gebliebenen nationalsozialistischen Gewaltverbrechen systematisch, umfassend und rechtzeitig vor Eintritt der Verjährung aufgeklärt werden können«. Durch ihre »unermüdliche und zielstrebige Arbeit« sei es gelungen, »daß die Verantwortlichen, soweit sie noch nicht abgeurteilt sind, in absehbarer Zeit ihrer gerechten Strafe zugeführt werden, ohne daß die Verfahren durch Verjährung beeinträchtigt sind«[37].

Bis auf die Tatsache, daß die Ludwigsburger Staatsanwälte im Rahmen ihres Auftrages viel Energie und Fleiß auf ihre Arbeit verwendeten, stimmte an dieser Aussage nichts. Betrachtet man den Stand der Ermittlungen kurz vor Eintritt der Totschlagsverjährung, so sind die gravierende Defizite unübersehbar: Jene NS-Verbrechen, die auf dem Gebiet der Bundesrepublik verübt worden waren, blieben – da die Zentrale Stelle nicht zuständig war – von der systematischen Aufklärungsarbeit bislang ausgespart. Unter diesen Umständen profitierten von der Verjährung sowohl zahlreiche frühere Totschläger in Konzentrations- und Arbeitslagern als auch das Personal, das in der Verwaltung an Terror- und Vernichtungsmaßnahmen beteiligt gewesen war. Selbst gegen die Mitarbeiter der

37 JM BW, 2200b, Presseerklärung der Justizministerkonferenz in Wiesbaden vom 8.4.1960 als Anlage zum Protokoll.

obersten Reichsbehörden, vor allem des Regierungsapparats und des Reichssicherheitshauptamts, hatte die Berliner Staatsanwaltschaft zu diesem Zeitpunkt noch keine Ermittlungsverfahren eingeleitet, geschweige denn die Verjährungsfrist für ihre Verbrechen durch einen Untersuchungsrichter unterbrechen lassen.

Erheblich war auch die Zahl jener unaufgeklärten Verbrechen, für deren Vorermittlung die Zentrale Stelle nach dem Wortlaut der ihr zugrunde liegenden Verwaltungsvereinbarung zuständig war. Auf keinen Fall konnte die Rede davon sein, daß die wichtigsten Dokumentensammlungen über die Massenverbrechen den Staatsanwälten bekannt waren, etwa die immensen, in den USA archivierten Bestände, deren Auswertung Schüle erst für August 1960 plante[38].

Nicht besser stand es um die einschlägigen Unterlagen in den osteuropäischen Staaten. Mit den Behörden in Polen beispielsweise, wo große Mengen von Belastungsmaterial lagerten, stand Schüle erst seit kurzem in Verhandlungen. So hatte er, vermittelt durch Fritz Bauer, Anfang März den Kontakt mit Jan Sehn aufgenommen, dem Leiter der Polnischen Hauptkommission zur Untersuchung von NS-Verbrechen, die seit Kriegsende für die polnischen Strafverfolgungsbehörden Dokumente gesammelt und Zeugen verhört hatte. Bei diesem Treffen versprach Sehn, in wenigen Wochen, möglichst noch vor Ablauf der Verjährungsfrist, der Zentralen Stelle die ersten Belastungsdokumente zur Verfügung zu stellen[39]. Und in der Tat: Ende April übergab die Hauptkommission umfangreiches Material, unter anderem über das Vernichtungslager Treblinka, über Ghettoräumungen und über Todesurteile des Sondergerichts

38 Während dieser Recherchen in den US-National Archives, Washington, D.C., und im Federal Record Center, Alexandria, wo sich unter anderem die Akten des Persönlichen Stabes Heinrich Himmlers befanden, ließ Schüle 10 000 Dokumente für die Zentrale Stelle verfilmen; JM BW, 4110b, Bd. 3, Schüle an Justizministerium BW, 26.9.1960.

39 Vor dem Treffen mit Sehn korrespondierte bereits der Staatsanwalt der Zentralen Stelle Pieh mit der Polnischen Militärmission in West-Berlin. Im Oktober 1959 schickte Pieh eine detaillierte Liste mit 16 Personen, zu denen er um Dokumente der Polnischen Hauptkommission bat. Da kein regulärer Rechtshilfeverkehr mit Polen möglich war, vereinbarte Schüle mit Sehn, die Unterlagen in der Polnischen Militärmission zu deponieren. Dort konnten sie von einem Mitarbeiter der Zentralen Stelle eingesehen und fotokopiert werden; ZStL, GA, 517/16/59, Pieh an Zimniak, Polnische Militärmission, 27.10.1959; JM BW, 4110b, Bd. 3, Vermerk Schüle an Justizministerium BW, 4.3.1960.

Lodz[40]. Mit großem Einsatz bemühte sich daraufhin die Zentrale Stelle, die Unterlagen noch vor dem 8. Mai so auszuwerten, daß die darin belegten Straftaten nicht verjährten[41].

All diese Mängel und unerledigten Ermittlungsaufgaben veranlaßten Schüle aber nicht, Alarm zu schlagen. Soweit aus den Akten ersichtlich, hat er das baden-württembergische Justizministerium zu keinem Zeitpunkt darauf hingewiesen, welches Ahndungshindernis die Verjährung tatsächlich darstellte, zumal sie nicht nur Totschlag, sondern auch Beihilfe zum Mord betraf, sofern die Taten bis Juni 1943 verübt worden waren[42]. Der Leiter der Zentralen Stelle behandelte das anstehende Fristende statt dessen so, als ob es allein verfahrenstechnische Probleme aufwerfe. Um »zeitraubende« Kompetenzstreitigkeiten mit den Staatsanwaltschaften zu vermeiden, berichtete Schüle dem baden-württembergischen Justizministerium, sei zu klären, wie die Verjährung in den laufenden Vorermittlungsverfahren möglichst einfach und schnell unterbrochen werden könne[43]. Unterstützt von Emil Müller, dem für die Zentrale Stelle zuständigen Ministerialdirektor in Stuttgart, erreichte Schüle schließlich, daß in diesen Fällen die Verjährung nicht erst auf dem sonst üblichen Weg der richterlichen Zeugenvernehmung unterbrochen wurde, sondern durch ein Eilverfahren beim Bundesgerichtshof, für das allein die Vorlage von Dokumenten und Aussageabschriften ausreichte[44].

Diese Korrekturen änderten freilich nichts an dem Umstand, daß Schüle sich in den Dienst einer Politik stellte, die die Öffentlichkeit über den Stand der Ermittlungen und die tatsächlichen Folgen der anstehenden Verjährung täuschte. Was den Leiter der Zentralen Stelle zu diesem Verhalten veranlaßte, läßt sich nur vermuten. Ausschlaggebend scheint gewesen zu sein, daß auch er selbst der Auffassung war, die Ahndungen dürften ein gewisses Maß nicht überschreiten. Konsequenterweise hegte

40 Ebenda, Landgerichtsrat Werner, Zentrale Stelle, an das Bayerische Staatsministerium der Justiz über den Kontakt mit der Polnischen Hauptkommission, 1.9.1960. Über die Akten des Sondergerichts Lodz, die der Zentralen Stelle übersandt wurden, berichtet die FAZ, 28.4.1960, S. 2.

41 Diese – in aller Eile – durchgeführte Auswertung beschreibt Babara Just-Dahlmann, die aufgrund ihrer Polnischkenntnisse Anfang Mai zur Zentralen Stelle abgeordnet wurde; Just-Dahlmann/Just, Gehilfen, S. 19 ff.

42 Dazu Kapitel II. 1.3.

43 JM BW, 4110b, Bd. 3, Schüle an Justizministerium BW, 25.1.1960.

44 Ebenda, Bericht Müllers auf der Dienstbesprechung der OLG-Präsidenten, LG-Präsidenten, Generalstaatsanwälte und Oberstaatsanwälte von Baden-Württemberg, 18.3.1960.

er auch kein Interesse, die SPD-Fraktion mit Hinweisen über die hohe Zahl noch nicht ermittelter Täter zu informieren und ihr damit Munition für die anstehenden Beratungen über die Gesetzesinitiative zu liefern.

Entschieden gegen das Vorhaben der SPD trat ebenfalls Wolfgang Haußmanns Stellvertreter, Emil Müller, ein, ohne sich dabei von Interventionen aus den Reihen der Justiz beirren zu lassen. So warnte ihn Generalstaatsanwalt Nellmann eindringlich: »Nicht erfaßt werden könnten die erst künftig bekanntwerdenden Fälle. Man werde sich immer dem Vorwurf aussetzen, man habe zugewartet, bis die Dinge verjähren.«[45] Noch vor dem 8. Mai sollte dieser Vorwurf jedoch größere Aufmerksamkeit finden, als die Rechtspolitiker erwartet hatten.

Auf der Pressekonferenz, auf der die Justizminister ihre Entscheidung für die Verjährung verkündeten, spielten die Erfolgsmeldungen der Zentralen Stelle kaum eine Rolle. Die anwesenden Journalisten löcherten die Minister unterdessen mit Fragen, die in eine ganz andere Richtung gingen: Warum denn jede Information über den Stand der Überprüfung von NS-Juristen fehle? Wie es um die Auswertung der Sondergerichts- und Volksgerichtshofsakten stehe? Und ob nicht damit gerechnet werden müsse, daß mit der Verjährung zahlreiche Richter und Staatsanwälte vor der Strafverfolgung geschützt würden? Schäffer und seine Kollegen, eifrig bemüht, diese Bedenken zu zerstreuen, wiesen darauf hin, daß in den westdeutschen Archiven alle verfügbaren Akten sorgfältig gesichtet worden seien[46].

Ob diese Maßnahmen ausreichten, bezweifelten nicht wenige der Journalisten. Sie hatte inzwischen Argwohn befallen angesichts der vielen Todesurteile, die in den »Blutrichter«- Broschüren der DDR und kurz zuvor in einer Publikation aus der Tschechoslowakei bekanntgemacht worden waren[47]. Zudem hatte die DDR ihre »Blutrichter«-Kampagne auf das Thema der Verjährung ausgeweitet[48]. Wiederholt verkündeten die Ost-Berliner Regierung, der Ausschuß für Deutsche Einheit und die Vereinigung Demokratischer Juristen, der weitaus größte Teil der Akten-

45 Ebenda.

46 Zur Pressekonferenz der Artikel von Thomas Gnielka, »Steht die Justiz vor einer Vertrauenskrise?«, FR, 13.4.1960, S. 3; knapper: »Der Streit um verlängerte Fristen für die Verjährung«, FAZ, 11.4.1960, S. 2.

47 Dazu ausführlich Kapitel I. 4.

48 Die Maßnahmen gegen die Verjährung beschloß das SED-Politbüro in seinen Sitzungen am 18. und 22.3.1960; SAPMO-BAB, DY 30, IV, 2/2/565 und 2/2/693.

bestände der Sondergerichte in Polen, der Tschechoslowakei und der DDR harre noch immer der Auswertung durch westdeutsche Staatsanwälte. Kein Wort fiel indessen zu den zahllosen Verbrechen, die nicht von der NS-Justiz verübt worden waren und ebenfalls am 8. Mai zu verjähren drohten. Diese Tatsache interessierte die DDR-Propaganda nicht – sie setzte allein auf den Vorwurf, die Verjährung begünstige die NS-Richter.

Ein besonderer Coup gelang dem Ausschuß für Deutsche Einheit mit dem Auftritt zweier Staatsanwälte, die am Tag der Justizministerkonferenz nach Wiesbaden gereist waren. Der gleiche Troß von Journalisten, der noch kurz zuvor unwillig die Rechtfertigungen der Minister vernommen hatte, eilte nun zur Pressekonferenz der Gegenseite, die Spannendes zu berichten hatte. Tausende von westdeutschen »Blutrichtern«, so die DDR-Staatsanwälte, könnten von der Verjährung profitieren, weil ihre Taten nach dem Willen der Bundesregierung nicht zur Kenntnis genommen werden sollten. Allein in Warschau seien über 11 000 Todesurteile der Sondergerichte archiviert, die zur sofortigen Einsichtnahme bereitstünden. Um das Ganze entsprechend anschaulich zu machen, hatten die Staatsanwälte zuvor dem überraschten Wiesbadener Oberstaatsanwalt einen Stapel Todesurteile in die Hand gedrückt.

All diese Informationen, mit denen die Justizminister geradezu vorgeführt wurden, waren tags darauf in der westdeutschen Presse zu lesen, am ausführlichsten in der *Frankfurter Rundschau*[49]. Ein größeres Publikum noch erreichte die Fernsehreportage »Im Namen des Volkes«, die am 13. April 1960 ausgestrahlt wurde. Helmut Hammerschmidt, Redakteur des Bayerischen Rundfunks, kam nach seinen Recherchen in den Landesjustizverwaltungen zu einem bestürzenden Ergebnis: Nicht nur die in Osteuropa lagernden Bestände, auch die meisten Sondergerichtsakten in den westdeutschen Archiven seien bislang nicht überprüft worden.

Der Bundesjustizminister, bereits durch tschechische Strafanzeigen gegen ehemalige NS-Richter in Bedrängnis geraten, reagierte auf die Vorwürfe schon einen Tag vor Ausstrahlung der Reportage: Im Bulletin der Bundesregierung versicherte er, daß bei allen NS-Todesurteilen die Verjährung unterbrochen werde, sobald die Justizverwaltungen durch Akten-

49 Der Journalist Thomas Gnielka zitierte als Beispiel für Todesurteile, die unter die Verjährung fallen sollten, ein Urteil des Sondergerichts Radom von 1942, in dem gegen eine polnische Jüdin die Höchststrafe verhängt wurde, weil sie ihren Wohnbezirk ohne Berechtigungsschein verlassen hatte; FR, 13.4.1960, S. 3, dort auch zum folgenden.

übergabe oder Anzeige davon erfuhren[50]. Damit schienen nicht nur die Zweifel der Journalisten weitgehend ausgeräumt[51], sondern auch Schäffers Bereitschaft zu Konzessionen erschöpft gewesen zu sein. Weitere Einwände gegen die Verjährung ließ er – je nach Absender ausführlich oder knapp – zurückweisen. Des Ministers Haltung beeinflußte weder ein höflich formuliertes Protestschreiben des israelischen Justizministers Pinhas Rosen[52] noch eine Petition aus Großbritannien, die 49 Parlamentarier der Labour und der Liberal Party an die Bundesregierung gerichtet hatten[53]. Eine »völlig nichtssagende Antwort« empfahl Ministerialreferent Karl Lackner schließlich auf die Eingabe des Internationalen Auschwitz-Komitees an den Bundestagspräsidenten und den Bundesjustizminister, da das Komitee »zweifelsfrei eine kommunistische Tarnorganisation« sei[54].

In dem Schreiben hatte der Generalsekretär des Komitees, Hermann Langbein, seine Argumente allerdings ohne jeden polemischen oder propagandistischen Unterton vorgebracht. »Immer wieder«, so beschwor er den Justizminister, »kommen aus allen Erdteilen Aussagen zu uns, die wir dann der zuständigen Staatsanwaltschaft weiterleiten, und immer wieder werden neue Namen von SS-Angehörigen genannt, die Furchtbares in diesem schlimmsten aller Konzentrationslager verbrochen haben. Soll nun in einer Woche ein solcher Zustand eintreten, daß ein SS-Mann, der Häftlinge in Auschwitz derartig mißhandelt hat, daß sie gestorben sind, wegen Verjährung nicht mehr verfolgt werden kann, nur weil erst jetzt

50 Fritz Schäffer, Nazirichter in der Justiz der Bundesrepublik. Vorwürfe und Wirklichkeit – Der Stand der Untersuchung, in: Bulletin des Presse- und Informationsamtes der Bundesregierung, 12.4.1960. Zu den weiteren Ausführungen Schäffers in dem Artikel vgl. Kapitel I. 4.

51 Eine weitere prominente Ausnahme war, neben Hammerschmidt und Gnielka, wiederum Müller-Meiningen jr.: Am Tag vor Beginn der Verjährung schrieb er in der *Süddeutschen Zeitung*, daß »von jetzt ab eine wahrscheinlich in etliche Tausend gehende Zahl von bisher unerkannten Verbrechern [...] unverfolgt und ungestraft in unserer Mitte weiterleben kann; »Es sind noch Totschläger unter uns«, SZ, 7.5.1960, S. 4.

52 BAK, B 141/25661, Rosen an Schäffer, 27.4.1960. Das von Karl Lackner formulierte Antwortschreiben ebenda, 17.5.1960.

53 PA/AA, 503/530, Vermerk des Referenten für Großbritannien. Das Bundesjustizministerium und das Auswärtige Amt beauftragten die Deutsche Botschaft in London, den Petenten zu antworten; BAK, B 141/25661, Vermerk Lackner an Schäffer, 17.5.1960.

54 Ebenda. Die Entschließung an den Bundestagspräsidenten Eugen Gerstenmaier vom 30.4.1960 in: BT/PA, BAnz, III/1068, A.

Beweise für seine Verbrechen bekanntgeworden sind?«[55] Doch den Einwänden des Internationalen Auschwitz-Komitees schenkte die Bundesregierung keine Beachtung. Ohne große Eile an den Tag zu legen, beschloß das Kabinett am 6. Mai 1960, also zwei Tage vor dem Eintritt der Verjährung, den SPD-Antrag abzulehnen[56]. In der Rechtsausschußsitzung fünf Tage später waren die Aussichten nicht besser: Geschlossen stimmten die Abgeordneten der CDU/CSU und FDP gegen die Gesetzesinitiative.

Elisabeth Schwarzhaupt, die Berichterstatterin des Ausschusses, führte neben den verfassungsrechtlichen Bedenken des Justizministeriums und den Leistungen der Zentralen Stelle noch ein weiteres rechtspolitisches Argument ins Feld: »Erfahrungsgemäß«, so die Christdemokratin, fielen die Urteile in NS-Verfahren »schon mit Rücksicht darauf, daß die Täter damals meistens noch sehr jung und in einer Situation gewesen seien, die sie in ungewöhnliche Versuchung gebracht hätte, milde aus«. Dies sei um so mehr der Fall, »je länger sich die Strafverfolgung in die Zukunft erstrecke. Solche milden Urteile erscheinen dann nicht mehr der Tat angemessen und müßten deshalb auch wieder das Rechtsgefühl verletzen«[57]. Damit mißbilligte Schwarzhaupt jedoch nicht nur die Friständerung, sie vertrat – in einer Schlichtheit und Deutlichkeit, die in der Debatte von Bonner Politikern bislang noch nicht vernommen war – die These: besser überhaupt keine Prozesse als niedrige Strafen.

Wie ernst es dagegen dem Sozialdemokraten Walter Menzel mit seinem Anliegen war, demonstrierte sein Versuch, die konservativen und liberalen Ausschußmitglieder zumindest für eine kurze Verzögerung des Verjährungsbeginns zu gewinnen. So kam er ihnen mit einem Änderungsantrag entgegen, nach dem die Verjährungsfrist nicht im September 1949 einsetzen sollte, sondern für im Deutschen Reich verübte Verbrechen im Juni 1946, für im Ausland begangene Verbrechen indessen erst ein Jahr später, da zuvor kein regulärer Rechtshilfeverkehr existiert habe[58]. Doch auch diese Initiative blieb ohne Erfolg. Selbst den Kompro-

55 Zitiert nach Walter Menzel, der den Brief in seiner Bundestagsrede zur Verjährungsfrage vorlas und ihn als »fast flehendliche Bitte« charakterisierte; BT-Berichte 3.WP, 117. Sitzung am 24.5.1960; abgedruckt in: Zur Verjährung, S.23.

56 BAK, B 141/25661, Kabinettsvorlagen Schäffers, 25. und 28.4.1960, sowie Presseerklärung zur Kabinettssitzung am 6.5.1960.

57 BT/PA, BAnz, III/1068, A, Protokoll der 104. Sitzung des BT-Rechtsausschusses am 11.5.1960.

58 Änderungsantrag der SPD-Fraktion vom 18.5.1960 in: Zur Verjährung, S. 14. Menzel präsentierte den Antrag in einer Sondersitzung des Rechtsausschusses am 20.5.1960; BT/PA, BAnz, III/1068, A.

mißvorschlag seines Parteigenossen Karl Wittrock, die Fristhemmung nur bis Dezember 1945 auszuweiten, bügelte die Ausschußmehrheit ohne weitere Diskussion ab, obgleich das Bundesjustizministerium zuvor hatte einräumen müssen, daß die Rechtspflege an deutschen Gerichten bis Ende 1946 stark eingeschränkt gewesen war[59].

Unbeirrt von der Aussichtslosigkeit seiner Sache trat Menzel am Tag der Parlamentsdebatte entschlossen, ja geradezu kämpferisch auf[60]. Im Namen seiner Fraktion sei auf die »ernste Gefahr« hinzuweisen, daß »die Strafverfolgung eines Teils der scheußlichsten Verbrechen aus der Nazizeit verjährt«. Was dies konkret hieß, veranschaulichte der SPD-Abgeordnete am Beispiel des Auschwitz-Verfahrens. Erst vor einigen Tagen, so Menzel, habe die Presse berichtet, daß die Zentrale Stelle die Ermittlungen gegen 945 ehemalige SS-Angehörige des Konzentrationslagers Auschwitz an die zuständige Staatsanwaltschaft in Frankfurt abgegeben habe. Schon jetzt stehe fest, »daß die Bundesrepublik und die deutsche Justiz vor den größten Strafverfahren stehen werden, die jemals in Deutschland stattgefunden haben«. Wenn die Verjährungsfrist nicht verlängert werde, so der SPD-Abgeordnete, drohe womöglich, daß »die eigentlichen Drahtzieher« straffrei blieben.

Die gleichen Bedenken hegte er im Zusammenhang mit einem hochaktuellen Ereignis, das weltweit für Aufsehen sorgte: Just am Tag vor der Bundestagsdebatte hatte der israelische Ministerpräsident David Ben Gurion die Festnahme Adolf Eichmanns bekanntgegeben. Ausdrücklich begrüßte der SPD-Abgeordnete den angekündigten Prozeß gegen den früheren SS-Obersturmbannführer, der, so Menzel in Anlehnung an Ben Gurions Erklärung, »neben Hitler und Himmler der größte Mörder der Nazizeit« gewesen sei. Unbestritten sei, daß die Ablehnung des SPD-Antrags keine Relevanz für die Ahndung der Mordtaten Eichmanns habe. »Aber, alle jene, die ihm als Gehilfen oder als Werkzeug, als Massentotschläger geholfen haben, würden ab morgen frei sein«. Wenn dies eintreten werde, mahnte Menzel mit Blick auf das wachsende interna-

59 Ebenda, Protokoll der 104. Sitzung des BT-Rechtsausschusses am 11.5.1960. Die Kabinettsvorlage des Bundesjustizministeriums konstatierte: »Einen Stillstand der Rechtspflege, der ein Ruhen der Verjährung rechtfertigen könnte, hat es in Deutschland spätestens seit Ende 1946 nicht mehr gegeben.«; BAK, B 141/25661, 25.4.1960.

60 Zum folgenden BT-Berichte 3.WP, 117. Sitzung am 24.5.1960; abgedruckt in: Zur Verjährung, S. 17.

tionale Augenmerk auf die deutschen Strafverfolgungsbemühungen, »in welche Situation bringen wir die Bundesrepublik vor aller Welt!«[61]

Solche Befürchtungen seien ein »sehr großer Irrtum«, widersprach der Bundesjustizminister, da damit übersehen werde, »daß sich der Ablauf der Verjährungsfrist nicht auf Mord und Beihilfe zum Mord« beziehe[62]. Als Menzel den Minister daraufhin mit dem Einwurf unterbrach, Beihilfe zum Mord verjähre bis 1943, während die Massenmorde in Auschwitz bereits 1942 begonnen hätten[63], entgegnete Schäffer unwirsch: »»Begonnen haben! Was in Auschwitz 1942 gewesen ist, war dort auch 1943! Im übrigen werden die Beihilfen hier weniger in Frage kommen; hier wird unmittelbar der Mord in Frage kommen.«

Nicht ohne eine gehörige Portion Kaltschnäuzigkeit ging der Bundesjustizminister hier über die – jedem Fachmann hinlänglich bekannte – Tatsache hinweg, daß in der Regel nur die unmittelbar vor Ort eingesetzten SS-Männer eine Verurteilung wegen Mordes befürchten mußten. Diese Falschinformation konnte der Minister allerdings problemlos verbreiten, weil ihn in der Sache sämtliche Ministerkollegen der Länder unterstützten. Und schließlich hatte man mit dem Leiter der Zentralen Stelle einen ausgewiesenen Experten, der, wie Schäffer vor dem Bundestag hervorhob, die Verjährung für unbedenklich erklärt hatte.

Die Auskunft Schüles überzeugte auch den CDU-Abgeordneten Franz Böhm. Dabei vertrat der frühere Leiter der westdeutschen Wiedergutmachungsdelegation ganz andere politische Grundeinstellungen als Schäffer, dem er zwei Jahre zuvor öffentlich vorgeworfen hatte, mit seinen ständigen Tiraden gegen die Entschädigungszahlungen Antisemitismus zu schüren[64]. Ihm selbst, so Böhm, gehe es bei dem Gesetzentwurf nicht um verfassungsrechtliche Bedenken, wie sie der Justizminister vorgebracht habe. Für ihn zähle allein die Frage, ob »die Masse dieser Straftaten noch rechtzeitig vor Eintritt der Verjährung erfaßt worden ist«[65]. Seine Skepsis

61 Ebenda, S. 19. Nach Ben Gurions Worten war Eichmann »zusammen mit den Naziführern für das verantwortlich, was sie die ›Endlösung der jüdischen Frage‹ genannt habe, das heißt die Ausrottung von sechs Millionen europäischer Juden«, zitiert nach FR, 24.5.1960, S. 1.

62 Zur Verjährung, S. 25, dort auch die folgenden Zitate.

63 Tatsächlich starben bereits 1941 allein unter den in Auschwitz inhaftierten russischen Kriegsgefangenen fast 10 000 Personen. Im September 1941 wurden zudem etwa 600 russische Kriegsgefangene und 250 kranke Häftlinge in einer ersten großen Vergasungsaktion ermordet; vgl. Longerich, Politik der Vernichtung, S. 444 f.

64 Vgl. Wolffsohn, Vergangenheitsbewältigung, S. 126 f.

65 Zur Verjährung, S. 31, das folgende Zitat ebenda, S. 33.

habe er in den letzten Tagen abgelegt, »im Vertrauen darauf, daß sich das Bundesjustizministerium, die Landesjustizverwaltungen und die Zentralstelle in Ludwigsburg nicht entscheidend irren«. Bei anderslautenden Informationen, stellte der Christdemokrat klar, hätte er gemeinsam mit einigen Parteifreunden dem SPD-Antrag zugestimmt. Böhms Position demonstriert, daß selbst in den Reihen der Christdemokraten der Konsens in Hinsicht auf die legislative Eindämmung der Strafverfolgung schon 1960 in Frage gestellt wurde – in gewisser Weise nahm dies auch die Spaltung seiner Fraktion in der Verjährungsdebatte 1965 vorweg.

Im Gegensatz zur großen Kontroverse fünf Jahre später erreichte die Debatte um die Verjährung von Totschlag keine größere Öffentlichkeit, zumal die Entscheidung des Bundestags zu keinem Zeitpunkt in Frage stand. Führende Tageszeitungen wie die *Frankfurter Allgemeine*, die *Welt* oder die *Süddeutsche* registrierten die Ablehnung des SPD-Antrags allenfalls mit durchschnittlichem Interesse[66]. Von einigem Nachrichtenwert war allein Schäffers Ausführung, er hoffe, daß Eichmann vor ein deutsches Gericht gestellt werde[67].

Auch wenn die Debatte kaum über einen kleinen Kreis von Fachleuten aus Legislative und Exekutive hinausging, stand sie dennoch gleichsam an der Schwelle einer breiteren gesellschaftlichen Auseinandersetzung mit den NS-Verbrechen in den folgenden Jahren. Die großen Gerichtsverfahren, der Eichmann- und Auschwitz-Prozeß, waren noch nicht eröffnet; mit der Ablehnung des SPD-Gesetzentwurfs war die folgenreichste Entscheidung zur Ahndung nationalsozialistischer Verbrechen freilich bereits getroffen: In den nächsten Jahren und Jahrzehnten sollten die meisten staatsanwaltschaftlichen Einstellungen in NS-Sachen mit der Begründung erfolgen, daß Totschlagsverbrechen verjährt seien[68].

66 Berichte am 25.5.1960. Lediglich die *SZ* brachte in ihrem – ansonsten knappen – Artikel die Mitteilung des Bundesministers, daß neben dem Auschwitz-Verfahren fünf weitere große Ermittlungsverfahren an die zuständigen Staatsanwaltschaften übergeben worden sind.

67 »Eichmann vor dem Vernehmungsrichter in Jaffa«, FAZ, 25.5.1960, S. 1.

68 So die Einschätzung des späteren Leiters der Zentralen Stelle, Alfred Streim; vgl. Der Spiegel, 13.2.1995, S. 30. Statistische Angaben zu den Einstellungsverfügungen infolge der Totschlagsverjährung liegen nicht vor; Fallbeispiele dazu bei Greve, Umgang, S. 92 ff.

1.3 *Die Suche nach einer Amnestie für »Beihilfe«*

Ende der sechziger Jahre sollte eine Amnestie in Kraft treten, von der es hieß, sie sei eine »Gesetzgebungspanne«, deren erhebliche Auswirkungen auf die NS-Prozesse niemand bedacht habe. Was diese unscheinbare Novellierung des Strafgesetzbuchs so brisant machte, war der Umstand, daß sie gerade hochrangigen NS-Tätern zur Straffreiheit verhalf, indem Beihilfe zum Mord aus sogenannten niedrigen Beweggründen rückwirkend am 8. Mai 1960 verjährt war. Die Vorgeschichte dieser – allem Anschein nach durchaus absichtlich herbeigeführten – Amnestie reicht in die Zeit kurz nach der Verjährung von Totschlag zurück, als sich in der Rechtsprechung eine entscheidende Wende abzeichnete, nämlich die Revision der Auffassung, daß bei NS-Verbrechen die Verjährung für Beihilfe zum Mord bereits eingetreten sei.

Bis zum Oktober 1960 waren die westdeutschen Gerichte einheitlich davon ausgegangen, daß die Verjährungsfrist für Beihilfe zum Mord, sofern diese vor dem Mai 1943 datierte, mit der Verjährungsfrist für Totschlag übereinstimme. Der Hintergrund für diese willkürlich erscheinende Festlegung war die Verschärfung des Strafgesetzbuches vom 29. Mai 1943. Darin wurde bestimmt, daß Beihilfe zum Mord nun ebenso wie Täterschaft mit dem Tode bestraft werden konnte, während – zumindest laut den Bestimmungen des Strafgesetzbuchs – das Strafmaß für Beihilfe sich zuvor an dem für Totschlag orientiert hatte[1].

Eine neue Sicht vertrat dagegen das Oberlandesgericht Hamm. In seinem Urteil vom 27. Oktober 1960 verwarf es die Haftbeschwerde eines ehemaligen Abteilungsleiters der Berliner Zentrale der »Aktion T 4«, die den Massenmord an geistig und körperlich Behinderten organisiert hatte[2]. Jener Friedrich Tillmann hatte seinen Antrag auf Freilassung damit begründet, daß die ihm vorgeworfene Beihilfe zum Mord vor 1943 begangen worden und daher seit dem 8. Mai 1960 verjährt sei. Möglicherweise lag es an der tiefempfundenen Abscheu gegen die »Euthanasie«-Morde, daß die Richter die »Beihilfe«-Verjährung nicht einfach hinnehmen wollten – obwohl sie von der Rechtswissenschaft bislang nicht in Frage gestellt, ferner vom Bundestag erst ausdrücklich bestätigt worden war. Nach der zutreffenden Ansicht der Richter habe nicht erst die Verschärfung im Strafgesetzbuch vom Mai 1943, sondern bereits die am 5. Dezember 1939 in Kraft getretene Gewaltverbrecher-Verordnung die

1 Vgl. Baumann, Strafrechtliche Problematik, S. 279 f.

2 OLG Hamm 1 Ws 537/60 vom 27.10.1960, Abschrift in ZStL, GA, 41-60/2.

Möglichkeit geschaffen, Beihilfe zum Mord mit dem Tode zu bestrafen[3]. Demnach betrage die Verjährungsfrist für den Gehilfen, sofern die Mordtat nach Dezember 1939 begangen worden war, ebenso wie für den Täter zwanzig Jahre.

Erwin Schüle hielt den Gerichtsbeschluß für so bedeutend, daß er ihn an sämtliche Generalstaatsanwälte mit der Aufforderung weiterleitete, »in geeigneten Fällen weitere Entscheidungen von Obergerichten« herbeizuführen[4]. Die Auffassung der Hammer Richter bestätigte daraufhin das Stuttgarter Oberlandesgericht und, in letzter Instanz, der Bundesgerichtshof[5]. Das am 22. Mai 1962 gefällte Gerichtsurteil des Fünften Strafsenats berechtigte fortan die Justizbehörden dazu, für Beihilfe zum Mord und damit für das Gros der bislang nicht ermittelten Verbrechenskomplexe die Strafverfolgung wiederaufzunehmen. Zahlreiche Täter, die sich nach dem Eintritt der Verjährung am 8. Mai 1960 in Sicherheit wiegen konnten, mußten erneut mit Ermittlungen, Gerichtsverfahren und Haft rechnen.

Aufmerksam und nicht ohne Sorge verfolgte diese Entwicklung ein Kreis von Amnestiespezialisten, der sich aus Organisatoren früherer Strafbefreiungskampagnen und einigen Verteidigern zusammensetzte, die sich auf NS-Prozesse spezialisiert hatten. Eine zentrale Figur in diesem Netzwerk war Werner Best. Der ehemalige Stellvertreter Heydrichs bei der Gestapo, inzwischen als Justitiar bei dem Mühlheimer Unternehmen Hugo Stinnes untergekommen, investierte viel Zeit und Mühe, um seinen von den Staatsanwaltschaften erfaßten »Kameraden« beizustehen. Als Zeuge in Gerichtsverfahren versuchte Best – selten mit Erfolg –, die Verurteilung der Angeklagten mit dem Argument des Befehlsnotstandes zu hintertreiben[6].

Schwieriger noch als solche Freundschaftsdienste gestaltete sich das weitergehende Projekt einer Generalamnestie. Nachdem Achenbachs Vorstoß 1959 fehlgeschlagen war, war offensichtlich geworden, daß künf-

3 Vgl. dazu auch Werle, Justiz-Strafrecht, S. 300 f.

4 ZStL, GA, 41-1/23, 15.12.1960.

5 Beschluß des OLG Stuttgart 1 Ws 123/61; BA Außenstelle Ludwigsburg, II 207 AR-Z 162/59. In dem Revisionsverfahren vor dem BGH, vertreten vom Rechtsanwalt Schön aus Bonn, ging es um Exekutionen in Litauen. Auf die Namen der fünf Beschuldigten, darunter der Leiter des Borkumer Krankenhauses Werner Scheu, war Schüle im Zuge seiner Ermittlungen gegen das Einsatzkommando Tilsit gestoßen. Das BGH-Urteil (BGH 5 StR 4/62) in: Rüter, Justiz und NS-Verbrechen, Bd. XVII, S. 491 ff.; Urteilsgründe auch in: NJW 1962, S. 2209 ff.

6 Vgl. Herbert, Best, S. 494 f.

tig jede politische Initiative zur Straffreiheit zum Scheitern verurteilt sein mußte, zumindest wenn man den Weg eines regulären Gesetzentwurfs wählte. Ihr Anliegen aufzugeben, war die Amnestie-Lobby indes nicht bereit – erst recht nicht nach der jüngsten Revision der »Beihilfe«-Verjährung, die zur Folge haben mußte, daß die höherrangigen Chargen der nationalsozialistischen Vernichtungspolitik, die bislang nicht in das Blickfeld der Staatsanwaltschaft gekommen waren, angeklagt würden. Wie abseits der Öffentlichkeit auf Politik und Justiz Einfluß genommen werden konnte, war die entscheidende Frage, die Best und Konsorten nun umtrieb.

Im April 1962, noch vor dem Urteil des Bundesgerichtshofs, erhielt Best eine Denkschrift von Adolf von Bomhard, Bürgermeister der Stadt Prien am Chiemsee und Sachverständiger in mehreren NS-Prozessen gegen Angehörige der Ordnungspolizei. Neben Fragen des Befehlsnotstandes ging es darin in erster Linie um die Verjährung von Beihilfe zum Mord. Bomhard, einst Befehlshaber der Ordnungspolizei in der Ukraine, anschließend Amtsleiter im Reichssicherheitshauptamt[7], bezeichnete die neue Rechtsprechung, nach der die Verjährung von Beihilfe auf zwanzig Jahre verlängert werden sollte, schlichtweg als verfassungswidrig. Notfalls müsse diese Auffassung, so Bomhard, »über das Bundesverfassungsgericht geltend gemacht werden«[8].

Bis die angekündigte Klage in Karlsruhe eingereicht wurde, verging gut ein Jahr, in dem der lose organisierte Kreis der Amnestie-Lobbyisten allerdings nicht untätig blieb. Rechtsanwalt Rudolf Aschenauer etwa, seit den Nürnberger Prozessen einer der gefragtesten Verteidiger in NS-Verfahren und zugleich Aktivist der rechtsextremen Szene in Süddeutschland[9], hatte eine Sammlung von Wehrmachtsbefehlen zur Kriegführung

7 Im Reichssicherheitshauptamt war Bomhard Leiter des Hauptamtes Ordnungspolizei gewesen, ab Ende der fünfziger Jahre (neben seinem Bürgermeisteramt) auch Sprecher der »Fachgruppe Polizei des Verbandes der Beamten und Angestellter der öffentlichen Verwaltungen aus den Ostgebieten und dem Sudentenland« (Verbaost); vgl. zur Biographie und den vergangenheitspolitischen Aktivitäten Bomhards jetzt Hölzl; Rock.

8 HStAD, Gerichte Rep. 242/311, Denkschrift Bomhard, Best am 7.4.1962 zugesandt.

9 Zu Aschenauers Aktivitäten im Rahmen der Amnestiekampagne Ende der vierziger, Anfang der fünfziger Jahre vgl. Frei, Vergangenheitspolitik, S. 163 ff. Seitdem Aschenauer im Ulmer Einsatzgruppen-Prozeß die Verteidigung des Sturmführers Hersmann, eines der Hauptangeklagten, übernommen hatte, hatte er sich insbesondere auf Erwin Schüle und die Zentrale Stelle eingeschossen. Auf bierseligen Vortragsabenden, zuweilen mit Ortsgruppen der HIAG veranstaltet, wetterte

»im Osten« zusammengestellt[10]. Ziel des Unternehmens war es, der Armeeführung die Mitverantwortung an den Massenverbrechen nachzuweisen und damit durchzusetzen, daß SS-Täter ebenso wie Wehrmachtssoldaten nicht vor Gericht gestellt wurden.

Aschenauers Befehlssammlung, so teilte der Bonner Rechtsanwalt Manfred Lohmann seinem Mitstreiter Best im Januar 1963 mit, habe bei gewichtigen Politikern bereits die erwünschte Wirkung gezeigt[11]: Angesichts der angeblich drohenden »Lawine von Verfahren gegen Bundeswehr-Angehörige« habe Reinhard Gehlen, der Leiter des Bundesnachrichtendienstes[12], angekündigt, »den Bundeskanzler zu unterrichten und vorzuschlagen, die Ludwigsburger Aktion einzustellen«. Auch habe sich der frühere Verteidigungsminister Franz-Josef Strauß »vertraulich sehr scharf gegen NS-Prozesse ausgesprochen«; zu dessen Nachfolger Kai-Uwe von Hassel habe er selbst, so Lohmann, »eine gute Verbindung«. In Sachen Strafbefreiung könne schließlich auch Achenbach »über die FDP helfen«.

Weitere Politiker, an die Lohmann mit Aschenauers Papieren heranzutreten empfahl, waren die beiden CDU-Bundestagsabgeordneten Max Güde, der »ein positives Gutachten über die weitgehende Zwangslage der Befehlsempfänger bei NS-Straftaten« ausarbeite, und Hermann Kopf, Vorsitzender des Außenpolitischen Ausschusses. Hier könne der Kontakt über den »sehr rührigen« Rechtsanwalt Roedemeyer aus Freiburg hergestellt werden, der praktischerweise mit Kopf in einer Kanzlei zusammenarbeite.

Besonders angetan war der Bonner Anwalt, der als Sohn des kurz vor der Anklage stehenden Höheren SS- und Polizeiführers Wilhelm Koppe in der Sache auch familiäre Interessen verfolgte[13], von dem vor wenigen

Aschenauer gegen die Ludwigsburger Ermittlungsarbeit und machte für die Generalamnestie Stimmung. Dazu der Bericht des baden-württembergischen Ministerialbeamten Werner Roth für Justizminister Haußmann über eine Veranstaltung Aschenauers in Karlsruhe, 30.11.1959 und die Stellungnahme Schüles, 7.12.1959; JM BW, 4110b, Bd. 3.

10 Aschenauers Sammlung »Kriegsbefehle« erwähnt Rechtsanwalt Lohmann in einem Brief an Best, 9.1.1963, ebenda. 1964 lag diese Schrift auch der Zentralen Stelle vor; HStAS, Q 1/40, Bü. 123, Haußmann an Veit, 23.9.1964.

11 Zum folgenden HStAD, Gerichte Rep. 242/311, Lohmann an Best, 9.1.1963.

12 Zur illustren Karriere Gehlens vom Leiter der Abteilung Fremde Heere Ost, des Geheimdienstes der deutschen Wehrmacht an der Ostfront, zum Chef des westdeutschen Nachrichtendienstes unter der Ägide des CIA vgl. Reese, General.

13 Wilhelm Koppe, Höherer SS- und Polizeiführer im Wartheland und im Generalgouvernement, war nach dem Krieg unter dem Namen Lohmann in Bonn untergetaucht. Dort gelang ihm eine zweite Karriere als Direktor einer Schoko-

Monaten verkündeten »Staschynskij-Urteil« des Bundesgerichtshofs. Zu Recht erkannte er darin eine Bestätigung und Verfestigung der Beihilfe-Rechtsprechung bei NS-Verbrechen[14]. Daran anknüpfend unterbreitete er Best seinen Plan für das weitere Vorgehen, den er zusammen mit seinen Kollegen entworfen hatte: »Es wäre nunmehr ein Akt der politischen Klugheit, wenn die zuständigen Gremien eine Teil-Amnestie für alle ›NS-Täter‹ erlassen würden, die auf Befehl gehandelt haben und deren Handlungen rechtlich als Beihilfe zu qualifizieren wären. [...] Zugleich könnte man den etwaigen Vorwurf des Auslandes, durch eine General-Amnestie die Vergangenheit ›unbewältigt‹ zu lassen, mit dem Hinweis auf den Charakter der Teil-Amnestie abfangen«.

Wie ein solches Straffreiheitsgesetz für Beihilfe zum Mord tatsächlich konzipiert und durchgesetzt werden sollte, stand zu diesem Zeitpunkt noch nicht fest. Für Best aber hatten die Verteidiger eine besondere Aufgabe vorgesehen: »Da Sie, sehr geehrter Herr Dr. Best«, schrieb Lohmann, »sich seit langem um den Erlaß einer Amnestie bemüht haben, wäre ich Ihnen dankbar, wenn Sie die strategische Führung in dieser Sache übernehmen würden. Ich bin überzeugt, daß wir damit nicht nur den Exponenten der Vergangenheit, sondern auch der Bundesrepublik einen Dienst erweisen«. Angesichts des konspirativen Charakters dieser Beratungen war es äußerst ungewöhnlich, daß ein so ausführlicher Brief verfaßt wurde. Zumeist traf man sich persönlich oder telefonierte miteinander. So lag es nahe, daß auch Best, dem Vorschlag einer »strategischen Führung« nicht abgeneigt, Lohmann antwortete: Es sei am besten,

ladenfabrik, bis er 1960 im Zuge der Ermittlungen zum Vernichtungslager Chelmno/Kulmhof verhaftet wurde. 1962 wurde Koppe gegen Kaution freigelassen, 1964 dann zwar angeklagt, wegen angeblicher Verhandlungsunfähigkeit aber nicht vor Gericht gestellt; vgl. Hilberg, Vernichtung, S. 1173; die Angaben zu Manfred Lohmann nach dem Interview von Christoph Spieker, Historiker am Geschichtsort Villa ten Hompel, mit Theo Rasehorn, seinerzeit Untersuchungsrichter im Chelmno-Prozeß, 6.12.2001; Geschichtsort Villa ten Hompel, Bestand Zeitzeugengespräche.

14 Im Oktober 1962 entschied der 5. Strafsenat des BGH über den Fall des sowjetischen KGB-Agenten Staschynskij, der in München zwei ukrainische Exilpolitiker erschossen hatte. Das Urteil, das den Agenten nicht als Täter, sondern als Gehilfen, als »willigen Befehlsempfänger«, verurteilte, enthielt grundsätzliche Ausführungen über die Frage der Gehilfenschaft bei staatlicherseits angeordneten oder begünstigten Mordtaten. Obgleich ausdrücklich als Ausnahmeregelung bezeichnet, bot das Urteil den Schwurgerichten eine Steilvorlage, um in NS-Verfahren künftig mit Verweis auf das »Staschynskij«-Urteil auf Beihilfe zu erkennen. Vgl. Greve, Umgang, S. 171 ff.

»wenn wir uns gemeinsam noch einmal ausführlich darüber unterhalten würden«[15].

Daß es sich bei diesen Vorschlägen nicht um leeres Gerede handelte, erschließt sich aus einem Treffen Güdes mit dem Abteilungsleiter Mercker im Bundeskanzleramt[16]. Gleich zu Beginn der Unterredung stellte Güde zwar klar, daß er sich »mit den Kreisen ehemaliger SS-Führer« nicht gemein machen wolle. Gleichwohl erachtete er es für wichtig, das Kanzleramt über Aschenauers Denkschrift zu informieren, werde doch darin nachzuweisen versucht, »daß die Wehrmacht an den nationalsozialistischen Verfolgungsmaßnahmen keine geringere Verantwortung als die SS« treffe. Zum Schutz der »Generäle und sonstiger hoher Offiziere« der Bundeswehr, die in dem Pamphlet beschuldigt würden, empfahl der Christdemokrat »Gegenmaßnahmen der Bundesregierung«. Andernfalls, so Güde wichtigtuerisch, drohe eine »weitere Unterminierung des staatlichen Apparats«. Der Gesprächsnotiz ist zwar nicht zu entnehmen, welche Maßnahmen dem CDU-Rechtspolitiker vor Augen schwebten – angesichts seiner Aktivitäten in der Verjährungsdebatte 1965 dürfte es sich aber um ein Straffreiheitsgesetz gehandelt haben, das insbesondere den belasteten westdeutschen Offizieren und Beamten zugute kommen sollte.

Auch die Ankündigung, daß der Chef des Bundesnachrichtendienstes den Bundeskanzler in punkto Zentrale Stelle bearbeiten werde, scheint umgesetzt worden zu sein. Auf jeden Fall verfolgte Adenauer in den letzten Monaten seiner Amtszeit die unausgegorene Idee, einen vergangenheitspolitischen Befreiungsschlag zu wagen: Als Tauschgeschäft für die volle staatliche Anerkennung Israels sollte Ben Gurions Regierung ihr Einverständnis geben, daß die Ludwigsburger Ermittlungen, ja am besten gleich alle NS-Prozesse eingestellt wurden[17].

Diesen kühnen Vorschlag unterbreitete der Kanzler im Mai 1963 dem Leiter der Israel-Mission, Felix Shinnar, und fügte hinzu, daß die noch bevorstehenden 2 000 Gerichtsverfahren »für das Ansehen Deutschlands in der Welt unerträglich« seien. Ohne daß Shinnar Einspruch zu erheben wagte, ließ der Kanzler seinen Aversionen gegen die Strafverfolgung freien Lauf: »Er spreche das deutsche Volk nicht von Schuld frei. Aber heute sei immerhin 1963, und 1945 liege 18 Jahre zurück. Die Buße des deutschen Volkes sei schwer« – und er, so Adenauer mit dem Pathos des sor-

15 Ebenda, Best an Lohmann, 16.1.1963; zum Briefwechsel vgl. auch Herbert, Best, S. 496 f.

16 Zum folgenden BAK, B 136/3812, Vermerk Mercker an Globke, 29.4.1963.

17 Zum folgenden AAPD 1963, II, Dok. 182, S. 593 ff., 28.5.1963, vgl. auch Blasius, Geschäftsfreundschaft, S. 183 f.

generfüllten Patriarchen, »leide persönlich darunter, wie das Ansehen Deutschlands immer wieder erschüttert werde«. Auch wenn des Kanzlers Lamento seiner bisherigen Auffassung entsprochen haben mochte, daß dem Völkermord an den Juden – jenseits unumgänglicher Erwähnungen in öffentlichen Ansprachen – nur eine untergeordnete Rolle für die Gestaltung des deutsch-israelischen Verhältnisses einzuräumen sei: So radikal und bar jeder rechtsstaatlichen Vernunft war der Kanzler bislang noch nicht gegen die NS-Prozesse eingetreten.

Trotz der offenkundigen Aussichtslosigkeit ließ Adenauer von seinem Vorhaben nicht ab. Vier Wochen später erkundigte er sich bei Justizminister Ewald Bucher sichtlich verstimmt, ob es zutreffe, was man ihm zugetragen habe, daß nämlich die Zentrale Stelle noch Tausende NS-Verfahren an die Staatsanwaltschaften abgeben werde[18]. Wolfgang Haußmann, von seinem Partei- und Amtskollegen Bucher über Adenauers ernstzunehmende Vorstöße gegen die Ludwigsburger Ermittlungen ins Bild gesetzt, schrieb umgehend an den Kanzler. In gleich zwei Briefen, einem ausführlichen für das Kanzleramt und einem kurzen mit persönlicher Anrede, plädierte Haußmann für eine »entschlossene Auseinandersetzung mit der nationalsozialistischen Vergangenheit«[19], zu der die Zentrale Stelle einen wichtigen Beitrag leiste. Neben dem schmeichelnden Hinweis auf die »große Zustimmung der amerikanischen öffentlichen Meinung«, deren sich Adenauer nicht zuletzt dank der Wiedergutmachung und Verfolgung von NS-Verbrechen erfreue, warnte der badenwürttembergische Justizminister unmißverständlich: »Wenn die Bereinigung dieses trübsten Kapitels der deutschen Geschichte durch eine Amnestie oder ähnliche Maßnahme verhindert werden würde«, werde das Bekenntnis zum Rechtsstaat »unglaubwürdig«. Haußmanns Appell an die politische Vernunft des Kanzlers scheint seine Wirkung nicht verfehlt zu haben – von weiteren Interventionen sah Adenauer künftig ab.

Im Sommer 1963 mußten daher auch Best und seine Kollegen zu der Überzeugung gekommen sein, daß mit bloßem Antichambrieren beim Kanzler nicht viel zu bewerkstelligen war. Auch wenn ihr weiteres Vorgehen schwer zu rekonstruieren ist, läßt ein überliefertes Schreiben doch den Schluß zu, daß sie inzwischen einen anderen Weg eingeschlagen hatten. Ihr Ziel war offenbar eine Amnestie für Beihilfe: Im September 1963

18 Ebenda, B 136/4916, Haußmann an Adenauer über dessen Gespräch mit Bucher während der Vorstellung des neuen Generalbundesanwalts Martin, 27.6.1963, dort auch zum folgenden.

19 Ebenda, Haußmann an Adenauer, 26.6.1963, dort auch die folgenden Zitate.

wandte sich Best an Achenbach aufgrund dessen »Bemühungen um einschlägige Gesetzesänderungen«, die vorher offensichtlich detailliert abgesprochen waren[20]. Zu diesem Zweck versorgte Best den FDP-Abgeordneten nun mit einer Fülle von einschlägigem Material: Zunächst die bereits vom Priener Bürgermeister Bomhard vorgeschlagene Verfassungsbeschwerde gegen das »Beihilfe«-Urteil des Bundesgerichtshofs, die im Mai 1963 in Karlsruhe eingereicht worden war[21]. Deren Verfasser dürften die beiden Rechtsanwälte Kurt Hartwich und Carl Rolland gewesen sein, denn von beiden stammten weitere, die Beschwerde ergänzende Papiere, die Best allem Anschein nach in Absprache mit ihnen für Achenbach zusammengestellt hatte.

Rolland steuerte einen 34seitigen Auszug aus seinem Plädoyer im Bonner Chelmno-Prozeß bei, in dem er mit einer gehörigen Portion juristischer Rabulistik unterstellte, daß der Bundesgerichtshofbeschluß durch »Berufung auf nationalsozialistisches Gedankengut« zustande gekommen sei[22]. Auf das Wesentliche reduziert, fanden Rollands Überlegungen Eingang in eine Abhandlung Hartwichs über »Verjährungsfragen«, in der er außerdem die unter einschlägigen Verteidigern gerne propagierte These vertrat, daß die Verjährungsfrist nicht 1945, sondern unmittelbar nach der Tat einzusetzen habe[23].

Unter den weiteren Unterlagen für Achenbach befanden sich eine Zeugenaussage zum Thema Befehlsnotstand des NS-»Volkstumsexperten« Fritz Arlt, inzwischen Mitarbeiter des Instituts der Deutschen Industrie in Köln[24], und ferner eine Abhandlung »Über die Verjährung der

20 Zum folgenden HStAD, Gerichte Rep. 242/310, Best an Achenbach, 16.9.1963.

21 Die vom 21. Mai 1963 datierende Verfassungsbeschwerde in der Anlage des Briefs an Achenbach ist im Bestand des HStAD nicht überliefert.

22 Besonders skurril war die von Rolland in Auftrag gegebene »Sprachliche Begutachtung« der umstrittenen Gewaltverbrecher-Verordnung. Die Zentralstelle für Terminologieforschung Bonn kam nach langen Ausführungen über den Sprachgebrauch einzelner Begriffe zu dem Schluß, daß diese Verordnung keine »Abänderung des Strafrechts umfaßt« habe; ebenda, »Zum Problem der Rechtsgültigkeit bzw. Anwendbarkeit der Gewaltverbrecher-Verordnung vom 5.12.1939«, Plädoyer Rolland im Chelmno-Prozeß, April 1963. Zum Prozeß gegen 13 Angehörige der SS-Mannschaft des Vernichtungslagers Chelmno/Kulmhof (8 Ks 3/62) vgl. Rüter, Justiz und NS-Verbrechen, Bd. XXI, S. 227 ff.

23 HStAD, Gerichte Rep. 242/310, »Verjährungsfragen zur Strafverfolgbarkeit der sog. Kriegsverbrecher«, ohne Datum.

24 Ebenda, »Berufung auf Notstand. Zeugenschaftliche Erklärung zur Vorlage bei Gericht«, Scheveningen 25.9.1949. Zur Karriere Arlts in der NS-Zeit jetzt ausführlich Steinbacher, Auschwitz, S. 126 ff.; zur Nachkriegszeit Musial, Zivilverwaltung, S. 380.

Verfolgung von Kriegsverbrechen«. Interessant ist, daß gerade letztere, vergleichsweise klar und konzise verfaßt, nicht mit Namen unterzeichnet war. Wenn sich Best selbst gegenüber seinem langjährigen amnestiepolitischen Mitstreiter Achenbach auf die kryptische Angabe beschränkte, diese Schrift stamme »aus interessierten Kreisen«[25], so vermutlich deshalb, weil jemand dahintersteckte, der – wie Rudolf Aschenauer – zu weit rechts stand, um mit Akzeptanz der Politiker und Ministerialbeamten rechnen zu können, an die Achenbach herantreten sollte.

Dieses Traktat widmete sich nach einer langen Einleitung über Sinn und Zweck der Verjährung wiederum dem Bundesgerichtshof-Urteil zur Verjährung von Beihilfe. Was die Schrift aber von allen übrigen unterschied, war ihr rechtspolitischer Weitblick: Sie diskutierte nicht nur die Entwicklung des nationalsozialistischen Strafrechts hinsichtlich der Gewaltverbrecherverordnung von 1939, um dem Fünften Strafsenat einen vermeintlich falschen Standpunkt nachzuweisen, sondern räsonierte auch über die Frage der »Beihilfe«-Verjährung in der Gesetzgebung der Bundesrepublik. Der anonyme Verfasser bezog sich dabei auf die bevorstehende umfassende Reform des Strafgesetzbuchs, die seit Mitte der fünfziger Jahre in der vom Bundesjustizminister einberufenen Großen Strafrechtskommission vorbereitet wurde. Ausdrücklich begrüßte er deren Planungen in Sachen Beihilfe, da eine ursprünglich nationalsozialistische Strafverschärfung, nämlich die Möglichkeit, bei Beihilfe eine ebenso hohe Strafe wie bei Täterschaft zu verhängen, revidiert werden sollte[26]. Das Reformwerk sehe vor, so wurde aus dem 1962 vorgelegten Regierungsentwurf zitiert, »daß die Strafe für Beihilfe nicht nur gemildert werden kann, sondern zu mildern ist«[27].

25 Ebenda, Best an Achenbach, 16.9.1963.

26 Der entsprechende Paragraph 49/2 StGB lautete: »Die Strafe des Gehilfen ist nach demjenigen Gesetz festzusetzen, welches auf die Handlung Anwendung findet, zu welcher er wissentlich Hilfe geleistet hat, kann jedoch nach den über die Bestrafung des Versuches aufgestellten Grundsätzen ermäßigt werden«; vgl. Schwarz, Strafgesetzbuch, 16. Auflage, S. 115. Diese Bestimmung war mit der Durchführungsverordnung zur Strafrechtsangleichungsverordnung vom 29. Mai 1943 erlassen worden. Das westdeutsche Strafgesetzbuch hatte den Passus unverändert übernommen.

27 Ebenda, das Zitat aus dem Strafgesetzbuchentwurf E 1962 in: BT-Drucksachen 4. WP, Nr. 650, S. 151, stammte aus der Begründung zum Paragraphen 31 (»Beihilfe«), Abs. 2: »Die Strafe für den Gehilfen richtet sich nach der Strafdrohung für den Täter. Die Strafe ist nach § 64 Abs. 1 zu mildern.«

Für die Rechtsprechung der Schwurgerichte hatte die hervorgehobene Gesetzesänderung allerdings keine Bedeutung, da bei Beihilfe zum Mord die Strafen ohnehin unter der obligatorischen Höchststrafe für Mord lagen. Plausibel wird das besondere Augenmerk des Autors auf die Strafrechtsreform erst mit den anknüpfenden Überlegungen über die entscheidende Frage der Verjährung: Da der verschärfte Beihilfe-Paragraph aus der NS-Zeit dazu geführt hatte, die Verjährungsfrist um fünf Jahre zu verlängern, verhieß dann nicht der neue Paragraph die Rückkehr zum Status quo ante? War nicht auf diese Weise zu erreichen, daß zumindest die 1960 schon beschlossene Verjährung für Beihilfe zum Mord wieder in Kraft trat?

Daß exakt dies in den »interessierten Kreisen« diskutiert wurde, belegt ein Aufsatz vom Januar 1964, der in der *Neuen Juristischen Wochenschrift*, dem führenden juristischen Fachorgan, veröffentlicht wurde. Der prominente Düsseldorfer Rechtsanwalt Anton Roesen, auf NS-Verfahren eigentlich nicht spezialisiert und dank des von ihm intensiv gepflegten Rufs, im »Dritten Reich« Widerstand geleistet zu haben, keiner Kumpanei mit einschlägigen Mandanten verdächtig, nahm darin Stellung zu »Rechtsfragen der Einsatzgruppen-Prozesse«[28]. In der Hauptsache trat Roesen für die obszöne These ein, die Vernichtung der Juden könne gar nicht nach dem Mordparagraphen bestraft werden, weil der angebliche »Führer-Befehl« zum Massenmord das geltende Tötungsverbot außer Kraft gesetzt habe.

Am Ende seines Aufsatzes ging Roesen dann auf die Verfassungsklage gegen das Urteil des Bundesgerichtshofs ein. Dabei führte er dieselbe Passage aus dem Entwurf für die Strafrechtsreform an, die bereits der Verfasser des an Achenbach übergebenen Traktates genannt hatte – und zündete in seinem Resümee einen politischen Sprengsatz: »Würde mithin das künftige Strafgesetzbuch in der Fassung des Entwurfs verkündet, so müßte eine erst nach dem 8.5.1960 wegen Beihilfe zum Mord begonnene Strafverfolgung [...] eingestellt werden – es sei denn, man wollte bestimmte Gruppen unter Ausnahmerecht stellen.«[29]

28 NJW 1964, S. 133 ff.; Roesen war zugleich Vorsitzender der nordrhein-westfälischen Sektion des Deutschen Anwaltsvereins und trat im selben Jahr in den Anwaltsenat des Bundesgerichtshofs ein. Zu Roesens Rechtsvertretung für katholische NS-Verfolgte und seiner Nachkriegskarriere vgl. dessen Autobiographie »Aus dem Leben eines Juristen«.

29 Ebenda, S. 136. Der namhafte Bonner Strafrechtsprofessor Hans Welzel verfaßte im März 1964 eine vielbeachtete Antwort, die auf der ersten Seite der *NJW* erschien. Darin argumentierte er scharf gegen Roesens These von »gesetzmäßigen

An welche Personen Ernst Achenbach im Herbst 1963 oder später herantrat, um die Möglichkeiten für etwaige Amnestiegesetze auszuloten, bleibt der Spekulation überlassen. Denkbar sind Gespräche mit den CDU-Bundestagsabgeordneten Max Güde, Karl Kanka und Karl Weber, die ab Sommer 1964 gemeinsam an einem Konzept für ein Straffreiheitsgesetz laborierten[30]. Interessanterweise beschäftigten auch sie sich mit Roesens Veröffentlichung und mit der Frage, wie ein Gesetz die Gruppe der zu amnestierenden Täter definieren und begrenzen mußte, so daß es tatsächlich auch politisch umsetzbar war[31].

Wahrscheinlich, aber nicht nachzuweisen, ist darüber hinaus, daß Achenbach sich an die Fachreferenten im Bundesjustizministerium wandte. In den Papieren aus Bests Büro tauchte einige Male der Name Eduard Dreher auf, was insofern verständlich war, als der Bonner Strafrechtsreferent das Bundesgerichtshof-Urteil zur »Beihilfe«-Verjährung in der *Neuen Juristischen Wochenschrift* kommentiert hatte[32]. Als gewissenhafter Jurist hatte Dreher konzediert, daß der Fünfte Strafsenat aus rechtswissenschaftlicher Perspektive eine überzeugende Entscheidung

Judentötungen«, die »nur als Ausgeburt einer makabren Phantasie denkbar« sei. Obwohl Welzel auch eine der wichtigsten Figuren in der Großen Strafrechtskommission war, erwähnte er mit keinem Wort die Ausführungen Roesens über die vermuteten Folgen der Strafrechtsreform; NJW 1964, S. 521 ff.; das Zitat auf S. 522.

30 Den unmittelbaren Anstoß für die Planungen gab ein Aufsatz des Offenbacher Bundestagsabgeordneten Kanka im *Münchner Merkur* vom 4. Mai 1964. Dazu die Korrespondenz in: ACDP, I-061-004/2, Kanka an Güde über seine Ideen für eine »NS-Amnestie«, 7.5.1964; Weber an Kanka, 6.8.1964, der sich für die Zusendung des Gesetzentwurfs zur Straffreiheit bedankte; ebenda (Kankas Entwurf in der Anlage, ohne Datum).

31 Ebenda, Weber an Kanka, 6.8.1964: »Die Gerichte befassen sich jetzt mit den früher ihrem Befehl unterstehenden niedrigen Chargen, ›den kleinen Leuten‹, während die früheren Vorgesetzten frei herumlaufen. Das halte ich für unerträglich. Es wird schwer sein, die Abgrenzung zu finden. Ich besprach auf einer gemeinsamen Bahnfahrt die Sache mit Herrn Kollegen Güde, kurz nach dem Karlsruher Gespräch. In der NJW ist ja das Problem von Herrn Kollegen Dr. Roesen angefaßt worden. Meine Überlegungen gingen in die Richtung: Keine Amnestie, aber Lockerung des Verfolgungszwanges für dieses streng begrenzte Gebiet. Inzwischen sind mir aber wieder erhebliche Zweifel gekommen, ob man an dem Legalitätsprinzip überhaupt rühren sollte. [...] Ich greife gern Ihren Vorschlag auf, nach den Ferien diese Problematik in einem kleinen Kreis zu erörtern.«

32 NJW 1962, S. 2209 ff.

von »nicht unerheblicher Bedeutung für die Verfahren wegen Kriegsverbrechen« gefällt habe. Diese Ansicht mußte Achenbach indes nicht irritieren. Das Bundesjustizministerium – einschließlich Dreher – hatte in seinen Stellungnahmen zur Verjährungsdiskussion 1960 unmißverständlich zu verstehen gegeben, daß auf die Verjährung von Beihilfe zum Mord nicht verzichtet werden sollte.

Für den Essener Bundestagsabgeordneten war Dreher überdies nicht nur als Verjährungsfachmann interessant. Er war außerdem im Ministerium der »Generalreferent« für die Große Strafrechtsreform, zuständig für deren Koordination und Umsetzung. Miteinander bekannt waren beide schon seit Anfang der fünfziger Jahre, als Dreher neben Ernst Kanter jener Referent gewesen war, auf dessen Schreibtisch Achenbachs Anregungen für das Straffreiheitsgesetz von 1954 gelandet waren[33].

Was eine Intervention Achenbachs in Sachen Beihilfe-Verjährung im Justizministerium noch naheliegender erscheinen läßt, ist die Tatsache, daß er Anfang der sechziger Jahre in ähnlich gelagerten Angelegenheiten keine Hemmungen zeigte, an seine früheren Kontakte anzuknüpfen: So wie Achenbach 1951 Justizminister Dehler eingeschaltet hatte, um die staatsanwaltschaftlichen Ermittlungen gegen seinen Mandanten Werner Best einstellen zu lassen, wandte er sich zehn Jahre später an den Ministerialbeamten Hans Georg Schätzler, einen Kollegen Drehers aus der Strafrechtsabteilung, mit einem nicht minder brisanten Anliegen: Das Verfahren gegen den von ihm vertretenen Horst Wagner, einst im Auswärtigen Amt mitverantwortlich für die »Endlösung«, solle niedergeschlagen werden, weil ein französisches Abwesenheitsurteil gegen Wagner die Strafverfolgung in der Bundesrepublik angeblich blockiere. Auch hier waren Achenbachs Einflüsterungen erfolgreich: Das Ministerium unterstützte fortan die umstrittene Auslegung des Überleitungsvertrages, nach der die in Frankreich in Abwesenheit Verurteilten nicht vor Gericht gestellt werden konnten[34].

Komplizierter als diese Lobbyarbeit war für Achenbach – und nicht nur für ihn – ein weiteres Problem: Wie konnte die angestrebte Verjährung für Beihilfe so eingefädelt werden, daß Oppositionspolitiker oder Journalisten von einer Gesetzesänderung keinen Wind bekamen? Ganz so klar, wie Anton Roesen in seinem Artikel vermutete, lag der Fall näm-

33 Vgl. Frei, Vergangenheitspolitik, S. 114 ff.

34 BAK, B 141/25629, Bd. 4, Vermerk Schätzler vom 8.12.1962. Vgl. zum Fall Wagner Moisel, Frankreich; ausführlich zur Einflußnahme Achenbachs auf den Referenten Schätzler Brunner, Frankreichkomplex, S. 6.

lich keineswegs. Die Strafrechtsreform würde aller Voraussicht nach noch mehrere Jahre in Anspruch nehmen und frühestens Ende der sechziger Jahre abgeschlossen sein[35]. Vor allem aber sah der Regierungsentwurf neben der Neufassung der Beihilfe im Paragraphen 31 auch einen Paragraphen 127 vor, dessen dritter Absatz besagte, daß Strafverschärfungen und -milderungen keinen Einfluß auf die Bemessung der Verjährungsfristen hatten[36]. Da unwahrscheinlich war, daß dieser Absatz völlig unbemerkt gestrichen werden konnte, war die einzige Lösung im Sinne Achenbachs und seiner Mitstreiter, den geänderten Beihilfe-Paragraphen aus dem Gesamtpaket der Strafrechtsreform herauszulösen und in ein anderes, früher in Kraft tretendes Gesetzesvorhaben einzufügen.

Genau dies geschah im Juli 1964, und zwar im Rahmen des Einführungsgesetzes zum Ordnungswidrigkeiten-Gesetz. Gemeinsam mit dem Ordnungswidrigkeiten-Gesetz sollte das Einführungsgesetz dazu dienen, Bagatelldelikte, die bislang als Straftat geahndet wurden, zu entkriminalisieren. Vom Konzept her gehörte das neue Ordnungswidrigkeitenrecht zur Strafrechtsreform, wurde aber unabhängig davon beraten und sollte, da es kaum umstritten war, die Gesetzgebungsinstanzen voraussichtlich weitaus schneller passieren. Neben der Änderung der Strafprozeßordnung und des Straßenverkehrsgesetzes gab es dabei auch einige Überschneidungen mit dem Strafgesetzbuch.

Um Widersprüche mit dessen Novellierung zu vermeiden, war eine Anpassung und vorgezogene Einfügung der betreffenden Bestimmungen in das Einführungsgesetz notwendig. Insofern schien es durchaus folgerichtig zu sein, daß die mit der Sache befaßten Ministerialreferenten der Strafrechtsabteilung auf einer ihrer Besprechungen am 15., 27. und 30. Juli 1964 entschieden, die Passagen der Beihilfe im Ordnungswidrigkeitenrecht mit der Strafrechtsreform in Übereinstimmung zu bringen[37].

35 Vgl. als knappe Übersicht zur Debatte über die Strafrechtsreform Hassemer, Strafrechtswissenschaft, S. 274 ff.

36 BT-Drucksachen 4. WP, Nr. 650, S. 33. Diese Bestimmung wurde im Juni 1969 als Paragraph 78 Abs. 4, 2. Strafrechtsreformgesetz erlassen.

37 Das genaue Datum ist anhand der – vermutlich nachträglich gesäuberten – Sachakten nicht zu klären, denn in den Akten zum Ordnungswidrigkeitengesetz finden sich keine Aufzeichnungen über diese Abteilungsbesprechungen. Als Justizminister Horst Ehmke im Juni 1969 überprüfen ließ, wann der Paragraph 50 StGB im Rahmen des Einführungsgesetzes erlassen worden war und wer die Änderung angeregt hatte, konnte der an der Ausarbeitung des Ordnungswidrigkeitengesetzes beteiligte Referent Erich Göhler diese Daten jedoch noch »nach dem

Darunter befand sich auch der neue Strafgesetzbuch-Paragraph 50 Abs. 2 (im folgenden Paragraph 50/2), der fünf Jahre später hinsichtlich der Strafverfolgung von NS-Verbrechen für viel Furore sorgen sollte: »Fehlen besondere persönliche Eigenschaften, Verhältnisse oder Umstände (besondere persönliche Merkmale), welche die Strafbarkeit des Täters begründen, beim Teilnehmer, so ist dessen Strafe nach den Vorschriften über die Bestrafung des Versuchs zu mildern.«[38]

Dieser Passus war nicht identisch mit den ursprünglichen Überlegungen der Amnestie-Lobby um Werner Best, doch nicht weit davon entfernt: Auch der Paragraph 50/2 verfügte die obligatorische Strafmilderung für Beihilfe, wenn bestimmte Voraussetzungen erfüllt waren: Beim Gehilfen durften im Unterschied zum Täter keine strafbegründenden persönlichen Merkmale wie Gewissenlosigkeit und Böswilligkeit vorliegen. Im Paragraphen 50/2 ging es also um die innere Einstellung und Motivation des Gehilfen, nicht um die Straftat selbst. Daher konnte die Gesetzesänderung später auch auf Mord, sogar auf nationalsozialistischen Massenmord angewandt werden und dazu führen, daß zahlreiche Verbrechen, bei denen die Gerichte auf Beihilfe zum Mord aus niedrigen Beweggründen erkannten, ebenso wie Totschlag am 8. Mai 1960 verjährt waren. Im Ergebnis sollte diese Novelle wie kein zweites Gesetz in der Geschichte der Bundesrepublik die Ahndung von NS-Verbrechen beeinträchtigen, obgleich sie im Kontext des Ordnungswidrigkeitengesetzes auf geringfügige Unterschlagungs- und Betrugsdelikte zielte[39].

Blickt man auf die Entstehungsgeschichte des Paragraphen 50/2 im Einführungsgesetz, so lassen sich keine Auffälligkeiten oder gar Manipulationen feststellen. 1960 war Dreher von Karl Lackner, dem Fachreferenten für das Einführungsgesetz, gebeten worden, einen Entwurf für jene

Akteninhalt« mitteilen; BA DH, B 141/403654, Vermerk Göhler an Ehmke, 6.6.1969. Die entsprechenden Vorgänge von 1964 zur Einfügung des Paragraphen 50/2 in das Einführungsgesetz in: BAK, B 141/17495.

38 BAK, B 141/17495, Entwurf des Ordnungswidrigkeitengesetzes, 1.8.1964, Paragraph 9, Anlage 1. Im Regierungsentwurf des Einführungsgesetzes vom 20.1.1967 wird der Paragraph 50/2 im Artikel 1, Nr. 6 aufgeführt; BT-Drucksachen 5. WP, Nr. 1319, S. 5. Dessen Entsprechung aus dem Regierungsentwurf E 1962 (darin noch als Paragraph 33, »Besondere persönliche Merkmale«, Abs. 1) lautete: »Fehlen besondere persönliche Merkmale, welche die Strafbarkeit des Täters begründen, beim Teilnehmer (Anstifter oder Gehilfen), so ist dessen Strafe nach § 64 Abs. 1 zu mildern.« BT-Drucksachen 4. WP, Nr. 650, S. 15.

39 Zur Wirkungsgeschichte des StGB-Paragraphen 50/2 siehe das Kapitel II. 3.2.

Passagen zu formulieren, die das Strafgesetzbuch betrafen[40]. In punkto Beihilfe stimmte Dreher das Einführungsgesetz auf das Strafgesetzbuch ab und übernahm auch den Satz über die strafbegründenden persönlichen Eigenschaften. Die für die spätere Straffreistellung verantwortliche Vorschrift der verpflichtenden Strafmilderung fehlte indes – bis Juli 1964[41].

Daß Dreher vermutlich gemeinsam mit Lackner für die Übernahme der Novellierung des Paragraphen 50/2 in das Einführungsgesetz plädierte, war nicht zwingend erforderlich, existierte doch bereits die Möglichkeit, nach richterlichem Ermessen bei Beihilfe eine niedrigere Strafe als bei Täterschaft zu verhängen. Mochten den Rechtspolitikern im Bundestag und Bundesrat sowie den Fachleuten am Bundesgerichtshof die möglichen Auswirkungen des Paragraphen 50/2 auf die Verjährung von NS-Verbrechen entgangen sein, so ist zumindest bei Dreher, womöglich auch bei seinen Kollegen Lackner, Göhler und dem Abteilungsleiter Schafheutle, davon auszugehen, daß sie hinsichtlich der dann tatsächlich eingetretenen Konsequenzen des Gesetzes nicht so unwissend waren, wie sie fünf Jahre später angaben[42].

Diese Annahme stützen viele Indizien. Das Rechtsgebiet der Strafmilderung und Verjährung für Beihilfe war gerade in den Jahren 1963/64 in hohem Maße politisch umstritten: Gegen das Bundesgerichtshof-Urteil von 1962 war Verfassungsklage eingelegt worden; ehemalige NS-Täter berieten gemeinsam mit Verteidigern Amnestieentwürfe, die in die gleiche Richtung wiesen. Sie scheuten sich zudem nicht, ihre Konzepte mit Hilfe von Achenbach im Regierungsapparat oder den Bundestagsfraktionen voranzutreiben, ja sie wurden sogar in einer juristischen Fachzeitschrift vorgestellt – und, wie das Beispiel der CDU-Parlamentarier um

40 BAK, B 141/17493, Vermerk Lackner, 29.8.1962.

41 Drehers Entwurf wurde unverändert von Lackner in seinen Entwurf zum Einführungsgesetz übernommen. Dazu Lackners Vermerk, 29.8.1962, und Referentenentwurf zum Einführungsgesetz zum Ordnungswidrigkeitengesetz, 15.1.1964 in: Ebenda, B 141/17494. Der entsprechende Paragraph 9 des Entwurfs besagte: »Bestimmt das Gesetz, daß eine Tat, die sonst eine Ordnungswidrigkeit wäre, bei besonderen persönlichen Eigenschaften oder Verhältnissen des Täters eine Straftat ist, so gilt das nur für den Beteiligten, bei dem diese Merkmale vorliegen.«

42 So beteuerte Göhler gegenüber Minister Ehmke: »Die möglichen Auswirkungen der Änderung auf die Verjährung von NS-Gewaltverbrechen ist von keiner Seite auch nur angedeutet worden. Nach meiner festen Überzeugung hat sie keiner der Herren bedacht«; BA DH, B 141/403654, Vermerk Göhler an Ehmke, 6.6.1969.

Max Güde zeigt, auch wahrgenommen. Die Straffreiheit durch den Paragraphen 50/2 war allerdings mit vielen Unwägbarkeiten verbunden. Ob der Bundesgerichtshof das Gesetz schließlich so auslegen würde, wie er es dann im Mai 1969 tat, war keineswegs ausgemacht. Unter all diesen Voraussetzungen konnte die Beihilfe-Verjährung zum Zeitpunkt ihrer legislativen Vorbereitung im Sommer 1964 nicht mehr als einen möglichen Beitrag zur Begrenzung der NS-Verfahren darstellen, der ein paar Jahre später dann bestätigt wurde.

In Sachen Strafverfolgung trat zu diesem Zeitpunkt indessen eine andere Option in den Vordergrund, die vielversprechender erschien: die Möglichkeit der Verjährung nationalsozialistischer Mordverbrechen am 8. Mai 1965. Sie beschäftigte nicht nur einen kleinen Kreis Eingeweihter, sondern hatte schon seit Monaten im Ausland viel Beachtung gefunden.

2. Krise und Neuorientierung: Die Verjährungsdebatte 1964/65

2.1 Der Auftakt der Kontroverse

Die Diskussion über die bevorstehende Verjährung nahm ihren Anfang mit einer Pressekonferenz in New York. Joachim Prinz, Präsident des American Jewish Congress und ehemals Rabbiner in Berlin, unterrichtete am 28. Februar 1964 die anwesenden Journalisten, daß er den US-Außenminister Dean Rusk und den westdeutschen Botschafter in Washington Karl Heinrich Knappstein in einem Schreiben dringend gebeten habe, sich für eine Verlängerung der Verjährungsfrist um weitere zwanzig Jahre einzusetzen. Seine Absicht, so Prinz, sei nicht, »die endlose Verfolgung dieser Verbrecher aus reiner Vergeltung. Es solle nur allen Menschen in der Welt klar gemacht werden, daß die Schuld für die Verbrechen im Nationalsozialismus unauslöschbar und unvergeßlich« sei[1]. Der Präsident des größten jüdischen Verbandes in den USA, einer liberalen Massenorganisation mit etwa 27 000 Mitgliedern[2], unterstrich damit den hohen Stellenwert, der dieser Frage unter amerikanischen Juden inzwischen beigemessen wurde. Nach der öffentlichen Diskussion über den Eichmann-Prozeß und der nachfolgenden Kontroverse über Hannah Arendts Prozeßbericht[3] hatte die Erinnerung an den Holocaust auch in den USA erheblich an Bedeutung gewonnen. Mit seiner Wortmeldung gab Prinz unmißverständlich zu verstehen, daß der American Jewish Congress die geplante Verjährung als Affront verstand, als einen unerträglichen Vorgang, der die internationale Ächtung des nationalsozialistischen Völkermordes in Frage stelle und diskreditiere.

Daß die erste öffentliche Intervention gegen die drohende Verjährung aus den USA kam und nicht aus der DDR, war ein deutliches Indiz für die veränderten außenpolitischen Rahmenbedingungen, mit denen die

1 Amtliche Übersetzung des Artikels aus der New York Times vom 1.3.1964, PA/AA, V 4/1271. Vgl. auch Die Welt, 2.3.1964 (»Längere Verjährungsfrist für NS-Verbrechen gefordert«).

2 Vgl. Elazar, Community, S.199; Tempel, Legenden, S. 8 ff.

3 Arendt veröffentlichte 1963 eine fünfteilige Artikelserie über den Eichmann-Prozeß in der Zeitschrift *The New Yorker*, die im selben Jahr als Buch unter dem Titel »Eichmann in Jerusalem: A Report on the Banality of Evil« erschienen. Zur dadurch entfachten Kontroverse vgl. Novick, Holocaust, S. 181 ff., und den Sammelband von Smith, Arendt.

westdeutsche Vergangenheitspolitik inzwischen konfrontiert war. Der stärkste Widerstand gegen den Ablauf der Verjährungsfrist sollte auch später von den Vereinigten Staaten ausgehen, dem wichtigsten Bündnispartner der Bundesrepublik. Behauptungen wie zu Zeiten der »Blutrichter«-Kampagne, die Anschuldigungen stellten nichts anderes als eine kommunistische Agitation dar, verloren vor diesem Hintergrund erheblich an Plausibilität.

Das Thema war allerdings auch der DDR nicht entgangen, im Gegenteil: Zehn Tage nach der Presseerklärung des American Jewish Congress eröffnete Pankow mit großem Getöse seine Kampagne gegen die Verjährung[4]. In einem mehrseitigen Papier verurteilte die Regierung der DDR das drohende Ende der Verjährungsfrist als »Mißachtung des Völkerrechts«. Nach den Statuten des Internationalen Militärgerichtshofs in Nürnberg sei auch die Bundesrepublik verpflichtet, die Täter vor Gericht zu stellen. Während die Resolution in eigener Sache bilanzierte, östlich der Elbe seien »alle Kriegsverbrecher, deren die Justizorgane habhaft wurden«, bestraft worden, bemühte sie für die Bundesrepublik die gleichen verschwörungstheoretischen Platitüden, die bereits in den vorangegangenen Schauprozessen gegen Oberländer und Globke verbreitet worden waren: »Für ihre alte, überholte Politik brauchen die revanchistischen Kräfte in der westdeutschen Bundesrepublik Menschen, die bereit sind, für neue Aggressionspläne hemmungslos im Innern die letzten Reste der Demokratie zu beseitigen. Einer solchen Politik haben sich die unverbesserlichen Nazi- und Kriegsverbrecher verschworen. Daher werden sie nicht bestraft, sondern in höchste Ämter des westdeutschen Staates befördert.«

Einen anderen Akzent setzte der Schlußappell: »Alle Völker und Staaten«, so die Aufforderung, sollten »alle Anstrengungen unternehmen, um der Gerechtigkeit und damit dem Geist und den Buchstaben der Dokumente der Anti-Hitler-Koalition zur vollen Verwirklichung zu verhelfen.« Hier beschwor die DDR ein blockübergreifendes Bündnis gegen die Bundesrepublik und die am 8. Mai 1965 eintretende Verjährung.

Noch war das Ausmaß des Protestes in Westeuropa und den USA nicht abzusehen. Nach dieser Ankündigung mußte die Bundesregierung jedoch mit dem erbitterten Widerstand der Warschauer-Pakt-Staaten rechnen, allen voran der DDR.

4 Zum folgenden die Erklärung der Regierung der DDR vom 9. März 1964, »Protest gegen den geplanten Beschluß der Bundesregierung über die Verjährung von Nazi- und Kriegsverbrechen am 8. Mai 1965«, in: Dokumente zur Außenpolitik der DDR, Bd. XII, S. 230-236.

Die zwischen dem Zentralkomitee der SED und dem ostdeutschen Justizministerium abgestimmte Regierungserklärung[5] wählte als Aufhänger eine aktuelle Äußerung des Bundesjustizministers: Ewald Bucher (FDP) hatte am 2. März den Vorstoß des American Jewish Congress – ohne ihn explizit zu erwähnen – mit einem Argument zurückgewiesen, das er in der folgenden Verjährungsdebatte gebetsmühlenartig immer wieder vorbringen sollte: Jeglicher Versuch, die Verjährungsfristen zu verlängern, verstoße gegen grundlegende Prinzipien des Rechtsstaats. Auch die Fraktionen des Bundestags schenkten der Presseerklärung des American Jewish Congress kaum Aufmerksamkeit. So hatte beispielsweise der Bonner Korrespondent der *Welt* erhebliche Mühe, überhaupt etwas Berichtenswertes über die Reaktionen auf dessen Anliegen zusammenzutragen. Mehr als generelle Ablehnung und der Verweis auf »verfassungsrechtliche Bedenken« war den befragten Parlamentariern nicht abzuringen[6].

Daß die Sozialdemokraten sich in der Sache bedeckt hielten, konnte nur auf den ersten Blick überraschen. Warum sollten sie sich exponieren, so mochten sich die SPD-Abgeordneten fragen, wenn die Fraktionsführung erst ein paar Wochen zuvor beschlossen hatte, die zuvor geplante Bundestagsdebatte über die Rechtsprechung in NS-Prozessen endgültig abzusagen? Ursprünglich hatten Karl Mommer, Ludwig Metzger und insbesondere Gerhard Jahn den Fraktionsvorsitzenden Erich Ollenhauer gedrängt, die Fraktion solle sich der öffentlichen Kritik an den skandalös milden Gerichtsurteilen anschließen[7]. Im Frühjahr 1963 hatten zuerst der Koordinierungsrat der Gesellschaften für Christlich-Jüdische Zusam-

5 Die Autoren der Erklärung waren der Referent für westdeutsches Recht im Ministerium der Justiz der DDR, Oberthür, und Weiss von der ZK-Abteilung für Staats- und Rechtsfragen; SAPMO-BAB, DP 1, VA/1378, Vermerk Oberthür über ein Gespräch mit Weiss, 23.8.1963, sowie Vermerke Oberthür für Ministerin Benjamin vom 6.11.1963 und 5.3.1964.

6 »Gegen verlängerte Verjährungsfristen«, Die Welt, 3.3.1964; vgl. auch »Bonn won't stretch Nazi Laws«, Herald Tribune, 4.3.1964.

7 AdsD, SPD-Bundestagsfraktion 4. WP/662, Jahn an Ollenhauer, 25.4.1963, 28.5.1963, 14.8.1963 und 21.8.1963, sowie die Briefe des stellvertretenden SPD-Fraktionsvorsitzenden Fritz Erler an die Fraktionsvorsitzenden Heinrich von Brentano (CDU/CSU) und Knut von Kühlmann-Stumm (FDP), 14.10.1963, mit dem Vorschlag, sich dem SPD-Entwurf einer Großen Anfrage anzuschließen; dort auch die Ablehnung der FDP-Fraktion vom 22.10.1963 und ein Vermerk zum letzten, in der Sache erfolglosen Gespräch zwischen Dehler und Erler am 6.1.1964.

menarbeit[8] und, weitaus vorsichtiger, die Synode der Evangelischen Kirche in Deutschland in ihrem »Wort zu den NS-Verbrecherprozessen«[9] moniert, daß die Strafen in keinem Verhältnis zu dem vor Gericht verhandelten Massenmord stünden. Diese Wortmeldungen erregten viel Aufsehen und stießen auch in den Zeitungen eine kritische Debatte über die Rechtsprechung an.

Jahns frühe Beschwerde bei Arndt, der Fraktionsvorsitzende verhindere die Justizdebatte aus »recht opportunistischen Gründen im Hinblick auf bevorstehende Wahlen«[10], war so vergeblich wie klarsichtig: Der Fraktionsvorstand nämlich hatte zur Bedingung einer parlamentarischen Aussprache gemacht, daß die beabsichtigte Urteilsschelte von weiteren Bundestagsfraktionen unterstützt werde – und damit angesichts der absehbaren Ablehnung bei den Christ- und Freidemokraten ihr Scheitern forciert[11]. In der SPD, als Oppositionspartei Mitte der sechziger Jahre zumeist zahm und auf Anpassung an den Regierungskurs bedacht, gab auch dieses Mal die Ausrichtung an der vermuteten Wählermeinung den Ausschlag. Festzuhalten ist daher: Ohne den unausweichlichen, gesetzlich festgelegten Verjährungstermin am 8. Mai hätte es in den sechziger Jahren aller Wahrscheinlichkeit nach keine Parlamentsdebatte über die NS-Vergangenheit, über Schuld, Täterschaft und Strafverfolgung gegeben.

8 Im März 1963 versandte der Koordinierungsrat auf Initiative von Barbara Just-Dahlmann und Helmut Just einen Brief an sämtliche Strafrechtsprofessoren der westdeutschen Universitäten. Darin wurden besonders bedenkliche Gerichtsentscheidungen zu NS-Verbrechen aufgeführt, die »Massenmord zu einem Delikt von der Größenordnung etwa des schweren Diebstahl [...] herabmindern«. Der Aufforderung des Briefs, in rechtswissenschaftlichen Fachzeitschriften zu diesen Urteilen Stellung zu nehmen und auf diese Weise auf die Rechtsprechung einzuwirken, kamen die Professoren nur vereinzelt nach; vgl. Just-Dahlmann/Just, Gehilfen, S. 162 ff. Zu Korrespondenzen und Pressereaktionen siehe den NL Just-Dahlmann: BAK, N 1415.

9 Ebenfalls auf Anregung von Barbara Just-Dahlmann und ihrem Mann sowie einiger engagierter Gefängnisseelsorger nahm sich der Rat der EKD des Themas an. Nach längeren Beratungen in der »Kammer für öffentliche Verantwortung« der EKD beschloß die Synode am 13. März 1963 das »Wort zu den NS-Verbrecherprozessen«, veröffentlicht in: Henkys, Gewaltverbrechen, S. 339 ff.

10 AdsD, SPD-Bundestagsfraktion 4. WP/662, Jahn an Arndt, 30.4.1963.

11 So teilte Ollenhauer dem Koordinierungsrat der Gesellschaften für Christlich-Jüdische Zusammenarbeit mit, seine Fraktion sei der Auffassung, »daß eine derartige Debatte sich gründen muß auf der grundsätzlichen und übereinstimmenden Auffassung möglichst aller Parteien des Bundestages«; ebenda, 21.8.1963.

Unübersehbar war 1964, wie weit die allgemeine Ablehnung der NS-Prozesse reichte; die Forderung nach höheren Strafen fand erst recht – außer in Kreisen der NS-Verfolgten und kritischer Intellektueller – keine Unterstützung. Dieser Befund wird von demoskopischen Umfragen gestützt, die während des Eichmann- und Auschwitz-Prozesses angestellt wurden. Im Vergleich zum Eichmann-Prozeß sank das Interesse am Frankfurter Gerichtsverfahren von 95 Prozent 1961 auf 60 Prozent im Mai 1964. Und sogar von denjenigen, die in den Medien die Verhandlungen gegen das ehemalige Lagerpersonal von Auschwitz verfolgten, votierten 39 Prozent für die Aussage, »es wäre besser, auf solche Prozesse zu verzichten«, da »man nach so vielen Jahren diese Dinge nicht immer wieder aufrühren sollte«[12]. Diese öffentliche Stimmungslage, eine Mischung aus Distanziertheit, Geringschätzung und Abwehr der NS-Verfahren, so beklagte der Vorsitzende des Zentralrats der Juden, Hendrik van Dam, trete nicht zuletzt darin zutage, daß im Volksmund inzwischen in abfälligem Ton von »Judenmord-Prozessen« die Rede sei. Durch diese Wahrnehmung der Strafverfahren, so seine Befürchtung, werde der Antisemitismus nicht überwunden, sondern befördert[13].

Die westdeutschen Parteien, dies war schon im März 1964 erkennbar, befanden sich mit der Verjährung in einem Dilemma: Auf der einen Seite stand der doppelte Protest aus den USA und der DDR, dem im Zeichen der neuen Entspannungspolitik inzwischen eine erhebliche politische Brisanz zugewachsen war. So hatte die Bundesregierung das internationale Abkommen zum Atomwaffenteststop vom Vorjahr, das gegen die deutschlandpolitischen Interessen Bonns zustande gekommen war, noch nicht verwunden[14]. Wenn – aus der Perspektive der Bundesregierung – mit den epidemisch zunehmenden Entspannungsinitiativen sich auch die Spielräume für blockübergreifende Interessenkoalitionen erweiterten, war nicht allein auf dem Terrain der Deutschlandpolitik, sondern auch auf dem der Vergangenheitspolitik mit empfindlichen Positionsverlusten zu rechnen. Auf der anderen Seite galt es, die innenpolitische Stimmungslage zu berücksichtigen, bei der unübersehbar die nicht minder entschiedenen Forderungen nach dem Ende der Prozesse dominierten. Und beide Erwartungshaltungen, so war vorauszusehen, würden in den nächsten Monaten an Vehemenz noch zunehmen. Wie so oft herrschte

12 Umfrage des Frankfurter DIVO-Instituts, zitiert nach: Schmidt/Becker, Reaktionen, S. 111, S. 115 f.

13 »Die Verjährung von Mordtaten aus der NS-Zeit«, AWJ, 20.11.1964.

14 Dazu ausführlich Pautsch, Sog.

auch hier der Primat der Innenpolitik: In sämtlichen Parteien orientierte man sich fürs erste an der »Vox populi« – eine heikle Wahl, die nicht nur gegenüber dem Ausland, sondern schließlich auch in der Bundesrepublik zu einer Polarisierung ungeahnten Ausmaßes führen sollte.

2.2 Die Entscheidung für die Verjährung

Die kritischen Stimmen in der SPD waren, auch wenn es den Anschein hatte, nicht verstummt. Ohne die Verjährung grundsätzlich in Frage zu stellen, behelligten Gerhard Jahn und seine Fraktionskollegen die Bundesregierung mit einer Serie von Interpellationen, die ein hochsensibles Thema unter die Lupe nahmen: die Auswertung der NS-Akten in den osteuropäischen Staaten und der DDR. Den Anfang machten sie im Januar 1964 mit einer Kleinen Anfrage zur Suspendierung des Vertriebenenministers Hans Krüger, nach Oberländer der zweite Vertreter dieses Ressorts, den die ostdeutsche Propaganda »abgeschossen« hatte[1]. Mit Blick auf die grundsätzliche Problematik hinter diesem blamablen Rücktritt verlangte die SPD-Fraktion zu wissen, welche Initiativen die Bundesregierung unternehmen wolle, um die Dokumente im Ausland »so gründlich auszuwerten, daß ihr feindlich gesinnte Kräfte nicht mehr von Fall zu Fall Schaden zufügen können«[2].

Die bisherige Praxis hinsichtlich der NS-Akten werde nicht geändert, so lautete die Kernaussage der vom Innenminister Hermann Höcherl (CSU) unterzeichneten Antwort. Die Regierung habe sich, indem sie die Auswertung durch das Koblenzer Bundesarchiv angeboten habe, »nachhaltig« um die Dokumente bemüht. Aus der »bekannten politischen Absicht« der DDR, die Bonner Nichtanerkennungspolitik durch die direkte Zusammenarbeit mit den westdeutschen Justizverwaltungen zu unterlaufen, werde das Belastungsmaterial jedoch zurückgehalten[3]. Der darin zum Ausdruck kommende Abgrenzungszwang der Bundesregierung hatte

1 Am 7. Dezember 1963 hatte Albert Norden bekanntgegeben, daß Krüger 1923 am Hitler-Putsch teilgenommen hatte, zudem in der illegalen »Schwarzen Reichswehr« erfaßt und 1933 der NSDAP beigetreten war. Neben seinem Amt als NSDAP-Ortsgruppenleiter in der besetzten polnisch-pommerischen Stadt Konitz hatte Krüger dort auch als Sonderrichter fungiert. Die ihm unterstellten Todesurteile konnten dem Minister nicht nachgewiesen werden, sein Rücktritt wurde indes unausweichlich, als der *Spiegel* Krügers Bemerkung referierte: »Ein Todesurteil, das macht ein Richter doch rein routinemäßig«; Der Spiegel, 22.1.1964, S. 19 f. Dazu auch der Brief der ostdeutschen Justizministerin Benjamin an Bundesjustizminister Bucher mit dem Vorschlag, die Belastungsdokumente gegen Krüger durch einen Beauftragen in der DDR überprüfen zu lassen; SAPMO-BAB, DP 1, VA/1380, 13.1.1964; vgl. auch die Darstellung bei Norden, Ereignisse, S. 233 f.

2 BT-Drucksachen 4. WP, Nr. 1866, 24.1.1964; vgl. SPD-Fraktion, Sitzungsprotokolle 1961-1966, Sitzung vom 4.2.1964, S. 408.

3 BT-Drucksachen 4. WP, Nr. 11974, 21.2.1964.

inzwischen so neurotische Ausmaße erreicht, daß das Kabinett im Vorjahr die Entsendung zweier hessischer Staatsanwälte in die DDR nachträglich mißbilligt und für die Zukunft prinzipiell untersagt hatte[4]. Für wie unzureichend die sozialdemokratischen Rechtspolitiker diese Passivität, dieses scheinbar unbesorgte Warten auf eventuelle Aktenübergaben an das Bundesarchiv hielten, unterstrichen sie mit einer wenig später nachgeschobenen Aufforderung, die Regierung müsse in dieser Angelegenheit »besser geeignete Schritte unternehmen«[5].

Im April 1964 brachte Jahn die Frage der Dokumentenauswertung erneut zur Sprache, und zwar im Zusammenhang mit der Verjährung von NS-Mordverbrechen[6]. Da es offensichtlich war, daß die Bonner Verweigerungshaltung vielen Tätern nach dem 8. Mai 1965 zum endgültigen Schutz vor den Strafverfolgungsbehörden verhelfen würde, pochte Jahn im Namen der SPD-Fraktion auf die »rechtzeitige« Erschließung der Unterlagen im In- und Ausland, besonders im Ostblock.

Wie schon im Vorfeld der Verjährung von Totschlag behalf sich das Bundesjustizministerium auch 1964 mit Tatsachenverleugnung. In der Replik auf Jahns Anfrage hieß es, »daß bei allen für eine Strafverfolgung in Betracht kommenden Personen rechtzeitig eine Unterbrechung der Verjährung herbeigeführt« werde. Sollten noch neue Verbrechen bekannt werden, so könne es sich »höchstens um Einzelvorgänge oder Einzeltäter handeln«[7]. Und erneut mußten die Ermittlungsergebnisse der Zentralen Stelle dazu herhalten, diese Behauptung zu untermauern. In dieser Hinsicht war auch auf Erwin Schüle Verlaß: In einem Interview im Bulletin des Presse- und Informationsamtes der Bundesregierung ließ er keinen

4 Die vertrauliche Kabinettsentscheidung gegen die Archivbesuche in der DDR, abgestimmt zwischen Adenauer, Bucher und Höcherl, wurde am 16. August 1963 gefällt. Sie richtete sich gegen die Einreise der hessischen Anklagevertreter im April 1963 zur Vorbereitung des Limburger »Euthanasie«-Prozesses; Hauptangeklagter war der Gutachter der Aktion »T 4«, Werner Heyde; PA/AA, V 4/1257, Auszug aus dem vertraulichen Kurzprotokoll der Kabinettssitzung. Vgl. auch zum Besuch der Staatsanwälte den Artikel »Der Einladung gefolgt«, ND, 26.4.1963, S. 2.

5 BT-Drucksachen 4. WP, Nr. 2004, 3.3.64; vgl. SPD-Fraktion, Sitzungsprotokolle 1961-1966, Sitzung vom 3.3.1964, S. 421. In seiner Antwort verwies der Innenminister lediglich auf die unkonkrete Absicht, »jede Möglichkeit prüfen und nutzen« zu wollen; BT-Drucksachen 4. WP, Nr. 2085, 18.3.1964.

6 BT-Drucksache 4. WP, Nr. 2213, 28.4.1964; vgl. SPD-Fraktion, Sitzungsprotokolle 1961-1966, Sitzung vom 28.4.1964, S. 451, Anmerkung 50.

7 BT-Drucksache 4. WP, Nr. 2323, 4.6.1964.

Zweifel an der Gründlichkeit der staatsanwaltschaftlichen Aktivitäten und seiner Auffassung, daß es mit dem Ende der Verjährungsfrist schon seine Richtigkeit habe[8]. Der Rückhalt Schüles machte es Bucher um so leichter, den Sozialdemokraten nicht entgegenkommen zu müssen. In seiner Antwort beharrte er darauf, daß allein die sozialistischen Staaten in der Bringschuld seien und die dort archivierten NS-Akten zu den Konditionen der Bundesregierung zu überbringen hätten.

Doch ganz so starrsinnig, wie es nach dieser Auskunft den Anschein machte, konnte der Justizminister nicht bleiben. Auf seinen Vorschlag hin hob das Kabinett Anfang Juli das generelle Verbot auf, Staatsanwälte für Recherchen in die DDR einreisen zu lassen[9], ein Vorgang, der allerdings nicht aus freien Stücken erfolgte, sondern aufgrund von Bedenken aus Berlin und Schleswig-Holstein. Die dortigen Justizminister hatten Bucher nachdrücklich zu verstehen gegeben, daß in mehreren laufenden Verfahren eine Aktenauswertung in Ost-Berlin unumgänglich sei. Dies gelte insbesondere für das im Februar 1963 eingeleitete Verfahren gegen das Personal des Reichssicherheitshauptamtes und für die Ermittlungen der Kieler Staatsanwaltschaft gegen den ehemaligen Richter am Volksgerichtshof Hans-Joachim Rehse. Ausschlaggebend war schließlich, daß die Landesminister dem Bund grundsätzlich die Kompetenz absprachen, über eine Entsendung von Richtern und Staatsanwälten in die DDR entscheiden zu können. Hier werde Rechtshilfe geleistet, so mußte Bucher gegenüber seinen Kabinettskollegen zerknirscht eingestehen, »wie sie seit 1945 laufend in Zivil- und Strafsachen beantragt und gewährt« worden sei.

Als einen Monat später die Referenten aus dem Auswärtigen Amt und dem Bundesjustizministerium das Vorhaben des Frankfurter Schwurgerichts diskutierten, im Rahmen des Auschwitz-Prozesses eine Ortsbesichtigung im ehemaligen Konzentrations- und Vernichtungslager vorzunehmen, war das Ergebnis nun, daß die vorausgehenden Verhandlungen mit der polnischen Regierung Unterstützung erfahren sollten. Das zu erwartende publizistische Interesse an dem Lokaltermin in Auschwitz vor Augen, versprachen sich die Ministerialbeamten eine wohlwollendere Bewertung der Bundesregierung im Ausland. Auf keinen Fall, so der Leiter der Strafrechtsabteilung Schafheutle, dürfe der Eindruck erweckt

8 Interview mit Rolf Vogel, Bulletin des Presse- und Informationsamtes der Bundesregierung, 5.5.1964, Nr. 74, S. 651.

9 Zum folgenden PA/AA, V 4/1257, Vorlage Buchers für die Kabinettssitzung am 2.7.1964, 23.6.1964.

werden, »als tue die Bundesregierung nicht alles ihr Mögliche, um an der Aufklärung der NS-Verbrechen mitzuwirken«[10].

Genau dies wurde auf der anderen Seite des Eisernen Vorhangs in immer neuen Propaganda-Aktionen unter der Regie Albert Nordens bestritten: So verabschiedete am 7. Juni 1964 in Warschau die Internationale Juristenkonferenz eine Protestresolution gegen die drohende Verjährung, wenige Tage später kündigte die Justizministerin der DDR an, »eine gesetzliche Regelung der Nichtverjährung« von NS-Verbrechen auf den Weg bringen zu wollen[11]. Deutlich mehr Irritationen bewirkten die kritischen Worte Nahum Goldmanns in Bonn. Als Präsident des Jüdischen Weltkongresses, des internationalen Dachverbandes vieler jüdischer Organisationen und Gemeinden, hatte er auf der Vollversammlung in Jerusalem am 12. Juli 1964 die Bundesregierung ermahnt, sowohl bei der bevorstehenden neuen Runde der Wiedergutmachungsverhandlungen mehr Entgegenkommen zu zeigen[12] als auch die Verjährung von NS-Verbrechen abzuwenden. Wie der Präsident des American Jewish Congress, Joachim Prinz, argumentierte auch Goldmann, daß der Holocaust ein so außerordentliches Verbrechen darstelle, daß hier des Justizministers Berufung auf überkommene Rechtsnormen vollkommen unangebracht sei[13].

Es war das Bundeskanzleramt, das kurz darauf die Zeit für eine offizielle Regierungsentscheidung zur Verjährung gekommen sah[14]. Schließlich, so Kanzleramtschef Ludger Westrick an Bucher, werde das Thema

10 BAK, B 136/3173, Vermerk BMJ vom 23.7.1964. Zum Lokaltermin des Frankfurter Schwurgerichts in Auschwitz vgl. jetzt den Aufsatz von Steinbacher, Protokoll.

11 »DDR lehnt Verjährung von Naziverbrechen konsequent ab«, ND, 20.7.1964. Das »Gesetz über die Nichtverjährung von Nazi- und Kriegsverbrechen« wurde von Norden gemeinsam mit Rehan initiiert; dazu: Benjamin an Norden, 21.5.1964; SAPMO-BAB, DY 30, IV 2/2.028/119. Der Beschluß des Politbüros vom 2.6.1964 zur Vorbereitung des Gesetzes in: ebenda, DP 1, VA/1384.

12 Gefordert wurde vor allem, die sogenannten Post-Fifty-Three-Fälle, etwa 150 000, zumeist aus Osteuropa stammende Juden, denen erst nach dem 1. Oktober 1953 der Verfolgten-Status zuerkannt wurde, in die Entschädigungszahlungen der Bundesrepublik einzubeziehen, vgl. Hockerts, Wiedergutmachung, S. 190.

13 Amtliche Übersetzung des Artikels aus »Haaretz«, 13.7.1964, in: PA/AA, V 4/1264. Die Resolution des Jüdischen Weltkongresses gegen die Verjährung in: Ebenda, V 4/1263. Im gleichen Sinne auch Goldmanns Schreiben an Bucher, 1.8.1964; BAK, B 141/25678.

14 Zum folgenden BAK, B 141/25666, Westrick an Bucher, 24.7.1964.

»in der Öffentlichkeit lebhaft diskutiert«. Zugleich regte er an, »einen Appell an die Länder des Ostens [zu] richten, vor Ablauf der Verjährungsfrist rechtzeitig belastendes Material zur Verfügung zu stellen«. Der Aufruf sollte seiner Ansicht nach dazu dienen, der Verjährung zu größerer Akzeptanz zu verhelfen, indem die »zu erwartenden Einwendungen« im Vorfeld ausgeräumt würden.

Während der Justizminister die Idee mit dem Appell erst einmal mit dem Argument zurückstellte, sie sei zunächst mit den übrigen Ressorts abzustimmen, präsentierte er seine Kabinettsvorlage zur Verjährung zügig. Auf über 20 Seiten wurden Pro und Contra sorgfältig dargelegt und so gewichtet, daß trotz »beachtlicher Gründe für eine Verlängerung« resümiert werden konnte: Einer derartigen Forderung solle »nicht gefolgt werden«[15]. Die Generallinie im Sinne des Ministers hatte, wie schon vier Jahre zuvor, Eduard Dreher festgelegt. Gegen den energischen Einspruch des Verfassungsreferenten im Hause, Hermann Maassen, hielt Dreher daran fest, daß die Fristverlängerung ein verfassungsrechtliches Risiko darstelle. Diese sei »möglich und denkbar, wenn – was letztlich nie absehbar ist – das Bundesverfassungsgericht [...] der gemischtrechtlichen Theorie folge« – jener Auslegung also, die schon 1960 zur Legitimation hatte herhalten müssen, obwohl sie von kaum einem Strafrechtler vertreten wurde[16].

Aus dieser in der Behörde so umstrittenen Einschätzung wurde in der Kabinettsvorlage des Justizministers schließlich ein zentraler Einwand[17]. Hinzu traten strafrechtliche Einwände gegen die Änderung der Verjährungsfrist, die allein mit politischer Voreingenommenheit zu erklären waren: Aufgrund der großen Ermittlungsschwierigkeiten werde die Fristverlängerung zu Freisprüchen führen, »die letztlich dem Ansehen der Justiz und auch dem Ansehen der Bundesrepublik Deutschland abträglich wären«. Zudem sei es »fragwürdig, einen Täter noch zu bestrafen, dessen Taten mehrere Jahrzehnte zurückliegen«, während die von den Alliierten Verurteilten »seit Jahren bereits wieder auf freiem Fuß« seien. Abgesehen davon, daß letztere ihre Freiheit nicht zuletzt dem Druck der FDP ver-

15 Zum folgenden ebenda, Bucher an die Bundesminister, Anlage zur Kabinettsache, 20.8.1964, Zitate nach der vierseitigen Kurzfassung, ebenda. Ausgearbeitet wurde die Kabinettsvorlage vom Referenten für das Strafgesetzbuch, Sturm, Entwurf vom 6.8.1964.

16 BAK, B 141/25662, Vermerk über eine Besprechung zwischen Dreher, Maassen, Bahlmann und Sturm.

17 Zum folgenden BAK, B 141/25666, Kurzfassung der Anlage zur Kabinettsache, 20.8.1964.

dankten[18], konnten sämtliche Argumente des Freidemokraten Bucher auch gegen die Ahndung der NS-Verbrechen überhaupt ins Feld geführt werden. Als durchschlagend galt schließlich die »intensive Ermittlungstätigkeit« der Ludwigsburger Stelle und der Staatsanwaltschaften. Infolgedessen sei »nicht damit zu rechnen, daß in Zukunft noch eine größere Anzahl bisher nicht ermittelter Tatkomplexe und Täter bekannt« werde.

Nicht minder entschieden war der Ton, den Dreher gegenüber den Referenten aus den beteiligten Ressorts (Auswärtiges Amt, Bundeskanzleramt, die Ministerien für Justiz, Inneres, gesamtdeutsche Fragen sowie das Presse- und Informationsamt) anschlug, als im August 1964 ein gemeinsames Treffen zum vorgeschlagenen Appell angesetzt war[19]: »Voraussetzung für die folgenden Erörterungen« sei, »daß die Verjährungsfrist für NS-Verbrechen nicht verlängert« werde. Doch in dieser Hinsicht brauchte Dreher um die Zustimmung seiner Kollegen nicht zu werben – mit Ausnahme des noch unentschlossenen Auswärtigen Amtes hatte er sie bereits. In Frage stand auch nicht, daß die Veröffentlichung des Aufrufs in erster Linie aus taktischen Erwägungen heraus erfolgen sollte. »Es müsse zum Ausdruck gebracht werden«, so benannte der Referent des Ministeriums für gesamtdeutsche Fragen, Udo Müller, das vordringliche Ziel, »daß der Osten die Möglichkeit gehabt habe, Material herauszugeben. Dann könne er nicht später der Bundesrepublik zum Vorwurf machen, sie habe etwas unterlassen oder gar Verbrechen begünstigt«.

Zugleich erkannte Müller, als Fachmann für deutschlandpolitische Konflikte am besten mit den Finten der Ost-Berliner Gegenspieler vertraut, die Schwachstelle des Vorhabens: Er gab zu bedenken, »daß man in eine äußerst unangenehme Lage komme, wenn aufgrund des Appells Akteneinsicht angeboten werde und die daraufhin entsandten Beamten das Material nicht in der noch verfügbaren Zeit aufarbeiten könnten. Das könnte zur Folge haben, daß dann doch die Verjährungsfrist noch verlängert werden müßte«. Diese Konsequenz erschien Dreher indes abwegig. Eine systematische Aktenauswertung müsse entfallen, wenn die »Angebote des Ostens erst im Februar oder März abgegeben würden«. Dann, so der Referent trocken, »gebe es ohnehin nur noch die Möglichkeit, konkreten Beschuldigungen nachzugehen«.

Der Einwand von seiten des Bundespresseamtes, auf den Appell besser zu verzichten, weil es höchst ungünstig sei, noch vor der Bundestagswahl

18 Vgl. Frei, Vergangenheitspolitik, S. 133 ff.

19 Zum folgenden BAK, B 141/25666, Kurzprotokoll der Abteilungsleiterbesprechung vom 26.8.1964.

im September 1965 »eine starke Gruppe von Leuten, denen die Prozesse wegen NS-Verbrechen lästig seien [...] mehr als unvermeidbar zu verärgern«, fand keine Resonanz. Vielmehr, so hob Dreher mit Blick auf die Vorbehalte gegen die Verjährung im westlichen Ausland hervor, sei dieser Schritt »wegen der Weltöffentlichkeit« bedeutsam. Dementsprechend faßten die Referenten – unter Anleitung des bestimmt auftretenden Strafrechtsreferenten – den Beschluß, den Aufruf über Osteuropa hinaus an alle Staaten und Organisationen zu richten, die über relevantes Aktenmaterial verfügten.

So erfolgversprechend und gewieft den Ministerialbeamten ihre Strategie auch erscheinen mochte, so war sie nicht nur schnell zu durchschauen, sondern auch mit erheblichen Unwägbarkeiten verbunden: Offen blieb, wann die Dokumente zugänglich gemacht werden würden und in welchem Umfang. Fraglich war auch, ob Kopien geschickt oder Staatsanwälte zur Sichtung des Materials ins Ausland reisen mußten. War es insofern nicht auch denkbar, daß der Aufruf seine Zielsetzung, den Protest zu entschärfen und die DDR samt ihren Verbündeten unter Zugzwang zu bringen, verfehlt werden konnte, daß er womöglich zum Bumerang wurde, wenn die Auswertungsarbeiten nicht bis zum 8. Mai zu schaffen waren? Und wie stand es mit der Kritik an der Verjährung in den Staaten außerhalb des Warschauer Paktes, die durch den Appell besänftigt werden sollten?

Mit der letzteren Frage beschäftigte sich wenig später eine Expertise des Auswärtigen Amtes. Die Rechtsabteilung bat 22 Auslandsvertretungen in Europa und Übersee um eine Einschätzung, wie sich dort die öffentliche Meinung zur angekündigten Verjährung verhielt. Einhellig ablehnend, so wurde gemeldet, nur in den südamerikanischen Ländern herrsche eher Gleichgültigkeit. Aus Paris kam die Nachricht, das sogenannte Nichtverjährungsgesetz der DDR, das die Volkskammer inzwischen am symbolträchtigen 1. September feierlich verabschiedet hatte, werde von führenden Repräsentanten der Résistance-Verbände begrüßt und sei Vorbild für eine entsprechende Gesetzesinitiative im französischen Parlament. Der deutsche Diplomat in Paris rechnete in seinem Bericht damit, »daß nicht nur die kommunistischen, sondern auch die in allen Parteien sitzenden Angehörigen der ehemaligen Widerstandsgruppen heftig reagieren«[20]. Die Den Haager Botschaft sah »scharfe Pressepolemiken« vorher;

20 PA/AA, V 4/1259, Deutsche Botschaft Paris an Auswärtiges Amt, 4.9.1964. Zur französischen Diskussion über die Verjährung von NS-Mordverbrechen in der Bundesrepublik vgl. Moisel, Frankreich.

Kopenhagen kabelte, daß die Ahndung von NS-Verbrechen sowie die Verlängerung der Verjährungsfrist »als Gradmesser für das Vertrauen zur Bundesrepublik« betrachtet werde[21].

Zusammenfassend kam der Bericht der Rechtsabteilung zu dem Ergebnis, bei den westlichen Regierungen werde man zwar »auf Verständnis für die auf dem Grundsatz der Rechtsstaatlichkeit beruhenden Überlegungen stoßen, die gegen eine Verlängerung sprechen. Die Regierungen werden sich aber dem Einfluß der öffentlichen Meinung nicht ganz entziehen können«[22]. Die verfassungsrechtlichen Argumente würden auch deswegen in Großbritannien, den USA und Kanada auf wenig Verständnis stoßen, weil in Staaten mit angelsächsischem Rechtssystem Kapitalverbrechen generell nicht verjährten. Der Erfolg von Zugeständnissen dagegen, etwa »bei der Wiedergutmachungs-Schlußgesetzgebung großzügiger« zu verfahren oder mit dem geplanten Appell an die Öffentlichkeit zu gehen, wurde skeptisch beurteilt. Letztlich könne man mit diesen Maßnahmen »den außenpolitisch zu befürchtenden Schaden höchstens vermindern, nicht beseitigen«. Daher, so legte der Leiter der Rechtsabteilung Rudolf Thierfelder seinem Chef Gerhard Schröder nahe, sei aus »außenpolitischen Erwägungen« ein Votum des Auswärtigen Amtes für die Änderung der Verjährungsfrist geboten.

In eine andere Richtung wiesen die Überlegungen des Regierungssprechers Karl-Günther von Hase[23]. Zwar hielt auch er die bevorstehende Verjährung für einen gravierenden Fehler, vor dem Hintergrund des komplizierten Machtgefüges in der Regierung ging er aber davon aus, daß an Buchers Votum kaum noch zu rütteln sei. Um so entschlossener plädierte er dafür, statt des vorgesehenen offiziellen Verjährungsbeschlusses die Angelegenheit informell und außerhalb der Tagesordnung im Kabinett zu klären. Im Ausland, so erläuterte von Hase, würden keine »noch so sorgfältig zusammengestellten« Argumente auf Verständnis stoßen. Im Inland sei »mit Sicherheit von einzelnen Abgeordneten, wenn nicht sogar von einer größeren Gruppe oder sogar einer Fraktion, mit einem Vorstoß im Deutschen Bundestag zu rechnen, der zu einer Debatte dieser Frage führen dürfte«.

21 Ebenda, Deutsche Botschaft Den Haag und Kopenhagen an Auswärtiges Amt, 4.9.1964.

22 Ebenda, Aufzeichnung der Rechtsabteilung, 9.9.1964; danach die folgenden Zitate.

23 Zum folgenden BAK, B 141/25666, Hase an Bucher, 11.9.1964.

Eine derart angelegte Informationspolitik hatte also gerade nicht zum Ziel, den Standpunkt der Bundesregierung offensiv zu vertreten, sondern jegliche argumentative Klärung und öffentliche Diskussionen zu vermeiden. Zugleich stand von Hases Ansinnen, den Konflikt bis zum Ende der Verjährungsfrist auszusitzen, beispielhaft für den defensiven Grundzug der Presse- und Informationspolitik während der Kanzlerschaft Erhards, der auch für die Deutschland- und Nahostpolitik charakteristisch war[24].

Die diversen Lageeinschätzungen und Strategievorschläge ließen einen Konsens in punkto Verjährung immer unwahrscheinlicher werden. Dem Thema wurde inzwischen eine solche Brisanz zugemessen, daß es der Kanzler zur Chefsache machte. Vor der endgültigen Entscheidung im Kabinett lud Erhard die Leiter der beteiligten Ressorts ein, am 23. September eine »Beratung im engeren Kreise durchzuführen«[25]. Laut Buchers Aufzeichnungen pflegte die Runde ein moderates Gesprächsklima, auch wenn sie von einer gemeinsamen Linie noch weit entfernt war[26]. Uneingeschränkte Unterstützung erhielt Bucher nicht nur von seinem Parteikollegen Erich Mende, dem Minister für gesamtdeutsche Fragen, sondern auch vom Außenminister. Daß Schröder damit sämtliche Bedenken seiner Mitarbeiter in den Wind schlug, war insofern kein Wunder, als er bei aller außenpolitischen Raffinesse im Grunde seines Herzens ein leidenschaftlicher Kalter Krieger geblieben war, bei dem sich deutschlandpolitischer Rigorismus mit einer tiefempfundenen Abneigung gegen die strafrechtliche Aufarbeitung der NS-Vergangenheit verband.

Der Bundeskanzler, der sich mit öffentlichen Distanzierungen vom NS-Regime nicht zurückhielt und dabei gerne auch auf seine angeblich aktive Rolle im Widerstand verwies[27], trat indessen dafür ein, die zur Debatte stehenden Verbrechen nicht verjähren zu lassen. Allerdings war Erhard wieder einmal schlecht präpariert und mit den Einzelheiten der Sache nicht vertraut. So war er der DDR-Propaganda aufgesessen, daß selbst so geheimnisumwitterte Figuren wie Martin Bormann und Josef Mengele nach Ablauf der Frist aus der Versenkung auftauchen könnten,

24 Vgl. zur Deutschlandpolitik jetzt die Studie von Ahonen, Expellee Organizations; Hinweise zur Pressepolitik während der diplomatischen Krise der westdeutschen Nahostpolitik bei Hentschel, Erhard, S. 556 ff.

25 BAK, B 141/25666, Erhard an Bucher, 16.9.1964.

26 Zum folgenden ebenda, Vermerk Bucher an die Strafrechtsabteilung, 24.9.1964.

27 Eine kritische Untersuchung über die Rolle Erhards im »Stahl-Kreis« der Reichsgruppe Industrie, der nationalsozialistischen Unternehmerorganisation, sowie seiner berühmten Denkschrift aus dem Jahr 1944 zur wirtschaftspolitischen Nachkriegsplanung bei Hentschel, Erhard, S. 26 ff.

ohne dann noch von der Justiz belangt werden zu können[28]. Besser orientiert zeigte sich von Hase. Er stand dem Bundeskanzler mit der Idee bei, das Konzept der SPD-Fraktion von 1960 aufzugreifen und den Beginn der zwanzigjährigen Verjährungsfrist zu verschieben, entweder bis Mai 1949 oder gar bis 1955, als mit Inkrafttreten der Pariser Verträge die Bundesrepublik souverän geworden war. Innenminister Höcherl, einer Fristverlängerung ebenfalls nicht abgeneigt, war seinerseits zu der Überzeugung gelangt, daß die geringe Differenz der Fristen für Totschlag und Mord aus kriminalpolitischer Sicht problematisch sei. Gegenüber Mord, dem schwersten Kapitalverbrechen, könne doch »ein Totschlag«, so die skurrile Einschätzung des Christsozialen, »eine vergleichsweise harmlose Handlung« sein.

Obwohl man sich in der Runde ausdrücklich darauf einigte, keine weiteren Schritte zu unternehmen, ehe nicht Bucher die vorgebrachten Gegenargumente schriftlich kommentiert hatte, hielt sich kaum jemand daran. Am wenigsten der Bundeskanzler selbst. Zwei Tage später gab er der Presse bekannt, daß die Regierung das Thema derzeit noch prüfe, preschte dann aber mit einer – ausdrücklich als solche gekennzeichneten – persönlichen Stellungnahme vor: »Für mich wäre es unerträglich, wenn solche brutalen und gemeinen Massenmörder nicht mehr der Strafe unterworfen wären.« Er wolle sich daher dafür einsetzen, »für bestimmte Kategorien von Morden generell die Verjährungsfrist« zu erhöhen[29].

Natürlich war Erhards Vorstoß wohl überlegt. Seine frühe öffentliche Festlegung diente weniger dem Ziel, innerhalb der Regierung eine Vorentscheidung zu erzwingen – dafür mangelte es ihm viel zu sehr an Machtinstinkt und Durchsetzungsvermögen. Nein, im Unterschied zu Schröder hatte er die ungünstige Reaktion des Auslands auf die angekündigte Verjährung im Blick. Während der Chef des Auswärtigen Amtes seinen Kanzler in außenpolitischen Angelegenheiten normalerweise fest im Griff hatte[30], ging Erhard dieses Mal eigene Wege und hoffte, daß seine Meinungsäußerung, zumindest in den verbündeten Staaten, der

28 Da zu diesem Zeitpunkt der Tod Bormanns noch nicht einwandfrei geklärt war, stand er ebenso wie Mengele auf den Fahndungslisten der Kriminalpolizei; beider Strafverfolgungsverjährung war durch Untersuchungsrichter unterbrochen worden; vgl. »Bleiben die Mörder unter uns«, Die Zeit, 27.11.1964, S. 13.

29 Wortlaut der Pressekonferenz vom 25. September 1964 in: »Erhard für Verlängerung«, AWJ, 2.10.1964; vgl. auch »Längere Verjährungsfrist?«, FR, 26.9.1964.

30 Diese Dominanz Schröders betraf vor allem zentrale Politikfelder wie die Verhandlungen um die multilaterale Atomstreitmacht und die Nahostpolitik; dazu Hentschel, Erhard, S. 522 ff.

Kritik die Spitze nehmen würde[31]. Damit allerdings stiegen auch die Erwartungen, daß seinen Worten Taten folgten. Nahum Goldmann etwa legte dem Kanzler bei einem gemeinsamen Treffen zwei Wochen später nahe, »im Interesse der guten Beziehungen« die Fristverlängerung im Kabinett durchzusetzen. Hier sei »eine Geste angebracht, die auf die jüdische Öffentlichkeit günstig« wirke[32].

Unterdessen stiftete Innenminister Höcherl eher Verwirrung mit seiner Mitteilung, er trete für eine auf 25 Jahre verlängerte Frist für Mord ein, damit eine deutlichere Trennlinie gegenüber Totschlag gezogen werde. Weder erläuterte er aber, ob dies auch rückwirkend gelten solle, noch stellte er einen direkten Bezug zu den NS-Verbrechen her, um die sich schließlich die ganze Diskussion drehte[33].

Entschlossen, kein Jota von seiner Überzeugung abzuweichen, verfaßte der Justizminister eine Stellungnahme für die Kabinettsmitglieder, die vor allem als geharnischte Antwort auf Erhards und Höcherls Auftritte gedacht war[34]. Zunächst widersprach er dem Vorschlag Höcherls: In Anbetracht der hohen Strafe für Totschlag könne »nicht gesagt werden, die Verjährungsfrist für Mord müsse erhöht werden, um die richtige Relation zur Verjährungsfrist für Totschlag herzustellen«. Im Gegenteil, belehrte Bucher seine Kollegen, würde auf diese Weise »die Stufenfolge der Verjährungsfristen gestört«, auch wenn, wie er einräumte, nach den Entwürfen der Strafrechtskommission eine Fristerhöhung für Mord auf 30 Jahre geplant sei. Dies könne allerdings »nur für die Zukunft« gelten; hinsichtlich der NS-Verbrechen sei dagegen »vom Standpunkt der Rechtssicherheit und Rechtsstaatlichkeit« jede rückwirkende Erhöhung »bedenklich«. Gleiches gelte für die andere Variante, den Beginn der Frist bis 1949 oder später hinauszuschieben, die schon 1960 aus »überzeugenden Gründen« abgelehnt worden sei.

31 So erschien ein längerer Artikel über Erhards Äußerung in der *New York Times* (»Erhard favors trials for Nazis«), 26.9.1964.

32 AAPD 1964, II, Dok. 276, Gespräch zwischen Erhard und dem Präsidenten des Jüdischen Weltkongresses, 8.10.1964; das Zitat auf S. 1131 f. Auch der israelische Premierminister Levi Eshkol griff des Kanzlers Wortmeldung auf und erklärte am 12. Oktober 1964 vor der Knesset: »Ich will hoffen, daß diese persönliche Meinung Professor Erhards zum Gemeingut des ganzen deutschen Volkes und seiner Regierung und auch vom Bundestag übernommen wird«; zitiert nach Deutschkron, Israel, S. 262 f.

33 »Gegen Verjährung von NS-Verbrechen«, Die Welt, 30.9.1964.

34 Zum folgenden BAK, B 141/25666, Bucher an Erhard und die Bundesminister, 9.10.1964.

Unverkennbar hegte Bucher auch Aversionen gegen die Überlegungen des Bundeskanzlers: »Eine Verlängerung der Verjährungsfrist allein für solche Fälle des Mordes, welche zugleich die Merkmale des Völkermordes erfüllen, ist nicht empfehlenswert.« Unbedingt seien »Schwierigkeiten zu vermeiden, die sich aus dem Gleichheitssatz (Art. 3 GG), aber auch bei der Abgrenzung der Merkmale des Völkermordes vom gewöhnlichen Mord ergeben könnten«.

In seiner Entgegnung versteifte sich Bucher erneut auf eine tendenziöse Rechtsauffassung. Indem er gegenüber dem Bundeskanzler und den Ministerkollegen auf seine juristische Definitionsmacht abhob, versuchte er allen Ansätzen zur Kompromißfindung einen Riegel vorzuschieben. Mit anderen Worten: Was rechtlich akzeptabel oder inakzeptabel war, wollte der Freidemokrat apodiktisch festlegen, um jegliche Einmischung in seine Kompetenzen zu unterbinden, zu denen er wie selbstverständlich auch die Verjährungsfrage zählte. Dabei sprach diese Haltung nicht nur für seine Überzeugung, über eine komfortable Mehrheit gegen Erhard zu verfügen. Sie war auch Symptom für das permanent gespannte Klima zwischen den Koalitionspartnern. Der Justizminister selbst zählte spätestens seit Juni des Jahres, als er für das Amt des Bundespräsidenten kandidiert hatte, zu den Exponenten einer Parteilinie, die gegenüber der CDU/CSU trotzig auf eigenem Profil beharrte[35].

Welchen Verlauf die Diskussion auf der Sondersitzung des Kabinetts am 5. November nahm, deren einziges Thema der Ablauf der Verjährungsfrist war, kann erst nach Freigabe der Protokolle geklärt werden[36]. Allerdings sickerte bald durch, daß Erhard in seiner Regierungsmann-

35 Die mögliche Niederlage des amtierenden Bundespräsidenten Lübke erzürnte die CDU-Oberen so sehr, daß sie sogar Buchers eher unerhebliche NS-Vergangenheit – die Mitgliedschaft in der NSDAP ab 1937 und das goldene Abzeichen der Hitlerjugend – gegen ihn ins Feld führten. Vgl. dazu den Brief von Heinrich von Brentano, Fraktionsvorsitzender der CDU/CSU im Bundestag, an seinen Stellvertreter Rainer Barzel, 5.6.1964, Baring, Machtwechsel, S. 36, und der ob dieser Vorwürfe empörte Kommentar Augsteins im *Spiegel* (Titel: »Ungehörig«), 10.6.1964, S. 18.

36 Die Kabinettsprotokolle der Bundesregierung werden nicht entsprechend zur 30-Jahres-Regelung entsperrt, sondern – aufgrund eines Vertrags zwischen dem Bundeskanzleramt, dem Bundesarchiv und dem von Hans-Peter Schwarz geleiteten Herausgeberkreis – erst nachdem die sich immer weiter verzögernde Publikation der Protokolle erfolgt ist. Diese für die Zeitgeschichtsforschung ärgerliche Barriere zu beseitigen, bemüht sich das Bundesarchiv, bislang ohne Aussicht auf Erfolg.

schaft kaum Unterstützung fand. Der *Spiegel* verfügte wieder einmal über die besten Informanten und wußte zu berichten, daß nur zwei Ressortchefs aus den Reihen der CDU, Theodor Blank (Arbeitsminister) und Paul Lücke (Wohnungsbauminister), Erhards Ansicht beipflichteten[37]. Derart klar unterlegen, verzichtete der Kanzler darauf, von seiner Richtlinienkompetenz Gebrauch zu machen.

Sein Stellvertreter Mende lobte noch Jahre später Erhards Verhalten als »Loyalität gegenüber der Ministermehrheit«. Treffender ist jedoch die Zurückhaltung des Kanzlers als Führungsschwäche zu interpretieren, zumal mit einigem Geschick und Stehvermögen Buchers Hauptargument, eine Fristverlängerung verletze das im Grundgesetz verankerte Rückwirkungsverbot, leicht hätte widerlegt werden können. Denn das Gerücht, der Referent für Verfassungsrecht im Bundesjustizministerium vertrete eine ganz andere Position, kursierte bereits in Bonner Journalistenkreisen und hätte – bei entsprechender Aufmerksamkeit – auch das Bundeskanzler- oder Bundespresseamt hellhörig machen müssen[38]. So aber konnte sich das Kabinett vorerst noch bescheinigen, »nach gründlicher rechtlicher Prüfung« von einem Verstoß gegen die Verfassung ausgehen zu müssen[39].

Trotz aller Entschlossenheit waren sich die Verjährungsbefürworter in der Regierung ihrer Sache nicht ganz sicher. In der Kabinettssitzung stimmten sie nicht nur für den Appell an das Ausland, den westdeutschen Strafverfolgungsbehörden bislang noch nicht bekannte NS-Akten zur Verfügung zu stellen. Zustimmung fand auch Buchers Plan, eine Broschüre mit statistischen Angaben vorzulegen, um so die Leistungen, nicht die Defizite der Strafverfolgungstätigkeit in den Vordergrund zu stellen[40]. Der

37 Der Spiegel, 16.12.1964, S. 20. Abweichend davon notierte Mende in seinen Memoiren, daß außerdem der Vertriebenenminister Ernst Lemmer den Bundeskanzler unterstützt habe; Mende, Wende, S. 159; dort auch das folgende Zitat.

38 Von dem »seit Wochen« schwebenden Gerücht über das Papier des BMJ-Verfassungsreferenten berichtete der *Kölner Stadt-Anzeiger* (»Bonn erwägt jetzt doch längere Verjährungsfrist«) am 8.12.1964; ein paar Tage später zitierte die *SZ* sogar aus der Expertise; »Doch längere Verjährungsfrist«, 17.12.1964.

39 So zitiert von Bundespressechef Hase aus dem Kabinettsprotokoll vom 5.11.1964; Bulletin des Presse- und Informationsamtes der Bundesregierung, 21.11.1964, S. 1569. Auch Bucher unterstrich in einem Brief an Eugen Gestenmaier, den Bundestagspräsidenten: »Maßgeblich für diesen Beschluß waren verfassungsrechtliche Erwägungen«; BAK, B 136/3168, 6.11.1964.

40 Die Broschüre *Verfolgung nationalsozialistischer Straftaten im Gebiet der Bundesrepublik seit 1945* präsentierte das Justizministerium am 12. November 1964, einen Tag nach Bekanntgabe der Regierungsentscheidung zur Verjährung. Die Haupt-

Justizminister hatte sich noch einen weiteren Schritt überlegt, mit dem breite öffentliche Akzeptanz gewonnen werden sollte: Die Regierung und alle Bundestagsfraktionen sollten den Verjährungsbeschluß im Bundestag gemeinsam verkünden, ohne anschließende Aussprache. Beabsichtigt war, so beteuerte von Hase auf der anschließenden Bundespressekonferenz offenherzig und ein wenig blauäugig, »auf alle Fälle zu verhindern, daß diese sehr wichtige Frage zu einer kontroversen Diskussion im Parlament führt«[41].

Die Worte des Regierungssprechers mußten auf kritische Geister wie ein Offenbarungseid der Exekutive wirken, denn zu diesem Zeitpunkt war das Vorhaben bereits gescheitert. Die Fraktionen von CDU/CSU und der FDP hatten Bucher zwar ihr Einverständnis erklärt[42], die Sozialdemokraten indes, beschwerte sich der Pressechef, den Schulterschluß verweigert. Bereits am 10. November 1964, einen Tag vor der offiziellen Bekanntgabe, hatten Gerhard Jahn und Karl Mommer, der Geschäftsführer der SPD-Fraktion, die Kabinettsentscheidung publik gemacht, um sogleich ihre »ernsten Bedenken«[43] anzumelden. Anstatt der näher rückenden Verjährung tatenlos entgegenzusehen, sei ihrer Ansicht nach sofortiges Handeln angezeigt: In den nächsten Monaten müßten die Strafverfolgungsaktivitäten erheblich intensiviert werden, vor allem gegenüber denjenigen Tätern, die bislang noch kaum erfaßt worden seien. »Gedacht ist dabei«, präzisierte Jahn die Forderung seiner Partei, »auch an verantwortliche ›Schreibtischmörder‹, zum Beispiel Beamte in der früheren Reichskanzlei, im früheren Reichsaußenministerium, Reichsverkehrsministerium oder bei Firmen, die die Mittel der Massenvernichtung – Gaswagen, Gaskammern und so weiter – hergestellt und geliefert haben«[44].

botschaft lautete, »daß alles Menschenmögliche getan worden sei, um alle NS-Mörder ihrer gerechten Strafe zuzuführen«, so ein Sprecher des Ministers. Bis Ende 1963 seien insgesamt 12 862 Strafverfahren und 5 445 Verurteilungen erfolgt; vgl. »Bonn: Fast alle NS-Mörder bekannt«, FR, 13.11.1964, und »Dokumentation über NS-Verbrechen«, SZ, 13.11.1964, sowie die aktualisierte Fassung vom 26.2.1965, in: Zur Verjährung, S. 88 ff.

41 Pressekonferenz am 11.11.1964, in: Bulletin des Presse- und Informationsamtes der Bundesregierung, 13.11.1964, S. 1539; dazu auch die Tageszeitungen am 12.11.1964.

42 ACDP, VIII-001-1010/1, Fraktionssitzungsprotokoll vom 10.11.1964.

43 »Bedenken der SPD gegen Verjährungsfristen«, StZ, 11.11.1964.

44 »Keine Verjährungsfrist für Mord?«, FR, 11.11.1964; vgl. dazu auch vom selben Tag: »Der intellektuellen Urheberschaft nachspüren«, FAZ, und sensationsheischender: »Eine neue Prozeßwelle gegen die NS-Verbrecher rollt an«, KStA.

Angesichts der internationalen Proteste gegen die Verjährung sahen die Sozialdemokraten offenkundig die Zeit gekommen, den Ahndungsdruck auf Politik und Justiz so zu erhöhen, daß auch das »heiße Eisen« der NS-Verbrechen, die Tatbeteiligung des nationalsozialistischen Regierungsapparats, nun angefaßt werden sollte. Jahns Aufzählung, welche Institutionen hier von besonderer Relevanz seien, ließ erkennen, daß er sich dabei an den Veröffentlichungen Robert Kempners, des früheren Stellvertreters des amerikanischen Chefanklägers, orientierte. Seit seinem 1961 erschienenen Buch *Eichmann und Komplizen* erhob Kempner nämlich wiederholt die Forderung, nach dem Vorbild der Nürnberger Prozesse die Hauptverantwortlichen vor Gericht zu stellen. Zu diesem Zweck veröffentlichte er auch neu aufgefundene Belastungsdokumente, so zur Organisation der Deportationszüge unter der Leitung Albert Ganzenmüllers, des Staatssekretärs im Reichsverkehrsministerium[45]. Hinsichtlich der Mordverjährung sah Kempner gravierende Folgen voraus: Auf seiner Vortragsreise im Herbst 1964, auf der er sein neues Buch *SS im Kreuzverhör* vorstellte, veranschlagte er die Anzahl der noch nicht ermittelten Täter auf etwa 10 000[46].

In einem Punkt ging Jahn allerdings um einiges weiter als der agile Frankfurter Rechtsanwalt. Er provozierte das konservative Lager mit dem Hinweis, auch die »Verantwortlichkeiten des früheren Staatssekretärs Globke während seiner Tätigkeit im Reichsinnenministerium« könnten nicht von der Staatsanwaltschaft ignoriert werden[47]. Auf dessen vielseitige Referententätigkeit hatte vor allem die gegen ihn gerichtete DDR-Kampagne – mit freilich heilloser Überzeichnung als »der Eichmann Bonns« – aufmerksam gemacht[48].

45 Dokumentiert wurde Ganzenmüllers Mitwirkung an der »Endlösung« zuerst in: Kempner, Eichmann, S. 76; eine erneute Publikation an prominenter Stelle: Der Spiegel, 15.4.1964, S. 33 ff. (»NS-Todesurteile blieben ungesühnt«). Ganzenmüller hatte seit Mitte der fünfziger Jahre als Leiter der Transportabteilung des Dortmunder Hoesch-Konzerns eine zweite Karriere gemacht. 1973 wurde er in Düsseldorf angeklagt, der Prozeß jedoch wegen angeblicher Herzprobleme des Angeklagten eingestellt; vgl. Lichtenstein, Im Namen, S. 50 ff.

46 So die Mitteilung Kempners auf einer Pressekonferenz in Berlin, »Verjährung erst nach 1975?«, FR, 30.9.1964.

47 FR, 11.11.1964. Bezeichnenderweise unterschlug der Bericht der *FAZ* diese Äußerung Jahns.

48 Die im Schauprozeß gegen Globke präsentierten Geschäftsverteilungspläne des Reichsinnenministeriums belegten, daß er neben Fragen des Staatsbürgerschaftsrechts in seinen letzten Dienstjahren vor Kriegsende auch am Verwaltungsaufbau und an der Rechtsangleichung in den okkupierten Benelux-Ländern, Italien

In der Frage, ob die SPD sich für oder gegen eine Fristverlängerung aussprechen werde, wollte und konnte Jahn sich vorerst nicht festlegen. In der Bundestagsfraktion war das Thema heiß umstritten. Die Verjährungsfrist unangetastet sehen wollte, neben dem in der Sache standhaften Adolf Arndt, auch der Fraktionsvorsitzende Fritz Erler, der, so die süffisante Formulierung des *Spiegel*, seinen »starren Blick auf den Wahlgang September 1965« richtete[49]. Höchst energisch widersprachen dem jedoch einige Fraktionsmitglieder, die – nach Alter und Sozialisation – wenig miteinander teilten: Franz Neumann, der langjährige Vorsitzende der Berliner SPD, Holger Börner, einer der Jüngsten in der Fraktion, und Martin Hirsch, ein ebenso kluger wie kritischer Kopf unter den sozialdemokratischen Rechtspolitikern[50]. Alle drei setzten sich dafür ein, die zwanzigjährige Frist nicht allein für NS-Verbrechen, sondern für Mord generell zu prolongieren oder möglichst ganz aufzuheben, um eine entsprechende Neuregelung vom Odium des Sondergesetzes für NS-Täter zu befreien.

Unverhofft wurde der SPD die schwierige Entscheidung abgenommen, ob sie ein Gesetz zur Fristverlängerung in den Bundestag einbringen sollte. Quasi im Alleingang trat nämlich zehn Tage später der CDU-Abgeordnete Ernst Benda an die Öffentlichkeit und besaß die Courage, eine solche Gesetzesinitiative anzukündigen. Ganz so einsam, wie es zunächst schien, hatte er seinen Beschluß allerdings nicht gefaßt. Selbstbewußt bekundete der aufstrebende Rechtspolitiker kurz darauf, er zweifle nicht daran, daß er die für den Antrag nötige Mindestanzahl von 15 Unterschriften bekommen werde, und verwahrte sich ausdrücklich gegen die Position der Regierung, eine Debatte im Bundestag sei dem Thema nicht angemessen. Schon zuvor hatte er seinem Berliner Parteifreund Heinrich Krone sein Vorhaben, dem Parlament einen Gesetzentwurf vorzulegen, mit der Begründung eröffnet: »Dies kann doch wohl nicht sein, daß eine Frage von so existentieller Bedeutung für unser Volk überall

und der Tschechoslowakei beteiligt gewesen war; die entsprechenden Unterlagen aus den Akten des Ministeriums für Staatssicherheit: BStU, ZA, UV 83, Bd. 2, Vermerk der Untersuchungsabteilung, 20.6.1962. Globkes Rolle im »Dritten Reich« ist noch weithin unbekannt, kaum besser erforscht ist sein Wirken in der Bundesrepublik; in Vorbereitung ist aber derzeit eine politische Biographie von Erik Lommatzsch, Universität Leipzig.

49 Der Spiegel, 16.12.1964, S. 20.

50 Sitzung der SPD-Bundestagsfraktion am 10.11.1964, in: SPD-Fraktion, Sitzungsprotokolle 1961-1966, S. 525, und Protokoll der Sitzung des Arbeitskreises Rechtswesen vom 10.11.1964; AdsD, SPD-Bundestagsfraktion 4. WP/565.

sonst, im In- und Ausland sowie in der Presse diskutiert wird, nur dort nicht, wo sie hingehört.«[51]

Die Überlegungen, mit denen Benda in der Presse seine Initiative erläuterte, ließen schnell erkennen, wie brüchig das Argumentationsgerüst des Justizministers war. Entgegen dessen Beteuerung, die NS-Verbrecher zwar vor Gericht bringen zu wollen, an die strengen Vorschriften des Grundgesetzes aber gebunden zu sein, erklärte Benda, daß die verfassungsrechtlichen Hindernisse bei genauerer Kenntnis der Sachlage durchaus zu überwinden seien.

Und mit dieser Ansicht stand er nicht allein. Spürbar verärgert über die hemmungslose Desinformation der Öffentlichkeit, meldeten sich kurz darauf zwei führende westdeutsche Rechtswissenschaftler zu Wort, Horst Schröder und Günter Dürig, der eine Strafrechts-, der andere Verfassungsrechtsprofessor in Tübingen, die dafür eintraten, daß die Verjährungsfrist für Mord allgemein heraufgesetzt werde. Vor allem Dürig nahm kein Blatt vor den Mund. Er hielt Bucher vor, daß weder die »herrschende Lehre« noch das Bundesverfassungsgericht von einem Verstoß gegen das Rückwirkungsverbot ausgingen; die ständige Rede von der Verfassungswidrigkeit sei daher schlichtweg »unverständlich«[52].

Spätestens nachdem die SPD und Benda ihre Bereitschaft, eine öffentliche Kontroverse zu führen, angekündigt hatten, entdeckte auch die Presse den Reiz des Themas. Statt Kurzmeldungen erschienen nun Reportagen, die zuweilen eine ganze Seite füllten[53]. Aufmerksamkeit fanden darüber hinaus eine Resolution des Zentralrats der Juden in Deutsch-

51 So die Erinnerung Bendas auf der Podiumsdiskussion der Tagung der Evangelischen Akademie Bad Boll, »Die Justiz und der Nationalsozialismus (II): Die Bundesrepublik Deutschland und die NS-Verbrechen« am 22.3.1981, Protokolldienst 13/81, S.119. Im gleichen Sinne auch Bendas Äußerungen gegenüber der Presse am 22.11.1964; vgl. »Auch ein CDU-Abgeordneter gegen Verjährung«, FAZ, 23.11.1964.

52 »Jurist widerspricht der Regierung«, FR, 25.11.1964; zu Schröder vgl. »Verjährungsfrist noch umstritten«, FR, 24.11.1964.

53 Vor allem das große Feature »Bleiben die Mörder unter uns?« von Dietrich Strothmann, Die Zeit, 27.11.1964; sowie von Volker Hoffmann: »Die Zahl der Täter ist nicht abzuschätzen«, FR, 17.11.1964; »Das ›Klassenziel wurde nicht erreicht«, FR, 20.11.1964, und »Der 8. Mai 1965 wird ein schwarzer Samstag«, Welt der Arbeit, 27.11.1964. Dezidiert gegen eine Fristverlängerung richtete sich der Artikel Peter Jochen Winters »Keine Lex Boger« (mit Bezug auf Wilhelm Boger, einem der berüchtigtsten Angeklagten im Frankfurter Auschwitz-Prozeß), CuW, 9.10.1964.

land, in der aus »ethischen Erwägungen« die Fristverlängerung empfohlen wurde[54], sowie der von der evangelischen Kirche auf den Weg gebrachte Sammelband *Die nationalsozialistischen Gewaltverbrechen*, eine erste, obendrein detailreiche und kritische Überblicksdarstellung über die NS-Verbrechen und deren Strafverfolgung[55]. Bei aller Ausführlichkeit, mit der die Printmedien Pro und Contra zu Wort kommen ließen, ging die Tendenz der Berichterstattung gegen den Kabinettsbeschluß. Harsche Kritik übten auch die zum Thema verfaßten Leitartikel der großen Tageszeitungen – mit Ausnahme der *Frankfurter Allgemeinen*, in der Johann Georg Reißmüller im Namen der Rechtsstaatlichkeit ein »Sondergesetz« für NS-Täter verwarf[56].

Dagegen proklamierte nicht nur der unermüdliche Müller-Meiningen jr. die »moralische Notwendigkeit«[57] einer Fristverlängerung, sondern auch die notorisch konservative *Welt*: Gleich drei kurz aufeinanderfolgende Kommentare vertraten die Ansicht, daß bei diesem Thema die »Frage der Ethik, der moralisch-politischen Sensibilität« Vorrang habe, nicht das formaljuristische Rechtsverständnis des Bundesjustizministers[58]. Als schwierige Gratwanderung erwies sich für die *Welt* die Vereinbarkeit von deutsch-jüdischer Verständigung und scharfem Antikommunismus, die zu den Grundsätzen zählten, auf deren Einhaltung der Springer-Verlag seine Mitarbeiter verpflichtete[59]. So wurde den Vertretern amerikanisch-jüdischer Organisationen zwar Verständnis für ihre Sorge entgegengebracht, nicht wenige NS-Verbrecher würden von der Verjährung profitieren. Als »Mißgriff« wurde jedoch gegeißelt, daß sie zugleich die DDR für das Gesetz zur Aufhebung der Verjährung ausdrücklich lobten. In der Pose des Frontstadtkämpfers tönte der Kommentator: »Die Bewacher an der Mauer in Berlin sind von den Männern, die unter Himmler

54 Abdruck der Resolution in: AWJ, 27.11.1964.

55 Auf Anregung und mit finanzieller Unterstützung des Rats der EKD gab Reinhard Henkys, Redakteur des Evangelischen Pressedienstes, den Band heraus; vgl. Einleitung von Dietrich Goldschmidt in: Henkys, Gewaltverbrechen, S. 13 f. und »Kann soviel Schuld verjähren?«, Sonntagsblatt, 11.10.1964.

56 »Kein Sondergesetz«, FAZ, 14.11.1964.

57 »Verjährung der NS-Verbrechen?«, SZ, 14.11.1964.

58 Zitat aus: »Mord ohne Sühne« von Gustav Trampe, Die Welt, 25.11.1964. Weitere Kommentare in der Welt (nur mit Angabe der Namenskürzel): »Mißgriff«, 26.11.1964; »Verjährungsfrist«, 9.12.1964.

59 Vgl. Maaßen, Zeitung, S. 87 ff. Weiterführend zu den Denktraditionen im Springer-Journalismus jetzt Kruip, »Welt«-Bild.

die Konzentrationslager bewachten, sowohl äußerlich als auch in ihren Taten meist kaum zu unterscheiden«[60].

Im Vergleich zu derlei grotesken Überzeichnungen stach die unaufgeregte, aber auch schonungslose Nüchternheit besonders hervor, mit der ein Journalist aus der Schweiz im Oktober 1964 die Lage beurteilte[61]. Hans Laemmel, Bonner Korrespondent für den *Züricher Tagesanzeiger*, verwies darauf, daß die angelaufenen Prozesse gegen das Personal der Vernichtungslager »neue Tatsachen und neue Namen ans Licht« gebracht hätten. Angesichts dieser Enthüllungen sei die zugleich beklommene und gespannte Erwartung nur zu verständlich, mit der das Ausland dem 8. Mai 1965 entgegensehe. Sollte die Bundesregierung versuchen, so Laemmel, mit Hilfe der Verjährung einen »Schlußstrich« unter die Strafverfolgung zu ziehen, »würde das zweifellos eine neue Welle des Unbehagens, ja der Entfremdung zwischen dem demokratischen Westen und der Bundesrepublik auslösen, ganz zu schweigen von den Wirkungen in Israel«.

Wie zutreffend diese Einschätzung war, sollte sich schon tags darauf bestätigen, als das israelische Parlament die Bundesregierung in einer Resolution nachdrücklich aufrief, die »grauenhaften Verbrechen« des Völkermordes an den Juden von einer befristeten Strafverfolgung auszunehmen[62]. Doch auch die genauesten Prognosen konnten zu diesem Zeitpunkt das Ausmaß der Krise noch nicht erahnen, auf die die Beziehungen der Bundesrepublik zu Israel und US-amerikanischen jüdischen Organisationen zusteuerten.

60 Die Welt, 26.11.1964.

61 »Der verfrühte Schlußstrich«, Gastbeitrag in: Kölnische Rundschau, 19.10.1964.

62 Die Resolution wurde mit 51 gegen 2 Stimmen bei 33 Enthaltungen am 19. Oktober 1964 angenommen; Deutschkron, Israel, S. 231. Am 20. Oktober sandte die Israel-Mission, Köln, eine entsprechende Demarche der israelischen Regierung an das Auswärtige Amt; PA/AA, V 4/1264.

2.3 *Proteste im westlichen Ausland*

Kein außenpolitisches Terrain war während Erhards Kanzlerschaft so stark vermint, keines derart explosiv wie der Nahe Osten[1]. Und dies nicht nur im übertragenen Sinne: Die Bundesregierung hatte Ende der fünfziger Jahre mit geheimen Waffenlieferungen an Israel begonnen und deren Volumen 1962 erheblich ausgeweitet. Geheimgehalten wurde der Transfer der Rüstungsgüter, weil die Regierungen in Israel und der Bundesrepublik erheblichen Widerspruch in ihren eigenen Ländern befürchteten. Darüber hinaus wollte die Bundesregierung ihre guten Kontakte zu den arabischen Staaten nicht aufs Spiel setzen, vor allem weil diese zunehmend unter den Einfluß der Sowjetunion zu geraten drohten. Offiziell hatte die Bundesregierung die Geheimlieferungen sogar bestritten – um so größer war deshalb der Skandal, als Ende Oktober 1964 zuerst in der *Frankfurter Rundschau*, dann in der *New York Times* Einzelheiten über den Waffendeal an die Öffentlichkeit drangen.

Der befürchtete Ärger stellte sich prompt ein. Syrien, Irak und Ägypten übergaben den deutschen Botschaftern gepfefferte Protestnoten mit der Forderung nach sofortiger Einstellung der Lieferungen; Israel wiederum war erbost, daß die Bundesregierung nicht, wie bislang üblich, die Nachricht über Militärhilfe dementiert, sondern ausdrücklich bestätigt hatte. Hinzu kam, daß weitere ungelöste Interessenkonflikte im Nahen Osten das Verhältnis zwischen Bonn und Jerusalem merklich abgekühlt hatten. Israel drängte seit Jahren schon auf die Aufnahme diplomatischer Beziehungen mit der Bundesrepublik; angesichts der historisch-moralischen Verantwortung der Deutschen wurde aber erwartet, daß sie die Initiative ergriffen.

Aus westdeutscher Sicht stand diesem längst überfälligen Schritt die Hallstein-Doktrin entgegen, die im Sinne des Alleinvertretungsanspruchs mit dem Abbruch der diplomatischen Beziehungen drohte, sobald ein Drittstaat die DDR anerkannte. Allerdings war die Form, wie der ägyptische Regierungschef diese Doktrin handhabte, nicht im Sinne der Erfinder. Gamal Abdel Nasser kehrte nämlich deren Stoßrichtung um und drohte seinerseits: Für den Fall, daß die Bundesrepublik einen Botschafter nach Israel entsandte, würden Ägypten sowie die mit ihm verbün-

1 Vgl. zur insgesamt noch unzureichend erforschten deutschen Nahostpolitik 1964/65 als Überblick: Hepperle, SPD, S. 31 ff.; weiterhin Seelbach, Aufnahme; Deutschkron, Israel, S. 248 ff.; zur Vorgeschichte ausführlich Blasius, Geschäftsfreundschaft.

deten arabischen Staaten diplomatische Beziehungen mit der DDR aufnehmen[2].

Der gleiche Warnruf erscholl aus Kairo, als Erhard erwog, deutsche Raketenexperten aus Ägypten abzuziehen, die dort – mit Billigung des Auswärtigen Amtes – am Rüstungsprogramm gegen Israel mitwirkten. Die Tatsache, daß es gerade Deutsche waren, die Ägypten das Fachwissen für ihre Waffenproduktion lieferten, hatte in Israel für viel Unmut, ja für ein Wiederaufleben starker antideutscher Stimmungen gesorgt. Nachdem David Ben Gurion 1963 zurücktreten mußte – nicht zuletzt auch aufgrund der Aufregung um die deutschen Rüstungsspezialisten –, schlug der neue Ministerpräsident Levi Eshkol einen schärferen Ton gegenüber der Bundesrepublik an. Und als gäbe es der deutsch-israelischen Konflikte nicht schon genug, traf Mitte November 1964 in Israel die haarsträubende Nachricht ein, daß die Bundesregierung offiziell das Inkrafttreten der Verjährung beabsichtige.

Damit war die Zeit der beschwörenden Knesset-Resolutionen – wie zuletzt im Oktober – vorbei. Nun diskutierte das israelische Parlament, eine weltweite Kampagne gegen die Verjährung in Gang zu setzen mit dem Ziel, den Widerruf des Beschlusses herbeizuführen[3]. An der Spitze des Protestes standen die Kommunisten und die religiöse Rechte, aber auch der stellvertretende Ministerpräsident Abba Eban sprach angesichts der Bonner Haltung von der »Entrüstung und Enttäuschung Israels«. Kein Zweifel bestehe, so Eban vor dem Parlament, »daß viele Naziverbrecher noch immer frei sind, und daß eine Verlängerung der Verjährungsfristen die Möglichkeit verbessern würde, sie zu fassen und vor Gericht zu stellen«. Bekräftigt wurde diese Einschätzung von Experten aus Yad Vashem, der staatlichen Dokumentations- und Gedenkstätte für die Verbrechen der Shoa[4].

Der Leiter eines anderen Dokumentationszentrums, Toviah Friedmann aus Haifa, reiste sogar nach Bonn, führte ein Gespräch mit dem Justizminister und hielt anschließend eine Pressekonferenz, auf der er die Meldung von der strafrechtlichen Erfassung fast aller Täter in das Reich der Legenden verwies: »Allein das in Israel vorhandene Material enthalte

2 Vgl. dazu und zum folgenden Blasius, Geschäftsfreundschaft, S. 186 ff.

3 Beratung der Knesset zur Verjährung am 18. November 1964; vgl. »Israelische Kritik an Bonn«, AWJ, 27.11.1964, und Deutschkron, Israel, S. 234, nach letzterer auch die folgenden Zitate.

4 PA/AA, V 4/1271, Shinnar, Israel-Mission an das Auswärtige Amt, 22.2.1965. Vgl. auch »Minister Bucher gilt als schwarzes Schaf«, KStA, 28.12.1964.

die Namen von 1 000 bis 2 000 noch nicht gefaßten Kriegsverbrechern. Dem Wachpersonal der 1 200 Gettos und Lager in Osteuropa hätten Zehntausende angehört, deren Namen bisher nur zum geringen Teil bekannt seien.«[5]

Der Bundesjustizminister geriet ob seiner hartnäckigen Weigerung, derlei Vorwürfe ernst zu nehmen, in Israel bald ins Zentrum der Kritik[6]. Er goß noch zusätzlich Öl ins Feuer, als er die Proteste aus Israel mit den Worten zurückwies, sie würden »nur zu unerfreulichen Streitigkeiten führen«. Die Folge waren bissige Kommentare in den israelischen Tageszeitungen, die sein goldenes HJ-Abzeichen in Erinnerung riefen und die FDP verdächtigten, von ehemaligen Nationalsozialisten unterwandert zu sein. Die hohe Akzeptanz der Verjährung in Westdeutschland deutete die israelische Presse als Ausdruck eines bedenklichen Antisemitismus und leidenschaftlicher Solidarität mit den Mördern, zumindest in Teilen der Bevölkerung.

Eng verknüpft mit der wachsenden Entrüstung, die der Bundesregierung aus Israel entgegenschlug, formierte sich in den Vereinigten Staaten der Widerstand jüdischer Organisationen. Die Erfahrung, wie wenig die Bonner Regierung zu Zugeständnissen bereit war, hatten die führenden amerikanisch-jüdischen Verbände bereits im Jahr zuvor gemacht, als auch sie – erfolglos – für den Abzug der deutschen Rüstungsfachleute aus Ägypten gestritten hatten[7]. Kein Wunder also, daß nach Bekanntwerden des offiziellen Verjährungsbeschlusses bei vielen amerikanischen Juden Wut und Verärgerung herrschte. Bei der deutschen Botschaft in Washington und den Konsulaten trafen daraufhin Eingaben aller großen amerikanisch-jüdischen Organisationen ein. Unter den Absendern befanden sich das American Jewish Committee, der in Regierungskreisen einflußreichste Verband; die Anti-Defamation League of B'nai B'rith, die

5 »Bonn gegen Lex Auschwitz«, eine Reportage vom dpa-Korrespondenten Hans-Peter Moehl, Neue Rheinische Zeitung, 18.11.1964; vgl. auch die wesentlich kürzeren Tagesnachrichten zu Friedmanns Pressekonferenz: »Gespräch mit Bucher«, Die Welt, 30.9.1964, und »Bucher prüft Komplex der Naziverbrechen«, StN, 3.11. 1964. Auf Anfrage des Bundesjustizministeriums nahm Erwin Schüle Stellung zu Friedmanns Aussage und bezeichnete sie als »falsch und irreführend«; JM BW, 4110b, Bd. 4, Schüle an Justizministerium BW, 5.10.1964.

6 Zum folgenden »Minister Bucher gilt als schwarzes Schaf«, KStA, 28.12.1964.

7 Im Kontakt mit dem israelischen Außenministerium versuchten die Vertreter des American Jewish Committee und des B'nai B'rith auf deutsche Politiker einzuwirken; vgl. Shafir, Relations, S. 242.

seit Mitte der fünfziger Jahre, ohne an Kritik zu sparen, sich für die Verbesserung des deutsch-amerikanisch-jüdischen Verhältnisses engagierte[8]; ferner die Religious Zionists of America, die Student Zionist Organisations, die Jewish War Veterans, bundesstaatliche jüdische Organisationen und Wohlfahrtsverbände; zahlreiche Synagogengemeinden und schließlich Organisationen von Holocaust-Überlebenden[9].

Obgleich die Eingaben sich sowohl im Ton als auch in der Kenntnis der juristischen und politischen Diskussion in der Bundesrepublik unterschieden, lehnten sie doch ausnahmslos die Verjährung von NS-Verbrechen ab. Den hohen Stellenwert dieser Forderung unterstrich auch die Tatsache, daß die Presidents Conference, der Dachverband der größten jüdischen Organisationen, kurzfristig eine Arbeitsgruppe »Verjährungen« konstituierte, der die Presse- und Deutschlandreferenten der Mitgliedsverbände angehörten. Bei einem Treffen mit dem New Yorker Konsul brachten die Vertreter der Arbeitsgemeinschaft den zentralen Vorwurf auf den Punkt: »Die Bundesregierung wolle unter Berufung auf formalistische Bedenken ihrer moralischen Verantwortung ausweichen und eine Art Amnestie« durchsetzen[10].

An dieser fundamentalen Kritik sollte auch der Appell aus Bonn zur Aktenübergabe nichts ändern. Nach langen Beratungen wurde er erst am 20. November, ein paar Tage nach der Pressekonferenz über den Kabinettsbeschluß, veröffentlicht. Angesichts der Verjährung von NS-Verbrechen wurden darin »alle Regierungen, Organisationen und Einzelpersonen im In- und Ausland« aufgefordert, »Material über Taten und Täter, die bisher in der Bundesrepublik noch nicht bekannt sind«, unverzüglich zur Verfügung zu stellen[11]. Auf die ursprüngliche Absicht, mit dem Aufruf die erwarteten Proteste zu mäßigen, legte der zuständige Referent im Auswärtigen Amt nun keinen Wert mehr. Hans Gawlik, verantwortlich für das Strafrecht und zugleich Leiter der einst wichtigeren Zentralen Rechtsschutzstelle[12], sabotierte die Benachrichtigung der Auslandsvertre-

8 Ebenda, S. 100 f. Zur Geschichte der amerikanisch-jüdischen Organisationen vgl. Tempel, Legenden, S. 7 ff.

9 Letztere waren Eternal Life Hemshec, Atlanta, 30.12.1964, und Jewish Nazi Victims Organization of America, 19.1.1965. Sämtliche Resolutionen ab November 1964 in: PA/AA, V4/1271; vgl. auch die Aufstellung der Eingaben in: BAK, B 141/25663, 20.2.1965.

10 PA/AA, V4/1271, Knappstein an das Auswärtige Amt, 28.12.1964.

11 Zur Verjährung, S. 141; zum Appell vgl. auch die Tagespresse am 21.11.1964.

12 Gawlik war im »Dritten Reich« Erster Staatsanwalt am OLG Breslau gewesen, danach u. a. Verteidiger des Einsatzgruppenleiters Ohlendorf in Nürnberg. Er

tungen, indem er verschwieg, wann der Aufruf veröffentlicht werden sollte. Ohne genaue Informationen und eine Sprachregelung zum Appell waren die Botschaften für Anfragen der Presse zunächst vollkommen überfordert; erst im nachhinein erhielten sie eilig zusammengestellte Auszüge aus der Bundespressekonferenz[13].

Botschafter Karl Heinrich Knappstein in Washington unterrichtete das Auswärtige Amt, wie der Appell von den jüdischen Organisationen aufgenommen wurde: »Man konnte hier schon verschiedentlich Stimmen hören, der Aufruf solle der Bundesregierung ein Alibi verschaffen und die Schuld für das eventuelle spätere Auftauchen bisher unbekannter Naziverbrecher anderen aufbürden.«[14] Für besonders kontraproduktiv erachtete Knappstein die Tatsache, daß der Aufruf eine Fristverlängerung »aus verfassungsrechtlichen Gründen« explizit ablehnte, und riet aufgrund der absehbaren negativen Reaktionen »nachdrücklich« davon ab, eine Anzeige mit dem Wortlaut des Aufrufs in die amerikanische Presse zu setzen[15].

Der deutsche Botschafter befand sich zu dieser Zeit in einer schwierigen Situation, vermutlich der schwierigsten seiner bisherigen Diplomatenlaufbahn[16]. Sein Problem hieß Gerhard Schröder, der sich keinen Deut um die klugen und weitblickenden Lageberichte Knappsteins scherte – weder was die Verjährung, noch was die Verhandlungen um das Projekt der transatlantischen Atomstreitmacht MLF betraf, das Ende 1964 endgültig vom US-Präsidenten Johnson fallengelassen wurde. Schlimmer noch war, daß Schröder den Botschafter für seine eigenen Verhandlungsfehler im MLF-Projekt verantwortlich machte, ja Knappstein als »völlig ungeeigneten Mann« anschwärzte. Das Gegenteil war der Fall: Durch seinen langjährigen diplomatischen Dienst in den Vereinigten Staaten verfügte Knappstein über exzellente Kenntnisse der amerikanischen Politik. Ihm war deshalb bewußt, wie schnell auch noch Mitte der sechziger Jahre das scheinbar gute deutsch-amerikanische Verhältnis

leitete die Zentrale Rechtsschutzstelle seit ihrer Gründung 1950. Die Behörde, ursprünglich dem Justizministerium angegliedert, organisierte und bezahlte die Verteidigung von Kriegs- und NS-Verbrechern im Ausland; vgl. Frei, Vergangenheitspolitik, S. 184 und passim.

13 PA/AA, V4/1259, Beschwerde des Informationsreferats Ausland (L3) an Gawlik, 25. 11.1965.

14 Ebenda, V4/1271, Knappstein an das Auswärtige Amt, 18.12.1964, danach auch das folgende.

15 Zur Verjährung, S.141.

16 Zum folgenden vgl. Blasius, Mission, S. 256, dort auch das folgende Zitat.

erschüttert werden konnte[17]. Gerade die Verjährung, befürchtete Knappstein, drohe das Bild des »häßlichen, im Banne des Nationalsozialismus stehenden Deutschen« wiederaufleben zu lassen.

Im Unterschied zum Außenminister, der bei seinem Aufenthalt in Washington im November 1964 ein Treffen mit Vertretern der Presidents Conference verweigerte[18], nahm sich Knappstein viel Zeit für die Delegationen, die wegen der Verjährung in der Botschaft vorstellig wurden. Nicht zuletzt, weil er leitende Funktionäre jüdischer Verbände persönlich kannte, war er stets darauf bedacht, ihnen neben dem offiziellen Standpunkt der Regierung auch Verständnis für ihre Bedenken zu vermitteln und darauf hinzuweisen – dies tat er auch in einem Artikel für die deutschsprachige jüdische Zeitung *Der Aufbau* –, daß die politische Entscheidung über die Verjährung durchaus noch offen sei[19].

Damit dieser Umstand in den USA auch einer breiteren Öffentlichkeit bekannt wurde, organisierte Knappstein am 11. Dezember in New York eine Pressekonferenz mit Erik Blumenfeld, dem Landesvorsitzenden der CDU in Hamburg. Blumenfeld, ehemals Häftling in Auschwitz und Buchenwald[20] und daher für das amerikanische Publikum besonders glaubwürdig, beruhigte die Journalisten: »Führende Kreise aller Parteien« seien im Begriff, »sicherzustellen, daß neu auftauchende Naziverbrecher nach dem 8. Mai 1965 nicht frei ausgehen würden«[21]. Zur Diskussion, so der Christdemokrat, stehe die Hemmung der Verjährungsfrist bis 1949 oder 1955 oder eine Fristverlängerung auf 30 Jahre. In vielen großen amerikanischen Tageszeitungen erschienen daraufhin ausführliche Artikel über Blumenfelds Eintreten gegen die Verjährung. Die *New York Post* interpretierte seine Äußerungen in dem Leitartikel »A message reaches Bonn« sogar so, als ob aufgrund der Proteste die Zurücknahme des Regierungsbeschlusses schon absehbar sei.

17 In diesem Sinne charakterisierte Knappstein die Unterschiede in den Beziehungen der USA zu Frankreich und der Bundesrepublik: »Das französisch-amerikanische Verhältnis ist ›schlecht‹, aber fest, solide begründet und scheinbar unerschütterlich. Das deutsch-amerikanische Verhältnis ist ›gut‹, aber oberflächlich und leicht verletzlich.« Knappstein an das Auswärtige Amt, 22.1.1964, in: AAPD 1964, I, S. 114; zitiert nach ebenda, S. 255.

18 Shafir, Relations, S. 234.

19 PA/AA, V4/1271, Aufzeichnung des Ministerialdirigenten Truckenbrodt über den Mitte Januar 1965 erschienenen Artikel Knappsteins.

20 Vgl. Kürschners Volkshandbuch 5. WP, S. 98.

21 PA/AA, V4/1271, Knappstein an das Auswärtige Amt, 11.12.1964, dort auch zum folgenden.

Trotz der umsichtigen Informationspolitik Knappsteins stieg im Frühjahr 1965 die Anzahl der gegen die Verjährungsabsicht der Deutschen gerichteten, oft entrüsteten Zeitungsartikel und Leserbriefe ständig an. Auch die amerikanisch-jüdischen Organisationen waren weiterhin aktiv. Das eher elitäre American Jewish Committee, noch immer auf den Erfolg intensiven Lobbyings vertrauend, entsandte seinen Präsidenten Morris Abram zu einem persönlichen Gespräch mit dem Bundesjustizminister[22]. Die Presidents Conference dagegen, der übrigens das American Jewish Committee als einzige große Organisation nicht angehörte, entschied sich nun für den öffentlichen Protest. In fünfzehn Großstädten fanden am 14. Januar Demonstrationen statt, unterstützt von zahlreichen Informationsveranstaltungen der Anti-Defamation League, auf denen sowohl die Verjährung als auch die Präsenz deutscher Rüstungsexperten in Ägypten scharf kritisiert wurden.

Obwohl die zumeist vor deutschen Auslandsvertretungen veranstalteten Kundgebungen kaum mehr als je einige hundert Teilnehmer zählten, betonte Knappstein gegenüber dem Auswärtigen Amt, daß das Protestpotential weitaus größer sei: »Es wäre meines Erachtens falsch, aus ihrem bisher ruhigen Auftreten den Schluß zu ziehen, daß es sich hier um eine Angelegenheit handle, die diesen Menschen nicht wirklich ans Herz gehe und die bald vergessen sein würde. Ich würde selbst Bedenken haben, dem Druck von Radikalen oder Extremisten nachzugeben. Die Sorgen besonnener Menschen verdienen jedoch, sorgfältig erwogen zu werden.« Daher sprach sich der Botschafter erneut und »mit allem Ernst« dafür aus, die Verjährung nicht eintreten zu lassen, »da sonst dem Ansehen Deutschlands im Ausland unermeßlicher Schaden entstehen könnte«[23].

Damit kritisierte Knappstein nicht zuletzt die Brüskierung der Demonstranten durch den Bundesjustizminister. Auf einer Parteiversammlung der FDP in Augsburg hatte sich Bucher regelrecht in Rage geredet: »Das mit der Verjährungsfrist hängt mir allmählich zum Hals heraus. Das ist eine Frage, die wir allein in deutscher Verantwortung zu behandeln haben, eine Frage, die Rechtsgrundsätze berührt, und deshalb lasse ich mich auch nicht von Demonstrationen in Washington und Tel Aviv

22 Abram favorisierte die Verschiebung des Fristbeginns auf 1955 und lobte nach dem Gespräch mit Bucher am 18. Januar dessen »Aufgeschlossenheit«; ebenda, Vermerk des Staatssekretärs im Auswärtigen Amt, Karl Carstens, 18.1.1965.

23 Ebenda, Knappstein an das Auswärtige Amt, 21.1.1965; vgl. zur Berichterstattung in der westdeutschen Presse: »Jüdische Demonstrationen gegen die Verjährung«, FAZ, 18.1.1965, und »Verjährungsfrage und amerikanische Öffentlichkeit«, FAZ, 5.2.1965.

beirren. Wir können uns nicht von Israel unter Druck setzen lassen in einer Frage, die für uns eine Rechtsfrage ist.« Und dann prägte er die Worte, die in der westdeutschen und internationalen Presse die größte Empörung hervorriefen: »Wir müssen es auf uns nehmen, notfalls mit einigen Mördern zusammenzuleben.«[24]

Viele Zeitungskommentare interpretierten diese Rede zu Recht nicht als wütenden Ausfall eines in die Defensive geratenen Ministers, sondern als gezielte Provokation. Am entschiedensten verurteilte Heinz Galinski, Vorsitzender der jüdischen Gemeinde in West-Berlin, Buchers »deplazierte Reaktion«, die offensichtlich dazu dienen solle, »um auf der Rechten nach frühzeitigem Stimmenfang auszugehen«[25]. Der Erfolg stellte sich prompt ein: Die *Deutsche National Zeitung*, die wichtigste Gazette der extremen Rechten, dankte dem Minister postwendend, daß er »klipp und klar zu den Problemen Stellung nahm«, und versah ihren Artikel mit einer Schlagzeile, die politisches Programm war: »Die Vergangenheit ist schon bewältigt. Darum endlich Schluß mit den Kriegsverbrecher-Prozessen.«[26]

Kein Zweifel, mit seiner nur notdürftig verklausulierten Forderung nach einem »Schlußstrich«, mit der nationalistischen Formel von der Selbstbestimmung im Umgang mit der NS-Vergangenheit und nicht zuletzt – angesichts des Stereotyps vom internationalen jüdischen »Kontrahenten« – mit einer gehörigen Portion Antisemitismus glaubte Bucher, für den bevorstehenden Bundestagswahlkampf punkten zu können. Die Intransigenz des Ministers war so ausgeprägt, daß selbst eine Intervention des Kanzleramtschefs fehlschlug. Auf Bitten von Hendrik van Dam und Karl Marx, dem Herausgeber der *Allgemeinen Wochenzeitung der*

24 Zitiert nach »Notfalls mit einigen Mördern zusammenleben, sagt Bucher«, SZ, 18.1.1965, S. 1. Der Satz ist einer Äußerung von Adolf Arndt entlehnt, der damit allerdings darauf aufmerksam machte, daß die deutsche Gesellschaft sich der Tatsache stellen müsse, daß, ob nun in Haft oder in Freiheit, Mörder »unter ihr« seien; vgl. dazu etwa Arndts Stellungnahme in der Umfrage der Stuttgarter Nachrichten: »Sollen Nazi-Morde verjähren?«, 21.11.1964, S. 35.

25 »Deplazierte Reaktion«, AWJ, 22.1.1965. Weitere Kommentare: »Electoral Atmosphere«, The Times, 19.1.1965; »Die Verjährung der Kriegsverbrechen«, NZZ, 19.1.1965; »Verjährte Morde?« von Müller-Meiningen jr., SZ, 19.1.1965, und vor allem »Mit den Mördern leben?« von Josef Eberle, StZ, 2.2.1965. Eberle forderte Bucher darin aufgrund seiner »Roheit« gegenüber ausländischen NS-Verfolgten zum Rücktritt auf. Zu dem Leitartikel erreichte die *Stuttgarter Zeitung* eine Flut von zumeist zustimmenden Leserbriefen; eine Auswahl wurde am 5.2. und 11.2. 1965 abgedruckt.

26 DNZ, 29.1.1965, S. 8.

Juden, hatte Westrick den Freidemokraten gebeten, auf das umstrittene Diktum von den Mördern, mit denen man leben müsse, in Zukunft zu verzichten[27]. Doch Bucher dachte gar nicht daran und verbreitete seine Parole unverdrossen weiter[28].

In den Vereinigten Staaten befeuerte der Auftritt des Ministers den Widerstand gegen die Verjährung erst recht. Fast täglich berichteten die dortigen Zeitungen über weitere Protestnoten aus dem eigenen Land, aus Israel, Westeuropa und den Ostblockstaaten. Die Ablehnung der Bonner Entscheidung erfaßte über die jüdischen Organisationen hinaus nahezu die gesamte politische Öffentlichkeit und wurde im Februar auch auf parlamentarischer Ebene erörtert. Eine Petition an den deutschen Bundestag und Bundesrat für eine Fristverlängerung unterzeichneten 68 Abgeordnete des Repräsentantenhauses, vor allem aus den Reihen der Demokraten. Zur Begründung hieß es: »Wir haben uns dazu entschlossen, weil diese Angelegenheit so ernst ist und weil wir glauben, daß die Parlamentarier Westdeutschlands unseren Wunsch teilen, das Verständnis zwischen den Völkern der Welt zu verbessern.«[29]

Der wenig später verfaßte Entschließungsantrag im amerikanischen Senat ging noch einen Schritt weiter: Die von den prominenten jüdischen Senatoren Jacob Javits (Republikaner) und Abraham Ribicoff (Demokraten) eingebrachte Resolution forderte den US-Präsidenten zu einer Demarche bei der Bundesregierung auf, »so that there will exist no possibility that any war criminals will escape through the operation of the statute of limitations«[30]. Die Empfehlung verpflichtete den Präsidenten zwar nicht verbindlich, in Bonn Einspruch einzulegen, Johnson konnte sich aber der vehementen Opposition gegen die Verjährung in der Öffentlichkeit und der eigenen Partei kaum entziehen[31].

27 BAK, B 136/3168, Abteilungsleiter Mercker an Westrick, 22.1.1965.

28 In dieser Hinsicht am meisten Beachtung fand der Justizminister sicherlich mit dem *Spiegel*-Interview »Es ist unser Schicksal, mit Kaduks zu leben« (der Titel spielte auf den im Auschwitz-Prozeß Angeklagten Oswald Kaduk an); Der Spiegel, 27.1.1965, S.22 ff.

29 Petition vom 27.1.1965; dazu PA/AA, V4/1271, Knappstein an das Auswärtige Amt, 30.1.1965.

30 Ebenda, Knappstein an das Auswärtige Amt, 3.2.1965, vgl. auch Shafir, Relations, S. 235.

31 So die Einschätzung in dem Artikel »Verjährungsfrage und amerikanische Öffentlichkeit. Die Decke des Wohlwollens für Deutschland ist dünn« von Jan Reifenberg, FAZ, 5.2.1965.

In dieser angespannten Situation beschränkte sich der deutsche Botschafter nicht mehr auf interne Warnmeldungen an die Bundesregierung. Er lud die deutschen Korrespondenten zu einem Pressegespräch ein, damit seine Beurteilung der Lage in die heimische Presse und so auch auf die Schreibtische der verantwortlichen Politiker gelangte. Falls die Verjährungsfrist unverändert bleibe, so Knappstein gegenüber den deutschen Journalisten, »fürchte ich, daß wir dann mit einer neuen antideutschen Stimmungswelle rechnen müssen. Und ich fürchte, daß das sogar seine Auswirkungen haben wird auf unsere großen politischen Anliegen hier im Lande«[32]. Noch dramatischer formulierte der Reporter der *Frankfurter Rundschau* die Konsequenzen für die deutsch-amerikanischen Beziehungen: »Von Washington aus beobachtet hat seit dem Ende des Krieges nichts so sehr dem Prestige der deutschen Interessen mehr Abbruch getan.«[33]

Der Höhepunkt der Krise stand aber noch bevor. In den USA geriet die Verjährung zunehmend in das Fahrwasser einer weitergehenden Kritik am deutschen Bündnispartner, der im Begriff stand, mit seiner Nahostpolitik geradewegs in die diplomatische Katastrophe zu schlittern[34]. Nachdem die Waffenlieferungen an Israel aufgeflogen waren, hatte Nasser im Januar 1965 nachgelegt und seine Forderung nach einem umgehenden Lieferstop mit der Ankündigung weitreichender außenpolitischer Pressionen bekräftigt: Ägypten lud Walter Ulbricht zu einem offiziellen Staatsbesuch ein und drohte ferner, die diplomatischen Beziehungen zu Bonn abzubrechen. Die Bundesregierung, zerstritten und in der Sache ohne klare Konzepte, versuchte weiterhin, zwischen Israels und Ägyptens Ansprüchen zu lavieren. Dabei war offensichtlich, daß die Zeit der vorsichtigen Balance deutscher Interessen im Nahen Osten längst abgelaufen war. Dennoch entschied das Bundeskabinett am 12. Februar 1965, die noch ausstehenden Lieferungen nach dem deutsch-israelischen Rüstungsabkommen in Geldzahlungen umzuwandeln sowie diplomatische Beziehungen mit Jerusalem bis auf weiteres auszuschließen.

Die israelische Öffentlichkeit war aufgebracht. Bonn, so der Vorwurf, habe sich den Erpressungsversuchen Nassers gebeugt und gegen Israel Partei ergriffen. Ministerpräsident Eshkol unterstrich den Ernst der Lage

32 Auszüge aus dem Pressegespräch am 29.1.1965 in: PA/AA, V4/1271, Knappstein an das Auswärtige Amt, 30.1.1965.

33 »Es sind nicht nur Sprecher bestimmter Gruppen« von Heinz Pol, FR, 2.2.1965.

34 Zum folgenden vgl. Seelbach, Aufnahme, S. 129 ff.; Hepperle, SPD, S. 34 ff.

damit, daß er den Leiter der Kölner Israel-Mission nach Jerusalem zurückbeorderte. Auch in den Vereinigten Staaten erreichte das Ansehen der Bundesrepublik seinen Tiefpunkt[35]. Spontan riefen große jüdische Unternehmen einen Handelsboykott für westdeutsche Waren aus, dem sich jüdische Organisationen noch nicht anschlossen, da sie hofften, daß die Bundesregierung sich von der Notwendigkeit diplomatischer Beziehungen letzten Endes überzeugen ließ.

Vorherrschend aber waren Frustration und Enttäuschung über das klägliche, tendenziell proarabische Krisenmanagement der Deutschen. Morris Abram vom American Jewish Congress beispielsweise schrieb Karl Carstens, dem Staatssekretär im Auswärtigen Amt, einen bitterbösen Brief über die fortwährende Mißachtung jüdischer Interessen: Die gleiche Regierung, so Abram, die bei ihrem Votum für die Verjährung damit argumentierte, in dieser Grundsatzfrage dürfe kein politisches Kalkül gelten, zeige in ihrem Verhalten gegenüber Israel nun »a discredited Realpolitik based on opportunism and disregard of principle«[36].

Ob Carstens und Minister Schröder solche Worte beeindruckten, ist unwahrscheinlich – an ihrem weiteren Eintreten für eine engere deutsch-arabische Kooperation auf Kosten Israels sollten sie jedenfalls nichts ändern. Eine Etage tiefer im Auswärtigen Amt rumorte es indes kräftig. Abteilungsleiter Franz Krapf, zuständig für die Deutschlandpolitik, hatte zu den Fragen der Verjährung, des Alleinvertretungsanspruchs und der Nahostpolitik ein Papier vorgelegt, das an Deutlichkeit nichts zu wünschen übrigließ: Nicht nur habe die Alleinvertretungspolitik einen schweren Rückschlag durch die Einladung Ulbrichts nach Kairo erlitten. Hinzu komme, daß die beschlossene Verjährung der NS-Verbrechen die Bundesrepublik zu einer »Isolierung gegenüber der Öffentlichkeit befreundeter Länder« führe, und zwar »zu einem Zeitpunkt, wo wir mehr als sonst auf eine vorbehaltlose Unterstützung dieser Länder angewiesen sind«[37].

Angesichts der Befürchtung, daß ein Botschafteraustausch mit Israel unweigerlich zur Anerkennung der DDR in den arabischen Ländern führen werde, nahm der Abteilungsleiter die Empfehlung seines Referenten Dirk Oncken auf, »die innere Bereinigung des deutsch-israelischen Verhältnisses stärker auf anderen Gebieten, z. B. in der Frage der Verfol-

35 Zum folgenden vgl. Shafir, Relations, S. 243 ff.

36 Abram an Carstens, 19.2.1965, zitiert nach ebenda, S. 244.

37 AAPD 1965, I, Dok. 53, Aufzeichnung Krapf, 2.2.1965, S. 244 ff.

gung von Nazi-Straftaten« anzustreben[38]. In einem energischen Appell an seinen Minister verlangte Krapf: »Zur Besserung unserer Ausgangslage sollten wir daher versuchen – wo immer dies möglich ist – den schweren Druck zu beseitigen, der auf uns lastet. Der Bereich der ›Verjährungsfrist‹ ist der einzige Bereich, in dem wir von uns aus zur Zeit, ohne auf die Hilfe Dritter angewiesen zu sein, im Interesse unserer Deutschland-Politik wirklich tätig werden können. Wir brauchen dringend diese Entlastung.«[39]

Schröder mag diese Einschätzung als unnötige Dramatisierung abgetan haben, der Bundeskanzler aber teilte sie. In Erhard, der ja von Anfang an gegen die Verjährung eingestellt war, wuchs die Überzeugung, daß ein Abrücken vom Kabinettsbeschluß unumgänglich wurde, um dem rapiden Verfall des internationalen Rufs der Bundesrepublik entgegenzutreten. Im Gespräch mit dem amerikanischen Botschafter George McGhee, der im Unterschied zu Knappstein als direkter politischer Verhandlungspartner seiner Regierung auftrat, zeigte sich Erhard höchst beunruhigt über die jüngsten Verstimmungen in den deutsch-amerikanischen Beziehungen[40]. Besonders verunsicherten ihn die Proteste gegen die Aufkündigung der Waffenlieferung. Die »jüdischen Boykotts in Amerika und die Aufmachung, die die Entwicklung in der amerikanischen Presse finde«, so des Kanzlers Stoßseufzer, »das sei miserabel; hier stehe viel auf dem Spiel«. Um dem entgegenzusteuern, stellte er in Aussicht, daß bald eine Entscheidung zur Fristverlängerung getroffen werde. »Auch das werde helfen«, sprach Erhard sich und dem Botschafter Mut zu, denn »im Augenblick sei nichts notwendiger als eine gemeinsame und solidarische Haltung«.

Der Bundeskanzler hielt dieses Mal Wort. Zwei Tage später, am 24. Februar 1965, revidierte die Regierung ihren Beschluß und übertrug dem Parlament die Entscheidungshoheit über die Verjährungsfrage[41]. Die Folge war, daß über ein Gesetz zur Fristverlängerung nun die Frage entschied, ob eine Mehrheit aus Sozialdemokraten und einem Teil der CDU/CSU-Bundestagsfraktion – gegen die FDP – zustande kam. Die Schlüsselrolle kam somit Rainer Barzel zu, dem Fraktionsvorsitzenden der Konserva-

38 PA/AA, V4/1264, Vermerk Oncken, Referent für Wiedervereinigung, über die »Auswirkungen der Ausgestaltung der deutsch-israelischen Beziehungen«, 14.1.1965.

39 AAPD 1965, I, Dok. 53, Aufzeichnung Krapf, 2.2.1965, S. 245.

40 Zum folgenden ebenda, Dok. 90, Gespräch Erhards mit McGhee, 22.2.1965, S. 372 ff.

41 Zum innenpolitischen Kontext dieser Entscheidung siehe Kapitel II. 2.4.

tiven, dessen Machtstellung innerhalb der CDU weit über sein Amt hinausreichte.

Am Tag, als das Kabinett den Konflikt um die Verjährung an den Bundestag delegierte, weilte Barzel im Weißen Haus in Washington. Seine Aufgabe als kurzfristig eingesetzter Sonderemissär bestand darin, sich mit Präsident Johnson und dessen Stab über die deutsche Nahostpolitik abzustimmen. Um Bonns guten Willen gegenüber Israel zu unterstreichen, überbrachte der agile Christdemokrat dem Präsidenten als erstes die Nachricht, »daß das Bundeskabinett in der Frage der Verjährungsfrist eine gute Entscheidung treffen werde«[42]. Damit stand Barzel für seine Partei gewissermaßen im Wort – beim Präsidenten und dessen Außenminister sowie beim israelischen Botschafter in Washington, Abraham Harman, und den Vertretern des American Jewish Committee, mit denen er sich anschließend traf[43].

Barzel war es auch, der nach seiner Rückkehr aus den USA die entscheidende Rolle bei der Aufnahme diplomatischer Beziehungen mit Israel spielen sollte. Er zwang Erhard, sich von der Dominanz des Außenministers zu lösen, indem er nicht nur drohte, sein Amt als Fraktionsvorsitzender niederzulegen, sondern auch den entscheidungsunfähigen Kanzler durch Eugen Gerstenmaier oder Kurt Georg Kiesinger ablösen zu lassen. Schließlich lenkte Erhard ein und gab noch am 7. März 1965 die bevorstehende staatliche Anerkennung Israels bekannt[44]. Als zwei Wochen später auch die Fristverlängerung den Bundestag passierte, war der Weg frei für die künftige Entkrampfung der so empfindlich belasteten Beziehungen zu Israel und den USA.

Hätte das Ausland die westdeutsche Politik nicht unter solch massiven politischen und öffentlichen Druck gesetzt, so ist kaum wahrscheinlich, daß sowohl die vollständige Anerkennung Israels als auch die Verlängerung der Verjährungsfrist beschlossen worden wären. Ausschlaggebend hierfür war der Umstand, daß beide Fragen den gleichen politisch-moralischen Konflikt betrafen, ja wechselseitig verstärkten, der für das deutsch-jüdische Verhältnis essentiell war: Die Bundesrepublik, so die

42 BAK, N 1371/53, Gespräch Barzels mit Johnson, 24.2.1965; zu dem Gespräch auch AAPD 1965, I, Dok. 96, Knappstein an das Auswärtige Amt, 25.2.1965.

43 PA/AA, B 150/47, Knappstein an das Auswärtige Amt, 26.2.1965, und Shafir, Relations, S. 245. Auch in der US-Presse, so in der *Herald Tribune* und der *Baltimore Sun*, wurde der Gesinnungswandel Bonns im Zusammenhang mit der diplomatischen Krise im Nahen Osten gesehen; dazu PA/AA, V 4/1272, Lilienfeld, deutsche Botschaft Washington an das Auswärtige Amt, 26.2.1965.

44 Vgl. Hentschel, Erhard, S. 556 ff., und Seelbach, Aufnahme, S. 136 f.

Botschaft der Proteste, stand in der Pflicht, politische Konsequenzen aus der Ermordung der europäischen Juden zu ziehen. Wiedergutmachungsleistungen, als politisches Thema keineswegs abgehakt[45], waren das eine; nun, Mitte der sechziger Jahre, wurde außerdem erwartet, daß die Täter vor Gericht gestellt wurden und das Existenzrecht des Staates Israel uneingeschränkt anerkannt wurde. Verweigerte die politische Klasse der Bundesrepublik diese Ansprüche, stand – neben dem sich bereits abzeichnenden Kontaktabbruch zur israelischen Regierung – eine erhebliche Schwächung der deutschen Position im westlichen Bündnis bevor.

Dieser heraufziehende Verlust von internationalem Ansehen und Einfluß ging über den Kontext der Nahostpolitik, so zentral er für die politische Entscheidungsbildung auch war, weit hinaus: In fast allen westeuropäischen Ländern wurde Widerspruch gegen die Verjährung laut. An vorderster Front kämpften die Verfolgtenverbände, unabhängig von der Frage, ob sie kommunistischer oder demokratischer Provenienz waren. Sie publizierten Resolutionen und Broschüren, veranstalteten Tagungen und mobilisierten zu Demonstrationen[46]. In Großbritannien empfing der deutsche Botschafter ebenfalls Delegationen jüdischer Organisationen[47]; dort und in Norwegen verfaßten die Parlamente Petitionen an den

45 In der Wiedergutmachung spielten neben der Frage der »Post-Fifty-Three«-Fälle, auf deren Einbeziehung in die Entschädigungszahlen die Jewish Claims Conference 1965 drängte, insbesondere auch die Entschädigungsabkommen eine Rolle, die von 1959 bis 1964 zwischen der Bundesrepublik und elf westeuropäischen Staaten abgeschlossen wurden. Ihr Gesamtumfang betrug 876 Millionen DM; vgl. Hockerts, Wiedergutmachung, S. 190 ff.

46 Herausgegeben wurde beispielsweise die Broschüre *Keine Verjährung der Naziverbrechen* von der Internationalen Föderation der Widerstandskämpfer, Wien 1964. In Frankfurt versammelte sich am 7. Februar das »Europäische Parlament der Verfolgten des Nazi-Regimes«, eine Vertretung von 500 000 Mitgliedern aus 80 Verbänden, und verlangte, die Verjährung für NS-Mordverbrechen aufzuheben. Auf Einladung der Vereinigung der Verfolgten des Naziregimes fand in Bonn am 9. März 1965 eine Tagung kommunistischer Verfolgtenverbände aus Italien, Frankreich, Belgien, Dänemark, den Niederlanden und Österreich zum Thema Verjährung statt; dazu »Verfolgte lehnen Verjährung ab«, Die Welt, 8.2.1965; »Bundestag debattiert über Verjährungsfrist«, StN, 10.3.1965, S. 5. In London organisierte das »Memorial Committee« am 27. Februar 1965 eine Demonstration mit 500 Teilnehmern, in Brüssel brachte das »Belgische Komitee gegen die Verjährung von Nazi-Verbrechen« am 5. März 1 000 Demonstranten auf die Straße; PA/AA, V 4/1263, und »Neue Proteste des Auslands«, FR, 8.3.1965, S 5.

47 PA/AA, V 4/1263, Botschafter Etzdorf an das Auswärtige Amt über eine Abordnung des Board of Deputies of British Jews, 1.2.1965, und der Anglo-Jewish Association, 10.2.1965.

Bundeskanzler[48]; in Dänemark übergab die Regierung eine Protestnote samt einer Liste von gesuchten NS-Verbrechern[49]. Die Politiker Frankreichs demonstrierten ihre geschlossene Ablehnung der Bonner Verjährungsentscheidung – über alle Parteigrenzen hinweg –, indem die Nationalversammlung und der Senat einstimmig ein Gesetz zur Unverjährbarkeit von Kriegsverbrechen verabschiedeten[50].

Die Verjährungsgesetze für Kapitalverbrechen wurden auch in weiteren Staaten geändert: Das belgische Parlament beschloß im Herbst 1964 die Verlängerung der Verjährungsfrist für Mord auf 30 Jahre; die österreichische Regierung, bei dem in der Bevölkerung unpopulären Thema in hohem Maße auf Diskretion bedacht, legte in einer unauffälligen Gesetzesnovelle die Unverjährbarkeit von Mordverbrechen fest[51]. Sogar die Beratende Versammlung des Europarats nahm die Diskussion auf und empfahl allen Mitgliedsstaaten, die Verjährung der Kriegsverbrechen aufzuheben[52].

Angesichts der Vielzahl und der Nachdrücklichkeit der Einsprüche war evident, daß sich Bonn mit der Absicht, die Fristen ablaufen zu lassen, in eine außenpolitische Sackgasse hineinmanövriert hatte. Der dabei erreichte Grad an politischer Isolierung war allein schon Grund genug, eine Kursänderung um 180 Grad einzuschlagen. Jene Politiker und Ministerialbeamten aber, die den Verjährungsbeschluß hatten durchsetzen wollen, bedrängte zudem ein anderes Problem – die Aufgabe, vor dem 8. Mai möglichst alle Täter zu erfassen und ihre justitielle Verfolgung

48 Bereits am 22. Dezember 1964 schickten in Großbritannien 53 Mitglieder des Parlaments einen Appell an den Bundeskanzler; BAK, B 136/3169. Die Petition des Storting an den Präsidenten des deutschen Bundestags fand in Norwegen nicht zuletzt deswegen soviel Aufmerksamkeit, weil kurz zuvor in Baden-Baden der ehemalige SS-Führer Hellmuth Reinhardt, verantwortlich für die Deportation der norwegischen Juden und die Ermordung zahlreicher Widerstandskämpfer, festgenommen worden war; vgl. »Oslo stellt sich gegen Verjährung«, FR, 4.2.1965.

49 »Grundgesetz-Ergänzung soll längere Verjährung ermöglichen«, Die Welt, 1.3.1965.

50 Verabschiedet am 16. Dezember 1964, nachdem die Verbände der Résistance, der NS-Verfolgten und der französischen Juden in Resolutionen und Veranstaltungen gegen die Verjährung protestiert hatten; vgl. Moisel, Frankreich.

51 Zu Belgien: »Verjährungsfrist bei den anderen«, SZ, 19.12.1964; zu Österreich: »Keine Verjährungsfrist für Mord«, SZ, 6.2.1965; aus Sicht des Auswärtigen Amtes: Thierfelder an Schröder über die Reaktionen auf die Verjährung im Ausland, 20.2.1965; PA/AA, V 4/1260.

52 BAK, B 136/3168, Prill an das Auswärtige Amt und Bundeskanzleramt, 28.1.1965.

sicherzustellen. Diese hochgesteckten Erwartungen hatten sie selbst geschürt, indem sie dazu aufgerufen hatten, den Strafverfolgungsbehörden sämtliches Belastungsmaterial zur Verfügung zu stellen, ohne gleichwohl damit zu rechnen, daß man sie beim Wort nehmen würde. Denn Ermittlungen in einem solchen Ausmaß und in so kurzer Zeit, darin bestand für Eingeweihte kein Zweifel, waren schlechterdings nicht zu leisten. So erging es den Rechtspolitikern mit ihrem Appell wie dem Zauberlehrling, der die Geister, die er rief, nicht mehr los wurde.

2.4 Die Zentrale Stelle und die Frage der Aktenauswertung

Zu dem Zeitpunkt, als die Bundesregierung einsehen mußte, daß es im Parlament nicht den erwünschten Konsens für die Verjährung geben würde, begann ihr die Kontrolle über die innenpolitische Entwicklung zu entgleiten. Ab November 1964 bestimmten die Kritiker in den Reihen der Opposition die weitere Marschrichtung, an erster Stelle Gerhard Jahn. Am Tag der Bundespressekonferenz zum Appell setzte der zunehmend streitlustige Sozialdemokrat eine Gegenveranstaltung an, auf der er mit spitzer Zunge erklärte: »Aufrufe, auch wenn sie im Gegensatz zu früheren jetzt in feierlicher Form erlassen werden, reichen nicht aus. Niemand kann im Ernst erwarten, daß Ermittlungen und Strafverfolgungen von anderen an unserer Stelle geführt« würden. Fragwürdig, so Jahn, sei insbesondere die Tatsache, daß als Empfänger für belastende Hinweise und Dokumente die Zentrale Stelle in Ludwigsburg angegeben wurde. Dies stehe in deutlichem Widerspruch zu deren Zuständigkeit, die auf Auslandsstraftaten begrenzt war. Kategorisch verlangte er daher: Solle die Zentrale Stelle »wegen des vor allen Dingen noch ungeprüften Bereichs von Inlandsstraftaten tätig werden, bedürfte es dazu erst einer neuen Vereinbarung«[1].

Verglichen mit den bisherigen Aufgaben der Zentralen Stelle kam die Forderung, auch die auf dem Gebiet der Bundesrepublik begangenen Verbrechen systematisch aufzuklären, einem Quantensprung gleich: Auf diese Weise war nicht nur davon auszugehen, daß weitere Verbrechenskomplexe, so in Konzentrationslagern und »Euthanasie«-Anstalten, in den Blick kamen. Vor allem ging es Jahn und seinen Kollegen um die sogenannten Schreibtischtäter, jene Personen also, die in den Dienststellen des Staates und der NSDAP-Organisationen die Mordtaten vorbereitet und vorangetrieben hatten. Deren persönliche Mitwirkung am Völkermord war jedoch ausnehmend schwierig zu ermitteln, weil die Anstiftung zum Mord, die komplexen Befehlsketten und konkreten Einflußnahmen im Kompetenzenwirrwarr des NS-Staates in der Regel allein mittels entsprechender Dokumente nachgewiesen werden konnten; eine Überführung mit Hilfe von Zeugenaussagen blieb die Ausnahme. Insofern profitierten die Verantwortungsträger weit mehr als die untergeordneten Exekutoren der Massenvernichtung von dem Umstand, daß

1 Zitiert nach: Pressedienst »Die SPD-Fraktion teilt mit«, Nr. 372/64 vom 20.11.1965. Vgl. zu Jahns Kritik auch »Aufruf Bonns zur Bekanntgabe von NS-Verbrechen«, SZ, und »Bonn appelliert an die Welt«, FR, beide 21.11.1964.

die Bundesregierung die Auswertung der in Osteuropa und der DDR lagernden Archivalien verhindert hatte.

Wie stark der politische Widerstand gegen eine grundlegende Verbesserung dieser Ermittlungsdefizite war, hatte sich in den Auseinandersetzungen der vorangegangenen Monate und Jahre gezeigt. Wollten die Sozialdemokraten mit ihrem Vorhaben nicht erneut scheitern, mußten sie freilich mehr tun als Appelle vortragen. Beabsichtigt war, dem Anliegen durch einen Mehrheitsbeschluß des Bundestags zur Durchsetzung zu verhelfen[2]. Der Antragsentwurf, Grundlage für die Verhandlungen mit den übrigen Fraktionen, sah vor, daß die Regierung »unverzüglich« mit den Ländern folgende Vereinbarungen treffen sollte: »Das gesamte vorhandene Dokumentationsmaterial über Verbrechen unter dem Nationalsozialismus wird systematisch ausgewertet.« Dies müsse sowohl für die in der Bundesrepublik archivierten Dokumente gelten, soweit sie noch nicht gesichtet worden seien, als auch für die Bestände in den westlichen und osteuropäischen Ländern inklusive der DDR. Außerdem solle der Bundesjustizminister bis zum 1. März 1965 dem Parlament berichten, »ob in allen in Betracht kommenden Fällen Ermittlungen eingeleitet und die Unterbrechung der Verjährung sichergestellt werden« könnten. Dieses Vorgehen, erläuterte Jahn seinen Genossen im Arbeitskreis Rechtswesen, diene einer ausgeklügelten Taktik: Wenn Bucher einige Wochen vor Ablauf der Frist eingestehe, »es ist nicht alles zu schaffen, dann müsse er Vorschläge machen. Die Chance, für eine Verlängerung die Mehrheit zu bekommen, sei dann größer«[3].

Jahn strebte aber mehr an, als nur den Minister in die Enge zu treiben. Ganz oben auf der Agenda des Sozialdemokraten stand die Kompetenz- und Kapazitätserweiterung der Strafverfolgungsbehörden, die in dem von ihm verlangten Ausmaß zum ersten Mal seit Bestehen der Bundesrepublik den Anspruch auf eine umfassende justitielle Aufarbeitung des NS-Unrechts hätte erfüllen können. Zur Umsetzung dieser Aufgaben verlangte der SPD-Antrag, eine wesentlich schlagkräftigere Zentrale Stelle zu schaffen, in deren Zuständigkeit auch und vor allem die Tätigkeit der obersten Reichsbehörden fallen sollte.

2 Zum folgenden SPD-Fraktion, Sitzungsprotokolle 1961-1966, Nr. 95, Sitzung vom 10.11.1964, S. 526, Antragsentwurf in Fußnote 27.

3 Protokoll der Sitzung des Arbeitskreises Rechtswesen vom 10.11.1964; AdsD, SPD-Bundestagsfraktion 4. WP/565.

Niemanden dürfte dieser umfangreiche Forderungskatalog stärker provoziert haben als die Zentrale Stelle selbst und das ihr vorgesetzte Justizministerium in Baden-Württemberg. Seine Gereiztheit kaum verbergend, verfaßte der zuständige Ministerialdirektor Müller eine auch für die Zentrale Stelle geltende Sprachregelung, in der die von den Sozialdemokraten benannten Defizite soweit wie möglich abgestritten wurden[4]. So seien alle relevanten Dokumente in den Archiven der Bundesrepublik für die Ermittlungszwecke der Zentralen Stelle vollständig ausgewertet worden. Einschränkungen seien allein beim Document Center in Berlin zu machen, doch die »systematische Durchsuchung dieses Materials« sei »praktisch nicht möglich«. Hinsichtlich der Archive in Israel, Österreich, Norwegen und den Niederlanden wurde in dem Vermerk auf bereits bestehende Kooperationen mit der Ludwigsburger Behörde verwiesen, wohlweislich aber nicht aufgeschlüsselt, ob über Rechtshilfeanträge zu Einzelverfahren hinaus auch weitergehende Recherchen angestellt worden waren.

Offensichtlich unbearbeitete Aspekte der NS-Besatzungsherrschaft versuchte Müller, indem er beispielsweise einschlägige Unterlagen in Griechenland und Italien gar nicht erwähnte, ganz auszublenden, und kommentierte zu den höchst aussagekräftigen, aber noch kaum ausgewerteten Akten der französischen Militärtribunale gegen Angehörige von SD und Sicherheitspolizei: »Auch hier ist nicht mehr viel zu erwarten«[5]. Nur in bezug auf die Archive in Polen und der Tschechoslowakei glaubte er konzedieren zu müssen, die dortigen Bestände seien »nicht geordnet und auch nicht katalogisiert, so daß nicht beurteilt werden kann, ob – was durchaus möglich ist – aus diesem Material noch weitere Hinweise erlangt werden können«.

4 JM BW, AZ 4110b-IV/509, Vermerk Müller, 17.11.1964.

5 Tatsache war aber, daß die französische Militärjustiz in ihren Strafverfahren gegen deutsche Kriegs- und NS-Verbrecher eine Vielzahl von Zeugenaussagen und Belastungsdokumenten zur Ermordung der Partisanen, weiteren Terrormaßnahmen gegen die französische Zivilbevölkerung und – deutlich nachgeordnet – zur Deportation der Juden zusammengetragen hatte. Von besonderer Bedeutung waren die sogenannten Abwesenheitsurteile gegen etwa tausend deutsche Täter, deren Funktion einem unbegrenzten Haftbefehl gleichkam. Erst im Februar 1966, nicht aber zum Zeitpunkt des Vermerks von Müller, entschied der Bundesgerichtshof, daß Beschuldigte, gegen die bereits ein französisches Abwesenheitsurteil vorlag, nicht vor ein deutsches Gericht gestellt werden durfte. Vgl. Moisel, Frankreich.

Mit letzterer Bemerkung hatte der Ministerialdirektor nicht zuletzt auch den Leiter der Zentralen Stelle zurechtgewiesen, der am Tag zuvor gegenüber seinem Vorgesetzten offen eingeräumt hatte: »Es ist sehr wahrscheinlich, daß sich in den Archiven von Ostblockstaaten noch schwerwiegendes Material gegen unbekannte Schreibtischtäter befindet.«[6] Und während Schüle nicht ausschloß, daß unter den ehemaligen Angehörigen der Reichsministerien »noch eine Anzahl von strafrechtlich erfaßbaren Mitarbeitern der Hauptverantwortlichen festgestellt werden könnte«, erledigte Müller die Angelegenheit geradezu im Handstreich: Mögliche Straftäter aus dem Auswärtigen Amt, dem Reichsjustizministerium, dem Reichsministerium für die besetzten Ostgebiete und dessen Reichskommissariate, so seine Sprachregelung, seien »restlos erfaßt«[7].

Hinsichtlich des Komplexes Reichssicherheitshauptamt (RSHA), zu dem Müller knapp auf das laufende Ermittlungsverfahren verwies, herrschte hingegen zwischen Schüle und seinem Dienstvorgesetzten kein Dissens. Seitdem nämlich die Generalstaatsanwaltschaft Berlin Anfang 1963 den – reichlich späten – Beschluß gefaßt hatte, ein Sammelverfahren gegen die Mitarbeiter aller Ämter der Berliner SD- und Sicherheitspolizei-Zentrale zu eröffnen[8], hatte die Zentrale Stelle das Vorhaben zu torpedieren versucht. Dem RSHA-Komplex, der zwei Jahre später auf immerhin fast 600 Vorermittlungsverfahren angewachsen war, unterstellte Schüle, er werde vor Gericht keinen Erfolg haben, ja sogar eine Prozeßeröffnung sei fraglich[9]. Ebenso mokierte sich auch Schüles Mitarbeiter, Staatsanwalt Werner, die Berliner Anklagebehörde sei auf dem besten Wege, die eingeleiteten Untersuchungen »künstlich aufzublähen«, und betreibe mit der Sichtung aller erreichbaren Archivbestände »zweckfreie historische Forschung«[10].

6 JM BW, AZ 4110b-IV/509, Schüle an Justizministerium BW, 16.11.1964, danach auch das folgende Zitat.

7 Erst Ende der sechziger Jahre hatten die Mitarbeiter der Zentralen Stelle die maßgebliche Rolle der Zivilverwaltung im besetzten Osteuropa, etwa des Reichskommissariats Ostland bei der Durchführung der Holocaust-Verbrechen so weit ermittelt, daß von einer ausreichenden strafrechtlichen Erfassung die Rede sein konnte. Zur Geschichte dieser Recherchearbeiten in Ludwigsburg vgl. Danker, Versuch.

8 Vgl. zum RSHA-Verfahren jetzt Weinke, Verfolgung, S. 170 ff.; 287 ff.; und Wildt, Generation, S. 823 ff.

9 JM BW, AZ 4110b-IV/411, Schüle an Ministerialrat Roth, Justizministerium BW, 23.10.1963.

10 Ebenda, Vermerk Werner an Schüle, ohne Datum, von Schüle an Roth am 23. Oktober 1963 weitergeleitet.

Hinter diesen abschätzigen Äußerungen stand die Einstellung der Ludwigsburger Staatsanwälte, daß eine so akribische, an Zeit und Personal aufwendige Durchforschung der verfügbaren Unterlagen, wie sie in Berlin unternommen wurde, der Sache unangemessen sei. Schüle selbst besaß ein eher polizeiliches als staatsanwaltschaftliches Verständnis von Ermittlungsarbeit. So wies er seine Mitarbeiter an, ihre Ergebnisse möglichst schnell zu erzielen und sich zu diesem Zweck auf die Vernehmung von Zeugen zu konzentrieren. Da die Anzahl der Verbrechenskomplexe schlichtweg zu groß, die Personaldecke in Ludwigsburg hingegen zu dünn war, drängte Schüle stets darauf, die laufenden Verfahren entweder rasch einzustellen oder an Staatsanwaltschaften abzugeben; all dies verband er nicht selten mit einer erstaunlichen Leichtfertigkeit und Hemdsärmeligkeit, die ihn auch nicht davor zurückschrecken ließ, Rechtsvorschriften zu übertreten[11].

Zahlreiche Vermerke und Arbeitsanweisungen deuten darauf hin, daß Schüle seines Jobs zunehmend überdrüssig wurde, zumal ihn bereits eine weitere, besser dotierte Stelle in Anspruch nahm. So hatte er im März 1962, in der Erwartung, daß die Ludwigsburger Behörde bald abgewikkelt werden würde, die Leitung der Stuttgarter Staatsanwaltschaft übernommen[12]. Diese doppelte Arbeitsbelastung beförderte seine ausgeprägte Aversion gegen das RSHA-Verfahren, das Ludwigsburg zusätzliche Arbeit aufzuhalsen drohte[13].

11 So wollte sich Schüle beispielsweise im Januar 1963 der Ermittlungen gegen die ehemaligen Oberlandesgerichtspräsidenten und Generalstaatsanwälte wegen ihrer Mitwirkung an der »Euthanasie« entledigen, weil »nach seiner Auffassung das Verfahren einstellungsreif« sei. Um die in der Sache viel aktivere Frankfurter Staatsanwaltschaft nicht zu verärgern und vor allem um dem angeklagten »Euthanasie«-Gutachter Werner Heyde keinen zusätzlichen Verteidigungsvorteil zu verschaffen, sollte nach Schüles Auffassung aus den Akten »die Einstellungsverfügung der Staatsanwaltschaft Stuttgart herausgenommen« werden; JM BW, AZ 4110b-IV/352, Vermerk Ministerialrat Roth an Müller, 7.1.1963. Vgl. zu diesem Ermittlungsverfahren auch den instruktiven Aufsatz von Kramer, Gerichtstag.

12 JM BW, AZ 4110b-IV/214, Tätigkeitsbericht der Zentralen Stelle 1962.

13 Der Berliner Justizsenator Wolfgang Kirsch versuchte 1963 – ohne jeden Erfolg – gegenüber den anderen Landesjustizministern durchzusetzen, daß die Zentrale Stelle in die Ermittlungsarbeit in Sachen RSHA einbezogen werde. Eine der Ursachen für sein Scheitern war die strikte Ablehnung von seiten Schüles; JM BW, AZ 4110b-IV/411, Protokoll der Justizministerkonferenz am 25.10.1963, vgl. zu dem Konflikt zwischen Berlin und Ludwigsburg auch den Artikel »Den Schreibtischmördern auf der Spur« von Jürgen Engert, CuW, 14.8.1964, S. 4.

Spätestens seit 1963 hatte er begonnen, das Arbeitspensum der Zentralen Stelle sukzessive abzubauen[14]. Seine Ansicht, »grundsätzlich« keine neuen Straftaten aufzugreifen, »da es sich doch erfahrungsgemäß nur um ›kleine Fälle‹ handele«, fand auf seiten des Justizministeriums uneingeschränkte Unterstützung. Und dies freilich ungeachtet der Tatsache, daß der Behördenleiter bei einigen Sachbearbeitern mit der Weisung, die »Referate auszuarbeiten«, auf Widerspruch gestoßen war. »Leider würde der eine oder andere«, gab Schüle freimütig zu, »immer noch weiter bohren, was nicht seine Billigung finde.« Er sei dagegen entschlossen, die Zentrale Stelle wie vorgesehen ab Januar 1964 in eine Auskunftsstelle für Staatsanwaltschaften und Gerichte umzuwandeln. Doch es sollte anders kommen.

Die anschwellenden Proteste gegen die Verjährung hatten den Plan für die Auflösung der Behörde gründlich durcheinandergebracht. Als es dann auch noch im Regierungsappell hieß, daß die Zentrale Stelle für sämtliche Dokumente und Hinweise zuständig sei, sollte in Ludwigsburg das Chaos ausbrechen[15]. Schüle beschwerte sich beim baden-württembergischen Justizministerium, der Aufruf zeitige »ungeahnte Folgen«. Dringend seien daher weitere Mitarbeiter abzuordnen, damit man die Flut von Einzelanzeigen, die sich bald zu mehreren Tausend summieren sollten, überhaupt bewältigen könne. Verschärft wurde der Personalnotstand der Zentralen Stelle darüber hinaus durch die Tatsache, daß vier Sachbearbeiter wegen Überlastung an Magengeschwüren erkrankt waren[16].

Vorsorglich hatten die Justizminister auf ihrem Treffen am 20. November 1964, am Tag also, als der Regierungsappell bekanntgegeben wurde, der Zentralen Stelle fünf zusätzliche Staatsanwälte bewilligt. Deren Aufgabe sollte nur zu einem geringen Teil in der Überprüfung der Einzelanzeigen bestehen, in der Hauptsache ging es um die Erschließung von Archivbeständen im Ausland[17]. Vor allem aber beabsichtigten die Mi-

14 Zum folgenden JM BW, AZ 4110b-IV/352, Vermerk Roth an Müller, 7.1.1963.

15 Zum folgenden ebenda, AZ 4110b-IV/523, Vermerk Roth für Haußmann über ein Telefongespräch mit Schüle, 25.11.1964; vgl. dazu auch den Bericht der Bundesregierung über die Verfolgung nationalsozialistischer Straftaten vom 26.2.1965, in: Zur Verjährung, S. 142.

16 Vgl. »Der Staatsanwalt, der die Teufel jagt«, Die Welt, 22.12.1964, S. 3.

17 Zum folgenden JM BW, AZ 4110b-IV/523, Protokoll der Justizministerbesprechung am 20.11.1964 in Bonn. Das wenig detaillierte Ergebnisprotokoll wird ergänzt durch die Aufzeichnungen von Götz, Referent des Bundesjustizministeriums; BAK, B 141/33758, Vermerk Götz über die Besprechung der Justizminister, 23.11.1964.

nister, indem sie den Personalbestand um die Hälfte aufstockten, die von Gerhard Jahn propagierte zweite Zentrale Stelle für im Inland begangene NS-Verbrechen abzuwenden. Die nötige Munition dafür lieferte ihnen Oberstaatsanwalt Schüle: Ganz im Sinne seines Vorgesetzten Müller redete der Leiter der Zentralen Stelle die Bedeutung der Verjährung für die Inlandsstraftaten auf der Versammlung der Justizminister so klein, daß die Kritik der SPD einer vollends überzogenen Aufgeregtheit entsprungen zu sein schien.

Es sei, so Schüle, für seine Mitarbeiter in der verbliebenen Zeit problemlos möglich, das gesamte Belastungsmaterial in ausländischen Archiven, das für die Verjährung relevant sei, zu sichten. Insbesondere in Polen gebe es noch zahlreiche bedeutsame Bestände. Obwohl Schüle zuvor, immer mit Blick auf die Schließung seiner Behörde, kein Interesse an der Aufnahme systematischer Recherchen in Polen zu erkennen gegeben hatte, begrüßte er nun gemeinsam mit Minister Haußmann, daß der Bundesjustizminister gegen die Entsendung von Mitarbeitern der Zentralen Stelle nach Osteuropa keine Bedenken mehr hegte. Bei den übrigen Ressortchefs kam solch forsche Entschlossenheit gut an, zumal Schüle auch nicht die Zuständigkeit der Ermittlungsstelle auf die im Inland begangenen Verbrechen auszuweiten beabsichtigte, sondern in dieser Hinsicht einschlägiges Material an jene Staatsanwaltschaften abzugeben versprach, die aufgrund des Tatorts zuständig seien[18].

Ausgesprochen skeptisch gegenüber der Präsentation Schüles gab sich allein der Berliner Justizsenator Wolfgang Kirsch. Keineswegs sei ausgemacht, daß der von der SPD-Bundestagsfraktion geforderte Bericht über den Stand der Ermittlungen so günstig ausfallen werde, wie dies von Schüle ausgemalt worden sei. »In ähnlich überzeugender Weise«, fuhr Kirsch fort, habe der Oberstaatsanwalt auch im Juni 1963 erklärt, »im Komplex RSHA sei praktisch nichts mehr zu tun, weil Ludwigsburg bereits alles ermittelt habe. Es habe sich dann herausgestellt, daß die systematische Aufklärungstätigkeit Berlins erfolgreicher war als die mosaikartige Arbeit in Ludwigsburg. Man solle deshalb auch bei den restlichen Komplexen das Berliner System anwenden. Es müsse aus der Institution und dem Arbeitsgebiet heraus ermittelt werden.«[19] Mit seinen

18 Auf die unveränderten Kompetenzen der Zentralen Stelle verwies Haußmann der Deutlichkeit halber in einem Brief, der die unklare Formulierung hinsichtlich der Inlandsstraftaten im Protokoll klarstellte; JM BW, AZ 4110b-IV/523, Haußmann an Schneider, Justizminister von Rheinland-Pfalz, 3.12.1964.

19 BAK, B 141/33758, Vermerk Götz über die Besprechung der Justizminister am 20.11.1964 in Bonn, 23.11.1964, dort auch das folgende Zitat.

prinzipiellen Bedenken stieß Kirsch aber bei Ministerialdirektor Müller, der ihm prompt widersprach, sowie bei fast all seinen Kollegen auf Granit. Sie verließen sich auf die ebenso beruhigende wie fahrlässige Prognose Schüles und hielten es im übrigen mit dem Leiter der Besprechung, dem rheinland-pfälzischen Justizminister Fritz Schneider: Im Sinne eines »zweckmäßigen« Vorgehens empfehle er, »sich auf das Grundsätzliche zu beschränken«.

Angesichts der Bereitschaft der Justizminister, auf den Vorstoß der SPD – zumindest bis zu einem gewissen Punkt – einzugehen, mochte auch die Bundestagsfraktion der CDU/CSU nicht nachstehen. Deren Vorstand sowie der Arbeitskreis Rechtspolitik vertrauten auf die Überzeugung der Ländervertreter, daß die Intensivierung der Ermittlungsarbeit zu bewältigen sei, ohne damit die Entscheidung über die Verlängerung der Verjährungsfrist zu präjudizieren[20]. Die Freidemokraten hingegen erteilten dem SPD-Antrag eine Absage[21]. Anlaß war aber nicht etwa die hellsichtige Erkenntnis, welches Risiko die Aufforderung an die Bundesregierung in sich barg, gemeinsam mit den Ländern alle verfügbaren Archivbestände auszuwerten und Anfang März über den Stand der Ermittlungen zu berichten. Nein, die Vorbehalte der FDP-Fraktion bewegten sich auf der Ebene politischer Fundamentalopposition: Mit ihrer Ablehnung wollte sie sich als einzige politische Kraft profilieren, die eine Fristverlängerung grundsätzlich ausschloß.

Als der gemeinsame Antrag von SPD und CDU/CSU am 9. Dezember 1964 im Parlament beschlossen wurde, unterstrich der FDP-Abgeordnete Hermann Busse, der Appell der Bundesregierung reiche völlig aus, weitere Erklärungen seien schlichtweg »überflüssig«[22]. Besonderes Mißtrauen hegte Busse gegen den letzten Satz der Entschließung: Der Bundesjustizminister sollte demnach berichten, »ob die Bundesregierung bereit ist, die Frage der Verjährungsverlängerung rechtzeitig gemeinsam mit dem Deutschen Bundestag zu prüfen, falls sie zu der Überzeugung gelangt, daß auf andere Weise eine Strafverfolgung solcher Mordtaten nicht gesichert werden kann«[23]. Diese Formulierung behielt sich offen, ob der geltende Kabinettsbeschluß gegen eine Fristverlängerung nachträglich noch revidiert werden sollte. Jede Abweichung davon sei aber, so

20 ACDP, VII-002-035/1, Protokoll der Sitzung des Arbeitskreises vom 1.12.1964.

21 AdL, A 40-757, Protokoll der Sitzung der FDP-Bundestagsfraktion vom 8.12.1964.

22 Protokoll der 151. Sitzung des BT, Zur Verjährung, S. 59.

23 BT-Drucksache IV/2823, 8.12.1964, Zur Verjährung, S. 51.

Busse mit Nachdruck, »nicht diskutabel«, in dieser Frage sei die Position seiner Partei »ohne Wenn und Aber«[24].

Der Blick auf die Presseberichterstattung legt den Eindruck nahe, daß die Signalwirkung der Bundestagsentschließung weniger in ihren konkreten Inhalten als in ihrer politischen Symbolik lag. Zum ersten Mal wurde durch das gemeinsame Votum der SPD- und CDU/CSU-Abgeordneten offenkundig, daß im Parlament eine andere Parteienkoalition als in der Regierung den Ton angab. Gleichwohl: Die Entscheidung über die Verjährung hing weiterhin in der Schwebe. »Unbefriedigend« bleibe, monierte der Berliner *Tagesspiegel*, daß »ein ohnehin unter Zeitnot geratenes Problem somit zwar dem Wahltermin, nicht aber einer Lösung« näher rücke[25].

Für die Zentrale Stelle hatte der Parlamentsbeschluß – anders als das baden-württembergische Justizministerium zunächst glaubte – weitreichende Folgen, denn unmißverständlich wurde darin gefordert, daß sie nun auch für die Ermittlung jener Täter zuständig sein solle, die in den Institutionen des NS-Staates und der Partei agiert hatten. Vorausgegangen war dieser höchst bedeutsamen Weichenstellung für die Strafverfolgung ein Manöver von Haußmann, der die Ermittlungskomplexe der Staats- und Parteistellen an die Berliner Generalstaatsanwaltschaft abgeben wollte – doch Justizsenator Kirsch hatte ihm einen Strich durch die Rechnung gemacht: Er lehnte Haußmanns Vorschlag kategorisch ab, da die Zeit für systematische Ermittlungen anderer Reichsbehörden bis zum Ende der Verjährungsfrist »keinesfalls ausreichen« werde. Berlin, so brüskierte Kirsch seinen Stuttgarter Kollegen, werde seine »Vorermittlungen ausschließlich gegen ehemalige Angehörige des Reichssicherheitshauptamtes richten«[26].

Nach Haußmanns Ansicht mußten indessen alle Hindernisse, die der Verjährung im Wege standen, und seien sie noch so groß, beseitigt werden. In diesem Sinne willigte er ein, daß die Zentrale Stelle »wegen der Dringlichkeit der bevorstehenden Aufgaben« ihre Vorermittlungen auf die NS-Verbrechen im Inland ausdehnte, ohne jeden erkennbaren Skrupel, daß ein solches Arbeitspensum bis Anfang Mai gar nicht zu bewäl-

24 Ebenda, S. 60.

25 »Das verfrühte Nein«, Kommentar im Tagesspiegel, 9.12.1964. Weitere Presseberichte vom 10.12.1964: »Bundestag fordert beschleunigte Verfolgung«, SZ und »Bundestag mahnt zur Eile«, FR.

26 JM BW, AZ 4110b-IV/523, Kirsch an die Landesjustizminister, 9.12.1964.

tigen war[27]. Um genau dies aber mit einem gewissen Maß von Glaubwürdigkeit zumindest behaupten zu können, knüpfte der Minister die Kompetenzerweiterung an zwei Bedingungen, auf die sich die übrigen Justizminister bereitwillig einließen: Die Zentrale Stelle beschränkte sich demnach nur auf jene Tatkomplexe der obersten Reichsbehörden, die in einem direkten Zusammenhang mit den Verbrechen des RSHA standen und zu denen die Berliner Generalstaatsanwaltschaft schon erste Ermittlungsergebnisse vorweisen könne[28]. Außerdem sollten nach Ludwigsburg zusätzlich zu den fünf neuen Staatsanwälten weitere acht abgeordnet werden, darüber hinaus verdoppelte sich die Anzahl der Büromitarbeiter.

Schüle selbst wurde – aufgrund der nun tatsächlich »ausufernden« Arbeit in Ludwigsburg – vorübergehend von seinem Posten als Leiter der Stuttgarter Staatsanwaltschaft entbunden. Eine seiner vordringlichsten Aufgaben war die Auswertung von Archivmaterialien in Osteuropa. Bei den zuständigen Behörden in der Volksrepublik Polen konnte Schüle – trotz der notorisch schlechten bilateralen Beziehungen – mit Kooperationsbereitschaft rechnen, denn die Zentrale Stelle erhielt seit 1960 des öfteren Auskünfte von der Hauptkommission zur Untersuchung nationalsozialistischer Verbrechen in Polen. Darüber hinaus hatte der polnische Justizminister Marian Rybicki, in dessen Behörde die Hauptkommission angesiedelt war, erst wenige Monate zuvor die Ortsbesichtigung des Frankfurter Schwurgerichts in Auschwitz zugesagt und damit ein deutliches Zeichen gesetzt, daß die polnische Regierung der Verbrechensaufklärung Vorrang vor allen Problemen des deutsch-polnischen Verhältnisses einräumte[29].

Unmittelbar nach der Rückkehr des Frankfurter Gerichts aus Auschwitz im Dezember 1964 reiste Schüle nach Warschau, um mit dem Leiter der Hauptkommission ein Vorgespräch über die geplanten Aktenrecher-

27 BAK, B 141/33774, Vermerk Albrecht Götz über die Besprechung der Landesjustizminister mit dem Bundesjustizminister am 11. Dezember 1964 in Bonn über die Auswirkungen des am 9. Dezember gefaßten Bundestagsbeschlusses, 15.12. 1964.

28 JM BW, AZ 4110b-IV/529, Haußmann an die Justizminister über die Ergebnisse der Besprechung vom 11. Dezember 1964 in Bonn, 14.12.1964. Diese Einschränkung auf die Tatkomplexe, die Haußmann »Ausstrahlungen« der RSHA-Mordverbrechen nannte, wurde in der neuen Verwaltungsvereinbarung der Zentralen Stelle vom 2. Februar 1965 wieder aufgehoben und auf sämtliche Inlandstaten erweitert; ebenda, AZ 4110b-IV/538, 2.2.1965.

29 Vgl. Steinbacher, Protokoll, S. 62 ff.

chen zu führen[30]. Das Ergebnis war vielversprechend, hatte doch Direktor Janusz Gumkowski seinem westdeutschen Kollegen zugesichert: »Alles Material, was sich hier befindet, wird zur Verfügung gestellt«[31]. Auch Schüle bekundete sein ernsthaftes Interesse, mit einer Arbeitsgruppe von mehreren Staatsanwälten die angebotenen Dokumente einsehen zu wollen, um in möglichst vielen Fällen die Verjährung zu unterbrechen. Daß zwischen dem Oberstaatsanwalt und dem Direktor dennoch eine spürbar frostige Atmosphäre herrschte, lag an grundsätzlichen Vorbehalten auf polnischer Seite, die aus diplomatischer Rücksichtnahme in Schüles Gegenwart nicht angesprochen wurden.

Um so schärfer fiel dann aber die öffentliche Stellungnahme Gumkowskis aus. Wie die westdeutsche Handelsvertretung in Warschau dem Auswärtigen Amt besorgt mitteilte, wetterte der Direktor einen Monat später in einem Zeitungsinterview, es sei »völlig ausgeschlossen«, daß die Arbeitsgruppe aus Ludwigsburg noch bis zum 8. Mai die Unterlagen der Hauptkommission ordnungsgemäß durcharbeiten könne. »Die Tatsache, daß sich die Bundesregierung ›Fünf vor Zwölf‹ entschließe, sich mit dem sich in Polen befindlichen Material bekanntzumachen, sei daher nur ein taktisches Manöver«[32]. Mit dieser Äußerung, die in vielen polnischen Tageszeitungen erschien, schwenkte die Hauptkommission – vermutlich nicht ganz freiwillig – auf die offizielle Linie der polnischen Regierung ein. Als Wortführer der Proteste gegen die Verjährungsentscheidung trat der amtierende Innenminister auf, der nationalistische General Mieczyslaw Moczar, dessen Attacken gegen die Bundesregierung denen der DDR in nichts nachstanden[33].

Vermutlich war es auch Moczar, der veranlaßt hatte, daß die Einreisegenehmigung für die Ludwigsburger Staatsanwälte verzögert und damit

30 Zum folgenden Jm BW, AZ 4110b-IV/523, Bericht Schüles an Justizministerium BW über seine Reise nach Warschau vom 18. bis 22.12.1964, 28.12.1964.

31 Ebenda, Protokoll der Besprechung vom 19.12.1964.

32 PA/AA, V 4/1267, von Mumm, Handelsmission Warschau, an das Auswärtige Amt, 25.1.1965.

33 Moczars agitatorische Aktivitäten gingen weit über das Thema Verjährung von NS-Mordverbrechen hinaus und richteten sich nicht minder aggressiv gegen die Initiative der polnischen Bischöfe für die deutsch-polnische Verständigung; vgl. dazu Heller, Macht, S. 140 ff. Zum Protest gegen die Verjährung PA/AA, V 4/1267, von Mumm, Handelsmission Warschau, an das Auswärtige Amt, 14.12.1964; vgl. auch »Warschau gegen eine Verjährung der Verbrechen der Hitlerzeit«, NZZ, 28.11.1964.

der Druck auf Bonn erhöht wurde[34]. Als die Arbeitsgruppe im Februar schließlich drei Wochen lang Tausende von Dokumenten im polnischen Justizministerium, im Jüdisch-Historischen Institut in Warschau und im Archiv von Lublin sichtete, fand sie wichtige Beweisstücke, sowohl für laufende Ermittlungen als auch für neue Untersuchungen, die, so die Schätzungen des Staatsanwalts Adalbert Rückerl, in etwa 300 Fällen zur Unterbrechung der Mordverjährung führen würden. Obwohl kaum eine Recherchearbeit der Zentralen Stelle erfolgreicher gewesen sein dürfte, erwies sich das Vorhaben, bis zum Ablauf der Verjährungsfrist einen schnellen Überblick über das Archivmaterial zu gewinnen, als vollkommen unrealistisch. Vielmehr bekamen die deutschen Ermittler im Laufe ihrer Arbeit erst einen Eindruck davon, welch große Mengen an wertvollen Unterlagen sich tatsächlich noch in Warschau und den regionalen Archiven befanden[35].

Neben Polen war die Tschechoslowakei der einzige Staat des Warschauer Paktes, der – nach einigem Zögern – Belastungsmaterial zugänglich machte. Der Vertreter des Verbandes der tschechoslowakischen Widerstandskämpfer, Jaroslav Volejnik, übergab der Zentralen Stelle im Februar 1965 Kopien von Tagebüchern und Meldungen verschiedener Polizei- und SS-Einheiten sowie Dokumente über die ersten Judendeportationen aus dem Reichsprotektorat Böhmen und Mähren. Nicht anders als der Direktor der polnischen Hauptkommission verwies Volejnik auf die hohe Anzahl weiterer Beweisstücke in seinem Land und erklärte, unter diesen Voraussetzungen fehle ihm jedes Verständnis für das Vorhaben der Bundesregierung, die Frist ablaufen zu lassen[36].

Die Sowjetunion jedoch übertraf mit ihrer Propagandakampagne gegen die Verjährung die Polemik und Desinformation ihrer Satellitenstaaten mühelos. So wurden in den sowjetischen Zeitungen antisemitische Zitate aus Gerhard Freys *Deutsche National Zeitung* als repräsentative Meinungsäußerungen in der Bundesrepublik bezeichnet und ungeniert behauptet, durch die Verjährung sollten sämtliche NS-Prozesse in der Bundesrepublik eingestellt werden. Der sowjetischen Führung, der nach Chruschtschows Sturz im Oktober 1964 an einer deutschlandpolitischen

34 JM BW, AZ 4110b-IV/539, Vermerk Roth für Haußmann, 3.2.1965.

35 Ebenda, Bericht des Staatsanwalts Adalbert Rückerl, Zentrale Stelle, über die vom 5. bis 26.2.1965 durchgeführte Auswertung in Polen, 1.3.1965.

36 JM BW, AZ 4110b-IV/521, Bericht des Staatsanwalts Artzt, Zentrale Stelle, über den Besuch Volejniks, 11.2.1965; vgl. auch »Belastungsmaterial übergeben«, Die Welt, 12.2.1965.

Entspannung nicht gelegen war, dienten diese Schilderungen dazu, das öffentliche Ansehen der Bundesrepublik in der Bevölkerung pauschal zu demontieren[37].

Während die Sowjetunion Einsichtnahme in ihre Akten grundsätzlich ablehnte, führte ebendiese Frage zu einem längeren Disput zwischen Bonn und Ost-Berlin, der – mit all seinen Abgründen und Absurditäten – ein Paradebeispiel für das besondere deutsch-deutsche Verhältnis bot. Schon während der Vorarbeiten für den Appell verwandten die Beamten des Auswärtigen Amtes in den Referaten »Wiedervereinigung« und »Völkerrecht« viel Mühe, die damit verbundenen deutschlandpolitischen Komplikationen abzuschätzen[38]. Bei ihren Überlegungen konnten sie für Polen, Ungarn, Rumänien und Bulgarien davon ausgehen, daß der Aufruf über die westdeutschen Handelsvertretungen offiziell übermittelt würde. Für die Kontaktaufnahme mit der DDR existierte aber keine derartige Institution, die unterhalb der Ebene offizieller diplomatischer Beziehungen agieren konnte.

Nach Ansicht der Referenten ließ sich der Weg zur DDR-Regierung allein dadurch bahnen, daß die Botschafter der drei Westmächte in der DDR das Gespräch mit dem sowjetischen Kollegen suchten. Denn zwischen ihnen werde ein »gewisser Kontakt« gepflegt, außerdem könne ein solches Prozedere die »gemeinsame Vier-Mächte-Verantwortung, an der auch uns gelegen ist, bekräftigen«. Zwar taugte der Vier-Mächte-Status nicht mehr als Leitbild für eine zukunftsweisende Deutschlandpolitik, doch war das Auswärtige Amt, das zur gleichen Zeit den drei Westmächten nahelegte, die Initiative für einen alliierten Rat zu Fragen der deutschen Teilung zu ergreifen[39], um jede minimale Aufwertung der blockübergreifenden Zusammenarbeit bemüht.

37 Dazu verschiedene Lageberichte des deutschen Botschafters in Moskau, Gröpper, an das Auswärtige Amt von November 1964 bis März 1965; PA/AA, V 4/1269; vgl. auch den hervorragend informierten Artikel »Verjährungsfrist in Moskaus Sicht« von Klaus Arnsperger, SZ, 27.2.1965.

38 Zum folgenden PA/AA, V 4/1259, Vermerk des Referenten für »Völkerrecht und Staatsverträge«, von Schenck nach gemeinsamer Beratung mit dem Referat für »Wiedervereinigung«, 19.11.1964. Weitere Vermerke zum Thema ebenda, von Schenk, 7.12.1964; Onken, Referent für »Wiedervereinigung«, 8.12.1964, und Gawlik, Referent für »Strafrecht«, 10.12.1964.

39 AAPD 1965, II, Dok. 387, Gespräch Schröders mit den Außenministern der USA, Frankreichs und Englands vom 14.12.1964, S. 1528 ff.; vgl. auch Link, Deutschlandpolitik, S. 1676 ff.

Nicht weniger problematisch erschien den Referenten das weitere Vorgehen. Es sei damit zu rechnen, »daß die SBZ auf den Appell der Bundesregierung nicht völlig negativ reagieren, sondern tatsächlich Material der erbetenen Art liefern« werde. Da aller Voraussicht nach der Adressat nicht die Zentrale Stelle, sondern die Bundesregierung sein werde, könne naheliegenderweise das übliche Verfahren, alle Briefe aus Ost-Berlin ungeöffnet zurückgehen zu lassen, nicht angewandt werden. Deshalb, so der Vorschlag der Ministerialbeamten, seien die Unterlagen, selbstverständlich ohne eine Empfangsbestätigung, nach Ludwigsburg weiterzuleiten. Bei allem Festhalten an der Nichtanerkennungspolitik war an diesem Strategiepapier doch bemerkenswert, daß die Bundesregierung hinsichtlich des deutsch-deutschen Rechtshilfeverkehrs sich zu einer neuen Flexibilität bereit fand.

In Ost-Berlin erzielten die internationalen Proteste erkennbar den gegenteiligen Effekt: Je mehr der Widerstand gegen die Verjährung wuchs, desto siegesbewußter und großspuriger traten die Parteifunktionäre auf. Deren Propagandamaschine lief in Sachen Verjährung inzwischen auf Hochtouren. Eine Neuerung stellte das Dokumentationszentrum des Ministeriums für Staatssicherheit (MfS) dar, in dem – nach dem Vorbild der Zentralen Stelle in Ludwigsburg und mit erheblichem personellen Aufwand – Material aus ostdeutschen und polnischen Archiven für die »antifaschistische Westarbeit« zusammengetragen wurde[40]. Erste Ergebnisse der operativen Aktenrecherchen lagen Ende November 1964 in Form der Broschüre *Kriegs- und Naziverbrechen verjähren nicht* mit 122 neuen »Blutrichtern« vor[41]. Als Herausgeber trat auf der entsprechenden Pressekonferenz der Nationalrat der Nationalen Front auf, der seit langem (und stets in enger Kooperation mit der Westkommission) in der SED-»Westarbeit« tätig war. Ganz im Jargon Albert Nordens diffamierte der Vizepräsident des Nationalrats Horst Brasch die Bundesregierung, daß ihr Appell keinem anderen Zweck diene, »als die Blutrichter, Gestapoagenten, Massenmörder und Nazigenerale reinzuwaschen, um sie

40 Ursprünglich hatte die Westkommission des ZK der SED Anfang 1964 eine Dokumentationsstelle ohne Beteiligung des MfS aufbauen wollen. Mielkes Ministerium setzte indessen bald seinen Anspruch durch, in alleiniger Kompetenz über die NS-Akten zu verfügen sowie sie nach operativen und agitatorischen Kriterien auszuwerten. Vorgänge in: BStU, ZA, ZAIG 10865; vgl. dazu auch Weinke, Verfolgung, S. 209 ff.; Unverhau, NS-Archiv.

41 ADN, 23.11.1964; vgl. auch BPA, SBZ-Spiegel, 24.11.1964.

weiter im Dienste der aggressiven Politik der westdeutschen Monopole verwenden zu können«[42].

Nach gewohnter Manier, wenn es um die Übergabe von Beweisdokumenten ging, meldete sich auch der Generalstaatsanwalt der DDR zu Wort. Am 22. Dezember schickte Josef Streit dem Bundesjustizminister ein Schreiben, in dem er auf den bisherigen Umgang der Bundesregierung mit den ostdeutschen Dokumenten einging[43]: Trotz zahlreicher Beweise aus DDR-Archiven sei es in keinem einzigen Falle gegen die »in einflußreiche Funktionen wiederberufenen ehemaligen Schreibtischtäter und Nazijuristen in Westdeutschland zu einer Verurteilung gekommen«. Darüber hinaus habe die Bundesregierung der westdeutschen Justiz bereits übergebenes Belastungsmaterial vorenthalten und die wiederholten Angebote zur Archivauswertung ausgeschlagen.

In einer langen Litanei hielt Streit dem Justizminister weitere Ermittlungsdefizite vor, um sodann die rhetorische Frage zu stellen: »Wann und wodurch wollen Sie, Herr Minister, gewährleisten, daß das Beweismaterial über NS-Verbrechen, in dessen Besitz die Bundesregierung jetzt unverzüglich gelangen möchte, nicht das Schicksal der bisher von der Deutschen Demokratischen Republik übergebenen oder zur Einsichtnahme und Auswertung angebotenen Beweisdokumente teilt?« Eine seiner Meinung nach angemessene Antwort lieferte der Generalstaatsanwalt gleich mit, indem er – wie schon des öfteren – dem Bundesjustizminister vorschlug, eine gemeinsame Kommission aus Vertretern der »zuständigen Bundesbehörden« und der DDR-Generalstaatsanwaltschaft zu bilden, die allein »eine vollständige Auswertung des vorhandenen Dokumentenmaterials« gewährleisten könne.

Dieser Vorstoß, konstatierte Minister Bucher gegenüber dem Außenminister knapp, gehe »erkennbar von der Zwei-Staaten-Theorie« aus und versuche lediglich, die deutschlandpolitischen Grundsätze des Westens zu unterminieren. Auch sei das Ministerium »zur Vornahme strafrechtlicher Ermittlungen nicht zuständig«, daher sei der Brief wie vorgesehen nach Ludwigsburg weiterzuleiten[44]. In Absprache mit den Justizministern

42 Braschs Rede ist abgedruckt in der Broschüre: *Verbrechen, die niemals verjähren*, herausgegeben vom Nationalrat der Nationalen Front im Dezember 1964; danach auch das folgende.

43 BAK, B 141/33767; der Brief ist dokumentiert in: *Die Haltung der beiden deutschen Staaten zu den Nazi- und Kriegsverbrechen*, einer weiteren DDR-Broschüre gegen die Verjährung, herausgegeben vom Ministerium der Justiz der DDR, S. 95 ff.

44 BAK, B 141/33767, Bucher an das Auswärtige Amt, 2.3.1965.

der Länder wandte sich Schüle anschließend an den Generalstaatsanwalt mit der Aufforderung, der Zentralen Stelle die einschlägigen Materialien zugänglich zu machen[45].

Die Ablehnung der DDR-Führung war vorprogrammiert. Keine Woche später meldete Norden, weiterhin wichtigster Koordinator der Propaganda, dem »werten Genossen« Ulbricht: Bei dem Brief der Zentralen Stelle handle es sich um ein leicht durchschaubares »Manöver«, mit dem versucht werde, »die bei uns befindlichen Akten gegen die Kriegsverbrecher in die Hand zu bekommen«[46]. Eine ablehnende Antwort Streits, so Norden, sei bereits auf den Weg gebracht worden. Darin wurde Schüle vorgeworfen, daß die Zentrale Stelle kein adäquater Ansprechpartner für die DDR-Justizbehörden sei, da sie weder ermächtigt sei, die »gegen Nazijuristen erhobenen Beschuldigungen aufzuklären«, noch, »diejenigen Naziverbrechen zu untersuchen, die im Inland begangen wurden, also insbesondere durch Mitarbeiter der zentralen faschistischen Ämter, die die Direktiven für die Naziverbrechen ausgearbeitet, kommentiert und erlassen haben«[47]. Daß angesichts dieser Beschuldigungen eine pragmatische Zusammenarbeit noch möglich sein könnte, glaubte Schüle selbst wohl am allerwenigsten. So war seine Antwort an den Generalstaatsanwalt kaum mehr als reine Formsache. Der Leiter der Zentralen Stelle konstatierte, die fehlende Kompetenz für die in Berlin geführten Verfahren zum RSHA und zum Volksgerichtshof unterschlagend, daß die Zuständigkeit seiner Behörde inzwischen auch »auf die Aufklärung von Inlandstaten ausgedehnt worden« sei, und kam daher zu dem Schluß: »Meine Legitimation ist also unbestreitbar«[48].

Mit dem Schreiben Schüles fand die Korrespondenz zwischen den beiden Behörden zur Frage der Archivauswertung ihr Ende. Auch die folgenden Bemühungen des britischen Botschafters, der sich nach Absprache mit dem Auswärtigen Amt Anfang Februar an den sowjetischen Botschafter in der DDR wandte, erreichten kein Einlenken: DDR-Ministerpräsident Willi Stoph bekräftigte erneut in einem Telegramm an den Bundeskanzler, daß er auf einer gemeinsamen Kommission bestehe[49];

45 JM BW, AZ 4110b-IV/543, Schüle an Streit, 15.1.1965; ebenda, AZ 4110b-IV/534, das Protokoll der 32. Justizministerkonferenz in Trier vom 12. bis 14.1.1965, auf der Schüle den Auftrag für das Schreiben erhielt.

46 SAPMO-BAB, DY 30, IV 2/2.028/6, Norden an Ulbricht, 21.1.1965.

47 JM BW, AZ 4110b-IV/543, Streit an Schüle, 21.1.1965.

48 Ebenda, Schüle an Streit, 26. 1.1965.

49 Stoph an Erhard, 15.2.1965, in: Dokumente zur Außenpolitik der DDR, Bd. XIII, S.119 ff.

nachdem Erhard das Schreiben ungeöffnet zurückgeschickt hatte, belehrte die Sowjetunion die westlichen Alliierten kühl, »daß alle Fragen, die die Beziehungen zwischen den beiden deutschen Staaten betreffen, unmittelbar zwischen diesen geregelt werden können«[50].

Doch Ost-Berlin verwehrte nicht nur den Zugriff auf die eigenen Akten, sondern setzte auch alles daran, die Aktivitäten der westdeutschen Strafverfolger zu diskreditieren. So verbreitete die ostdeutsche Nachrichtenagentur ADN am 5. Februar, als die Arbeitsgruppe der Zentralen Stelle in Warschau ankam, eine Pressemeldung über die NS-Vergangenheit Schüles, die eine Mischung aus Tatsachen und Verleumdungen darstellte[51]. Zutreffend war, daß der Oberstaatsanwalt der SA und NSDAP angehört hatte, nicht exakt war das angegebene Jahr seines Parteieintritts (statt 1935 hatte Schüle den Antrag 1937 gestellt), und völlig aus der Luft gegriffen war die Behauptung, er sei 1943 am Oberlandesgericht Stuttgart als Richter eingesetzt worden.

Kaum hatte Schüle auf dem Warschauer Flughafen die Gangway verlassen, bestürmte ihn schon eine Schar von Journalisten mit Versatzstükken aus der ADN-Nachricht. Völlig überrascht von der Situation und ob der Diffamierungen aufgebracht, bezeichnete der Beschuldigte die Meldung pauschal als »einen Haufen Lügen«; ein Mitglied der SA und NSDAP sei er »niemals« gewesen[52]. Erst ein offizielles Dementi des baden-württembergischen Justizministeriums, zur Schadensbegrenzung noch am gleichen Tag veröffentlicht, brachte Klarheit in die Sache: Als Zwanzigjähriger sei der Tübinger Jurastudent in den SA-Studentensturm eingetreten und vier Jahre später in die Partei[53].

Daß Schüles Mitgliedschaft in NS-Organisationen – wenngleich er nur ein Mitläufer war – kein günstiges Licht auf die strafrechtliche Verfolgung nationalsozialistischer Verbrechen in der Bundesrepublik warf, mochten das Justizministerium in Stuttgart und die Bundesregierung nicht eingestehen. »Die nominelle Parteimitgliedschaft«, verteidigte Minister Haußmann die damalige Personalentscheidung, sei kein Hinderungsgrund angesichts einer »politisch so integeren, an den Grundsätzen

50 Note der sowjetischen Regierung an die Regierungen Frankreichs, Großbritanniens und der USA, 15.3.1965, in: Dokumente zur Deutschlandpolitik, IV. Reihe, Bd. 4, S. 278 f. Dazu auch mehrere Vermerke des Auswärtigen Amtes in: PA/AA, V 4/1259.

51 Zum folgenden »Nazis ›überprüfen‹ Nazis«, ADN, 5.2.1965.

52 »Dornen für den Staatsanwalt«, Der Spiegel, 17.2.1965, S. 36 ff.

53 PA/AA, V 4/1267, Fernschreiben des Ministerialdirektors Kurt Rebmann über Auswärtiges Amt an Schüle, 5.2.1965.

des Rechtsstaats orientierten und um die Verfolgung der NS-Gewaltverbrechen ehrlich bemühten Persönlichkeit wie Oberstaatsanwalt Schüle«[54].

Die vermeintliche »Enttarnung« des Behördenleiters als »Blutrichter« war vom Ministerium für Staatssicherheit generalstabsmäßig vorbereitet worden. Noch im Januar hatte Erich Mielke beim polnischen Innenminister mit dem Ziel interveniert, den westdeutschen Ermittlern die Einreise nicht zu genehmigen, da das MfS gerade erst mit der Sichtung der polnischen Archivbestände begonnen hatte und sich den Exklusivzugang zum reichlich vorhandenen Belastungsmaterial sichern wollte[55]. Zur Ausladung der Arbeitsgruppe konnte sich der polnische Regierungsapparat jedoch nicht durchringen. Nicht zuletzt die positive Resonanz auf die Ortsbesichtigung des Frankfurter Schwurgerichts in Auschwitz dürfte dem Parteiführer Władysław Gomulka vor Augen geführt haben, daß die weitere Zusammenarbeit mit der westdeutschen Justiz nicht nur der Strafverfolgung, sondern auch dem internationalen Ansehen der Volksrepublik dienlich sein würde. Zugleich wollte man aber die Interessen der ostdeutschen Tschekisten nicht übergehen. So sandte Innenminister Moczar dem Genossen Mielke vorab eine Namenliste der Ludwigsburger Auswertungsgruppe und stimmte einer Veröffentlichung der Vorwürfe am Tag der Ankunft zu.

Durchgesetzt hatte das MfS auch, daß den westdeutschen Staatsanwälten bestimmte, nach operativen Gesichtspunkten als besonders wichtig eingestufte Akten nicht vorgelegt wurden. Doch von all diesen Einschränkungen und Aufregungen einmal abgesehen, verlief die Auswertungsarbeit der Delegation – nachdem Schüle auf Wunsch des baden-württembergischen Ministeriums sofort die Rückreise angetreten hatte – ohne weitere Zwischenfälle. »Alle Gesprächspartner«, unterstrich Staatsanwalt Rückerl in seinem Bericht, hätten durchblicken lassen, daß man sich in Polen »über den Wert und die Bedeutung der von der Zentralen Stelle geleisteten Arbeit durchaus im klaren« sei. So wüßten sie auch »zwischen

54 Zitiert nach: Der Spiegel, 12.2.1965, S. 38. Die Schüle im September 1965 dann von seiten der Sowjetunion vorgeworfene Beteiligung an Kriegsverbrechen untersuchte die Stuttgarter Generalstaatsanwaltschaft. Nach ausführlichen Zeugenbefragungen kam sie zu dem Ergebnis, daß Schüle zwar von Erschießungen sowjetischer Zivilisten Kenntnis gehabt habe, aber nicht persönlich involviert gewesen sei. Das Verfahren wurde im April 1967 schließlich eingestellt; die Verfahrensakten in: JM BW, 411 E, 113/65 (Js 6/65 GStA Stuttgart).

55 BStU, ZA, Allgemeine Papiere 6545/76, Bd. 2; vgl. dazu Weinke, Kampf, S. 573 ff.

den tatsächlichen Gegebenheiten und einer böswilligen Propaganda« sehr genau zu unterscheiden[56]. Und in der Tat kooperierte die Hauptkommission in den folgenden Jahren zunehmend enger mit den Ludwigsburger Ermittlern[57], obwohl die SED-Westkommission die Polen nachdrücklich gebeten hatte, der Zentralen Stelle künftig kein Material mehr zur Verfügung zu stellen[58].

Für die DDR hingegen markierte die Pressemeldung über Schüle den Abbruch des bis dahin regen Rechtshilfeverkehrs mit der Zentralen Stelle, der auch nach dessen Ablösung 1966 nicht wiederaufgenommen wurde. Plausibel war dies auf den ersten Blick nicht, schließlich hatte Ost-Berlin jahrelang die Ahndung von NS-Verbrechen mit der Übergabe von Beweismaterial befördert, und nun wurde sogar die direkte Zusammenarbeit angeboten, die man doch so nachdrücklich verlangt hatte. Gleichwohl bestand hier durchaus ein logischer Zusammenhang: Von Anfang an hatte die SED-Westarbeit einzig und allein das Ziel verfolgt, als strahlender Sieger aus dem entfachten Propagandakrieg hervorzugehen. Die Frage der strafrechtlichen Verfolgung und der belasteten Justiz diente dementsprechend lediglich als Instrument, mit dem sich Legitimationsgewinne gegenüber den eigenen Staatsbürgern, gezielte Einflußnahmen auf die westdeutsche Opposition und schließlich politisches Kapital für die internationale staatliche Anerkennung erreichen ließen.

In diese Konzeption fügte sich auch das Postulat, die Akten in der DDR allein durch eine gesamtdeutsche Kommission auswerten zu lassen. Genau in dem Moment, als die westdeutsche Seite sich zum weitergehenden Ausbau des deutsch-deutschen Rechtshilfeverkehrs bereit erklärte, setzte die DDR-Führung mit ihren deutschlandpolitischen Maximalforderungen auf Konfrontation. Dabei spielte nicht zuletzt auch die Umstrukturierung innerhalb des Propaganda-Apparats eine Rolle. Denn spätestens seit 1964 übte das MfS nicht nur entscheidenden Einfluß auf die verdeckte Überprüfung öffentlicher Personen in der Bundesrepublik aus, sondern bestimmte auch Planung und Durchführung der Kampa-

56 JM BW, AZ 4110b-IV/539, Bericht Rückerl über die Auswertung in Polen, 1.3.1965.

57 Dazu beispielsweise der Bericht von Rückerl, Zentrale Stelle über den Besuch einer Delegation der polnischen Hauptkommission in Ludwigsburg, 18.12.1967; JM BW, AZ 4110b-IV/539.

58 SAPMO-BAB, DY 30, IV, A2/2.028/6, Bericht Rehan über die Beratung vom 6.7.1965 in Berlin über die Fortführung der internationalen Kampagne gegen die Verjährung, 8.7.1965.

gnen, so vor allem der im Juli 1965 einsetzenden, in Westdeutschland höchst wirksamen »Braunbuch«-Kampagne. In Einzelfällen leisteten die DDR-Staatsanwaltschaften zwar noch Rechtshilfe, Mielkes Truppe aber dachte gar nicht daran, dem politischen Gegner jene freie Einsicht in das hauseigene Dokumentationszentrum zu gewähren, die selbst der ostdeutschen Justiz und Geschichtswissenschaft verwehrt wurde[59].

Es ist deshalb auch nicht davon auszugehen, daß Ulbricht, Mielke und Norden im Konflikt um die Verjährung auf sowjetische Anweisungen hin handelten. Abgesehen von einer ohnehin nicht zu unterschätzenden Selbständigkeit der SED gegenüber der »Bruderpartei« in Moskau[60] hätte es aus ostdeutscher Sicht keinen Sinn ergeben, Korrekturen an dem jahrelang propagierten Klischee von der faschistischen Bundesrepublik, dem – laut Ulbricht – »Naturschutzpark« für NS-Verbrecher, vorzunehmen. Der explizite Abgrenzungskurs, der in der Kampagne gegen die Verjährung verfolgt wurde, prägte künftig auch andere Bereiche der deutsch-deutschen Beziehung und setzte so dem ostdeutschen Pragmatismus der vorangegangenen kurzen »Tauwetterphase« bis auf weiteres ein Ende[61].

59 In diesem Sinne auch die Argumentation von Wieland, ehemals Leitender Sachbearbeiter für NS-Verbrechen beim Generalstaatsanwalt der DDR, Rechtsbeziehungen, S. 398 ff.

60 Vgl. dazu die Ergebnisse der Studie von Kaiser, Machtwechsel, über die Funktionsmechanismen der SED-Herrschaft in den sechziger Jahren, insbesondere auf dem Gebiet der Deutschland- und Wirtschaftspolitik.

61 Zur vom Dezember 1963 bis zum Sommer 1964 reichenden Phase des »offenen Gesprächs« vgl. Erker, Arbeit, S. 152 ff.

2.5 *Die Debatte im Bundestag*

Je näher der Tag rückte, an dem das Parlament über die Verjährungsfrist entscheiden sollte, um so mehr gewann die öffentliche Diskussion auch in der Bundesrepublik an Intensität. Ein wichtiger Impuls für die Kritik an der Verjährung ging von einer Initiative Simon Wiesenthals aus, des Leiters des »Dokumentationszentrums des Bundes jüdischer Verfolgter des Naziregimes« in Wien, der sich wie kaum ein zweiter dafür einsetzte, daß auch untergetauchte Täter aufgespürt und vor Gericht gestellt wurden[1]. So verwundert es nicht, daß Wiesenthal die bevorstehende Verjährung besonders aufbrachte. Mit der Begründung, daß diese »schicksalsschwere« Frage »nicht nur eine Angelegenheit der Politiker und Juristen« sei, hatte er im November 1964 österreichische und deutsche Intellektuelle um eine Stellungnahme zu dem Verjährungsbeschluß der Bundesregierung aufgefordert. Nachdem zwei Monate später weit über 300 Antworten – 90 Prozent davon gegen die Verjährung – in Wien eingegangen waren, wurden sie in einer öffentlichen Aktion der deutschen und österreichischen Regierung überreicht und im Buch *Verjährung? 200 Persönlichkeiten des öffentlichen Lebens sagen Nein* dokumentiert[2].

Darin versammelt waren Personen aus dem linken, liberalen und konservativen Spektrum; manche Antworten bestanden aus wenigen Sätzen, andere gerieten zu ausführlichen Erörterungen, in denen nicht nur Politisches, sondern auch private Erfahrungen verhandelt wurden. Zu den bekannteren Verfassern gehörten die Schriftsteller Heimito von Doderer, Ingeborg Drewitz, Wolfgang Hildesheimer, Uwe Johnson und Hans Werner Richter, die Verleger Ernst Klett, Kurt Neven Dumont und Heinz Ullstein, aus den Reihen der Professoren Wolfgang Abendroth, Iring Fetscher, Walter Jens, Golo Mann, Gotthold Rhode und die Theologen Martin Niemöller, Karl Rahner und Joseph Ratzinger.

Wie sehr dabei die Meinungsbildung gerade durch den Frankfurter Auschwitz-Prozeß beeinflußt wurde, zeigt ein Beitrag, der in dieser Publikation nicht unbedingt zu erwarten war. Der Autor: Hermann Josef Abs, Vorstandssprecher der Deutschen Bank, der sich »im Grundsatz völlig einig« mit Wiesenthal erklärte. Auch er sei der Überzeugung, daß die

1 Vgl. dazu Wiesenthals Autobiographie, Recht.

2 Vgl. Vorwort Wiesenthals in: Ders., Verjährung, S. 5 f.; zur Übergabe des Materials an das Bundespresse- und Informationsamt: BAK, B 136/3171, Vermerk von Hase für Erhard, 12.2.1965.

Strafgesetzgebung zwischen dem »Mörder alten Typs und dem modernen Massenmörder – die Schreibtischtäter eingerechnet« zu unterscheiden habe[3]. Gleichwohl sei die »Inadäquanz unseres Strafsystems« hier unübersehbar: »Wie könnte das, was in Auschwitz geschah, je gesühnt werden? Wer je dem Auschwitz-Prozeß beiwohnte, weiß um den beklemmenden Gegensatz der nüchternen Prozeßführung und des durch die rechtsstaatlichen Grundsätze beschränkten Strafbannes des Gerichtes zu den unbeschreiblichen Untaten«. Daher, so der Bankier, den diese Gedanken vermutlich auch vor dem Hintergrund seiner früheren Tätigkeit im Aufsichtsrat des IG-Farben-Konzerns umtrieben[4], könne den Tätern »nur vor einem anderen Richter« Gerechtigkeit zuteil werden.

Als in hohem Maße unzulänglich erachtete auch Ossip K. Flechtheim die NS-Verfahren. Aus der Perspektive des West-Berliner Politologen, Emigranten, Sozialisten und früheren Mitarbeiters des amerikanischen Hauptanklägers in Nürnberg nahmen sich die Dinge aber selbstverständlich anders aus: »Nur ganz wenige aus den niederen Rängen werden herausgegriffen. Der Rest sitzt schon recht seelenruhig unter uns. Daß ihr Seelenfriede nach der Verjährung noch größer werden wird, dürfte sicherlich richtig sein.« Dies alles schreie »daher zum Himmel«; was in der Bundesrepublik in erster Linie fehle, so Flechtheim nicht ohne Resignation, sei »ein wirklicher radikaler Bruch im Staat und in der Gesellschaft, in der Wirtschaft und in der Kultur«, der »uns in etwa von dem Grauen der Vergangenheit befreit« hätte[5].

Das wichtigste Forum für die öffentliche Meinungsbildung in Sachen Verjährung bot ohne Zweifel die Presse, ganz im Sinne ihres seit der *Spiegel*-Affäre etablierten Selbstbewußtseins als »vierte Macht« im Staate. Aufgrund der Demonstrationen im Ausland und der wachsenden innenpolitischen Opposition erreichte kein anderes Thema – von der deutschen Nahostpolitik einmal abgesehen – im Zeitraum von Januar bis März 1965 eine vergleichbare Dichte an Nachrichten, Berichten und Leitartikeln[6]. In der überwiegenden Mehrheit votierten die führenden

3 Abs in: ebenda, S. 11 ff., dort auch die folgenden Zitate.

4 Vgl. zur hochumstrittenen, bis heute nicht eindeutig geklärten Mittäter- und Mitwisserschaft des Bankiers im »Dritten Reich«, darunter auch im Kontext des von den IG Farben betriebenen Konzentrationslagers Auschwitz III / Monowitz jetzt James, Deutsche Bank.

5 Flechtheim in: Wiesenthal, Verjährung, S. 43 ff.

6 In der Zeit vom 1. Januar bis 3. April veröffentlichte die *Welt* insgesamt 95 kleinere oder größere Nachrichtenmeldungen, die *Süddeutsche* 77, die *Frankfurter Allgemeine* 68 und die *Frankfurter Rundschau* 66. Auch hinsichtlich der Kommentare

Tages- und Wochenzeitungen für die Verlängerung der Verjährungsfrist. Neben Müller-Meiningen jr. in der *Süddeutschen*, der befand, daß des Justizministers »Kassandrarufe unter dem Motto Rechtsstaat in Gefahr« unbegründet seien[7], fanden sich entsprechende Wortmeldungen im *Spiegel*, in der *Zeit*, ja auch in eher rechts von der Mitte angesiedelten Blättern wie dem katholischen *Rheinischen Merkur* und der *Welt*[8].

Bemerkenswert war, daß selbst die *Bild*-Zeitung, Axel Springers populistisches »Flaggschiff« (vermutlich auf dessen Geheiß), gegen das geltende Verjährungsrecht anschrieb – und dies mit einem unverkennbar erzieherischen Anspruch gegenüber einer Leserschaft, die in dieser Frage zumeist ganz anderer Ansicht war. In einfach gestrickter, aber nicht minder deutlicher Argumentationsführung stellte das Massenblatt klar, daß die Verjährungsregelung »weder Naturrecht, noch unumstößliches Menschenrecht« sei, sondern nur »einfaches, positives Recht, das so sein kann und auch anders«. Wie aber, so die anschließende rhetorische Frage, könne es »rechtlich gedacht sein, wenn furchtbarste Menschenschändungen, Massenmorde ungesühnt bleiben, bloß weil die Schuldigen zwanzig Jahre untertauchen konnten?« Nachdenklich resümierte der Kommentar: »Sind wir nicht ein zu sehr nach Paragraphen denkendes Volk? Ersetzen Paragraphen nicht zuweilen ein rechtlich denkendes Empfinden oder gar das Gewissen?«[9]

Allein zwei Tageszeitungen scherten aus dem breiten Konsens der meinungsführenden Presse aus: die *Frankfurter Allgemeine* und, erstaunlicherweise, ihr linksliberaler lokaler Konkurrent, die *Frankfurter Rundschau*. Wenngleich zu den gesellschaftspolitischen Leitlinien der *Rundschau* seit ihrer Gründung die kritische Auseinandersetzung mit der NS-Vergangenheit zählte, so hatte sich die Zeitung unter der Leitung von Karl Hermann Flach, zuvor Bundesgeschäftsführer der FDP, in punkto Verjährung den Überzeugungen der Freidemokraten angenähert. Die Redaktion stellte sich in einer gemeinsamen Wortmeldung auf den Standpunkt, daß »eine Sondergesetzgebung – und etwas anderes wäre eine gezielte Fristverlängerung nicht – mit dem Gedanken des Rechts-

stand Springers *Welt* mit 18 Leitartikeln an der Spitze, gefolgt von *SZ* und *FAZ* mit je 11 und der *FR* mit 8; Angaben nach der Presseauswertung der Verjährungsdebatten 1965 und 1979 von Lesczenski, Verjährungsdebatten, S. 72 ff.

7 SZ, 19.1.1965, S. 1.

8 Vgl. zur Haltung der Presse auch Lesczenski, Verjährungsdebatten, S. 75 ff.

9 Bild, 1.2.1965.

staats unvereinbar« sei[10]. Befürchtet wurde, das durch die NS-Herrschaft beschädigte Rechtsbewußtsein der Deutschen werde durch ein Ausnahmegesetz für NS-Täter erneut in Mitleidenschaft gezogen.

In einer seltenen politischen Allianz mit Johann Georg Reißmüller von der *FAZ*[11] polemisierte insbesondere Flach in der *FR* gegen die sich abzeichnende Friständerung, und dies selbst dann noch, als eine Resolution von 76 westdeutschen Staatsrechts- und Strafrechtslehrern ein solches Gesetz für verfassungsrechtlich unbedenklich und »aus Gründen der Gerechtigkeit« für »unerläßlich« erklärt hatte[12]. Flach indessen glaubte, daß die Verlängerung der Verjährungsfrist gar einem späten Sieg Adolf Hitlers gleichkomme: »Zwanzig Jahre nach seinem Selbstmord« zwinge er »die demokratische Bundesrepublik noch zur Rechtsmanipulation«[13].

Das eigentlich Überraschende der Berichterstattung zur Verjährung war jedoch nicht der skrupulöse, in zunehmendem Maße aber auch verstockte Widerspruch der beiden Frankfurter Tageszeitungen, sondern die Tatsache, daß sich die westdeutschen Printmedien mehrheitlich für die Gesetzesänderung aussprachen. Wie bei kaum einem anderen politischen Thema stellte sich die Presse damit gegen die Stimmungslage in der Bevölkerung. Gerade was den Umgang mit der nationalsozialistischen Vergangenheit betraf, so scheint es, verstanden sich viele Journalisten und Publizisten als politisch-kulturelle Avantgarde, die ihren Auftrag darin sah, mentale Residuen aus der NS-Zeit zu überwinden und die deutsche Gesellschaft nach westlichem Vorbild zu demokratisieren.

In der Tendenz barg das elitäre Selbstverständnis der Presse die Gefahr einer Entfremdung von der Leserschaft in sich. Im Laufe der Verjährungsdebatte aber erreichten die Journalisten offensichtlich ihr selbstgestecktes Ziel, Meinungsführer und Meinungsmacher zu sein: Zahlreiche

10 Stellungnahme der Redaktion zu einem Beitrag des Strafrechtsprofessors Arthur Kaufmann, der für die Fristverlängerung eintrat; FR, 18.2.1965, S. 17.

11 Reißmüller begründete seine unbedingte Ablehnung der Fristverlängerung jedoch weniger mit historisch-moralischen Skrupeln als mit einem dogmatischen Rechtsverständnis, das von der Verfassungswidrigkeit einer Gesetzesänderung überzeugt war: »Dagegen«, so Reißmüller in einem seiner Leitartikel, sei »bisher nichts Überzeugendes vorgebracht worden«; FAZ, 12.1.1965, S. 1; weitere Kommentare in der FAZ: 15.1.1965, S. 2; 25.2.1965, S. 2; 11.3.1965, S. 1; 12.3.1965, S. 1.

12 Die von Horst Ehmke, seinerzeit Professor für Staatsrecht in Freiburg, initiierte Resolution unterzeichneten so prominente Juristen wie Otto Bachhof, Ernst Friesenhahn, Werner Maihofer, Claus Roxin und Hans Welzel; Vorgänge zur Entstehungsgeschichte der Resolution in: AdsD, NL Ehmke, 1/HEAA00 1034.

13 FR, 11.3.1965, S. 3; vgl. auch den Kommentar am 30.1.1965, S. 3.

Leserbriefe und Stimmungsberichte weisen darauf hin, daß spätestens im Februar 1965 das Thema Verjährung auch in der Bevölkerung intensiv diskutiert wurde. So notierte beispielsweise ein Publizist aus Osnabrück, erstaunlich sei »die unerwartet starke, ja leidenschaftliche Beteiligung weiter Kreise und die völlige Verwirrung der Maßstäbe. Ist der politische Maßstab wichtiger als der juristische oder der moralische? Steht das Prinzip der Gerechtigkeit höher als das Gesetz? Wo ist die Grenze zwischen krimineller und politischer Schuld?«[14]

Es war naheliegend, daß nicht nur der Wunsch nach gesellschaftlicher Selbstverständigung über diese Fragen spürbar stieg, sondern zugleich das allgemeine Bedürfnis nach Orientierung, nach klaren Vorgaben und überzeugenden Lösungsvorschlägen durch die Politik stetig zunahm. Allen voran übernahm Adenauer diese Rolle. Mit dem gewohnten Habitus des Patriarchen wies der Altbundeskanzler, der an öffentlichem Ansehen und Autorität in dem Maße zulegte, wie Erhards Reputation – nicht zuletzt durch sein Lavieren in der Verjährungsfrage – gelitten hatte, den Bundesbürgern die künftige Marschrichtung. Anfang Dezember ließ er sich im *Spiegel* mit der Bemerkung zitieren, er könne es nicht hinnehmen, daß nach Eintreten der Verjährung »die braunen Mordbuben frech und frei herumlaufen«[15]. Zwei Monate später intervenierte Adenauer erneut und setzte sich für den Kompromißvorschlag ein, die Verjährungsfrist in Anlehnung an den SPD-Antrag von 1960 erst 1949 einsetzen zu lassen[16]. Auf diese Weise, so legte er Benda sein Einlenken nahe, bräuchten weder das Parlament noch die CDU/CSU-Fraktion auseinanderzufallen[17].

Die Befürchtungen des Kanzlers a. D. und amtierenden Bundesvorsitzenden der CDU waren alles andere als unbegründet. Inzwischen hatten sich nämlich hinter Bendas Gesetzentwurf, der eine Verlängerung der Frist auf 30 Jahre vorsah, insgesamt 50 CDU-Abgeordnete gestellt. Nicht wenige davon waren prominent und einflußreich: Zu den Unterzeich-

14 Beitrag aus der Broschüre *Verjährung: Pro und Kontra*, S. 9 f., die das »Selbsthilfewerk für politische Bildung: Stätte der Begegnung e.V. Vlotho« im Februar 1965 publizierte. Der Name des Verfassers wurde – wie bei allen der über 20 abgedruckten Zuschriften an das Bildungswerk – anonymisiert.

15 Der Spiegel, 16.12.1964, S. 20.

16 Interview in der StZ, 6.2.1965, S. 4.

17 Der Inhalt des am 24. Februar 1965 von Adenauer verfaßten Briefs ist wiedergegeben bei Benda, Bewältigung, S. 171.

nern des am 19. Januar im Bundestag eingebrachten Antrags zählten die beiden Rechtspolitiker Matthias Hoogen und Hans Wilhelmi, der von Hoogen den Vorsitz des parlamentarischen Rechtsausschusses übernommen hatte; ferner Hans Katzer, als Gründer und Leiter der CDU-Sozialausschüsse eine der Führungsfiguren des linken CDU-Flügels, Josef Stingl, Vorsitzender des aus Ostdeutschland stammenden Landesverbandes Oder-Neiße, und schließlich Franz Böhm, anerkannter Wirtschaftsexperte und engagierter Fürsprecher einer Verständigung mit Israel[18].

Mit dem Rückhalt dieser breiten Zustimmung in der CDU war Benda in der Lage, sich der wiederholten Interventionen des Fraktionsvorstands zu widersetzen, er möge doch seinen Antrag verschieben oder zumindest auf eine Debatte im Plenum verzichten. »Solche Dinge müßten im Parlament diskutiert werden«, beharrte hingegen Benda auf seinem Standpunkt und konnte sogar darauf hoffen, daß sein Antrag im Bundestag eine realistische Chance haben würde[19]. Denn im Hinblick auf die Mehrheitsverhältnisse im Parlament waren die Verjährungsgegner im Januar 1965, sofern die SPD geschlossen für die Fristverlängerung stimmen sollte, den Befürwortern in der CDU/CSU- und FDP-Fraktion nur noch knapp unterlegen.

Unterdessen entspann sich zwischen Franz-Josef Strauß und der FDP ein eindrucksvoller Wettstreit um die Gunst der rechtskonservativen Wählerschaft. Auf Buchers Äußerung, man müsse notfalls mit den Mördern zusammenleben, reagierte der CSU-Vorsitzende zwei Wochen später mit markigen Worten, die er in ähnlicher Diktion noch des öfteren anbrachte: Die Verlängerung der Verjährungsfrist, so Strauß auf einer Parteiversammlung in Garmisch-Partenkirchen, bedeute eine »Erschütterung des Rechtsbewußtseins der Menschheit und eine Fälschung der Geschichte, weil man damit dokumentiert, als ob nur die Deutschen allein Kriegsverbrechen begangen hätten«[20]. Mit untrüglichem Gespür für die »Volksmeinung« hatte Strauß damit jenes Argument des »Aufrechnens« aufgegriffen, das – weit mehr als die Rede von der Rechtsstaat-

18 Antrag der Abgeordneten Benda, Wilhelmi, Gradl, Kliesing, Stingl, Katzer und Genossen, BT-Drucksache IV/2965.

19 Zitat aus der Sitzung des Arbeitskreises I (Recht) der CDU/CSU-Bundestagsfraktion am 19.1.1965; ACDP, VII-002-035/1; dazu auch die Diskussion zwischen Weber, Barzel und Benda auf den CDU/CSU-Fraktionssitzungen am 12. und 19.1.1965; ebenda, VII-001-1010/1.

20 Zitiert nach FAZ, 8.2.1965, S. 1; vgl. auch zu entsprechenden Äußerungen von Strauß auf einer Veranstaltung der Jungen Union in Neuß: WAZ, 15.2.1965, S. 1.

lichkeit – die Bevölkerung gegen eine Fristverlängerung und gegen die NS-Prozesse überhaupt einnahm[21].

Die Freidemokraten dagegen nutzten alle Mittel, die ihnen als Regierungspartei zu Gebote standen, um sich gegen die drohende Friständerung öffentlichkeitswirksam in Szene zu setzen. Zunächst kündigte der Justizminister in einem Interview mit dem *Spiegel* an, daß er zurücktreten werde, falls das Kabinett seine Entscheidung nachträglich revidiere[22]. Ein paar Wochen später stellte der Parteivorsitzende Mende noch weitergehende Konsequenzen in Aussicht und erklärte in Anspielung auf die *Spiegel*-Affäre: »Die FDP hat bereits vor einigen Jahren bewiesen, daß sie nicht davor zurückschreckt, angesichts bestimmter Umstände ihre Minister aus dem Kabinett zurückzuziehen. Wehe dem Staat, der sich in seiner Rechtsstaatlichkeit von außen unter Druck setzen läßt«[23]. Diese Warnung brachte Mende allerdings auf einer relativ unbedeutenden Veranstaltung in der rheinischen Provinz vor, so daß er das ultimative Druckmittel des Koalitionsbruchs in der Presse lancieren konnte, ohne sich im Zweifelsfall an die eigenen Ankündigungen halten zu müssen.

Solche Drohgebärden zeugten nur bedingt von Selbstbewußtsein. Ebensogut konnten sie auch als Anzeichen für die wachsende Ohnmacht des kleineren Koalitionspartners verstanden werden, eine Entscheidung zu seinen Ungunsten noch abwenden zu können. Das Vorhaben der FDP-Parteiführung geriet endgültig in die Defensive, als der Bundesrat am 12. Februar über die Gesetzesinitiative des Hamburger Senats, der mit dem Vorschlag Bendas identisch war, debattierte[24]. Unterstützt wurde

21 Nach einer vom Fernsehmagazin *Report* in Auftrag gegebenen Umfrage gaben unter den erklärten Befürwortern der Verjährung 67 % zur Begründung an, auch die ehemaligen Kriegsgegner hätten Verbrechen begangen; 57 % widerstrebte es, das »eigene Nest zu beschmutzen«; 54 % waren der Ansicht, es sei inzwischen zu viel Zeit verstrichen, um noch NS-Prozesse zu führen; nur 40 % beriefen sich auf die Tatsache, daß die Verjährungsfrist für Mord nach dem geltenden Gesetz 20 Jahre betrug; Süddeutscher Rundfunk, Report, 15.3.1965.

22 Der Spiegel, 27.1.1965, S.22. Diese Drohung wiederholte Bucher einige Male, so in einer Diskussion mit Benda und Jahn im Hessischen Rundfunk; 31.1.1965, 11 Uhr; Abschrift in: AdsD, SPD-Bundestagsfraktion 4. WP/565; weitere Ankündigung in: FAZ, 6.2.1965, S. 1.

23 Äußerung Mendes auf einem Podiumsgespräch in Rheydt, zitiert nach WAZ, 13.2.1965.

24 Initiativantrag der Stadt Hamburg, BR-Drucksache, 21/65, 14.1.1965, in: Zur Verjährung, S. 61 ff.; zur Debatte während der 278. Sitzung des Bundesrats, an deren Ende der Antrag dem Rechtsausschuß des Bundesrats überwiesen wurde, vgl. ebenda, S. 66 ff.

der Antrag von den beiden übrigen SPD-geführten Ländern Hessen und Berlin. Neben juristischen Erwägungen betonten alle drei Ländervertreter in der Aussprache, daß die immense Anzahl von Belastungsdokumenten in den osteuropäischen und westdeutschen Archiven unmöglich in der verbleibenden Zeit von zwei Monaten ausgewertet werden könnten.

Diese Tatsache, die der Berliner Senator Klaus Schütz hinter den Kulissen noch mit dem Hinweis bekräftigte, die Verjährung beeinträchtige nicht zuletzt das rechtspolitisch so bedeutsame Ermittlungsverfahren gegen das Personal des Reichssicherheitshauptamts[25], konnte daraufhin auch der Bundesjustizminister nicht mehr unterschlagen. In seinem Bericht an den Bundestag zum Stand der Ermittlungen mußte Bucher eingestehen, daß »in verschiedenen Archiven – vor allem im sowjetischen Machtbereich – noch Material vorhanden ist, das bis zum 8. Mai 1965 nicht restlos ausgewertet werden« könne. Es könne »daher nicht ausgeschlossen werden, daß noch unbekannte Taten von Bedeutung oder unbekannte Täter in maßgebenden Stellungen nach dem 8. Mai 1965 bekannt werden«.[26]

Wenngleich den Freidemokraten die Argumente langsam ausgingen, waren sie weit davon entfernt, ihr Nein zur Fristverlängerung zu widerrufen. In der Kabinettssitzung am 24. Februar, in der Buchers Bericht diskutiert wurde, erneuerte Vizekanzler Mende seine Warnung, daß ein veränderter Regierungsbeschluß Buchers Rücktritt zur Folge haben werde – und, so hatte der Fraktionsvorstand zuvor beschlossen, »daß darüber hinaus die FDP-Minister sich jede Konsequenz vorbehalten«[27]. Mende und Bucher kannten ihren leicht einzuschüchternden Kanzler gut genug, um zu wissen, daß dieses Kräftemessen zu ihrem Vorteil ausgehen würde. Im Ergebnis einigte man sich im Kabinett auf einen vom Kanzleramt vorbereiteten Kompromiß[28], der ausdrücklich keinen Beschluß, sondern laut der Formulierung des Regierungssprechers eine »Willenserklärung« darstellte: »Die Bundesregierung wird den Deutschen Bundestag in seinem Bemühen unterstützen, unter Wahrung rechtsstaatlicher Grundsätze eine Möglichkeit zu schaffen, daß der Gerechtigkeit Genüge getan wird.«[29]

25 Darüber berichtete Ernst Benda am 12.1.1964 in der Sitzung des Arbeitskreises I der CDU/CSU-Bundestagsfraktion; ACDP, VII-002-035/1.
26 BT-Drucksache IV/3124, 26.2.1965, in: Zur Verjährung, S. 88 ff., Zitat S. 143.
27 AdL, A 40-811, Protokoll der Sitzung des FDP-Fraktionsvorstands am 24.2.1965.
28 BAK, B 136/3168, Vermerk Schnekenburger für Westrick zur Kabinettssitzung.
29 BT-Drucksache IV/3124, 26.2.1965, in: Zur Verjährung, S. 143.

Was unter den Begriffen »Gerechtigkeit« und »rechtsstaatliche Grundsätze« zu verstehen war, wurde in der Entschließung absichtlich offengelassen, die Verjährung sicherheitshalber gar nicht erst erwähnt. Doch auch wenn Erhard und sein Kanzleramtsminister glauben mochten, es damit allen recht gemacht zu haben – den unversöhnlichen Freidemokraten auf der einen, den amerikanischen und westeuropäischen Verbündeten auf der anderen Seite –, so hatte ihr Vorgehen in erster Linie zur Folge, daß sich die Regierung als politische Kraft selbst ausschaltete und die gesamte Verantwortung an den Bundestag abtrat. »Das ist unser Richtlinienkanzler Ludwig Erhard, wie er leibt und lebt«, kommentierte die *Frankfurter Rundschau* voller Hohn, »alles andere, nur keine Entscheidungen treffen!«[30]

Wie wenig mit der Regierungserklärung tatsächlich gewonnen war, sollte sich schon kurz darauf zeigen. Nun entbrannte ein Streit, wie die »Willenserklärung« auszulegen sei. Den Anfang machte der hilflos wirkende Regierungssprecher von Hase mit seiner Erklärung, die Formulierung, »der Gerechtigkeit werde Genüge getan«, bedürfe keiner weiteren Interpretation[31]. Sodann ließ die FDP in einer Pressemitteilung verlauten, sie begrüße die in der Erklärung festgestellte Ablehnung der Friständerung durch die Bundesregierung. Ernst Benda schließlich setzte dagegen, daß er das Regierungsvotum als unmißverständliche Aufforderung an den Bundestag verstehe, die Verlängerung zu beschließen[32].

Die Sozialdemokraten nahmen sich bis zum letzten Tag vor der Bundestagsdebatte Zeit, ihre Strategie und eigene Gesetzesinitiative zu beraten. Was die Abgeordneten aus dem SPD-Arbeitskreis Rechtswesen dann in der Fraktionssitzung am 9. März zur Diskussion stellten, entsprach nicht den Gepflogenheiten im Parlament. Statt einem sollten dem Bundestag nun zwei unterschiedliche Gesetzentwürfe vorgelegt werden. Ersterer sah vor, durch eine Änderung des Strafgesetzbuchs die Verjährung von Mord und Völkermord ganz aufzuheben. Der zweite hatte dasselbe Anliegen, beabsichtigte jedoch eine Ergänzung des Grundgesetzes[33].

30 »Durch die Hintertür«, FR, 25.2.1965.

31 Vgl. die Berichte in FR und SZ, 25.2.1965, S. 1.

32 Vgl. »Streit um ›Willenserklärung‹ zur Verjährungsfrage«, FR, 26.2.1965.

33 Beide Anträge als BT-Drucksache IV/3162, 9.3.1965, in: Zur Verjährung, S. 145 f. Das Protokoll der Diskussion am 23.2.1965 im AK Rechtswesen in: AdsD, SPD-Bundestagsfraktion 4. WP/565.

Gerhard Jahn, der Vorsitzende des Arbeitskreises, erläuterte die Gesetzesinitiativen in der Fraktion[34]. Aber obgleich er uneingeschränkt für beide Anträge plädierte – juristisch gesehen, sei die Grundgesetzänderung die beste Lösung, die einfache Strafrechtsänderung sei jedoch politisch geboten, weil keine verfassungsändernde Mehrheit zustande kommen werde –, konnte er deren logische Unvereinbarkeit nicht verdecken. Ging man nämlich ernsthaft von der Verfassungswidrigkeit der Verjährungsänderung aus, war es nur schlecht zu begründen, warum man in einem Alternativvorschlag dies allein aus Mangel an politischen Mehrheiten zu ignorieren bereit war. Wenn sich die Mehrheit der SPD-Rechtspolitiker dennoch für die nicht durchsetzbare Grundgesetzänderung einsetzten, so deshalb, um zu signalisieren, daß man ein eventuelles späteres Scheitern der Strafrechtsänderung vor dem Bundesverfassungsgericht habe vermeiden wollen.

Für einen Sozialdemokraten aber schuf die Ergänzung des Grundgesetzes erst die Voraussetzung, um überhaupt für eine veränderte Verjährungsfrist stimmen zu können: Adolf Arndt, der den Entwurf dazu selbst verfaßt hatte[35]. Auch an ihm waren die Proteste der vergangenen Wochen, die einhellige Ablehnung der Verjährung unter Parteifreunden und parteinahen Rechtswissenschaftlern nicht spurlos vorbeigegangen. Vielmehr hatten all diese Reaktionen ihn zum Umdenken bewogen. Da er zuvor aber in mehreren Aufsätzen und Artikeln eine Fristverlängerung mit größter Entschiedenheit verworfen hatte[36], bot dem angesehenen Juristen allein der Weg der Verfassungsänderung die Möglichkeit, das Gesicht zu wahren. Und selbst diese hatte der temperamentvolle, um starke Worte nie verlegene sozialdemokratische Rechtspolitiker wiederholt als eine »Durchbrechung der Verfassung« bezeichnet, die »unter allen Umständen rechtswidrig« sei[37].

Im Gegensatz zu Arndt, Jahn und Martin Hirsch waren viele Fraktionskollegen der Überzeugung, daß die Grundgesetzänderung kontraproduktiv sei, die Position der SPD im Verjährungsstreit schwächen und damit die Aussichten auf eine Gesetzesänderung überhaupt verschlech-

34 Zum folgenden Fraktionssitzung Nr. 106, 9.3.1965, in: SPD-Fraktion, Sitzungsprotokolle 1961-1966, S. 601 f.

35 Der handschriftliche Entwurf des Gesetzes in: AdsD, NL Jahn, 472 B, 26.2.1965.

36 Vgl. vor allem den kurz zuvor, am 5. März 1965, publizierten Aufsatz »Zum Problem der strafrechtlichen Verjährung«, in: JZ 1965, S. 145 ff.; »Verjährung nicht preisgeben!« in: Tribüne 12 (1964), S. 1263 f.

37 StN, 21.11.1964, S. 35; Wiederabdruck in der Broschüre: *Verjährung: Pro und Kontra*, S. 4.

tern werde. Nach langer und kontroverser Diskussion erreichte Arndts Vorlage daher nur eine knappe Mehrheit, während der Antrag auf Änderung des Strafgesetzes bei einer Gegenstimme angenommen wurde[38].

Ermutigt durch die Initiative der SPD, setzte sich Ernst Benda noch am Abend vor der Debatte mit den Mitunterzeichnern seines Antrags in Verbindung. Vereinbart wurde nun ebenfalls die vollständige Aufhebung der Verjährung im Strafgesetzbuch. Die ursprünglich vorgesehene Verlängerung, so erläuterte Benda am folgenden Tag seinen Kurswechsel im Parlament, sei der »damals erreichbaren Mehrheit« geschuldet gewesen. Er persönlich habe indessen die neue Fassung »immer für die richtige Lösung gehalten«[39]. Mit der kurzfristigen Adaption des SPD-Vorschlags signalisierte Benda, daß es ihm nicht um einen halbherzigen Kompromiß zu tun war, sondern um einen klaren Beitrag zur öffentlichen Meinungsbildung, der in dieser Weise auch von vielen Abgeordneten gewünscht wurde.

Mitte der sechziger Jahre stand keine andere Bundestagsdebatte so sehr im Rampenlicht der internationalen und westdeutschen Öffentlichkeit wie die erste Lesung der Gesetzentwürfe zur Verjährung am 10. März 1965. Und keine andere Sitzung des Parlaments wurde in dieser Zeit wohl von so vielen Deutschen im Radio und Fernsehen (die das Ereignis direkt übertrugen) verfolgt. Auch wenn dem Existenzphilosophen Karl Jaspers eine ausnehmend pathetische Sprache und ein elitärer Gestus zu eigen waren, vermittelt seine vielbeachtete Einschätzung in einem *Spiegel*-Interview mit Rudolf Augstein doch einen treffenden Eindruck davon, mit welch hohen Erwartungen dieser Debatte entgegengesehen wurde: »In dieser großen Parlamentssitzung, so hoffe ich, werden Politiker sprechen, in denen Deutsche sich wiedererkennen. Sie werden mit der Kraft des Geistes sehen und sagen können, worum es sich handelt.«

Ob sich bei den Abgeordneten tatsächlich die rechte Erkenntnis einstellen werde, wollte Jaspers nicht am Ergebnis gemessen sehen (obwohl in seinen Augen nur die Abschaffung der Verjährungsfrist in Frage kam), sondern an der Aufrichtigkeit der Parlamentsdiskussion, die, fern aller

38 Die Gegenargumente trugen vor allem Ludwig Metzger, Walter Seuffert und Franz Neumann vor; Fraktionssitzung Nr. 106, 9.3.1965, in: SPD-Fraktion, Sitzungsprotokolle 1961-1966, S. 603 f.; die Abstimmung S. 608.

39 BT-Berichte 4. WP, 170. Sitzung am 10.3.1965, in: Zur Verjährung, S. 160. Der neue Antrag der Abgeordneten Benda, Wilhelmi, Stingl und Genossen: BT-Drucksache IV/2965 (neu), 9.3.1965, mit 14 Unterschriften, in: Ebenda, S. 144.

Rechtfertigung und Bagatellisierung, die Deutschen von ihrer nicht überwundenen Affinität zum Nationalsozialismus gleichsam erlösen sollte: Die Bundestagsabgeordneten, so der Philosoph, müßten »glaubwürdig machen, daß wir in einem werdenden Staate leben, der sich als Neuschöpfung nach der Katastrophe von 1933 bis 1945 findet und begreift. Dann wird Opportunismus, Zweckmäßigkeit, Angst vor dem Ausland wie nichts verschwinden und die natürliche, menschliche, einfache Ergriffenheit des Gewissens der Deutschen ihnen antworten: Ja, ganz selbstverständlich.«[40]

Schon hinsichtlich des äußeren Rahmens entsprachen die Bundestagsfraktionen dieser enormen, bei Jaspers dann vollends übersteigerten Erwartungshaltung: In der über sieben Stunden dauernden Redeschlacht traten 15 Abgeordnete ans Mikrofon, zahlreiche andere meldeten sich mit Nachfragen und Zwischenrufen zu Wort. Der Eindruck, daß der Bundestag hier tatsächlich als »Volksvertretung« auftrat, wurde noch zusätzlich durch die demonstrative Zurückhaltung der Bundesregierung verstärkt. Mit Ausnahme von Bucher, der die Aussprache mit einem kurzen Überblick über die Ahndung von NS-Verbrechen eröffnete und zu einem späteren Zeitpunkt seine persönliche Auffassung in einer allgemein als schwach bewerteten Rede darlegte[41], ergriff kein Minister das Wort. Auch der Bundeskanzler trat nicht in Erscheinung. Trotz inständiger Bitten seines Regierungssprechers, der die Unzufriedenheit der Wählerschaft und die mokanten Zeitungskommentare vorhersah, weigerte sich Erhard, im Bundestag zu sprechen[42]; ja er hielt es sogar für angebracht, seinen Totalverzicht auf Verantwortung noch symbolisch zu unterstreichen, indem er die Regierungsbank verließ und die Diskussion von seinem Abgeordnetenplatz aus verfolgte[43].

40 »Für Völkermord gibt es keine Verjährung«, Der Spiegel, 10.3.1965, S. 49 ff.; Nachdruck in: Jaspers, Bundesrepublik, S. 19 ff., Zitat S. 31. In die gleiche Richtung ging auch Jaspers' überzogene, aus konservativ-elitärer Perspektive verfaßte Generalabrechnung mit der politischen Klasse »Wohin treibt die Bundesrepublik?«, ein Bestseller des Jahres 1966, der den antidemokratischen Ressentiments vieler Deutscher offensichtlich entgegenkam; vgl. als Kritik Sontheimer, Übertreibungen, S. 662 f.

41 BT-Berichte 4. WP, 170. Sitzung am 10.3.1965, in: Zur Verjährung, S. 147 ff., S. 177 ff.

42 BAK, B 136/3168, von Hase an Erhard, 9.3.1965 (im Anhang die vom Regierungssprecher für die Plenarsitzung vorbereitete Rede).

43 Vgl. Benda, Bewältigung, S. 174.

Es waren in erster Linie die Reden von Ernst Benda, Rainer Barzel, Adolf Arndt und Thomas Dehler, die einen nachhaltigen Eindruck hinterließen. Mit der Präsentation des von ihm initiierten Gruppenantrags stand Benda der wichtigste Auftritt seiner bisherigen politischen Laufbahn bevor. Anfangs sichtlich nervös, dann aber mit zunehmender Sicherheit warb der Berliner CDU-Abgeordnete um den »freien, fairen Austausch von Ideen«, die auf beiden Seiten aus »respektablen und achtbaren Motiven« vertreten würden. Nachdrücklich nahm Benda auch für sich und seine Mitunterzeichner in Anspruch, eine Gewissensentscheidung getroffen zu haben – nicht aus opportunistischen Erwägungen, wie ihm so oft unterstellt werde, sondern unter dem »Druck der eigenen Überzeugung«[44].

In klaren Worten vermittelte er seinen Begriff von materieller Rechtsstaatlichkeit, den er bereits Anfang des Jahres in einer Broschüre dargelegt hatte[45], und wies die Behauptung des Justizministers, daß »die Befürworter der Verjährung die Verfassung manipulieren wollten«, als perfide Unterstellung zurück. Im Kern aber, so Benda, gehe es ihm um »die Erwägung, daß das Rechtsgefühl eines Volkes in unerträglicher Weise korrumpiert werden würde, wenn Morde ungesühnt bleiben müßten, obwohl sie gesühnt werden könnten«. Wie stehe es mit der Gerechtigkeit »in einem Staat, in dem für Jugendstreiche jemand ins Gefängnis kommt und Leute, die Morde begangen haben, ungestraft herumspazieren«[46]. Gerade weil Benda damit der im rechten Lager so populären moralischen Relativierung der NS-Morde als Ausnahmetaten in einer Ausnahmesituation widersprach, provozierte er anhaltende Unruhe in den Reihen der FDP (und Zurufe wie »Bleiben Sie doch bitte sachlich!«).

Ernst Benda gehörte mit seinen damals 40 Jahren zu jener »skeptischen Generation« oder, vielleicht treffender, zu den »45ern«, bei denen sich im Unterschied zur noch in »Weimar« sozialisierten Politikergeneration die politische Option für den Westen bereits mit einer ausgeprägten kulturellen und intellektuellen Westorientierung verband[47]. Vor diesem Hintergrund ist auch sein verändertes – »verwestlichtes« – Nationalismus-Konzept zu verstehen, mit dem er der strafrechtlichen Aufarbeitung von

44 BT-Berichte 4. WP, 170. Sitzung am 10.3.1965, in: Zur Verjährung, S. 154 ff.

45 Vgl. Benda, Verjährung und Rechtsstaat.

46 BT-Berichte 4. WP, 170. Sitzung am 10.3.1965, in: Zur Verjährung, S. 158 ff.

47 Zur historiographischen Konzeptualisierung einer Generation der »45er« sowie zu Schelskys Begriff der »skeptischen Generation« vgl. Moses, Die 45er. Benda selbst hatte durch einen Studienaufenthalt 1949/50 in Wisconsin die amerikanische Kultur und Gesellschaft kennengelernt.

NS-Verbrechen eine tiefere Begründung zu geben suchte. So zitierte er das weitverbreitete Argument gegen die NS-Prozesse, »man müsse um der Ehre der Nation willen« damit »Schluß machen«, münzte es aber sogleich in sein Gegenteil um: Für ihn nämlich bestehe die »Ehre der Nation« in der Feststellung, daß »dieses deutsche Volk doch kein Volk von Mördern« sei und daß es ihm erlaubt sein müsse, »sich selbst von diesen Mördern« zu befreien[48].

Mit seinen Ausführungen veranschaulichte Benda nicht nur, daß bei vielen, gerade jüngeren Politikern die Distanzierung von der Vergangenheit und den Tätern weit vorangeschritten war. Er prägte damit auch den künftigen Umgang mit der NS-Zeit – und dies insbesondere im Hinblick auf die Gedenkkultur. So stellte er an den Schluß seiner Rede ein Zitat aus Yad Vashem, Israels nationaler Gedenkstätte für die Shoa: »Das Vergessenwollen verlängert das Exil, und das Geheimnis der Erlösung heißt Erinnerung«[49].

Zwanzig Jahre später, mit Richard von Weizsäckers Rede zum 8. Mai 1985, sollten diese Worte endgültig in den Kanon des Gedenkens an den Holocaust in der Bundesrepublik eingehen. Doch stammte der Satz aus der israelisch-zionistischen Erinnerungskultur, die den neuen Staat in gewissem Sinne als »Erlösung« für die jüdische, vom Völkermord gezeichnete Diaspora verstand. Eine Übertragung in den deutschen, christlich geprägten Kontext war somit unvermeidlich mit einer spezifischen Bedeutungsverschiebung verbunden. Es war in dieser Hinsicht kennzeichnend, daß Benda sich in seinem Beitrag kaum der Mühe einer genaueren Erinnerung an die NS-Zeit unterzog und die Verbrechen nur in Andeutungen erwähnte. Insofern vermittelte das Schlußwort eine tendenziell inhaltsleere, auf alle Fälle aber vage Vorstellung von dem, worin eigentlich die angestimmte Trauer begründet sei und wessen gedacht werden solle. In seiner Intention war das Zitat nicht auf die schwer zu ertragende Vergegenwärtigung des Holocaust gerichtet, sondern, der christlichen Liturgie entsprechend, auf die Gewißheit von Läuterung und Erlösung[50].

Der nur ein Jahr ältere Rainer Barzel trat als Gegenspieler Bendas auf. In seinem Beitrag, der erkennbar an die Stammwählerschaft der Partei

48 BT-Berichte 4. WP, 170. Sitzung am 10.3.1965, in: Zur Verjährung, S. 165.

49 Ebenda, S. 166. Die genauere Übersetzung dieses Ausspruchs, der dem Gründer des Chassidismus Baal Schem tow zugeschrieben wird, lautet: Vergessen verlängert die Zeit des Exils! Das Geheimnis der Erlösung liegt in der Erinnerung. Dazu Claussen, Grenzen, S. 14 f.

50 Vgl. auch Brumlik, Trauerrituale, S. 209 f.

adressiert war, bekannte der CDU/CSU-Fraktionsvorsitzende erst nach einer langen Vorrede, daß er für die Verschiebung der Frist votiere[51]. Zuvor trug er – nicht ohne Selbstgefälligkeit, anstelle des Kanzlers als führender CDU-Politiker das Wort zu ergreifen – zunächst die Kernthesen konservativer apologetischer Vergangenheitsdeutung vor: »Große Schuld vor dem deutschen Volk« trage Hitler, denn er habe den Patriotismus mißbraucht. Weiter hieß es: »Beide, Kommunismus und Nazismus, haben kräftig Hand angelegt zur Zerstörung der Demokratie von Weimar, beide sind autoritär, freiheitsfeindlich, menschenverachtend.« Daher gehöre in die Debatte auch der Satz, daß »Hitler tot ist und Ulbricht lebt«. Und mit dem Pathos des mutigen Bekenners gegenüber den westlichen Verbündeten (»wir sagen das nun seit 20 Jahren und werden das weiter tun«) erklärte Barzel: »Das deutsche Volk ist nicht kollektiv schuldig geworden«[52], auch trete die CDU für die »Ehre des deutschen Soldaten« ein.

Bezeichnend für diesen nach innen, auf die Pauschalentlastung der Deutschen, gerichteten Nationalismus war der Umstand, daß der Fraktionsvorsitzende kein Wort über die ausländischen Opfer des nationalsozialistischen Terrors verlor. Indem er die Deutschen dagegen auf ein schuldloses Kollektiv reduzierte, das nach den Irrwegen der NS- und Besatzungszeit in einer, so Barzel, »ehrenhaften Gegenwart« angekommen sei, empfahl er sich als Garant für Sicherheit, Stabilität und nationale Selbstvergewisserung. In diesem Sinne war der Nationalsozialismus nur in Verbindung mit dem Kommunismus zu ächten, die Auseinandersetzung mit der Vergangenheit nur zu akzeptieren, wenn sie in den aktuellen Konflikt des Kalten Krieges übertragen werden konnte.

Im Hinblick auf die Strafverfolgung argumentierte der Fraktionsvorsitzende: »Nur wer Verbrechen begangen habe, gehört vor Gericht, damit das Gericht objektiv und endgültig die Schuld feststellen und das Maß der Aussonderung aus der Gemeinschaft bestimmen« könne. Jede Form der Mittäterschaft, die nicht zur gerichtlichen Verurteilung führte, faßte Barzel unter den von Eugen Kogon schon 1947 geprägten Begriff »Recht

51 Zum folgenden BT-Berichte 4. WP, 170. Sitzung am 10.3.1965, in: Zur Verjährung, S. 173 ff. Bis in einzelne Formulierungen hinein übernahm Barzel dabei die Argumentation einer Stellungnahme, die er bereits 1961 zur DDR-Kampagne gegen Globke verfaßt hatte; vgl. »Der ›Fall Globke‹«, Deutsche Tagespost, 1.9.1961, abgedruckt in: Schwab-Trapp, Konflikt, S. 233 f.

52 Zur Kollektivschuldthese und sozialpsychischen Funktion ihrer Zurückweisung vgl. Frei, Erfindungskraft.

auf politischen Irrtum«, denn, so bescheinigte er den einst überzeugten Anhängern Hitlers, »zur Freiheit gehört immer auch die Möglichkeit falschen Gebrauchs; zur Erkenntnis gehört das Risiko des Irrtums.« Hinter dieser Formulierung, mit der jede individuelle Verantwortung für das Verhalten in der Diktatur in Abrede gestellt wurde, stand die groteske Annahme, daß der Nationalsozialismus nichts weiter als eine weltanschauliche Überzeugung unter anderen gewesen sei, die im nachhinein historisch widerlegt worden sei.

Diese Worte provozierten Widerspruch. Gerhard Jahn warnte davor, das »Recht auf politischen Irrtum« für nationalsozialistische Mordtaten in Anspruch nehmen zu wollen: »Wer mordet – ob er es unmittelbar tut oder ob er es vom Schreibtisch aus getan hat, Herr Kollege Dr. Barzel –, der kann dabei nicht irren, der kann sich über das, was er getan hat, nicht im unklaren gewesen sein.«[53]

Ausführlicher noch ging Adolf Arndt auf Barzels Überlegungen ein[54]. In Anlehnung an Jaspers' Konzept der »Schuldfrage« (so auch der Titel seines 1946 publizierten Bandes) erinnerte Arndt daran, daß nicht nur die von Barzel konzedierte kriminelle Schuld existiere, sondern auch geschichtliche und moralische Schuld. Und da er in dieser Debatte »das Letzte auf den Tisch des Hauses« legen müsse, beendete er seine Rede mit einem persönlichen Schuldbekenntnis. So habe er schon während des Krieges erfahren, daß Behinderte systematisch ermordet wurden; gleiches gelte für viele Wehrmachtssoldaten, die im besetzten Osteuropa Kenntnis von der Vernichtung der Juden gehabt hätten. »Das Wesentliche wurde gewußt«, lautete sein Fazit. Die ständigen Beteuerungen des Gegenteils seien hingegen nur zu erklären, »weil es zu furchtbar ist, das gewußt zu haben oder wissen zu können, aber nicht wissen zu wollen«.

Ungeachtet des Raunens, das diese Feststellung in den Abgeordnetenbänken auslöste, ging der Sozialdemokrat im Geist protestantischer Gewissensbefragung noch einen Schritt weiter und erklärte: »Ich weiß mich mit in der Schuld. Denn sehen Sie, ich bin nicht auf die Straße gegangen und habe geschrieen, als ich sah, daß die Juden aus unserer Mitte lastkraftwagenweise abtransportiert wurden. Ich habe mir nicht den gelben Stern umgemacht und gesagt: Ich auch! […] Ich kann nicht sagen, daß ich genug getan hätte. Ich weiß nicht, wer das von sich sagen will. Aber das verpflichtet uns, das ist ein Erbe.«

53 BT-Berichte 4. WP, 170. Sitzung am 10.3.1965, in: Zur Verjährung, S. 188.
54 Zum folgenden ebenda, S. 211 ff.

Was Arndt unerwähnt ließ und was diese berühmt gewordenen Sätze besonders erstaunlich erscheinen läßt, ist die Tatsache, daß er sich als junger Rechtsanwalt für zahlreiche jüdische Verfolgte eingesetzt hatte. Als Sohn eines zum Protestantismus konvertierten Juden war er außerdem selbst massiven Repressionen ausgesetzt gewesen[55]. Womöglich aber bedingten erst diese Erfahrungen, daß der SPD-Politiker das individuelle Schweigen über die Vergangenheit in so demonstrativer Weise brach und die Behauptung, »man habe nichts gewußt«, als nachträgliche Ausflucht brandmarkte. In großer Eindringlichkeit stellte er damit nicht zuletzt auch das Verhaltensmuster seiner Generation in Frage, die, um die Jahrhundertwende geboren, ein Großteil der nationalsozialistischen Funktionseliten gestellt hatte. Am meisten mußte allerdings an dieser Rede provozieren, daß Arndt sich persönliches Versagen vorwarf, war doch darin ein ungebrochener Anspruch auf die Verpflichtung zum moralisch integeren Handeln selbst in der Diktatur zu erkennen – ein Anspruch, von dem sich die Mehrzahl seiner Zeitgenossen einst ohne viel Bedenken dispensiert hatten und den sie auch im Rückblick nicht zu akzeptieren bereit waren.

Zugleich vertrat Arndt aber auch eine Argumentation, die für viele Angehörige seiner Generation bezeichnend war, denn er richtete sein Augenmerk weniger auf Fragen von Opfer- und Täterschaft als, wie er sagte, auf das »Erbe von Schuld und Unheil«. Eine solche Sichtweise hatte vor allem Jaspers' frühe Abhandlung zur »Schuldfrage« geprägt. Durchaus auch als philosophischer Vorbehalt gegen die Nürnberger Prozesse gedacht, wurde darin der Kategorie der kriminellen Schuld die geringste Bedeutung beigemessen, während die moralische, mehr aber noch die »metaphysische« Schuld (worunter auch das von Arndt beklagte Zulassen von Unrecht fiel) im Vordergrund stand[56]. Auch der SPD-Abgeordnete widmete sich in seiner Rede kaum der Frage der Schuldermittlung, der konkreten Verantwortlichkeit für die Verbrechen, sondern plädierte für eine innere Umkehr der Deutschen. Anzustreben sei, so Arndt am Ende seiner Ausführungen, daß alle »kleine, demütige Kärrner der Gerechtigkeit« werden.

Was hatten die rigorosen Gegner der Fristverlängerung, die auf die Freidemokraten und eine unbestimmte Minderheit in der CDU/CSU-Fraktion zusammengeschmolzen waren, den leidenschaftlichen Plädoy-

55 Zu Arndts Biographie während der NS-Zeit vgl. Gosewinkel, Arndt, S. 58 ff.

56 Vgl. Jaspers, Schuldfrage. Zu der von ihm entworfenen Schuldkonzeption vgl. Rabinbach, Shadow, S. 133 ff.; aufschlußreich auch Friedmann, Kollektivschuld, S. 36 ff.

ers von Benda und Arndt entgegenzusetzen? Allein Thomas Dehler präsentierte ein klares, zudem mit viel Verve vorgetragenes Konzept. So rief er die seinerzeitige »Hölle des Unrechts« und den »Mangel an Rechtsstaatlichkeit« ins Gedächtnis, um vor diesem Hintergrund zu erklären, daß er sich an das gesetzte Recht gebunden sehe, insbesondere im Hinblick auf die geltende Verjährungsregelung. Während sich Dehler auf der einen Seite als Hüter der Verfassung stilisierte, machte er auf der anderen auch Stimmung gegen die NS-Prozesse. So hob er darauf ab, daß die zumeist »unauffälligen« und »ordentlichen« Täter allein aufgrund einer einmaligen Ausnahmesituation gemordet hätten. Es sei daher schlichtweg unmöglich, ein Strafmaß zu finden, das »von dem Rechtsgefühl unseres Volkes als notwendige, als gerechte Sühne erachtet« werde[57].

Trotz solcher zweifelhaften Zugeständnisse an das populäre Rechtsgefühl bescheinigten sich alle Abgeordneten (mit Ausnahme von Jahn, der dafür lautstark gescholten wurde[58]), daß beide Seiten ihre Entscheidungen aus ehrbaren Motiven getroffen hätten und keiner die Täter begünstigen, geschweige denn die Verbrechen verharmlosen wolle. Dieser mehr proklamierte als tatsächlich vorhandene Grundkonsens der Parlamentarier scheint einem tiefen Bedürfnis nach Zusammenhalt und Eintracht entsprungen zu sein. Dahinter mag zum einen das Selbstverständnis als vorbildliche »Volksvertreter« gestanden haben, die ihren Wählern zu vermitteln suchten, wie eine Verständigung über dieses konfliktträchtige Thema geleistet werden konnte. Zum anderen läßt diese explizite Scheu vor offenem Dissens auch ein spezifisches Verhaltensmuster der deutschen Kriegs- und Nachkriegsgenerationen erkennen, das immer dann zum Tragen kam, wenn in einer potentiell kritischen Öffentlichkeit das Thema der NS-Herrschaft und ihrer Verbrechen angesprochen wurde.

57 BT-Berichte 4. WP, 170. Sitzung am 10.3.1965, in: Zur Verjährung, S. 193 ff.

58 So prangerte Jahn die langjährige Weigerung der Bundesregierung an, hinsichtlich der osteuropäischen Belastungsdokumente aktiv zu werden. Besonders empörend seien die Hürden für die Ermittlungen zum Auschwitz-Prozeß gewesen: »Wegen des Widerstandes der Bundesregierung war es notwendig, hessische Staatsanwälte auf Urlaubsreisen nach Polen zu schicken«. »Das ist reine Parteipolitik!«, entgegnete ihm daraufhin der CSU-Abgeordnete Franz Xaver Unertl. Weitere Zurufe erntete Jahn, als er dem Justizminister vorhielt, in seinem Bericht sämtliche nationalsozialistischen Dienstgrade und Titulierungen ohne distanzierende Anführungszeichen übernommen zu haben. So wies Benda den SPD-Abgeordneten zurecht, »daß wir von unserem Volke Schaden nicht nur nicht abwenden, sondern ihm sogar Schaden zufügen, wenn wir jetzt in dieser Art in einer solchen Grundfrage parteipolitische Diskussionen führen«; ebenda, S. 189 ff.

So begleitete die Bundestagsdebatte eine gewisse Befangenheit, eine stille Übereinkunft, unbequeme Tatsachen wie etwa die Straffreiheit für nationalsozialistische Justizmorde und die Personalkontinuität in Verwaltungsbehörden und Gerichten auszublenden. Wenn das der Debatte zugrunde liegende NS-Unrecht nur mit großer sprachlicher Diskretion behandelt wurde, wenn weder eine Auseinandersetzung mit den Tätern noch mit den Folgen für die Überlebenden stattfand, so kann dies nicht zuletzt als späte Nachwirkung der »volksgemeinschaftlichen« Erfahrung im »Dritten Reich« gedeutet werden. Das nationale Selbstbild und das Geschichtsverständnis der westdeutschen Politiker ertrugen noch in den sechziger Jahren die ungeschützte Vergegenwärtigung der nationalsozialistischen Massenverbrechen nicht.

Im Kern war diese Haltung defensiv, auf die Abwehr möglicher Kritik von außen angelegt; zugleich aber schwang in den meisten Redebeiträgen der Abgeordneten spürbar der Wunsch mit, dem Ausland die politische Reife der deutschen Demokratie vorzuführen. Die zustimmenden, teils sogar überschwenglichen Kommentare der westeuropäischen Presse bescheinigten dem Parlament Erfolg. So honorierte beispielsweise die konservative Pariser Tageszeitung *Le Figaro*, daß die meisten Redner angesichts der ablehnenden Haltung ihrer Wählerschaft moralische Standfestigkeit bewiesen hätten. Im italienischen *Corriere della Sera* hieß es, Bendas Ausführungen hätten wie eine Befreiung gewirkt; die *Neue Zürcher Zeitung* würdigte den Bundestag als »moralische Instanz der Nation«[59].

Doch auch für die politische Klasse selbst bewirkte diese bald als »Sternstunde« apostrophierte Debatte einen enormen Lerneffekt: Die überragende Anerkennung beförderte in hohem Maße die positive Identifikation mit der bislang so peinlich vermiedenen Aufgabe, politische Verantwortung für die NS-Verbrechen zu übernehmen und dafür auch öffentlich einzutreten. Letztlich blieb aber ungeklärt, welche Mehrheiten im Parlament sich für welches Gesetz finden würden. Denn während die vorliegenden Gesetzentwürfe die Maximalforderung nach Abschaffung der Verjährungsfrist für Mord vorsahen, zeichnete sich im Laufe der Diskussion ab, daß neben Barzel auch der SPD-Fraktionsvorsitzende Fritz Erler nicht abgeneigt war, den Beginn der Frist um einige Jahre hinauszuschieben[60].

59 Angaben nach dem Bericht des Bundespresse- und Informationsamtes, 18.3.1965; PA/AA, V4/1259.

60 Vgl. BT-Berichte 4. WP, 170. Sitzung am 10.3.1965, in: Zur Verjährung, S. 243.

Kaum war die Plenarsitzung vorbei, wurden in den Fraktionen die Karten neu gemischt. Bei den Christdemokraten gaben nun zwei Abgeordnete den Ton an, die in der Debatte zuvor eher am Rande standen – der frühere Generalbundesanwalt Max Güde aus Karlsruhe und Karl Kanka aus Offenbach. Gegenüber der Presse hatten beide zuvor den Regierungsbeschluß für die Verjährung entschieden verteidigt[61], ihr eigentliches Anliegen zielte indes weit darüber hinaus: Seit über einem halben Jahr beratschlagten die beiden CDU-Abgeordneten, wie eine Amnestie für möglichst viele NS-Täter bewerkstelligt werden konnte. Warum Güde, der fünf Jahre zuvor im Rahmen der Ausstellung »Ungesühnte Nazijustiz« noch an vorderster Stelle die Wiedereinsetzung belasteter Juristen kritisiert hatte, seine einstigen Überzeugungen mittlerweile über Bord geworfen hatte, muß offenbleiben – zu den Gründen für sein Umdenken äußerte sich der Christdemokrat nicht öffentlich. Vielleicht mag es daran gelegen haben, daß Güde in der Bundestagsfraktion auch aufgrund seiner früheren Angriffe gegen die NS-Justiz stets isoliert geblieben war und sich nun auf diese Weise zu rehabilitieren hoffte.

In Übereinstimmung mit den Amnestie-Lobbyisten Best und Achenbach, die in der gesamten Diskussion allerdings nicht in Erscheinung traten, waren auch Güde und sein Mitstreiter Kanka überzeugt davon, daß allein eine gesetzliche Differenzierung zwischen Beihilfe und Täterschaft den gewünschten Erfolg versprach: Straffreiheit sollte demnach für die Masse der (vermeintlichen) Mordgehilfen gewährt werden, während die wenigen »Haupttäter« weiterhin vor Gericht zu stellen seien. Mit Hilfe eines entsprechenden Gesetzes, so versuchte Kanka im Januar 1965 etwa Altbundeskanzler Adenauer ins Gewissen zu reden, gelte es zu verhindern, daß »weitere Prozesse von der Art des Auschwitz-Prozesses der Bundesrepublik teils ungewollt, teils aber auch gewollt nicht wiedergutzumachenden Schaden« zufügen würden[62].

In der Öffentlichkeit war von diesen dubiosen Plänen vorerst nichts zu vernehmen. Streng vertraulich diskutierten die beiden ihre diversen Gesetzentwürfe, zunächst mit ihrem Parteikollegen Karl Weber[63], dann mit Oberstaatsanwalt Schüle, der zuvor Güde seine massiven Bedenken gegen

61 Vgl. beispielsweise Max Güde, »Das Recht darf nicht angetastet werden«, Die Welt, 28.11.1964, und Karl Kankas Beitrag in der Politikerumfrage: »Sollen Nazi-Morde verjähren?«, StN, 21.11.1964, S. 35.

62 ACDP, I-061-004/3, Kanka an Adenauer, 4.1.1965 mit der von ihm verfaßten »Denkschrift zu einem Straffreiheitsgesetz 1965« in der Anlage.

63 Ebenda, I-061-004/2, Weber an Kanka, 4.8.1964.

eine Ausweitung der Strafverfolgung mitgeteilt hatte[64]. Ohne sich allzu deutlich zu explizieren, empfahl der Leiter der Zentralen Stelle, neben den »Haupttätern« auch die »Exzeßtäter« von der Amnestierung auszunehmen, damit dem politisch heiklen Projekt »überhaupt eine Chance eingeräumt« werden könne. Ergebnis dieser Beratungen war der Entwurf für ein »Straffreiheitsgesetz 1965«, das schon von seiner Bezeichnung her ganz unverhohlen an die Gesetze von 1949 und 1954 anknüpfte. Doch das Projekt war bereits gescheitert, ehe es in der CDU/CSU-Fraktion offiziell vorgestellt werden konnte, denn weder Adenauer noch Erhard ließen sich dafür gewinnen[65].

In dieser Situation wechselten die beiden Christdemokraten – mit dem nötigen politischen Gespür für den richtigen Zeitpunkt – in das Lager der Verjährungsgegner. Anfang März 1965 traten sie mit einer von sieben weiteren CDU-Abgeordneten unterstützten Erklärung an die Öffentlichkeit, daß die Verjährungsfrist für Mord per Grundgesetzänderung aufzuheben sei; allerdings nur für NS-Täter »in verantwortlicher leitender Stellung«[66]. Bezeichnend für diese Gesetzesinitiative war die Tatsache, daß auf jede genauere Spezifizierung der »Haupttäter« verzichtet wurde. Angesichts der umstrittenen, gleichwohl seit dem Ulmer Einsatzgruppen-Prozeß in zahlreichen Urteilsbegründungen angewandten Formel, allein »Hitler, Himmler, Heydrich und deren nähere Umgebung« kämen als Täter in Frage, die übrigen seien dagegen als Gehilfen einzustufen[67], war somit ausreichend Spielraum vorhanden, um mit Hilfe des entsprechenden juristischen Handwerkszeugs eine nahe an die Totalamnestie gehende Auslegung zu erzielen.

Diese Verbindung von Amnestie und Aufhebung der Mordverjährung in einem Gesetz, von Güde mit viel Emphase auch in der großen Bun-

64 Zu einer präzisen Stellungnahme, so Schüle an Kanka in einem Brief vom 4. August 1964, sei er nicht in der Lage, gleichwohl kenne Güde »meine Gedankengänge«; ebenda, I-061-004/3; dort auch das folgende Zitat.

65 Von Adenauer ist keine Antwort auf den Brief Kankas mit Denkschrift und Gesetzentwurf zum Straffreiheitsgesetz vom 4. Januar 1965 überliefert. Zum erfolglosen Besuch von Güde und Kanka beim Bundeskanzler am 19.2.1965: BAK, B 136/3168, Vermerk Mercker für Westrick, 19.2.1965.

66 Ebenda, Güde und Kanka an Erhard und die Mitglieder der CDU/CSU-Fraktion, 12.3.1965; vgl. zur erstmals am 28. Februar 1965 vorgestellten Erklärung auch »Grundgesetz-Ergänzung soll längere Verjährung ermöglichen«, Die Welt, 1.3.1965.

67 Vgl. Langbein, Im Namen, S. 79 ff.

destagsdebatte am 10. März vorgestellt[68], erschien vielen seiner Fraktionskollegen, die die Fristverlängerung mit Skepsis betrachteten, als Königsweg, um die Ahndungsaktivitäten doch noch auf ein Minimum reduzieren zu können. Und genau diese Strategie verfolgten die hinter Güde versammelten CDU-Rechtspolitiker auf den Sitzungen des parlamentarischen Rechtsausschusses am 18. und 19. März mit bemerkenswerter Zielstrebigkeit.

Zunächst wurde über die vorliegenden Gesetzentwürfe entschieden. Eine Abstimmungsniederlage kassierten die SPD-Abgeordneten mit ihren Anträgen zur Aufhebung der Verjährung durch eine Grundgesetz- und Strafgesetzänderung. Ehe auch Ernst Bendas Entwurf das gleiche Schicksal ereilte, griff dieser auf die ursprüngliche Fassung zurück, die Frist um zehn Jahre zu verlängern. Seine erneute Konzession an politische Mehrheiten sollte sich auszahlen: Mit dem knappen Vorsprung von drei Stimmen wurde der Antrag der CDU-Gruppeninitiative im Rechtsausschuß angenommen und sollte damit dem Bundestagsplenum zur Abstimmung vorgelegt werden[69].

Gemäß den Ankündigungen in der ersten Lesung legte die CDU/CSU-Fraktion ein weiteres Gesetz vor, das die Hemmung der Verjährungsfrist bis Ende 1949 bestimmen sollte. Zur Begründung wurde angeführt, daß erst seit dem 1. Januar 1950 die westdeutsche Justiz berechtigt war, auch NS-Verbrechen an Angehörigen der alliierten Nationen zu verfolgen[70]. Tatsächlich aber war dieses Argument nur vorgeschoben; den Ausschlag gab vielmehr die Überzeugung der meisten konservativen Rechtspolitiker, daß eine Fristverlängerung von knapp fünf Jahren das Äußerste darstellte, was man noch zu akzeptieren bereit war.

Höchst erstaunlich war, daß trotz aller Meinungsverschiedenheiten im Rechtsausschuß kein Einspruch erhoben wurde, als Güde dafür plädierte, die Strafverfolgung allein auf die »Haupttäter« zu beschränken. Nicht nur Adolf Arndt redete einer Ahndungsbeschränkung das Wort, Zustimmung

68 Güdes Kernargument war, daß angesichts der massenhaften Ermittlungsverfahren »ein endloser Prozeß dieser Dinge droht, von dem ich glaube, daß er nicht gut ist – nicht gut für das deutsche Volk und nicht gut für das große Bild der Gerechtigkeit«; BT-Berichte 4. WP, 170. Sitzung am 10.3.1965, in: Zur Verjährung, S. 240.

69 BT/PA, IV/295, A, Protokoll der 124. Sitzung des Bundestagsrechtsausschusses am 18.3.1965; dort auch zum folgenden.

70 Erlassen durch das Gesetz Nr. 13 des Alliierten Hohen Kontrollrats; vgl. Rückerl, NS-Verbrechen, S. 123 f., und den Bericht des Rechtsausschusses, BT-Drucksache IV/3220, 23.3.1965, in: Zur Verjährung, S. 251 f.

fand der Plan auch bei Ernst Benda sowie bei den übrigen SPD-Abgeordneten. Kollektiv wurde die Bereitschaft bekundet, so brachte es Martin Hirsch auf den Begriff, »eine Art ›Unterbeihilfe‹ zum Mord« fortan nicht mehr zu bestrafen. Was mochte die Rechtspolitiker, von denen nicht wenige kurz zuvor noch flammende Reden für die strafrechtliche Aufarbeitung der Vergangenheit gehalten hatten, zu diesem abenteuerlichen Votum motiviert haben? Augenscheinlich waren sie von dem Wunsch erfüllt, irgendeine Art von Kompensation für die Fristverlängerung auf den Weg zu bringen. Obgleich nur wenige es offen aussprachen, so trieb doch alle Beteiligten ein deutlich spürbares Unbehagen um, ihre Entscheidung gegen den Mehrheitswillen der Bevölkerung und des Justizapparats durchgesetzt zu haben. Bis zu einem gewissen Grade scheinen insofern auch die Verjährungsgegner eine Politik der selektiven Strafverfolgung akzeptiert zu haben, die dem Bedürfnis vieler Deutschen entsprach, die NS-Verbrechen und die damit verbundenen Fragen nach Schuld und Täterschaft auszublenden.

Güde selbst tat ein übriges, um seine eigentlichen Amnestieinteressen zu vernebeln. So schwadronierte er über die unerträglichen Probleme des gesetzlichen Verfolgungszwangs, der die Staatsanwaltschaften angeblich dazu verpflichte, Tausende von »kleinen Gehilfen« anzuklagen, die als Krankenschwestern, Schreibkräfte oder Reichsbahnangestellte in das Mordgeschehen verstrickt gewesen seien. Um dieser Fehlentwicklung entgegenzusteuern, legte er eine raffinierte Änderung des Strafverfahrensrechts vor, die er gemeinsam mit den Amnestiestrategen Josef Schafheutle und Eduard Dreher ausgefeilt hatte[71]. Der Entwurf sah vor, Straftaten, die »in der Zeit vom 30. Januar 1933 bis zum 31. Juli 1945 begangen worden« waren, nur bei »dringendem Tatverdacht« anzuklagen. Ferner sollte generell von Ermittlungen und Gerichtsverfahren Abstand genommen werden, wenn »der Beschuldigte bei Begehung der Tat in untergeordneter Stellung Anweisungen oder Befehle von Vorgesetzten befolgt« habe und »seine Schuld im Hinblick auf seine beschränkte Entschlußfreiheit erheblich gemindert« sei. Als Entscheidungsinstanzen benannte der Gesetzentwurf die Generalstaatsanwaltschaft und das Ober-

71 Auf seine maßgebliche Rolle bei der Ausarbeitung des Gesetzes verwies Schafheutle in der Ausschußsitzung am 19. März 1965. Dreher wurde bereits im Februar in Güdes und Kankas Beratungen über ein Straffreiheitsgesetz eingeschaltet; BT/PA, IV/295, A, Protokoll der 125. Sitzung des Bundestagsrechtsausschusses am 19.3.1965, und ACDP, I-061-004/3, Kanka an Dreher, 4.2.1965.

landesgericht und gestattete sogar, daß laufende Verfahren eingestellt wurden[72].

Indem die Novelle den sonst gültigen »hinreichenden« Tatverdacht durch einen »dringenden« ersetzte, die »untergeordnete Stellung« des Täters nicht mit einem bestimmten Dienstgrad markierte und vor allem von einer subjektiv zu ermessenden »beschränkten Entschlußfreiheit« ausging, hätte sie zweifellos den Weg für eine weitreichende Amnestierung gebahnt. Angesichts der laufenden Rechtsprechung zur Beihilfe in NS-Strafsachen stand sogar zu erwarten, daß die Verfahrensänderungen auch auf diejenigen Angeklagten angewandt wurden, die eine durchaus bedeutende, juristisch gesprochen, »tatbeherrschende«[73] Position im Vernichtungsapparat innegehabt hatten. Aufgrund des Gleichheitsgrundsatzes hätten in den wenigen dann noch geführten Prozessen überdies die Strafen deutlich gesenkt werden können.

Die ganze Impertinenz dieses Vorhabens war schon daran zu erkennen, daß die Gerichte untergeordnete Befehlsempfänger bereits auf der Rechtsgrundlage des Militärstrafgesetzbuchs außer Verfolgung setzten[74]. Und nicht zuletzt wurde das Gros der an den Mordtaten Beteiligten bereits im Zuge der Ermittlungen von der Zentralen Stelle und den Staatsanwaltschaften ausgesondert. So war es beispielsweise übliche Praxis, bei den mehrere Hundertschaften umfassenden Polizeibataillonen nur gegen leitende Offiziere Anklage zu erheben. Selbst im Falle des vorbildlichen, mit enormem Aufwand geführten Reichssicherheitshauptamt-Verfahrens betrug die Zahl der Personen, die in die Vorermittlungen einbezogen wurden, weniger als zehn Prozent der etwa 7 000 Behördenmitarbeiter[75]. Insofern hätte die von Güde vorgelegte Gesetzesänderung von seiten der Justiz nur so verstanden werden können, daß in Zukunft die NS-Täter in noch größerem Maße zu schonen seien, als dies ohnehin schon der Fall war.

72 Paragraph 3 des Entwurfs eines Gesetzes über die Berechnung strafrechtlicher Verjährungsfristen und zur Änderung des Strafverfahrensrechts, Anlage 2 zur BT-Drucksache IV/3220, 19.3.1965, in: Zur Verjährung, S. 255.

73 Zu dem von Claus Roxin entworfenen Konzept der Tatherrschaft, das bei staatlichen Verbrechen mittlerweile um die Rechtsfigur der Organisationsherrschaft erweitert worden ist, vgl. Roxin, Täterschaft, S. 609 ff. und 677 ff.; Vest, Humanitätsverbrechen, S. 492 ff.

74 Anwendung fand der Paragraph 47 des Militärstrafgesetzbuchs, dazu Rückerl, NS-Verbrechen, S. 286 ff.

75 Zur Ermittlung gegen Polizeibataillone vgl. Klemp, Freispruch, S. 71 ff.; zu den fast 600 RSHA-Vorermittlungsverfahren vgl. Wildt, Generation, S. 823 ff.; aufschlußreich dazu auch der Zeitungsartikel »Den Schreibtischmördern auf der Spur« von Jürgen Engert, CuW, 14.8.1964, S. 4.

Ob des unerwarteten Erfolgs im Rechtsausschuß wollte Kanka den Entwurf kurzfristig so verschärfen, daß gleich alle Befehlsempfänger, nicht nur jene »in untergeordneter Stellung«, unter die Amnestie fielen[76]. Erst dieses Ansinnen ging den Sozialdemokraten zu weit, Güdes Vorlage aber wurde mit ihrer Zustimmung angenommen[77]. Auf Betreiben der CDU-Abgeordneten sollte er nicht als eigenständiger Antrag im Bundestag eingebracht werden, sondern geschickterweise als unscheinbarer dritter Paragraph im Entwurf zur Hemmung der Verjährungsfrist bis 1949, denn damit schien gesichert, daß beides vom Bundestag verabschiedet werden würde.

Wieviel außenpolitischer Sprengstoff diese Gesetzesinitiative enthielt, erläuterte der Strafrechtsreferent im Auswärtigen Amt, Hans Gawlik, dem Staatssekretär Karl Carstens: »Der Leser dieses Gesetzes, der mit der sehr schwierigen Materie nicht eingehend vertraut ist, gewinnt zwangsläufig den Eindruck, dem Gesetzgeber sei mehr an dem Schutz als an der Verfolgung der Täter gelegen.« Die Bundestagsdebatte vom 10. März, so Gawlik weiter, habe »im Ausland einen günstigen Eindruck hervorgerufen und die Erwartung einer befriedigenden Regelung geweckt. Es besteht die Gefahr, daß die Formulierung des Gesetzesantrags Güde diesen günstigen Eindruck weitgehend zunichte macht oder sogar neue antideutsche Kampagnen auslöst.«[78]

Anstatt jedoch unter diesen Voraussetzungen darauf zu drängen, daß der Außenminister gegen das drohende Straffreiheitsgesetz aktiv wurde, regte der in Amnestiefragen beschlagene Leiter der Zentralen Rechtsschutzstelle ein anderes Vorgehen an: »Es wäre zu prüfen, ob nicht ein Ausweg darin gefunden werden kann, daß der genannte Paragraph 3 (Einschränkung des Legalitätsprinzips) durch ein besonderes Gesetz rein prozessualen (und damit in der Weltöffentlichkeit weniger beachteten)

76 BT/PA, IV/295, A, Protokoll der 124. Sitzung des Bundestagsrechtsausschusses am 18.3.1965.

77 Anwesend waren bei der Abstimmung am 19. März allein die SPD-Abgeordneten Martin Hirsch und Adolf Müller-Emmert, da zur gleichen Zeit eine Plenarsitzung stattfand; Hirsch begründete seine – nicht ohne Bedenken gefällte – Entscheidung für den Paragraphen 3 gegenüber Jahn mit den Worten: »Aus innenpolitischen Gründen können wir hiergegen kaum Stellung nehmen«, zudem sichere die Einschaltung der Oberlandesgerichte, daß »eine gewisse Garantie für eine halbwegs vernünftige Anwendung« gegeben sei; AdsD, NL Jahn, Bd. 472 a, Vermerk Hirsch für Jahn, 22.3.1965.

78 PA/AA, V4/1259, Vermerk Gawlik für Carstens, 20.3.1965, dort auch das folgende Zitat.

Charakters als Ergänzung zur Strafprozeßordnung ausgeklammert wird. Für eine Erörterung dieses Gesichtspunktes ist die Aussprache im Plenum wenig geeignet.«

Gawliks bemerkenswerte Empfehlung, diesen gravierenden Eingriff in die Rechtspflege verdeckt, möglichst sogar ohne Wissen der Parlamentarier Gesetz werden zu lassen, scheint symptomatisch zu sein für jene in den Reihen der Exekutive und Legislative, die mit aller Entschlossenheit die Verjährung hatten durchsetzen wollen. Nachdem dieses Unternehmen Schiffbruch erlitten hatte, setzte jemand wie Gawlik sich nun erst recht und mit großer Verbissenheit für die Täter ein.

In diesem Sinne lag dem Ministerialbeamten auch daran, ein erneutes außenpolitisches Fiasko zu verhindern. Im Unterschied zu seinem demonstrativen Desinteresse am Regierungsappell fertigte er zwei Tage vor der entscheidenden Parlamentssitzung am 25. März eine dreiseitige Sprachregelung für die Auslandsvertretungen an, in der er ausführlich über den geplanten, öffentlich aber kaum diskutierten Güde-Paragraphen informierte und Argumentationshilfen bereitstellte[79]. Grimmig hieß es darin, die Gefahr sei nicht auszuschließen, »daß die neue Regelung von mißtrauischer oder feindseliger Seite mit der Begründung angegriffen wird, Deutschland schiebe nur den Ablauf der Verjährungsfrist hinaus, schaffe aber durch die Änderung prozessualer Vorschriften auf andere Weise die Möglichkeit, sich seiner Verpflichtung zur Aburteilung der NS-Verbrecher zu entziehen«. Diesen Verdächtigungen sei »energisch entgegenzutreten«, so lautete der Auftrag an die Diplomaten[80].

Die Vorsichtsmaßnahmen des Auswärtigen Amtes sollten sich jedoch als unnötig erweisen, da die innenpolitische Opposition den Paragraphen einen Tag später zu Fall brachte. In der Fraktionssitzung der SPD am Abend des 24. März berichtete Gerhard Jahn, daß er und seine Kollegen, inzwischen alarmiert über die tatsächliche Reichweite des Amnestieparagraphen, im Rechtsausschuß darum gebeten hatten, das Junktim mit dem Gesetzentwurf zur Fristhemmung nachträglich wieder rückgängig zu machen. Sie waren jedoch an der Unnachgiebigkeit der CDU/CSU-

79 Vor der Bundestagssitzung am 25. März berichteten die Zeitungen zwar über Güdes Vorschlag; mit Ausnahme von Müller-Meiningen jr., der den Entwurf als »versteckte Amnestie« anprangerte, erschienen aber keine Kommentare; vgl. »Nur noch Haupttäter sollen verfolgt werden«, FAZ, 20.3.1965; Leitartikel »Verjährung erst 1980?«, SZ, 22.3.1965.

80 PA/AA, V4/1259, Gawlik (mit Unterschrift des Abteilungsleiters Thierfelder) an die Auslandsvertretungen, 23.3.1965.

Abgeordneten gescheitert[81]. Als Jahn vor der Fraktion dafür plädierte, trotz erheblicher Vorbehalte dem Gesetz die Zustimmung nicht zu verweigern, damit die Fristverlängerung nicht verzögert werde, erntete er viel Protest. Karl Mommer hatte schließlich die zündende Idee, den Paragraphen mit Hilfe der Geschäftsordnung des Bundestags zu verhindern. Denn nach deren Vorschriften war eine eigenständige Gesetzesinitiative der Ausschüsse ohne ausdrückliche Überweisung aus dem Bundestag nicht gestattet, mithin konnte verlangt werden, die dritte Lesung zu vertagen[82].

Unstimmigkeit unter den Sozialdemokraten herrschte allerdings über das genaue Vorgehen am nächsten Tag im Bundestag. Zwar faßte man den Beschluß, daß Bendas Antrag von der SPD unterstützt werden solle, offen blieb indes, ob die eigenen Anträge ein weiteres Mal eingebracht und ob das Gesetz zur Verjährungshemmung ohne den Paragraphen 3 mitgetragen werden sollte, falls die Fristverlängerung auf 30 Jahre abgelehnt wurde.

Unterdessen diskutierten auch die Abgeordneten der Unionsparteien über ihre Strategie für die kommende Plenarsitzung. In gereizter Atmosphäre versuchte der Fraktionsvorsitzende, Benda zum Verzicht auf seinen Antrag zu bewegen, denn in der Kombination mit der zweiten Initiative, die Frist fünf Jahre später einsetzen zu lassen, würden die NS-Verbrechen im Ergebnis nicht nach zehn, sondern erst nach 15 Jahren verjähren. »Diese Gefahr müsse ausgeschlossen werden«, so Barzel, dem die Aussicht auf eine Kampfabstimmung im Bundestag sichtlich Sorgen bereitete. Der inzwischen ob des Drucks auf ihn und seine Mitunterzeichner sehr entnervt wirkende Benda hielt dagegen: Eine solch unzureichende Lösung werde unvermeidlich zu einer tiefen Enttäuschung in der Öffentlichkeit führen. Daher setze er auf die zu erwartende, wenn auch knappe Mehrheit. Zudem sei absehbar, daß sich in vier Jahren die gleiche Diskussion wiederholen werde, woran niemandem gelegen sein könne[83].

81 In der CDU/CSU-Fraktion wurde Jahns Vorschlag, den Paragraphen 3 erst erneut im Rechtsausschuß zu beraten, allein von Böhm befürwortet; BT/PA, IV/295, A, Protokoll der Besprechung des Bundestagsrechtsausschusses am 24.3.1965.

82 Fraktionssitzung Nr. 108, 24.3.1965, in: SPD-Fraktion, Sitzungsprotokolle 1961-1966, S. 622 ff. Nach der Geschäftsordnung des Bundestags, Paragraph 60, Absatz 2, hatten die Ausschüsse nur »im Rahmen der ihnen überwiesenen Geschäfte das Recht und die Pflicht, dem Bundestag bestimmte Beschlüsse zu empfehlen«; Amtliches Handbuch des Bundestags, 4. WP, S. 124.

83 ACDP, VIII-001-1010/1, Protokoll der CDU/CSU-Fraktionssitzung vom 24.3.1965.

Der anhaltenden Ungewißheit über den Ausgang der Abstimmung begegneten die Fraktionsführer am 25. März durch eine außergewöhnliche Verfahrensweise: In einer gemeinsamen Unterredung vor der Bundestagsdebatte kamen Fritz Erler, Rainer Barzel und Kurt von Kühlmann-Stumm, der FDP-Fraktionsvorsitzende, darin überein, daß die Debatte um die Verjährung in der anstehenden Sitzung möglichst abgeschlossen werden sollte. Kühlmann-Stumm mußte sich daher bereit erklären, daß die Freidemokraten, trotz Ablehnung der Entwürfe, nicht auf die Verschiebung der dritten Lesung bestanden. Nachdem Barzel von Erler in Kenntnis gesetzt worden war, daß die SPD den Paragraphen 3 mit Verweis auf die Geschäftsordnung an den Rechtsausschuß zurückweisen wolle, willigte er ein, in der zweiten Lesung die Amnestiebestimmungen aus dem Gesetz zur Fristhemmung herauszunehmen. Im Gegenzug erklärte Erler sich einverstanden, daß seine Fraktion Bendas Antrag für die zehnjährige Fristverlängerung fallenlasse und lediglich für die Fristhemmung votieren werde[84].

Der schon lange angepeilte Kompromiß war damit zwar gefunden – allein die eigenen Abgeordneten mußten Barzel und Erler noch auf den neuen Kurs einstellen. Zu diesem Zweck bedienten sie sich einer Überrumpelungstaktik: Kurzfristig wurde die Bundestagssitzung um eine Stunde verschoben und Fraktionssitzungen einberufen. Erler erläuterte seiner Mannschaft, daß die Absprache mit Barzel, auch wenn sie nur eine Minimallösung darstelle, die einzige Chance auf eine breite Mehrheit im Bundestag biete. Die Option für Bendas Antrag sei hingegen zu unsicher; im Vordergrund habe zu stehen, daß die Verjährung von NS-Verbrechen überhaupt verhindert werde[85].

Derweil teilte Barzel den überraschten Abgeordneten der Gruppeninitiative mit, daß die SPD beabsichtige, sich auf die Fristhemmung um fünf Jahre einzulassen. Obgleich es ihn viel Überwindung kostete, erklärte

84 Ebenda, Protokoll der CDU/CSU-Fraktionssitzung vom 24.3.1965; vgl. auch »Verjährungsfrist verlängert«, FAZ, 26.3.1965.

85 Ein Protokoll der Sondersitzung ist nicht überliefert, ihr Verlauf wurde jedoch ausführlich in der darauffolgenden Sitzung diskutiert. Die *Frankfurter Rundschau* unterstellte fälschlicherweise tags darauf (26.3.1965, S. 1), daß die SPD- und CDU/CSU-Fraktionen nicht nur überrumpelt, sondern von ihren Vorsitzenden sogar durch falsche Informationen über die Haltung der jeweiligen Gegenseite getäuscht worden seien. Vermutlich nicht zu Unrecht sah Erler darin ein »bewußtes Störmanöver der mit der FDP verbundenen Kräfte innerhalb der Redaktion«; Fraktionssitzung Nr. 109, 31.3.1965, in: SPD-Fraktion, Sitzungsprotokolle 1961-1966, S. 633 f.

sich Benda unter diesen Voraussetzungen bereit einzulenken. Adenauer schließlich warb um die Zustimmung jener Abgeordneten zur Fristverlängerung, die unbedingt an der zusätzlichen Amnestiebestimmung festhalten wollten: Sogar der Präsident des Jüdischen Weltkongresses Nahum Goldmann habe sich in einem persönlichen Gespräch mit der Zeitspanne bis 1969 einverstanden erklärt. »Dann ist die Judenschaft zufrieden«, so der Altkanzler mit unüberhörbar pejorativem Unterton, dann stehe der Bundestag »in der Weltöffentlichkeit und vor seinem eigenen Gewissen gerechtfertigt da«[86].

Die große Koalition der Fraktionsspitzen von SPD und CDU/CSU hatte das weitere Vorgehen des Bundestags fest im Griff. Zuerst wurde der neu hinzugekommene Gesetzentwurf vorgezogen und beschlossen, die Amnestieregelung auszuklammern, um sie erneut an den Rechtsausschuß zu überweisen. Als dann in Absprache mit dem Bundestagspräsidenten auch die übrigen Anträge gar nicht erst zur Beratung aufgerufen wurden, war im Grunde genommen bereits die Entscheidung gefallen, daß der Beginn der Frist verschoben wurde und die Verjährung von NS-Verbrechen am 1. Januar 1970 eintreten sollte[87].

Trotz einiger rhetorischer Anstrengungen konnte keiner der Redner an das Niveau der ersten Bundestagsdebatte anknüpfen. Was indessen bei den meisten anklang, war eine gewisse Verlegenheit um den vorangegangenen Interessenausgleich, der die parlamentarischen Spielregeln zwar nicht unbedingt verletzt hatte, aber angesichts des ernsten Themas als nicht angemessen empfunden wurde. Gleichwohl fiel kein deutliches Wort der Kritik. Selbst der düpierte Benda unterstrich im Parlament, es komme »unter allen Umständen darauf an, daß die Einheit der Willensbildung in diesem Hause und darüber hinaus in unserem Volke« wiederhergestellt werde[88].

»Einheit der Nation« – dies war der von Benda und den übrigen Parlamentariern vorgebrachte Leitgedanke, mit dem dieser im Ganzen unbefriedigende, pragmatisch am Wählerwillen ausgerichtete Kompromiß gerechtfertigt wurde. Bezeichnenderweise bildete die Bewahrung der

86 BAK, N 1371/324, Protokoll der CDU/CSU-Fraktionssitzung vom 25.3.1965.

87 Verabschiedet wurde der Gesetzentwurf über die »Berechnung strafrechtlicher Verjährungsfristen« mit 361 gegen 96 Stimmen bei 4 Enthaltungen. Aus der FDP stimmten die Abgeordneten Oswald Kohut und Willy Rademacher zu; BT-Berichte 4. WP, 175. Sitzung am 25.3.1965, in: Zur Verjährung, S. 311; zur Dissidenz der beiden Freidemokraten: AdL, A 40-768, Protokoll der Sitzung der FDP-Bundestagsfraktion vom 25.3.1965.

88 Ebenda, S. 277.

»nationalen Einheit« die zentrale Begründungsfigur, mit der eine entschiedene strafrechtliche Aufarbeitung der nationalsozialistischen Verbrechen abgelehnt wurde. In einer solchen Argumentation lassen sich nicht zuletzt Reste jener nationalen Vergemeinschaftung erkennen, die sich während des »Dritten Reiches« im Zeichen von Eroberungskrieg und Ausgrenzung der »Gemeinschaftsfremden« gebildet hatte, und aufgrund deren so viele die NS-Verfahren als Anklage jeder Form von Mittäterschaft und »Verstrickung« verstanden. In der Tendenz grenzte diese imaginierte »nationale Einheit« nicht die Täter aus, die von den Ahndungsbeschränkungen profitieren mochten, sondern vielmehr die ehemals Verfolgten, die mit den Gerichtsverfahren die Erwartung verbanden, daß die Verbrechen stigmatisiert und sie eine nachträgliche Rehabilitierung erfahren würden.

Zu einem denkwürdigen Tag wurde die Debatte dann in erster Linie für die Regierungskoalition. Denn im Raume stand der Rücktritt des Bundesjustizministers, hatte er doch seine Ankündigung mehrfach bekräftigt, daß er kein Gesetz zur Fristverlängerung verantworten werde. Unmut unter den Freidemokraten löste auch die Art und Weise aus, wie sich die SPD und CDU/CSU geeinigt hatten. Diese Verbitterung wußte der CSU-Bundestagsvizepräsident Richard Jaeger durch gezielte Sticheleien noch zu steigern. Nachdem er als Hauptredner der Unionsfraktionen mit viel Eloquenz für das vorliegende Gesetz geworben und sich damit, sollte Ewald Bucher tatsächlich abtreten, auch als neuer Justizminister empfohlen hatte, ging er auf die Kooperation mit den Sozialdemokraten ein: »Ich freue mich, wenn die breite europäische Rechtsüberzeugung ihren Widerhall in einer breiten Mehrheit in diesem Hause findet und wenn zwei große staatstragende Parteien, die 16 Jahre lang getrennt sind in einer Unzahl schwerwiegender Fragen – als Regierung und als Opposition –, sich in dem Bekenntnis zu Freiheit und Recht der Deutschen nach innen und nach außen zusammenfinden.«[89]

Auf die Provokation des bayerischen Unionspolitikers reagierte Thomas Dehler mit einem Wutausbruch, der selbst für sein aufbrausendes Temperament ungewöhnlich war. Schon seine überzogenen Bemerkungen zur Verjährung ernteten bei den Abgeordneten der anderen Parteien spöttisches Gelächter, das aber bald zu entrüsteten Pfui-Rufen umschlug, als Dehler den CSU-Abgeordneten anging. Ungeachtet der Bitte des Bundestagspräsidenten, sich doch zu mäßigen, holte Dehler nun richtig

89 Ebenda, S. 272.

aus: Jaegers Versuch, »uns den Makel einer Partei aufdrücken zu wollen, die nicht zum Rechte, die nicht zum Staate steht, das ist böse, das ist urböse«. Anschließend rechnete Dehler mit dem bayerischen Konservatismus ab. Während er gemeinsam mit den Sozialdemokraten in München am Vorabend des »Dritten Reiches« Widerstand gegen die Nationalsozialisten geleistet habe, habe »die Bayerische Volkspartei alles getan, um den liberalen Gedanken und damit den Gedanken des Rechts und des Rechtsstaates zum Erliegen zu bringen. So war es! So ist der Morast geschaffen worden, auf dem dann die Sumpfblüte des Nationalsozialismus zur Wirksamkeit kam!« Vollends in Rage geredet, verstieg sich der FDP-Abgeordnete zur grotesken Behauptung, der »verzweifelte Kampf gegen die bösen Mächte jener Zeit« spiegle sich im aktuellen Konflikt zwischen den Freidemokraten und der CSU wider[90].

Dehlers Tirade war allerdings nicht nur Ausdruck seines Jähzorns, zugleich kündigte sich damit eine drastische Verschärfung der koalitionsinternen Auseinandersetzungen an. In Erwiderung auf Dehler ermahnte Barzel den Regierungspartner, er hoffe, daß diese Rede »kein vorausschauender Theaterdonner« sei, »vorausschauend auf das, was hier in diesen Bänken als Konsequenz der Entscheidung in dieser Sache gemunkelt wird«[91]. Die FDP war indes nicht mehr davon abzubringen, eine Koalitionskrise zu riskieren. Noch während das Plenum im Anschluß an die Abstimmung das nächste Thema beriet, versammelten sich die Freidemokraten zu einer kurzen Sondersitzung und entschieden, daß Bucher den Kanzler umgehend um Entlassung ersuchen solle[92]. Vor der Presse erklärte der scheidende Justizminister, als unbedingter Gegner des Bundestagsbeschlusses könne er es nicht mit seinen rechtsstaatlichen Prinzipien vereinbaren, das Gesetz zur Fristhemmung zu unterzeichnen[93]. An den Rücktritt knüpfte die FDP jedoch die Bedingung, daß das Ressort bis zur Bundestagswahl nicht mehr besetzt, sondern kommissarisch von einem Kabinettsmitglied weitergeführt werde, um den Koalitionsproporz unangetastet zu lassen.

Die Gegenkräfte in der Koalition entwickelten nun eine Krisendynamik, die erstaunlich schnell auf den Bruch des Regierungsbündnisses zu-

90 Ebenda, S. 282. Zu Dehlers Beteiligung am Münchner Widerstand vgl. Sassin, Liberale, S. 107 ff.

91 Zur Verjährung, S. 284.

92 AdL, A 40-768, Protokoll der Sitzung der FDP-Bundestagsfraktion vom 25.3.1965.

93 Vgl. SZ und FAZ, 26.3.1965.

steuerte. Am gleichen Abend setzten sich Eugen Gerstenmaier und der Sozialdemokrat Karl Mommer in einer Fernsehsendung gemeinsam dafür ein, daß Jaeger den Posten des Justizministers übernahm[94]. Der CSU-Parteivorsitzende Strauß goß am nächsten Tag zusätzlich Öl ins Feuer, als er der FDP empfahl, »die bewährte Kunst des Umfallens von neuem zu üben«[95]. Daraufhin kündigte der stellvertretende Vorsitzende der FDP-Fraktion, Siegfried Zogelmann, an, bei einer Neubesetzung werde seine Partei die Koalitionsfrage stellen. In dieser verfahrenen Situation griff schließlich der Bundeskanzler ein. Von seinem Entscheidungshelfer Barzel gedrängt, ernannte er den farblosen Parteikollegen Karl Weber zum Übergangsminister bis zur Bundestagswahl. Da auch die FDP signalisierte, sie beabsichtige keine weitere Eskalation, konnte der heraufbeschworene Bruch der Koalition nach zwei Tagen wieder abgewendet werden. Das für Erhards Verhältnisse ungewöhnlich schnelle und tatkräftige Eingreifen war allerdings einer besonderen Situation geschuldet: Am Tag nach der Ernennung des neuen Justizministers sollte der Bundesparteitag der CDU beginnen. Unmittelbar vor dem Wahlkampf, der dort eingeläutet werden sollte, hätte sich der in seiner Partei hochumstrittene Bundeskanzler nur schlecht einen erneuten Ansehensverlust erlauben können[96].

Ein paar Tage darauf beriet der FDP-Hauptausschuß, der sich aus den Fraktionsmitgliedern und dem Bundesvorstand zusammensetzte, über die Koalitionskrise. Überzeugt vom Erfolg der Strategie in der Verjährungsfrage zeigte sich der nordrhein-westfälische Innenminister Willy Weyer: Die Stimmung in der Partei lasse darauf schließen, daß die FDP-Wähler der Fraktion ein grundsatztreues Verhalten attestieren würden. Auch Buchers Rücktritt habe sehr positiv gewirkt. »Wir sind damit in einer guten Position«, verkündete Weyer[97]. Die Freidemokraten hatten also nichts anderes versucht, als ihre vergangenheitspolitische Generalopposition spektakulär in Szene zu setzen, um sich Wählerstimmen zu sichern. So bildete das Ende der Verjährungsdebatte zugleich den Auftakt zur heißen Phase des Bundestagswahlkampfes.

Während der Bundestagsbeschluß in der deutschen Presse eher mit verständnisvollem Wohlwollen aufgenommen wurde[98], erntete er im

94 Vgl. »Buchers Rücktritt als Sprengstoff«, FR, 27.3.1965.
95 Zitiert nach »Erhard verhinderte Koalitionsbruch«, FR, 29.3.1965, S. 2.
96 Vgl. Die Welt, 29.3.1965, S. 1; FR, 29.3.1965, S. 3.
97 Sitzung des Bundesvorstands und der Bundestagsfraktion Nr. 59 am 1.4.1965, in: FDP-Bundesvorstand, Sitzungsprotokolle 1960-1967, S. 621.
98 Vgl. die Kommentare in FR, SZ und Welt, 26.3.1965.

Ausland viel Kritik. Nicht nur der FDP, auch den anderen beiden Parteien wurde vorgeworfen, eine opportunistische Entscheidung mit Blick auf die Wähler getroffen zu haben. »Weder Fisch noch Fleisch« befand beispielsweise *Le Figaro* und prophezeite: »Es läßt sich in der Tat unmöglich sicherstellen, daß bis zum Beginn des Jahres 1970 alle Schuldigen der nazistischen Epoche unter Anklage gestellt sein werden, und man kann die Hypothese nicht ausschließen, daß sich die deutsche Regierung dann erneut in einer Situation ähnlich der finden wird, in der sie in den letzten Wochen debattiert hat.«[99]

Die Gefahr, hinsichtlich der Verjährung ein weiteres Mal unter Druck zu geraten, war auch den westdeutschen Rechtspolitikern bewußt und sollte unbedingt gebannt werden. In diesem Sinne wurde noch im April 1965 auf der Justizministerkonferenz der Beschluß gefaßt, die Strafverfolgung in einem Maße auszuweiten, wie es vor der Verjährungsdebatte undenkbar gewesen wäre: Der Personalbestand der Zentralen Stelle wurde von 24 auf 50 Sachbearbeiter, weitere Verwaltungsangestellte und 15 Kriminalbeamte erhöht, so daß nunmehr insgesamt 121 Personen in der Ludwigsburger Behörde tätig waren[100]. Aufgrund des Platzmangels – der Umbau des späteren Sitzes der Zentralen Stelle im ehemaligen Frauengefängnis sollte erst 1967 abgeschlossen sein – waren die Mitarbeiter zeitweise auf fünf verschiedene Dienststellen in der Stadt verteilt.

Im Zuge der parallel betriebenen personellen Erweiterung der Sonderstaatsanwaltschaften in den einzelnen Bundesländern[101] veränderte sich auch die Rolle der Zentralen Stelle: Nun sollten Vorermittlungen möglichst frühzeitig an die Staatsanwaltschaften abgegeben werden, während der Schwerpunkt der Arbeit auf die Auswertung von Archivmaterial gelegt wurde, der Sammlung und Weitergabe von Informationen zu einzelnen Verbrechenskomplexen und der Koordination der gesamten Ermitt-

99 Übersetzung nach »Verjährungsbeschluß – weder Fisch noch Fleisch«, StN, 27.3. 1965; besonders groß war die Ablehnung der Verjährungsentscheidung in Israel; vgl. »Israel: Völkerrecht nicht beachtet«, FR, S. 2.

100 Ursprünglich hatten die Justizminister der Zentralen Stelle 146 Mitarbeiter zugebilligt, sich jedoch anschließend nicht in der Lage gesehen, die volle Anzahl an Staatsanwälten und Verwaltungskräften abzuordnen; Justizministerkonferenz vom 27./28. April 1965 in Bonn, sowie Rückerl an Landesjustizministerium BW, 1.3.1967; JM BW, 4110b-IV/732.

101 Vgl. zur personellen Entwicklung der beiden nordrhein-westfälischen Zentralstellen Dortmund und Köln, letztere vor allem zuständig für Verbrechen in Konzentrationslagern: Justizministerium des Landes NRW, Zentralstellen.

lungsarbeit. Wie schon 1964 richtete die Zentrale Stelle in den folgenden Jahren mehrtägige Arbeitstreffen zu Fragen der Strafverfolgung von NS-Verbrechen aus, an denen, gemeinsam mit Historikern und Kriminalbeamten, bis zu hundert Staatsanwälte und Untersuchungsrichter teilnahmen[102].

Welche außerordentliche Bedeutung der Fristverlängerung und der Aufstockung des Ermittlungspersonals für die Entwicklung der Strafverfolgung zukam, sollte sich in den nächsten Jahren zeigen: Obwohl im Vorfeld des Bundestagsbeschlusses bereits in Tausenden von Fällen die Verjährung unterbrochen worden war, wurden von März 1965 bis Ende 1967 gegen mehr als 15 000 Personen neue Ermittlungsverfahren eingeleitet – allesamt wegen Mordverbrechen. Hinzu kamen 600 noch bei der Zentralen Stelle anhängige Vorermittlungsverfahren. Damit wurden in diesen zwei Jahren etwa 30 bis 40 Prozent aller Personen erfaßt, gegen die von westdeutschen Justizbehörden seit Kriegsende wegen Beteiligung an nationalsozialistischen Mordtaten ermittelt worden war[103].

Unverkennbar hatte hier eine Neuorientierung stattgefunden, eine seit Gründung der Bundesrepublik beispiellose Ahndungsanstrengung, die allerdings nicht unangefochten war: Erheblich zugenommen hatte nämlich seit 1965 nicht nur die Anzahl der Angeklagten, sondern auch der Freisprüche und Einstellungen von Strafverfahren[104]. Und in Politik und Justiz verstummten die Rufe nach Eindämmung der bevorstehenden Prozeßflut und Installation einer Amnestie nicht. Zwar fand Güdes dahingehender Vorschlag im Rechtsausschuß des Bundestags keine Mehrheit mehr, nachdem mehrere Strafrechtsexperten in einer Anhörung erklärt hatten, die bestehenden gesetzlichen Möglichkeiten zur Straffreistellung minderverantwortlicher Täter seien vollkommen ausrei-

102 Vgl. Rückerl, NS-Verbrechen, S. 178 ff.; S. 187. Die Referate und Diskussionen dieser Tagungen wurden als Dokumentationen publiziert und zählten zu den wichtigsten Informationsquellen für mit NS-Verbrechen befaßte Staatsanwälte und Richter.

103 Bericht des Leiters der Zentralen Stelle, Oberstaatsanwalt Rückerl, in: Protokoll der 4. Arbeitstagung der Staatsanwälte vom 18. bis 21.6.1968 in Freiburg, S. 3 ff.; JM BW, 4110b-IV/773.

104 Gegenüber 35 Angeklagten im Jahr 1964 schnellte die Anzahl 1965 auf 84 und erreichte 1968 den höchsten überhaupt je erreichten Stand von 118 Angeklagten in NS-Strafsachen. Andererseits wurden im Zeitraum von 1965 bis 1970 fast 40 Prozent aller Angeklagten nicht verurteilt, in ganzen Zahlen: 151 von 395 Personen gegenüber 85 von 255 Personen in den Jahren 1958 bis 1964; vgl. Rückerl, NS-Verbrechen, S. 331.

chend[105]. Doch die Fristverlängerung wurde gerade in den Reihen der Konservativen als schmerzlicher Verlust der vergangenheitspolitischen Selbstbestimmung empfunden, die man möglichst bald zu revidieren hoffte.

105 Nachdrücklich vertreten hatten diese Auffassung vor allem der Tübinger Strafrechtswissenschaftler Jürgen Baumann, der Rechtsanwalt Robert M. W. Kempner und der Leiter der Kölner Zentralstelle Heinrich Gierlich; BT/PA, IV/295, A, Protokoll der Sitzungen des Bundestagsrechtsausschusses am 13.5.1965. Güdes Entwurf wurde abschließend am 15. und 25. Juni 1965 im Rechtsausschuß beraten und auch nach der Bundestagswahl nicht mehr aufgegriffen; ebenda.

3. Doppeltes Spiel: Die Verjährungsdebatte 1968/69

3.1 Initiativen für die Aufhebung der Verjährung

Die internationale Kritik an der Verjährung von NS-Verbrechen voranzutreiben, lautete das erklärte Ziel der Ostblockstaaten. Einen Rahmen hierfür boten die Vereinten Nationen, in deren Gremien das Thema auf Initiative des polnischen UN-Botschafters diskutiert wurde. Dieser hatte schon im März 1965 der Menschenrechtskommission ein Memorandum vorgelegt, das die Bundesrepublik der Völkerrechtsverletzung beschuldigte, da sie NS-Täter aufgrund der Verjährungsregelung begünstige[1]. Nur indirekt, weil kein Mitglied der UNO, konnte die Bundesregierung auf die Beratungen Einfluß nehmen und so auch nicht verhindern, daß mit Zustimmung der westlichen Staaten am 28. März 1966 die Menschenrechtskommission eine Resolution gegen die Verjährung von Kriegs- und Humanitätsverbrechen verabschiedete[2].

Die Staaten des Warschauer Paktes gaben sich mit einer unverbindlichen Resolution jedoch nicht zufrieden, sondern drängten auf eine weitergehende, von der UN-Generalversammlung zu beschließende Konvention über die Unverjährbarkeit. Mit diesem Ansinnen verfolgten sie zwei Ziele: Lange vor der ablaufenden Frist sollte durch die Debatte in der UNO der internationale Protest gegen die Verjährung institutionalisiert werden. Darüber hinaus würde die Konvention zum Vertragsvölkerrecht gehören; sollte der Bundestag deren Ratizifierung ablehnen, hätte dies einen kaum zu unterschätzenden Prestigeverlust der Bundesrepublik auch unter ihren westlichen Verbündeten zur Folge[3].

Um die auf die Bundesregierung zukommenden Probleme schon im Vorfeld auszuräumen, ergriff der Bundesjustizminister der Großen Koalition, Gustav Heinemann, die Initiative. Gemeinsam mit Außenminister Willy Brandt schlug er im Mai 1967 dem Bundeskanzler vor, die Verjährungsfrist für Mord generell abzuschaffen, noch ehe die Konvention verabschiedet wurde[4]. Kurt Georg Kiesinger, obschon gegenüber Heine-

1 PA/AA, V4/1259, Bericht des westdeutschen Beobachters bei der UN, New York, an das Auswärtige Amt, mit dem Memorandum in der Anlage, 8.3.1965.

2 Ebenda, V4/1181, Bericht des Beobachters bei der UN an das Auswärtige Amt, 28.3.1966.

3 Ebenda, Ressortbesprechung unter Leitung des Stellvertreters der Rechtsabteilung Truckenbrodt, 6.11.1966.

4 BAK, B 141/25674, Brandt an Heinemann, 14.2.1967; Vermerk Sturm, BMJ, über die Absicht Heinemanns, Kiesinger und dessen Staatssekretär im Bundeskanzleramt von seinem Vorschlag zu unterrichten, 11.5.1967.

manns Argumentation aufgeschlossen, wollte dem absehbaren Konflikt mit seiner Partei aus dem Wege gehen und befand, daß sich zunächst die Fraktionen ihre Meinung bilden müßten. Trotz weiterer Vorstöße Heinemanns im Kabinett und in der CDU/CSU-Fraktion wurde das Thema dilatorisch behandelt; bestenfalls stieß es auf Zurückhaltung, zumeist aber auf Ablehnung[5].

Nachdem Ende Mai 1968 die außerparlamentarische Opposition ihren Zenit überschritten hatte, die Studentenunruhen abgeklungen und die Notstandsgesetze verabschiedet waren, konnten sich Regierung und Parlament wieder dem politischen Alltagsgeschäft zuwenden, das mit der ablaufenden Verjährungsfrist einen ungelösten Konflikt bereithielt. Heinemann, der sich als Minister die justitielle Aufarbeitung des nationalsozialistischen Unrechts ebenso zum Ziel gesetzt hatte wie die Liberalisierung des Strafrechts[6], versuchte mit einigem Elan auch in der Öffentlichkeit für sein unpopuläres Vorhaben zu werben. In seinen Wortmeldungen wies er nicht nur auf den zu erwartenden außenpolitischen Schaden und den rechtsstaatlichen Auftrag zur Ahndung von NS-Verbrechen hin, sondern setzte auch auf die Überzeugungskraft kriminalpolitischer Überlegungen: Es gelte, die Strafgewalt des Staates zu stärken – jedoch nicht durch die wiederholt geforderte Wiedereinführung der Todesstrafe, sondern durch Beseitigung der Verjährungsfrist für Mord. Erst diese Maßnahme, unterstrich Heinemann, könne gewährleisten, daß sowohl NS-Verbrecher wie auch Serienmörder zur Verantwortung gezogen würden. Ferner ermögliche der Fortschritt der Kriminalistik bei der Beweis- und Spurensicherung die Aufklärung von Mordfällen auch über einen Zeitraum von 20 Jahren hinaus[7].

In den Stellungnahmen der Fraktionen zeichnete sich eine Wiederauflage der Debatte von 1965 ab. In der SPD widersetzten sich nur wenige Abgeordnete Heinemanns Plänen, darunter auch Adolf Arndt, der sich aber aufgrund seines anhaltend schlechten Gesundheitszustands aus dem politischen Tagesgeschäft weitgehend zurückgezogen hatte[8]. Geschlossen

5 Ebenda, Vorlage für die Kabinettssitzung am 13.9.1967, 30.8.1967; Vermerk über ein Gespräch zwischen Heinemann, Ehmke, Jaeger, Güde, Birrenbach, Wahl und Benda, 4.7.1967.

6 Vgl. zu Heinemanns rechtspolitischen Konzeptionen den Sammelband seiner Reden und Aufsätze, Plädoyer, vor allem S. 37 ff.

7 Bulletin der Bundesregierung, 10.8.1968, S. 841; »Der Gerechtigkeit Genüge tun« Die Welt, 16.10.1968, S. 9.

8 AdsD, SPD-Bundestagsfraktion 5 WP/1449, Protokoll der Sitzung des Arbeitskreises Rechtswesen am 27.11.1968.

machten wiederum die Freidemokraten Front gegen die Verlängerung oder gar Aufhebung der Verjährungsfrist. Hans-Dietrich Genscher, der stellvertretende Parteivorsitzende, warnte die Bundesregierung, Rechtssicherheit und Rechtsfrieden dürften »nicht aus außenpolitischen Gründen manipuliert werden«[9]. Unterstützung in der Sache bekam die FDP schließlich vom CSU-Vorsitzenden Strauß, inzwischen Finanzminister in Kiesingers Kabinett. In gewohnt drastischer Manier attackierte er das Vorhaben des Justizministers mit den Worten, der jahrzehntelange »Dauerreinigungsprozeß« gefährde den »Selbstbehauptungswillen des Volkes«[10].

Allerdings gab es einen entscheidenden Unterschied zur politischen Konstellation von 1965: Die Gruppe der Christdemokraten, die den seinerzeitigen Gesetzentwurf für die Fristverlängerung unterzeichnet hatte, fand sich nicht wieder zusammen. Lediglich Ernst Benda und der außenpolitische Experte Kurt Birrenbach sprachen sich in der Öffentlichkeit gegen die Verjährung aus, und auch dies eher verhalten[11]. Die Hauptursache für diesen Stimmungsumschwung war die Sorge, daß die NPD ihre Serie von Wahlerfolgen – im April 1968 erreichte sie fast zehn Prozent in Baden-Württemberg – fortsetzen könnte. Nicht zuletzt durch ihr ständiges Trommeln gegen die NS-Prozesse hatten die Rechtsextremen derart viele Stimmen fangen können[12]. Den meisten Christdemokraten erschien nun als probates Mittel gegen das Erstarken der NPD nicht die entschiedene politische Abgrenzung, sondern die Schärfung des rechten Profils der Partei. Indem sie – entsprechend ihren eigenen Vorbehalten gegen die NS-Verfahren – der Fristverlängerung eine klare Absage erteilten, glaubten sie, Adolf von Thadden und den Seinen das Wasser bei der Bundestagswahl im September 1969 abgraben zu können[13].

Die außenpolitischen Bedenken einiger Kollegen vermochte der Düsseldorfer CDU-Abgeordnete Bert Even auf einer Sitzung des Fraktions-

9 Genscher im Gespräch mit dpa, zitiert nach: »Für und wider die Verjährung«, AJW, 14.6.1968.

10 »Viele Abgeordnete wollen ›Schlußstrich‹ ziehen«, WAZ, 15.6.1968.

11 Vgl. zu Birrenbach: »Bonner Korridorgespräche«, AWJ, 2.2.1968; »Benda befürchtet negative Wirkung«, Die Welt, 9.9.1968.

12 Die herausragende Bedeutung des Wahlkampfthemas NS-Prozesse für die Anhängerschaft der NPD stellt der Sozialwissenschaftler Blücher auf Grundlage einer Emnid-Umfrage von Januar 1967 heraus; vgl. Emnid-Informationen, Nr. 8/9, 1968, A 26, dazu auch Siegfried, Aufarbeitung, S. 101 f.

13 So vor allem das Votum der CDU-Abgeordneten Güde, Wahl und Merkatz in den Sitzungen des Arbeitskreises Recht am 14. und 18. Juni 1968; ACDP-VIII-002-034/1.

ausschusses »Recht« zu zerstreuen: Da das »einseitige Ausnahmegesetz« einer Fristverlängerung dazu angetan sei, in der Bevölkerung »das Gefühl der Rechtssicherheit stark zu erschüttern« und einen Wahlsieg der NPD herbeizuführen, werde dadurch das internationale Ansehen der Bundesrepublik weit stärker beschädigt als durch das Eintreten der Verjährung. Eventuelle Rücksichtnahmen auf die UNO-Konvention müßten dagegen zurückgestellt werden. Diese Auffassung erschien den Unionsabgeordneten um so attraktiver, als in die laufenden Verhandlungen inzwischen auch Morde an der Zivilbevölkerung in Vietnam und im Nahen Osten einbezogen worden waren, was eine Beschlußfassung zu verzögern schien[14].

Entgegen den Spekulationen in der Unionsfraktion verabschiedete die Generalversammlung der Vereinten Nationen am 27. November 1968 die Konvention über die Nichtanwendbarkeit der gesetzlichen Verjährungsbestimmungen auf Kriegsverbrechen und Verbrechen gegen die Menschlichkeit[15]. Der Beschluß ließ sich kaum anders interpretieren denn als einhellige Kritik der internationalen Staatengemeinschaft an der Bundesregierung und der Tatsache, daß sie noch immer keine Anstalten machte, das geltende Verjährungsrecht zu revidieren. Keine Entlastung bot dabei der Umstand, daß die westeuropäischen Staaten sich der Stimme enthielten, die USA und Großbritannien gar die Konvention ablehnten. Denn deren Vorbehalte galten nicht der Kernaussage der Konvention, sondern zwei ergänzenden Aspekten: Die der Konvention beitretenden Staaten wurden zusätzlich aufgefordert, selbst abgelaufene Verjährungsfristen rückwirkend wieder einzusetzen sowie Verbrechen in Vietnam und Südafrika zu ächten[16].

Obwohl somit für die Spitzenpolitiker der CDU/CSU offensichtlich war, daß kaum noch ein Weg an der erneuten Fristverlängerung vorbeiführte, spielten sie auf Zeit. Vorerst, so die Entscheidung der Bundestagsfraktion, sollten die Fachleute der Partei die veränderte außenpolitische Lage analysieren und Gesetzesvorschläge erarbeiten[17].

14 Ebenda, Sitzung am 18.6.1968. Zur Strategie der Annäherung an die politischen Positionen der NPD zum Zweck, deren Wählerschaft zu gewinnen, jetzt Bösch, Adenauer-CDU, S. 397 ff.

15 Vgl. zur »Convention on the Non-Applicability of Statutory Limitations to War Crimes and Crimes against Humanity« Bassiouni, Criminal Law, Bd. 3, S. 70 f.

16 So auch die Einschätzung von Ministerialdirektor Krüger, BMJ, an Birrenbach, 31.12.1968; ACDP, I-433-163/1.

17 Ebenda, VIII-001-1017/2, Protokoll der CDU/CSU-Fraktionssitzung am 3.12.1968.

In direktem Zusammenhang mit der Konvention stand ein weiteres Ereignis, das die Diskussion über die Verjährung in der zweiten Hälfte des Jahres 1968 bestimmte: Die Sowjetunion, in den Vereinten Nationen einer der Wortführer für die Bestrafung und Nichtverjährung der NS-Verbrechen, suchte die Glaubwürdigkeit ihres Anliegens zu unterstreichen, indem sie – über die bislang vielfach geleistete Rechtshilfe für NS-Verfahren hinaus – erstmals der Zentralen Stelle eine Einsichtnahme in das sowjetische Zentralarchiv genehmigte[18]. Während nach der militärischen Besetzung der Tschechoslowakei im August 1968 die deutsch-sowjetischen Kontakte weitgehend eingefroren wurden, trat, wie geplant, der Leiter der Ludwigsburger Behörde gemeinsam mit sechs Staatsanwälten Mitte September die Dienstreise nach Moskau an. Unterstützt von den überraschend kooperativen sowjetischen Archivaren, sichteten die deutschen Ermittler in zwei Wochen mehrere zehntausend Schrift- und Fotodokumente, die in erster Linie den Massenmord an Juden betrafen. Vereinbart wurde am Ende der Reise nicht nur die Ablichtung zahlreicher Unterlagen auf Mikrofilm, sondern auch, daß die sowjetische Seite weitere Suchaktionen in regionalen Archiven vornehmen werde. Sofern das Material strafrechtlich relevante Hinweise erkennen lasse, so die Absprache, werde es direkt nach Ludwigsburg übersandt[19].

Noch ehe die Ergebnisse der Archivrecherchen in der Öffentlichkeit bekannt wurden, sorgte ein erboster Kommentar Max Güdes für Aufsehen. Anfang November bekundete der CDU-Politiker gegenüber einem *Spiegel*-Reporter: »Wenn die Russen 20 Jahre lang in böser Absicht Beweismaterial verweigern, dann ist das Verwirkung. Aber unsere Idioten fahren auch noch hin und holen das Zeug ab.«[20] Solchen oder noch ausfallenderen Beschimpfungen waren die Staatsanwälte der Zentralen Stelle zwar ständig ausgesetzt, sei es in anonymen Briefen oder auf Veranstaltungen von Rechtsextremen. Daß allerdings einer der prominentesten christdemokratischen Rechtspolitiker, der zugleich Vorsitzender des Bundestagssonderausschusses für die Strafrechtsreform war, sich in die Reihe der Verleumder stellte – und dies, obschon er darüber im Bilde war, daß seit dem Bundestagsbeschluß vom Dezember 1964 die Beschaf-

18 Die erste schriftliche Einwilligung erteilte das sowjetische Außenministerium bereits am 27. Juli 1967, die feste Zusage jedoch erst am 20. August 1968; JM BW, 4110b-IV/612, Vermerk Roth, 6.9.1968.

19 Insgesamt bestellte die Zentrale Stelle die Ablichtung von über 11 000 Seiten Belastungsmaterial; ebenda, Bericht Rückerl über die Moskau-Reise vom 16.9.-27.9.1968.

20 »Falsch gelesen«, Der Spiegel, 4.11.1968, S. 42.

fung von Beweismaterial aus dem Ausland explizit zur Aufgabe der Justizbehörde zählte –, löste in Ludwigsburg Bestürzung aus. In einem Brief an den Ludwigsburger SPD-Bundestagsabgeordneten Karl Mommer klagte Oberstaatsanwalt Manfred Blank: »Äußerungen dieser Art bewirken, sofern sie von bedeutenden Repräsentanten der Bundesrepublik kommen, daß der Leiter und die Mitarbeiter der Zentralen Stelle dem nationalistischen Mob als Objekte des Hasses freigegeben werden.« Zur Veranschaulichung zitierte er aus Schmähbriefen und Morddrohungen, die seit der Rückkehr der Delegation aus Moskau bei der Behörde eingegangen waren[21].

Das Bundesjustizministerium und der neue baden-württembergische Justizminister, der Sozialdemokrat Rudolf Schieler, beeilten sich zwar, Güdes Diffamierungen zurückzuweisen, doch den erzürnten Staatsanwälten genügte dies nicht: Sie stellten Strafanzeige wegen Beleidigung, zumal der Christdemokrat in einer erneuten Presseerklärung auf seinem Standpunkt beharrte. Die Moskau-Reise, legte er nach, sei »instinktlos, mit der Wahrung der deutschen Rechtsposition unvereinbar und in ihrer Wirkung schädlich« gewesen[22]. Auch wenn der Streit ein paar Wochen später auf Initiative von Mommer beigelegt wurde, signalisierte Güde mit diesen Äußerungen seine Entschlossenheit, mit weiteren Verbalattakken gegen die unpopuläre Ahndung von NS-Verbrechen in den bevorstehenden Bundestagswahlkampf zu ziehen.

Um sich über den aktuellen Stand der Ermittlungsarbeit zu informieren, lud der Arbeitskreis Rechtswesen der SPD-Fraktion den Leiter der Zentralen Stelle nach Bonn ein[23]. Gleich zu Beginn hob Adalbert Rückerl hervor, daß es unmöglich sei, bis zum Ablauf der Verjährungsfrist das einschlägige Belastungsmaterial im In- und Ausland auszuwerten. Eine Frist von vier Jahren sei von Anfang an viel zu kurz bemessen gewesen, vor allem, weil weiterhin ein eklatanter Mangel an qualifizierten Ermittlungskräften herrsche. Zudem sei es irreführend, so Rückerls Vorwurf an die Adresse des ebenfalls anwesenden Güde, in der Bevölkerung die Erwartung zu schüren, mit dem Ende der Verjährungsfrist sei automatisch auch das Ende der Prozesse erreicht. Vielmehr betrage die durchschnittliche Dauer vom Ermittlungsbeginn bis zur Urteilsverkün-

21 ZStL, GA, 1/113, Blank an Mommer, 5.11.1968.

22 »Verbrecherjagd im Wettlauf mit der Zeit«, SZ, 11.11.1968, S. 3; vgl. auch FR, 11.11.1968, S. 2.

23 Zum folgenden AdsD, SPD-Bundestagsfraktion 5 WP/1449, Protokoll der Sitzung des Arbeitskreises Rechtswesen am 27.11.1968.

dung über sechs Jahre; auch bei einer Nichtverlängerung der Frist würde daher bis Mitte der siebziger Jahre die Eröffnung weiterer Gerichtsverfahren nicht zu vermeiden sein. An den grundsätzlichen Problemen der Ahndung, insbesondere den wachsenden Beweisschwierigkeiten und dem Alter der Angeklagten, werde sich dagegen nichts ändern. So sei damit zu rechnen, daß in Zukunft die Zahl der allseits als unbefriedigend empfundenen Verfahrenseinstellungen und Freisprüche noch steige.

Hochbesorgt zeigte sich der Leiter der Zentralen Stelle jedoch über eine unscheinbare Änderung des Strafrechts: die Einführung des Paragraphen 50/2, die im Rahmen des neuen Ordnungswidrigkeitenrechts erfolgt war und – für ihn und seine Mitarbeiter vollkommen unerwartet – vermutlich katastrophale Auswirkungen auf die Ahndung von NS-Verbrechen haben werde. Diese Novelle, unterrichtete Rückerl die reichlich perplexen SPD-Abgeordneten, werde dazu führen, daß in Zukunft zahlreiche Schreibtischtäter nicht mehr erfaßt werden könnten, da ihre Verbrechen bereits 1960 verjährt seien. Ob diese verzweifelte Prognose indes tatsächlich zutreffen sollte, war zu diesem Zeitpunkt noch offen und oblag der Auslegung durch die Gerichte.

3.2 Die »kalte Verjährung«

Weder Bundestag, Bundesrat noch Bundesgerichtshof monierten im Zuge des Gesetzgebungsverfahrens, daß der Beihilfe-Passus des neuen Ordnungswidrigkeitenrechts auch auf die Verjährung von NS-Verbrechen Anwendung finden könne[1]. Eine solche Erkenntnis hätte allerdings auch einige Kombinationsgabe erfordert, ging es in diesem aufwendigen Gesetzespaket doch um Bagatellvergehen wie Betrugsdelikte und Verstöße im Straßenverkehr. Überdies waren sich die führenden liberalen und konservativen Strafrechtler darin einig, daß im Zuge der geplanten Strafrechtsreform eine obligatorische Strafmilderung für Gehilfen eingeführt werden sollte[2]. Diese Neuregelung hatten daher auch die schärfsten Kritiker des konservativen Regierungsentwurfs zur Strafrechtsreform in ihren 1966 vorgelegten Alternativentwurf übernommen. Dabei war ihnen sogar der entscheidende Fehler unterlaufen, jenen Zusatzparagraphen des Regierungsentwurfs zu streichen, der ausdrücklich verhindern sollte, daß neue Strafmilderungen in irgendeiner Weise die gesetzlichen Verjährungsfristen veränderten[3]. Mit anderen Worten: Der Alternativentwurf zur Strafrechtsreform wies den gleichen blinden Fleck hinsichtlich der Verjährung von NS-Verbrechen auf wie die vorgezogene Novellierung der Beihilfe im Rahmen des Ordnungswidrigkeitenrechts.

Von den zuständigen Referenten des Justizministeriums im Sommer 1964 in den Gesetzentwurf eingefügt, hatte der Paragraph alle Gremien unbeanstandet passiert, bevor der Bundestag das neue Ordnungswidrigkeitengesetz und dessen Einführungsgesetz am 10. Mai 1968 einstimmig verabschiedete[4]. Noch ehe beides aber am 1. Oktober in Kraft trat, verbreitete sich die Nachricht über die möglichen Folgen des neuen Paragraphen 50/2 wie ein Lauffeuer unter den westdeutschen Strafrechtsexperten. Am 17. September, auf dem Eröffnungsempfang des Deutschen

1 Zur Vorgeschichte der Gesetzesänderung siehe Kapitel II. 1.3.

2 Die Strafmilderung sollte gleichwohl nur für diejenigen Beihilfe-Fälle gelten, bei denen keine sogenannten strafbegründenden persönlichen Merkmale vorlagen.

3 So die Bestimmung in Paragraph 127 Absatz 3 des Regierungsentwurfs; BT-Drucksachen 4. WP, Nr. 650, S. 33; zur Streichung im Alternativentwurf vgl. Baumann, Alternativentwurf, S. 175.

4 BT-Berichte 5. WP, 173. Sitzung, S. 9249 f.; der Entwurf des Einführungsgesetzes zum Ordnungswidrigkeitengesetz: BT-Drucksache V/1319. Das entsprechende Gesetzgebungsverfahren ist dokumentiert in: BAK, B 141/17485 bis B 141/17499; einschlägig insbesondere B 141/17495; zu den Beratungen des Einführungsgesetzes im Bundestagsrechtsausschuß 1967 siehe: BT/PA, V/1319.

Juristentags in Nürnberg, streute der Bundesrichter Rudolf Schmitt vom Fünften Strafsenat in Berlin die Information, daß die Novelle womöglich zur Verjährung von nationalsozialistischen Mordverbrechen führe[5].

Hinter dieser erstaunlichen Schlußfolgerung stand die eigentlich absurde, unter Juristen aber mit Nachdruck vertretene Annahme, das allgemeine Strafrecht könne ohne Brüche und Verformungen auf NS-Verbrechen angewandt werden. Tatsächlich aber hatte sich hier ein eigenständiges Rechtsgebiet entwickelt, das in rechtsdogmatischer Hinsicht tief korrumpiert war, da es den Urteilen an konsistenter Normenbildung sowie an einer überzeugenden Subsumtion des Tatgeschehens mangelte. Diesen Defiziten lagen verschiedene Ursachen zugrunde: Fragen der Gesetzgebung, der deutschen Rechtstradition und auch die Befangenheit der urteilenden Richter. Den Ausschlag für diese Entwicklung, insbesondere für die fast schrankenlose Ausweitung des Beihilfe-Begriffs, gab jedoch das Anliegen der Richter, ein geringeres Strafmaß zu finden als die für Mord vorgeschriebene lebenslange Zuchthausstrafe[6]. Vor diesem Hintergrund mutete es reichlich unverfroren an, vom Grundsatz des einheitlichen Strafrechts auszugehen, die Beihilfe-Novelle aus ihrem Entstehungskontext des Ordnungswidrigkeitenrechts herauszulösen und auf die Rechtsprechung in NS-Verfahren so anzuwenden, daß nicht wenige Täter außer Verfolgung gesetzt werden sollten.

Wie funktionierte nun die juristische Argumentation, die dieser Schlußfolgerung zugrunde lag? Im Hinblick auf Mord besagte der neue Paragraph 50/2, daß der Gehilfe im Unterschied zum Täter nicht mehr die Höchststrafe erhalten konnte, sondern zwangsläufig das niedrigere Strafmaß für versuchten Mord respektive Totschlag. Diese Änderung als solche war eigentlich irrelevant, da die Gerichte in NS-Prozessen ja ohnehin auf niedrigere Strafen erkannten. Daher mußte eine zweite Deduktion greifen: Gemäß der Rechtsprechung des Bundesgerichtshofs sollte die verminderte Strafdrohung auch zur Verkürzung der Verjährungsfristen führen, von 20 Jahren für Mord auf 15 Jahre für Totschlag, mithin sei Beihilfe nach dem 8. Mai 1960 verjährt[7].

5 Vermerk Sturm, BMJ, 10.6.1969, BA DH B 141/40365; bestätigt von Hartmuth Horstkotte, Richter am Bundesgerichtshof, seinerzeit Referent im Bundesjustizministerium; freundliche Auskunft an den Verfasser, 16.10.1998.

6 Zur Kritik an der Gehilfenrechtsprechung in den sechziger Jahren jetzt Greve, Umgang, S. 209 ff.

7 Das Datum des 1. Januar 1965, von dem Herbert, Best, S. 509, und der *Spiegel*-Artikel vom 6.1.1969, S. 31, ausgehen, ist insofern unzutreffend; vgl. auch das BGH-Urteil vom 20.5.1969, NJW 1969, S. 1181.

Gleichwohl konnte der Paragraph 50/2 den Beschuldigten nur dann zugute kommen, wenn, wie es in der Novelle hieß, ihnen »besondere persönliche Eigenschaften, Verhältnisse oder Umstände (besondere persönliche Merkmale), welche die Strafbarkeit des Täters begründen«, fehlten[8]. Am ehesten traf diese Formulierung, bei der allein die persönliche Einstellung des Beschuldigten eine Rolle spielte, auf die Urteile »Beihilfe zum Mord aus niedrigen Beweggründen« zu, auf jene Schuldsprüche also, die am häufigsten in NS-Verfahren ausgesprochen wurden. Rechtlich gesehen unterstellten die Richter dabei, daß die Verurteilten den Mordauftrag der führenden NS-Funktionäre lediglich ausgeführt hätten, während ihnen der »niedrige Beweggrund« einer rassistischen Vernichtungsabsicht nicht nachzuweisen sei.

Bislang hatte der Bundesgerichtshof nach der alten Fassung des Paragraphen 50/2 nicht nur den Haupttätern »niedrige Beweggründe« zugeschrieben, sondern auch der Tat selbst, um damit deren Verwerflichkeit kenntlich zu machen[9]. Ob die Bundesrichter in dieser Hinsicht eine Neubewertung vornehmen mußten, galt als entscheidende Frage, die schon seit langem hochumstritten war. So war von seiten der Rechtswissenschaft – gänzlich losgelöst von dem direkten Bezug auf NS-Verbrechen – diese Auslegung der »niedrigen Beweggründe« durch Karlsruhe als juristische Fehlentwicklung scharf kritisiert worden. Als Reaktion darauf hatte das Bundesjustizministerium in der Novelle eine deutliche Modifizierung vorgenommen, indem »besondere persönliche Umstände« zusätzlich als strafmilderndes Tatbestandsmerkmal einfügt wurden. In der Begründung des Entwurfs hieß es dazu: Es handle sich hier »nicht um tat-, sondern um täterbezogene Umstände«, zu denen auch sogenannte »Gesinnungsmerkmale« – implizit womöglich auch »niedrige Beweggründe« – gehören würden[10].

Obwohl diese Auslegung voller Winkelzüge und Spitzfindigkeiten war, zudem erst durch ein Grundsatzurteil des Bundesgerichtshofs definitiv entschieden werden konnte, fand sie schon bald nach ihrem Bekanntwerden in Nürnberg viele überzeugte Anhänger. Erwartungsgemäß zeigten vor allem die Verteidiger in NS-Verfahren Interesse. Einer der ersten, die auf Grundlage des neuen Paragraphen Straffreiheit für ihre Mandanten beantragten, war der Berliner Anwalt Heinz Meurin, dereinst Richter an

8 BGBl. 1965 I, S. 506.

9 Vgl. Dreher, Strafgesetzbuch, 30. Auflage, § 211, Anmerkung 4.

10 BT-Drucksache V/1319, 20.1.1967, S. 61.

einem SS-Sondergericht[11]. Er vertrat gleich mehrere hochrangige NS-Täter, so auch Otto Bovensiepen, den ehemaligen Leiter der Berliner Gestapo und Hauptverantwortlichen für die Deportation der Berliner Juden, der seit März 1967 in Untersuchungshaft saß[12]. Meurins Antrag auf dessen vorzeitige Haftentlassung wies das Berliner Kammergericht am 6. Januar 1969 jedoch mit einer temperamentvollen Begründung zurück: Abgesehen davon, daß der Beschuldigte nachweislich selbst aus »niedrigen Beweggründen« gemordet habe, sei das Ansinnen der Verteidigung grundsätzlich abzulehnen. Denn es sei weder davon auszugehen, daß der Bundesgerichtshof von seiner bisherigen Rechtsprechung abrücken werde, noch sei wahrscheinlich, daß der Gesetzgeber »eine verschleierte Amnestie für den größten Teil der Gehilfen bei nationalsozialistischen Gewaltverbrechen« beabsichtigt habe[13].

Daß die Kammerrichter in ihrem Beschluß einen so bestimmten, ja erzürnten Ton angeschlugen, lag wohl in der Hauptsache an dem spektakulären Erfolg, den Meurin und seine Kollegen ein paar Wochen zuvor beim Berliner Landgericht erzielt hatten: Kurz bevor nach langjährigen Ermittlungen die Gerichtsverfahren gegen rund hundert Angehörige des Reichssicherheitshauptamtes eröffnet werden sollten[14], waren bereits die ersten aufgrund der ungewissen Rechtslage aus der Haft entlassen worden: Auf freiem Fuß befanden sich die früheren Leiter des Polen-Referats im RSHA, Bernhard Baatz und Joachim Deumling, beide der Beihilfe an der Ermordung Tausender polnischer Zivilisten beschuldigt. Weitere Häftlinge wie Otto Hunsche, an der Deportation von über 50 000 Juden beteiligt, konnten auf ihre baldige Freilassung rechnen[15].

11 So die Information von Werner Best an Gustav Meissner, 18.6.1968; HStAD, Gerichte Rep. 242/295.

12 Vgl. Herbert, Best, S. 498 f.

13 Beschluß des Kammergerichts Berlin, 1 ARs 63/68, 6.1.1969, in: JR 1969, S. 64.

14 Von den etwa 600 Vorermittlungsverfahren im RSHA-Komplex aus dem Jahr 1965 entschieden sich die Berliner Staatsanwälte unter der Leitung von Staatsanwalt Hans-Dietrich Nagel 1968 schließlich für die ihnen aussichtsreich erscheinende Anklagevorbereitung gegen rund hundert Personen, die in 18 Sammelverfahren zusammengefaßt wurden; JM BW, AZ 4110b-IV/411, Bericht des Berliner Generalstaatsanwalts Günther über die Tätigkeit der »Arbeitsgruppe RSHA«, 30.1.1965; Die Welt, 30.5.1969, S. 4.

15 Vgl. Der Spiegel, »Hilfe für Gehilfen«, 6.1.1969, S. 31 f. Baatz hatte in der Nachkriegszeit in der Direktion des Düsseldorfer Röhrenherstellers Mannesmann Karriere gemacht; vgl. Herbert, Best, S. 475. Von Deumling liegt ein aufschlußreicher Brief aus der Untersuchungshaft an Helmut Schmidt vor, in dem der leitende Angestellte einer Pharmafirma in Brackwede bei Bielefeld darauf hin-

Ohne Not hatten die Richter damit die (wahrscheinlich auch von ihnen selbst gehegte) Erwartung genährt, daß die umfangreichste Prozeßserie der Nachkriegszeit im letzten Moment noch verhindert werde – eine Entscheidung, die gerade deshalb eine so verheerende Wirkung hatte, weil mit den RSHA-Verfahren endlich die Entscheidungszentrale der nationalsozialistischen Vernichtungspolitik ins Visier genommen werden sollte. In Berlin, dies war allen mit der Sache auch nur halbwegs vertrauten Juristen und Politikern bewußt, ging es somit um das Kernstück der gesamten Bemühungen der westdeutschen Justiz, die Verbrechen des NS-Regimes aufzuklären.

Nachdem in der Presse vereinzelt über die vorzeitigen Entlassungen berichtet worden war[16], verschaffte erst ein *Spiegel*-Artikel Anfang Januar 1969 dem Thema die nötige Aufmerksamkeit: Die unbedachten Folgen der Strafrechtsnovelle, hieß es in dem Artikel, seien »eine der peinlichsten Pannen« in der Geschichte der Bonner Gesetzgebung. Alarmierend düster waren die Worte des Leiters der Zentralen Stelle. Nun gab Rückerl auch öffentlich seine Einschätzung bekannt, daß durch die Novelle nicht die Vollstrecker in Einsatzgruppen, Konzentrations- und Vernichtungslagern, sondern die mittleren und höheren Funktionsträger begünstigt würden: »Die Kleinen, die geschossen haben, kriegt man über Heimtücke oder Grausamkeit wohl auch weiter ran. Aber die Großen, die die Morde ja nicht eigenhändig begangen haben, sind nur zu belangen wegen Beihilfe zum Mord aus niedrigen Beweggründen. Da man ihnen diese Beweggründe selbst aber heute kaum nachweisen kann, sind sie es, die jetzt am besten dran sind.«[17]

Dem widersprach der SPD-Abgeordnete Martin Hirsch. Als Berichterstatter für das Einführungsgesetz mit der Gesamtmaterie vertraut und spätestens seit Rückerls Vortrag im November über die spezifische Problematik der Novelle im Bilde, wollte er glauben machen, nur die Befehlsempfänger würden vom Paragraphen 50/2 profitieren: »Was die Verjährung betrifft – die kleinen Fische sind doch nicht interessant. Es kommt doch auf die großen Täter an.« Ausgesprochen peinlich wirkte, daß der Sozialdemokrat sogar der von niemandem sonst in Frage gestellten

weist, daß sowohl seine Firmenkollegen wie auch die Honoratioren der Stadt (»meistens SPD-Wähler«, so Deumling) über seine Verhaftung zutiefst empört seien; AdsD, SPD-Bundestagsfraktion 5. WP, Deumling an Schmidt, 16.6.1968.

16 Vgl. Bild am Sonntag, 15.12.1968, S. 2; SZ, 19.12.1968, S. 4.

17 Zitiert nach »Kalte Verjährung«, Der Spiegel, 13.1.1969, S. 59. In die gleiche Richtung wiesen auch die Äußerungen Rückerls im ersten *Spiegel*-Artikel zum Paragraphen 50/2 am 6.1.1969, S. 31 f.

Auffassung entgegentrat, den Politikern sei in der Sache ein gravierender Fehler unterlaufen: »Eine Panne ist das nicht. Wir haben den Paragraphen bewußt, vorsätzlich und einstimmig so beschlossen. Für Nazi-Verbrecher gilt deutsches Recht in gutem und in bösem Sinne. Jede Verbesserung des Rechts kommt denen natürlich auch zugute.«[18]

Doch solche Versuche, das kollektive Versagen nachträglich schönzureden, verpufften wirkungslos – die deutsche Politik war blamiert. Im Ausland kam umgehend der Verdacht auf, die befürchtete Straffreisetzung der Täter sei mit Absicht auf den Weg gebracht worden. Das israelische Justizministerium warf der Bundesregierung vor, eine »kalte Verjährung« erlassen zu haben, und höhnte, als nächstes werde man wohl vor den Bundestagswahlen eine offizielle Amnestie für Mordgehilfen erlassen[19]. Hellauf empört meldeten sich auch Vertreter des amerikanischen Judentums zu Wort. Er sei entsetzt, bekundete Hans Steinitz, Chefredakteur des *Aufbau*; »unfaßbar«, urteilte entgeistert Oskar Karbach vom Jüdischen Weltkongress in New York.

Die westdeutschen Journalisten waren weniger empört als verwirrt ob der juristischen Komplexität des Falls und der Ungewißheit über seine tatsächlichen Folgen. Besonders hoch setzte das CSU-Organ *Bayernkurier* die Zahl der Nutznießer an: »Staatsanwälte, die mit der Verfolgung dieser Straftaten befaßt sind, schätzen den Anteil der durch Heinemanns Versehen straflos ausgehenden Schergen auf annähernd neunzig Prozent aller NS-Mordtaten.«[20] Die moralische Entrüstung des Leitartiklers klang allerdings recht hohl angesichts seiner Erwartung, dies »könne sich eines Tages zur persönlichen Tragik des SPD-Ministers auswachsen«. Dieser Giftpfeil, abgeschossen, um Gustav Heinemanns Reputation zu schädigen, zielte natürlich nicht auf den amtierenden Justizminister, sondern auf den aussichtsreichen Kandidaten für das Amt des Bundespräsidenten. Unerwähnt blieb indessen, daß der CSU-Politiker und vorherige Justizminister Richard Jaeger in gleicher Weise für das Einführungsgesetz Verantwortung trug – schließlich war es während seiner Amtszeit dem Kabinett vorgelegt worden.

Gegen die Unterstellungen aus München wehrte sich Heinemann in mehreren Interviews. Er stritt rundheraus ab, daß der Strafverfolgung nun enge Schranken gesetzt seien, da auch der Bundesgerichtshof die in der Sache relevanten Tatbestandsmerkmale »als tat- und nicht täterbe-

18 Der Spiegel, 13.1.1969, S. 59.

19 Ebenda, S. 58, dort auch zum folgenden.

20 Bayernkurier, 11.1.1969, S. 1. Weitere Reaktionen in der Presse: Die Welt, 8.1.1969, S. 1; StZ, 9.1.1969, S. 3.

zogen angesehen« habe. Zur dubiosen Entstehungsgeschichte des Paragraphen 50/2 erklärte Heinemann: Die Verfasser seien »wohl von dieser Rechtsprechung ausgegangen, und ich könnte mir vorstellen, daß ihnen daher gar nicht der Gedanke gekommen ist, darunter könnten auch Gehilfen eines Mordes fallen«[21].

Daß der Minister hier im Konjunktiv sprach, anstatt sich vorbehaltlos vor seine Referenten zu stellen, war auffällig. Vermutlich lag es in diesem Falle weniger an seiner unerschütterlichen Aufrichtigkeit und dem Umstand, daß er über die Genese der Novelle in der Tat nur unzureichend informiert war, als an seinem Argwohn gegenüber den Verantwortlichen. Denn schließlich hatte der erzkonservative Josef Schafheutle, fast ein Jahrzehnt lang Leiter der Strafrechtsabteilung und inzwischen im Ruhestand, aus der Ablehnung der NS-Prozesse nie einen Hehl gemacht und der CDU zuletzt 1965 bei ihren Amnestieentwürfen sekundiert. Gleiches galt für Eduard Dreher, der Schlüsselfigur in der Affäre. Ihm hatte Heinemann die erwartete Beförderung auf Schafheutles Posten verwehrt und mit Hans-Joachim Krüger einen Mann eingesetzt, der liberale Positionen vertrat, von außen kam und die neue Linie des SPD-Ministers, zumal in der schwierigen Schlußphase der Strafrechtsreform, rückhaltlos unterstützte.

Warum hatte Heinemann trotz der Anrüchigkeit der Beihilfe-Novelle keine hausinterne Überprüfung angeordnet, warum nicht untersuchen lassen, wann, wie und von wem der fragliche Paragraph in das Einführungsgesetz zum Ordnungswidrigkeitengesetz installiert worden war[22]? Der Hauptgrund war vermutlich, daß sich die Presse rasch mit der Darstellung zufriedengab, alle am Gesetzgebungsverfahren Beteiligten hätten die Problematik der Novelle nicht bedacht. Die Frage nach den eigentlichen Urhebern wurde nur vage gestellt, und, nachdem sich die

21 Interview in der Stuttgarter Zeitung, 11.1.1969, zitiert nach Vogel, Weg, S. 110 f.; dort auch die folgenden Zitate. Weitere Interviews mit Heinemann in: NRZ, 9.1.1969, S. 3; AJW, 17.1.1969, S. 4.

22 Erst Monate später, als die Teilamnestie für Beihilfe perfekt war, sollte Heinemanns Nachfolger Horst Ehmke eine solche Nachprüfung veranlassen – freilich ohne wirklich neue Erkenntnisse ans Tageslicht zu fördern. Damit beauftragt wurde Erich Göhler, neben Eduard Dreher und Karl Lackner (der inzwischen eine Professur übernommen hatte) der dritte Referent, der unmittelbar mit dem Vorgang befaßt war. Göhler blieb bei der Version, daß der Paragraph 50/2 allen Beteiligen rechtspolitisch »völlig unproblematisch« erschienen sei; BA DH, B 141/403654, Vermerk Göhler an Ehmke, 6.6.1969.

erste Aufregung gelegt hatte, wieder vergessen[23]. Darüber hinaus beteiligte sich gerade Dreher eifrig an den Bemühungen des Ministeriums um Schadensbegrenzung. Noch ehe die Angelegenheit öffentlich bekannt wurde, beriet der Strafrechtsreferent mit einem Bundesanwalt, in welcher Weise den beim Bundesgerichtshof bereits anhängigen Revisionsverfahren zum Paragraphen 50/2 zu begegnen seien[24]. Auch als sich eine größere Runde von Vertretern des Ministeriums und der Bundesanwaltschaft über die weitere Strategie verständigte, gab er sich – wie seine Kollegen – zuversichtlich, daß etwa die Einstellung der Reichssicherheitshauptamt-Verfahren abgewehrt werden könne[25].

So konform sich Dreher im Kreis der Ministerialbeamten verhielt, so unbeirrt widmete er sich den eigenen politischen Interessen – und die hatten sich auch unter einem Minister Heinemann nicht verändert. Als sein früherer Chef Walter Strauß, seit 1962 nicht mehr Staatssekretär, sondern Richter am Europäischen Gerichtshof, im März 1969 von der CDU/CSU-Fraktion beauftragt wurde, ein Amnestiegesetz zu konzipieren, fungierte Dreher als sein engster Berater. Dem »sehr verehrten, lieben Staatssekretär« empfahl der versierte Jurist eine Formulierung, die fast exakt mit der neuen Fassung des Beihilfe-Paragraphen übereinstimmte. Nun allerdings war der Paragraph ausdrücklich für die Amnestie bestimmt, die zusammen mit der Verlängerung der Verjährungsfrist in Kraft treten sollte[26] – und nicht als obskures »U-Boot«, das erst nach langen Jahren auftauchte, um dann durch verschlungene Auslegungen seine Wirkung zu entfalten.

Gegenüber Strauß scherte sich Dreher keinen Deut um die Rechtsauffassung, für die er gegenüber seinen Vorgesetzten und der Bundesanwaltschaft noch mit viel Nachdruck eingetreten war: Daß es sich nämlich bei den »niedrigen Beweggründen« im Sinne der bisherigen Rechtsprechung

23 Vgl. dazu die Pressekommentare: Die Welt, 8.1.1969, S. 1; StZ, 9.1.1969, S. 3; Der Spiegel, 13.1.1969, S. 58 ff.

24 BA DH, B 141/403653, Vermerk Dreher an Krüger über sein Gespräch mit Bundesanwalt Schumacher, 6.12.1969.

25 Ebenda, Protokoll der Beratung zu Fragen des § 50/2 StGB, 7.2.1969.

26 Dreher schlug Strauß den folgenden Gesetzentwurf vor: Die Aufhebung der Verjährungsfrist für NS-Mordverbrechen gelte nicht für nationalsozialistische »Taten der Beihilfe zum Mord, wenn der Gehilfe in untergeordneter Stellung auf Grund eines Befehls gehandelt hat und die in § 211 Abs. 2 des Strafgesetzbuchs bezeichneten Merkmale des Mordes bei ihm gefehlt haben«; IfZ, Ed 94/245, Dreher an Strauß, 24.3.1969.

um tatbezogene Merkmale handle[27]. Vielmehr ging er von der entgegengesetzten Annahme aus und wünschte sogar eine weiterreichende Amnestieregelung, die hinsichtlich aller Mordmerkmale gelten solle. Nach seinen Informationen, so teilte er dem Staatssekretär mit, sei »durchaus mit der Möglichkeit zu rechnen«, daß der Bundesgerichtshof die »niedrigen Beweggründe« als täterbezogen erklären werde, die entsprechenden Verbrechen somit verjährt seien. Dagegen wolle er in seinem Entwurf zusätzlich jene »Gehilfen« einbezogen wissen, die bislang wegen heimtückischer und grausamer Morde verurteilt wurden, ohne daß es ihnen als persönliche Absicht nachgewiesen werden konnte. Ihm, dem Strafrechtsreferenten und Verfasser des Paragraphen 50/2, genügte das erwartete Urteil der Bundesrichter nicht: »Bei den Merkmalen heimtückisch und grausam«, führte er aus, stehe »der Bundesgerichtshof hingegen auf dem Standpunkt, daß es sich nicht um Täter-, sondern um Tatmerkmale handelt. Insoweit geht die von mir zur Diskussion gestellte Formulierung weiter.«[28]

Sicherlich kann Drehers Vorgehen im Jahre 1969 nicht als endgültiger Nachweis dafür gelten, daß er fünf Jahre zuvor die Manipulation des Beihilfe-Rechts bewußt betrieben hatte. Gleichwohl gewinnt die Deutung, daß die Amnestie seinerzeit zielgerichtet vorbereitet wurde, erheblich an Plausibilität, wenn man sich vor Augen führt, mit welcher Durchtriebenheit Dreher 1969 seine vergangenheitspolitischen Überzeugungen verfolgte. Daß er dabei just den verdeckt installierten Paragraphen als Vorbild für ein offizielles Amnestiegesetz anpries, kann vielleicht als Urheberstolz ausgelegt werden, verweist aber in erster Linie auf etwas anderes: Mit der Beihilfe-Novelle war bemerkenswert früh die Formel gefunden worden, mit der genau jene Teilamnestie durchsetzbar schien, die von so vielen, von ehemaligen Tätern und deren Anwälten ebenso wie von konservativen Politikern und Richtern, brennend gewünscht wurde. Während ein derartiges Straffreiheitsgesetz innerhalb der Großen Koalition auf politischem Wege kaum durchsetzbar war, konnte die einsetzende rechtswissenschaftliche Debatte über die Auslegung des Paragraphen 50/2 die Amnestiebefürworter durchaus zufriedenstellen.

27 So schon in Drehers Gespräch mit Bundesanwalt Schumacher; BA DH, B 141/403653, Vermerk Dreher, 6.12.1969. Die gleiche Sichtweise legte Dreher auch Rechtsanwalt Kempner dar, der sich Anfang Dezember 1968 voller Besorgnis ob der unabsehbaren Folgen der Novelle an den Bundeskanzler gewandt hatte; BAB, B 141/25744, 4.2.1969.

28 IfZ, Ed 94/245, Dreher an Strauß, 24.3.1969.

Schon der erste Aufsatz, der in einer juristischen Fachzeitschrift erschien, sollte die weitere Debatte unter den Rechtsexperten maßgeblich prägen und auch dem Bundesgerichtshof die Argumentationsgrundlage für sein Urteil zur Gesetzesänderung geben. Die Autorin war Else Koffka, eine hochangesehene, bereits pensionierte Bundesrichterin, die während der fünfziger Jahre zu den aktivsten Mitgliedern der Großen Strafrechtskommission zählte – und seitdem auch in engem Kontakt zu Dreher stand, dem seinerzeit zuständigen Generalreferenten des Bundesjustizministeriums[29]. Anfang Februar legte nun Koffka in der *Juristischen Rundschau* eine in sich geschlossene, ja fast hermetische Interpretation der Novelle vor und gelangte mit scheinbar zwingender Logik zum gleichen Resultat, zu dem ihr früherer Kollege Schmitt bereits im September gekommen war: Für die in Frage kommenden Beihilfe-Verbrechen sei die Verjährungsfrist bereits 1960 abgelaufen[30].

Daß sich indes ein nicht unerhebliches Legitimationsdefizit auftat, wenn NS-Täter von einer auf Bagatelldelikte zielenden Gesetzesänderung profitieren sollten, war auch der Richterin aufgefallen. Zu diesem Zweck versuchte sie zu belegen, daß der Gesetzgeber bei der Beratung des Paragraphen 50/2 »an die Verjährungsfrage überhaupt nicht gedacht« habe. Dabei berief sie sich auf die erste Vorlage für den Beihilfe-Paragraphen aus dem Jahr 1955, die mit nur geringfügigen Änderungen in den Strafrechtsentwurf vom Oktober 1962 und das Einführungsgesetz von 1968 übernommen worden sei. 1955 aber »brauchte man sich über eine Auswirkung der Vorschrift auf die Verjährung von NS-Verbrechen nicht den Kopf zu zerbrechen und hat ihn sich nicht zerbrochen«, führte Koffka den formalen Beweis.

Keine Beachtung schenkte sie jedoch der Tatsache, daß sich der politische und juristische Kontext der Mordverjährung seit den fünfziger Jahren fundamental verändert hatte. Gerade weil alle an der Novelle Beteiligten vorgaben, im Hinblick auf die möglichen Folgen vollkommen ahnungslos gewesen zu sein, hätte nach herkömmlichem demokratischen Rechtsverständnis dem in dieser Frage maßgeblichen Beschluß der Legislative Priorität eingeräumt werden müssen: der Entscheidung aus dem Jahr 1965, die Verjährungsfrist zu verlängern, die sich ihrer Intention nach auf alle Mordverbrechen der NS-Zeit bezog, auch auf die der Beihilfe. Im Gesetzestext aber war verhängnisvollerweise schon seit Bendas erstem

29 Freundliche telefonische Auskunft von Hartmuth Horstkotte, Richter am Bundesgerichtshof, an den Verfasser, 16.10.1998.

30 JR 1969, S. 41 f., dort auch die folgenden Zitate.

Entwurf nicht von Mord die Rede gewesen, sondern von »Verbrechen, die mit lebenslangem Zuchthaus bedroht« waren. Da infolge der Novelle bei einem Teil der Beihilfe-Verbrechen nun keine Höchststrafe mehr verhängt werden konnte, ließ sich, aus Koffkas streng legalistischer Perspektive, somit auch bezüglich der Fristverlängerung von 1965 der Wille des Gesetzgebers unterlaufen.

Ein politisches Interesse, mit Hilfe der Novelle den aktuellen Verjährungskonflikt innerhalb der Bundesregierung vorweg und ohne jedes Mandat durch den Bundesgerichtshof entscheiden zu lassen, bestritt die Richterin entschieden: Selbst unter den Kritikern der Fristverlängerung, so Koffka, werde »wohl kaum jemand sein, der für eine Regelung der Verjährungsfrage [...] auf ›kaltem Wege‹ eintreten würde«. Wie wenig Glauben dieser Erklärung zu schenken war, erschloß sich schon aus dem nächsten Satz, mit dem sie den Anspruch auf die uneingeschränkte Entscheidungsgewalt der Justiz geltend machte: »Aber daraus kann man nicht folgern, daß der Gesetzgeber die Vorschrift in einem Sinne gemeint haben müsse, der unerwünschte Konsequenzen für die Verjährung ausschließt.«

In den folgenden Wochen pflichteten mehrere renommierte Strafrechtswissenschaftler Koffkas Überlegungen bei, darunter auch der prominente Tübinger Professor Horst Schröder, Mitverfasser eines der wichtigsten Kommentare zum Strafgesetzbuch[31]. War mit diesen Wortmeldungen die Entscheidung des Bundesgerichtshofs vorgezeichnet? Nicht unbedingt, denn das oberste Strafgericht hatte bislang gerade auf dem Rechtsgebiet der Beihilfe zum Mord eine durchaus eigensinnig zu nennende Selbständigkeit gegenüber der Wissenschaft behauptet. Bekannt für ein außerordentliches richterliches Selbstbewußtsein war nicht zuletzt der Fünfte Strafsenat, der nun über die umstrittene Auslegung der Novelle zu entscheiden hatte[32]. Dessen Vorsitz führte Werner Sarstedt, ein ausgewiesener Intellektueller unter den Bundesrichtern. Er hatte großen Anteil

31 Schröders Aufsatz in: JZ, 1969, S. 132 ff.; weitere fachwissenschaftliche Artikel: Erich Samson, in: ZRP 1969, S. 27 ff.; Günther Jakobs, in: NJW 1969, S. 489 ff. Kritik an dieser Auffassung übte vor der Entscheidung des Bundesgerichtshofs allein der Bochumer Strafrechtler Peter Cramer, »Verjährung für Schreibtischmörder auf kaltem Wege?«, FAZ, 10.1.1969, S. 2.

32 Eine andere NS-Strafsache (BGH 4 StR 272/68 gegen Altenloh und Errelis), die vom Vierten Senat in Karlsruhe bereits im Februar entschieden werden sollte, wurde auf Wunsch des Generalbundesanwalts vertagt, da dieser seine Stellungnahme zu der Problematik noch nicht fertiggestellt hatte; Ifz, Ed 94/245, der Präsident des Bundesgerichtshofs Fischer an Strauß, 1.4.1969.

daran, daß der in Berlin ansässige Senat im Ruf stand, nicht die restaurative, am Leipziger Reichsgericht orientierte Linie der Karlsruher Richterschaft zu teilen, sondern vielmehr an die altliberale Tradition des preußischen Kammergerichts anzuknüpfen, den öffentlichen Meinungsstreit nicht zu scheuen und auch unbequeme Urteile zu fällen[33].

Hinsichtlich der NS-Strafverfahren entwickelte der Fünfte Senat jedoch eine Rechtsprechung, die durchaus ambivalent war: Zum einen trug der Senat entscheidend zur Diskreditierung von Verfolgten bei, die in den Prozessen als Zeugen auftraten. In den entsprechenden Grundsatzurteilen zog er ihre Aussagen über jedes nachvollziehbare Maß hinaus als Beweismittel in Zweifel. Zum anderen trat aber gerade der Fünfte Senat in Fragen der Beihilfe als wichtiges Korrektiv auf. In einer Vielzahl von Fällen wies er die uneingeschränkte Anwendung des Beihilfe-Begriffs in erster Instanz zurück und zeigte sich damit weit entfernt von der apologetischen Rechtsprechung des Ersten und Zweiten Senats[34].

Wenn der Berliner Senat den Anträgen der Staatsanwaltschaft auf Revision entsprach, so hatte dies allerdings nicht zwangsläufig eine angemessenere Bestrafung der Täter zur Folge. Rechtsgeschichtlich am gravierendsten war wohl die Tatsache, daß der Fünfte Senat im April 1968 die Verurteilung von Hans-Joachim Rehse zu fünf Jahren Zuchthaus wegen Beihilfe zum Mord kassierte. Indem die Bundesrichter den neben Freisler am schwersten belasteten Richter am Volksgerichtshof nicht als Gehilfen, sondern als vollverantwortlichen Täter einstuften, ferner den – unmöglich zu erbringenden – Nachweis der bewußten Rechtsbeugung verlangten, nahmen sie dessen skandalösen Freispruch vor dem Berliner Schwurgericht Ende des Jahres vorweg[35].

Für die Justiz kam der Sturm der Empörung, den das Rehse-Urteil entfachte, vollkommen unerwartet. In das Kreuzfeuer der Kritik war auch Sarstedts Senatskollege Rudolf Börker geraten, und zwar weniger,

33 Zu Sarstedts umfangreicher publizistischer Tätigkeit in Fachzeitschriften und Presse vgl. ders., Rechtsstaat.

34 Zur Rolle des Fünften Senats in der Rechtsprechung zur Beihilfe und zum Zeugenbeweis vgl. die aufschlußreiche Analyse von Greve, Umgang, S. 194 ff., 279 ff.

35 Daß die Straffreiheit für Rehse und alle übrigen NS-Richter der Intention des Senats entsprach, zeigt nicht zuletzt ein programmatischer Artikel von Sarstedt, in dem er ein paar Jahre später die Rechtsprechung zum Richterprivileg vehement verteidigte; vgl. Sarstedt, Fragen zur Rechtsbeugung. Zur Geschichte des – insgesamt nur unzureichend erforschten – Strafverfahrens gegen Rehse vgl. Requate, Vergangenheitspolitik, S. 82 ff.; Greve, Umgang, S. 135 ff.

weil er am Revisionsurteil beteiligt gewesen war, sondern vielmehr weil er sich in einem Leserbrief an den Berliner *Tagesspiegel* erdreistet hatte, den Freispruch als mutige, dem Willen des Bundesgerichtshofs entsprechende Tat zu bezeichnen[36]. Börker, dessen Vergangenheit als Kriegsgerichtsrat im berüchtigten Wehrmachtsgefängnis Torgau nicht öffentlich bekannt war[37], sollte nun bei der Senatsentscheidung über den Paragraphen 50/2 eine Schlüsselrolle spielen: Er fungierte als Berichterstatter, hatte also das Urteil durch ein Gutachten vorzubereiten und im Anschluß an die Beratung schriftlich zu verfassen.

Anlaß für ein Grundsatzurteil über die Novelle bot das Revisionsverfahren gegen Hermann Heinrich – wahrlich kein bloßer »Schreibtischtäter«, sondern als Angehöriger der Sicherheitspolizei an der Deportation der Krakauer Juden auch »tatnah« beteiligt. Im vorangegangenen Prozeß vor dem Kieler Landgericht wurde ihm die leitende Rolle bei zwei »Selektionsaktionen« und die Ermordung mehrerer Juden während der Räumung des Krakauer Ghettos im Oktober 1942 nachgewiesen; das Urteil gegen Heinrich lautete auf sechs Jahre Haft wegen Beihilfe zum Mord aus niedrigen Beweggründen[38].

In Anlehnung an die Ausführungen des Kieler Gerichts, aber aus einer ausnehmend zynischen, vom Standpunkt der Täter nicht weit entfernten Perspektive schrieb Börker in seinem Gutachten, Heinrich habe sich »bei seiner Beteiligung an den Aktionen nicht durch besondere Brutalität hervorgetan«. Dies gelte, fuhr er fort, »bei nüchterner Betrachtungsweise und bei Berücksichtigung der Umstände, wie sie nun einmal bei den Aktionen tatsächlich herrschten, auch für die Oktoberaktion in Krakau, in deren Verlauf der Angeklagte eine 14jährige niedergeschlagen und bei der er in drei Fällen mitgeschossen und mitgetötet hat«[39].

Anschließend setzte sich Börker im Gutachten mit der Stellungnahme des Generalbundesanwalts Ludwig Martin auseinander und wies dessen Argument, warum der Paragraph 50/2 nicht zur Straffreiheit von Hein-

36 Berliner Tagesspiegel, 11.12.1968, S. 12; vgl. dazu die Kritik des *Spiegel*-Reporters Gerhard Mauz »Richter – Instrument für jeden Machthaber«, Der Spiegel, 23.12.1968, S. 76.

37 Freundliche telefonische Auskunft der Tochter Börkers, Helga Ackermand, an den Verfasser, 19.6.2000; der 1905 geborene Börker war zudem seit 1936 Landgerichtsrat in Magdeburg und, laut Braunbuch, Kriegsgerichtsrat der Luftwaffe; vgl. Rottleuthner, Krähenjustiz, S. 167; Nationalrat der Nationalen Front, Braunbuch, S. 378.

38 BAK, B 283/5217, LG Kiel 2 Ks 4/66, 19.3.1968.

39 Ebenda; Gutachten Börker zu BGH 5 StR 658/68, 28.4.1969.

rich und anderen »Mordgehilfen« herhalten dürfe, Punkt für Punkt zurück. Den Bundesrichter focht auch Martins Haupteinwand nicht an, es sei »kein einleuchtender Grund dafür zu erkennen, weshalb derjenige, der als Gehilfe bei einer aus Rassenhaß begangenen Tötung mitwirkt und dabei weiß, daß sie ein Beitrag zur Ausrottung einer ganzen Volksgruppe ist, besser gestellt werden soll als der Teilnehmer z. B. am heimtückisch begangenen Mord«[40]. Mit Bezug auf Koffkas »überzeugende Ausführungen« erklärte Börker ungerührt: Das liege daran, »daß der Gesetzgeber die Auswirkungen der Neuerung nicht in allen Einzelheiten durchdacht hat, ist aber kein Grund, entgegen dem Gesetz beide Gehilfengruppen zum Nachteil der ersten gleich zu behandeln«[41].

Wie sehr dem Bundesrichter die Einstellung des Verfahrens am Herzen lag, erschließt sich vor allem aus der Vehemenz, mit der er die Anregung des Generalbundesanwalts verwarf, die Rechtsfrage wegen ihrer grundsätzlichen Bedeutung dem übergeordneten Großen Strafsenat vorzulegen. Er sei »entschieden« dagegen, ließ er seine Senatskollegen wissen und fügte in hochfahrendem Ton hinzu: »Wir haben schon viel grundsätzlichere und schwierigere Sachen selbst entschieden und sollten dazu auch in dieser Manns genug sein. Sie ist in Wirklichkeit klar und einfach. Nur aus politischen Rücksichten wird sie hochgespielt.«[42] Was sich hinter diesem Gestus des allein dem Recht verpflichteten, unpolitischen Richters verbarg, war allerdings blanker Dezisionismus und ausgeprägtes Machtstreben, das sich nicht nur gegen die Rechtsauffassung des Justizministeriums und des Generalbundesanwalts richtete.

Börker widersprach außerdem der Rechtsauffassung des Vierten Senats, der, so wußte der CDU-Abgeordnete Güde seiner Fraktion zu berichten, eine Strafbefreiung infolge der Novelle ablehnte[43]. Im einige Monate

40 Stellungnahme des Generalbundesanwalts, die aufgrund des großen öffentlichen Interesses nach der BGH-Entscheidung im Mai in der zentralen Fachzeitschrift *Neue Juristische Wochenschrift* veröffentlicht wurde; NJW 1969, S. 1157 ff.

41 BAK, B 283/5217, Gutachten Börker zu BGH 5 StR 658/68, 28.4.1969. Im Urteil wählte Börker eine etwas diplomatischere Formulierung für diese Sichtweise: »Das ist in der Tat nicht einzusehen. Das ungereimte Ergebnis hat seinen Grund darin, daß bei den Vorarbeiten zum EGOWiG offensichtlich übersehen worden ist, welche Konsequenzen die Neugestaltung des § 50 für die Verjährung hat«; BGH 5 StR 658/68, 20.5.1969, zitiert nach: NJW 1969, S. 1181.

42 BAK, B 283/5217, Gutachten Börker, 28.4.1969.

43 Schon am 14. Januar informierte Güde seine Fraktionskollegen: »Der eine Senat vertritt den Standpunkt, der neue Paragraph 50/2 bewirkt, daß Gehilfentaten verjährt sind, soweit es also niedrige Beweggründe sind; der andre Senat vertritt

später entschiedenen Parallelverfahren vor dem Karlsruher Senat ging es indessen nicht um »niedrige Beweggründe«, sondern um das Mordmerkmal »Grausamkeit«[44]. Unbeeindruckt von der Tatsache, daß dieses Merkmal in dem Urteil gegen Heinrich in erster Instanz außer acht gelassen wurde, hoffte Börker, auch in dieser Hinsicht dem Vierten Senat zuvorzukommen und »Grausamkeit« im Sinne einer weitergehenden Amnestie als nicht nachweisbares, persönliches Merkmal auszulegen[45]. »Ich bin bereit«, schrieb Börker seinem Kollegen Rudolf Schmitt, »dies in unserem Urteil gleich mitzuentscheiden. Seine klärende Wirkung über die Tragweite des neuen Paragraphen 50 Abs. 2 und über seine Bedeutung für die Verjährung in NS-Prozessen wäre dann noch größer«. Die Einwände Schmitts vorwegnehmend, räumte er aber ein, daß der vorliegende Fall für ein weiterreichendes Grundsatzurteil nicht recht geeignet sei.

Obgleich das Beratungsgeheimnis auch für dieses Verfahren nicht gelüftet werden konnte, ist kaum davon auszugehen, daß in der Frage der Verjährung für nicht nachweisbare »niedrige Beweggründe« ein Dissens im Berliner Senat bestand. Früh schon hatte sich jedenfalls Senatspräsident Sarstedt, wie fast alle seine Senatskollegen ein Bundesrichter mit typischer NS-Karriere[46], in der Sache festgelegt und in der justizinternen Öffentlichkeit bekanntgegeben, daß er der Auffassung der Bundesrichte-

die gegenteilige Ansicht. Das setzt eine lange Klärung zwischen zwei Senaten, der Bundesanwaltschaft und notfalls dem Großen Senat voraus«; ACDP, VIII-001-1018/1, Fraktionssitzungsprotokolle.

44 Das Urteil im Revisionsverfahren gegen Altenloh und Errelis fällte der Vierte Senat erst am 5. Februar 1970. Da er das Mordmerkmal »grausam« gemäß der gängigen Rechtsprechung des BGH als tatbezogen bewertete, waren die zur Entscheidung stehenden Verbrechen nicht verjährt; BGH 4 StR 272/68.

45 »Das Schwurgericht«, so Börkers abenteuerliche Argumentation in seinem Schreiben an Bundesrichter Schmitt, habe »nicht widerlegt, daß Heinrich an der Erschießung der Altersheim-Insassen ›nur widerwillig beteiligt war‹. Er handelte also nicht ›aus gefühlloser, unbarmherziger Gesinnung‹, wie es zum Merkmal ›grausam‹ gehört. Damit fehlt ihm m.E. wiederum ein besonderer persönlicher Umstand, der die Strafbarkeit (wegen Mordes) begründet«; BAK, B 283/5217, 14.5.1969, dort auch das folgende Zitat.

46 Der 1909 geborene Sarstedt war ab 1939 Landgerichtsrat in Lüneburg, ab 1944 dann Oberlandesgerichtsrat in Celle; neben Börker hatten am Fünften Strafsenat nachweisbar noch die Bundesrichter Karl Siemer (geboren 1907, ab 1937 Landgerichtsrat in Kiel) und Rudolf Schmitt (geboren 1906, seit 1937 Landgerichtsrat in Berlin) eine einschlägige Vergangenheit; unbekannt ist die Karriere des fünften Richters, Adolf Schmidt, geboren 1911; vgl. Rottleuthner, Krähenjustiz, S. 167.

rin Koffka zustimme[47]. Am 20. Mai 1969 schließlich verkündete der Fünfte Strafsenat seine Entscheidung, das Verfahren gegen Heinrich wegen Verjährung einzustellen. Die ihm angelasteten Verbrechen, so das Urteil, seien von dem einstigen SS-Mann ohne eigene niedrige Beweggründe verübt und deren Strafverfolgung erst nach dem 8. Mai 1960 eingeleitet worden[48].

Verglichen mit dem Wirbel, die der erste *Spiegel*-Artikel über die »Gesetzgebungspanne« verursacht hatte, war das öffentliche Interesse am Bundesgerichtshof-Beschluß merklich abgekühlt. Abgesehen von den üblichen »antifaschistischen« Kommentaren in der DDR-Presse[49] waren es vor allem jüdische Stimmen, die sich ernstlich empörten und die Dinge beim Namen nannten. Im Ausland protestierten der American Jewish Congress sowie die israelische Presse und Politik[50], in der Bundesrepublik kommentierte die *Allgemeine Jüdische Wochenzeitung*, diese Entscheidung werde »in der juristischen Praxis bestürzende und bedenkliche, moralische wie politische Konsequenzen haben«[51].

Über die große Tragweite des Grundsatzurteils gaben sich auch die übrigen Leitartikler keinen Illusionen hin, doch nahmen sie dies nur kurz und lapidar zur Kenntnis. Der Skandal um die Novelle hatte offensichtlich inzwischen erheblich an Nachrichtenwert verloren. Sogar Ernst Müller-Meiningen jr., lange Jahre einer der schärfsten Kritiker der deutschen Justiz, äußerte nicht mehr als »Bedauern« über das Urteil und die Tatsache, daß es nicht dem Großen Senat vorgelegt worden sei. Ohne auf die absehbare Strafbefreiung für NS-Täter näher einzugehen, konzentrierte auch er sich auf die Konsequenzen für den weiterhin nicht gelö-

47 So hatte Sarstedt auf einer Fortbildung für Richter in Bad Salzuflen am 12. Februar 1969 erklärt, daß die Novelle notwendigerweise zur Verjährung führen müsse. Diese Information gab der Richter am Bielefelder Amtsgericht Günter Witte vertraulich an den CDU-Bundestagsabgeordneten Kurt Birrenbach weiter; ACDP, I-433-163/1, Witte an Birrenbach, 15.2.1969. Eduard Dreher wußte laut seiner Korrespondenz mit seinem früheren Staatssekretär im März 1969 von Sarstedts Votum; IfZ, Ed 94/245, Dreher an Strauß, 24.3.1969.

48 BGH 5 StR 658/68, 20.5.1969, in: NJW 1969, S. 1181 ff.

49 Vgl. »Verjährung auf kaltem Wege«, ND, 22.5.1969; »Offene Begünstigung nazistischer Gewalttäter«, ND, 23.5.1969.

50 Joachim Prinz vom American Jewish Congress appellierte an Kiesinger, das Urteil per Gesetz zu korrigieren; vgl. AJW, 30.5.1969, S. 2. Über die massive Kritik am BGH-Urteil in Israel berichtete die Deutsche Botschaft Tel Aviv dem Auswärtigen Amt; BAK, B 141/25698, 8.7.1969.

51 »Amnestie für Mordhelfer«, AJW, 30.5.1969, S. 1.

sten Verjährungsstreit in der Großen Koalition. So sei es doch von Vorteil, befand Müller-Meiningen, daß nun »die Abgeordneten in CDU und CSU ihre Einwände im Zusammenhang mit der Aufhebung der Verjährung beschwichtigt« sehen könnten[52].

Die Entscheidung des Bundesgerichtshofs, soviel wird an solchen Erwägungen deutlich, war trotz aller offiziellen Dementis hochpolitisch und fügte sich unmittelbar in den Kontext der weiterhin ungelösten Verjährungsfrage. Denn in den Wochen vor dem Urteil war zwischen den Koalitionspartnern ein offener Streit um die Frage ausgebrochen, ob und welche Amnestie für Mordgehilfen per Gesetz zulässig sei.

52 »Chance für Mordgehilfen«, SZ 22.5.1969; weitere Kommentare: »Verjährung«, Die Welt, 21.5.1969; »Zufall«, FR, 21.5.1969; »Bescheinigt Bonn Verjährung wider Willen?«, StN, 21.5.1969; »Spielraum eingeengt«, FAZ, 22.5.1969; »Eine kalte Verjährung«, CuW, 30.5.1969.

Sofern die Bundesregierung vorhatte, noch vor Ende der Wahlperiode die am 31. Dezember 1969 ablaufende Verjährungsfrist zu verlängern, stieg spätestens seit Frühjahr 1969 der Zeitdruck rapide. Davon unbeeindruckt zeigten sich jedoch die Rechtspolitiker der Unionsparteien. Bis März lagen der Fraktion vier Stellungnahmen vor, ohne daß damit eine Einigung in Sichtweite gerückt war. Auf vergleichsweise verlorenem Posten kämpften die strikten Gegner einer Fristverlängerung, angeführt von Max Güde und Eduard Wahl, zwei Überzeugungstätern, die allerdings auch einen ganz praktischen Grund für ihr Engagement hatten: Bei beiden war fraglich, ob sie für die nächste Bundestagswahl wieder aufgestellt würden. Insofern versprachen plakative Forderungen nach Verjährung und Einstellung der Prozesse in Zeiten, in denen die NPD großen Zulauf fand, viel Zuspruch bei den Wählern (wenn auch nicht unbedingt bei der CDU-Parteiführung).

Der Heidelberger Bundestagsabgeordnete Wahl präsentierte der Fraktion ein Papier, das kaum mehr als eine Ansammlung abgegriffener, aber um so eingängigerer Apologien darstellte. Beraten durch den Rechtsanwalt Otto Kranzbühler, der ihm in Amnestieangelegenheiten seit langem schon zur Seite stand[1], griff Wahl auch auf eher abstrus erscheinende Argumente gegen die NS-Prozesse zurück. So schrieb er zur befürchteten Verfolgung von »Partisanenverbrechen« der Wehrmacht: »Für die Verteidigungsbereitschaft unserer Soldaten, die, sollte es je noch einmal zu einer Auseinandersetzung mit dem Osten kommen, wieder mit einem neuen Partisanenkrieg rechnen müssen«, sei es höchst abträglich, »wenn ihre Väter ohne jede zeitliche Begrenzung wegen Kriegshandlungen im Zusammenhang mit der Partisanenbekämpfung verfolgt werden können«[2].

Güde dagegen war auf mehr Außenwirkung bedacht und veröffentlichte seine Überlegungen zur Sache in der Wochenzeitung *Publik*, einem ebenso seriösen wie bekannten Forum für politische Debatten. Wissend,

1 Auf Bitten von Wahl verfaßte Kranzbühler einen Entwurf »für ein Vademecum der Fraktion zum Thema der Verjährung von Kriegsverbrechen«; ACDP, I-237-006/2, Kranzbühler an Wahl, 18.7.1968. Über die Kooperation zwischen Wahl und Kranzbühler zur Klärung des »Kriegsverbrecherproblems« seit ihrer gemeinsamen Zeit im Heidelberger »Juristenkreis« gibt die Korrespondenz in Wahls Nachlaß Aufschluß; ebenda; vgl. auch Frei, Vergangenheitspolitik, S. 163 ff.

2 ACDP, I-237-002/2, »Zur Frage der Zulässigkeit rückwirkender Verlängerungen von Verjährungsfristen«, 4.1.1969.

daß er damit die Stimmungslage vieler Parteifreunde traf, polemisierte er gegen die NS-Prozesse, die »endlose Fortsetzung immer sterilerer Verfahren« werde »nicht den Frieden bringen, sondern das Gegenteil: Wirkungslosigkeit, Gleichgültigkeit, Verdruß und Pharisäertum«[3]. Erkennbar in Wahlkampflaune und auf Profilierung bedacht, verzichtete Güde auf weitergehende Vorschläge für eine Strafbefreiung, wie er sie vier Jahre zuvor noch vertreten hatte.

Realistischer, was die politische Umsetzbarkeit anging, erschienen zwei weitere Konzepte aus den Reihen der CDU-Fraktion. Während die – aus außenpolitischen Gründen ohnedies unumgängliche – Fristverlängerung darin nicht in Frage gestellt wurde, war eine Amnestieregelung vorgesehen, deren Ausmaß Güdes Konzept von 1965 weit übertraf. Richard Jaeger empfahl eine Strafbefreiung für all jene, die bereits zu höchstens vier Jahren Haft verurteilt worden waren oder denen diese Strafe drohte. Die unübersehbare Schwäche seines Modells bestand allerdings darin, daß das ausschlaggebende Strafmaß nicht festgesetzt werden konnte, ohne den entsprechenden Mordvorwurf in einem regulären Prozeß zu klären. Da ferner die Strafzumessung der Gerichte in NS-Verfahren höchst unterschiedlich ausfiel, stand zu erwarten, daß dieses Entscheidungskriterium mehr Verwirrung als Rechtssicherheit stiften würde – und letzten Endes eine Amnestie auf Grundlage von Jaegers Entwurf jedem Fall von Beihilfe zum Mord zugute kommen würde[4].

Einen anderen Weg schlug Kurt Birrenbach ein. An die Debatte im Bundestagsrechtsausschuß von 1965 anknüpfend, wollte er durch eine Änderung der Strafprozeßordnung den Verfolgungszwang einschränken lassen. Am Ende seines fast 60seitigen Gutachtens, nach einer umständlichen Rekapitulation der rechtspolitischen Entwicklung, wurde Birrenbach schließlich konkret: Was ihm vorschwebte, war faktisch eine Generalamnestie, von der lediglich die »Exzeßtäter« auszunehmen seien. Den Einwänden der Sozialdemokraten und der sachverständigen Juristen hielt er trotzig entgegen: »Es ist aber nicht einzusehen, warum die Beschränkung des Entwurfs auf Exzeßtaten rechtlich und rechtspolitisch nicht möglich sein sollte.« Zu erwägen sei jedoch, ein entsprechendes Straffreiheitsgesetz einige Jahre später zu verabschieden. Damit, so Bir-

3 »Zur Frage der Verjährung« in: Publik 3 (1969); die Fassung des Artikels für die CDU/CSU-Bundestagsfraktion in: ACDP, I-148-054/01, 31.1.1969.

4 »Stellungnahme zur Verjährungs-Frage« von Richard Jaeger, in: ebenda, 16.2.1969.

renbachs Kalkül, werde der Abschaffung der Verjährungsfrist nicht »die salvierende Wirkung in der Weltöffentlichkeit« genommen[5].

Eigentlich beabsichtigte Birrenbach mit seinem Gutachten nichts weiter, als eine konsensfähige Lösung zu erarbeiten. Die Tatsache, daß ein so besonnener Kopf wie er die Ahndungsaktivitäten derart beschneiden wollte, warf ein Schlaglicht darauf, wie schlecht es in seiner Fraktion um die Akzeptanz der NS-Prozesse bestellt war. Doch die Hoffnung, das Thema könne bis nach der Bundestagswahl auf Eis gelegt werden, machte der Hamburger Senat zunichte. Wie schon 1965 erwiesen sich die Hamburger Sozialdemokraten erneut als treibende Kraft im Verjährungsstreit und legten dem Bundesrat am 5. März 1969 einen Gesetzentwurf zur Aufhebung der Verjährung vor[6]. Nach einiger Überzeugungsarbeit erreichte Hamburg, daß neben den SPD-geführten Landesregierungen auch die sozialdemokratischen Justizminister der großen Koalitionen den Antrag im Bundesratsrechtsausschuß billigten; dessen Verabschiedung durch die Länderkammer stand somit unmittelbar bevor[7].

Der Kanzler, in seiner Autorität seit Heinemanns Wahl zum Bundespräsidenten am 6. März schwer angeschlagen, war eigentlich bemüht, neuen Streit in der Koalition möglichst zu vermeiden; in Sachen Verjährung aber mußte er nun aktiv werden. Aus der realistischen Befürchtung heraus, daß ein Initiativantrag des Bundesrats den Spielraum für etwaige Teilamnestien einengen würde, veranlaßte Kiesinger den neuen Justizminister Horst Ehmke dazu, beim Bundesrat zu intervenieren und zu versichern, daß die Bundesregierung sich der Sache noch vor Ende der Legislaturperiode annehmen werde. Mit dieser Erklärung waren die Ländervertreter zufriedengestellt[8].

Kurz darauf räumte das Bundesverfassungsgericht ein zentrales Hindernis für die politische Entscheidungsfindung aus dem Weg. Der Zweite Senat erklärte am 22. April 1969, weder das Verjährungsgesetz von 1965 noch eine zukünftige Fristverlängerung oder Aufhebung der Verjährung

5 »Die Frage der Unverjährbarkeit von Kriegsverbrechen und Verbrechen gegen die Menschlichkeit«, 28.1.1969; ACDP, I-433-163/1.

6 BR-Drucksache 131/69, in: Zur Verjährung, S. 356 ff.

7 Dazu das Schreiben des Justizsenators Heinsen an den baden-württembergischen Justizminister Schieler, in dem er um die Stimmabgabe der CDU/SPD-geführten Länder warb; JM BW, 4010-IV/62, 5.3.1969; dort auch das Protokoll der Sitzung des Bundesratsrechtsausschusses am 12. März 1965.

8 BAK, B 141/25675, Ehmke an Kiesinger, 1.4.1969; vgl. auch Ehmkes Ankündigung auf der Bundesratssitzung am 28.3.1969, in: Zur Verjährung, S. 361 f.

verstoße gegen das im Grundgesetz festgelegte Rückwirkungsverbot[9]. Damit erhielten auch die Befürworter einer Fristverlängerung in den Reihen der CDU/CSU Aufwind, zumal zur gleichen Zeit ein neues, von der Fraktionsführung in Auftrag gegebenes Gutachten zur Frage der Amnestierung vorlag. Dessen Ausführungen versprachen endlich einen Durchbruch in der komplizierten Angelegenheit.

Der Verfasser dieses Gutachtens war Walter Strauß. Ihm hatte der Vorschlag seines Freundes und ehemaligen Kollegen Dreher so sehr eingeleuchtet, daß er ihn ohne Veränderungen übernommen hatte: Straffreiheit sollte demnach künftig für Beihilfe zum Mord aus der NS-Zeit gelten, »wenn der Gehilfe in untergeordneter Stellung auf Grund eines Befehls gehandelt hat«, und wenn bei ihm die Merkmale des Mordparagraphen, also Mordlust, niedrige Beweggründe, heimtückisches oder grausames Handeln fehlten[10]. Indem der Kreis der Begünstigten hier zusätzlich auf die Verurteilungen wegen Heimtücke und Grausamkeit ausgeweitet wurde, mußten, gemessen an der bisherigen Rechtsprechungspraxis, selbst frühere Leiter der Einsatzkommandos nicht mehr mit einer Haftstrafe rechnen[11].

Was diesen Gesetzentwurf überdies anstößig erscheinen ließ, war die Tatsache, daß er sich in seiner juristischen Konstruktion weitgehend auf den Paragraphen 50/2 stützte, obwohl es doch hieß, daß dessen mögliche Folgen für NS-Verbrechen vom Gesetzgeber nicht intendiert waren. Im Grunde genommen sollte die Novelle somit eine nachträgliche Legitimation erfahren – und gab den Richtern des Fünften Senats für ihre Auslegung einen nicht zu unterschätzenden politischen Rückhalt. Bemerkenswert war, daß weder Strauß noch irgend jemand sonst in der Unionsfraktion die Suche nach einer Amnestielösung für obsolet erklärte. Spätestens zu diesem Zeitpunkt bestanden nämlich keine Zweifel mehr, daß der Bundesgerichtshof den neuen Strafrechtsparagraphen im Sinne der diskutierten Gesetzentwürfe auslegen würde. Doch in der CDU/CSU mangelte es an Vertrauen in die durchschlagende Wirkung des Urteils, nicht zuletzt deshalb, weil die Urteilsverkündung womöglich erst auf einen Zeitpunkt nach der Sommerpause terminiert würde und ferner eine nachträgliche Korrektur durch den Großen Strafsenat nicht auszuschließen war.

9 Urteil des BVerfG, veröffentlicht am 22. 4.1969, in: Zur Verjährung, S. 329 ff.

10 BAK, N 1371/364, 19.4.1969.

11 Vgl. zur Rechtsprechung bei Einsatzgruppenverbrechen die Studie von Nehmer, Täter.

Wie eng die Beihilfenovelle und das Gutachten von Strauß tatsächlich miteinander in Zusammenhang standen, blieb in der Öffentlichkeit unerkannt. Kein Journalist vermutete in Eduard Dreher, einem ausgewiesenen Experten für dieses Rechtsgebiet, den Verfasser sowohl der Novelle als auch des Gutachtens. Schon allein die anrüchige inhaltliche Übereinstimmung hätte aber genug Stoff für kritische Nachfragen geboten – hätte das Interesse an dem Thema mittlerweile nicht spürbar nachgelassen. So stieß die Idee einer Teilamnestie, gleichgültig, ob sie von Birrenbach oder Strauß stammte, in kaum einer westdeutschen Tages- oder Wochenzeitung ernstlich auf Widerspruch. Sogar die neu eingeführte Sprachregelung des Kanzlers, er strebe auf Grundlage der von Strauß verfaßten Vorlage eine »differenzierende Lösung« an, wurde von der Presse kommentarlos übernommen[12].

Derlei sprachliche Verschleierungen konnten den Justizminister nicht beeindrucken. Als am 23. April 1969 im Kabinett die Entscheidung über die Verjährung angesetzt war, schien Ehmke bereit, es auf einen Machtkampf ankommen zu lassen[13]. In einem fulminanten Kurzvortrag rechnete der Minister mit den Amnestieplänen der CDU ab. Weil in der Praxis ohnehin nur die schwersten Fälle zur Anklage gebracht würden, sei der Entwurf von Strauß, so der Minister, eine »schlechte Lösung«. Basierend auf der Beihilfe-Konstruktion, würde er selbst Schreibtischtätern eine Verurteilung ersparen; zudem ginge es nicht an, die Entscheidung des Fünften Strafsenats in der Frage der Mordmerkmale zu präjudizieren.

Wenngleich es nicht angesprochen wurde, stießen in der nun folgenden Diskussion im Kabinett zwei völlig entgegengesetzte Erfahrungswelten aus der NS-Zeit aufeinander. Während die einst emigrierten SPD-Minister Herbert Wehner und Willy Brandt keinen Zweifel daran ließen, daß sie ein milderes Sonderrecht für NS-Strafsachen nicht unterstützen würden, vertrat Kurt Georg Kiesinger eine Sicht der Dinge, in die auch

12 Eine Ausnahme bildete – neben der Berichterstattung in der *Allgemeinen Jüdischen Wochenzeitung* – der informative Artikel von Dietrich Strothmann, »Verfolgt in alle Ewigkeit?« (Die Zeit, 18.4.1969), in dem die Amnestie-Vorschläge von Birrenbach und Jaeger als höchst problematisch zurückgewiesen wurden. Von Ernst Müller-Meiningen jr. erschien zwar ein kritischer Kommentar am 14.2.1969 (»Kompromiß um die Verjährung«, SZ), danach verfolgte er die Debatte über Teilamnestie aber nicht weiter; weitere Kommentare: »Reflexe von draußen?«, FAZ, 25.4.1969; »Juristen-Akrobatik«, FR, 1.5.1969; »Ohne Trick und Mogelei«, Die Zeit, 2.5.1969.

13 Zum folgenden Protokoll der 163. Kabinettssitzung der Bundesregierung am 23.4.1969; BAK, N 1371/364.

die nachträgliche Selbstdeutung seiner Karriere in Ribbentrops Auswärtigem Amt hineinspielte[14]: »Wenn bei scheußlichsten Verbrechen« die Verjährung eintrete, so sei das »unerträglich«, doch gebe es »viele Fälle, in denen jemand aufgrund seiner Verstrickung in das NS-Regime schuldig geworden sei«. Zu berücksichtigen sei auch, daß seitdem viel Zeit vergangen sei. »Hier müsse der Gedanke der Gnade vor Recht wirksam werden«, so Kiesinger, und hier sei »eine differenzierende Lösung nötig, die man auch gegenüber dem Ausland verteidigen müsse«.

Eine Lösung des Konflikts war nicht in Sicht. Deutlich trat in der Besprechung zutage, daß von der vielbeschworenen Aussöhnung zwischen »Emigranten« und »Volksgenossen«, symbolisiert durch Brandt, Wehner und Kiesinger, in der Schlußphase der Großen Koalition nicht mehr viel übriggeblieben war. Der Kanzler behalf sich in dieser Situation damit, den Regierungsbeschluß auf den nächsten Abend zu verschieben. In der Zwischenzeit sollte Innenminister Ernst Benda gemeinsam mit Birrenbach und Jaeger eine Kompromißformel erarbeiten, die den Kreis der zu amnestierenden NS-Täter genauer und enger fassen sollte[15].

Diese Aufgabe glaubten die beauftragten Experten lösen zu können, indem sie den Entwurf von Strauß um einige zusätzliche Klauseln ergänzten. Mit der neuen Fassung sei sichergestellt, erläuterte Benda auf der folgenden Kabinettssitzung, daß sowohl »Exzeßtäter« als auch »Schreibtischtäter« weiterhin vor Gericht gestellt würden[16]. Restlos überzeugt von der Notwendigkeit des eigenen Vorschlags schien der Innenminister indes nicht zu sein. So räumte er gegenüber dem Justizminister ein, daß er »grundsätzlich« der Justiz vertraue, wenn sie die Verfolgung

14 Kiesingers Werdegang im »Dritten Reich« ist nur unzureichend erforscht; neue Erkenntnisse auch in dieser Hinsicht verspricht eine politische Biographie über Kiesinger, die derzeit Philipp Gassert, Universität Heidelberg, erstellt. Vgl. zum Konflikt über des Kanzlers Vergangenheit die Kampfschrift von Beate Klarsfeld, Pg. Kiesinger, die sie nach ihrer berühmten Ohrfeige für Kiesinger verfaßte.

15 Protokoll der 163. Kabinettssitzung der Bundesregierung am 23.4.1969; BAK, N 1371/364; vgl. auch den ausnehmend gut informierten *Spiegel*-Artikel »Dicke Fälle«, Der Spiegel, 28.4.1969, S. 30 ff.

16 Der neue Gesetzentwurf lautete: Die Aufhebung der Verjährung gelte nicht »für vor dem 1. Juli 1945 begangene Taten der Beihilfe zum Mord, wenn der Gehilfe einen Befehl oder eine Weisung befolgt hat und bei ihm die im § 211 Abs. 2 des Strafgesetzbuchs bezeichneten Merkmale des Mordes gefehlt haben, es sei denn, daß er aus eigenem Entschluß erschwerend auf die Art der Ausführung der Tat oder auf die Zahl der Opfer Einfluß genommen hat«; Protokoll der Fortsetzung der 163. Kabinettssitzung der Bundesregierung am 23.4.1969; BAK, N 1371/364. Dort auch zum folgenden.

minder schwerer Fälle unterlasse, nur fehle ihm die Gewißheit, ob sein Vertrauen immer gerechtfertigt sei. Ausschlaggebend sei allerdings, und in dieser Hinsicht verhielt sich Benda wie in der Verjährungsdebatte 1965, »daß der Versuch unternommen werden müsse, alle zu einer gemeinsamen Lösung zu bringen«.

Trotz aller Beschwörungen lehnten die Sozialdemokraten auch diesen Vorschlag ab, denn kein Gesetz könne den Strafverfolgungsbehörden die Aufgabe abnehmen, den Tatverdacht in jedem konkreten Fall zu klären. Als auch noch der abwesende Finanzminister Franz-Josef Strauß über seinen Staatssekretär verkünden ließ, er verlange kategorisch die Straffreiheit für alle Beihilfe-Fälle, schien eine Übereinkunft ferner denn je. Stundenlang und zunehmend hitziger diskutierte die Ministerrunde, ohne zu einem Ergebnis zu gelangen. Gegen Mitternacht schließlich unterbrach Kiesinger die Sitzung und versuchte unter Aufbietung aller Vermittlungskünste eine Einigung. Zwei, drei Sondierungsgespräche später hatten die Sozialdemokraten obsiegt: Mit nur einer Gegenstimme (des CSU-Postministers Werner Dollinger) beschloß die Regierung, die Verjährungsfrist für Mord aufzuheben. Als unverbindliche Konzession an die Konservativen erklärte Ehmke seine Bereitschaft, im weiteren Gesetzgebungsverfahren zu prüfen, ob eine »differenzierende Lösung« möglich sei[17].

Wie wenig ein Kabinettsbeschluß in den letzten Monaten der dahinsiechenden Großen Koalition allerdings wert war, demonstrierte die Spitze der CDU/CSU-Bundestagsfraktion zwei Wochen später. In seiner Rolle als selbstbewußter »Nebenkanzler« verkündete Rainer Barzel der Fraktion, daß auf ein Straffreiheitsgesetz keinesfalls verzichtet werden könne[18]. Gleich mehrere Abgeordnete meldeten daraufhin ihren Widerspruch an, jedoch nicht, weil die Vereinbarung mit der SPD aufgekündigt wurde, sondern weil dieser Schritt dem rechten Flügel der Fraktion nicht weit genug ging.

17 Die etwas dramatischere Schilderung der Kabinettssitzung in Ehmkes Autobiographie – demnach habe er mit seinem Rücktritt gedroht und die Koalition kurzzeitig vor einer Zerreißprobe gestanden – entspricht durchaus der Stimmungslage in der Bundesregierung kurz vor Ende der Legislaturperiode, ist aber im Protokoll nicht überliefert; vgl. Ehmke, Mittendrin, S. 62 f.

18 ACDP, VIII-001-1018/1, Protokoll der CDU/CSU-Fraktionssitzung vom 6.5.1969, dort auch die folgenden Zitate. Zu Barzels Machtfülle während der Großen Koalition vgl. die 1975 veröffentlichte, in ihren Erkenntnissen bis heute nicht überholte Studie von Knorr, Entscheidungsprozeß, S. 229 ff. Vergleichbare Konfliktkonstellationen zwischen den Koalitionspartnern lassen sich 1968/69 auch auf dem Feld der Außenpolitik ausmachen; dazu jetzt Kroegel, Anfang, S. 310 ff.

Besonders ereiferte sich Friedrich Zimmermann von der CSU, Fachmann für Verteidigungspolitik. Er glaubte zu wissen, daß die westlichen Alliierten inzwischen »auf Gedeih und Verderb« im gemeinsamen Verteidigungsbündnis auf der Seite der Bundesrepublik stünden, der Rechtsfrieden mit den Verbündeten also gar nicht gefährdet werden könne. Es gebe keinen Grund, so Zimmermanns Schlußfolgerung, statt dessen im Inneren »den Rechtsfrieden aufs Spiel zu setzen«, denn »nirgendwo anders als hier in diesem Lande ist die Institution der Verjährung und des Rechtsfriedens eine hochrangigere ethische Frage«. In der Tat ging es dem CSU-Abgeordneten ums Prinzip, um die enorme symbolische Bedeutung der Verjährung. Kaum ins Gewicht fiel dagegen, daß ein Straffreiheitsgesetz den Fortgang der NS-Prozesse weitaus mehr beeinflussen würde, zumal sich die Sachverständigen der Unionsfraktion die Option offenhielten, dabei auch die Masse der bereits eingeleiteten Ermittlungsverfahren einzubeziehen.

Anwesend auf der Fraktionssitzung war auch der Bundeskanzler. Und erneut bemühte er sich um Ausgleich, dieses Mal allerdings zwischen der Fraktionsmehrheit und den aufmüpfigen Rechtsaußen. Den Regierungsbeschluß versuchte Kiesinger so anzupreisen, daß eine Teilamnestie grundsätzlich zugesagt worden sei – obwohl davon auch in der Bundespressekonferenz keine Rede gewesen war[19]. Eindringlich appellierte er an Zimmermann und Güde, sich der beschlossenen Aufhebung der Verjährung nicht in den Weg zu stellen. Daß er grundsätzlich mit ihnen übereinstimme, unterstrich der Kanzler mit einer großzügigen Offerte für die Zeit nach dem Straffreiheitsgesetz, das im Ausland zweifellos hohe Wellen schlagen werde: »Danach, wenn sozusagen die erste Sturzwelle weggegangen ist, ist zu überlegen, was mit denen geschieht, denen durch die differenzierte Lösung nicht geholfen werden kann.« Erst die Aussicht, daß die Ahndungstätigkeit bald ganz eingestellt werde, bewog die Abgeordneten, mit breiter Mehrheit dem Votum von Barzel und Kiesinger zu folgen. Der entsprechende Gesetzentwurf für eine begrenzte Strafbefreiung, den die Fraktion in den Bundestag einbringen wollte, sollte von einer Kommission unter Leitung von Birrenbach, Güde und Jaeger erstellt werden.

In den folgenden zwei Wochen bis zum Urteil des Bundesgerichtshofs hielten sich die Sozialdemokraten auffällig zurück und kritisierten den Bruch der Koalitionsvereinbarung nicht. Als der Fünfte Senat dann am 20. Mai die »kalte Verjährung« rechtskräftig werden ließ, sprach aus der ersten Stellungnahme der SPD zum Urteil vor allem Erleichterung. Nun

19 Vgl. zur von Ehmke geführten Pressekonferenz: FR, 26.4.1969.

bestehe keine Notwendigkeit mehr, kommentierte Martin Hirsch, eine »Differenzierung im Gesetz zu formulieren, weil die Interpretation des Bundesgerichtshofs das Problem gelöst« habe[20].

Ob diese Einschätzung zutraf, blieb beim Koalitionspartner umstritten. Zwar begrüßte auch der Hardliner Güde das Urteil, erklärte aber gleichzeitig, daß nun die Chance für eine weiterreichende »großschnittige Regelung«, nämlich die Amnestie für sämtliche Beihilfe-Fälle, gekommen sei. Die Entscheidung in der Frage fiel auf der Fraktionssitzung der CDU/CSU am 10. Juni 1969. Barzel beschwor die Gegner eines Verjährungskompromisses doch endlich einzulenken, schließlich gehe die Strafbefreiung durch das Grundsatzurteil weit über das hinaus, was auf politischem Wege hätte erreicht werden können[21]. Besonders hartnäckig hielt sich der Widerstand gegen jede Form der Fristverlängerung in den Reihen der Christsozialen. Verärgert über die Fundamentalopposition seiner Parteifreunde, unterstrich Jaeger, daß der Berliner Strafsenat der Fraktion einen großen Dienst erwiesen habe: »Lassen Sie es mich ganz deutsch sagen: Mir ist es viel lieber, der Bundesgerichtshof hat eine differenzierende Lösung gefunden, als daß wir sie gefunden haben. Denn das ist außenpolitisch viel leichter zu verkraften, wenn ein Gericht aus Rechtserkenntnis handelt, als wenn wir hier politisch etwas täten«.

Was im Ausland über die Amnestiepläne der Konservativen gedacht wurde, schien jedoch gerade den Abgeordneten aus der Provinz völlig gleichgültig zu sein. In ihren Wahlkreisen in Bayern, Baden-Württemberg, Rheinland-Pfalz oder Niedersachsen fand die NPD mit der Propaganda gegen die NS-Prozesse unvermindert viel Anklang. Mit einer Aufhebung der Verjährung, dies beklagten schon seit längerem gerade CDU-Hinterbänkler wie Johann Josten, Josef Becker und Ludwig Knobloch, treibe man die Wähler in die Arme der Rechtsextremen[22]. Selbst der zuvor mit der SPD-Führung ausgehandelte Kompromiß, die Verjährungsfrist für Mord nicht aufzuheben, sondern um 30 Jahre zu verlängern, konnte die Spannungen in der Fraktion nicht beilegen. So verweigerte bei der Abstimmung am Tag vor der Parlamentsdebatte über ein Drittel der Abgeordneten der Fraktionsspitze die Gefolgschaft[23]. Solche

20 Zitiert nach »Spielraum eingeengt«, FAZ, 22.5.1969, dort auch das folgende Zitat.

21 ACDP, VIII-001-1018/1, Protokoll der CDU/CSU-Fraktionssitzung vom 10.6. 1969, dort auch das folgende Zitat.

22 Vgl. dazu den Artikel »Finster entschlossen«, Der Spiegel, 26.5.1969, S. 35.

23 Dem Vorschlag der Fraktionsführung stimmten 83 Abgeordnete zu, 51 stimmten dagegen.

Abtrünnigkeit begünstigte freilich auch die Tatsache, daß die Regierung ohnehin über eine komfortable Mehrheit im Bundestag verfügte. Gerade im Vorfeld des Wahlkampfs wurde die Fraktionsdisziplin nun des öfteren unterlaufen, um die eigene Klientel ruhigzustellen[24].

Nach der grundsätzlichen Beilegung des Konfliktes unterschieden sich die Gesetzentwürfe der beiden Koalitionspartner in einem Punkt, der einigen Symbolwert, aber keine Auswirkungen auf die gerichtliche Ahndung von NS-Unrecht hatte. Die Sozialdemokraten beantragten zusätzlich, die Verjährung auch für Völkermord aufzuheben, der bereits 1954 als Tatbestand in das Strafgesetzbuch aufgenommen worden war, allerdings nicht rückwirkend auf die Verbrechen der NS-Zeit angewandt werden konnte[25].

In der ersten Lesung der Gesetzentwürfe am 11. Juni suchte der Bundesjustizminister in einer weit ausholenden Grundsatzrede zu begründen, warum der westdeutsche Staat moralisch und politisch zur uneingeschränkten Strafverfolgung der Täter verpflichtet sei. Dabei übernahm er die rhetorische Strategie aus Bendas Bundestagsrede von 1965, Argumente gegen die NS-Prozesse aufzugreifen und im eigenen Sinne umzudeuten. Nicht ohne populistische Anklänge forderte er, es müsse »Schluß sein mit der unseligen These von der Kollektivschuld unseres Volkes«. Anstatt es bei diesem Appell zu belassen, dessen Funktion bislang darin bestanden hatte, die Frage nach individueller Verantwortung auszublenden, gab Ehmke dem Topos der Kollektivschuld eine neue Ausrichtung: »Der Prozeß der Freisprechung dieses Volkes von dem falschen Vorwurf der Kollektivschuld kann nur gelingen, wenn wir die Mörder in diesem Volk stellen und zur Verantwortung ziehen«[26]. Bemerkenswert an diesem Gedankengang ist vor allem die Tatsache, daß der Justizminister mit seiner Forderung nach gerichtlicher Ahndung, nach einer von den Deutschen zu leistenden »Selbstreinigung« an den nationalistischen Abwehrdiskurs über die Kollektivschuld aus den fünfziger Jahren anknüpfte. Denn in den Vordergrund stellte er weiterhin die Behauptung, »das Aus-

24 Vgl. Knorr, Entscheidungsprozeß, S. 264 ff.

25 Einschlägig ist hier der Paragraph 220a des Strafgesetzbuches; Antrag der CDU/CSU-Fraktion: BT-Drucksache V/4326; Antrag der SPD-Fraktion: BT-Drucksache V/4330, beide 10.6.1969, in: Zur Verjährung, S. 379 f.

26 Als geistigen Urheber dieses Gedankens nannte Ehmke – schließlich stand der Bundestagswahlkampf bevor – den Außenminister Willy Brandt; BT-Berichte 5. WP, 236. Sitzung am 11.6.1969, in: Zur Verjährung, S. 388 f.; zur Geschichte der Kollektivschuldthese vgl. Frei, Erfindungskraft.

land« hantiere mit dem Vorwurf der Kollektivschuld und »das deutsche Volk« sei aufgerufen, dies – nun auf dem Wege der Strafverfolgung – zu widerlegen.

In diesen Kontext stellte der Justizminister auch seine Position zur Frage der Teilamnestie. Er habe einer entsprechenden Gesetzesänderung nicht zugestimmt, weil bei der Ahndung der NS-Verbrechen bereits eine »differenzierende Praxis« bestehe und »kleine Gehilfen«, die »nur am Rande und meist zunächst ohne ihr Zutun in den staatlich organisierten Massenmord verstrickt« gewesen seien, nicht mit einer Anklage rechnen müßten. Zu bedauern sei jedoch, daß aufgrund des Bundesgerichtshof-Urteils zur Beihilfe-Novelle auch einige »sogenannte Schreibtischtäter, die nicht zu den kleinen Leuten gehörten, nicht mehr verfolgt werden können«. Eine darüber hinausgehende »gesetzliche Differenzierung wäre daher nach meiner Meinung rechtspolitisch fragwürdig«, so der Justizminister und fügte hinzu: Er sei »dankbar, daß die CDU/CSU-Fraktion sich mit Mehrheit gegen einen solchen Versuch ausgesprochen hat«[27].

Den Gedanken, daß die Entscheidung der Bundesrichter die Grundlage für den Kompromiß geschaffen hatte, ließ Richard Jaeger in seiner Rede nicht unkommentiert. Nun, als es um öffentliche Repräsentation, nicht um fraktionsinterne Auseinandersetzungen ging, gab sich der ehemalige Justizminister ganz staatsmännisch und behauptete, er hätte es »für sachlich besser gehalten, wenn der Gesetzgeber selbstbewußt eine solche Lösung gefunden hätte«. Nicht ganz der Wahrheit entsprach auch seine Einschätzung, daß die Folgen des Urteils alles in den Schatten stellten, was von seiner Fraktion vorgeschlagen worden sei. Anstatt den Richterspruch deshalb als zu weitgehend zu kritisieren, trat Jaeger als Anwalt des unschuldig in die NS-Verbrechen verstrickten »Volksgenossen« auf. Befriedigt stellte er fest: »Dem, was uns in der CDU/CSU am Herzen lag, daß nämlich kleine Mittäter wie jene erwähnten Krankenschwestern oder wie Polizeibeamte, die nur aus einer mißverstandenen Gehorsamspflicht heraus gehandelt haben, nicht mehr mit der vollen Schärfe des Gesetzes getroffen werden, ist jedenfalls Rechnung getragen worden.«[28]

Zum Abschluß der vergleichsweise kurzen Beratung begründete der FDP-Abgeordnete Hermann Busse die unverändert ablehnende Haltung seiner Fraktion. Ungeachtet der Entscheidung des Bundesverfassungsgerichts verstieg er sich in seiner Rede zu der haarsträubenden Analogie, die beabsichtigte Fristverlängerung sei mit den Rechtsstaatsverletzungen

27 BT-Berichte 5. WP, 236. Sitzung am 11.6.1969, in: Zur Verjährung, S. 384 f.
28 Ebenda, S. 399 f.

der nationalsozialistischen Machtübernahme vergleichbar: Seine Partei sehe sich verpflichtet zu prüfen, so Busse, »ob es auch rechtspolitisch vernünftig ist, ob es erwünscht und gewollt ist, daß wir ausgerechnet bei einem Strafgesetz wiederum das tun, was den Anfang in der nationalsozialistischen Zeit bildete: Von der klaren Rechtsstaatlichkeit nach und nach mehr und mehr abzuweichen und in den Unrechtsstaat hineinzugehen, der dann später da war und der die Grundlage für all die furchtbaren Verbrechen bildete.«[29]

Busses demagogische Äußerungen wurden von der rechtsextremen Presse mit Beifall aufgenommen. Unter dem Aufmacher »Hitlers später Triumph. Bonn verspielt den Rechtsstaat« bescheinigte die *Deutsche Nationalzeitung* dem Freidemokraten: »Feste Verwurzelung im Recht und der Rechtsidee, Argumentation von bestechender Sachlichkeit war die Waffe der FDP, die als einzige am Gesetz festhielt.«[30] Seitenlang agitierte die *Deutsche Nationalzeitung* in zwei weiteren Ausgaben gegen die Entscheidung des Bundestags und feierte die »Unbeugsamen«, die sich dem »Druck eines gewissen Auslands« nicht unterworfen hätten[31].

Die demokratische Presse schlug dagegen einen eher nüchternen Ton an. Man zeigte sich zwar skeptisch, ob nicht die Aufhebung der Verjährung die konsequentere Lösung gewesen wäre, doch im ganzen zufrieden mit dem Koalitionskompromiß, der »vertretbar« (Müller-Meiningen jr.) und »erträglich« (Hans Schueler) sei[32]. In der Hauptsache war es wohl der noch wachen Erinnerung an die Verjährungsdebatte von 1965 zuzuschreiben, daß die Thematik in den Printmedien größere Aufmerksamkeit fand als die am gleichen Tag verhandelten Reformen der Lohnfortzahlung und der Krankenversicherung. Vor diesem Hintergrund hätte es eigentlich kein sonderlich ausgeprägtes Reflexionsvermögen erfordert, das nachlassende Interesse auch der Journalisten wahrzunehmen und als Versäumnis zu erkennen. Selbstkritik aber entsprach nicht dem Rollenverständnis der schreibenden Zunft. Moniert wurde lediglich die Halbherzigkeit der politischen Akteure. In der *Frankfurter Rundschau* hieß es beispielsweise, man habe den Eindruck gewinnen müssen, »nur allzu viele der mitredenden und mithandelnden Politiker hätten an nichts

29 Ebenda, S. 410 f.

30 DNZ, 20.6.1969 S. 1.

31 DNZ, 23.6.1969, S. 1, S. 3, S. 4; sowie DNZ, 28.6.1969, S. 1, S. 4; dort auch das Zitat.

32 Müller-Meiningen, »Der Verjährungs-Kompromiß«, SZ, 12.6.1969; Hans Schueler, »Das letzte Wort«, Die Welt, 11.6.1969.

33 Gerhard Ziegler, »Die moralische Antwort blieb aus«, FR, 12.6.1969.

mehr Interesse, als mit diesen leidigen Kapiteln möglichst schnell und geräuschlos zu Ende zu kommen«[33].

Bestätigt wurde diese Einschätzung in der abschließenden Beratung des nun gemeinsamen Gesetzentwurfs der Regierungsfraktionen am 26. Juni 1969, der im Sinne der SPD auch die Aufhebung der Verjährung von Völkermord vorsah[34]. Da aber der Umgang mit dem NS-Unrecht zu debattieren war, mochten weder die Befürworter noch die Gegner der Fristverlängerung auf einen getragenen Ton verzichten. Vielmehr wurde – ohne recht überzeugen zu können – versucht, an die Ernsthaftigkeit und den hohen moralischen Anspruch der großen Parlamentsdebatte vom 10. März 1965 anzuknüpfen. Ewald Bucher betonte, allein die FDP habe in ihrem festen »Willen zum Recht« seit jeher Prinzipientreue bewiesen; und um dies zu vergegenwärtigen, zitierte er zum Abschluß aus der »unvergessenen« Rede, die Dehler während der ersten Lesung 1965 gehalten hatte[35].

Feierlich klangen auch die Schlußworte der übrigen Redner. Für die Gruppe derer, die in der Unionsfraktion das Gesetz ablehnten, bemühte Friedrich Zimmermann den »freien und souveränen Spruch der Geschichte« für das »Volk, das sich von einer bösen Vergangenheit abkehrt«[36]. Und nachdem Martin Hirsch bereits in der ersten Lesung, in Anlehnung an Bendas Rede, den Satz »das Vergessenwollen verlängert das Exil, und das Geheimnis der Erlösung heißt Erinnerung« ins Gedächtnis gerufen hatte[37], war auch der CDU-Abgeordnete Adolf Süsterhenn fündig geworden, um der Fristverlängerung mit einem frommen – natürlich katholischen – Wort die rechte Weihe zu verleihen. Schon Papst Innozenz I. habe im Jahre 414 verkündet: »Wenn von Völkern oder von großen Gruppen gesündigt wird, dann pflegt das oft ungesühnt durchzugehen, da wegen dieser großen Zahl nicht gegen alle vorgegangen werden kann. Deshalb, sage ich, muß das Vergangene dem Urteil Gottes überlassen bleiben und für die Zukunft mit äußerster Anstrengung vorgebeugt werden.«[38]

Mit diesem kaum verhüllten Wunsch nach Generalabsolution gab Süsterhenn zu verstehen, daß letzten Endes die gesamte Fraktion der Gesetzesvorlage mit Unwillen begegnete. Eine andere Form, dies mitzu-

34 BT-Berichte 5. WP, 240. Sitzung am 26.6.1969, Zur Verjährung, S. 419 ff.; der Gesetzentwurf als BT-Drucksache V/4415, 19.6.1969, in: ebenda, S. 417 f.

35 Ebenda, S. 431.

36 Ebenda, S. 427.

37 Ebenda, S. 407.

38 Ebenda, S. 424.

teilen, war das demonstrative Fehlen von fast 50 CDU/CSU-Abgeordneten im Plenarsaal. Und obwohl das Gesetz zur Fristverlängerung am Ende der Debatte eine klare Mehrheit erhielt, votierte mit 91 Stimmen fast die Hälfte der anwesenden Unionsmitglieder dagegen, während es beim Nicht-Verjährungsbeschluß 1965 nur 30 Gegenstimmen gegeben hatte[39].

Wie wurde der Bundestagsbeschluß, dessen politisch-moralische Signalwirkung durch das Bundesgerichtshof-Urteil weitgehend unterlaufen wurde, im Ausland aufgenommen? In der französischen, britischen und US-amerikanischen Presse wurde zwar die Tatsache gewürdigt, daß die Entscheidung trotz ihrer Unpopularität überhaupt zustande gekommen war, großes Unbehagen bereitete indes die Gerichtsentscheidung mit ihren nicht absehbaren Folgen[40]. Weitaus schärfer im Ton waren die Reaktionen in Israel. Die führenden Zeitungen des Landes prangerten das Zusammenspiel von Verjährungsbeschluß und Urteil als »juristischen Betrug«, als »Amnestie durch die Hintertür« an. Vor der deutschen Botschaft versammelten sich Demonstranten, und allein die große Zeitnot, unter der die Knesset kurz vor der Sommerpause stand, konnte eine Debatte über die als unerträglich empfundenen Defizite der deutschen Strafverfolgung verhindern[41].

Im Ostblock hatte man schon früh die Reihen im »Kampf gegen den Faschismus« geschlossen. Den Auftakt einer erneuten Kampagne gegen die Verjährung markierte eine internationale Moskauer Konferenz im März 1969, geleitet vom sowjetischen Generalstaatsanwalt Roman Rudenko, dereinst Ankläger im Nürnberger »Hauptkriegsverbrecherprozeß«. In seinen Attacken gegen die Bundesrepublik, die Rudenko bis in den September hinein fortsetzte, diente die Erwähnung der Verjährung, der niedrigen Strafen und der Verfahrenseinstellungen für NS-Täter lediglich zur Illustration des immer gleichen Bildes: Westdeutschland als Aggressor, der, gesteuert von ehemaligen Nationalsozialisten, einen neuen Krieg gegen die Sowjetunion und ihre Verbündeten vorbereite[42].

39 Es fehlten 47 CDU/CSU- und 14 FDP-Abgeordnete; mit Nein stimmten 128 Abgeordnete; mit Ja 297, 104 davon aus der CDU/CSU-Fraktion; ebenda S.185 ff.

40 BAK, B 141/25677, Bericht Truckenbrodt, Auswärtiges Amt, 3.7.1969.

41 BAK, B 141/25698, Bericht des deutschen Botschafters Knoke, Tel Aviv an Auswärtiges Amt; 8.7., 15.7. und 18.7.1969.

42 Zur Moskauer Konferenz vgl. FAZ, 26.3.1969, S. 4; Die Welt, 29.3.1969, S. 6. Zur Rede Rudenkos anläßlich des 1. Septembers, des offiziellen »Tags des Kampfes gegen den Faschismus«, vgl. FAZ, 2.9.1969, S. 6.

Die DDR verfolgte hingegen eine eigene Strategie und konzentrierte sich darauf, ihre staatliche Anerkennung sukzessive voranzutreiben. Zu diesem Zweck erklärte Außenminister Otto Winzer im März 1969 dem Generalsekretär der Vereinten Nationen, Ost-Berlin sei bereit, der UNO-Konvention gegen die Verjährung von Kriegsverbrechen und Verbrechen gegen die Menschlichkeit beizutreten[43]. Auch wenn das Streben nach internationaler Aufwertung der DDR durch die westlichen Staaten vereitelt wurde, bildete die Konvention den Dreh- und Angelpunkt der Agitation gegen den Verjährungsbeschluß[44]. Eine willkommene Steilvorlage für die Propagandastäbe stellte die Entscheidung des Fünften Strafsenats dar, NS-Verbrecher außer Verfolgung zu setzen. Damit, so wetterte der Staatsanwalt Peter Przybylski im *Neuen Deutschland*, werde »die Identifizierung des Bonner Staates mit dem Faschismus und dessen Verbrechen« auf die Spitze getrieben[45].

In der Bundesrepublik, wo es nicht nur in den aufkommenden K-Gruppen en vogue war, das kapitalistische »System« pauschal unter Faschismusverdacht zu stellen, mochten solche Worte auf fruchtbaren Boden fallen. Doch selbst wer nicht über ein geschlossenes kommunistisches Weltbild verfügte, dem boten die in der Tat bestürzenden Konsequenzen des Berliner Urteils genügend Anlaß, um an der demokratischen Substanz des westdeutschen Rechtsstaats zu zweifeln. Nachdem der Senat die Verbrechen des ehemaligen Referenten der Krakauer Sicherheitspolizei Heinrich für verjährt erklärt hatte, wurden in rascher Folge die meisten Strafverfahren des Reichssicherheitshauptamt-Komplexes eingestellt.

Aufsehen erregte das Ende des Prozesses gegen sieben frühere Sachbearbeiter im Schutzhaftreferat des RSHA. Als erstes von insgesamt 18 vorgesehenen Sammelverfahren konnte dieser sogenannte Gestapo-Prozeß noch am 5. Mai eröffnet werden, ehe das Urteil des Bundesgerichtshofs die Strategie der Berliner Staatsanwaltschaft zunichte machte. Denn deren Anklage beruhte auf der in Justizkreisen zwar weitverbreiteten, aber durch Beweisdokumente unschwer zu widerlegenden Auffassung, daß den Schreibtischtätern keine Mittäterschaft an Verbrechen nachzuweisen sei, sondern nur die Teilnahme ohne strafbegründende persönliche

43 Erklärung des Außenministers der DDR an den UN-Generalsekretär U Thant vom 17.3.1969; Dok. zur Deutschlandpolitik, Bd. XVII/2, S. 863 ff.

44 Vgl. beispielsweise die Erklärung der Volkskammer vom 19.6.1969; ebenda, S. 867 ff.; zur Presseberichterstattung im *Neuen Deutschland*: »Bundesrepublik mißachtet Beschlüsse der UNO«, 14.6.1969; »Bonn verhöhnt Völkerrecht«, 3.7.1969.

45 »Faschismus für Bonn kein Verbrechen«, ND, 13.7.1969.

Merkmale wie niedrige Beweggründe[46]. Den Antrag auf Verfahrenseinstellung stellte der Staatsanwalt Hans-Dietrich Nagel notgedrungen selbst – und verband ihn mit einem wütenden Seitenhieb auf die Bundesregierung: »Man hätte wenigstens erwarten müssen, daß der Gesetzgeber eine so schwerwiegende Entscheidung wie die Amnestierung einer großen Gruppe von NS-Tätern offen und ausdrücklich trifft und dafür auch die volle politische Verantwortung übernimmt«[47]. Mit Hilfe einer eilig zusammengestellten Nachtragsanklage erreichten die Berliner Staatsanwälte, daß zumindest das Verfahren gegen den achten Angeklagten, einen engen Mitarbeiter Eichmanns, fortgesetzt werden konnte, weil ihm »niedrige Beweggründe« nachzuweisen waren.

In welchem Ausmaß die »kalte Verjährung« tatsächlich zur Straffreisetzung von NS-Tätern beitrug, blieb der Öffentlichkeit jedoch weitgehend verborgen. Denn eingestellt wurden nicht nur die Verfahren gegen das RSHA-Personal – mit Ausnahme weniger »Haupttäter« wie Werner Best und Otto Bovensiepen, die sich gleichwohl wegen angeblicher Verhandlungsunfähigkeit einem Prozeß entziehen konnten[48]; eingestellt wurden auch zahlreiche weitere Straf- und Ermittlungsverfahren. Innerhalb eines Jahres, so berichtete im April 1970 ein Mitarbeiter der Zentralen Stelle auf einer Fachtagung für Staatsanwälte, seien auf Grundlage des Paragraphen 50/2 von den Gerichten 35 Angeklagte außer Verfolgung gesetzt, ferner die staatsanwaltschaftlichen Ermittlungen gegen 12 Beschuldigte eingestellt worden. Gegen weitere 247 Beschuldigte habe die Novelle hilfsweise zusammen mit anderen Gründen (etwa unzureichende Beweislage) zur Einstellung der Ermittlungsverfahren geführt[49].

Wenn der Referent der Zentralen Stelle angesichts dieser Zahlen zu dem Urteil kam, daß sich der neue Beihilfe-Paragraph als »behutsam benutztes Instrument der Justiz-Ökonomie« erweise, so betrieb er damit

46 Vgl. auch Weinke, Verfolgung, S. 305 f.

47 Zitiert nach »Die ›Bürokraten des Todes‹ sind wieder Ehrenmänner« von Otto Jörg Weis, StZ, 9.6.1969; vgl. auch »Verjährte Mordbeihilfe«, AJW, 6.6.1969; »Der Berliner Gestapo-Prozeß ist geplatzt«, FAZ, 3.6.1969.

48 Vgl. zu diesen und weiteren Fällen hochrangiger NS-Täter, bei denen die Gerichte Anfang der siebziger Jahre großzügig auf Verhandlungsunfähigkeit erkannten Herbert, Best, S. 516 f.; ferner Lichtenstein, Im Namen, S. 19 ff., S. 91 ff. Sämtliche Einstellungsverfügungen des RSHA-Komplexes in: ZStL, GA 41/78, II 41.

49 Protokoll der 5. Arbeitstagung der mit der Strafverfolgung von NS-Verbrechen befaßten Staatsanwälte vom 21. bis 24.4.1970 in Freiburg, S. 135 ff.; das folgende Zitat ebenda; JM BW, 4110b-IV/856.

zweifellos Schönfärberei. Hält man sich vor Augen, daß in derselben Zeitspanne etwa 30 Personen zu Gefängnisstrafen verurteilt wurden, ist nur schwerlich zu bestreiten, daß gerade hinsichtlich der Angeklagten, die nun straffrei ausgingen, ein erheblicher Einbruch zu verzeichnen war[50]. Die Auswertung der Einstellungsverfügungen läßt ferner erkennen, daß neben »Schreibtischtätern« auch jene davon profitierten, die die Mordaufträge ausgeführt hatten. Und geradezu atemberaubend mutet die Willkür an, mit der sich einige Staatsanwaltschaften der Novelle bedienten, um unerwünschte Verfahren beenden zu können[51].

Jenseits dieser skandalösen Praxis und der bis heute unbekannten Gesamtzahl der Einstellungen ist die Bedeutung der »kalten Verjährung« wohl in erster Linie darin zu sehen, daß die strafrechtliche Aufklärung der Holocaust-Verbrechen gleichsam auf halber Strecke abgebrochen wurde. Bislang mußten sich vornehmlich jene Täter vor Gericht verantworten, die in Einsatzkommandos sowie in den Arbeits-, Konzentrations- und Vernichtungslagern ihren Teil zur Ermordung der Juden beigetragen hatten. Die Rolle der umfangreichen Verwaltungsapparate aber, die jene Vernichtungspolitik geplant und arbeitsteilig organisiert hatten, kam dabei nicht in den Blick.

Vor diesem Hintergrund wäre die Anklage gegen die RSHA-Mitarbeiter von kaum zu überschätzender Relevanz gewesen, um Entscheidungsverläufe, Befehlsketten und damit auch individuelle Verantwortlichkeiten zu erhellen. Schließlich reichte die in Gang gesetzte Strafbefreiung für »Schreibtischtäter« weit über die Aussetzung dieser Prozeßserie hinaus. Betroffen waren ebenfalls die von der Zentralen Stelle in langjähriger mühsamer Arbeit vorbereiteten Sammelverfahren zur Zivilverwaltung im besetzten Osteuropa. Ende des Jahres 1968 konnten die Mitarbeiter der Ludwigsburger Behörde, gestützt durch neue Aktenfunde in der Sowjetunion, nachweisen, daß die Ziviladministration entgegen der Legende, sie sei »sauber« geblieben, systematisch in den Völkermord involviert ge-

50 Vgl. dazu die Statistik bei Rückerl, NS-Verbrechen, S. 330.

51 Als besonders haarsträubend erweist sich die Einstellungspraxis der Dortmunder Zentralstelle, die auf der Basis des Paragraphen 50/2 erfolgte. Unter den in Ludwigsburg archivierten Verfügungen befindet sich beispielsweise der Fall eines Leutnants der Schutzpolizei, der die Exekution eines jüdischen Arbeitskommandos angeordnet hatte. Nachdem das Wuppertaler Schwurgericht die Verfahrenseinstellung abgelehnt hatte, da die Morde zweifellos auch Merkmale von Grausamkeit aufweisen würden, veränderte die Dortmunder Zentralstelle in Absprache mit dem zuständigen Generalstaatsanwalt die Anklageschrift, um die Einstellung zu erzwingen; vgl. Greve, Umgang, S. 390 ff.

wesen war. Zu diesem Zeitpunkt begannen sie daher, die Ermittlungsverfahren gegen zahlreiche Beschuldigte an die Staatsanwaltschaften zu übertragen, mußten aber nach dem Bundesgerichtshof-Urteil mitansehen, wie ihr gesamtes Unterfangen mißglückte[52]. Entsprechend gering waren fortan die Erfolgschancen für vergleichbare Verfahren, zumal gegen die obersten Reichsbehörden.

Zu bilanzieren ist, daß die »kalte Verjährung« der Justiz ein wirksames Instrument an die Hand gab, um auch die Schwerbelasteten in den Verwaltungseliten des NS-Regimes nicht zur Verantwortung ziehen zu müssen. So konnte auch im dunkeln bleiben, was unter Studenten und linken Intellektuellen zwar spätestens seit dem DDR-*Braunbuch* bekannt war, aber daher auch um so leichter als kommunistische Diffamierung abgetan werden konnte: Die Tatsache nämlich, daß nicht wenige dieser »Schreibtischtäter«, ausgewiesen durch gute Ausbildung und Leitungserfahrung, in die Führungsetagen der westdeutschen Wirtschaft, der Justiz und des öffentlichen Dienstes zurückgekehrt waren und dort Karriere gemacht hatten. Dieser Reintegrationsprozeß bildete letzten Endes den mentalen Hintergrund für die Straffreistellung der Belasteten, die aus den eigenen Reihen stammten.

Wohl keine Gruppe hat diese Entwicklung Ende der sechziger Jahre mit größerem Befremden, ja Entsetzen wahrgenommen als die in der Bundesrepublik lebenden Juden. Ralph Giordano, seit mehr als zehn Jahren kritischer Chronist der NS-Prozesse, erklärte in der *Allgemeinen Jüdischen Wochenzeitung*, das »Satyrspiel um die Verjährung« sei dazu angetan, ihm und vielen anderen ehemaligen Verfolgten das Vertrauen in die zweite deutsche Demokratie zu nehmen. Dies gehe so weit, konstatierte der Publizist, »daß das selbstverständliche Gefühl der Sicherheit«, das er »so viele Jahre als Bürger dieses Staates empfand, einem progressiven Prozeß der Auflösung ausgesetzt« sei[53]. Vermutlich nicht zuletzt aus dieser Desintegrationserfahrung heraus speiste sich die Verbitterung, mit der Giordano Ende der achtziger Jahre die These von der »zweiten Schuld« – dem »Frieden mit den Tätern« – vertrat und damit auf vergleichsweise viel Zustimmung stieß.

1969 jedoch standen die Zeichen auf Abwehr und Verdrängung. So sollte sich in den folgenden Jahren in der Öffentlichkeit die Ansicht durchsetzen, daß die Phase der »justitiellen Vergangenheitsbewältigung«

52 Vgl. dazu die erhellende Studie über das Ermittlungsverfahren zum Reichskommissariat Ostland von Danker, Versuch.

53 »Keine Verjährung?«, AJW, 15.8.1969.

weitgehend abgeschlossen sei; NS-Prozesse stießen seitdem nur noch vereinzelt, vornehmlich, wenn Skandale zu vermelden waren, auf größere öffentliche Resonanz[54]. Während die »kalte Verjährung« maßgeblich zur Abwicklung der staatsanwaltschaftlichen Ermittlungen beitrug, war der konkrete Ertrag der Fristverlängerung von 1969 minimal: In nur zwei Fällen, deren Verfolgung aufgrund der Gesetzesänderung möglich geworden war, erfolgte ein rechtskräftiges Urteil[55]. Die vierte und letzte Debatte um die Verjährung von NS-Verbrechen 1978/79 war somit für die Ahndung irrelevant; um so intensiver wurde aber über die politisch-moralische Bedeutung der Verjährungsfrage diskutiert.

54 Am meisten Aufmerksamkeit erntete 1971 die versuchte Entführung des früheren stellvertretenden Leiters der Sicherheitspolizei in Paris, Kurt Lischka, durch Beate Klarsfeld; vgl. dazu und zum nachfolgenden Kölner Prozeß gegen Lischka und dessen Mitarbeiter Klarsfeld, Politik; Lichtenstein, Im Namen, S. 99 ff.

55 Auskunft des Leiters der Zentralen Stelle Rückerl in der Anhörung des Bundestagsrechtsausschusses vom 9.5.1979, in: Zur Verjährung, S. 628.

4. Erinnerungskultur im Umbruch: Die Verjährungsdebatte 1978/79

Der spektakulärste Skandal um einen ehemaligen NS-Juristen markierte zugleich den Beginn des neuerlichen Konfliktes um die bevorstehende Verjährung. Am 7. August 1978 trat der baden-württembergische Ministerpräsident Hans Filbinger von seinem Amt zurück, nachdem drei Todesurteile bekannt geworden waren, an denen der frühere Marinerichter gegen Ende des Zweiten Weltkrieges mitgewirkt hatte. Ausschlaggebend für den Rücktritt war jedoch nicht allein Filbingers Tätigkeit in der Wehrmachtsjustiz, sondern auch und gerade seine Unfähigkeit, im nachhinein eine innere Distanz zu den Urteilen zu entwickeln – sein »pathologisch gutes Gewissen«, so die Formulierung des SPD-Vorsitzenden in Baden-Württemberg, Erhard Eppler[1]. Obgleich auch einige Christdemokraten den Rücktritt für unausweichlich hielten, stieß Filbinger mit der Selbstrechtfertigung, Opfer einer Rufmordkampagne zu sein, im konservativen Lager auf breite Zustimmung. Wie so häufig schlug der CSU-Vorsitzende Franz-Josef Strauß einen besonders schrillen Ton an und verknüpfte den Fall mit der Verjährungsfrage: »Das Materialsammeln, Schnüffeln, Drecksuchen, Anschießen, Hetzen, Rufmorden, Abschießen war eine beliebte Methode der Nazis, deren gelehrige Schüler die Roten sind.«[2] Strauß warnte vor einem »geistigen Bürgerkrieg«, vor einer »neuen Spaltung unseres Volkes« und forderte statt der »rechtlich problematischen dauernden Hinausschiebung der Verjährungsfrist« eine Generalamnestie für NS-Täter.

Ende der siebziger Jahre war die politische Konfrontation zwischen Strauß und seinen politischen Gegnern so eingespielt, daß deren polemische Repliken prompt folgten. Der Stuttgarter SPD-Bundestagsabgeordnete Peter Conradi beispielsweise bezeichnete die Wortmeldung von Strauß als »ungeheuerliche Zumutung« und hielt dagegen: Solange bei Junglehrern oder Briefträgern »wegen Anwartschaft im öffentlichen Dienst herumgeschnüffelt werde«, müsse die NS-Generation hinnehmen, »daß ihr die eigene Vergangenheit um die Ohren geschlagen« werde[3]. Auch

1 Zitiert nach »Landesvater Filbinger, leicht lädiert«, Deutsches Allgemeines Sonntagsblatt, 4.6.1978. Aufschlußreich zum bislang noch kaum erforschten »Fall Filbinger« ist der Erfahrungsbericht von Heinrich Senfft, dem Verteidiger von Rolf Hochhuth im Prozeß gegen den Ministerpräsidenten; vgl. Senfft, Richter, S. 16 ff.

2 Die Welt, 14.8.1978, S. 1; dort auch zum folgenden.

3 FR, 17.8.1978, S. 1, dort auch das folgende Zitat.

Hans-Jochen Vogel, Justizminister der sozialliberalen Koalition, äußerte sich – deutlich zurückhaltender – »verwundert« über Strauß' Amnestieforderung, zumal selbst die erbittertsten Gegner Filbingers nicht der Ansicht seien, daß der Ministerpräsident vor Gericht gestellt werden solle.

In dieser aufgeheizten Stimmung begannen sich die politischen Mehrheitsverhältnisse in bezug auf die Verjährungsfrage abzuzeichnen. Während der CDU-Vorsitzende Helmut Kohl einer Generalamnestie zwar nichts abgewinnen konnte, aber auch eine erneute Verlängerung der Verjährungsfrist ablehnte[4], sprach sich Herbert Wehner, Vorsitzender der SPD-Bundestagsfraktion, anläßlich einer Reise nach Israel für die generelle Aufhebung der Verjährung von Mordverbrechen aus. Unterstützung erfuhr er dabei von Erik Blumenfeld, dem Hamburger CDU-Bundestagsabgeordneten und Präsidenten der deutsch-israelischen Gesellschaft, der bereits 1964/65 in der Öffentlichkeit gegen die Verjährung von NS-Verbrechen eingetreten war[5]. Für die FDP-Bundestagsfraktion gab deren Vorsitzender Wolfgang Mischnick in direkter Kontinuität zur freidemokratischen Politik der sechziger Jahren zu Protokoll, eine Verlängerung der Verjährungsfrist diene »weder der Rechtssicherheit noch dem Rechtsfrieden«[6]. Doch die zunächst vage Mehrheit von FDP- und CDU/CSU-Parlamentariern begann im Laufe der Diskussion zunehmend zu erodieren, als in der Unionsfraktion neben Blumenfeld gegen Ende des Jahres 1978 auch Johann Baptist Gradl, Paul Mikat und Johann Peter Josten ihre von der Mehrheit abweichende Meinung bekanntgaben[7].

In das Blickfeld einer breiten Öffentlichkeit rückte die bevorstehende Verjährung, als im Januar 1979 die amerikanische Fernsehserie »Holocaust« im westdeutschen Fernsehen ausgestrahlt wurde, das wohl bedeutendste Medienereignis in der Geschichte der Bundesrepublik, das einen bemerkenswerten Umschwung in der öffentlichen Wahrnehmung des Themas NS-Vergangenheit herbeiführte. Das Melodram erzielte in der Bundesrepublik Einschaltquoten zwischen 30 und 40 Prozent, zu den Zuschauern zählte mehr als die Hälfte der erwachsenen Bevölkerung. Dabei präsentierte die fiktive Geschichte der jüdischen Familie Weiss den Deutschen die Ermordung der europäischen Juden in einer Perspek-

4 »Erste Gespräche in Bonn über die Verjährung von NS-Mordtaten«, FAZ, 28.10.1978.

5 »Wehner für Allparteien-Initiative gegen Mordverjährung«, FR, 2.11.1978.

6 »Vorstoß aus den Reihen der SPD erwartet«, FR, 6.11.1979.

7 »Union debattiert Verjährung«, FR, 7.12.1979.

tive, die auf Identifikation und Emotionen zielte – und rief damit eine geradezu stürmische Zuschauerresonanz hervor[8]: Die Rundfunkanstalten zählten fast 25 000 eingegangene Anrufe und 15 000 Briefe, zumeist erregte Äußerungen, in denen Entsetzen und Empörung über die Mordverbrechen bekundet, Fragen gestellt, persönliche Erinnerungen mitteilt wurden, unter denen aber auch antisemitische Beschimpfungen und Drohungen waren. »Eine Nation ist betroffen« – so lautete die treffende Einschätzung westdeutscher Redakteure über die Reaktionen auf die Serie »Holocaust«[9].

Eine umfangreiche demoskopische Erhebung, die vor, während und nach der Ausstrahlung durchgeführt wurde, unterstreicht den außerordentlichen Effekt der Serie und der von ihr ausgelösten Diskussion. So wurde nicht nur eine deutlich negativere Bewertung des »Dritten Reiches« in der Bevölkerung ermittelt, sondern auch ein Einstellungswandel hinsichtlich der strafrechtlichen Verfolgung von NS-Verbrechen: Die Zahl von 51 Prozent, die vor der Ausstrahlung ein Ende der NS-Prozesse gefordert hatten, reduzierte sich anschließend auf 35 Prozent; votierten zuvor gegen ein Ende der Ahndung nur 15 Prozent, waren es anschließend immerhin 39 Prozent[10].

Dieser Stimmungsumschwung erfaßte auch die Politiker, obschon sie den Vorwurf zurückwiesen, aus bloßem Opportunismus sich nun gegen die anstehende Verjährung einzusetzen. Die Staatsministerin im Auswärtigen Amt, Hildegard Hamm-Brücher (FDP), legte gegenüber der Presse auf die Feststellung ausdrücklich Wert, daß sie nicht erst seit der Fernsehserie »Holocaust«, sondern bereits seit den sechziger Jahren die Verjährung von NS-Verbrechen ablehne. Anlaß ihrer Stellungnahme war eine Gesetzesinitiative von über 200 Bundestagsabgeordneten der Koalitionsparteien, die im Februar neben Hamm-Brücher weitere sechs FDP-Abgeordnete, aber kein freidemokratischer Minister unterschrieben hatten[11]. Ehe dieser Antrag dann am 14. März im Bundestag eingebracht wurde, hatten bereits im Februar 30 CDU-Abgeordnete um Paul Mikat und Hans Katzer einen gleichlautenden Gesetzentwurf zur

8 Vgl. zur Rezeption der Fernsehserie in der Bundesrepublik jetzt Weiss, Erinnerung; danach auch die folgenden Zahlen, S. 75.

9 Vgl. den Untertitel der Dokumentation von Märthesheimer / Frenzel, Im Kreuzfeuer.

10 Vgl. ebenda, S. 79.

11 »Über 200 Koalitionsabgeordnete gegen Verjährung«, FR, 17.2.1979.

generellen Aufhebung der Verjährung von Mordverbrechen vorgelegt[12]. Dabei konnten die Christdemokraten zwar nicht auf die politische Unterstützung ihres Fraktionsvorsitzenden Helmut Kohl zählen, gleichwohl hatte er von Beginn an einen Fraktionszwang abgelehnt und den Abweichlern eine Entscheidung nach ihrem Gewissen zugestanden[13].

Zwischen den Befürwortern und Gegnern einer Verjährungsaufhebung stand auch eine verschwindend kleine Gruppe von Abgeordneten, die sich dem Vorschlag des Freidemokraten Werner Maihofer angeschlossen hatten. Der frühere Bundesjustizminister wollte die Verjährungsregelung bei herkömmlichen Mordtaten unangetastet lassen, während sie bei den Massenverbrechen der NS-Zeit gemäß den Bestimmungen des Völkerrechts aufgehoben werden sollten[14].

Ein besonderes Beispiel für das Fortwirken der vergangenheitspolitischen Argumentationen aus den sechziger Jahren war der Vorstoß des CDU-Rechtsexperten Benno Erhard. Dieser wärmte den von seinen Parteifreunden Max Güde und Karl Kanka 1965 präsentierten Vorschlag wieder auf, die justitielle Ahndung bei jenen Beschuldigten einzustellen, die »in untergeordneter Stellung Anweisungen oder Befehle von Vorgesetzten befolgt« hatten[15]. Angesichts der Straffreistellungen infolge des Paragraphen 50/2 und der verminderten Ahndungsaktivitäten der westdeutschen Justiz hatte diese Initiative keine Aussicht auf Erfolg; sie diente ebenso wie der Ruf nach einer Generalamnestie vielmehr diskurspolitischen Zwecken: In der CDU, erst recht aber in der CSU war die Bereitschaft gering, der Ende der siebziger Jahre unvermindert aktiven rechtsextremen Szene um den Verleger Gerhard Frey das Thema zu überlassen. Denn dieser hatte mit Postkarten-Aktionen, Wurfsendungen und Kund-

12 Antrag der Abgeordneten Wehner, Ahlers und Genossen und Wendig, Hamm-Brücher und Genossen, BT-Drucksache 8/2653 vom 14.3.1979; Antrag der Abgeordneten Gradl, Katzer und Genossen, BT-Drucksache 8/2939, 7.2.1979, in: Zur Verjährung, S. 440 ff.

13 »SPD kann auf 26 CDU-Stimmen gegen Verjährung zählen«, Die Welt, 27.12.1978.

14 Vgl. Werner Maihofer, Nichtverjährung des Völkermordes, in: Zeitschrift für Rechtspolitik, 4 (1979), S. 81 ff. Entsprechende Artikel publizierte der Bielefelder Rechtswissenschaftler auch in der Presse, etwa: »Keine Verjährung für NS-Mordtaten«, Die Zeit, 2.3.1979.

15 Antrag des CDU-Abgeordneten Benno Erhard am 28.6.1979, in: Zur Verjährung, S. 656 f.; zur öffentlichen Diskussion der Initiative: »Wehner gegen Tricks und Manöver in der Verjährungsdebatte«, FR, 21.6.1979.

gebungen zur Verjährung eine Chance gewittert, daß – so Frey in einem seiner Schreiben – »wir noch stärker und damit wirksamer werden«[16].

Auch die im Ausland geführte Debatte mutete in vielem wie eine Neuauflage der vorangegangenen an: Die Staaten des Warschauer Paktes verwiesen wiederholt auf die UN-Konvention vom 27. November 1968, die für Kriegsverbrechen und Verbrechen gegen die Menschlichkeit keine Verjährung anerkannte. Aus der DDR wiederum waren die üblichen Verurteilungen zu vernehmen; in Presse und Fernsehen östlich der Elbe hieß es, die Bonner Politik plane »eine schleichende Amnestie für Nazi-Verbrecher«[17]. Die öffentliche Meinung in Westeuropa und den USA, die wie in den sechziger Jahren ohnehin kein Verständnis für ein Ende der Verjährungsfrist von NS-Verbrechen aufbringen konnte, stand kaum weniger als in der Bundesrepublik unter dem Eindruck des medialen Großereignisses »Holocaust«. Die Proteste ehemaliger Konzentrationslagerhäftlinge vor den deutschen Botschaften in New York und Wien sowie die Eingaben amerikanisch-jüdischer Organisationen Anfang Februar 1979 fanden daher um so größere öffentliche Resonanz. Bald darauf richtete das amerikanische Repräsentantenhaus einen Appell an die Bundesregierung, die drohende Verjährung aufzuheben, und die große Mehrheit der parlamentarischen Versammlung des Europarats verabschiedete eine Entschließung, in der die Verjährung von Kriegsverbrechen und Verbrechen gegen die Menschlichkeit abgelehnt wurde[18].

In den Bundestagsdebatten am 29. März und 3. Juli war jedoch von der Polemik der vorangegangenen öffentlichen Kontroverse kaum noch etwas zu vernehmen. Die überdurchschnittliche Aufmerksamkeit im In- und Ausland und die ausdrückliche, von allen Parteien getragene Ab-

16 Postwurfsendung Gerhard Frey, 1.6.1979; AdsD, NL Jahn, Bd. 475. Entsprechende Aufmacher in der National-Zeitung: 30.3.1979; 13.4.1979; 11.5.1979; 13.7.1979.

17 Zitiert nach »Ost-Berlin verweigert Einblick in NS-Archive«, FR, 28.2.1979; mit gleicher Stoßrichtung: »SED-Propaganda spricht von Amnestie«, SZ, 23.3.1979. Zur Position anderer Staaten des Warschauer Paktes: »NS-Verbrechen zentrales Thema in Polen«, FAZ, 25.4.1979; »Im Ausland mehren sich die Proteste gegen die Verjährung«, Die Welt, 1.2.1979.

18 Entschließung des Europarats vom 15.2.1979 in: Zur Verjährung, S. 446; zur Presseberichterstattung: »Im Ausland mehren sich die Proteste gegen die Verjährung«, Die Welt, 1.2.1979; »Abgeordnete üben Druck auf Bonn aus«, FR, 10.2.1979; zum Zusammenhang mit den Reaktionen auf die Fernsehserie »Holocaust« in Westeuropa: »Kein Freibrief für KZ-Henker in Deutschland«, Rheinische Post, 3.3.1979.

lehnung des Fraktionszwangs verlangten nach einem niveauvollen Meinungsaustausch. »Persönliche Toleranz und sachliche Fairneß«, so unterstrich der CDU-Abgeordnete Johann Baptist Gradl gleich am Anfang seiner Rede, seien angesichts dieser Thematik geboten, denn schließlich seien sich alle Parlamentarier in einem einig: »in der Abscheu gegen die nationalsozialistischen Gewaltverbrechen«[19].

Wenn Gradl im weiteren darauf verwies, daß die Verjährung eine »vorrangig politische und moralische Beurteilung«[20] erfordere, und Alfred Emmerlich für die SPD mit viel Pathos »den Kampf gegen den Nationalsozialismus und ihm gleichartige Gewaltsysteme« zur »Sache aller Menschen und aller Völker« erklärte, so verband sich damit die Auffassung, die Aufhebung der Verjährung sei ein notwendiges politisches Signal, das nationalsozialistische Unrecht öffentlich zu stigmatisieren. In diesem Sinne ging Justizminister Vogel auch auf die nach der »Holocaust«-Serie angestoßene Diskussion ein, wie den mangelnden Geschichtskenntnissen unter Jugendlichen entgegengetreten werden könne: »Ich glaube, es wird schwieriger, den jungen Menschen, der jungen Generation, das Furchtbare dessen, was damals geschehen ist, nahezubringen und zu erklären, wenn wir gleichzeitig sagen: am 1. Januar 1980 tritt aber die Verjährung ein.«[21]

Den pädagogischen Impetus, mehr und bessere Aufklärung über die NS-Vergangenheit zu leisten, teilten auch jene Redner, die für die Verjährung votierten. Zugleich warnten sie aber davor, der Justiz nun auch noch die Aufgaben der politischen Bildung aufzubürden. »Ein Abladen auf die Gerichte«, so Matthias Wissmann (CDU), bewirke das Gegenteil, »nämlich Verdrängung und nicht Verarbeitung«.

Ein anderes Argument, warum den NS-Prozessen ein Ende gesetzt werden sollte, führte der FDP-Abgeordnete Detlef Kleinert in die Debatte ein: Er berief sich auf die Interessen der Verfolgten. Für sie und ihre Angehörigen sei »inzwischen eine wohltätige lange Zeit abgelaufen«, auch habe er über deren psychische Beanspruchung als Zeugen »grausige Berichte« gehört[22]. Erik Blumenfeld sah darin zu Recht eine unlautere Vereinnahmung der Opfer und bekannte sich anschließend zu seiner persönlichen Verfolgungserfahrung. Daß ihm ein Ablauf der Verjährungs-

19 145. Sitzung des 8. Deutschen Bundestages am 29.3.1979, in: Zur Verjährung, S. 447.
20 Ebenda, S. 449.
21 Ebenda, S. 547.
22 Ebenda, S. 476 f.

frist für »diese Freveltaten wider die Menschlichkeit« unvorstellbar sei, sage er »als einer der wenigen, die heute noch diesem Hause als Abgeordnete angehören und die die NS-Zeit als Verfolgte überlebt haben, als Insasse des Konzentrationslagers Auschwitz und des Konzentrationslagers Buchenwald und von Gestapo-Gefängnissen, Prinz-Albrecht-Straße und anderen, als einer, der das Inferno Auschwitz durch Glück und Zufall überlebt hat«[23].

Mit diesen Worten hatte seit Beginn der parlamentarischen Auseinandersetzung um die Verjährung zum ersten Mal einer der ehemals Verfolgten auf seine persönliche Betroffenheit hingewiesen. Diese neue Bereitschaft, als Zeitzeuge des Völkermordes an den Juden auch im Bundestag aufzutreten, erscheint ebenso symptomatisch für eine deutliche Veränderung der Erinnerungskultur wie die Appelle von Politikern aller Parteien, den Holocaust – diesen Begriff hatte die gleichlautende Serie nun auch in der Bundesrepublik etabliert – im historischen Bewußtsein der Deutschen zu verankern. Als am 3. Juli 1979 der Bundestag mit 255 zu 222 Stimmen den Beschluß faßte, die Verjährung für Mord aufzuheben[24], bildete dies zwar den Abschluß der politischen Auseinandersetzung um die Verjährung. Zugleich fiel die Debatte aber in eine Zeit, die nicht nur am Anfang einer neuen Vergegenwärtigung der NS-Herrschaft und ihrer Verbrechen im Zeichen der Alltagsgeschichte stand, sondern die auch den Auftakt gab für jene erinnerungspolitischen Konflikte wie dem deutsch-amerikanischen Besuch in Bitburg und dem Historikerstreit, die in den achtziger Jahren zwischen dem konservativen und dem linksliberalen Milieu ausgetragen wurden[25].

23 Ebenda, S. 574.
24 Vgl. BT-Berichte 8. WP, 166. Sitzung, in: Zur Verjährung, S. 681 ff.
25 Vgl. als Einführung in die Thematik Wolfrum, Geschichtspolitik, S. 335 ff.

Schluß

Es zählt zu den Strukturelementen der gesellschaftlichen Entwicklung in der frühen Bundesrepublik, daß die Eliten des »Dritten Reiches« – mit Ausnahme der politischen Führung – an ihre einstigen Berufskarrieren anknüpfen konnten. In keinem Bereich waren die Folgen für das demokratische Selbstverständnis des neuen Staates aber so weitreichend wie in der Justiz. Die Tatsache, daß viele Repräsentanten der demokratischen Gerichtsbarkeit nur wenige Jahre zuvor rechtsförmiges Unrecht gesprochen hatten, ließ sich in der ersten Hälfte der Ära Adenauer noch negieren – und wäre vermutlich in ihrem ganzen Ausmaß unerkannt geblieben, hätte nicht die DDR das Thema als politische Waffe im Ost-West-Konflikt entdeckt.

So offenkundig es auch war, daß die DDR nicht auf die Demokratisierung der Justiz westlich der Elbe, sondern auf die Delegitimierung des gesamten politischen Systems hinarbeitete, so ist doch zu konzedieren, daß sie mit ihrer 1957 eröffneten »Blutrichter«-Kampagne maßgeblich dazu beitrug, über den Justizterror der NS-Zeit und die darin involvierten Täter Aufklärung zu leisten. Noch 1959 aber, als die DDR-Publikationen bereits die NS-Vergangenheit von Hunderten amtierender Juristen enthüllt hatten, stellten die Verantwortlichen in der westdeutschen Justiz und Politik selbst das Verbleiben Schwerbelasteter nicht in Frage. Anstatt sich mit der unbestreitbaren Authentizität der Todesurteile und der sich daraus ergebenden Hypothek für den Rechtsstaat auseinanderzusetzen, hoben ihre offiziellen Stellungnahmen allein auf die propagandistische Phrase der SED-Westarbeit ab, der zufolge die westdeutsche Justiz die Haupttruppen eines aggressiven »faschistischen« Staates stellte, der Europa erneut mit Krieg überziehen wolle.

Wenn diese Immunisierungsstrategie anfangs noch problemlos funktionierte, so lag das einerseits in einem virulenten Antikommunismus begründet, der inmitten des Kalten Krieges alle innenpolitischen Kontroversen der Bundesrepublik überlagerte, andererseits aber auch in einer spezifischen Wagenburg-Mentalität der Politiker und Ministerialbeamten. Sobald die Rede auf die Verbrechen der NS-Justiz und auf die Wiederverwendung der Täter im Staatsdienst kam, sahen sie sich zur vorbehaltlosen Solidarisierung mit den Beschuldigten veranlaßt. Dahinter stand die Auffassung, daß der Staat als eine Art Schutzgemeinschaft für seine Justizbeamten und politischen Repräsentanten zu fungieren habe.

So zeigte sich die Bundesregierung eifrig bemüht, Angriffe von »außen« abzuwehren – und zwar nicht nur aus Ost-Berlin, sondern auch aus Großbritannien, dessen Regierung sich in den Augen von Bundesjustizminister Schäffer zu Unrecht anmaßte, auch nach dem Ende der Besatzungszeit über die Fortentwicklung der deutschen Demokratie zu wachen.

Dennoch: Die außenpolitische Räson der Bundesrepublik verbot es, die britischen Vorbehalte gegen die NS-Richter in der gleichen Weise beiseite zu schieben wie die Anwürfe aus der DDR, da gerade aufgrund der prekären deutschlandpolitischen Konfliktlage die deutsch-britischen Beziehungen keine ernsthafte Störung erfahren sollten. Die politische Sprengkraft, die die Frage des Umgangs mit den NS-Richtern in sich barg, trat allerdings erst zutage, als auch eine kritische Öffentlichkeit in der Bundesrepublik das Thema aufgriff.

Bezeichnenderweise waren es in erster Linie politisch aktive Studenten, die den Mut hatten, im Herbst 1959 mit ihrer Ausstellung »Ungesühnte Nazijustiz« für die personelle Säuberung der Justiz öffentlich einzutreten. Hier artikulierte sich das veränderte Rechtsempfinden einer jungen Generation, deren Adoleszenz in die Anfangsjahre der Bundesrepublik fiel. Ohne persönliche Prägungen durch das »Dritte Reich« und in einer Zeit aufgewachsen, die von wachsendem Wohlstand und politischer Stabilität gekennzeichnet war, erkannten die Studenten am klarsten das moralische Legitimationsdefizit einer bundesrepublikanischen Nachkriegsordnung, die auf innere Befriedung und Integration der Täter ausgerichtet war. Anfang der sechziger Jahre blieb zwar der Protest gegen eine Justiz, in der sich ehemalige Sonder- und Wehrmachtsrichter geradezu tummelten, noch auf eine Minderheit unter den Studenten beschränkt. Die von vielen ihrer Kommilitonen geteilte Erfahrung, daß die Wanderausstellung regelmäßig scharfen Widerspruch von Universitätsordinarien und Repräsentanten der lokalen Justiz entfachte, bereitete aber auch den Nährboden für die spätere Studentenrevolte mit ihren Provokationen gegen die »Vätergeneration«.

Daß bereits 1959 das Skandalisierungskonzept der »Ungesühnten Nazijustiz« aufgehen konnte, war eng mit der neuen Aufgeschlossenheit in Presse und Rundfunk für eine kritische Sicht auf die NS-Vergangenheit verknüpft. Die Journalisten, hellhörig geworden durch die großen NS-Prozesse in Bayreuth und Ulm, boten den Studenten nun ein Forum für ihr Anliegen und setzten die Justizminister der Länder erheblich unter Druck, die Belasteten zu suspendieren und strafrechtliche Ermittlungen einzuleiten. Im Unterschied zum SDS ließen sich die Vertreter der meinungsführenden Presse nicht ohne weiteres als »fünfte Kolonne Pankows«

verunglimpfen. Ihr Wort hatte durchaus Gewicht und war Ausdruck des neuen demokratischen Selbstbewußtseins der westdeutschen Medien, das durch die kollektive Empörung über die Serie antisemitischer Anschläge 1959/60 enorm gewachsen war. Seither bezog die Kritik der liberalen Journalisten ihre Schärfe aus der Opposition gegen eine Regierungspolitik, die die NS-Vergangenheit weiterhin zu verschweigen, zu bagatellisieren und zu rechtfertigen suchte.

In Sachen NS-Richter erreichte die Medienschelte im Vorfeld der Verjährung von Totschlagsverbrechen 1960 ihren Höhepunkt. Dieser Befund ist in zweierlei Hinsicht aufschlußreich: Zum einen blieben die zu diesem Zeitpunkt besonders zahlreichen Enthüllungen der »Blutrichter«-Kampagne der wichtigste Impuls, um in der Bundesrepublik die öffentliche Empörung über die personellen Belastungen zu stimulieren. Investigative Recherchen, mit denen Journalisten den oft nur knappen Angaben aus Ost-Berlin nachgingen, bildeten dagegen die Ausnahme, zumal die SED-Westarbeit mit der »Enttarnung« mehrerer hochrangiger Politiker doch stets das Tempo zu bestimmen schien.

Zum zweiten stellte die Berichterstattung über die Totschlagsverjährung einseitig die Frage in den Vordergrund, inwiefern Hitlers Richter und Staatsanwälte davon profitierten. Dagegen blieben die eigentliche justizpolitische Konsequenz dieser Verjährungsentscheidung und deren moralische Implikationen seltsam unterbelichtet, ja unerkannt: Durch die gleichzeitig beschlossene Verjährung für Beihilfe zum Mord sollte die weitaus größte Gruppe von NS-Tätern, darunter zahlreiche Schwerbelastete, auf Dauer unbestraft bleiben.

Solche Wahrnehmungssperren lassen erkennen, daß die Annahme, in der Medienöffentlichkeit habe sich im Laufe der sechziger Jahre eine wachsende Sensibilität gegenüber den NS-Verbrechen entwickelt, der Differenzierung bedarf. Gemäß den Funktionsmechanismen der Medienberichterstattung bedurfte es auch für die Aufklärung über die NS-Vergangenheit entsprechender »Aufhänger«, seien es Skandale um Einzelpersonen wie den neu berufenen Generalbundesanwalt Fränkel oder spektakuläre NS-Prozesse. Erst während der Verjährungsdebatte 1965 wurde in Rundfunk und Presse eine erstaunlich intensive Diskussion über die NS-Vergangenheit geführt. Allerdings erinnerte nun kaum noch ein Kommentar an die weiterhin bestehende Personalkontinuität der Justiz.

Welche Widerstände einer offenen Kritik an den amtierenden NS-Juristen entgegenschlugen und welche Prägekraft »volksgemeinschaftliche« Bindungen auch noch in den sechziger Jahren besaßen, illustriert besonders plastisch der Fall des Würzburger Arztes Elmar Herterich. Symptomatisch daran war, daß hier jemand gegen die gesamte lokale Honoratiorenschaft aufbegehrte, der bereits im »Dritten Reich« zum »Gemeinschaftsfremden« erklärt worden war. Offenkundig sah sich der Arzt an seine Verurteilung zu einer Haftstrafe gegen Ende des Krieges erinnert, als er fast zwanzig Jahre später der fortgesetzten Machtstellung von Hitlers ehemaligen Richtern und Staatsanwälten gewahr wurde. Dem Vorhaben Herterichs, die Camouflage des gesamten Berufsstandes in seinem Heimatort aufzudecken, begegneten seine Kontrahenten mit einer Klagewelle, die ihm die materielle Existenzgrundlage entziehen sollte.

Zu der spezifischen Konstellation dieses bestürzenden vergangenheitspolitischen Konflikts gehört der Umstand, daß allein der jüdische Generalstaatsanwalt Fritz Bauer für den bedrängten Arzt Partei ergriff und daß eine aus Würzburg stammende, ins Ausland emigrierte jüdische Familie ihm Zuflucht bot. Die lokale Bevölkerung begegnete Herterich hingegen abweisend und solidarisierte sich stillschweigend mit den angefeindeten Vertretern der Gerichtsbarkeit. Zu vermuten ist, daß ähnliche Allianzen von Justizelite und Bevölkerung vielerorts latent existierten und daß sich deren sozialpsychische Stabilität durch die DDR-Publikationen und die zeitweilig scharfe Kritik in der Presse eher noch verfestigte.

Obgleich in diesem Befund eine wichtige Ursache für den Fehlschlag der personellen Reinigung des Justizpersonals zu sehen ist, sollte nicht übersehen werden, daß gerade auch etablierte Rechtspolitiker den belasteten Juristen Beistand leisteten. Dabei hatte es nach der im Frühjahr 1960 kulminierenden öffentlichen Kritik für einige Monate den Anschein gehabt, als ob sich die Justizminister der Länder die Impertinenz der Belasteten, den geforderten Rücktritt zu verweigern, nicht länger bieten lassen wollten. In ihrer Debatte über eine gesetzliche Regelung zur Zwangspensionierung schien ein neuer Machtanspruch und eine neue Vergewisserung der eigenen demokratischen Identität auf: In dem Maße, in dem die schlimmsten Auswüchse des NS-Justizterrors öffentlich bekannt wurden, wuchs auch unter den Justizministern die Überzeugung, daß der demokratische Rechtsstaat erheblich an Glaubwürdigkeit verlor, wenn er von den Exponenten des nationalsozialistischen Rechtsverfalls weiterhin repräsentiert wurde.

Welche Brisanz diese Frage besaß, war den Ministern und den Rechtsexperten der Bundestagsfraktionen bewußt und veranlaßte sie, die Beratungen über das Gesetz so strikt vertraulich zu führen, daß sie sogar gegen das vorgeschriebene Gesetzgebungsverfahren verstießen. Zum ersten Mal in der noch jungen Geschichte der Bonner Republik verhandelten die Rechtsausschüsse von Bundestag und Bundesrat gemeinsam, anstatt den üblichen Instanzenweg zu gehen. Verhindert wurde damit, daß der Konflikt, den parlamentarischen Regeln entsprechend, öffentlich diskutiert und womöglich in einem Vermittlungsausschuß entschieden wurde.

Von diesen hinter geschlossenen Türen getroffenen Vorabsprachen profitierten letzten Endes diejenigen, die jede personelle Säuberung der Justiz verhindern wollten, allen voran die Funktionäre des Richterbundes. Sie sahen durch eine Verfassungsänderung für ein Pensionierungsgesetz nicht nur das Ansehen der Schwerbelasteten, sondern gleich die Ehre ihres gesamten Berufsstandes in Gefahr. Vielleicht hatten sie mit dieser Ansicht auch nicht unrecht, ging es doch in dieser Kontroverse um weit mehr als um die vorgeblich wenigen »schwarzen Schafe«. Die Listen des ostdeutschen Ausschusses für Deutsche Einheit, die weit über tausend Richter, Staatsanwälte und Verwaltungsjuristen nannten, ließen erkennen, daß es sich hier um ein Massenphänomen handelte – mit unbekannter Dunkelziffer.

Aufrechterhalten ließ sich die Blockadehaltung der Standesvertreter gegen eine Grundgesetzänderung allerdings nur, weil ihnen die meisten FDP- und Unionsabgeordneten im Rechtsausschuß bereitwillig sekundierten. Ihre Verschleppungstaktik und das denkbar mißratene Resultat des großzügigen Paragraphen 116 im Richtergesetz lassen erkennen, daß unter den Rechtspolitikern eine fast zwanghafte Standessolidarität mit den Belasteten herrschte, der sich selbst die Sozialdemokraten – obgleich einer anderen politischen Tradition verbunden – nicht zu entziehen vermochten.

Zu bilanzieren ist, daß der Grundwiderspruch zwischen personeller Kontinuität zur NS-Justiz und normativer Diskontinuität des demokratischen Rechtsstaates in den sechziger Jahren nur von einer kritischen Minderheit als Problem erkannt worden ist. Dagegen fehlten die politischen Mehrheiten, um die uneingeschränkte Reinstallation der Juristen auch nur in Ansätzen zu revidieren. Erst Anfang der achtziger Jahre, als auch die jüngsten Vertreter der nationalsozialistischen Richterschaft die Pensionsgrenze überschritten hatten, erreichte die kritische Debatte über das Erbe der NS-Justiz, nun im Kontext der Neuen Sozialen Bewegungen, eine breitere Öffentlichkeit. Weitaus zögerlicher setzte der Klimawandel in der Justiz ein; eine Revision der Straffreiheit für die Unrechtsurteile blieb allerdings aus.

Gerade im Lichte dieses totalen Scheiterns sind die Ahndungsaktivitäten in bezug auf das zentrale Verbrechen der NS-Herrschaft, die Ermordung der europäischen Juden, als eine keineswegs selbstverständliche normative Abgrenzungsleistung zu sehen, zumal seit Mitte der fünfziger

Jahre die Ermittlungen in NS-Strafsachen weitgehend ruhten und damit eine faktische Generalamnestie in Form der bevorstehenden Verjährung von Totschlag und Mord eigentlich beschlossene Sache war.

Ein solcher Abschluß der seit Beginn der Republik betriebenen Straffreiheitspolitik, der auch in der Presse mehr oder weniger offen auf Akzeptanz stieß, verlor allerdings rapide an Plausibilität, als 1958 die Flucht des einstigen KZ-Arztes Hanns Eisele und der Prozeß gegen die Angehörigen des Tilsiter Einsatzkommandos die moralischen Kosten der Ahndungsdefizite erkennen ließen. Denn in beiden Fällen hatte die Brutalität der vor Gericht verhandelten Massenverbrechen nicht nur ein in diesem Ausmaß unerwartetes Entsetzen ausgelöst. Deutlich geworden war auch, daß zahlreiche weitere Täter in der Bundesrepublik lebten, ohne von der Justiz bislang behelligt worden zu sein.

Daß die Empörung nicht gleich wieder verebbte, sondern den Anstoß zur Gründung der Zentralen Stelle in Ludwigsburg gab, verdankte sich dem Zusammenspiel zwischen der Medienöffentlichkeit, die auf eine Korrektur der Strafverfolgung drängte, und einer kleinen Gruppe engagierter Juristen und Justizpolitiker in Baden-Württemberg. Begünstigt wurde der Beschluß zur Errichtung der Ermittlungsbehörde schließlich auch durch den Umstand, daß die Justiz im Zuge der »Blutrichter«-Kampagne um ihren Ruf fürchten mußte. Aus kompensatorischen Gründen schien es den Justizministern der Länder geraten, zumindest im Hinblick auf die NS-Massenmorde die Initiative zu ergreifen.

Die Errichtung der Zentralen Stelle steht für einen Neubeginn der strafrechtlichen Verfolgung von NS-Unrecht, ihre Aufgabenstellung und personelle Ausstattung illustrieren aber zugleich, welchen Beschränkungen die Ahndungsaktivitäten weiterhin unterworfen bleiben sollten. In enger Anlehnung an die vorangegangenen NS-Verfahren zielte die Ermittlungsarbeit in Ludwigsburg in erster Linie auf die Massenvernichtung und die Konzentrationslager-Verbrechen im besetzten Osteuropa; als Täter hatte man die Exekutoren aus dem SS- und Polizeiapparat vor Augen. Andere Verbrechenskomplexe und Tätergruppen wurden dagegen explizit oder stillschweigend ausgeschlossen. Der Beschluß der Justizminister, nicht mehr als zehn Sachbearbeiter und noch einmal so viele Verwaltungskräfte an die Zentrale Stelle abzuordnen, beruhte sicherlich auch auf der mangelnden Kenntnis über die hohe Anzahl von Personen, die an der Massenvernichtung beteiligt gewesen waren. Im Vordergrund aber stand die Auffassung, daß nach der Verurteilung von einigen hundert ehemaligen SS-Männern endgültig der Schlußstrich unter das Kapitel NS-Prozesse gezogen werden sollte.

Trotz des eklatanten Personalmangels konnte die Zentrale Stelle binnen kurzem eine eindrucksvolle Bilanz vorweisen. Mit hoher Einsatzbereitschaft hatten die Mitarbeiter weitaus mehr Vorermittlungsverfahren eröffnet, Zeugen vernommen, Dokumente gesammelt und damit neue Prozesse angestoßen, als allgemein erwartet wurde. Allerdings erwies sich die Arbeit der Behörde auch als hervorragendes Mittel, um die Reichweite der justitiellen Aufarbeitung der NS-Vergangenheit zu kontrollieren und einzugrenzen. Justizpolitisch am gravierendsten war sicherlich die Auskunft des Leiters Erwin Schüle im Vorfeld der Verjährung von Totschlag 1960, daß alle bedeutsamen Verbrechenskomplexe systematisch erfaßt seien, obschon die Ermittlungsdefizite für jeden auch nur halbwegs Informierten unübersehbar waren. Schüle aber unterrichtete die Öffentlichkeit weder davon, daß das Unrecht in den Konzentrationslagern auf dem Gebiet Westdeutschlands nicht einmal in Anfängen untersucht worden war, noch wies er auf die zahlreichen unaufgeklärten Verbrechen in Osteuropa hin.

Mit seiner Aussage zum Stand der Ermittlungen erwies sich der Leiter der Zentralen Stelle nicht nur als loyaler Beamter, der den Justizpolitikern ein zentrales Argument für die Rechtfertigung der seit langem erwarteten Verjährung lieferte. Er selbst – und mit ihm manche seiner Kollegen – entwickelten im Laufe der Zeit eine zunehmende Distanz, ja Abneigung gegen ihre Ermittlungsarbeit. Für diesen Wandel lassen sich vornehmlich zwei Motive ausmachen. Zum einen erschienen den Ludwigsburger Staatsanwälten die für die Zentrale Stelle geltenden Verfolgungsbeschränkungen geradezu als Voraussetzung, um ihre Tätigkeit gegenüber Politik und Justiz zu legitimieren. Daher widersetzten sie sich auch einer konsequenten Ausweitung der justitiellen Verfolgung auf immer neue Tatkomplexe, wie sie etwa die Berliner Staatsanwaltschaft mit dem Reichssicherheitshauptamt-Verfahren betrieb.

Zum anderen litten viele der mit NS-Strafsachen befaßten Staatsanwälte unter den fortgesetzten Feindseligkeiten, die ihnen aus der Bevölkerung und – psychisch wohl noch belastender – aus ihrem eigenen Berufsstand entgegenschlugen. Einen anschaulichen Eindruck davon vermittelt der seinerzeit in Justizkreisen aufgekommene Spottname für die Zentrale Stelle als »Staatsanwaltschaft Jerusalem, Zweigstelle Ludwigsburg«[1] – eine Titulierung, hinter der die verächtliche, zudem antisemitisch gefärbte Überzeugung zu erkennen war, daß die strafrechtliche Verfolgung von

1 Vgl. die Darstellung von Alfred Streim, von 1984 bis 1996 Leiter der Zentralen Stelle, in seinem Erfahrungsbericht Umgang mit der Vergangenheit, S. 325.

NS-Verbrechen eine unerwünschte, der Justiz von außen aufgezwungene »Nestbeschmutzung« darstelle. In Abgrenzung davon legten sich zwar einige der Ermittler ein Berufsethos zu, das sie an der unbedingten Richtigkeit ihrer Arbeit nicht zweifeln ließ; andere indes reagierten auf den sozialen Druck mit unverhältnismäßigen Verfahrenseinstellungen oder baten gleich um Versetzung.

Unter den vielen Gegnern der justitiellen Ahndung erwies sich die vergangenheitspolitische *pressure-group* um den einstigen SS-Ideologen Werner Best als die agilste. Sie verfügte über ein feingesponnenes Kontaktnetz, dessen Fäden bis in die Bundestagsfraktionen der FDP, CDU/CSU und den Regierungsapparat hineinreichten und selbst Bundeskanzler Adenauer dazu veranlaßten, auf den sofortigen Abbruch der Strafverfolgungstätigkeit zu drängen. Von größerer strategischer Bedeutung waren jedoch die Bemühungen um eine Amnestie für »Beihilfe«-Taten, die – aller Wahrscheinlichkeit nach – zu einer entsprechenden verdeckten Gesetzesinitiative im Bundesjustizministerium führten.

So anstößig die Einflußnahme dieses ominösen Zirkels aus SS-Funktionären und Verteidigern auch erscheint, so ist doch zu betonen, daß es im Bundesjustizministerium eines solchen Impulses von außen eigentlich gar nicht bedurfte. Denn dort setzten gerade auch frühere Sonderrichter und Referenten des NS-Reichsjustizministeriums alle Hebel in Bewegung, die neuen Ahndungsaktivitäten wieder einzudämmen – und dies um so entschlossener, als sie im Zuge der »Blutrichter«-Kampagne selbst unter Beschuß gerieten. Ob es die Beratungen über das Pensionierungsgesetz gegen belastete Richter betraf oder die Planungen für die Verjährung von NS-Verbrechen: Im Bonner Justizministerium lag die Koordination dieser zentralen vergangenheitspolitischen Fragen in den Händen von »Ehemaligen«, deren Vorlagen insofern auch der Selbstbegünstigung dienten. Skrupel, ob diese Interessenverschmelzung mit den Prinzipien der westdeutschen Demokratie vereinbar sei, ließ die politisch unbelastete Führung des Ministeriums zu keinem Zeitpunkt erkennen, im Gegenteil: Sie redete im Kabinett, im Rahmen des rechtsstaatlich Erlaubten, einer Straffreistellung der Täter das Wort. Und als die Mordverjährung 1964 auf die Tagesordnung kam, zögerte der FDP-Minister Ewald Bucher auch nicht, mit populistischen »Schlußstrich«-Parolen Wahlkampf zu betreiben.

Indem die Bundesregierung unter Ludwig Erhard im November 1964 der Verlängerung der Verjährungsfrist – gegen den erklärten Willen des Kanzlers – eine Absage erteilte, steuerte sie sehenden Auges in ein außenpolitisches Fiasko. Denn seit dem Jerusalemer Eichmann-Prozeß hatte sich in der westlichen Welt nicht nur ein Bewußtsein für die präzedenzlose Barbarei der Holocaust-Verbrechen eingestellt, sondern zugleich auch für die moralische Verpflichtung, die Verantwortlichen vor Gericht zu stellen. Vor diesem Hintergrund mußte der Beschluß des deutschen Bündnispartners, der so offensichtlich zahlreichen Tätern zugute kam, geradezu obszön erscheinen.

Wenn sich in den Parteien – mit Ausnahme der in diesen Dingen notorisch standfesten FDP – ein Stimmungsumschwung abzeichnete, so vor allem deshalb, weil in den Vereinigten Staaten und in Westeuropa jüdische Organisationen und Verfolgtenverbände gegen die beabsichtigte Verjährung Sturm liefen. Schließlich appellierten fast sämtliche Parlamente und Regierungen der westlichen Staaten an die Bundesrepublik, ihre Entscheidung rückgängig zu machen. All dies führte der westdeutschen politischen Klasse nachdrücklich vor Augen, daß ihre normative Distanzierung von der NS-Vergangenheit mittlerweile zum Prüfstein für die internationale Reputation der Bundesrepublik geworden war. Als dann auch noch die diplomatischen Beziehungen zum Nahen Osten außer Kontrolle zu geraten drohten, erschien die Fristverlängerung zwingend erforderlich.

Es ist sicherlich nicht nur der Führungsschwäche des Bundeskanzlers Erhard zuzuschreiben, daß sich die Bundesregierung an der Suche nach einer mehrheitsfähigen Konfliktlösung nicht mehr beteiligte. Vielmehr läßt sich dies auch als Indiz dafür interpretieren, daß sich der politische Konservatismus Mitte der sechziger Jahre in einer tiefgreifenden Krise befand. Gerade was die NS-Vergangenheit betraf, schienen die Spitzenpolitiker der Unionsparteien die in den fünfziger Jahren noch unangefochtene Deutungshoheit endgültig an die liberale Presse abgetreten zu haben; angesichts der ganz anders gelagerten Erwartungshaltung der konservativen Wählerschaft fiel es ihnen aber ausgesprochen schwer, von der identitätsstiftenden Amnestiepolitik der frühen Adenauer-Ära Abschied zu nehmen. Im Zuge dieser politischen Selbstausschaltung der Exekutive gewannen junge CDU-Politiker, allen voran Ernst Benda, und die in punkto Strafverfolgung von NS-Verbrechen bislang eher unsicher agierenden Sozialdemokraten an Selbstvertrauen, mit einer Gesetzesinitiative den vergangenheitspolitischen Kurswechsel einzuleiten.

Wie kaum ein anderes Thema erwies sich die Frage der Verjährung als geeignet, um einer öffentlichen Kontroverse über die NS-Vergangenheit ihre politische Brisanz zu nehmen. So ließ sich aufgrund der juristischen Spezifik der Verjährung der Anschein erwecken, als ob hier lediglich zwei divergierende Auffassungen von Rechtsstaatlichkeit zur Debatte stünden.

Diese nur selten durchbrochene Reduktion schuf die argumentative Basis, auf der auch den erklärten Gegnern der Fristverlängerung zugebilligt wurde, sie hätten ihr Votum aus dem respektablen Anliegen getroffen, das Rückwirkungsverbot des Grundgesetzes nicht zu verletzen. In den Hintergrund trat dabei der politisch-moralische Kern des Konflikts: die Frage, wie die nationalsozialistischen Mordtaten zu bewerten und welche Täter zu bestrafen seien; erst recht unbeachtet blieben die Fakten und Zusammenhänge der Massenvernichtung.

Trotz dieser Verdrängungsleistungen und Exkulpationsinteressen markierte die Verjährungsdebatte in Presse, Rundfunk und schließlich im Parlament einen Höhepunkt der kritischen Neueinschätzung des NS-Erbes in den sechziger Jahren. So sollte die Wahrnehmung der Bundestagsdebatte am 10. März 1965 als »Sternstunde« wesentlich dazu beitragen, daß in der westdeutschen Politik seitdem ein neues Selbstverständnis aufkam, das nationalsozialistische Unrecht explizit zu verurteilen und sich – zumindest im öffentlichen Diskurs – dem Moralverständnis der »westlichen Wertegemeinschaft« anzunähern.

Eine nicht weniger bemerkenswerte Zäsur bewirkte die Verjährungsdebatte für die Ahndungsaktivitäten, die nun einen ungeahnten Aufschwung nehmen sollten. Dabei gehörte es zu den Widersprüchlichkeiten dieses Umbruchs, daß die Justizpolitiker ihn herbeiführten, indem sie mit hartnäckiger Entschlossenheit unbedingt an der Verjährung festzuhalten suchten und zu diesem Zweck auch die kurzfristige Intensivierung der Ermittlungen in Kauf nahmen. So entfaltete der Regierungsappell zur Übersendung von Belastungsdokumenten, ursprünglich konzipiert, um die internationale Akzeptanz des Verjährungsbeschlusses zu heben, eine unerwartete Eigendynamik, die eine erste Kompetenzerweiterung und Personalaufstockung der Zentralen Stelle unvermeidlich machte.

Schließlich zogen die Justizminister aus ihrem Eingeständnis, daß noch immer zahlreiche NS-Verbrechenskomplexe nicht hinreichend ermittelt waren, die Konsequenz, den Mitarbeiterstab der Ludwigsburger Behörde um das Fünffache zu erhöhen. Und auch diese Entscheidung hatten die meisten noch in der Hoffnung getroffen, daß 1969 keine weitere Prolongierung der Frist notwendig sein werde. Im Verbund mit den Sonderstaatsanwaltschaften in den Bundesländern, die in dieser Zeit ebenfalls erheblich ausgebaut wurden, existierte Mitte der sechziger Jahre endlich eine ausreichende Infrastruktur für die strafrechtliche Verfolgung der nationalsozialistischen Massenverbrechen.

Die Tatsache, daß vier Jahre später der neue Leiter der Zentralen Stelle dennoch gegen das Eintreten der Verjährung votierte, ist weniger auf die

Versäumnisse der Strafverfolgungsbehörden zurückzuführen. Vielmehr äußerte sich darin ein neues Verantwortungsbewußtsein der Ludwigsburger Ermittlungsstelle, das freilich auf die Unterstützung des SPD-geführten Bundesjustizministeriums zählen konnte.

Das Bild von einer Großen Koalition, die in ihren letzten Monaten bis zur politischen Handlungsunfähigkeit zerstritten war, findet auch in der Analyse der Verjährungsdebatte 1969 ihre Bestätigung. Während die Unionspolitiker, angespornt durch die wachsende »Schlußstrich«-Stimmung im Volke, nun auf einer Amnestierung bestanden, von der in erster Linie die »Schreibtischtäter« profitieren sollten, rückten die Sozialdemokraten von ihrem Anspruch auf Bestrafung auch dieser Tätergruppe nicht ab. Den Weg aus der Sackgasse wies hier das Urteil des Bundesgerichtshofs zum Strafgesetzbuch-Paragraphen 50/2. Auf diese Weise wurde sowohl den Amnestieinteressen der Union Rechnung getragen als auch denen der Bundesjustiz, die sich, korrumpiert durch die hohe personelle Kontinuität in ihren Reihen, zu einer adäquaten strafrechtlichen Bewertung der NS-Mordtaten nicht bereit fand.

Offen bleibt, ob die Sozialdemokraten auch ohne die »kalte Verjährung« die Installierung einer Amnestie hätten verhindern können oder ob sie nicht doch angesichts der politischen Mehrheit von CDU/CSU- und FDP-Abgeordneten eingeknickt wären. Das arbeitsteilige Vorgehen von Justiz und Politik erwies sich allerdings als die geschickteste Lösung. Sie verursachte am wenigsten Friktionen und eröffnete den Politikern die Möglichkeit, mit der erneuten Fristverlängerung gegenüber dem Ausland ihr Gesicht zu wahren. Zugleich hatte damit eine zehn Jahre währende Kontroverse um die vergangenheitspolitische Gesetzgebung ihren – nicht nur unrühmlichen, sondern für einen demokratischen Rechtsstaat inakzeptablen – Abschluß gefunden.

Dank

Im Rückblick fragt man sich mitunter, warum man sich eigentlich für jenen Forschungsgegenstand entschieden hat, der einen dann über Jahre hinweg begleitet. In meinem Fall gab die Themensuche für die Magisterarbeit den Anstoß. Mitte der neunziger Jahre galt es, das Studium abzuschließen; zu diesem Anlaß hatte ich mir vorgenommen, einen ansehnlichen Beitrag zur zeithistorischen Forschung zu leisten und dabei noch unbekannte Aktenbestände zu erschließen. Klar war nur, daß es etwas im Bereich der – auch im Mikrokosmos der Bochumer Uni-Cafeteria seinerzeit vieldiskutierten – Gesellschaftsgeschichte der Bundesrepublik sein sollte, am besten aus den sechziger Jahren und im Kontext des Ost-West-Konfliktes. Nachdem erste Ideen wieder verworfen worden waren, blätterte ich, ohne zunächst recht fündig zu werden, in den Überblicksbänden von Christoph Kleßmann. Im Kapitel »Die Last der Vergangenheit« begann ich plötzlich aufmerksam zu werden, als ich auf die Verjährungsdebatte 1965 stieß. Dem Höhepunkt der Parlamentsgeschichte, so las ich, waren zugleich allerlei außenpolitische Verwicklungen, vorangegangen, und – als jemand, der sich in seinem Geschichtsstudium vor allem auf die NS-Zeit konzentriert hatte, kam mir dies zupaß – es drehte sich um die Folgen der nationalsozialistischen Diktaturerfahrung. Je mehr ich das Thema erschloß, desto größer wurde mein Interesse. Wirklich Feuer fing ich aber erst, als ich mich Anfang 1996 auf den Weg ins Auswärtige Amt machte, dort die Aktenbände zum Konflikt um die Verjährung von NS-Verbrechen vorgelegt bekam und mit ungeübten Fingern den Archivknoten löste. In diesen Unterlagen stieß ich auf eine Terra incognita – eine ebenso ferne wie faszinierende Welt, die zahllose Protestnoten, Zeitungsartikel und Sitzungsprotokolle hinterlassen hat. Diese Welt mit ihrer politischen Dramatik und mit ihrem bunten Personal aus demonstrierenden Amerikanern, agitierenden Russen und fintenreichen Ministerialbeamten hatte es mir seitdem angetan; ja eigentlich war es so, daß ich seit diesen Tagen im Archiv den Reizen der Muse Clio endgültig verfallen war.

Der Weg bis zur präsentablen Dissertation war, wie an der Zeitspanne von 1996 bis 2002 unschwer zu erkennen, ein langer. Daß gleich zu Anfang das Interesse des Forschers bestärkt und die Arbeit mit anregender Kritik begleitet wurde, lag in erster Linie an Hans Mommsen. Er betreute nicht nur meine Magisterarbeit, sondern blieb dem Projekt, indem er das

Zweitgutachten für die Dissertation verfaßte, bis zum Abschluß verbunden. Dafür danke ich ihm herzlich. Es war eine glückliche Fügung, daß sein Nachfolger auf dem Bochumer Lehrstuhl zugleich der denkbar beste Experte für mein Promotionsvorhaben war. Norbert Frei gilt mein besonderer Dank für das außergewöhnlich große Engagement, mit dem er meine Recherchen und das entstehende Buch betreute. Auch danke ich ihm dafür, daß die Dissertation in diese Reihe aufgenommen wurde. Und nicht zuletzt hatte Norbert Frei erheblichen Anteil daran, daß meine Forschungen auch finanziell gesichert werden konnten. So danke ich der Heinrich-Böll-Stiftung für eine Anschubfinanzierung und der VolkswagenStiftung für ein Promotionsstipendium im Rahmen des Projektes »Ahndung, Verjährung, Amnestie. Studien zur strafrechtlichen Verfolgung von Kriegs- und NS-Verbrechen in Deutschland und Frankreich 1945-1969« und für den Druckkostenzuschuß. Im Dezember 2002 wurde die Doktorarbeit von der Fakultät für Geschichtswissenschaft an der Ruhr-Universität Bochum angenommen und für die Drucklegung geringfügig überarbeitet.

Wissenschaftliche Arbeit, obgleich während der Schreibphasen ein oft ermüdend einsames Geschäft, entsteht in Gesprächszusammenhängen. In diesem Sinne bin ich den Freunden aus dem Kreis der Bochumer Doktoranden für ihre Ideen, Vorschläge und ihren Zuspruch dankbar verbunden, allen voran Claudia Moisel, meiner Mitstreiterin im gemeinsamen Forschungsprojekt, sowie Till Kössler und Matthias Weiß, die mir insbesondere bei konzeptionellen Fragen zur Seite standen. Dank der Gastfreundschaft von Thomas Kiekbusch, Eberhard Nembach und Matthias Potocki waren meine Archivaufenthalte in Bonn und Berlin immer mit einem unterhaltsamen Abendprogramm verbunden. Für Anregungen und Unterstützung verschiedenster Art danke ich ferner Bernhard Brunner, Dieter Gosewinkel, Michael Greve, Jeffrey Herf, Helmut Kramer, Sabine Mieder, Armin Nolzen, Andrew Oppenheimer, Jörg Requate, Hubert Rottleuthner, Hubert Schneider, Detlef Siegfried, Sybille Steinbacher, Gabriele Trost, Annette Weinke und Lora Wildenthal. Mein Dank gilt auch den Archivaren und Mitarbeitern von Behörden, die meine oft aufwendigen Recherchewünsche freundlich erfüllten; stellvertretend sei hier Ministerialrat Michael Rabel vom baden-württembergischen Justizministerium genannt, der mir den Zugang zu wichtigen Aktenbeständen ermöglichte. Eine besondere Freude war und ist die Zusammenarbeit mit meinen Kolleginnen und Kollegen am Jüdischen Museum Westfalen und am Geschichtsort Villa ten Hompel, der dort erfahrene Teamgeist und die ebenso produktive wie intellektuell anregende

Arbeitsatmosphäre. Aus den neuen Herausforderungen und gemeinsamen Diskussionen ergaben sich auch manche Neueinschätzungen zum Forschungsfeld meiner Dissertation, die in die überarbeitete Fassung Eingang fanden.

Ohne meine Frau, Beate von Miquel, wären die Mühen der Arbeit unendlich größer gewesen; ihr ist das Buch gewidmet.

Münster, im Herbst 2003 *Marc von Miquel*

Übersicht über die belasteten Juristen in der Bundesjustiz

Im folgenden sind alle 122 Personen in der Bundesjustiz aufgeführt, denen im Laufe der »Blutrichter«- und »Braunbuch«-Kampagne bis Ende der sechziger Jahre ihre NS-Vergangenheit vorgeworfen wurde. Genannt wird zuerst die Funktion in der Bundesjustiz, dann die Tätigkeit in der NS-Zeit. Inwiefern die Anschuldigungen im einzelnen zutreffend sind, konnte der Verfasser mangels Einsichtgenehmigung in die Personalakten nicht überprüfen.

I. Bundesjustizminsterium

Wilhelm Bertram
Referent für Völkerrecht
Staatsanwalt im RJM

Arthur Bülow
Staatssekretär
Ministerialrat im RJM

Heinrich Ebersberg
Referent für Kartell- und Monopolrecht
Erster Staatsanwalt im RJM und persönlicher Referent des Justizministers Otto Thierack

Georg Elsenheimer
Referent des Haushaltswesens
Amtsgerichtsrat am Sondergericht Bamberg

Karl Dallinger
Unterabteilungsleiter für Strafverfahren
Landgerichtsrat in der Strafrechtsabteilung des RJM

Eduard Dreher
Unterabteilungsleiter für Strafrecht
Staatsanwalt am Sondergericht Innsbruck

Rudolf Fleischmann
Referent für Bank- und Börsenrecht
Kammergerichtsrat im RJM

Ernst Geßler
Ministerialdirigent
Oberregierungsrat im RJM

Josef Herzog
Referent für Strafvollzug
Erster Staatsanwalt am Oberlandesgericht Prag
Ernst Kanter
Unterabteilungsleiter für Strafverfahren
Senatsmitglied des Reichskriegsgerichts und Generalrichter des Heeres in Dänemark
Franz Maßfeller
Referent für Familienrecht
»Rassereferent« im RJM
Hans Lüttger
Ministerialrat
Kriegsgerichtsrat
Walter Roemer
Abteilungsleiter für Öffentliches Recht
Erster Staatsanwalt am Sondergericht München
Erwin Saage
Abteilungsleiter für Bürgerliches Recht und Verfahren
Kammergerichtsrat im RJM
Josef Schafheutle
Abteilungsleiter für Strafrecht und Verfahren
Regierungsrat in der Strafrechtsabteilung des RJM und Mitarbeiter der Obersten Heeresleitung
Georg Schwalm
Referent für den Entwurf des Strafgesetzbuches
Mitglied der NSDAP und Scharführer der SA ab 1933
Joachim Schölz
Referent für Wehrstrafsachen und -verfahren
Oberkriegsgerichtsrat und Oberfeldrichter
Heinrich von Spreckelsen
Referent für Sachenrecht
Oberlandesgerichtsrat im RJM
Weitnauer
Referent für Recht der Schuldverhältnisse
Amtsgerichtsrat im RJM

II. Bundesverfassungsgericht

Willi Geiger
Bundesrichter
Landgerichtsrat am Sondergericht Bamberg
Gebhard Müller
Präsident, Vorsitzender des 1. Senats
Landgerichtsrat am Landgericht Stuttgart

III. Bundesgerichtshof

Herbert Arndt
Bundesrichter
Oberlandesgerichtsrat am Sondergericht Kiel; Kriegsgerichtsrat der Luftwaffe
Paulheinz Baldus
Senatspräsident, Vorsitzender des Dienstgerichts am Bundesgerichtshof
Mitarbeiter der Strafrechtsabteilung des RJM, der Präsidialkanzlei und Kriegsgerichtsrat in Kaiserslautern
Hans Bock
Bundesrichter
Landgerichtsrat am Sondergericht Hamburg
Rudolf Börker
Bundesrichter
Kriegsgerichtsrat der Luftwaffe
Arthur Christoph
Bundesrichter
Oberlandesgerichtsrat am Sondergericht Breslau
Ernst Ebel
Bundesrichter
Richter am Sondergericht Frankfurt am Main
Otto Erbel
Bundesrichter
Landgerichtsrat am Sondergericht Aachen
Willi Geiger
Senatspräsident
Landgerichtsrat am Sondergericht Bamberg
Emil Großmann
Senatspräsident
Reichsgerichtsrat

Oskar Haidinger
Senatspräsident
Landgerichtsrat am Sondergericht Lodz
Josef Hartinger
Bundesrichter
Kriegsgerichtsrat
Fritz Hauhs
Bundesrichter
Oberkriegsgerichtsrat
Hermann Hoepner
Bundesrichter
Oberkriegsgerichtsrat
Herbert Hückinghaus
Bundesrichter
Kriegsgerichtsrat
Werner Hülle
Bundesrichter
Oberkriegsgerichtsrat
Heinrich Jagusch
Senatspräsident
ab 1933 Rechtsberater der NS-Betriebszellenorganisation Berlin, ab 1935 beim Nachrichtendienst der Deutschen Arbeitsfront
Ernst Kanter
Senatspräsident
Senatsmitglied des Reichskriegsgerichtes und Generalrichter des Heeres in Dänemark
Friedrich Kreft
Bundesrichter
Landgerichtsrat am Sondergericht Paderborn
Otto Löscher
Bundesrichter
Landgerichtsrat im RJM
Ernst Mantel
Bundesrichter
Landgerichtsrat am Sondergericht München, 1937 Oberkriegsgerichtsrat am Reichskriegsgericht, im April 1945 Generalrichter der Wehrmacht
Friedrich Mattern
Bundesrichter
Landgerichtsrat am Sondergericht Brünn

Hans Robert Mezger
Bundesrichter
Kriegsgerichtsrat

Sigmund Nörr
Bundesrichter
Oberstaatsanwalt im RJM

Ludwig Peetz
Bundesrichter
Reichsanwalt am Reichsgericht

Hans Richter
Senatspräsident
Reichsanwalt am Reichsgericht

Eberhard Rotberg
Senatspräsident
Landgerichtsrat am Sondergericht Naumburg

Gerhard Rothe
Bundesrichter
Landgerichtsrat am Sondergericht Naumburg und Mitarbeiter des Reichskommissars Niederlande

Fritz Sauer
Bundesrichter
Staatsanwalt am Sondergericht München

Karl Schäfer
Senatspräsident
Mitarbeiter des RJM, Mitglied der Strafrechtskommission von 1936

Carlhans Scharpenseel
Bundesrichter
Amtsgerichtsrat in der Reichsjustizverwaltung

Georg Scheffler
Bundesrichter
Reichsgerichtsrat

Claus Seibert
Bundesrichter
Kriegsgerichtsrat

Kurt Weber
Bundesrichter
Richter in Frankreich, an Exekutionen beteiligt

Franz Wessel
Bundesrichter
Obergerichtsrat am Sondergericht Krakau

Hermann Weinkauff
Präsident des Bundesgerichtshofs
Landgerichtsdirektor am Landgericht München, ab 1937 Reichsgerichtsrat

IV. Bundesanwaltschaft beim Bundesgerichtshof

Ludwig Berner
Oberstaatsanwalt
Landgerichtsrat am Sondergericht Prag, Sachbearbeiter für politische Strafsachen im RJM
Wolfgang Fränkel
Generalbundesanwalt
Staatsanwalt, Hilfsarbeiter der Reichsanwaltschaft beim Reichsgericht
Josef Hartinger
Bundesanwalt
Kriegsgerichtsrat
Ludwig Martin
Generalbundesanwalt
Mitarbeiter der Reichsanwaltschaft beim Reichsgericht
Otto Schweling
Oberstaatsanwalt
Oberkriegsgerichtsrat am Lufwaffengericht, Amtsrichter in Italien
Walter Wagner
Bundesanwalt
Oberstaatsanwalt beim Generalstaatsanwalt Posen

V. Bundesverwaltungsgericht

Martin Baring
Senatspräsident
Ministerialrat im Reichsinnenministerium, zuständig für Arbeits- und Tarifrecht
Karl Buchholz
Senatspräsident
Oberlandesgerichtsrat in Posen
Edmund de Chapeaurouge
Bundesrichter
Amtsgerichtsrat in Hamburg, u. a. befaßt mit »Rassenschande«-Verfahren

Rolf Clauß
Bundesrichter
Polizeidezernent in Sachsen, zuständig für die Überwachung der »Fremdarbeiter«

Werner Elsner
Senatspräsident
Oberbürgermeister von Liegnitz und Kreisamtsleiter der NSDAP

Hans-Harald Fischer
Vertreter des Senatspräsidenten
Regierungsrat im Reichswirtschaftsministerium, zuständig für die Finanzierung von Rüstungsvorhaben

Walther Fürst
Senatspräsident
Regierungsrat im badischen Innenministerium

Wolfgang Gille
Bundesrichter
Feldkriegsgerichtsrat

Günter Hardraht
Bundesrichter
Staatsanwalt im RJM

Eugen Hering
Bundesrichter
Sachbearbeiter im Rechtsreferat der 19. SS-Standarte und Landrat in Zywiec

Karl Klein
Bundesrichter
Ministerialrat in der Regierung des Generalgouvernements, Leiter der Kanzlei des Staatssekretärs Bühler

Ulrich Kohlbrügge
Bundesrichter
Oberregierungsrat im Reichswirtschaftsministerium

Hans-Ulrich Lange
Bundesrichter
Staatsanwalt beim Sondergericht Troppau

Alois Lentz
Bundesrichter
Landgerichtsdirektor am Sondergericht Berlin

Ernst-Friedrich Lullies
Bundesrichter
Oberregierungsrat im thüringischen Innenministerium, zuständig für Reichsverteidigungs- und Abwehrangelegenheiten

Hanswerner Müller
Bundesrichter
Oberlandesgerichtsrat im RJM
Gerhard Nehlert
Bundesrichter
Mitarbeiter der Landesverwaltung Sachsen, Unterführer im NS-Kraftfahrerkorps
Karl Niesert
Bundesrichter
Oberfeldintendant der Wehrmacht
Walter Otto
Bundesrichter
Regierungsrat in Stralsund, Beisitzer an Kreisgerichten der NSDAP
Friedrich Pütz
Bundesrichter
Regierungsrat in Frankfurt (Oder), Aurich und Arnsberg
Gert Raschke
Bundesrichter
SS-Mitglied, eingesetzt im Generalgouvernement
Georg Reimer
Bundesrichter
Oberregierungsrat im Propagandaministerium, zuständig für Personalpolitik
Wolfgang Ritgen
Vertreter des Senatspräsidenten
Reichswirtschafts- und Reichsverwaltungsgerichtsrat
Werner Scherer
Senatspräsident
Kriegsgerichtsrat beim Oberkommando der Wehrmacht
Karl-Arthur Vierhaus
Bundesrichter
ab 1933 Mitglied der SA-Standarte 72, Landgerichtsrat in Torgau
Hans-Walrod Waitz
Bundesrichter
Regierungsrat im Reichsverkehrsministerium
Rudolf Weber-Lortsch
Bundesrichter
Stellvertretender Polizeipräsident von Kattowitz, Oberregierungsrat beim SS- und Polizeiführer in Nikolajew im Reichskommissariat Ukraine, Leiter der Zentralabteilung beim Reichskommissariat für die besetzten norwegischen Gebiete

Fritz Werner
Präsident des Bundesverwaltungsgerichts
Landgerichtsrat in Kassel, Kommentator zu Arbeitsrecht und Sondergerichtsbarkeit

Egmont Witten
Senatspräsident
Landgerichtsrat in Leipzig

Gerhard Wolf
Bundesrichter
Oberregierungsrat im Polizeipräsidium Berlin

Hans-Walter Zinser
Bundesrichter
Kreishauptmann im Distrikt Krakau und Galizien,
zeitweilig abgeordnet in die Regierung des Generalgouvernements

VI. Der Oberbundesanwalt beim Bundesverwaltungsgericht

Paul Glienke
Oberregierungsrat des Oberbundesanwaltes
SA-Unterführer, Regierungsrat beim Oberpräsidenten Stettin; ausgezeichnet als »Grenzlandkämpfer«

Kurt Neis
Oberbundesanwalt
Amtsgerichtsrat in Bad Salzungen

Hans-Henning von Normann
Bundesanwalt
Ministerialrat beim Beauftragten für den Vierjahresplan, Hermann Göring, Leiter des Referats 2, u. a. für »Judensachen«

VII. Bundesdisziplinarhof

Otto Grünewald
Bundesrichter, tätig beim Wehrdienstsenat
Generalrichter der Wehrmacht

Günther Hardraht
Bundesrichter
Staatsanwalt im RJM

Hans-Ulrich Lange
Bundesrichter
Staatsanwalt am Sondergericht Troppau
Werner Scherer
Senatspräsident, tätig beim Wehrdienstsenat
Kriegsgerichtsrat beim OKW

VIII. Bundesdisziplinaranwalt beim Bundesdisziplinarhof

Elmar Brandstetter
Bundesanwalt beim Wehrdienstsenat am Bundesdisziplinarhof München
Oberfeldrichter beim Oberkommando des Heeres
Hans Döge
Regierungsdirektor
Oberstabsrichter
Helmut Sieber
Regierungsdirektor
Marinekriegsgerichtsrat
Walter Wünschmann
Oberregierungrat
Oberstabsrichter

IX. Bundesdisziplinarkammern

Ulrich Jentsch
Verwaltungsgerichtsdirektor
Oberstrichter

X. Bundesarbeitsgericht

Hugo Berger
Bundesrichter
Kriegsgerichtsrat
Otto Pecher
Bundesrichter
Landgerichtsrat am Sondergericht Cottbus

Walter Schilgen
Bundesrichter
Oberlandesgerichtsrat in politischen Strafsachen in Kattowitz
Hermann Stumpf
Senatspräsident
Assessor, Sachbearbeiter für politische Strafsachen im RJM

XI. Bundessozialgericht

Werner Baresel
Bundesrichter
seit 1938 Mitarbeiter des Reichssicherheitshauptamtes, Leiter der NSDAP in Magdeburg
Horst Hunger
Bundesrichter
Kriegsgerichtsrat
Heinrich Krebs
Bundesrichter
Amtsgerichtsrat am Senat für Hochverratssachen Stuttgart
Artur Mellwitz
Bundesrichter
Amtsgerichtsrat am Sondergericht Naumburg
Josef Schneider
Präsident
Oberregierungsrat beim Reichsprotektor in Böhmen und Mähren

XII. Bundespatentgericht

Josef Ganser
Senatspräsident
Oberregierungsrat im RJM, Abteilungsleiter in der Hauptabteilung Justiz im Generalgouvernement
Heinz Heyne
Senatsrat
Richter am Sondergericht Radom
Hans Schade
Senatspräsident
Kammergerichtsrat im RJM

Franz Schlüter
Senatspräsident
Hilfsstaatsanwalt und Hilfsrichter am Volksgerichtshof

XIII. Bundesfinanzhof

Wilhelm Fließbach
Bundesrichter
Oberkriegsgerichtsrat beim Oberkommando der Wehrmacht
Eberhard Littmann
Bundesrichter
Landgerichtsrat am Sondergericht Prag

XIV. Oberstes Rückerstattungsgericht Rastatt

Günter Kaulbach
Mitglied des 1. Senats
Kammergerichtsrat im RJM

Quellen und Literatur

1. Archivalien

1. Bundesarchiv Koblenz (BAK)

B 106	Bundesministerium des Innern
B 136	Bundeskanzleramt
B 141	Bundesministerium der Justiz
B 145	Bundespresse- und Informationsamt
B 283	Bundesgerichtshof
All-Proz. 6	Eichmann-Prozeß
N 1087	NL Ewald Bucher
N 1168	NL Fritz Schäffer
N 1178	NL Hans Christoph Seebohm
N 1239	NL Heinrich von Brentano
N 1337	NL Karl Carstens
N 1371	NL Rainer Barzel
N 1388	NL Erik Blumenfeld
N 1415	NL Barbara Just-Dahlmann
N 1466	NL Ludwig Losacker
N 1470	NL Robert M.W. Kempner
KLE 811	Josef Schafheutle
KLE 885	Wolfgang Fränkel

2. Stiftung Archiv der Parteien und Massenorganisationen der DDR im Bundesarchiv Berlin (SAPMO-BAB)

DY 30, IV 2/1	Tagungen des ZK
DY 30, IV 2/2.028	Büro Albert Norden
DY 30, IV 2/9.02	Abteilung Agitation und Propaganda beim ZK der SED
DY 30, IV 2/10.02	Westabteilung und Westkommission beim (Politbüro des) ZK der SED
DY 30, IV 2/13	Abteilung für Staats- und Rechtsfragen beim ZK der SED

DY 30, J IV 2/2	Beschlußprotokolle des Politbüros
DY 30, J IV 2/2A	Arbeitsprotokolle des Politbüros
DY 30, J IV 2/202	Büro Walter Ulbricht
DP 1	Ministerium der Justiz
DP 3	Generalstaatsanwaltschaft der DDR
NY 4182	NL Walter Ulbricht
NY 4217	NL Albert Norden
NY 4238	NL Friedrich Karl Kaul

3. Bundesarchiv Zwischenarchiv Dahlwitz-Hoppegarten (BA DH)

B 141 Bundesministerium der Justiz

4. Politisches Archiv des Auswärtigen Amtes (PA/AA), Bonn

Abteilung I
Abteilung II

5. Parlamentsarchiv des Deutschen Bundestages (BT/PA), Bonn

Sitzungsprotokolle des Rechtsausschusses, 3. bis 5. Legislaturperiode

6. Archiv des Presse- und Informationsamtes der Bundesregierung (BPA), Bonn

MF Zeitungsausschnittssammlungen

7. Archiv für Christlich-Demokratische Politik (ACDP), Sankt Augustin

I-028	NL Heinrich Krone
I-061	NL Karl Kanka
I-108	NL Richard Jaeger
I-148	NL Hans-Joachim von Merkatz
I-200	NL Franz Böhm
I-226	NL Kurt-Georg Kiesinger
I-237	NL Eduard Wahl
I-433	NL Kurt Birrenbach
I-483	NL Gerhard Schröder

CDU/CSU-Bundestagsfraktion, 3. bis 5. Legislaturperiode

8. Archiv des Deutschen Liberalismus (ADL), Gummersbach

NL Thomas Dehler
NL Bernhard Leverenz
NL Erich Mende

FDP-Bundestagsfraktion, 3. bis 5. Legislaturperiode

9. Archiv der sozialen Demokratie (AdsD), Bonn

NL Adolf Arndt
NL Horst Ehmke
NL Fritz Erler
NL Gustav Heinemann
NL Martin Hirsch
NL Gerhard Jahn
NL Walter Menzel
NL Josef Neuberger
NL Carlo Schmid
NL Herbert Wehner

SPD-Bundestagsfraktion, 3. bis 5. Legislaturperiode

10. Archiv des Instituts für Zeitgeschichte (IfZ), München

Ed 94 NL Walter Strauß

11. Der Bundesbeauftragte für die Unterlagen des Staatssicherheitsdienstes der ehemaligen DDR (BStU)

ZA, HA Zentralarchiv, Hauptabteilung des MfS
ZA, ZAIG Zentralarchiv, Zentrale Auswertungs- und Informationsgruppe des MfS
ZA, UV 83 Zentralarchiv, Untersuchungsvorgang Prozeß gegen Hans Globke

12. Hauptstaatsarchiv Düsseldorf (HStAD)

NW 240 Justizministerium Nordrhein-Westfalen
NL Hermann Busse

Gerichte Rep. 242 Verfahren gegen Best u. a. wegen Mordes, 1 Js 12/65, RSHA

13. Hauptstaatsarchiv Stuttgart (HStAS)

EA 1	Staatsministerium Baden-Württemberg
EA 4	Justizministerium Baden-Württemberg
Q 1/22	NL Wolfgang Haußmann
Q 1/40	NL Richard Schmid

14. Staatsarchiv Ludwigsburg (StAL)

EL 48	Ermittlungsakten des Landeskriminalamtes Baden-Württemberg
EL 302	Verfahrensakten der Generalstaatsanwaltschaft Stuttgart
EL 322	Verfahrensakten der Staatsanwaltschaft Ulm

15. Justizministerium Baden-Württemberg (JM BW)

Generalakten
Verfahrensakten

16. Zentrale Stelle der Landesjustizverwaltungen (ZStL), Ludwigsburg

Generalakten

17. Bundesarchiv, Außenstelle Ludwigsburg

Verfahrensakten
Bestand Zeitzeugenbefragung ehemaliger Mitarbeiter der Zentralen Stelle, 2003

18. Geschichtsort Villa ten Hompel, Münster

Bestand Zeitzeugengespräche

2. Periodika

Allgemeine Jüdische Wochenzeitung
Deutsche Nationalzeitung
Frankfurter Allgemeine Zeitung
Frankfurter Rundschau
Juristenzeitung
Juristische Rundschau
Neue Juristische Wochenschrift
Neue Zürcher Zeitung
Der Spiegel
Stuttgarter Nachrichten
Süddeutsche Zeitung
Die Welt
Die Zeit

3. Quelleneditionen und Literatur

Adorno, Theodor W., Was bedeutet: Aufarbeitung der Vergangenheit, in: Ders., Eingriffe. Neun kritische Modelle, Frankfurt am Main 1963, S. 125-146.

Ahonen, Pertti, The Expellee Organizations and West German Ostpolitik, Dissertation Yale University 1999.

Akten zur Auswärtigen Politik der Bundesrepublik Deutschland 1964-1969, hg. von Hans-Peter Schwarz, München 1995 ff.

Albrecht, Clemens / Behrmann, Günter C. / Bock, Michael u. a., Die intellektuelle Gründung der Bundesrepublik. Eine Wirkungsgeschichte der Frankfurter Schule, Frankfurt am Main 1999.

Albrecht, Willy, Der Sozialistische Deutsche Studentenbund (SDS). Vom parteikonformen Studentenverband zum Repräsentanten der Neuen Linken, Bonn 1994.

Althoff, Martina, Kiesinger, die APO und der Nationalsozialismus: Zur Dynamik eines NS-Konfliktes, in: Jahrbuch für Antisemitismusforschung 5 (1996), S. 211-232.

Ambos, Kai, Der Allgemeine Teil des Völkerstrafrechts. Ansätze zu einer Dogmatisierung, Berlin 2002.

Amos, Heike, Die Westpolitik der SED 1948/49-1961. »Arbeit nach Westdeutschland« durch die Nationale Front, das Ministerium für Auswärtige Angelegenheiten und das Ministerium für Staatssicherheit, Berlin 1999.

Arendt, Hannah, Eichmann in Jerusalem. Ein Bericht von der Banalität des Bösen, mit Anmerkungen von Günter Plum, München 1964, Neuauflage Leipzig 1990.

Aschenauer, Rudolf, Kriegsbefehle, München 1964.

Aschenauer, Rudolf, NS-Prozesse im Lichte der Zeitgeschichte: eine Dokumentation, München 1975.

Ausschuß für Deutsche Einheit, Bonn bereitet Revanchekrieg vor, Berlin (Ost) 1954.

Ausschuß für Deutsche Einheit, Generalvertrag unvereinbar mit Souveränität und nationaler Selbstbestimmung, Berlin (Ost) 1954.

Ausschuß für Deutsche Einheit, Schwarzbuch: Verschwörung gegen Deutschland, Berlin (Ost) 1955.

Ausschuß für Deutsche Einheit, Die aggressiven Ziele der westdeutschen Imperialisten, nachgewiesen an ihren eigenen Aussprüchen, Berlin (Ost) 1956.

Ausschuß für Deutsche Einheit, Unterdrückung der demokratischen Rechte und Freiheiten in Westdeutschland, Berlin (Ost) 1956.

Ausschuß für Deutsche Einheit, Braunbuch. Bundesrepublik – Paradies für Kriegsverbrecher, Berlin (Ost) 1956.
Ausschuß für Deutsche Einheit, Nazi-Richter im Bonner Dienst, Berlin (Ost) 1956.
Ausschuß für Deutsche Einheit, Militaristische, antisemitische, nazistische Bücher und Filme in der Bundesrepublik, Berlin (Ost) 1956.
Ausschuß für Deutsche Einheit, Aus dem Tagebuch eines Judenmörders. Bräutigam, Berlin (Ost) 1956.
Ausschuß für Deutsche Einheit, Rassenschande – Rassenschänder: Hans Globke, Berlin (Ost) 1956.
Ausschuß für Deutsche Einheit, Antisemitismus in der Bundesrepublik, Berlin (Ost) 1956.
Ausschuß für Deutsche Einheit, Judenmörder und Kriegsverbrecher an den Hebeln der Macht, Berlin (Ost) 1956.
Ausschuß für Deutsche Einheit, Hexenjagd gegen Juden, Berlin (Ost) 1956.
Ausschuß für Deutsche Einheit, Wer regiert in Bonn? Die wahren Herren der Bundesrepublik, Berlin (Ost) 1956.
Ausschuß für Deutsche Einheit, Die Remilitarisierung in der Bundesrepublik, Berlin (Ost) 1957.
Ausschuß für Deutsche Einheit, Gestern Hitlers Blutrichter – Heute Bonner Justiz-Elite, Berlin (Ost) 1957.
Ausschuß für Deutsche Einheit, Das Terrorgesicht des Bonner Unrechtsstaates, Berlin (Ost) 1957.
Ausschuß für Deutsche Einheit, Hitlers Sonderrichter – Stützen der Adenauer-Regierung, Berlin (Ost) 1957.
Ausschuß für Deutsche Einheit, Gesetze im Dienste der Remilitarisierung, Berlin (Ost) 1957.
Ausschuß für Deutsche Einheit, Westberlin – Hort der Reaktion – Herd der Kriegsgefahr, Berlin (Ost) 1958.
Ausschuß für Deutsche Einheit, 600 Nazi-Juristen im Dienste Adenauers, Berlin (Ost) 1958.
Ausschuß für Deutsche Einheit, Hitlers Generalstab kommandiert Adenauers Armee, Berlin (Ost) 1959.
Ausschuß für Deutsche Einheit, Wir klagen an: 800 Nazi-Blutrichter, Stützen des Adenauer-Regimes, Berlin (Ost) 1959.
Ausschuß für Deutsche Einheit, Hexenjagd gegen Juden, Berlin (Ost) 1959.
Ausschuß für Deutsche Einheit, Schwerbelastete Hitlerdiplomaten im Dienste der aggressiven Außenpolitik des deutschen Militarismus, Berlin (Ost) 1959.

Ausschuß für Deutsche Einheit, Die revanchistische Politik Adenauers. Fortsetzung der Revanchepolitik Hitlers zur Vorbereitung des 2. Weltkrieges, Berlin (Ost) 1959.

Ausschuß für Deutsche Einheit, 1 000 Sonder- und Kriegsrichter im Dienste der deutschen Militaristen. Bonner Regierung deckt Hitlers Massenmörder, Berlin (Ost) 1959.

Ausschuß für Deutsche Einheit, Freiheit und Demokratie im Würgegriff von 1 000 Blutrichtern. Dokumente entlarven weitere 2 000 Adenauer-Juristen als Büttel Hitlers, Berlin (Ost) 1959.

Ausschuß für Deutsche Einheit, Hitlers Kriegsrichter und Wehrstrafexperten im Dienste der Bonner Kriegsvorbereitungen, Berlin (Ost) 1960.

Ausschuß für Deutsche Einheit, Globke und die Ausrottung der Juden. Über die verbrecherische Vergangenheit des Staatssekretärs im Amt des Bundeskanzlers Adenauer, Berlin (Ost) 1960.

Ausschuß für Deutsche Einheit, Der Oberländer-Prozeß. Gekürztes Protokoll der Verhandlung vor dem Obersten Gericht der Deutschen Demokratischen Republik vom 20.-27. und 29.4.1960, Berlin (Ost) 1960.

Auschuß für Deutsche Einheit, Die Wahrheit über Oberländer. Braunbuch über die verbrecherische faschistische Vergangenheit des Bonner Ministers, Berlin (Ost) 1960.

Ausschuß für Deutsche Einheit, Belohnte Mörder, 165 neue Namen ehemaliger Sonder- und Kriegsrichter, Berlin (Ost) 1961.

Ausschuß für Deutsche Einheit, Blutjuristen Hitlers – Gesetzgeber Adenauers, Berlin (Ost) 1961.

Ausschuß für Deutsche Einheit, Der unaufhaltsame Aufstieg des Dr. Hans Maria Globke, Berlin (Ost) 1961.

Ausschuß für Deutsche Einheit / Vereinigung demokratischer Juristen Deutschlands, Von der Reichsanwaltschaft zur Bundesanwaltschaft. Wolfgang Fränkel. Neuer Generalbundesanwalt, Berlin (Ost) 1962.

Ausschuß für Deutsche Einheit, Globkes braune Notstandsexekutive. Das Bonner Geheimkabinett der Staatssekretäre – ein Exklusivverein belasteter Nazis und Antisemiten, Berlin (Ost) 1963.

Ausschuß für Deutsche Einheit, Bürokrat des Todes. Eine Dokumentation über die Blutschuld des höchsten Bonner Staatsbeamten bei der Ausrottung der Juden, Berlin (Ost) 1963.

Ausschuß für Deutsche Einheit / Vereinigung demokratischer Juristen, Freislers Geist in Bonns Gesinnungs-Strafrecht. Die Experten der faschistischen Terrorjustiz sind die Fabrikanten der westdeutschen »Strafrechtsreform«. Die Bonner Justizbürokratie ist ein Hort belasteter Nazis und Kriegsverbrecher, Berlin (Ost) 1963.

Barck, Simone, Widerstands-Geschichte und Helden-Berichte, in: Sabrow, Martin (Hg.), Geschichte als Herrschaftsdiskurs. Der Umgang mit der Vergangenheit in der DDR, Köln / Weimar / Wien 1999.

Baring, Arnulf, Machtwechsel. Die Ära Brandt – Scheel, Stuttgart 1982.

Barzel, Rainer, Im Streit und umstritten. Anmerkungen zu Konrad Adenauer, Ludwig Erhard und den Ostverträgen, Frankfurt am Main / Berlin 1986.

Bassiouni, M. Cherif, International Criminal Law, 3 Bde., New York, 1987.

Bassiouni, M. Cherif, Das Vermächtnis von Nürnberg: eine historische Bewertung fünfzig Jahre danach, in: Gerd Hankel / Gerhard Stuby (Hg.), Strafgerichte gegen Menschheitsverbrechen. Zum Völkerstrafrecht 50 Jahre nach den Nürnberger Prozessen, Hamburg 1995, S. 15-38.

Bassiouni, M. Cherif, Crimes against Humanity in International Criminal Law, Den Haag ²1999.

Bästlein, Klaus, »Nazi-Blutrichter als Stützen des Adenauer-Regimes«. Die DDR-Kampagnen gegen NS- Richter und -Staatsanwälte, die Reaktionen der bundesdeutschen Justiz und ihre gescheiterte »Selbstreinigung« 1957-1968, in: Helge Grabitz / Klaus Bästlein / Johannes Tuchel (Hg.), Die Normalität des Verbrechens. Bilanz und Perspektiven der Forschung zu den nationalsozialistischen Gewaltverbrechen, Berlin 1994, S. 408-443.

Bauer, Fritz, Im Namen des Volkes. Die strafrechtliche Bewältigung der Vergangenheit, in: Helmut Hammerschmidt (Hg.), Zwanzig Jahre danach, München / Wien / Basel 1965, S. 301-314.

Bauer, Fritz, Die Humanität der Rechtsordnung. Ausgewählte Schriften, hg. von Joachim Perels u. Irmtrud Wojak, Frankfurt am Main 1998.

Bauernkämper, Arnd (Hg.), Britain and the GDR. Relations and Perceptions in a Divided World, Berlin 2002.

Baumann, Jürgen, Die strafrechtliche Problematik der nationalsozialistischen Gewaltverbrechen, in: Reinhard Henkys, Die nationalsozialistischen Gewaltverbrechen. Geschichte und Gericht, Stuttgart / Berlin 1964, S. 267-322.

Baumann, Jürgen u. a., Alternativentwurf eines Strafgesetzbuches. Allgemeiner Teil, Tübingen 1966.

Becker, Bert, Die DDR und Großbritannien 1945/49 bis 1973. Politische, wirtschaftliche und kulturelle Kontakte im Zeichen der Nichtanerkennungspolitik, Bochum 1991.

Beier, Gerhard, Arbeiterbewegung in Hessen. Zur Zeitgeschichte der hessischen Arbeiterbewegung durch einhundertfünfzig Jahre (1834-1984), Frankfurt am Main 1984.

Benda, Ernst, Verjährung und Rechtsstaat. Verfassungsprobleme der Verlängerung strafrechtlicher Verjährungsfristen, Berlin 1965.

Benda, Ernst, Bewältigung der Vergangenheit – die Verjährungsdebatte des 10. März 1965, in: Rainer Barzel (Hg.), Sternstunden des Parlaments, Heidelberg 1989, S. 163-182.

Benz, Wolfgang, Zum Umgang mit der nationalsozialistischen Vergangenheit in der Bundesrepublik, in: Jürgen Danyel (Hg.), Die geteilte Vergangenheit. Zum Umgang mit Nationalsozialismus und Widerstand in beiden deutschen Staaten, Berlin 1995, S. 47-60.

Berg, Jochen, Hochhuths »Stellvertreter« und die »Stellvertreter«-Debatte. »Vergangenheitsbewältigung« in Theater und Presse der sechziger Jahre, Kronberg 1977.

Berg, Nicolas, Der Holocaust und die westdeutschen Historiker. Erforschung und Erinnerung, Göttingen 2003.

Berghoff, Hartmut, Zwischen Verdrängung und Aufarbeitung. Die bundesdeutsche Gesellschaft und ihre nationalsozialistische Vergangenheit in den fünfziger Jahren, in: GWU 2 (1998), S. 96-114.

Bergmann, Werner, Antisemitismus als politisches Ereignis. Die antisemitische Schmierwelle im Winter 1959/1960, in: Ders. / Rainer Erb (Hg.), Antisemitismus in der politischen Kultur nach 1945, Opladen, 1990, S. 253-277.

Bergmann, Werner, Antisemitismus in öffentlichen Konflikten. Kollektives Lernen in der politischen Kultur der Bundesrepublik 1949-1989, Frankfurt am Main 1997.

Birn, Ruth Bettina, Die Strafverfolgung nationalsozialistischer Verbrechen und deren politische und moralische Folgen für die beiden Deutschland, in: Volkmann, Hans-Erich (Hg.), Ende des Dritten Reiches – Ende des Zweiten Weltkriegs. Eine perspektivische Rückschau, München 1995, S. 393-419.

Bitterweg, Christoph, Der Bielefelder Prozeß als Quelle für die Judenpolitik im Bezirk Bialystok, Magisterarbeit Hamburg 1995.

Blanke, Thomas, Der »Rechtshistorikerstreit« um Amnestie: Politische Klugheit, moralische Richtigkeit und Gerechtigkeit bei der Aufarbeitung deutscher Vergangenheiten, in: KJ 2 (1995), S. 131-150.

Blasius, Rainer A., Geschäftsfreundschaft statt diplomatischer Beziehungen. Zur Israel-Politik 1962/63, in: Ders. (Hg.), Von Adenauer zu Erhard: Studien zur auswärtigen Politik der Bundesrepublik Deutschland 1963, München 1994, S. 154-210.

Blasius, Rainer A., In heikler Mission: Die Botschafter der Bundesrepublik Deutschland in Washington 1955-1968, in: Detlev Junker (Hg.),

Die USA und Deutschland im Zeitalter des Kalten Krieges 1945-1990. Ein Handbuch, Bd. 1, Stuttgart / München 2001, S. 249-259.
Bock, Petra / Wolfrum, Edgar (Hg.), Umkämpfte Vergangenheit. Geschichtsbilder, Erinnerung und Vergangenheitspolitik im internationalen Vergleich, Göttingen 1999.
Bösch, Frank, Die Adenauer-CDU. Gründung, Aufstieg und Krise einer Erfolgspartei 1945-1969, Stuttgart / München 2001.
Böttcher, Hans-Ernst, Richard Schmid (1899-1986). Recht für die Menschen, nicht für den Staat, in: Kritische Justiz (Hg.), Streitbare Juristen. Eine andere Tradition. Festschrift für Jürgen Seifert zum 60. Geburtstag, Baden-Baden 1988.
[BR-Berichte, BR-Drucksachen s. unter: Deutscher Bundesrat]
Brink, Susanne, Ikonen der Vernichtung. Öffentlicher Gebrauch von Fotografien aus nationalsozialistischen Konzentrationslagern nach 1945, Berlin 1998.
Barahona de Brito, Alexandra / Gonzáléz-Enriquez, Carmen / Aguilar, Paloma (Hg.), The Politics of Memory. Transitional Justice in Democratizing Societies, Oxford / New York 2001.
Brochhagen, Ulrich, Nach Nürnberg. Vergangenheitsbewältigung und Westintegration in der Ära Adenauer, Hamburg 1994.
Broszat, Martin, Siegerjustiz oder strafrechtliche »Selbstreinigung«. Aspekte der Vergangenheitsbewältigung der deutschen Justiz während der Besatzungszeit 1945-49, in: VfZ 29 (1981), S. 477-544.
Brumlik, Micha, Trauerrituale und politische Kultur nach der Shoah in der Bundesrepublik, in: Hanno Loewy (Hg.), Holocaust: Die Grenzen des Verstehens. Eine Debatte über die Besetzung der Geschichte, Hamburg 1992, S. 191-212.
Brünneck, Alexander von, Politische Justiz gegen Kommunisten in der Bundesrepublik Deutschland 1940-1968, Frankfurt am Main 1978.
Brunner, Bernhard, Der Frankreichkomplex. Ein Ermittlungsverfahren der bundesdeutschen Justiz zur Ahndung von NS-Verbrechen in den 60er Jahren. Vortrag für die Tagung »Coming to terms with the past in West Germany, 19.-21. April 2001, Lincoln, Nebraska, USA.
Brunner, Bernhard, Die juristische Aufarbeitung der in Frankreich verübten NS-Gewaltverbrechen, in: Anne Klein / Jürgen Wilhelm (Hg.), NS-Unrecht vor Kölner Gerichten nach 1945, Köln 2003, S. 183-200.
[BT-Berichte, BT-Drucksachen s. unter: Verhandlungen]
Buchheim, Hans / Broszat, Martin / Jacobsen, Hans-Adolf / Krausnick, Helmut, Anatomie des SS-Staates, 2 Bde., Olten / Freiburg 1965.
Bude, Heinz, Bilanz der Nachfolge. Die Bundesrepublik und der Nationalsozialismus, Frankfurt am Main 1992.

Bundesminister der Justiz (Hg.), 75 Jahre Reichsjustizgesetze, Bonn 1954.

Bundesminister der Justiz (Hg.), Im Namen des deutschen Volkes. Justiz und Nationalsozialismus (Katalog zur Ausstellung), Köln 1989.

Bundesregierung (Hg.), Die antisemitischen und nazistischen Vorfälle in der Zeit vom 25. Dezember 1959 bis zum 28. Januar 1960, Bonn 1960.

Butterwegge, Christoph (Hg.), NS-Vergangenheit, Antisemitismus und Nationalismus in Deutschland. Beiträge zur politischen Kultur der Bundesrepublik und zur politischen Bildung, Baden-Baden 1997.

Claasen, Christoph, Bilder der Vergangenheit. Die Zeit des Nationalsozialismus im Fernsehen der Bundesrepublik Deutschland 1955-1965, Köln / Weimar / Wien 1999.

Claussen, Detlev, Grenzen der Aufklärung. Die gesellschaftliche Genese des modernen Antisemitismus, erweiterte Ausgabe, Frankfurt am Main 1994.

Cooper, Belinda (Hg.), War Crimes. The Legacy of Nuremberg, New York 1999.

Cullen, Michael S. (Hg.), Das Holocaust-Mahnmal. Dokumentation einer Debatte, Zürich / München 1999.

Dahrendorf, Ralf, Zur Soziologie der juristischen Berufe in Deutschland, in: Anwaltsblatt 8-9 (1964), S. 216-234.

Dahrendorf, Ralf, Gesellschaft und Demokratie in Deutschland, München 1965.

Dahrendorf, Ralf, Über Grenzen: Lebenserinnerungen, München 2002.

Dam, Hans G. van / Giordano, Ralph, KZ-Verbrechen vor Deutschen Gerichten. Dokumente aus den Prozessen gegen Sommer (KZ Buchenwald); Sorge, Schubert (KZ Sachsenhausen); Unkelbach (Ghetto in Czenstochau), Frankfurt am Main 1962.

Dam, Hans G. van, Die Unverjährbarkeit des Völkermordes. Die UNO-Konvention vom 27. November 1968 und das deutsche Recht, Mainz 1969.

Danker, Uwe, Der gescheiterte Versuch, die Legende der ›sauberen‹ Zivilverwaltung zu entzaubern. Staatsanwaltschaftliche Komplexermittlungen zum Holocaust im ›Reichskommissariat Ostland‹ bis 1971, in: Robert Bohn (Hg.), Die deutsche Herrschaft in den »germanischen« Ländern 1940-1945, Stuttgart 1997.

Danyel, Jürgen, Die Opfer- und Verfolgtenperspektive als Gründungskonsens? Zum Umgang mit der Widerstandstradition und der Schuldfrage in der DDR, in: Ders. (Hg.), Die geteilte Vergangenheit. Zum Umgang mit Nationalsozialismus und Widerstand in beiden deutschen Staaten, Berlin 1995, S. 31-46.

Denzel, Gerd, Die Ermittlungsverfahren gegen Richter und Staatsanwälte am Volksgerichtshof seit 1979, in: KJ 23 (1991), S. 31-41.

Deutscher Bundesrat. Drucksachen, Bonn 1949 ff. (BR-Drucksachen).

Deutscher Bundesrat. Sitzungsberichte, Bonn 1949 ff. (BR-Berichte).

Deutschkron, Inge, Israel und die Deutschen. Zwischen Ressentiment und Ratio, Köln 1970.

Deutschkron, Inge, Unbequem. Mein Leben nach dem Überleben, Köln 1992.

Dieckmann, Christoph, Der Krieg und die Ermordung der litauischen Juden, in: Ulrich Herbert (Hg.), Nationalsozialistische Vernichtungspolitik 1939-1945. Neue Forschungen und Kontroversen, S. 292-329.

Distelkamp, Bernhard, Die Justiz nach 1945 und ihr Umgang mit der eigenen Vergangenheit, in: Ders. / Michael Stolleis (Hg.) Justizalltag im Dritten Reich, Frankfurt am Main 1988, S. 131-150.

Doering-Manteuffel, Anselm, Die Bundesrepublik Deutschland in der Ära Adenauer. Außenpolitik und innere Entwicklung 1949-1963, Darmstadt 1983.

Doering-Manteuffel, Anselm, Wie westlich sind die Deutschen? Amerikanisierung und Westernisierung im 20. Jahrhundert, Göttingen 1999.

Doering-Manteuffel, Anselm, Westernisierung. Politisch-ideeller und gesellschaftlicher Wandel in: Axel Schildt / Detlev Siegfried / Karl Christian Lammers (Hg.), Dynamische Zeiten. Die 60er Jahre in den beiden deutschen Gesellschaften, Hamburg 2000, S. 311-341.

Dokumente zur Außenpolitik der Deutschen Demokratischen Republik, hg. vom Institut für Internationale Beziehungen an der Deutschen Akademie für Staats- und Rechtswissenschaft »Walter Ulbricht«, Bde. XII ff., Berlin 1966 ff.

Dokumente zur Deutschlandpolitik, hg. vom Bundesministerium für gesamtdeutsche Fragen (seit Ende 1969: für innerdeutsche Beziehungen), IV. Reihe Bde. 1-4 (10. November 1958 bis 30. November 1966) und V. Reihe Bde. 1-2 (1. Dezember 1966 bis 31. Dezember 1969), Berlin, Frankfurt am Main 1971 ff.

Dorn, Walter L., Inspektionsreisen in der US-Zone. Notizen, Denkschriften und Erinnerungen aus dem Nachlaß, hg. von Lutz Niethammer, Stuttgart 1973.

Dörner, Bernward, Justiz und Judenmord: Todesurteile gegen Judenhelfer in Polen und der Tschechoslowakei 1942-1944, in: Norbert Frei, Sybille Steinbacher, Bernd Wagner (Hg.), Ausbeutung, Vernichtung, Öffentlichkeit: neue Studien zur nationalsozialistischen Lagerpolitik, München 2000, S. 249-264.

Döscher, Hans-Jürgen, Verschworene Gesellschaft. Das Auswärtige Amt unter Adenauer zwischen Neubeginn und Kontinuität, Berlin 1995.
Dreher, Eduard, Über die gerechte Strafe. Eine theoretische Untersuchung für die deutsche strafrechtliche Praxis, Heidelberg 1947.
Dreßen, Willi, Die Zentrale Stelle der Landesjustizverwaltungen zur Aufklärung von NS-Verbrechen in Ludwigsburg, in: Dachauer Hefte 6 (1994), S. 85-93.
Dubiel, Helmut, Niemand ist frei von der Geschichte. Die nationalsozialistische Herrschaft in den Debatten des Deutschen Bundestages, München / Wien 1999.
Ehmke, Horst, Mittendrin. Von der Großen Koalition zur Deutschen Einheit, Berlin 1994.
Elazar, Daniel J., Community and Polity. The Organizational Dynamics of American Jewry, Philadelphia 1976.
EL-DE-Haus (Hg.), Unter Vorbehalt. Rückkehr aus der Emigration nach 1945, Köln 1997.
Elster, Jon, Coming to Terms with the Past. A Framework for the Study of Justice in the Transition to Democracy, in: Archives Europeénes de Sociologie 39 (1998), S. 7-48.
Elm, Ludwig, Nach Hitler, nach Honecker – Zum Streit der Deutschen um die eigene Vergangenheit, Berlin 1991.
Engelmann, Bernt, Die unsichtbare Tradition. Bd. 2. Rechtsverfall, Justizterror und das schwere Erbe: ein Beitrag zur Geschichte der deutschen Strafjustiz 1919 bis heute, Köln 1989.
Erker, Paul, »Arbeit nach Westdeutschland«. Innenansichten des deutschlandpolitischen Apparates der SED 1959-1969, in: Roger Engelmann / Paul Erker, Annäherung und Abgrenzung: Aspekte deutsch-deutscher Beziehungen 1959-1969, München 1993, S. 133-196.
Eser, Albin / Arnold, Jörg (Hg.), Strafrecht in Reaktion auf Systemunrecht. Vergleichende Einblicke in Transitionsprozesse, Freiburg im Breisgau 2000.
Evangelische Akademie Bad Boll, Die Justiz und der Nationalsozialismus (II). Die Bundesrepublik Deutschland und die NS-Verbrechen. Tagung vom 20. bis 22. März, Protokolldienst 13 / 81, Bad Boll 1981.
Faulenbach, Bernd, Zur Funktion des Antifaschismus in der SBZ / DDR, in: DA 26 (1993), S. 754-759.
Faulenbach, Bernd, Die doppelte »Vergangenheitsbewältigung«. Nationalsozialismus und Stalinismus als Herausforderungen zeithistorischer Forschung und politischer Kultur, in: Jürgen Danyel (Hg.), Die geteilte Vergangenheit. Zum Umgang mit Nationalsozialismus und Widerstand in beiden deutschen Staaten, Berlin 1995, S. 107-124.

FDGB-Bundesvorstand, Gewerkschaftsfeinde in Richterroben. Eine Dokumentation über die Verbrechen der heute noch in Westdeutschland amtierenden Nazi-Blutrichter und Staatsanwälte gegen antifaschistische Gewerkschafter, Bd. 1-2, Berlin (Ost) 1962-1963.

FDP-Bundesvorstand. Die Liberalen unter dem Vorsitz von Erich Mende. Sitzungsprotokolle 1960-1967, hg. von Karl-Dietrich Bracher / Rudolf Morsey / Hans-Peter Schwarz, Düsseldorf 1993.

Feest, Johannes, Die Bundesrichter. Herkunft, Karriere und Auswahl der juristischen Elite, in: Wolfgang Zapf (Hg.), Beiträge zur Analyse der deutschen Oberschicht, München [2]1965, S. 95-113.

Fehrenbach, Heide / Poiger, Uta G. (Hg.), Transactions, Transgressions, Transformations: American Culture in Western Europe and Japan, New York 2000.

Fait, Barbara / Mintzel, Alf (Hg.), Die CSU 1945-1948. Protokolle und Materialien zur Frühgeschichte der Christlich-Sozialen Union, München 1993.

Feth, Andrea, Hilde Benjamin – eine Biographie, Berlin 1997.

Finkelgruen, Peter, Haus Deutschland, oder die Geschichte eines ungesühnten Mordes, Hamburg 1994.

Fleiter, Rüdiger, Die Ludwigsburger Zentrale Stelle und ihr politisches und gesellschaftliches Umfeld, in: GWU 1 (2002), S. 32-50.

Forster, Karl (Hg.), Möglichkeiten und Grenzen für die Bewältigung historischer und politischer Schuld in Strafprozessen, Würzburg 1962.

Förster, Michael, Jurist im Dienst des Unrechts. Leben und Werk des ehemaligen Staatssekretärs im Reichsjustizministerium Franz Schlegelberger, 1876-1970, Baden-Baden 1995.

Frei, Norbert, Auschwitz und Holocaust. Begriff und Historiographie, in: Hanno Loewy (Hg.), Holocaust: Die Grenzen des Verstehens. Eine Debatte über die Besetzung der Geschichte, Hamburg 1992, S. 101-109.

Frei, Norbert, Vergangenheitspolitik. Die Anfänge der Bundesrepublik und die NS-Vergangenheit, Taschenbuchausgabe München 1999, zuerst 1996.

Frei, Norbert, Der Frankfurter Auschwitz-Prozeß und die deutsche Zeitgeschichtsforschung, in: Fritz Bauer Institut (Hg.), Auschwitz. Geschichte, Rezeption und Wirkung. Jahrbuch 1996 zur Geschichte und Wirkung des Holocaust, Frankfurt am Main 1996, S. 123-138.

Frei, Norbert, Von deutscher Erfindungskraft oder: Die Kollektivschuldthese in der Nachkriegszeit, in: Rechtshistorisches Journal 16 (1997), S. 621-634.

Frei, Norbert, Die Rückkehr des Rechts. Justiz und Zeitgeschichte nach dem Holocaust – eine Zwischenbilanz, in: Arnd Bauerkämper / Martin Sabrow / Bernd Stöver (Hg.), Doppelte Zeitgeschichte. Deutsch-deutsche Beziehungen 1945-1990, Bonn 1998, S. 417-431.

Frei, Norbert / Steinbacher, Sybille (Hg.), Beschweigen und Bekennen. Die deutsche Nachkriegsgesellschaft und der Holocaust, Göttingen 2001.

Frei, Norbert (Hg.), Karrieren im Zwielicht. Hitlers Eliten nach 1945, Frankfurt am Main / New York 2001.

Freudiger, Kerstin, Die juristische Aufarbeitung von NS-Verbrechen. Versuch einer Bilanz, Heidelberg 2002.

Friedmann, Jan, Kollektivschuld. Geschichte und Funktion eines Begriffs in Westdeutschland nach 1945, Magisterarbeit Universität Freiburg 2000.

Friedrich, Jörg, Freispruch für die Nazi-Justiz. Die Urteile gegen NS-Richter seit 1948. Eine Dokumentation, Frankfurt am Main 1983.

Friedrich, Jörg, Die kalte Amnestie, NS-Täter in der Bundesrepublik, Frankfurt am Main 1984.

Fritz Bauer Institut (Hg.), »Gerichtstag halten über uns selbst«. Geschichte und Wirkung des ersten Frankfurter Auschwitz-Prozesses. Jahrbuch 2001 zur Geschichte und Wirkung des Holocaust, Frankfurt am Main 2001.

Fritz Bauer Institut (Hg.), Im Labyrinth der Schuld. Täter – Opfer – Ankläger, Frankfurt am Main 2003.

Fröhlich, Claudia / Kohlstruck, Michael (Hg.), Engagierte Demokraten. Vergangenheitspolitik in kritischer Absicht, Münster 1999.

Fröhlich, Claudia, Fritz Bauer – Ungehorsam und Widerstand sind ein »wichtiger Teil unserer Neubesinnung auf die demokratischen Grundwerte«, in: Claudia Fröhlich / Michael Kohlstruck (Hg.), Engagierte Demokraten. Vergangenheitspolitik in kritischer Absicht, Münster 1999, S. 95-105.

Geiß, Karlmann, 50 Jahre Bundesgerichtshof, Rede zum Anlaß des 50. Jahrestages der Eröffnung des Bundesgerichtshofs 1950, Karlsruhe 2000.

Generalstaatsanwalt der DDR / Ministerium der Justiz der DDR (Hg.), Die Haltung der beiden deutschen Staaten zu den Nazi- und Kriegsverbrechen. Eine Dokumentation, Berlin (Ost) 1965

Giordano, Ralph, Die zweite Schuld oder Von der Last ein Deutscher zu sein, Hamburg / Zürich 1987

Godau-Schüttke, Klaus-Detlev, Ich habe nur dem Recht gedient. Die »Renazifizierung« der Schleswig-Holsteinischen Justiz, Baden-Baden 1993.

Godau-Schüttke, Klaus-Detlev, Die Heyde/Sawade-Affäre, Baden-Baden 1998.

Godau-Schüttke, Klaus-Detlev, Von der Entnazifizierung zur Renazifizierung der Justiz in Westdeutschland, in: forum historiae iuris; www.rewi.hu-berlin.de/onlinge/fhi/articles/0106goau-schuettke.htm

Goldschmidt, Dietrich (Hg.), Die nationalsozialistischen Gewaltverbrechen. Geschichte und Gericht, Stuttgart / Berlin 1964.

Goschler, Constantin, Wiedergutmachung. Westdeutschland und die Verfolgten des Nationalsozialismus (1945-1954), München 1992.

Gosewinkel, Dieter, Adolf Arndt. Die Wiederbegründung des Rechtsstaats aus dem Geist der Sozialdemokratie (1945-1961), Bonn 1991.

Gosewinkel, Dieter, Politische Ahndung an den Grenzen des Justizstaats. Die Geschichte der nationalsozialistischen Justiz im Deutschen Richtergesetz von 1961, in: Norbert Frei / Dirk van Laak / Michael Stolleis (Hg.), Geschichte vor Gericht. Historiker, Richter und die Suche nach Gerechtigkeit. München 2000, S. 60-71.

Götz, Albrecht, Bilanz der Verfolgung von NS-Straftaten, Köln 1986.

Götz, Norbert, Ungleiche Geschwister. Die Konstruktion von nationalsozialistischer Volksgemeinschaft und schwedischem Volksheim, Baden-Baden 2001.

Grabitz, Helge / Justizbehörde Hamburg (Hg.), Täter und Gehilfen des Endlösungswahns. Hamburger Verfahren wegen NS-Gewaltverbrechen 1946-1996, Hamburg 1999.

Greve, Michael, Der justitielle und rechtspolitische Umgang mit den NS-Gewaltverbrechen in den sechziger Jahren, Frankfurt am Main 2001.

Greven, Michael Th. / Wrochem, Oliver von (Hg.), Der Krieg in der Nachkriegszeit. Der Zweite Weltkrieg in Politik und Gesellschaft der Bundesrepublik, Opladen 2000.

Grix, Rolf / Knöll, Wilhelm, Die Rede zum 8. Mai 1945. Texte zum Erinnern, Verstehen und Weiterdenken, Oldenburg 1987.

Groehler, Olaf, Antifaschismus. Vom Umgang mit einem Begriff, in: Ulrich Herbert / Olaf Groehler, Zweierlei Bewältigung, S. 29-41.

Große, Christina, Der Eichmann-Prozeß zwischen Recht und Politik, Frankfurt am Main 1995.

Gruchmann, Lothar, Justiz im Dritten Reich 1933-1940. Anpassung und Unterwerfung in der Ära Gürtner, München 1988.

Grunenberg, Antonia, Antifaschismus – ein deutscher Mythos, Reinbek 1993.

Güde, Max, Justiz im Schatten von Gestern. Wie wirkt sich die totalitäre Vergangenheit auf die heutige Rechtsprechung aus?, Hamburg 1959.

Günther, Hans, Staatsanwaltschaft. Kind der Revolution. Versuch eines juristischen Essays, Frankfurt am Main / Berlin / Wien 1973.

Haase, Norbert, Das Reichskriegsgericht und der Widerstand gegen die nationalsozialistische Herrschaft, Berlin 1993.

Hachmeister, Lutz, Der Gegnerforscher. Die Karriere des SS-Führers Franz Alfred Six, München 1998.

Hagemann, Frank, Der Untersuchungsausschuß Freiheitlicher Juristen. 1949-1969, Frankfurt am Main / Berlin / Bern 1994.

Hamburger Institut für Sozialforschung (Hg.), Eine Ausstellung und ihre Folgen. Zur Rezeption der Ausstellung »Vernichtungskrieg. Verbrechen der Wehrmacht 1941 bis 1944«, Hamburg 1999.

Haney, Gerhard, Maunz im Dienste des Faschismus und der CSU, Jena 1964.

Hannover, Heinrich, Zur Beweiswürdigung in Strafsachen gegen NS-Verbrechen, in: Ingo Müller / Rainer Eisfeld (Hg.), Gegen Barbarei. Essays Robert M.W. Kempner zu Ehren, Frankfurt am Main 1989, S. 303-323.

Hannover, Heinrich, Die Republik vor Gericht. 1954-1974. Erinnerungen eines unbequemen Rechtsanwalts, Bd. 1, Berlin 1998.

Hassemer, Winfried, Strafrechtswissenschaft in der Bundesrepublik Deutschland, in: Dieter Simon (Hg.), Rechtswissenschaft in der Bonner Republik. Studien zur Wissenschaftsgeschichte der Jurisprudenz, Frankfurt am Main, 1994, S. 145-187.

Hehl, Ulrich von, Der Beamte im Reichsinnenministerium. Die Beurteilung Globkes in der Diskussion der Nachkriegszeit. Eine Dokumentation, in: Klaus Gotto (Hg.), Der Staatssekretär Adenauers. Persönlichkeit und politisches Wirken, Stuttgart 1980, S. 230- 237.

Heinemann, Gustav W., Plädoyer für den Rechtsstaat. Rechtspolitische Reden und Aufsätze, Karlsruhe 1969.

Heller, Edith, Macht Kirche Politik. Der Briefwechsel zwischen den polnischen und deutschen Bischöfen im Jahre 1965, Köln 1992.

Henke, Klaus-Dietmar / Woller, Hans (Hg.), Politische Säuberung in Europa. Die Abrechnung mit Faschismus und Kollaboration nach dem Zweiten Weltkrieg, München 1991.

Henke, Klaus-Dietmar, Die Trennung vom Nationalsozialismus. Selbstzerstörung, politische Säuberung, »Entnazifizierung«, Strafverfolgung, in: Ders. / Hans Woller (Hg.), Politische Säuberung in Europa. Die Abrechnung mit Faschismus und Kollaboration nach dem Zweiten Weltkrieg, München 1991, S. 21-83.

Henkys, Reinhard, Die nationalsozialistischen Gewaltverbrechen. Geschichte und Gericht, Stuttgart / Berlin 1964.

Hentschel, Volker, Ludwig Erhard – Ein Politikerleben, München / Landsberg am Lech 1996.

Hepperle, Sabine, Die SPD und Israel. Von der Großen Koalition 1966 bis zur Wende 1982, Frankfurt am Main u. a. 2000.

Herbert, Ulrich, Nicht entschädigungsfähig? Die Wiedergutmachungsansprüche der Ausländer, in: Ludolf Herbst / Constantin Goschler (Hg.), Wiedergutmachung in der Bundesrepublik Deutschland, München 1989, S. 273-302.

Herbert, Ulrich / Groehler, Olaf, Zweierlei Bewältigung. Vier Beiträge über den Umgang mit der NS-Vergangenheit in den beiden deutschen Staaten. Hamburg 1992.

Herbert, Ulrich, Rückkehr in die Bürgerlichkeit? NS-Eliten in der Bundesrepublik, in: Bernd Weisbrod (Hg.), Rechtsradikalismus in der politischen Kultur der Nachkriegszeit, Hannover 1995, S. 157-174.

Herbert, Ulrich, Best. Biographische Studien über Radikalismus, Weltanschauung und Vernunft, 1903-1989, Bonn 1996.

Herbert, Ulrich, Liberalisierung als Lernprozeß. Die Bundesrepublik in der deutschen Geschichte – eine Skizze, in: Ders. (Hg.), Wandlungsprozesse in Westdeutschland. Belastung, Integration, Liberalisierung 1945-1980, Göttingen 2002, S. 7-52.

Herbst, Ludolf / Goschler, Constantin (Hg.), Wiedergutmachung in der Bundesrepublik Deutschland, München 1989.

Herf, Jeffrey, Zweierlei Erinnerung: Die NS-Vergangenheit im geteilten Deutschland, Berlin 1998.

Hermann, Rudolph, Die Herausforderung der Politik. Innenansichten der Bundesrepublik, Stuttgart 1985.

Herterich, Elmar, Sie werden weitermarschieren. Eine Dokumentation, Würzburg 1963.

Heschke, John P., Hitler's Legacy, New York 1999.

Hey, Bernd, Die NS-Prozesse. Versuch einer juristischen Vergangenheitsbewältigung, in: GWU 32 (1981), S. 331-362.

Hey, Bernd, Zeitgeschichte und Vergangenheitsbewältigung, in: Ders. / Peter Steinbach (Hg.), Zeitgeschichte und politisches Bewußtsein, Köln 1986, S. 72-87.

Heydebreck, Hans Georg von, Die gesetzliche Verlängerung von Strafverfolgungsfristen früher begangener Delikte nach dem Grundgesetz, Göttingen 1965.

Hilberg, Raul, Die Vernichtung der europäischen Juden, erweiterte Ausgabe, Frankfurt am Main 1990.

Hildebrand, Klaus, Von Erhard zur Großen Koalition 1963-1968, Stuttgart 1984.

Hirsch, Martin, Anlaß, Verlauf und Ergebnis der Verjährungsdebatten im Deutschen Bundestag, in: Jürgen Weber / Peter Steinbach (Hg.), Vergangenheitsbewältigung durch Strafverfahren. NS-Prozesse in der Bundesrepublik Deutschland, München 1984, S. 40-51.

Hirscher, Gerhard, Sozialdemokratische Verfassungspolitik und die Entstehung des Bonner Grundgesetzes. Eine biographietheoretische Untersuchung zur Bedeutung Walter Menzels, Bochum 1989.

Hockerts, Hans Günter, Wiedergutmachung in Deutschland. Eine historische Bilanz 1945-2000, in: VfZ 49 (2001), S. 167-214.

Hoffmann, Christa, Stunde Null? Vergangenheitsbewältigung in Deutschland 1945 und 1989, Bonn / Berlin 1992.

Hoffmann, Christa, Aufklärung und Ahndung totalitären Unrechts, Die zentralen Stellen in Ludwigsburg und Salzgitter, in: APuZ 4 (1993), S. 46-54.

Hoffmann, Detlev (Hg.), Das Gedächtnis der Dinge. KZ-Relikte und KZ-Denkmäler 1945-1995, Frankfurt am Main 1998.

Hölzl, Martin, Grüner Rock und weiße Weste: Adolf von Bomhard und die Legende von der sauberen Ordnungspolizei, in: ZfG 1 (2002), S. 22-43.

Illichmann, Jutta, Die DDR und die Juden: die deutschlandpolitische Instrumentalisierung von Juden und Judentum durch die Partei- und Staatsführung der SBZ / DDR von 1945 bis 1990, Frankfurt am Main / Berlin 1997.

Internationale Föderation der Widerstandskämpfer, Keine Verjährung der Naziverbrechen, Wien 1964.

Institut für Demoskopie Allensbach, Jahrbuch der Öffentlichen Meinung, 1958-1964 (1965-68, 1969, 1979), hg. von Elisabeth Noelle-Neumann und Ernst-Peter Neumann, Allensbach / Bonn 1965 (1969, 1970, 1980).

Isensee, Josef, Vergangenheitsbewältigung durch Recht. Drei Abhandlungen zu einem deutschen Problem, Berlin 1992.

Ismayr, Wolfgang, Der Deutsche Bundestag. Funktionen, Willensbildung, Reformansätze, Opladen 1992.

Jäckel, Eberhard / Longerich, Peter / Schoeps, Julius H. (Hg.), Enzyklopädie des Holocaust. Die Verfolgung und Ermordung der europäischen Juden, Berlin 1993.

Jacobs, Norbert, Der Streit um Dr. Hans Globke in der öffentlichen Meinung der Bundesrepublik Deutschland 1949-1973: ein Beitrag zur politischen Kultur in Deutschland, Bonn 1992.

Jäger, Herbert, Verbrechen unter totalitärer Herrschaft. Studien zur nationalsozialistischen Gewaltkriminalität, Olten / Freiburg 1967.

Jäger, Herbert, Strafrecht und nationalsozialistische Gewaltverbrechen, in: KJ 1 (1968), S. 143-157.

Jäger, Herbert, Makroverbrechen als Gegenstand des Völkerstrafrechts. Kriminalpolitisch-kriminologische Aspekte, in: Gerd Hankel / Gerhard Stuby (Hg.), Strafgerichte gegen Menschheitsverbrechen. Zum Völkerstrafrecht 50 Jahre nach den Nürnberger Prozessen, Hamburg 1995, S. 325-354.

Jaspers, Karl, Die Schuldfrage. Von der politischen Haftung Deutschlands, Heidelberg 1946, Neuausgabe München 1965.

Jaspers, Karl, Wohin treibt die Bundesrepublik?, München 1966.

Jelinek, Yeshayahu A., Zwischen Moral und Realpolitik: deutsch-israelische Beziehungen 1945-1965; eine Dokumentensammlung, Gerlingen 1997.

Jesse, Eckhard, »Entnazifizierung« und »Entstasifizierung« als politisches Problem, in: Josef Isensee (Hg.), Vergangenheitsbewältigung durch Recht?, Berlin 1992, S. 16-24.

Jung, Susanne, Die Rechtsprobleme der Nürnberger Prozesse. Dargestellt am Verfahren gegen Friedrich Flick, Tübingen 1992.

Just-Dahlmann, Barbara / Just, Helmut, Die Gehilfen. NS-Verbrechen und die Justiz nach 1945, Frankfurt am Main 1988.

Justizministerium des Landes Nordrhein-Westfalen (Hg.), Politische Strafjustiz 1951-1968. Betriebsunfall oder Symptom?, Geldern 1998.

Justizministerium des Landes Nordrhein-Westfalen (Hg.), Die Zentralstellen zur Verfolgung nationalsozialistischer Gewaltverbrechen – Versuch einer Bilanz, Geldern 2001.

Kaiser, Monika, Machtwechsel von Ulbricht zu Honecker. Funktionsmechanismen der SED-Diktatur in Konfliktsituationen 1962 bis 1972, Berlin 1997.

Karstedt, Susanne, Die doppelte Vergangenheitsbewältigung der Deutschen. Die Verfahren im Urteil der Öffentlichkeit nach 1945 und 1989, in: Zeitschrift für Rechtssoziologie 1 (1996), S. 58-104.

Kaul, Friedrich Karl, Bewältigung der Vergangenheit – Sicherung der Zukunft. Die Unterschiedlichkeit der Strafverfolgung von Nazi-System-Delikten in den beiden deutschen Staaten, Berlin (Ost) 1967.

Kaul, Friedrich Karl, Die westdeutsche Haltung zur Frage der Rechtshilfe durch sozialistische Staaten in Strafverfahren gegen nazistische Systemverbrecher, in: ZfG (1968), S. 68-74.

Kaul, Friedrich Karl / Noack, Joachim, Ein Grundsatzurteil des Bundesgerichtshofs: praktisch Straffreiheit für alle Naziverbrecher, in: Neue Justiz (1969), S. 401-404.

Kaul, Friedrich Karl, Geschichte des Reichsgerichts, Bd. IV 1933-1945, Berlin 1971.

Kaul, Friedrich Karl, Ich klage an. Der berühmte DDR-Anwalt berichtet als Nebenkläger und Verteidiger in westdeutschen Strafprozessen, Hamburg 1971.

Kempner, Robert M. W., SS im Kreuzverhör, München 1964.

Kirchheimer, Otto, Über den Rechtsstaat, in: Ders., Politische Herrschaft. Fünf Beiträge zur Lehre vom Staat, Frankfurt am Main 1967, S. 122-151.

Kirsch, Jan-Holger, »Wir haben aus der Geschichte gelernt«. Der 8. Mai als politischer Gedenktag in Deutschland, Köln 1999.

Kittel, Manfred, Die Legende von der »Zweiten Schuld«. Vergangenheitsbewältigung in der Ära Adenauer, Frankfurt am Main 1993.

Klarsfeld, Beate, Die Geschichte des PG 2633930 Kiesinger. Dokumentation mit einem Vorwort von Heinrich Böll, Darmstadt 1969.

Klarsfeld, Beate, Politik und Protest: Die Überlebenden und ihre Kinder, in: Anne Klein / Jürgen Wilhelm (Hg.), NS-Unrecht vor Kölner Gerichten nach 1945, Köln 2003, S. 167-176.

Klee, Ernst, Was sie taten – Was sie wurden – Ärzte, Juristen und andere Beteiligte am Kranken- oder Judenmord, Frankfurt am Main 1986.

Klein, Anne / Wilhelm, Jürgen (Hg.), NS-Unrecht vor Kölner Gerichten nach 1945, Köln 2003.

Klemp, Stefan, Freispruch für das »Mord-Bataillon«. Die NS-Ordnungspolizei und die Nachkriegszeit, Münster 1998.

Kleßmann, Christoph, Die doppelte Staatsgründung. Deutsche Geschichte 1945-1955, Bonn 1982.

Kleßmann, Christoph, Zwei Staaten, eine Nation. Deutsche Geschichte 1955-1970, Bonn 1988.

Kleßmann, Christoph / Misselwitz, Hans / Wichert, Günther (Hg.), Deutsche Vergangenheiten – eine gemeinsame Herausforderung. Der schwierige Umgang mit der doppelten Nachkriegsgeschichte, Berlin 1999.

Klingenstein, Grete, Zum Begriff »Vergangenheitsbewältigung«, in: Geschichte und Gegenwart H. 4 (1988), S. 301-312.

Knabe, Hubertus, Die unterwanderte Republik. Stasi im Westen, Berlin 1999.

Knorr, Heinrich, Der parlamentarische Entscheidungsprozeß während der Großen Koalition 1966 bis 1969. Struktur und Einfluß der Koalitionsfraktionen und ihr Verhältnis zur Regierung der Großen Koalition, Meisenheim 1975.

Kohlstruck, Michael, Von der politischen Aktion zur privaten Empörung. Die Ausstellung »Ungesühnte Nazijustiz« (1959) und die Wehrmachtsausstellung (1995) im Vergleich, in: Freibeuter 80 (1999), S. 77-86.

Kohlstruck, Michael, Reinhard Strecker – »Darf man seinen Kindern wieder ein Leben in Deutschland zumuten?«, in: Fröhlich, Claudia / Kohlstruck, Michael (Hg.), Engagierte Demokraten. Vergangenheitspolitik in kritischer Absicht, Münster 1999, S. 185-200.

Kolbe, Dieter, Reichsgerichtspräsident Dr. Erwin Bumke. Studien zum Niedergang des Reichsgerichts und der deutschen Rechtspflege, Karlsruhe 1975.

König, Helmut / Kohlstruck, Michael / Wöll, Andreas (Hg.), Vergangenheitsbewältigung am Ende des zwanzigsten Jahrhunderts, Opladen / Wiesbaden 1998.

Koppel, Wolfgang, Ungesühnte Nazijustiz. Hundert Urteile klagen ihre Richter an, (Selbstverlag) Karlsruhe 1960.

Koppel, Wolfgang, Justiz im Zwielicht. Dokumentation: NS-Urteile, Personalakten, Katalog beschuldigter Juristen, (Selbstverlag) Karlsruhe 1963.

Koppel, Wolfgang / Sauer, Karl, Führer durch das braune Bonn. Ein unentbehrlicher Leitfaden für alle Besucher der Bundeshauptstadt, Frankfurt am Main 1969.

Körner, Klaus, Kalter Krieg und kleine Schriften, in: Aus dem Antiquariat 9 (1991), S. 329-340.

Körner, Klaus, Von der antibolschewistischen zur antisowjetischen Propaganda: Dr. Eberhard Taubert, in: Arnold Sywottek (Hg.), Der Kalte Krieg – Vorspiel zum Frieden, Münster 1993, S. 54-68.

Kramer, Helmut, Die Aufarbeitung des Faschismus durch die Nachkriegsjustiz in der Bundesrepublik Deutschland, in: Helmut D. Fangmann / Norman Paech (Hg.), Recht, Justiz und Faschismus, Köln 1984, S. 75-93.

Kramer, Helmut, »Gerichtstag halten über uns selbst«. Das Verfahren Fritz Bauers zur Beteiligung der Justiz am Anstaltsmord, in: Hanno

Loewy / Bettina Winter (Hg.), NS-»Euthanasie« vor Gericht: Fritz Bauer und die Grenzen juristischer Bewältigung, Frankfurt am Main 1996, S. 81-132.
Kramer, Helmut, Ein vielseitiger Jurist – Willi Geiger 1909-1994, in: Redaktion Kritische Justiz (Hg.), Die juristische Aufarbeitung des Unrechts-Staats, Baden-Baden 1998, S. 373-379.
Kramer, Helmut, Kriegsverbrechen, deutsche Justiz und das Verjährungsproblem – Amnestie durch die legislative Hintertür, in: Wolfram Wette / Gerd R. Üeberschär (Hg.), Kriegsverbrechen im 20. Jahrhundert, Darmstadt 2001, S. 493-506.
Kraushaar, Wolfgang (Hg.), Die Protest-Chronik 1949-1959. Eine illustrierte Geschichte von Bewegung, Widerstand und Utopie, Hamburg 1996.
Krause, Peter, Der Eichmann-Prozeß in der deutschen Presse, Frankfurt am Main / New York 2002.
Krausnick, Helmut, Hitlers Einsatzgruppen, Frankfurt am Main 1985.
Kroegel, Dirk, Einen Anfang finden! Kurt Georg Kiesinger in der Außen- und Deutschlandpolitik der Großen Koalition, München 1997.
Kröger, Ulrich, Die Ahndung von NS-Verbrechen vor westdeutschen Gerichten und ihre Rezeption in der deutschen Öffentlichkeit 1958-65 unter besonderer Berücksichtigung von »Spiegel«, »Stern«, »Zeit«, »SZ«, »FAZ«, »Welt«, »Bild«, »Hamburger Abendblatt«, »NZ« und »Neuem Deutschland«, Hamburg 1973.
Kruip, Gudrun, Das »Welt«-Bild des Axel Springer Verlags. Journalismus zwischen westlichen Werten und deutschen Denktraditionen, München 1999.
Kruse, Falco, NS-Prozesse und Restauration, in: Redaktion Kritische Justiz (Hg.), Der Unrechts-Staat, Bd. 1, Baden-Baden 1998, S. 164-189.
Kuhn, Robert, Deutsche Justizminister 1877-1977, Köln 1977.
Kühne, Thomas, Zwischen Männerbund und Volksgemeinschaft: Hitlers Soldaten und der Mythos der Kameradschaft, in: AfS 38 (1998), S. 165-189.
Kuretsidis-Haider, Claudia / Garscha, Winfried R. (Hg.), Keine »Abrechnung«. NS-Verbrechen, Justiz und Gesellschaft in Europa nach 1945, Leipzig / Wien 1998.
Kürschners Volkshandbuch Deutscher Bundestag, Darmstadt 1954 ff.
Landwehr, Ludwig, NS-Juristen in Niedersachen, Hannover 1964.
Langbein, Hermann, Im Namen des deutschen Volkes, Wien 1963.
Langbein, Hermann, Der Auschwitz-Prozeß. Eine Dokumentation, 2 Bde., Frankfurt am Main 1965.

Langbein, Hermann, Menschen in Auschwitz, Wien 1987.

Large, David Clay, Reckoning without the Past: The HIAG of the Waffen-SS and the Politics of Rehabilitation in the Bonn Republic, 1950-1961, in: Journal of Modern History 59 (1987), S. 79-113.

Leide, Henry, Die verschlossene Vergangenheit. Sammlung und selektive Nutzung von NS-Materialien durch die Staatssicherheit zu justitiellen, operativen und propagandistischen Zwecken, in: Roger Engelmann / Clemens Vollnhals (Hg.), Justiz im Dienste der Parteiherrschaft. Rechtspraxis und Staatssicherheit in der DDR, Berlin 1999, S. 499-525.

Lemke, Michael, Kampagnen gegen Bonn. Die Systemkrise der DDR und die West-Propaganda der SED 1960-1963, in: VfZ 41 (1993), S. 153-174.

Lemke, Michael, Instrumentalisierter Antifaschismus und SED-Kampagnepolitik im deutschen Sonderkonflikt 1960-1968, in: Jürgen Danyel (Hg.), Die geteilte Vergangenheit. Zum Umgang mit Nationalsozialismus und Widerstand in beiden deutschen Staaten, Berlin 1995, S. 61-86.

Lemke, Michael, Der lange Weg zum »geregelten Nebeneinander«. Die Deutschlandpolitik der DDR Mitte der fünfziger bis Mitte der siebziger Jahre, in: Christoph Kleßmann / Hans Misselwitz / Günther Wichert (Hg.), Deutsche Vergangenheiten – eine gemeinsame Herausforderung. Der schwierige Umgang mit der doppelten Nachkriegsgeschichte, Berlin 1999, S. 73-96.

Lepsius, M. Rainer, Das Erbe des Nationalsozialismus und die politische Kultur der Nachfolgestaaten des »Großdeutschen Reiches«, in: Ders., Demokratie in Deutschland. Soziologisch-historische Konstellationsanalysen. Ausgewählte Aufsätze, Göttingen 1993, S. 229-245.

Lesczenski, Jörg, Verjährungsdebatten und öffentliche Meinung in der BRD. Die Diskussionen 1965 und 1979 im Spiegel ausgewählter Presseorgane, Magisterarbeit Universität Bochum 1997.

Lichtenstein, Heiner, Im Namen des Volkes? Eine persönliche Bilanz der NS-Prozesse, Köln 1984.

Lichtenstein, Heiner, Himmlers grüne Helfer: Die Schutz- und Ordnungspolizei im »Dritten Reich«, Köln 1990.

Lichtenstein, Heiner, NS-Prozesse und Öffentlichkeit, in: Justizministerium des Landes NRW (Hg.), NS-Verbrechen und Justiz, Düsseldorf 1996, S. 227-232.

Link, Werner, Die Deutschlandpolitik der Bundesregierungen Erhard und der Großen Koalition, in: Materialien der Enquete-Kommission »Aufarbeitung von Geschichte und Folgen der SED-Diktatur in

Deutschland«, hg. vom Deutschen Bundestag, Bd. V/2, Baden-Baden / Frankfurt am Main 1995, S. 1676-1743.

Longerich, Peter, Politik der Vernichtung. Eine Gesamtdarstellung der nationalsozialistischen Judenverfolgung, München 1998.

Loth, Wilfried / Rusinek, Bernd A. (Hg.), Verwandlungspolitik. NS-Eliten in der westdeutschen Nachkriegsgesellschaft, Frankfurt am Main 1998.

Lübbe, Hermann, Der Nationalsozialismus im deutschen Nachkriegsbewußtsein, in: HZ 236 (1983), S. 579-599.

Maaßen, Ludwig, Die Zeitung. Daten – Deutungen – Portraits, Heidelberg 1986.

Marcuse, Harold, The Revival of Holocaust Awareness in West Germany, Israel and the United States, in: Carol Fink / Phillipp Gassert / Detlef Junker (Hg.), 1968: The World Transformed, Washington D.C. / Cambridge 1998.

Marcuse, Harold, Legacies of Dachau. The Uses and Abuses of a Concentration Camp, 1933-2001, Cambridge 2001.

Märthesheimer, Peter / Frenzel, Ivo, Im Kreuzfeuer: Der Fernsehfilm Holocaust. Eine Nation ist betroffen, Frankfurt am Main 1979.

Marx, Hugo, Werdegang eines jüdischen Staatsanwalts und Richters in Baden (1892-1933). Ein soziologisch-politisches Zeitbild, Villingen 1965.

Marxen, Klaus, Das Volk und sein Gerichtshof. Eine Studie zum nationalsozialistischen Volksgerichtshof, Frankfurt am Main 1994.

Mende, Erich, Von Wende zu Wende, München / Berlin 1986.

Meusch, Matthias, Von der Diktatur zur Demokratie. Fritz Bauer und die Aufarbeitung der NS-Verbrechen in Hessen (1956-1968), Wiesbaden 2001.

Meuschel, Sigrid, Legitimation und Parteiherrschaft. Zum Paradox von Stabilität und Revolution in der DDR 1949-1989, Frankfurt am Main 1992.

Meyer-Seitz, Christian, Die Verfolgung von NS-Straftaten in der Sowjetischen Besatzungszone, Berlin 1998.

Minow, Martha, Between Vengeance and Forgiveness. Facing History after Genocide and Mass Violence, Boston 1998.

Miquel, Marc von, »Wir müssen mit den Mördern zusammenleben!« NS-Prozesse und politische Öffentlichkeit in den sechziger Jahren, in: Fritz Bauer Institut (Hg.), »Gerichtstag halten über uns selbst«. Geschichte und Wirkung des ersten Frankfurter Auschwitz-Prozesses, Frankfurt am Main 2001, S. 97-116.

Miquel, Marc von, Aufklärung, Distanzierung, Apologie. Die Debatte über die Strafverfolgung von NS-Verbrechen in den sechziger Jahren, in: Norbert Frei / Sybille Steinbacher, (Hg.), Beschweigen und Bekennen. Die deutsche Nachkriegsgesellschaft und der Holocaust, Göttingen 2001, S. 51-70.

Miquel, Marc von, Juristen: Richter in eigener Sache, in: Norbert Frei (Hg.), Karrieren im Zwielicht. Hitlers Eliten nach 1945, Frankfurt am Main / New York 2001, S. 181-240.

Mitscherlich, Alexander und Margarete, Die Unfähigkeit zu trauern. Grundlagen kollektiven Verhaltens, München / Zürich 1967.

Moeller, Robert G., War Stories. The Search for a Usable Past in the Federal Republic of Germany, Berkeley u. a. 2001.

Mohler, Armin, Vergangenheitsbewältigung. Von der Läuterung zur Manipulation, Stuttgart-Degerloch 1969.

Mohler, Armin, Der Nasenring. Im Dickicht der Vergangenheitsbewältigung, Essen 1989.

Möhler, Rainer, Entnazifizierung in Rheinland-Pfalz und im Saarland unter französischer Besatzung von 1945 bis 1952, Mainz 1992.

Moisel, Claudia, Frankreich und die deutschen Kriegsverbrecher. Politik und Praxis der Strafverfolgung nach dem Zweiten Weltkrieg, Göttingen 2004.

Möller, Christina, Völkerstrafrecht und Internationaler Strafgerichtshof. Kriminologische, straftheoretische und rechtspolitische Aspekte, Münster 2003.

Mommsen, Hans, Die Last der Vergangenheit, in: Jürgen Habermas (Hg.), Stichworte zur »Geistigen Situation der Zeit«, Frankfurt am Main 1979, S. 164-183.

Mommsen, Hans, Tode, die niemals verjähren. Ansprache zum Volkstrauertag am 15. November 1987, Düsseldorf 1987.

Mommsen, Hans, Hannah Arendt und der Prozeß gegen Adolf Eichmann. Einleitendes Essay in: Hannah Arendt, Eichmann in Jerusalem. Ein Bericht von der Banalität des Bösen, Neuauflage Leizpig 1990, S. 5-48.

Mommsen, Hans, Erfahrung, Aufarbeitung und Erinnerung des Holocaust in Deutschland, in: Hanno Loewy (Hg.), Holocaust: Die Grenzen des Verstehens. Eine Debatte über die Besetzung der Geschichte, Hamburg 1992, S. 93-100.

Morsey, Rudolf, Die Bundesrepublik Deutschland. Entstehung und Entwicklung bis 1969, München 1987.

Moses, Dirk, Die 45er, Eine Generation zwischen Faschismus und Demokratie, in: Die Neue Sammlung 40 (2000), S. 233-263.

Müller, Gerhard, Angeklagt – das deutsche Volk. Tatsachen und Urteile über die Kriegsschuld, die Schuld an den Massenverbrechen und die Frage der Kollektivscham, Bebenburg 1964.

Müller, Ingo, Die Verwendung des Rechtsbeugungstatbestands zu politischen Zwecken, in: KJ 2 (1984), S. 119-141.

Müller, Ingo, Furchtbare Juristen. Die unbewältigte Vergangenheit unserer Justiz, München 1987.

Müller, Ingo, Nürnberg und die deutschen Juristen, in: Ders. / Rainer Eisfeld (Hg.), Gegen Barbarei. Essays Robert M. W. Kempner zu Ehren, Frankfurt am Main 1989, S. 257-280.

Müller-Meiningen jr., Ernst, Kommentare von Gestern und Heute, München 1966.

Musial, Bogdan, Deutsche Zivilverwaltung und Judenverfolgung im Generalgouvernement: eine Fallstudie zum Distrikt Lublin 1939-1944, Wiesbaden 1999.

Nationalrat der Nationalen Front, Die unbewältigte Vergangenheit des Dr. Heinrich Jagusch, Berlin (Ost) 1962.

Nationalrat der Nationalen Front, Bonn sanktioniert Kriegsverbrechen. Dokumentation über weitere 120 Kriegs- und Sonderrichter Hitlers im Dienste der Erhard-Regierung, Berlin (Ost) 1964.

Nationalrat der Nationalen Front, Der Fall Lübke – Legende und Wahrheit. Gutachten zertrümmern das Lügengebäude des Bonner Innenministeriums, Berlin (Ost) 1966.

Nationalrat der Nationalen Front, Graubuch. Expansionspolitik und Neonazismus in Westdeutschland. Hintergründe, Ziele, Methoden, Berlin (Ost) 1967.

Nationalrat der Nationalen Front, Braunbuch. Kriegs- und Naziverbrecher in der Bundesrepublik und in Westberlin, Berlin (Ost) 1965, 2. Auflage 1965, 3. Auflage 1968.

Nationalrat der Nationalen Front, Bonner Verjährungskomplott gegen Sicherheit und Frieden der Völker. Eine Widerlegung der unhaltbaren Versuche der Bonner Regierung, die Verjährung nazistischer Kriegsverbrechen und Verbrechen gegen die Menschlichkeit zu rechtfertigen, Berlin (Ost) 1969.

Naumann, Bernd, Auschwitz. Bericht über die Strafsache gegen Mulka und andere vor dem Schwurgericht Frankfurt, Frankfurt am Main / Bonn 1965.

Naumann, Klaus, Der Krieg als Text. Das Jahr 1945 im kulturellen Gedächtnis der Presse, Hamburg 1998.

Naumann, Klaus (Hg.), Nachkrieg in Deutschland, Hamburg 2001.

Nehmer, Bettina, Täter als Gehilfe? Zur Ahndung der Einsatzgruppenverbrechen, in: Redaktion Kritische Justiz (Hg.), Die juristische Aufarbeitung des Unrechts-Staats, Baden-Baden 1998, S. 635-668.

Neumann, Ulfried, Rechtsphilosophie in Deutschland seit 1945, in: Dieter Simon (Hg.), Rechtswissenschaft in der Bonner Republik. Studien zur Wissenschaftsgeschichte der Jurisprudenz, Frankfurt am Main, 1994, S. 145-187.

Niermann, Hans-Eckhard, Zwischen Amnestie und Anpassung. Personelle Entwicklung bei Richtern und Staatsanwälten 1945-50, in: Justizministerium des Landes Nordrhein-Westfalen (Hg.), 50 Jahre Justiz in NRW, Düsseldorf 1996, S. 61-94.

Niermann, Hans-Eckhard, Zwischen Unbehagen und Verdrängung. Reaktionen auf die Braunbuch-Kampagne der DDR 1957 bis 1968 im OLG Hamm (Manuskript), Münster 1997.

Noll, Peter, Die NS-Verbrecherprozesse strafrechtsdogmatisch und gesetzgebungspolitisch betrachtet, in: Peter Schneider / Hermann Meyer (Hg.), Rechtliche und politische Aspekte der NS-Verbrecherprozesse, Mainz 1968, S. 38-49.

Norden, Albert, Das ganze System ist braun. Kriegs- und Naziverbrecher in der Bundesrepublik, Berlin (Ost) 1965.

Norden, Albert, Ereignisse und Erlebtes, Berlin 1981.

Novick, Peter, Nach dem Holocaust. Der Umgang mit dem Massenmord, Stuttgart / München 2001.

Offe, Claus, Rechtswege der »Vergangenheitspolitik«: Disqualifizierung, Bestrafung, Restitution, in: Ders., Der Tunnel am Ende des Lichts. Erkundungen der politischen Transformation im Neuen Osten, Frankfurt am Main 1994, S. 187-229.

Oppitz, Ulrich-Dieter, Strafverfahren und Strafvollstreckung bei NS-Gewaltverbrechen. Dargestellt anhand von 319 rechtskräftigen Urteilen deutscher Gerichte aus der Zeit 1946-1965, Ulm 1976.

Orth, Karin, SS-Täter vor Gericht. Die strafrechtliche Verfolgung der Konzentrationslager-SS nach Kriegsende, in: Fritz Bauer Institut (Hg.), »Gerichtstag halten über uns selbst«. Geschichte und Wirkung des ersten Frankfurter Auschwitz-Prozesses. Jahrbuch 2001 zur Geschichte und Wirkung des Holocaust, Frankfurt am Main 2001, S. 43-60.

Osiel, Mark J., Making Public Memory, Publicly, in: Carla Hesse / Robert Post (Hg.), Human Rights in Political Transitions: Gettysburg to Bosnia, New York 1999, S. 217-262.

Osiel, Mark J., Mass Atrocitiy, Collective Memory and the Law, New Brunswick / London 1997.

Ostendorf, Heribert, Die – widersprüchlichen – Auswirkungen der Nürnberger Prozesse auf die westdeutsche Justiz, in: Gerd Hankel / Gerhard Stuby (Hg.), Strafgerichte gegen Menschheitsverbrechen. Zum Völkerstrafrecht 50 Jahre nach den Nürnberger Prozessen, Hamburg 1995, S. 73-97.

Osterheld, Horst, Außenpolitik unter Bundeskanzler Ludwig Erhard 1963-1966. Ein dokumentarischer Bericht aus dem Kanzleramt, Düsseldorf 1992.

Padover, Saul K., Lügendetektor. Vernehmungen im besiegten Deutschland 1944/45, Frankfurt am Main 1999.

Pauli, Gerhard, Die Rechtsprechung des Reichsgerichts in Strafsachen zwischen 1933 und 1945 und ihre Fortwirkung in der Rechtsprechung des Bundesgerichtshofes, Berlin / New York 1992.

Pauli, Gerhard, Die Zentrale Stelle der Landesjustizverwaltungen in Ludwigsburg – Entstehung und frühe Praxis, in: Justizministerium des Landes Nordrhein-Westfalen (Hg.), Die Zentralstellen zur Verfolgung nationalsozialistischer Gewaltverbrechen. Versuch einer Bilanz, Geldern 2001, S. 45-62.

Pautsch, Ilse Dorothee, Im Sog der Entspannungspolitik. Die USA, das Teststopp-Abkommen und die Deutschland-Frage, in: Rainer A. Blasius (Hg.), Von Adenauer zu Erhard: Studien zur auswärtigen Politik der Bundesrepublik Deutschland 1963, München 1994, S. 118-153.

Pendas, Devin O., Displaying Justice: Nazis on Trial in Postwar Germany, Dissertation University of Chicago 2000.

Pendas, Devin O., »I didn't know what Auschwitz was«: The Frankfurt Auschwitz Trial and the German Press, 1963 -1965, Yale Journal of Law and the Humanities 12 (2000), S. 397-446.

Perels, Joachim, Das juristische Erbe des »Dritten Reiches«. Beschädigungen der demokratischen Rechtsordnung, Frankfurt am Main 1999.

Perels, Joachim, Die Nachwirkungen der NS-Diktatur im demokratischen Rechtsstaat, in: Ders., Das juristische Erbe des »Dritten Reiches«, S. 11-38.

Perels, Joachim, Der Nürnberger Juristenprozeß im Kontext der Nachkriegsgeschichte, in: Ders., Das juristische Erbe des »Dritten Reiches«, S. 47-70.

Perels, Joachim, Die Restauration der Rechtslehre, in: Ders., Das juristische Erbe des »Dritten Reiches«, S. 71-102.

Perels, Joachim, Die schrittweise Rechtfertigung der NS-Justiz. Der Huppenkothen-Prozeß, in: Ders., Das juristische Erbe des »Dritten Reiches«, S. S. 181-202.

Peschel-Gutzeit, Lore Maria, Zur rechtlichen Auseinandersetzung mit der NS-Gewaltherrschaft und dem SED-Regime, in: Neue Justiz, 9, 1995, S. 450-461.

Peschel-Gutzeit, Lore Maria (Hg.), Das Nürnberger Juristen-Urteil von 1947. Historischer Zusammenhang und aktuelle Bezüge, Baden-Baden 1996.

Petersen, Georg, Die Tradition des Reichsgerichts, in: Bundesgerichtshof (Hg.), Festschrift zur Eröffnung des Bundesgerichtshofs in Karlsruhe am 8. Oktober 1950, Karlsruhe 1950, S. 25-38.

Pfeiffer, Gerd, Der Bundesgerichtshof, Stuttgart 1987.

Pilichowski, Czeslaw, Es gibt keine Verjährung, Warschau 1980.

Podewin, Norbert (Hg.), Braunbuch. Kriegs- und Naziverbrecher in der Bundesrepublik und in Berlin (West), Neuauflage der Ausgabe von 1968, Berlin 2002.

Pohl, Dieter, Holocaust. Die Ursachen, das Geschehen, die Folgen, Freiburg u. a. 2000.

Präsident des Niedersächsischen Landtages (Hg.), Abgeordnete in Niedersachsen, Hannover 1996.

Rabinbach, Aaron, In the Shadow of Catastrophe. German Intellectuals beween Apocalypse and Enlightenment, Berkeley 1997.

Rabofsky, Eduard / Oberkofler, Gerhard, Verborgene Wurzeln der NS-Justiz. Strafrechtliche Rüstung für zwei Weltkriege, Wien u. a. 1985.

Rasehorn, Theo (Pseudonym: Berra, Xaver), Im Paragraphenturm, Neuwied 1966.

Rasehorn, Theo / Ostermeyer, Helmut / Hasse, Fritz / Huhn, Dieter, Im Namen des Volkes? Vier Richter über Justiz und Recht, Neuwied 1968.

Rasehorn, Theo, Der Richter zwischen Tradition und Lebenswelt. Alternative Justizsoziologie, Baden-Baden 1989.

Rasehorn, Theo, Probleme bei der Ermittlung von Justizalltag und -laufbahn in der NS-Zeit, in: Recht und Politik 1 (1995), S. 49-54.

Ratz, Michael, Die Justiz und die Nazis, Frankfurt am Main 1979.

Redaktion Kritische Justiz (Hg.), Der Unrechts-Staat: Recht und Justiz im Nationalsozialismus, Frankfurt am Main 1979 (KJ-Sonderheft, Bd. 1).

Redaktion Kritische Justiz (Hg.), Der Unrechts-Staat: Recht und Justiz im Nationalsozialismus, Baden-Baden 1984 (KJ-Sonderheft, Bd. 2).

Redaktion Kritische Justiz (Hg.), Die juristische Aufarbeitung des Unrechts-Staats, Baden-Baden 1998.

Reese, Mary Ellen, General Reinhard Gehlen. The CIA Connection, Fairfax 1990.

Reichel, Peter, Politik mit der Erinnerung. Gedächtnisorte im Streit um die nationalsozialistische Vergangenheit, München 1995.

Reichel, Peter, Vergangenheitsbewältigung in Deutschland. Die Auseinandersetzung mit der NS-Diktatur von 1945 bis heute, München 2001.

Reitlinger, Gerhard, Die Endlösung. Hitlers Versuch der Ausrottung der Juden Europas 1939-1945, Berlin 1956.

Requate, Jörg, Vergangenheitspolitik in der Debatte um eine Reform der Justiz in den sechziger Jahren, in: Norbert Frei / Dirk van Laak / Michael Stolleis (Hg.), Geschichte vor Gericht. Historiker, Richter und die Suche nach Gerechtigkeit, München 2000, S. 72-92.

Riegner, Gerhart M., Niemals verzweifeln. Sechzig Jahre für das jüdische Volk und die Menschenrechte, Gerlingen 2001.

Robusch, Kerstin, Hermann Langbein und der 1. Frankfurter Auschwitz-Prozeß. Zur Rolle der Überlebenden der nationalsozialistischen Konzentrationslager in bundesdeutschen Verfahren gegen NS-Gewaltverbrechen, Magisterarbeit Universität Bochum 2001.

Roesen, Anton, Aus dem Leben eines Juristen. Erinnerungen und Erfahrungen, Düsseldorf 1979.

Rosskopf, Annette, Anwalt antifaschistischer Offensiven. Der DDR-Nebenklagevertreter Friedrich Karl Kaul, in: Fritz Bauer Institut (Hg.), »Gerichtstag halten über uns selbst«. Geschichte und Wirkung des ersten Frankfurter Auschwitz-Prozesses. Jahrbuch 2001 zur Geschichte und Wirkung des Holocaust, Frankfurt am Main 2001, S. 141-162.

Rottleuthner, Hubert, Das Nürnberger Juristenurteil und seine Rezeption in Deutschland Ost und West, in: Neue Justiz, Heft 12 (1997), S. 617-624.

Rottleuthner, Hubert, Deutsche Vergangenheiten verglichen, in: Helge Grabitz / Klaus Bästlein / Johannes Tuchel (Hg.), Die Normalität des Verbrechens. Bilanz und Perspektiven der Forschung zu den nationalsozialistischen Gewaltverbrechen, Berlin 1994, S. 480-501.

Rottleuthner, Hubert, Krähenjustiz, in: Dick de Mildt (Hg.), Staatsverbrechen vor Gericht, Amsterdam 2003, S. 159-173.

Roxin, Claus, Täterschaft und Tatherrschaft, Berlin ^{7}2000.

Ruck, Michael, Korpsgeist und Staatsbewußtsein. Beamte im deutschen Südwesten 1928-1972, München 1996.

Rückerl, Adalbert, Die Strafverfolgung von NS-Verbrechen 1945-1978. Eine Dokumentation, Heidelberg / Karlsruhe 1979.

Rückerl, Adalbert, Die Zentrale Stelle der Landesjustizverwaltungen zur Aufklärung von NS- Verbrechen, in: Evangelische Akademie Bad Boll, Die Justiz und der Nationalsozialismus (II). Die Bundesrepublik Deutschland und die NS-Verbrechen. Tagung vom 20. bis 22. März, Protokolldienst 13 / 81, Bad Boll 1981, S. 35-50.

Rückerl, Adalbert, NS-Verbrechen vor Gericht. Versuch einer Vergangenheitsbewältigung, Heidelberg 1982.

Rüping, Hinrich, Staatsanwälte und Parteigenossen. Haltungen der Justiz zur nationalsozialistischen Vergangenheit zwischen 1945 und 1949 im Bezirk Celle, Baden-Baden 1994.

Rüter, Christian Frederic (Hg.), Justiz und NS-Verbrechen. Sammlung deutscher Strafurteile wegen nationalsozialistischer Tötungsverbrechen 1945-1966, 24 Bde., Amsterdam 1968-1999.

Rüter, Christian Frederic / de Mildt, Dick W., Die westdeutschen Strafverfahren wegen nationalsozialistischer Tötungsverbrechen 1945-1997, Amsterdam 1998.

Rüthers, Bernd, Die unbegrenzte Auslegung. Zum Wandel der Privatrechtsordnung im Nationalsozialismus, Tübingen 1968.

Rüthers, Bernd, Entartetes Recht. Rechtslehren und Kronjuristen im Dritten Reich, München 1988.

Sabrow, Martin (Hg.), Geschichte als Herrschaftsdiskurs. Der Umgang mit der Vergangenheit in der DDR, Köln / Weimar / Wien 1999.

Sarstedt, Werner, Rechtsstaat als Aufgabe. Ausgewählte Schriften und Vorträge 1952 bis 1985, Berlin / New York 1987.

Sarstedt, Werner, Fragen zur Rechtsbeugung, in: Hans Lüttger (Hg.), Festschrift für Ernst Heinitz zum 70. Geburtstag, Berlin 1972, S. 427-443.

Sassin, Horst, Liberale im Widerstand. Die Robinsohn-Strassmann-Gruppe 1934-1942, Hamburg 1993.

Schaal, Gary S. / Wöll, Andreas (Hg.), Vergangenheitsbewältigung. Modelle der politischen und sozialen Integration in der bundesdeutschen Nachkriegsgeschichte, Baden-Baden 1997.

Scheffler, Wolfgang, Judenverfolgung im Dritten Reich. 1933 bis 1945, Berlin 1960.

Scheffler, Wolfgang, Der Beitrag der Zeitgeschichte zur Erforschung der NS-Verbrechen – Versäumnisse, Schwierigkeiten und Aufgaben, in: Jürgen Weber / Peter Steinbach (Hg.), Vergangenheitsbewältigung durch Strafverfahren? NS-Prozesse in der Bundesrepublik Deutschland, München 1984, S. 114-133.

Schildt, Axel, Ankunft im Westen. Ein Essay zur Erfolgsgeschichte der Bundesrepublik, Frankfurt am Main 1999.

Schildt, Axel / Siegfried, Detlev / Lammers, Karl Christian (Hg.), Dynamische Zeiten. Die 60er Jahre in den beiden deutschen Gesellschaften, Hamburg 2000.

Schindler, Peter, Datenhandbuch zur Geschichte des Deutschen Bundestages: 1949 bis 1999. Eine Veröffentlichung der Wissenschaftlichen Dienste des Deutschen Bundestages, 3 Bde., Baden-Baden 1999.

Schlüter, Holger, Die Urteilspraxis des nationalsozialistischen Volksgerichtshofs, Berlin 1995.

Schmid, Richard, Weltanschauliche Hintergründe in der Strafrechtsprechung, in: Weltanschauliche Hintergründe in der Rechtsprechung, Karlsruhe 1968, S. 31-56.

Schmidt, Ernst, Wir klagen an. NS-Richter und -Staatsanwälte in Essen, Essen 1960.

Schmidt, Ernst, Vom Staatsfeind zum Stadthistoriker. Rückblick auf mein bewegtes Leben, Essen 1998.

Schmidt, Herbert, »Beabsichtige ich, die Todesstrafe zu beantragen«. Die nationalsozialistische Sondergerichtsbarkeit im Oberlandesgerichtsbezirk Düsseldorf 1933-1945, Essen 1998.

Schmidt, Regina / Becker, Egon, Reaktionen auf politische Vorgänge. Drei Meinungsstudien aus der Bundesrepublik, Frankfurt am Main 1967.

Schneider, Peter / Meyer, Hermann (Hg.), Rechtliche und politische Aspekte der NS-Verbrecherprozesse, Mainz 1968.

Schoenbaum, David, Hitler's Social Revolution. Class and Status in Nazi Germany 1933-1939, Garden City / New York 1966. (Deutsche Übersetzung: Die braune Revolution. Eine Sozialgeschichte des Dritten Reiches, Köln / Berlin 1968.)

Schoeps, Julius / Hillermann, Horst (Hg.), Justiz und Nationalsozialismus. Bewältigt – Verdrängt – Vergessen, Stuttgart / Bonn 1987.

Schorn, Hubert, Der Richter im Dritten Reich, Frankfurt am Main 1959.

Schreiber, Gerhard, Deutsche Kriegsverbrechen in Italien. Täter – Opfer – Strafverfolgung, München 1996.

Schüle, Erwin, Die Justiz der Bundesrepublik und die Sühne des nationalsozialistischen Unrechts, in: VfZ 9 (1961), S. 440-443.

Schüle, Erwin, Die strafrechtliche Ausarbeitung des Verhaltens in totalitären Systemen. Der Eichmann-Prozeß aus deutscher Sicht, in: Karl Forster (Hg.), Möglichkeiten und Grenzen für die Bewältigung historischer und politischer Schuld in Strafprozessen, Würzburg 1962, S. 63-86.

Schwab-Trapp, Michael, Konflikt, Kultur und Interpretation. Eine Diskursanalyse des öffentlichen Umgangs mit dem Nationalsozialismus, Opladen 1996.

Schwan, Gesine, Politik und Schuld. Die zerstörerische Macht des Schweigens, Frankfurt am Main 1997.

Schwarz, Hans-Peter, Die Ära Adenauer. Gründerjahre der Republik: 1949-1957. Epochenwechsel: 1957-1963, Stuttgart / Wiesbaden 1983.

Schwarz, Otto, Strafgesetzbuch mit Nebengesetzen und Verordnungen, 16. völlig neu bearbeitete Auflage, München 1953.

Seelbach, Jörg, Die Aufnahme der diplomatischen Beziehungen zu Israel als Problem der deutschen Politik seit 1955, Meisenheim am Glan 1970.

Segev, Tom, Die siebte Million. Der Holocaust und Israels Politik der Erinnerung, Reinbek 1995.

Senfft, Heinrich, Richter und andere Bürger. 150 Jahre politische Justiz und neudeutsche Herrschaftspublizistik, Nördlingen 1988.

Shafir, Shlomo, Der jüdische Weltkongreß und sein Verhältnis zu Nachkriegsdeutschland (1945-1967), in: Menora, Jahrbuch für deutsch-jüdische Geschichte, München 1992, S. 210-237.

Shafir, Shlomo, Ambiguous Relations. The American Jewish Community and Germany Since 1945, Detroit 1999.

Siedler, Joachim, »Holocaust«. Die Fernsehserie in der deutschen Presse. Eine Inhalts- und Verlaufsanalyse am Beispiel ausgewählter Printmedien, Münster 1984.

Siegfried, Detlev, Zwischen Aufarbeitung und Schlußstrich. Der Umgang mit der NS-Vergangenheit in den beiden deutschen Staaten 1958 bis 1969, in: Axel Schildt / Ders. / Karl Christian Lammers (Hg.), Dynamische Zeiten. Die 60er Jahre in den beiden deutschen Gesellschaften, Hamburg 2000, S. 77-113.

Smith, Gary (Hg.), Hannah Arendt Revisited. ›Eichmann in Jerusalem‹ und die Folgen, Frankfurt am Main 2000.

Soell, Hartmut, Fritz Erler – Eine politische Biographie, Bonn 1976.

Sommer, Karl-Ludwig, Gustav Heinemann und die SPD in den sechziger Jahren. Die Entwicklung politischer Zielsetzungen in der SPD in den Jahren 1960-1969, dargestellt am Beispiel der politischen Vorstellungen Heinemanns, München 1980.

Sonnemann, Ulrich, Land der unbegrenzten Zumutbarkeiten, Reinbek 1963.

Sontheimer, Kurt, Deutsche Übertreibungen – über eine Besonderheit unserer politischen Kultur, in: Peter R. Weilemann / Hans Jürgen Küsters / Günter Buchstab (Hg.), Macht und Zeitkritik. Festschrift für Hans-Peter Schwarz, Paderborn u. a. 1999, S. 661-665.

Die SPD-Fraktion im Deutschen Bundestag. Sitzungsprotokolle 1957-1961, hg. von Karl-Dietrich Bracher / Rudolf Morsey / Hans-Peter Schwarz, Düsseldorf 1993 (SPD-Fraktionsprotokolle).

Die SPD-Fraktion im Deutschen Bundestag. Sitzungsprotokolle 1961-1966, hg. von Karl-Dietrich Bracher / Rudolf Morsey / Hans-Peter Schwarz, Düsseldorf 1993 (SPD-Fraktionsprotokolle).

Staadt, Jochen, Die geheime Westpolitik der SED 1960-1970. Von der gesamtdeutschen Orientierung zur sozialistischen Nation, Berlin 1993.

Staff, Ilse (Hg.), Justiz im Dritten Reich. Eine Dokumentation, Frankfurt am Main 1978.

Ständige Deputation des Deutschen Juristentages (Hg.), Verhandlungen des 46. Deutschen Juristentages Essen 1966. Probleme und Ahndung von nationalsozialistischen Gewaltverbrechen. Sonderveranstaltung des 46. Deutschen Juristentages in Essen, München / Berlin 1967.

Steinbach, Peter, Nationalsozialistische Gewaltverbrechen. Die Diskussion in der deutschen Öffentlichkeit nach 1945, Berlin 1981.

Steinbach, Peter, Zur Auseinandersetzung mit nationalsozialistischen Gewaltverbrechen in der Bundesrepublik Deutschland. Ein Beitrag zur deutschen politischen Kultur nach 1945, in: GWU 35 (1984), S. 65-85.

Steinbach, Peter, NS-Prozesse nach 1945. Auseinandersetzung mit der Vergangenheit – Konfrontation mit der Wirklichkeit, in: Dachauer Hefte 13 (1997), S. 3-26.

Steinbacher, Sybille, »Musterstadt« Auschwitz. Germanisierungspolitik und Judenmord in Ostoberschlesien, München 2000.

Steinbacher, Sybille, »Nichts weiter als Mord.« Der Gestapo-Chef von Auschwitz und die bundesdeutsche Nachkriegsjustiz, in: Norbert Frei, Sybille Steinbacher, Bernd Wagner (Hg.), Ausbeutung, Vernichtung, Öffentlichkeit: neue Studien zur nationalsozialistischen Lagerpolitik, München 2000, S. 265-298.

Steinbacher, Sybille, »Protokoll vor der Schwarzen Wand«. Die Ortsbesichtigung des Frankfurter Schwurgerichts in Auschwitz, in: Fritz Bauer Institut (Hg.), »Gerichtstag halten über uns selbst«. Geschichte und Wirkung des ersten Frankfurter Auschwitz-Prozesses. Jahrbuch 2001 zur Geschichte und Wirkung des Holocaust, Frankfurt am Main 2001, S. 61-97.

Steininger, Rolf (Hg.), Der Umgang mit dem Holocaust. Europa – USA – Israel, Wien / Köln / Weimar 1994.

Steinkamp, Peter, Generalfeldmarschall Ferdinand Schörner, in: Gerd R. Ueberschär (Hg.), Militärische Elite, Darmstadt 1998, S. 236-244.

Stolleis, Recht im Unrecht. Studien zur Geschichte des öffentlichen Rechts im Nationalsozialismus, Frankfurt am Main 1994.

Streim, Alfred, Die Verfolgung der NS-Gewaltverbrechen in der Bundesrepublik Deutschland, in: Nationalsozialismus und Justiz. Die Aufarbeitung von Gewaltverbrechen damals und heute, Münster 1993, S. 17-34.

Streim, Alfred, Zur Legende von der »zweiten Schuld«, in: Tribüne 131 (1994), S. 129-142.

Streim, Alfred, Der Umgang mit der Vergangenheit am Beispiel der Zentralen Stelle der Landesjustizverwaltungen zur Aufklärung nationalsozialistischer Verbrechen in Ludwigsburg, in: Landeszentrale für politische Bildung Baden-Württemberg (Hg.), Formen des Widerstandes im Südwesten 1933-1945, Ulm 1994, S. 320-333.

Streim, Alfred, Saubere Wehrmacht? Die Verfolgung von Kriegs- und NS-Verbrechen in der Bundesrepublik und in der DDR, in: Hannes Heer / Klaus Naumann (Hg.), Vernichtungskrieg: Verbrechen der Wehrmacht 1941-1944, Hamburg 1995, S. 569-597.

Streit, Josef, Über die Verfolgung und Bestrafung der Kriegs- und Naziverbrecher in den beiden deutschen Staaten, in: Neue Justiz (1964), S. 579-584.

Thonfeld, Christoph, Die Entnazifizierung der Justiz in Bremen, in: ZfG 7 (1998), S. 638-656.

Thulfaut, Gerit, Kriminalpolitik und Strafrechtslehre bei Edmund Mezger (1883-1962). Eine wissenschaftsgeschichtliche und biographische Untersuchung, Baden-Baden 2000.

Unverhau, Dagmar, Das »NS-Archiv« des Ministeriums für Staatssicherheit. Stationen einer Entwicklung, Münster 1998.

Verband der antifaschistischen Widerstandskämpfer, Verbrecher in Richterroben, Prag 1960.

Verhandlungen des Deutschen Bundestages. Stenographische Berichte und Drucksachen, Bonn 1949 ff. (BT-Berichte bzw. BT-Drucksachen).

Vest, Hans, Humanitätsverbrechen – Herausforderung für das Individualstrafrecht?, in: ZStW 3 (2001), S. 457-498.

Vest, Hans, Genozid durch organisatorische Machtapparate. An der Grenze von individueller und kollektiver Verantwortlichkeit, Baden-Baden 2002.

Vollnhals, Clemens, Zwischen Verdrängung und Aufklärung. Die Auseinandersetzung mit dem Holocaust in der frühen Bundesrepublik, in: Ursula Büttner (Hg.), Die Deutschen und die Judenverfolgung im Dritten Reich, Hamburg 1992, S. 357-392.

Vollnhals, Clemens (Hg.), Entnazifizierung. Politische Säuberung und Rehabilitierung in den vier Besatzungszonen 1945-1949, München 1991.

Zur Verjährung nationalsozialistischer Verbrechen. Dokumentation der parlamentarischen Bewältigung des Problems 1960-1979, hg. vom Deutschen Bundestag, Presse- und Informationszentrum, Bonn 1980.

Vogel, Rolf (Hg.), Ein Weg aus der Vergangenheit. Eine Dokumentation zur Verjährungsfrage und zu den NS-Prozessen, Frankfurt am Main 1969.

Vogel, Rolf (Hg.), Das Echo. Widerhall auf Simon Wiesenthal, Stuttgart 1979.

Vogel, Rolf (Hg.), Der deutsch-israelische Dialog. Dokumentation eines erregenden Kapitels deutscher Außenpolitik, München u. a. 1987.

Vultejus, Ulrich, Kampfanzug unter der Robe. Kriegsgerichtsbarkeit des zweiten und dritten Weltkrieges, Hamburg 1984.

Wachs, Phillip-Christian, Der Fall Theodor Oberländer (1905-1998). Ein Lehrstück deutscher Geschichte, Frankfurt am Main 2000.

Wagner, Bernd Christian, IG Auschwitz: Zwangsarbeit und Vernichtung von Häftlingen des Lagers Monowitz 1941-1945, München 2000.

Walser, Martin, Unser Auschwitz, in Kursbuch 1 (1965), S. 189-200.

Walther, Manfred, Hat der juristische Positivismus die deutschen Juristen wehrlos gemacht?, in: KJ 4 (1988), S. 263-280.

Wassermann, Rudolf, Richter, Reform, Gesellschaft. Beiträge zur Erneuerung der Rechtspflege, Karlsruhe 1970.

Weber, Hermann, Geschichte der DDR, München 1985.

Weber, Hermann, Die Vielzahl von Verbrechen und das »zivilisatorische Minimum«, in: Gerd Hankel / Gerhard Stuby (Hg.), Strafgerichte gegen Menschheitsverbrechen. Zum Völkerstrafrecht 50 Jahre nach den Nürnberger Prozessen, Hamburg 1995, S. 355-400.

Weber, Jürgen / Peter Steinbach (Hg.), Vergangenheitsbewältigung durch Strafverfahren? NS-Prozesse in der Bundesrepublik Deutschland, München 1984.

Weber, Petra, Carlo Schmid: 1896-1976. Eine Biographie, München 1996.

Weber, Petra, Justiz und Diktatur. Justizverwaltung und politische Strafjustiz in Thüringen 1945-1961, München 2000.

Weckbecker, Gerd, Zwischen Freispruch und Todesstrafe. Die Rechtsprechung der nationalsozialistischen Sondergerichte Frankfurt am Main und Bromberg, Baden-Baden 1998.

Weinkauff, Hermann, Die deutsche Justiz und der Nationalsozialismus, Stuttgart 1968.

Weinke, Annette, Die Selbstamnestierung der bundesdeutschen Justiz 1957-1965: der Fall West-Berlin, in: ZfG 7 (1998), S. 622-637.

Weinke, Annette, Der Kampf um die Akten. Zur Kooperation zwischen MfS und osteuropäischen Sicherheitsorganen bei der Vorbereitung antifaschistischer Kampagnen, in: DA 4 (1999), S. 564-577.

Weinke, Annette, Die Verfolgung von NS-Tätern im geteilten Deutschland. Vergangenheitsbewältigungen 1949-1969 oder: Eine deutsch-deutsche Beziehungsgeschichte im Kalten Krieg, Paderborn 2002.

Weiss, Matthias, Sinnliche Erinnerung. Die Filme ›Holocaust‹ und ›Schindlers Liste‹ in der bundesdeutschen Vergegenwärtigung der NS-Zeit, in: Norbert Frei / Sybille Steinbacher (Hg.), Beschweigen und Bekennen. Die deutsche Nachkriegsgesellschaft und der Holocaust, Göttingen 2001, S. 71-102.

Welzer, Harald (Hg.), Das soziale Gedächtnis. Geschichte, Erinnerung, Tradierung, Hamburg 2001.

Wengst, Udo, Thomas Dehler: 1897-1967; eine politische Biographie, München 1997.

Wentker, Hermann, Volksrichter in der SBZ / DDR, München 1997.

Werkentin, Falco, Politische Strafjustiz in der Ära Ulbricht, Berlin 1995.

Werle, Gerhard, Justiz-Strafrecht und polizeiliche Verbrechensbekämpfung im Dritten Reich, Berlin 1989

Werle, Gerhard / Wandres, Thomas, Auschwitz vor Gericht. Völkermord und bundesdeutsche Strafjustiz, München 1995.

Wieland, Günther, Die deutsch-deutschen Rechtsbeziehungen zur Ahndung von NS-Verbrechen zwischen Mauerbau und Wiedervereinigung, in: Helge Grabitz / Klaus Bästlein / Johannes Tuchel (Hg.), Die Normalität des Verbrechens. Bilanz und Perspektiven der Forschung zu den nationalsozialistischen Gewaltverbrechen, Berlin 1994, S. 386-407.

Wielenga, Friso, Schatten deutscher Geschichte. Der Umgang mit dem Nationalsozialismus und der DDR-Vergangenheit in der Bundesrepublik, Vierow 1995.

Wiesenthal, Simon (Hg.), Verjährung? 200 Persönlichkeiten des öffentlichen Lebens sagen nein. Eine Dokumentation, Frankfurt am Main 1965.

Wiesenthal, Simon, Recht, nicht Rache. Erinnerungen, Frankfurt am Main / Berlin 1988.

Wiggershaus, Rolf, Die Frankfurter Schule. Geschichte – Theoretische Entwicklung – Politische Bedeutung, Frankfurt am Main 1986.

Wildt, Michael, Generation des Unbedingten. Das Führungskorps des Reichssicherheitshauptamtes, Hamburg 2002.

Wilke, Jürgen, Holocaust und NS-Prozesse. Die Presseberichterstattung in Israel und Deutschland zwischen Aneignung und Abwehr, Köln / Weimar / Wien 1995.

Wittmann, Rebecca, Holocaust on Trial? The Frankfurt Auschwitz Trial in Historical Perspektive, Dissertation University of Toronto 2000.
Wojak, Irmtrud, Herrschaft der Sachverständigen? Zeithistorische Gutachten und Rechtsprechung im ersten Frankfurter Auschwitz-Prozeß, in: Norbert Frei / Dirk van Laak / Michael Stolleis (Hg.), Geschichte vor Gericht. Historiker, Richter und die Suche nach Gerechtigkeit. München 2000, S. 29-45.
Wolffsohn, Michael, Ewige Schuld? 40 Jahre deutsch-jüdische Beziehungen, München 1988.
Wolffsohn, Michael, Von der verordneten zur freiwilligen »Vergangenheitsbewältigung«? Eine Skizze der bundesdeutschen Entwicklung 1955-1965, in: German Studies Review 12 (1989), S. 111-137.
Wolffsohn, Michael, Keine Angst vor Deutschland!, Erlangen / Bonn / Wien 1990.
Wolffsohn, Michael, Die Deutschland-Akte. Juden und Deutsche in Ost und West, München 1995.
Wolfrum, Edgar, Geschichtspolitik in der Bundesrepublik Deutschland. Der Weg zur bundesrepublikanischen Erinnerung 1949-1989, Darmstadt 1999.
Wöll, Andreas / Wolfgang Staudte, »Sicher sind es nicht die Filme, die das eigene Nest beschmutzen«, in: Claudia Fröhlich / Michael Kohlstruck (Hg.), Engagierte Demokraten. Vergangenheitspolitik in kritischer Absicht, Münster 1999, S. 71-83.
Wüllner, Fritz, Die NS-Militärjustiz und das Elend der Geschichtsschreibung. Ein grundlegender Forschungsbericht, Baden-Baden ^{2}1997.
Wyman, David S. (Hg.), The World Reacts to the Holocaust, Baltimore / London 1996.
Ziesel, Kurt, Der rote Rufmord. Eine Dokumentation zum Kalten Krieg, Tübingen 1961.
Zimmermann, Stefan, Strafrechtliche Vergangenheitsaufarbeitung und Verjährung: rechtsdogmatische und -politische Analyse mit vergleichenden Ausblicken nach Tschechien, Ungarn und Frankreich, Freiburg 1997.
Zimmermann, Volker, NS-Täter vor Gericht. Düsseldorf und die Strafprozesse wegen nationalsozialistischer Gewaltverbrechen, Düsseldorf 2002.
Zuckermann, Moshe, Zweierlei Holocaust: der Holocaust in den politischen Kulturen Israels und Deutschlands, Göttingen 1998.
Zur Verjährung nationalsozialistischer Verbrechen. Dokumentation der parlamentarischen Bewältigung des Problems 1960-1979, hg. vom Deutschen Bundestag, Bonn 1980.

Abkürzungen

AA	Auswärtiges Amt
AAPD	Akten zur Auswärtigen Politik der Bundesrepublik Deutschland
ACDP	Archiv für Christlich-Demokratische Politik
a.D.	außer Dienst
AdsD	Archiv der sozialen Demokratie
ADL	Archiv des Deutschen Liberalismus
ADN	Allgemeiner Deutscher Nachrichtendienst
AfS	Archiv für Sozialgeschichte
AWJ	Allgemeine Wochenzeitung der Juden in Deutschland
APuZ	Aus Politik und Zeitgeschichte
AZ	Aktenzeichen
BA	Bundesarchiv
BAnz	Bundesanzeiger
BGBl.	Bundesgesetzblatt
BGH	Bundesgerichtshof
BGHSt	Entscheidungen des Bundesgerichtshofs in Strafsachen
BHE	Bund der Heimatvertriebenen und Entrechteten
BMgF	Bundesministerium für gesamtdeutsche Fragen
BMI	Bundesministerium des Innern
BMJ	Bundesministerium der Justiz
BR	Bundesrat
BT	Bundestag
BT/PA	Bundestag / Parlamentsarchiv
Bü.	Bündel
BVerfG	Bundesverfassungsgericht
BVerfGE	Entscheidungen des Bundesverfassungsgerichts
BVerwG	Bundesverwaltungsgericht
CDU	Christlich-Demokratische Union
CIA	Central Intelligence Agency
CuW	Christ und Welt
DA	Deutschland-Archiv
DDR	Deutsche Demokratische Republik
DH	Dahlwitz-Hoppegarten
DP	Deutsche Partei
dpa	Deutsche Presse-Agentur
DNZ	Deutsche Nationalzeitung
EGOWiG	Einführungsgesetz zum Ordnungswidrigkeiten-Gesetz

EKD	Die Evangelischen Kirchen in Deutschland
FAZ	Frankfurter Allgemeine Zeitung
FDGB	Freier Deutscher Gewerkschaftsbund
FDP	Freie Demokratische Partei
FDJ	Freie Deutsche Jugend
FR	Frankfurter Rundschau
GG	Grundgesetz
Gestapo	Geheime Staatspolizei
GStA	Generalstaatsanwalt
GWU	Geschichte in Wissenschaft und Unterricht
H.	Heft
HStAD	Hauptstaatsarchiv Düsseldorf
HStAS	Hauptstaatsarchiv Stuttgart
IG Farben	Interessengemeinschaft Farbenindustrie AG
Jg.	Jahrgang
JM BW	Justizministerium Baden-Württemberg
JR	Juristische Rundschau
JZ	Juristenzeitung
KGB	Komitet gossudarstvenoi besopasnosti
KJ	Kritische Justiz
KLE	Kleine Erwerbungen
Kripo	Kriminalpolizei
KStA	Kölner Stadtanzeiger
KZ	Konzentrationslager
LG	Landgericht
LKA	Landeskriminalamt
MdB	Mitglied des Bundestages
MF	Mikrofilm
MfS	Ministerium für Staatssicherheit
MLF	Multilateral Force
NATO	North Atlantic Treaty Organization
NL	Nachlaß
NS	Nationalsozialismus, nationalsozialistisch
NSDAP	Nationalsozialistische Deutsche Arbeiterpartei
NJW	Neue Juristische Wochenschrift
NPD	Nationaldemokratische Partei Deutschlands
NRW	Nordrhein-Westfalen
NRZ	Neue Ruhr-Zeitung
NZZ	Neue Zürcher Zeitung
OKW	Oberkommando der Wehrmacht

OLG	Oberlandesgericht
OStA	Oberstaatsanwalt
ÖTV	Gewerkschaft Öffentliche Dienste, Transport und Verkehr
PA/AA	Politisches Archiv des Auswärtigen Amtes
RJM	Reichsjustizministerium
RSHA	Reichssicherheitshauptamt
SA	Sturmabteilung
SBZ	Sowjetisch Besetzte Zone
SD	Sicherheitsdienst
SDS	Sozialistischer Deutscher Studentenbund
SMAD	Sowjetische Militäradministration in Deutschland
SPD	Sozialdemokratische Partei Deutschlands
SS	Schutz-Staffel
StA	Staatsanwalt, Staatsanwaltschaft
StAL	Staatsarchiv Ludwigsburg
StGB	Strafgesetzbuch
StN	Stuttgarter Nachrichten
StZ	Stuttgarter Zeitung
StS	Staatssekretär
SZ	Süddeutsche Zeitung
taz	Die Tageszeitung
UdSSR	Union der Sozialistischen Sowjetrepubliken
UN	United Nations
UNO	United Nations Organization
UPI	United Press International
US	United States
USA	United States of America
VfZ	Vierteljahrshefte für Zeitgeschichte
WAZ	Westdeutsche Allgemeine Zeitung
WP	Wahlperiode
ZfG	Zeitschrift für Geschichtswissenschaft
ZK	Zentralkomitee
ZStW	Zeitschrift für die gesamte Strafrechtswissenschaft

Namenverzeichnis

Kursive Seitenzahlen verweisen auf Erwähnungen ausschließlich in den Fußnoten.

Claudia Moisel

Frankreich und die deutschen Kriegsverbrecher

Politik und Praxis der Strafverfolgung nach dem Zweiten Weltkrieg

Beiträge zur Geschichte des 20. Jahrhunderts, Bd. 2
Hg. von Norbert Frei

288 S.; geb. mit Schutzumschlag, ISBN 3-89244-749-7

Im Dezember 1962, einen Monat vor der Unterzeichnung des deutsch-französischen Freundschaftsvertrags, begnadigte Staatspräsident Charles de Gaulle die letzten in Frankreich inhaftierten deutschen Kriegsverbrecher aus dem Zweiten Weltkrieg. Dies war der Schlußakt einer Auseinandersetzung von erheblicher politischer Sprengkraft, die seit Kriegsende zwischen Deutschland und Frankreich schwelte.
Die strafrechtliche Verfolgung der deutschen Kriegs- und SS-Verbrechen durch französische Gerichte steht im Mittelpunkt der vorliegenden Untersuchung. Claudia Moisel fragt nach den spezifischen Intentionen der französischen Kriegsverbrecherpolitik, den politischen und gesellschaftlichen Rahmenbedingungen und nach ihrer Rezeption in der Öffentlichkeit. An einer Reihe wichtiger Fälle wie dem Oradour-Prozeß, der 1953 in Bordeaux stattfand, wird die Interdependenz von Justiz, Politik und öffentlicher Meinung deutlich.
Die Autorin beleuchtet darüber hinaus die französischen Reaktionen auf das starke vergangenheitspolitische Engagement der Bundesregierung, den Bonner Einsatz für die inhaftierten Kriegsverbrecher und die gescheiterte Ahndung der in Frankreich begangenen Verbrechen durch bundesdeutsche Gerichte. Sie kann zeigen, daß die rasche Annäherung der vormaligen »Erbfeinde« in den fünfziger Jahren von der Ausblendung der problematischen Erinnerung an die Kriegsjahre begleitet war.

Bert-Oliver Manig

Die Politik der Ehre

Die Rehabilitierung der Berufssoldaten in der frühen Bundesrepublik

Veröffentlichungen des Zeitgeschichtlichen Arbeitskreises Niedersachsen, Bd. 22
Hg. von Bernd Weisbrod

640 S.; geb. mit Schutzumschlag, ISBN 3-89244-658-x

Im Offizierskorps der Wehrmacht banden sich die deutschen Oberschichten besonders eng an dem Nationalsozialismus. Bert-Oliver Manig geht der Frage nach, wie es gelang, diese durch den Zusammenbruch der Diktatur deklassierte Elite des Dritten Reiches in die westdeutsche Demokratie zu integrieren. Der Autor zeigt, wie die weitreichende Rehabilitierung dieser Gruppe, die zu Beginn der Bundesrepublik über eine beachtliche Verhandlungsmacht verfügte, zunächst nationalistische Stimmungen nährte, letztlich aber das bürgerliche Lager stärkte, insbesondere die CDU. Paradoxerweise trug die Anerkennung der soldatischen Ehre wesentlich zur Berufung der bundesrepublikanischen Demokratie auf das Erbe des Widerstands gegen Hitler bei – eine kompensatorische Abgrenzung gegenüber dem rechten Nationalismus, die weniger dem antitotalitären Konsens der Nachkriegszeit oder der sozialdemokratischen Gegenmacht als vielmehr der Aufsicht durch die Besatzungsmächte zu verdanken ist, wie der Autor im Gegensatz zu einer verbreiteten Legende nachweist.
Bert-Oliver Manigs Darstellung eines bislang vernachlässigten Themas ist ein Beitrag zu einer Erfahrungsgeschichte der deutschen Funktionseliten im Übergang vom Nationalsozialismus zur Bundesrepublik. Sie trägt wesentlich zum Verständnis der Entstehungsbedingungen der zweiten deutschen Demokratie und ihrer politischen Kultur bei.

Wallstein

www.wallstein-verlag.de